索·恩 历史图书馆

—— 015 ——

死敌

Implacable Foes:
War in the Pacific,
1944-1945

太平洋战争，
1944—1945

〔美〕沃尔多·海因里希斯 Waldo Heinrichs

马克·加利基奥 Marc Gallicchio —著

祁长保—译

社会科学文献出版社
SOCIAL SCIENCES ACADEMIC PRESS (CHINA)

沃尔多·海因里希斯（Waldo Heinrichs）/ 作者简介

美国圣地亚哥州立大学德怀特·E. 斯坦福（Dwight E. Stanford）教席教授（荣休）。二战期间他作为步兵服役于美国陆军第 86 师。第 86 师是二战时美国派往欧洲的最后两个师中的一个，也是第一支被部署到太平洋抵抗日本入侵的军队。

马克·加利基奥（Marc Gallicchio）/ 作者简介

美国维拉诺瓦大学历史系教授。

祁长保 / 译者简介

1992 年毕业于国际关系学院，现为自由译者，已出版多部译著，包括《苍白的骑士：西班牙流感如何改变了世界》《黑斯巴达克斯：海地国父杜桑·卢维杜尔传》《古罗马史与自然科学方法：生物、气候与历史学的未来》等。

索·恩 历史图书馆已出版书目

非常感谢我的妻子在本书的写作过程中给予我的帮助。感谢她对我写作的考验和鼓励，并多年来一直为我的写作创造便利。谨此，以本书致敬奥德丽·S.海因里希斯博士。

——沃尔多·海因里希斯

目 录

致　谢

罗斯福总统在珍珠港事件之前所采取的一系列精妙策略受到诸多条件的限制。在我为《战争的门槛：富兰克林·D.罗斯福与美国迈入第二次世界大战》（*Threshold of War: Franklin D. Roosevelt and American Entry into World War II*）这本书做准备的时候，这些限制条件给我留下了深刻的印象。他付出极大的努力争取每一寸的腾挪空间，以保留更多的选择余地。然而，他的机会越来越少，外部条件不断地迫使他做出高风险的决策，但他手中能够支持这种决策的资源十分有限。他不得不做出决策，诸如对大不列颠的援助（还有1941年6月之后的苏联），与一艘德国潜艇发生的"事件"会有多大的影响，还有如何部署美国战舰。

一些学者曾指责他犹豫不决和缺乏明确目标。这些人主张罗斯福总统犯下了错误，却忽视了他采取行动时的背景和条件。更糟糕的是，他们没有看到罗斯福是多么努力地坚持明确的目标。此类批评者似乎是假定有一部运行平稳的战争机器，所有部件都全速运转且恰好符合需求——只要总统没有犹豫不决。现在，我们来到这场战争的结尾部分（1944年2月以后）。再一次，需要做出关键性的、高风险的抉择。政策制定者面前仿佛有一堵真实的限制他们行动的墙壁，随着战争的推进，这堵墙变得愈发清晰。

感谢那些帮助我完成本书的人，他们来自档案馆、图书馆和我的家庭。在卡莱尔（Carlisle）的时候，我需要很多帮助，尤其要感谢迈克尔·克纳普（Micheal Knapp）、伊莎贝尔·曼斯克（Isabel Manske）、汤姆·布芬巴格（Tom Buffenbarger）、大卫·吉欧（David Keough）、理查德·索莫斯博士（Dr. Richard Sommers）、肖恩·柯克帕特里克（Shaun Kirkpatrick）和英爱·雷蒙德（Youngae Raymond）。还要感谢爱德·德艾（Ed Drea）阅读了本书的一些章节并做出补充，又鼓励我继续努力。在写作即将完成的时候，我的妻子奥德丽和一位专家朋友马里昂·坎宁（Marion Canning）一起加入进来，检查了文本的条理、语法和拼写。非常非常感谢。多谢芭芭拉·布兰克（Barbara Blank）帮助我学习了如何绘制地图。最后，我要向我的儿子们表达谢意：我们的历史学家蒂莫西·海因里希斯（Timothy Heinrichs）在宾夕法尼亚的卡莱尔给予我协助，对文本提出了建议和更正；多部优秀影片的美术设计里克·海因里希斯（Rick Heinrichs）为本书的地图进行了艺术处理。非常高兴能与一位如马克·加利基奥这般杰出的历史学家合著。谢谢你，马克。

本书还仰赖埃尔哈特基金会（Earhart Foundation）提供的旅行津贴，它使我得以对从弗吉尼亚州诺福克到密苏里州独立城的有关档案馆和图书馆进行必要的访问，并在华盛顿特区和宾夕法尼亚州的卡莱尔兵营常驻。

沃尔多·海因里希斯

马萨诸塞州，南哈德利

2015 年 8 月 23 日

首先要感谢我长期以来的导师和朋友沃尔多·海因里希斯邀请我合著完成本书。整个过程增进了我的智识，使我获得了专业上的收获，对于我来讲，它是莫大的愉悦。

我尤其要感谢维拉诺瓦大学（Villanova University）为我的研究与写作提供的慷慨支持，包括学术休假和教师进修研究补助。同时，我也受益于阿尔波特·勒佩奇研究基金（Albert Lepage Research Fund）历史部的大力支持。在项目初始阶段，来自哈里·S.杜鲁门图书馆（Harry S.Truman Library）的旅行津贴使我受益颇多。我还要感谢埃尔哈特基金会为我提供的津贴，它使我可以将原本用于教学的精力投入写作。

感谢众多的朋友和同事，他们耐心地，或者在我看来是耐心地，倾听我谈论这本书。篇幅局限，无法一一列举，但是我要特别感谢矢口佑人（Yujin Yaguchi）教授为我提供机会，在东京大学的一次研讨会上展示了为本书所做的一些研究；还有大卫·施密茨和马克·斯托勒（Mark Stoler）两位教授帮助我获得资助。科罗拉多大学的托马斯·蔡勒（Thomas Zeiler）教授阅读了初始计划并一直慷慨地提供非常有帮助的建议。

两位作者共同向我们的编辑蒂莫西·本特（Timothy Bent）先生表达谢意，感谢他为改进书稿付出的大量时间和精力；还要感谢他的助理，阿莉莎·奥康纳（Alyssa O'Connell）女士在编辑过程中给予我们的指导。我们也要感谢乔治·查克维塔泽（George Chakvetadze）先生为地图所作的设计，玛莎·拉姆齐（Martha Ramsey）女士的文字编辑工作，还有牛津大学出版社高级出版编辑格温·科尔文（Gwen Colvin）女士，她的精心安排确保了每一项工作都得以恰当及时完成。

马克·加利基奥

宾夕法尼亚州，哈弗敦

xiii

地　图

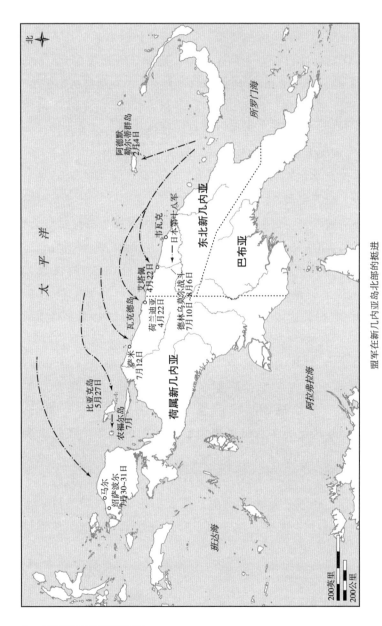

注：本书地图系原书插附地图

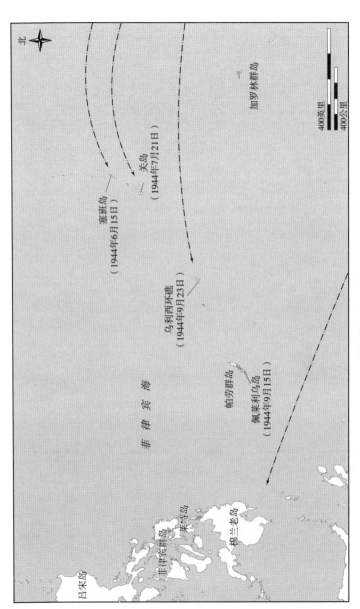

马里亚纳群岛战役，1944年5月~9月

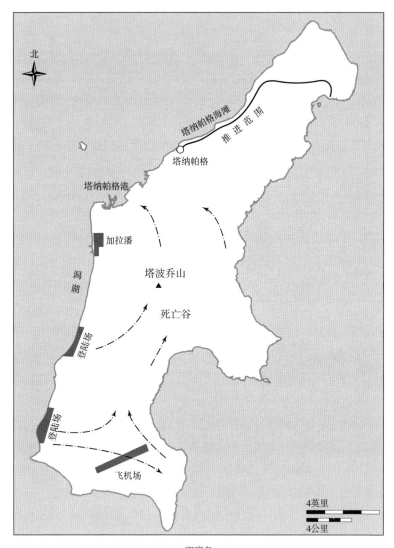

塞班岛

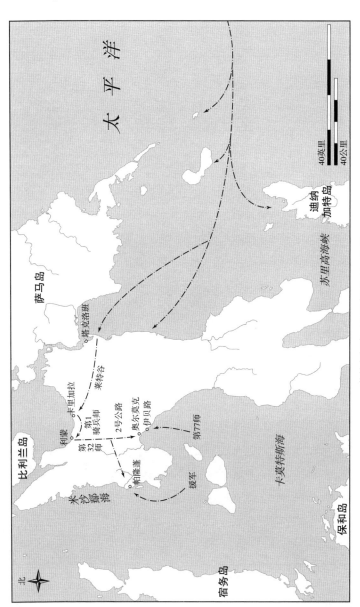

莱特岛行动, 1944 年 10 月 ~12 月

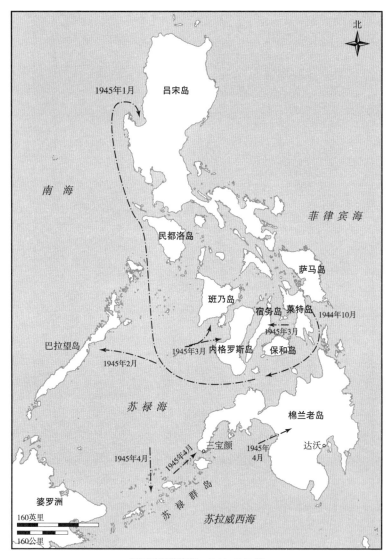

盟军重返菲律宾，1944~1945 年

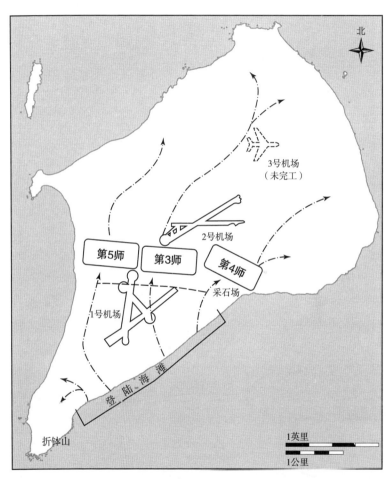

北

3号机场
（未完工）

2号机场

第5师　第3师　第4师

采石场

1号机场

登 陆 海 滩

折钵山

1英里
1公里

硫磺岛

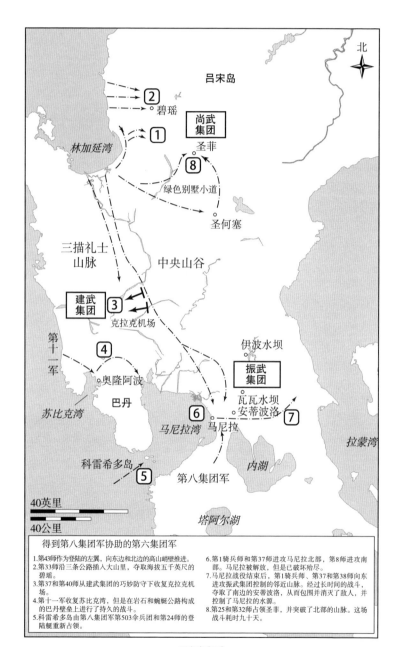

得到第八集团军协助的第六集团军

1. 第43师作为登陆的左翼，向东边和比边的高山峭壁推进。
2. 第33师沿三条公路插入大山里，夺取海拔五千英尺的碧瑶。
3. 第37和第40师从建武集团的巧妙防守下收复克拉克机场。
4. 第十一军收复苏比克湾，但是在岩石和蜿蜒公路构成的巴丹壁垒上进行了持久的战斗。
5. 科雷希多岛由第八集团军第503伞兵团和第24师的登陆艇重新占领。
6. 第1骑兵师和第37师进攻马尼拉北部，第8师进攻南部。马尼拉被解放，但是已破坏殆尽。
7. 马尼拉战役结束后，第1骑兵师、第37和第38师向东进攻振武集团控制的邻近山脉。经过长时间的战斗，夺取了南边的安蒂波洛，从而包围并消灭了敌人，并控制了马尼拉的水源。
8. 第25和第32师占领圣菲，并突破了北部的山脉。这场战斗耗时九十天。

吕宋岛行动

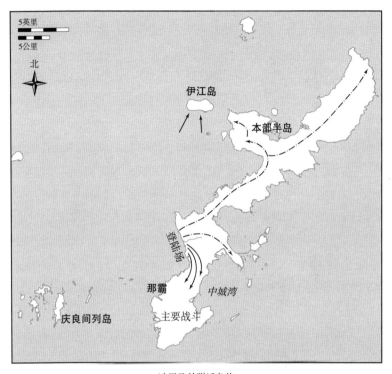

冲绳及其附近岛屿

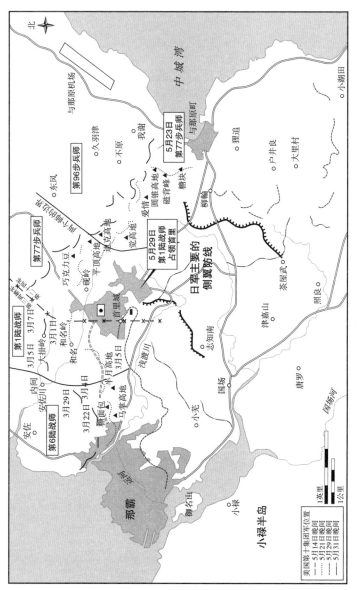

冲绳战役, 1945 年 5 月

北

日 本 海

弘前 八户

盛冈

日本

仙台

新潟

郡山

金泽 水户

本州岛 东京

松江 京都 名古屋 横浜

冈山 神户

广岛 大阪

松山 高知

九州 **四国**

长崎 熊本

甑岛列岛 鹿儿岛 宫崎 佯攻

40 DIV. **第九军**
第77、82、98师
（流动预备队）

朝鲜海峡

第八集团军
第十集团军
第9步兵师
第2装甲师
第3陆战师

流动预备队
第一集团军
第10步兵师
第1空降师

小冠冕行动

第五陆战军
第2、3、5陆战师

第1军
第25、33、41师

鹿儿岛湾 有明湾

第十一军
第41师，第1骑兵师，美喀师

第六集团军
奥林匹克行动

200英里

200公里

"没落"行动：进攻日本

引言　最后的清算

"裕仁的投降真是救了我们的命"，美军地面部队参谋军官 S. L. 韦尔德（S. L. Weld）上校回忆道。他指的是 1945 年 8 月 14 日日本帝国决定向美国投降。"按照当时的状况，我们根本不可能将训练有素的部队派往太平洋参加预定的进攻日本的行动。"[1] 事情何以至此？又是什么为美国人带来胜利呢？似乎从 1942 年的中途岛战役起，这一胜利就已注定。是靠着两颗原子弹和天皇姗姗来迟的干预，在击败德国仅仅半年之后，就迎来了这又一场胜利吗？

为了回答这些问题，我们需要了解在战争的最后一年，美国在太平洋上的战争能力所受到的限制。首先，也是最重要的一点，美国人民不愿意承担巨大的牺牲，不愿意在如此遥远的地方与如此顽强的敌人继续这场战争。其次，各军种之间的竞争和国会在人力与采购政策上对政府的质疑，都阻碍了战事的进行。为了在这些限制条件下采取行动，美国的战略倾向于迅速推进并加快对敌人展开军事行动的节奏，最终以进攻日本本土束。但是这一战略隐藏了很严重的矛盾，直到最后战役的前夜，才不得不对这些矛盾进行协调。

到 1945 年 8 月，计划进攻日本的美军部队经历了残酷的逐岛争夺战役，新的人员力量还没有到来。德国投降之后，美国陆军开始将士兵从欧洲重新大规模部署到太平洋。但是，直到进攻行动的第二阶段，即预计于 1946 年 3 月进攻东京周边区域时，这些兵力才能到位。与此同时，陆军也开始启动曾在欧洲和太平洋战场服役的 200 万美军士兵的退伍工作。复员工作与同时进行的欧洲士兵的重新部署工作是相互冲突的，一方面意味着战争结束，另一方面则是战争继续，这在美国国内引发了越来越多的批评。在向单一战场的转换过程中，因为对国民经济的持续需求，以及在主导士兵退役的政策上拒绝转变的态度，陆军开始遭遇坚决的反对。在进攻行动预定时间的前几个月，即 1945 年 11 月，美国参谋长联席会议（Joint Chiefs of Staff，JCS）保证将派遣具有压倒性优势的兵力对付日本，这将使美国的后勤不堪重负，也将考验将领的军事谋划能力，引发各政治派别对发生经济灾难的担忧。

本书将对宏大战略的分析与小人物叙事编织在一起，从美国陆、海军士兵和陆战队员的视角，描画出太平洋战场上残酷的，且常常是骇人听闻的战斗场景。它突出了战斗、后勤和战略的相互作用，并时刻不忘战争的迅速完结是美军指挥官们的当务之急。

1943 年，战争前景刚刚向胜利倾斜，陆军参谋长乔治·C. 马歇尔（George C. Marshall）上将便发出警告，公众对战争的支持是有限度的，包括所需付出的牺牲和所需的时间。1943 年夏天，马歇尔在全国州长会议上警告说："我们才刚刚开始，前面还有更大规模的战争。我们还要接受重大伤亡的痛苦考验，也会遭遇战争中不可避免的失利。"[2] 富兰克林·D. 罗斯福总统怀疑美国人民对战争前景的理解，公众情绪在过分自负和失望之间摇摆，也令他担忧。1943 年 1 月宣布的无条件投降政策，给了人民一个具体实在的目标，它易于理解，也满足了公众的感情需要。然而，从军事角度来讲，它需要美国进攻日本本土。马歇尔紧紧抓住进攻这一目标，因为尽管存在很多风险和巨大的挑战，但相比于封锁和轰炸的策略，它提供了

一条更快通往胜利的途径。战争进程的拖延意味着失去公众
支持的风险，进而可能导致一场通过谈判达成的、不完全的
胜利。

　　本书的叙述从 1944 年初开始，太平洋上的军事行动加快
了节奏，进行了一系列战役，使美国军队抵近日本本土。全
部努力就是为了建立一套运转正常的战斗体系，掌控各种错综
复杂的战争因素，从南太平洋一路挺进到日本沿海。在战斗的
考验中，计划被一次次地制订和修改。到 1944 年，太平洋上
的战争态势已经彻底扭转。美军舰队、海军陆战队和部分陆军
步兵部队，还有澳大利亚和新西兰的军队，已经止住了日本
在西南太平洋挺进的步伐。通往美国西海岸的海洋补给线路
得到保护，为了反击日军，美国的战争体系提供着充足的武
器、弹药船、登陆艇、飞机、食品和人员。在西南太平洋战区
（SWPA）总司令道格拉斯·麦克阿瑟上将的指挥下，美国陆
军在空军和海军的支援下，从一个岛屿跃上另一个岛屿，夺取
了新几内亚岛（New Guinea）上千英里的北侧地区，防范日
本人重新夺回它的企图，并成功登陆菲律宾。美国潜艇在南中
国海摧毁了日本的海上运输。太平洋舰队迅速获得了新的航空
母舰、战列舰、巡洋舰和驱逐舰。指挥这支舰队的切斯特·尼
米兹（Chester Nimitz）海军上将挥师北上，攻占了中太平洋
的马里亚纳群岛——关岛、塞班岛和提尼安岛，让实施对日本
的远程空中打击终于成为可能。

　　麦克阿瑟转向了另一条路，朝向菲律宾群岛的中南部和东
印度群岛，尽管并未得到马歇尔的许可。至于麦克阿瑟野心勃
勃的愿望清单上的其他事项，马歇尔与他的争论在本书的整体
叙述中扮演了重要角色。麦克阿瑟坚持要求优先解放菲律宾，
这限制了在靠近日本的地方开展更大胆行动的可能性，也意味
着在某些方面，美国的战略水平永远无法超过他的战略水平。

然后就是战争本身。每一个战场的情况都十分糟糕；但是太平洋的战况又有其特别糟糕的一面。天气可以干扰北非、意大利和欧洲西北部的行动，尤其是在1944~1945年的严冬，这些地方的美国士兵落入疾病的魔爪，忍受着漫长补给线末端的匮乏状态。但是这些情况是间歇性的，可以通过既有设施的修复缓解，包括公路、卫生系统和铁路线。相反，太平洋的气候带来持续不断的艰苦和危险。太平洋上的美国士兵受到各种经昆虫和水源传播的疾病侵袭，导致了整个战争中最高的非作战伤亡率。一个美国兵在介绍新几内亚岛时，警告说："这个地方本身就会与你们全力开战……你们必须随时警惕周边环境，那是一个沉默的敌人，它永远不会松懈。"[3] 为美国的前进部队提供补给，这项任务自身就提出了一系列的挑战。第一个且最重要的问题就是距离。太平洋的广袤挫败了美国人迅速了结这场战争的努力。从旧金山到马尼拉的往返距离是从东海岸到法国的三倍。当盟军开始登陆诺曼底的时候，他们的优势是可以在工业发达的英国集结兵力，只需跨越大约50英里宽的海峡，即可到达目的地。吕宋岛是美国部队为进攻日本进行准备的地方，从这里到日本最南端的主岛九州则有大约1400英里。太平洋上的战争是争夺空军和海军基地的战争，而美军只能一边向前推进一边建立基地，在前进的过程中带着必要的建筑材料、设备和人力。在太平洋上，一旦盟军的行动超出了夏威夷和澳大利亚，就再也没有现代化的港口能够解决维持部队推进所必需的大批人员和物资问题。情况往往是，补给物资不得不依靠停泊在岛屿海岸外的船只转运上岸，再依靠履带车辆拖过海滩。运输能力不足且缺乏训练有素的建筑和工程营，都制约了行动，而随着美军在战争的最后一年距离日本越来越近，这个问题变得愈发严重。

运往太平洋战场的美军，在抵达最终目的地之前要在海上度过几个星期的时间。一俟到达，他们就要面对极其顽固的敌人，从那些入侵者手中夺回每一寸土地都会让他们付出高昂的代价。日本的战争信条强调以精神上的狂热对抗美国人的物质优势。在战术上，哪怕结局是要么取胜要么战死，日军也要顽抗到底，他们多采用夜战和渗透的方式，并熟练利用地形。投降是不可想象的。1943年，在突尼斯的德国非洲军团（Afrika Corps）投降的时候，英军俘虏了超过12万德军官兵，包括一位上将及其参谋人员，一共12位将军。1944年，盟军解放法国的时候，又俘获了20万德军。随着战争的推进，盟军俘虏的德国军官越来越多，以至于英国人在乡下为他们设立了一处特别的居住区。相反，在整个太平洋战争中，从来没有成建制的日本帝国陆军投降，直到日本正式宣布投降，天皇命令他们放下武器。在现代战争历史上，这是绝无仅有的。4 日本军官选择战死而不是投降，以自杀或者率领部下对美军发动绝望的"万岁冲锋"（Banzai Charges）的方式结束自己的生命。日本士兵在战斗中也体现了其军官那种强烈的宿命情绪。临近战争的尾声，出现了单个的或是小股的日本士兵投降，但大多数还是在结局早已确定的情况下继续战斗。这就意味着，美军士兵和陆战队员不得不把残存的日本兵从洞穴和沟谷中的设防阵地里面驱赶出来，或者追踪着他们穿越热带丛林和菲律宾那些令人生畏的大山。美军士兵冒着生命危险封锁山洞，或者摧毁途经的据点。在这样的"扫尾工作"中美军所面对的危险在很大程度上给他们一种感觉：这是一场歼灭战，敌人宁愿付出生命也要决绝地坚持战斗，唯一的目的就是要杀死尽可能多的美国人。

在欧洲，当战事进入德国境内，敌人的力量逐渐被削弱。而在太平洋，从一个岛屿前进到下一个岛屿，直到本土各岛，任务却变得越来越艰巨。到1945年春季，正如我们所看到的，菲律宾的解放、硫磺岛（Iwo Jima）战役和冲绳岛（Okinawa）战役使美军付出了相当大的代价。热带环境和敌人一起削弱了步兵的实力。举例来说，菲律宾莱特岛上的第24师忍受着持续不断的大雨。灌满泥浆和雨水的散兵坑浸透了士兵的双脚，脚上的皮肤皱缩，脱鞋的时候就会被扯烂。时常还要展开肉搏战。士兵如果生病，那么只有在体温达到 103 ℉ ①时，才会被送进医院。通常情况下，只有空投才能将食物送达战场上的部队。步兵战斗的时间越长，出现战斗疲劳的情况就越多。

　　这些对战争最后一年里太平洋战场的记述，密切关注了在现实和战略两个层面上影响美军作战行动的限制条件。在战略层面，最重要的或许就是"欧洲第一"战略。在战事刚刚开始时就制定的这一政策将美国的大部分资源投到对纳粹德国的作战中。一旦战事焦点转移到太平洋，美国就必须面对这个地面部队主力尚未投入使用的敌人。更重要的是，两个国家的军事领袖都认识到，美国取得胜利的最大障碍是美国民众和他们的代表不愿意支持征服日本所需的超越常规的手段。这种对大后方的担忧，促使陆军在欧洲胜利日（V-E Day / Victory in Europe Day）之后，决定实施部分复员。复员计划于 1944 年公布，设计时听取了大量士兵的意见，并反映了他们的诉求，即复员率要综合考虑多种因素，包括个人服役年限、战斗经历、作战英勇表现和家庭义务。除了没有顾及有士兵退伍的那些战斗单位的整体战备状况，该政策还公布了退役所需达到的分数，这对于太平洋上的美国士兵和原定要从欧洲重新部署以对付日本的 300 万美国陆军和空军士兵而言，错误地刺激了他们回家的愿望。

---

① 相当于 39.44℃ 以上。（本书脚注均为译者注）

1945 年 5 月德国的投降引起后方人们普遍的期待：取消战时配给制度并放松经济管制。但是，军方的太平洋战略却不容许任何的喘息机会。在冲绳取得代价高昂的胜利之后，虽然貌似进入一段波澜不惊的间歇期，公众却依然担心将会迎来更加血腥的战役。一直以来，东京广播电台都在柔声细语地念叨，一种相对缓和的无条件投降政策可能会使日本的军阀们坐到谈判桌旁。

于是，1945 年夏季迎来了最后的清算，它使美国的战略陷入一片混乱。推迟甚至取消进军日本本土的计划似乎成为可能，这为美国在最后时刻更换战略、减少战争目标开辟了道路。8 月，原子弹的投放打断了对战争目的日益激烈的争论，在似乎不可能的情况下迅速做了决定，掩盖了美国的战略曾经在多么大的程度上受制于日本人的抵抗和国内民意的分裂。

第一章

蓄势待发

第二次世界大战的太平洋战场大致可以分成两个阶段：
1941~1943 年的防御阶段和 1944~1945 年的进攻阶段。前者
是一个资源有限、危险不断的阶段，在珍珠港事件后试图阻止
日本人的进攻，保卫夏威夷和澳大利亚及二者之间的补给线，
并抢先开始下一步进攻，通过沿整条战线的有限进攻和反向施
压稳定军事上的失衡。这一阶段的特征是，部队经验不足又缺
乏训练，长时间令人精疲力竭的丛林战役，牺牲惨重的海上战
斗（巴布亚和所罗门群岛），运输补给不足，海空支援不稳定，
以及勉强取得的胜利（中途岛和瓜达尔卡纳尔岛）。美国人取
得了一些进展，但是速度缓慢。当务之急是顽强坚持，积聚力
量，适应气候与地形，并从战斗中汲取经验。

1944 年 2 月，这种状态终于被打破，在从太平洋西南部
到中部的一条广阔战线上，美军展开了不间断的进攻行动。这
一转变的标志是发生在 1944 年 2 月 29 日的，对罗斯尼格罗
斯岛（Los Negros Island）东岸的一场小规模进攻。这个小
岛和紧挨着它的马努斯岛（Manus）属于阿德默勒尔蒂群岛
（Admiralty Group）。该群岛由 18 个岛屿组成，位于新几内
亚岛以北 200 英里。其东北方向 723 英里处，在暗礁环绕、貌
似坚不可摧的环状珊瑚岛特鲁克岛（Truk Island）上坐落着日
本最重要的海军基地。当天上午，乘驱逐舰和运输舰而来的第
1 骑兵师第 5 团（罗伯特·E. 李团）的 1000 名美军士兵登陆

上岸。为了对付预想中的日军反攻，部队构筑了外围防线。下午，麦克阿瑟将军本人上岸视察防线，之后信心满满地离开，他认为自己的侦察部队可以坚守至援军赶到。[1] 他们的确守住了，虽然当晚敌人发动了连续的猛烈攻击，余下的中队和第 1 骑兵师的其他几个团也从新几内亚岛及时赶到。该师清除了岛上的日军，并向马努斯岛移动，他们在那里的艰苦战斗持续了整个 3 月。整场战役美军共阵亡 326 人，负伤 1189 人。4000 名日本守军大部分被打死。取得的战果是几座机场和一个太平洋上的最佳港口。罗斯尼格罗斯岛向西北方向伸展，有一个半岛和几个拖尾小岛，它们与马努斯岛平行，构成了席亚德勒港（Seeadler Harbor）——一处 25 英里长、5 英里宽的深水锚地。

这次猛然扑向阿德默勒尔蒂群岛，与麦克阿瑟之前的行动方式和节奏迥然不同。1942 年和 1943 年，朝着新几内亚岛北岸，继而沿海岸向西的推进是小心翼翼的，它受制于有限的资源和侧翼的日本海空力量。当时计划要求在 4 月 1 日对阿德默勒尔蒂群岛展开大规模进攻。大范围的推进早已启动，在 2 月的第一周，切斯特·W.尼米兹海军上将指挥的中太平洋各部队攻击了马绍尔群岛。按照标准流程，应当首先攻占邻近岛屿，尼米兹却打破常规，决定绕过这些小岛直接夺取中心位置的夸贾林环礁（Kwajalein atoll）。熟练而迅速地达成目标之后，尼米兹立刻使用预备部队继续夺取马绍尔群岛西北边缘上的埃内韦塔克（Eniwetok）环礁，并在 2 月 23 日占领该岛。在 3 个星期的时间里，太平洋舰队向前跃进了 1000 英里；他们现在距离马里亚纳群岛中的塞班岛 1000 英里，且处在特鲁克岛以东 700 英里。他们已经从巨大的太平洋海盆的边缘地带进入了对日本战略核心区域的侦察距离以内。在太平洋战场上，对美军从原来的防御角色转变为快节奏的进攻态势，应当如何理解呢？

最直接的原因就是太平洋舰队中快速航母舰队的出现。在1942年的殊死防御战中，随着大部分航空母舰受损，海军仅以"萨拉托加号"（*Saratoga*）和"企业号"（*Enterprise*）勉力支撑，而且经常有一艘处在维修之中。1943年5月，直到做好战斗准备的"埃塞克斯号"（*Essex*）到达珍珠港，这种情况才得以改变。在1940年法国陷落以后，海军订购了13艘进攻型航空母舰，"埃塞克斯号"是这一级别中最先建成的一艘。随后几个月里，它的姊妹舰相继入列，包括"约克敦号"（*Yorktown*）、"列克星敦号"（*Lexington*）、"邦克山号"（*Bunker Hill*）和"无畏号"（*Intrepid*），另有更多在途。同时加入舰队的还有一种新级别的轻型航母，在巡洋舰的船体上建造，排水量只有"埃塞克斯号"航母的三分之一，搭载的飞机也只是它的三分之一，但是速度很快。它们可以支援任何进攻，为编队提供保护。此外，1940年以后建成的8艘战列舰也加入了太平洋舰队，包括4.5万吨的"艾奥瓦号"（*Iowa*）和"新泽西号"（*New Jersey*），以及多艘巡洋舰和驱逐舰。[2]

随着舰队中航母占比的提高，海军航空兵坚持认为应当以航空母舰作为舰队的核心。具有进攻意识的航空兵军官被提升至重要岗位。在马绍尔群岛中首先占领的马朱罗环礁（Majuro atoll）上，补给和修理船只建立了锚地和基地，使太平洋舰队摆脱了珍珠港的束缚，得以向前方移动。越来越大的航母特混舰队向马库斯岛（Marcus）、贝克岛（Baker）、塔拉瓦环礁（Tarawa）、威客岛（Wake）、拉包尔（Rabaul）和吉尔伯特群岛（Gilbert Islands）发动进攻，使新的战斗编队方式和攻击理论不断得到检验。[3] 在1943年的最后几个月里组建的第58特混舰队成为太平洋舰队的重要打击力量。这支由富有进取心的海军军官马克·A.米彻尔（Marc A. Mitscher）海军少将指挥的部队，其航空母舰包括重型和轻型各6艘，分成4个多航母特混大队，各配有战列舰、巡洋舰和驱逐舰。首次在马绍尔群岛为登陆战提供支援以后，米彻尔率领 3 支特混大队向西奔赴特鲁克岛。这个岛的潟湖太大了，以至于从环礁外面发射的炮火无法击中内部的锚地。[4] 这座岛屿不仅是日本联合舰队的主要基地，也是日本空军增援力量向南太平洋进发的重要集结地点。

13　　　新组建的航母特混舰队赋予美国海军的强大打击力量，使特鲁克岛曾经坚不可摧的防守变得不堪一击。1944 年 2 月中旬，大多数日本舰队因为担心受到攻击而驶离了此处。美军的战斗机、轰炸机和鱼雷机共出动 1250 架次，摧毁了日军 250 架飞机和大约 20 万吨位的船只，给基地、机场和补给物资造成了巨大破坏。特鲁克岛彻底陷入瘫痪。之后，米彻尔转向西北方向，突袭马里亚纳群岛，又击毁了 168 架敌机和 4.5 万吨位船只。结果使得日军在新几内亚岛的防守部队得不到增援和补给，同时为登陆马里亚纳群岛打开了通道。这次特鲁克 - 马里亚纳突袭行动戏剧性地演变成一场海军航空兵的战事。[5] 对于从珍珠港到布里斯班（Brisbane）①的美军指挥官们来说，很明显，针对日本防线上的弱点，应当迅猛、大胆地进攻。对特鲁克岛的进攻使麦克阿瑟受到的侧翼威胁大大减轻。作为回应，他放弃了自己原定的进攻计划，立刻下令对阿德默勒尔蒂群岛发动攻击侦察。

　　这支新舰队生动地展现了美国战时经济能力，因为它在 1943 年下半年全面发力。从 1942 年到 1945 年，它所生产的战舰吨位相当于日本海军的 6 倍以上。仅在 1943 年一年时间里，美国海事委员会（U.S. Maritime Commission）就交付

---

① 1942 年 7 月，麦克阿瑟南太平洋战区盟军司令部设在布里斯班，1944 年 9 月，将司令部移至莫尔斯比港。

了 1800 多万吨商船（包括批量生产并分段组装的"自由轮"
［Liberty］和"胜利轮"［Victory］，还有标准货船和油轮）。
国内生产总值增长了 50%。这些生产成就来自全体国民对战争
的支持，但是对于资源的分配也存在持续不断的争论，工人和
管理层对工作制度和工资水平争吵激烈。尽管如此，无论美国
人在与战争有关的国内问题上存在多么大的分歧，他们都认同
战争的必要性，并普遍理解他们的共同努力是为了赢得胜利。
一句"让我们继续这场战争"便能化解这些冲突。

　　美国之所以能取得胜利，全体民众的团结是很重要的
原因，还有美国天赋的自然、农业和矿产资源，以及这个国
家本身不易受到攻击的特点。与此同时，如理查德·奥弗里
（Richard Overy）指出的，还有"美国传统的工业能力"，
"大规模生产的丰富经验，深厚的技术和组织能力，'想干大 　14
事'的意愿，争强好胜的民族气质"。[6] 虽然从 1941 年初才开
始全民动员，但这个国家位于特拉华、切萨皮克湾、纽约和波
士顿的主要造船厂早已开足马力；在 12 月 7 日珍珠港遭到袭
击的时候，已有 8 艘战列舰和 5 艘航母正在建造之中。一年半
之前，1940 年 5 月 16 日，罗斯福总统提出要达到每年制造 5
万架飞机的能力，当时这是一个无法想象的目标。他一次又一
次地提高预期，向美国的经济体制发起挑战，在公众和官僚的
思维中创造与国家实力相匹配的工业能力。

　　要达到一定的生产能力，就必须建立一套在互相竞争的
项目之间分配现有原材料和生产空间的机制，努力应付各军
种、各盟国和民用部门的需求。仅仅经过几个月的试错和激烈
的官僚主义争执，战时生产委员会——1942 年设立的监督战
时生产的机构——便促使美国经济提速。管理该委员会和生产
过程的，既有军事采购官员，也有借调来的行业管理人员。到
1942 年底，政府已经有效地建立了一整套优先于既有民用经

济制度的新的战争经济体系，战争优先于民用，特别是优先于耐用消费品，进一步搁置民用生产，将国内生产的增量全部投入军事用途。[7]

在美国战时生产增长的背后，从 1940 年到 1944 年，美国工人的劳动生产率提高了 25%，是德国的 2 倍和日本的 5 倍。由于美国政府的主要合约都是与具备大批量生产和产品标准化经验的公司签订的，1940~1944 年半数以上的合同仅交给了 33 家公司，而全美总共约有 17.5 万家工业企业。这些签约企业当然都是国内龙头企业，装配线上的高效技术使其工人的生产效率大幅提升。例如，在福特汽车公司位于密歇根州威洛伦（Willow Run）的轰炸机工厂里，装配线顺着长约 1 英里的厂房延伸开去，在高峰时刻，每 63 分钟就生产出 1 架 B–24 轰炸机。[8] 在旧金山湾里士满的凯泽造船厂（Kaiser Shipyards），一套装配程序应用于 6 个船台，零件从铁路车厢、制造和装配厂房及仓库运往船体，然后由起重机吊装上船。标准化的设计（"自由轮"和"胜利轮"），以铆接替代焊接，在船坞之外初步组装零件，如部分甲板室、船艄舱，还有将人工操作过程分解为简单重复的工序，以便迅速培训经验不足的工人，这些措施都提高了生产效率。在 1942 年 3 月，一艘"自由轮"从铺设龙骨到完工交付的平均建造时间为 207 天；到了 1942 年 6 月，缩短至 118 天。而在凯泽里士满船厂里则为 69 天。[9]

截至 1943 年第三季度——7 月到 9 月——美国的战时经济从产量的持续快速提升阶段进入全速生产的平台阶段。1941 年时构想的战时经济体制——当时尚存疑虑——已经大体实现了。各集团军、各舰队和各航空大队，以及为它们提供支持的庞大补给运输装备要么已经部署到海外，要么整齐地排列在仓库、铁路货场和暂存区，等待装船。太平洋战场的指挥官们一直在抱怨"欧洲第一"的战略，它使欧洲战场在获得部队和物资上具有头等优先权，而太平洋战场却人手紧缺、供应不足。在战争的最后一年里，欧洲战场的需求的确使太平洋战场相形见绌。不过，在战争的最初几个月里，参谋长联席会议几乎只向太平洋输送了部队，以保卫通往澳大利亚的生命线。从1942 年末开始，它已经部署或批准了在所罗门群岛、新几内亚岛和中太平洋战区展开的规模越来越大的战役，并提供了大量部队。

欧洲战略的不确定性给太平洋战场带来了一些好处。珍珠港事件后不久，温斯顿·丘吉尔和罗斯福总统会晤，一致同意德国是最大的威胁，所以必须让军队在欧洲西北部登陆，将其击败。然而，直到两年后，在 1943 年的开罗 - 德黑兰会议上，他们才设定了一个日期——1944 年 5 月——并任命德怀特·D. 艾森豪威尔上将为指挥官。在太平洋上保持进攻的重要性要小于跨越英吉利海峡，但是比英国人所要求的取道意大利进入地中海东部的策略更有价值。不过，参谋长联席会议始终坚持将以师为单位的部队部署到太平洋，每个师人数在 1 万到 1.5 万，这种情况一直持续到 1944 年。[10] 然而，一俟艾森豪威尔全权负责，开始为进军法国集结部队，华盛顿就暂停了对太平洋的增援，转而将部队派往欧洲。在诺曼底登陆后，增援太平洋的计划重新提上日程，但是随着 1944 年 12 月德国人在阿登地区（Ardennes）反扑又再次搁浅。计划投入太平洋的 2 个师被部署到欧洲。1944 年 7 月以后，一直到战争结束，再也没有一个师的兵力补充到太平洋战场。

然而，到那时为止，太平洋战场指挥部已经尽其所能集中了相当比例的美国陆军。在 1942 年底，有 9 个师驻扎在太平洋战场，其中 4 个师在中太平洋（包括夏威夷），3 个师在南太平洋，还有 2 个师在西南太平洋。到 1943 年底已有 13 个师。而到了 1944 年底，则达到 21 个师，还不算 6 个海军陆战师以及澳大利亚和新西兰的部队。实际上，到 1943 年 10 月，欧洲战场的师级部队才多于太平洋战场。除此之外，到 1943 年底，有 8807 架陆军和海军飞机用于对德作战，7857 架用于对日作战。差异仍然是很明显的。最终，艾森豪威尔指挥了 63 个美国师，太平洋战场在最高峰的时候达到 27 个师。[11] 可是，这些数字并不能告诉我们全部情况。在两个战场的力量对比中，美国海军是关键，除了在大西洋反潜作战和在诺曼底与地中海完成有限的轰炸、运输任务，海军几乎全部用于对抗日本人。太平洋舰队基本上得到了它所需的全部舰只和补给，以及海军陆战师。尽管欧洲优先，但太平洋战场也聚集了足够的力量以在 1944 年强有力地加速推进。

对已有部队的重组使太平洋战场指挥部获得了更多的攻击力量。边缘地带的日军日益虚弱和孤立，使美军的海空力量为通往澳大利亚的交通线提供了足够的安全保护，从而让部队有更多的时间用于训练和开展行动，而不是单纯驻防。太平洋战场上缺乏像欧洲战场上的英格兰那样大面积的陆地，使准备进攻的部队能够集中起来。太平洋上各支部队的基地是分散的，而且从准备阶段到发起进攻也总是需要海上航行。尽管如此，在 1942~1944 年，太平洋上美军各师的重心还是至少向西移动了 2000 英里。1942 年 5 月珊瑚海战役虽然险胜，但是它解除了日本入侵的威胁。此战之后，几个守军团组成了所谓的"美喀师"（American Division），即"驻新喀里多尼亚（New Caledonia）美军"的简称，新喀里多尼亚岛位于澳大利亚和新西兰之间。1942 年 10 月，美喀师紧随陆战第 1 师加入了瓜达尔卡纳尔岛战役，同时第 43 师赶来接替新喀里多尼亚的防务。与此类似，防守夏威夷的第 24 师和第 25 师开赴南太平洋和西南太平洋，为后续停留在夏威夷进行丛林和两栖作战训练的几个师腾出位置（也为了平息当地居民对失去保护的担心）。

之后，按照为节省运力而设计更加系统化的模式，第 6 师负责运输，它将第 38 师和自己的装备一同运到夏威夷，装备供第38 师使用。如此一来，新来的师可以进行军事训练和防守，同时持续地以一种毛毛虫蠕动的方式向西边的战场移动，先集中后分散。[12]

太平洋军事资源的分配是由政府最高层商定的大战略。参谋长联席会议会尽其所能提供物资；战场指挥官们或许要求更多，但也只能满足于目前所得。对于如何使用这些资源打败日本人，联席会议拥有最高决定权。但是，关于本战场的战略问题，太平洋的指挥官们有更多发言权，联席会议起到监督的作用。这就意味着，战略方针取决于根深蒂固的官僚之间的冲突和陆军与海军之间的争论，且在太平洋和华盛顿同时上演。

陆军参谋长乔治·马歇尔所扮演的中间人角色是无人能及的，他是华盛顿最有影响力，也是最受尊敬的军方领导人。[13]1880 年，马歇尔出生在宾夕法尼亚州西南部农村的尤宁敦（Uniontown）。小时候的乔治在学校学到的东西比不上在家里读的书，尤其是父亲读给他听的。他说父亲的大声朗读"非常棒，而且乐于这样做"。退休之后，他回忆起最喜欢的书是威廉·H. 普雷斯科特（William H.Prescott）的《墨西哥征服史》（*The Conquest of Mexico*）、詹姆斯·费尼莫尔·库柏（James Fenimore Cooper）的边疆故事，G. A. 亨蒂（G.A.Henty）写给男孩子的书，如《与克拉夫在印度》（*With Clive in India*），尤其是《年轻的迦太基人（汉尼拔）》（*The Young Carthaginian*［*Hannibal*]）。阿瑟·柯南·道尔的《难民》（*The Refugees*）是一个"扣人心弦"的故事，讲述了法国胡格诺派教徒如何在加拿大荒野中逃离印第安人。（许久以后，他欣喜地发现，伊丽莎白二世女王和他一样，也喜欢柯南·道尔的《奈杰尔爵士》［*Sir Nigel*]。）受维多利亚时代的

18

帝国主义者启发，远方大胆冒险和征服的故事不仅激发了马歇尔的从军念头，也开阔了他的眼界。[14]

马歇尔一家在尤宁敦以东的林间空地和小山上留下了许多历史记忆，父亲和儿子一起打猎钓鱼。在内塞西蒂堡，父亲把战壕的轮廓指给他看，1754 年乔治·华盛顿在这里向法国人投降。马歇尔追忆道："第一枪打响了……当时简直是响彻了全世界——颠覆了欧洲的王权，极大地改变了欧洲政治的面貌。"乘着科内斯托加大篷车的殖民者，穿过尤宁敦，奔向西边的俄亥俄河。"所以说，有很多的历史，而且是非常非常重要的历史……都书写在那片地区，"他回忆说，"那曾是这个国家的一种重要生活方式，沿着国家公路滚滚前行，中途停下过夜的一个小旅店，距离我小时候住过的房子只有两个街区。"[15]年轻的马歇尔很自然地将自己融入了美国历史的长河。

对很多人来说，军人职业会使人心胸狭隘，它有着一成不变的理论，官僚主义作风和绝对服从命令的要求。马歇尔却并非如此。他拥有一个强大的、始终保持好奇的心灵，所关注的远远不只是墨守成规，而是及时处理各项事务，无论变与不变。他的军事技巧在这种世俗背景下发挥着作用。1901 年从弗吉尼亚军事学院（Virginia Military Institute）毕业以后，他在第二年加入了陆军。他的第一次外派是前往菲律宾，包括马尼拉和紧靠吕宋岛南边的民都洛岛（Mindoro）。在 1913~1916 年的第二个任期里，他得到了菲律宾独立战争的作战报告，进行了细致的研究，并探访了重要的战斗地点。他参加了吕宋岛上的演习，还在一条岛际小船上经历过一场台风。总之，他在菲律宾获得了一些经验。第一次世界大战期间，凭借在师级、军团级和集团军级，以及在约翰·J. 潘兴（John J. Pershing）将军的司令部里出色的表现，他为自己赢得了声誉，尤其是他制订的默兹-阿戈讷（Meuse-Argonne）进攻计划，成为美军参与的最大一次进攻。这次进攻的前期准备工作包括在夜间通过 3 条铁路线和 3 条公路从前线撤下 22 万协约国部队，同时派出 60 万美军。

两次大战之间，马歇尔在中国服役，属于驻天津的国际卫戍部队的美国分遣队。他曾在伊利诺伊州执行国民警卫队训练任务，在俄勒冈州运营失业青年组成的平民保育团营地，这些都为他积累了经验。1939 年 1 月，罗斯福总统任命马歇尔担任陆军参谋长，这是其全国军事领导人改革的关键一步。

珍珠港事件的打击，对德国和日本两线作战的挑战令人忧心忡忡，同时促成了对陆军高级指挥系统的重组。在 8 个星期的时间里，马歇尔和他的高级参谋人员设计出一个非常与众不同的"指挥部"，之后被证明非常有效，并一直存续到战争结束。

既有架构包含很多国防部的行政官员和代理机构，他们各自独立并直接向参谋长汇报，而其中很多内容，在马歇尔看来都无关其核心职责——指挥美国开展一场全球战争。解决办法牵涉一些职责的转移，也就是建立 3 个新的半独立司令部，承担更多指定的职能，让自我管理更加有效，日常工作也更标准化。这三个之中的第一个是陆军航空兵（Army Air Forces，AAF）司令部，它是一个享有相当大自主权的实体。第二个是陆军后勤部队（Army Service Forces）司令部，作为军方主要的采购代理机构，负责完成营房、餐食、医疗服务和运输工作，以及满足来自部队和各种独立机构运行的其他需求。[16]

第三个是陆军地面部队司令部（Army Ground Forces Command），它的职责是对陆军部队进行训练。1944 年，每个师需配备 9 个步兵营，但与此相关的征兵和训练工作却令人失望。[17] 为了回避固定作战，第二次世界大战中的步兵师设计者将第一次世界大战中每个师所辖的 4 个团缩减到 3 个团，其

20

理念是创造出更具机动性的部队，与装甲部队和空中力量一起推进。在一个师超过 1.4 万人的步兵当中，有大约 6000 人在自身武器之外还将携带并使用轻重机关枪及弹药，迫击炮的底座、炮管和炮弹，手榴弹，肩扛式火箭筒，以及火焰喷射器。他们要学习武器使用、刺刀攻防、班排战术和伪装。他们要携带沉重的背包，夜间站岗，长途行军。他们需要有良好的视力、可靠的记忆、天赋和领导力、创造力和判断力。步兵能得到有力的，特别是来自炮兵的支援，但他们是亲身与敌人搏斗的人，是整个师的牙齿。地面部队司令部希望它的人都聪明、强壮，并且年轻、有耐力。应征者却并未趋之若鹜，因为总是要干脏活，步兵并不受青睐。人们更愿意加入海军、海军陆战队（那些勇敢者）、空军学员、军官训练学校、陆军专业训练计划（Army Specialized Training Program）和后勤部队。另有一些人待在家里，因为家庭农场工作而免于服役。无论是身体素质，还是心理状态，各个陆军步兵补充训练中心（Army Infantry Replacement Training Centers）都发现受训者略逊于陆军的平均水准。

随着陆军机动性的提高，步兵的前景，即便还有一些，也是暗淡的。空军大规模扩招，需要新成员具备一定知识水平以发展技术技能，他们坚决要求，分到空军里的人，75% 以上入门成绩要达到陆军普通分类测验（Army General Classification Test）的最高等级。这就把陆军地面部队里大部分有望成为领导角色的人吸收走了。当国会在 1942 年底将入伍年龄的下限从 20 岁降到 18 岁时，地面部队特别盼望能够招募新兵。步兵确实得到了他们的份额，但并不容易。对陆军来说，他们是充满活力和耐力的年轻人；而对于家庭和国会来说，他们还只是孩子。陆军认为他们在训练结束以后应当和其他人一样被派往海外。可是，因为心中顾虑着国会的意见，陆军部变着法地设置各种限制，使这些"男孩子"在 19 岁之前不会投入实战。[18] 随着战争的发展，征兵令吸引到的入伍者越来越少，并且这些人的身体素质也在变差。陆军规模已经达到了 800 万人，超过了获得授权的 770 万人的上限，因此步兵的补充兵员将主要来自陆军内部。

在 1943 年底和 1944 年，大量陆军移驻海外，建立并拓展了西欧战线和西太平洋战线。在人员移动过程中，各个师里步兵扮演的角色以及发挥的补充作用变得十分关键。1944 年 12 月的阿登战役爆发前，在意大利和诺曼底的灌木丛中的战斗，尤其是 1944 年 10 月和 11 月沿德国边境的战斗，都充分说明陆军未能正确地预见战斗的压力，尤其是对于步兵的压力。[19]

为了准备和管理陆军的作战行动，以成立于 1921 年的战争计划处（War Plans Division）为基础，马歇尔建立了总参谋部作战处（Operation Division of the General Staff, OPD）。在 1942 年 3 月建立之初，它有 100 名成员，大多数是校级军官，只有少数将军。他们直接向马歇尔本人和他的副手汇报，而且作战处在刚刚落成的五角大楼占有一席之地。它负责具体事务，核心目标是规划军事行动，既要反映总统面临的现实情况，也要体现与盟国的联系，以及陆军和海军的战略设想。它的工作还包括预测、收集和分配必要的资源，需要与其他地区的行动取得平衡，确定时间和目标，还要监督行动并协助取得效果。作战处将战场司令部的灵活性和多功能与最高司令部的资源结合在一起。它既保存自己的机密档案，也管理国防部的全球通信网络。作战处的计划科掌管战略与政策，战场科有针对每个战场的各种情况和需要的专家，部队控制科负责兵力部署，还有后勤科为每次行动预测并提供必要的补给。作战处还负责为参谋长联席会议和联合参谋长委员会（Combined Chiefs of Staff）配备人员。它吸收了与其平行的三个传统参谋部门的人员和功能：G1（人事）、G3（行动与训练）和 G4（后勤）。只有 G2 是独立运作的，作战处在情报上要依赖它。在共同项目上开展工作，即便算不上合议制，至少也缓和了在作战处成立之前业已存在的形式主义，譬如说，少了很多书面同意的程序，信息能够更快地送达参谋长及其副手。

在一场全球冲突中，作为一支军队的战略塑造者，必然要面对政治问题并不得不与之周旋。美国的军方领导人和他们的参谋心中牢记着卡尔·冯·克劳塞维茨的著名格言，战争是政治的工具。他们认识到政治 – 军事相互协调，将政治贯彻于战略和行动中的必要性。[20] 对于民事和军事权力的边界，马歇尔是高度敏感的，他经常在国会的各个委员会就权力界限模糊的问题作证，如义务兵役制、人力资源、战时生产和预算。他的职责本身要求他把政治目标和总统及国会施加的限制都纳入考虑范畴，必要时也要在这种环境下为陆军方面的关键项目辩护。在与海军、参谋长联席会议及其各委员会，以及珍珠港事件后设立的英美联合参谋长委员会开会商讨问题时，马歇尔也是如此；特别是，在每隔几个月就在华盛顿或国外举行的会议上，罗斯福总统会携参谋人员会见丘吉尔等人，在极度政治化的环境中，马歇尔也负有重要职责。

在 1943 年中期，当形势对日本不利时，美国的战争决策者，特别是马歇尔，开始将更多精力集中于如何更有效地击败日本。占据联席会议思绪的是一套非正式的、相互依存的原则，在随后一年的时间里，它们逐渐形成坚定的信念，驱动着太平洋战场战略计划的制订。[21] 起初，无条件投降是根本的原则，是总统在 1943 年 1 月亲自宣布的一项条件。他对此的定义是"铲除德国和日本的战争能力"，这与陆军的想法一致，因为日本军方在其政府中占据支配地位。[22] 结束战争时如果未能根除日本发动侵略的能力，那将是生命和财富的极大浪费。鉴于日军血战到底的抵抗方式，要实现根本的思想转变，就意味着很可能要进攻日本本土并战胜日军。攻克并占领敌人的领土，尤其是东京周边的工业区，是迫使对方投降的最有效方式。与此同时，所谓"无条件"的条款听起来足够震慑，全面反映了对珍珠港的"偷袭"所引起的美国公众对日本的敌意。决策者们相信，无条件投降是一个实实在在的目标，是美国人能够理解的。[23]

作为第二条原则，他们相信，从牺牲规模或延续时间的角度来说，公众对战争的支持并不是没有限度的。罗斯福警告说，美国人民不理解在全球范围的斗争中击败轴心国需要付出多么大的牺牲。在公开讲话中，他经常谈到公众的漠不关心将多么危险，以及他所形容的那种过度自信和丧失信心的"高峰与低谷"。在1943年夏季，马歇尔也向错误的乐观主义发出了警告，并强调必须保持"坚忍的决心"。[24]陆军部长亨利·L.史汀生和副部长罗伯特·P.帕特森都持同样的观点。结束太平洋战争将是一项艰巨的挑战。从1943年开始的大规模部署，目的是准备在1944年发动大规模进攻，参谋长联席会议也开始考虑需要多长时间能够取得最终的胜利。如果诺曼底登陆进展顺利，欧洲的战争可能在1944年，肯定能在1945年结束。他们也知道，需要一年时间将部队从欧洲重新部署过来并展开对日本的进攻。所以，在欧洲胜利和进攻日本之间会有一个时间上的滞后。很有可能，太平洋战争不会在1946年，甚至是1947年之前结束。拖沓的行动、打击士气的伤亡以及未能实现的目标都将消解国民的团结，形成通过妥协实现和平的压力，那将使日本无法得到根本改变。在参谋长联席会议领导人的预测中，战争持续五年将会问题重重，而六年——延续到1947年——将是无法接受的。[25]

24

　　紧随着前面两条，在马歇尔和参谋长联席会议的参谋人员中间还有第三条原则。为了实现无条件投降的目标，同时维持公众的支持，速度将成为关键因素。马歇尔认为，美国不能浪费生命和时间，去完成一些对进攻日本起不了多大作用的预备或辅助行动。美军需要一把衡量的标尺，提供他所谓的"递增红利"，以一个个岛屿作为通往东京道路上的里程碑，抓住公众的注意力。[26] 所以，马歇尔反对盟国倡议的地中海和东南亚行动，在他心里，为实现先击败德国再击败日本的首要目标而准备的资源会被这些次要地区的行动浪费掉。[27] 英国人对推迟进军法国表示异议，马歇尔的反对意见是，因为需要在太平洋战场持续向日本人施加压力，所以如果不推迟进军法国，美国就无法为这次行动提供足够的资源。[28]

　　无条件投降、对美国民众舆论的关注和向日本不断施压的需要，构成了陆军部的一种战略范式，形成制订具体战役计划的基础。因此，加强对日行动将缩短战争进程，维持公众的支持，并在日本完成防御部署之前抢得先机，从而减少伤亡。到了1944年，军事战略依照的日程表更加紧张。对日作战，欧洲胜利，欧洲部队重新部署，以及进攻日本，所有这些都不得不在一个美国可以容忍的时间框架之内完成。[29]

　　海军制订计划有不同的视角，当它与陆军的视角发生冲突时，就需要通过参谋长联席会议进行斡旋。海军的观点更为局限，也更加传统，是在日本发动战争并夺取了菲律宾以后才形成的。海军战略的核心是摧毁日本的舰队。美国舰队，一俟集中起来和得到补充，就能向西太平洋发动攻击，攫取沿途的日本托管领土上的基地，将日本人拖入一场具有决定意义的主力舰队之间的交战。这种观念主导了1943~1944年的马绍尔群岛和马里亚纳群岛战役，主力舰队是太平洋舰队的全新航母–战列舰部队。当它在决定性的舰队行动中遭遇并击败日本海军以后，控制了太平洋的美国海军就能从周边岛屿上的基地包围并封锁日本，进而逼迫其投降。海军意识到，这种围困的时长将是不确定的，而且进攻本岛可能也是必须的；但一旦部队登陆本岛，那就是陆军的事情了。对于陆军来说的战争高潮，对海军来说却只是令人扫兴的结局——仅仅是一些扫尾行动。海军也没有时刻铭记舆论是一种限制性因素。他们的参谋人员囿于一种更技术性、更专业性的工作，不大关心美国的公众，而更注意陆军的国民警卫队训练职责和公共建设项目。

然而，在要求对敌人不断施加压力的问题上，海军也不甘人后，其中最为积极的是美国舰队总司令和海军作战部部长欧内斯特·约瑟夫·金（Ernest Joseph King）上将。1940 年，罗斯福选择金来指挥大西洋分遣队（Atlantic Squadron，很快便升格为一支舰队），因为他认为金是能够将海军从和平思想中唤醒的那个人。[30] 金生于俄亥俄州的洛雷恩（Lorain），父母是苏格兰后裔。他是一个严厉且强势的指挥官，如《时代》杂志的一篇文章所形容的，隐藏着 "内心里的风暴"，对怠惰和无能毫不留情。[31] 他迅速而熟练地使舰队转入战备状态，开始在大西洋上游弋。总统坚定不移地支持他，任命他指挥珍珠港事件之后的海军。在罗斯福的海军总司令人选中，金可能是能力最全面、最精明的一个，他做过工程军官、驱逐舰分队指挥官，第一次世界大战期间担任大西洋舰队司令的参谋长助理。在两次大战之间执行了潜艇任务以后，金进入海军战争学院（Naval War College）进修，获得海军飞行员资格，先后担任了 "列克星敦号" 航空母舰的舰长、航空局局长和飞机战斗部队（Aircraft Battle Force）司令官。[32]

金还是一个出色的战略家，是海军太平洋获胜策略的积极倡导者。在 1942 年的最初几个月里，当日本人向南方推进看似势不可当之时，他不仅强调要保护澳大利亚交通线，而且

26

进一步提出先发制人地对所罗门群岛采取行动。随后围绕瓜达尔卡纳尔岛发生的海战，使双方都遭受了惨重的损失，金坚持进行增援，投入了一艘又一艘宝贵的航空母舰，最后又派出了战列舰，直到日本人后撤并开始全面撤退。金与马歇尔截然不同，他的世界是围绕海上战斗的；他对平民不感兴趣，也几乎不重视公众意见。即便他认为向日本推进的速度非常重要，那也不是出于安抚美国公众的目的，而是为了防止日本巩固防御，为了使海军成为战争中活跃而重要的角色。

和马歇尔一样，金也重组了他的指挥机构，以适应自己的需要，但并不是大范围和根本性的改变，主要是为了强化他的个人权威和决策自由。通过兼任舰队总司令和海军作战部部长这两个职位，他巩固了自己的权力。在这种方式下，相比于马歇尔对陆军战场指挥官的权威，金对于舰队在太平洋上的行动拥有更为明确的指挥权，虽然二者都要受参谋长联席会议的决定约束。他时刻关注着太平洋舰队，每隔两个月就与其司令官切斯特·W.尼米兹海军上将在旧金山举行一次会议。与马歇尔不同，金并未设立一个相当于作战处的机构。他的掌控机制更加简单和个人化，在很大程度上仰赖关键的参谋军官，例如在后勤上依靠弗雷德里克·C.霍恩（Frederick C. Horne）海军中将，查尔斯·M.库克（Charles M. Cooke）海军少将则负责制订计划。除此之外，他还让军官在舰队和参谋机构之间轮换。[33] 金也没有像马歇尔组建陆军后勤部队那样，整合海军的技术和供应部门。海军部基本上还是保持一个"双功能的原子化结构"，[34] 需要大量的协调合作与临时解决方案。

到1943年底，如我们已经表明的，即使已经在为欧洲战场集结兵力，美国领导人还是决定加快太平洋上的战争节奏。太平洋上的既有部队，加上新到的航母舰队，准备驱逐并击沉日本舰队。空中、陆地和海上的攻击部队准备将太平洋上的战

线从赤道地区移动到能够对日本本土进行轰炸和进攻的范围以
内，届时将有击败德国后从欧洲而来的空中和地面部队增援。
如果日本仍然拒绝无条件投降，进攻日本本土将是必要的。然
而，金依然有信心以封锁降服日本人，进攻日本本土的可能性
微乎其微。[35] 对于进攻日本本土的必要性，无论陆军和海军有
多么大的分歧，金、马歇尔和参谋长联席会议总体上一致同意
要朝日本方向集结力量——形成一种无法阻遏的势头。

　　1944 年 3 月 12 日，在尼米兹夺取马绍尔群岛夸贾林环礁，
同时麦克阿瑟前进到阿德默勒尔蒂群岛 2 个星期之后，参谋长
联席会议向太平洋的两位指挥官发布了一道指示，阐明了他们
下一阶段的前进方向。太平洋舰队将在 3 个月后的 6 月 15 日
占领南马里亚纳群岛（塞班岛、提尼安岛和关岛）。之后它将
经加罗林群岛向西南方向前进，于 9 月 15 日夺取帕劳群岛，
那里距离菲律宾南部最大的棉兰老岛只有 600 英里。为了继
续向前推进，要在此处建立空军和海军基地。[36] 同时，4 月 22
日，麦克阿瑟的西南太平洋战区部队会占领日本人在荷兰迪亚
（Hollandia）的据点，它坐落在沿新几内亚岛北岸向西 500 多
英里的位置，处在从帕劳群岛起飞的重型轰炸机的航程以内。
到 11 月 15 日，这些部队在太平洋舰队的支援下，将占领棉
兰老岛。其间海岸沿线的日本守军，以及加罗林群岛上，尤其
是特鲁克岛的日军基地都将被绕开，并遭到孤立。新爱尔兰岛
（New Ireland）上的卡维恩（Kavieng）和新不列颠岛（New
Britain）上的拉包尔将陷入瘫痪，而不需要进攻。如此，太
平洋上分属于尼米兹和麦克阿瑟的两支力量将沿着大致半行的
路线向西奔赴棉兰老岛，快速航母舰队会依次对两支部队予以
支援。已经在新几内亚岛东部和所罗门群岛苦战两年之久的美
军，如今将要在 9 个月之内跨越 2000 英里。

　　3 月 12 日指示并未提到——也无须提及——攻击马里亚纳

28　群岛的一个主要目标是，与日本海军主力舰队交战。塞班 / 提尼安 / 关岛这一组岛屿位于西太平洋的中心，处在阻断通往亚洲之路的巨大弧形岛链的中点位置。这道弧线从日本本土岛屿向南延伸，经过琉球岛链、中国台湾、菲律宾、马鲁古群岛（Moluccas）和新几内亚岛。除了本土港口里的船只，日本舰队已经从太平洋上大幅收缩，为了防御新加坡和塔威塔威岛（Tawi Tawi）而放弃了特鲁克岛。塔威塔威岛属于菲律宾，紧靠着婆罗洲（Borneo）的海军油料储备，还有那条向东穿过庇护岛链进入广阔太平洋的通道。对于攻击马里亚纳群岛所带来的挑战，日本人不太可能置之不理，美军参谋人员将此地视作从日本向南延伸的"输送管道"的梗阻点，如 3 月 12 日指示所明确提出的，它将为美国人提供一个"针对日本本土行动的海空基地"，[37] 太平洋舰队自信能够在与日本主力舰队的交战中取胜，将制海权延伸到菲律宾和马里亚纳群岛之间的广阔海域，即菲律宾海，甚至可能比这个范围还要大。

　　3 月 12 日指示为 1944 年太平洋攻势设定的最终目标是，在吕宋岛 - 台湾岛 - 中国大陆取得一个立足点。海军领导层没有否认，最后或许还是要进攻日本本土，但是他们相信包围、封锁和轰炸能够以较少的代价让日本屈服。海军在 1944 年初的观点是，包围应当从台湾开始，切断日本与其部署在中国大陆南部和东南亚的军队的联系，就好像把一个软木塞搅入瓶颈。然后，通过邻近的中国大陆港口，美国可以为中国人供应武器，向北方的日据领土发动战略反攻，包括中国东北、山东，以及朝鲜。用"睿智的"库克（"Savvy" Cooke）海军少将的话说，就是"利用他们的人力作为主要的陆上武装力量在亚洲大陆上击败日本"。[38] 这很难算一个使敌人尽快屈服的方案。

　　在指挥官们和华盛顿的参谋人员之间引起争论的问题是，

应当遵循海军的路径直指台湾，还是按照麦克阿瑟所坚持的，取道菲律宾。占领棉兰老岛就阻碍了台湾方案：美军向北方推进时需要从吕宋岛发动持续的空中打击，它使得美军的位置过于靠南。[39] 另外，将棉兰老岛纳入计划能让麦克阿瑟重返菲律宾，并发挥他身上的战略意义。此外，这份指示也同意，虽然计划于1945年2月15日占领台湾，但是"如果证明此类行动有必要在挺进台湾之前实施"，那么就将在2月15日占领吕宋岛而不再为占领台湾另外规定时间。这份指示的目的就是让陆军和海军的目标同时保持可能性。参谋长联席会议希望对太平洋上的即期目标采取大范围的灵活行动。它所采取的集中兵力深入突击的方法将会给太平洋战争的现有格局带来根本的转变。这种双引擎驱动的竞争本质鼓励了双方对速度的追求，其开放性的结果也使得他们能够抓住不断变化的战场所提供的机会。

第二次世界大战中的太平洋战争是一场争夺机场的战争。[40] 陆军和海军的航空兵对于进攻行动十分重要，不论是在陆地还是水上，都遵循着同样的程序。海军飞行员会攻击日本人的机场，直到敌人被孤立、瘫痪，并丧失干扰美军行动的能力。根据不同情况，或绕开或袭击这些机场。夺取机场之后就开始进行修复和建设。随后辅助后勤船队会到达并建立基地。飞机会转场到这些新基地并开始执行任务，以使美军的控制范围扩大几百英里，这一过程会不断地重复。在广袤雨林覆盖的新几内亚岛上，陆军飞行员也经历着同样的过程。陆军的飞机会击垮日军的防御。进攻部队到来以后，在茫茫的荒野中开出一大片空地作为建设机场、仓库和防御线的空间。仿佛丛林中浮现出一个美国的"岛屿"，之后飞机就跨过丛林或海洋，从一个岛屿跃到下一个岛屿。它不是一条战线或一片区域，而是点到点地形成网络，但是可以形成一片广大的控制范围。

两种战略都需要对太平洋战场的作战力量进行重组和集中。随着 1943 年 2 月所罗门群岛的战斗结束，南太平洋战区司令部成为冗余。参谋长联席会议将它撤销，把它的资源分配给西南太平洋和中太平洋两个司令部：陆军各师、第十三航空队和较小的船只交给麦克阿瑟，海军陆战队各师、海军和陆战队的航空单位及大型战舰给了尼米兹。归属尼米兹的还有舰队司令威廉·F. 哈尔西（William F. Halsey）海军上将，以及来自已成为后方水域的阿留申群岛的第 7 步兵师。

由此，到 1943 年，太平洋战场的行动由麦克阿瑟和尼米兹指挥。尼米兹的司令部不用考虑珍珠港，那里就像是一个被"蓝色大舰队""几乎全身披甲"的旁观者，1944 年 1 月初，这支舰队为马绍尔群岛战役出发。[41] 即使舰队离开以后，夏威夷仍然充斥着士兵和船员，修理、供应及指挥设施，更不用说机场、医院和训练基地。除了麦克阿瑟在西南太平洋战区具有最高权力之外，尼米兹负有对太平洋上的全部海军和陆军人员的管理职责。珍珠港袭击发生十天以后，总统和弗兰克·诺克斯（Frank Knox）海军部部长选择他来指挥太平洋舰队。尼米兹的首要工作是让一支士气低落的舰队重建信心，他具备完成这项任务的个性与技巧。拥有"阳光的性格和镇定的举止"的尼米兹，喜欢古典音乐，定期锻炼、游泳、散步，还练习手枪射击。塞缪尔·埃利奥特·莫里森（Samuel Eliot Morison）形容他"平易近人，善解人意，受到舰队指挥官们的爱戴"，平静、自信、彬彬有礼，坚决果断，有一种"几乎无可挑剔的判断力"。[42] 尼米兹出生于西堪萨斯山区的弗雷德里克斯堡（Fredericksburg，靠近林登·B. 约翰逊的出生地），1905 年毕业于海军学院（Naval Academy）。他曾在潜艇、驱逐舰、战列舰上服役，后来担任美国航海局（Bureau of Navigation）局长，实际上是海军人事部门的首脑。

作为一位舰队和战场司令官，交给尼米兹控制或攻占的海域达到 7000 万平方英里，截至 1945 年，用于执行这项使命的舰船多达 1500 艘。[43] 从珍珠港到瓜达尔卡纳尔岛，从 1941 年到 1943 年 2 月，他艰难度过这段危险莫测的决策时期，想尽办法扩大和重建舰队，然后将其投入不间断的进攻行动。在他做这些工作的时候，一边是最为严厉苛刻的上级，金海军上将的密切注视，另一边是疑虑重重又争论不休的对手，麦克阿瑟将军。

尼米兹的主要武器是 88 艘战舰组成的快速航母舰队，包括战列舰、巡洋舰和驱逐舰。1944 年 6 月 6 日，它从马朱罗环礁出击，一路向西发动了马里亚纳群岛战役，正如莫里森的描述："在波光粼粼的蔚蓝大海映衬下，长长的沙洲一直延伸到视野以外，[舰只]成一条纵队，以 15 节的速度穿过航道。它们以鲜艳的彩旗打出长长的旗语，部署成环形的巡航编队。"[44] 作为一种可怕的武器，它也有局限性。海军空战专家相信，航空母舰需要足够的海上空间，这样它们才能突然现身打击敌人，旋即又消失无踪，就像日本舰队在珍珠港表现的那样。面对陆基空中打击的航空母舰是脆弱的，所以它不应当被某一特定的军事行动束缚，或者陷入菲律宾群岛之间的狭窄水道。此外，经历了长期作战的舰只、船员、飞行员和飞机，除了有一部分可以在海上进行轮换，其余都需要定期靠港进行补给和维修。

在威慑程度上略逊一筹的是两栖攻击部队，它构成了舰队的大部分力量。[45] 总的来看，随着舰队越来越靠近日本，进攻行动中派出的作战师的数目也有所增加：从 1943 年 11 月塔拉瓦环礁的 1 个师，到 1944 年 1 月马绍尔群岛的几个师，再到 1944 年 6 月马里亚纳群岛的 5 个师和 1945 年 4 月冲绳岛的 7 个师。地面部队通常既有陆战师也包括陆军师，在冲绳战役之前，由陆战队负责指挥整个地面作战。所有的作战师都曾在加州南部或夏威夷接受专门的、必不可少的两栖训练，而且这些训练都是按照未来登陆作战排演的。两栖攻击有一个精密编制出来的脚本，在夺取滩头时采用多重连续火力。在准备阶段，先利用快速航母部队进行持续数日的打击，突袭机场，轰炸防御工事，再以新型战列舰的 16 英寸火炮进行炮击。登陆的前一日和当日清晨，包括珍珠港事件前的老式战列舰、巡洋舰、驱逐舰和护航航母上起飞的飞机，所有炮火齐声怒吼。在两侧控制艇的严密监视下，一波波登陆舟艇上的进攻部队登上海滩。第一波次先由运输舰送到半途，再换乘坦克登陆舰（landing ship tanks，LSTs）。这是一种 300 英尺长的舰只，有艉门跳板，内部装载着两栖牵引车。到达登陆地点后，在穿过环绕岛屿的沙洲之前，这些装载部队的舰只排成一队，一并放下跳板。随后而来的是运兵船，上面悬吊各自的登陆艇。这些小艇被放下来后，不顾海浪起伏，士兵们从船侧爬进去，坐进小艇，同时把装载货物的网兜从大船上放下来。而后，登陆艇组成不同波次，跟着两栖牵引车向滩头前进，越过执行炮击任务的舰只，包括在环礁外面排成一线的巡洋舰和驱逐舰，以及更近岸的炮艇。计划制订得非常细致，但是现实总是会有所不同。

第三种武器是潜艇，虽然发展缓慢，却在战争的后半程发挥了惊人的效果。战争前半程的很多困难是可以预见的：潜艇数量太少，鱼雷短缺，从基地到日本运输航线太长，大规模训练需要很多专业人士。而最令人吃惊的是大量鱼雷发生故障，海军军械局（Burear of Ordnance）应对并处理这一问题时的失误使之进一步恶化，这也说明了海军部各个部门的独立性。最后，在尼米兹和金的共同干预下，试验表明制导和引爆系统存在缺陷。直到 1943 年 9 月才找到补救的办法。等到这些办法被证明有效，战争进程已经过半。[46] 除了鱼雷故障本身，或许也是受其影响，潜艇指挥官中间存在着保守的思维模式。在第一次世界大战中，美国对无限制潜艇战持反对态度，在两次大战期间，也没有预见要对敌人的商船展开攻击。相反，潜艇紧靠着主力舰队，用来护航和攻击敌人的战舰。随着水下声音跟踪系统（声呐）和空中监视的出现，潜艇似乎变得更易受攻击。海军的策略认为，它一定不能浮出水面，而应当在潜望镜深度以下借助声呐开火。这一建议更加鼓励了防御性的思维，效果不佳。在 1942 年，有 30% 的潜艇指挥官因"不称职或缺乏战果"而被免职，由更年轻的、更富进取心的军官代替。[47]

美国潜艇活动的大幅激增是因为破译了日本的舰队密码，它使针对敌人商业航行组织协调行动成为可能。当太平洋上的美国势力向西扩张，潜艇补给船也随之移动，在珍珠港和弗里曼特尔（Fremantle）——位于澳大利亚西海岸的珀斯附近——以及澳大利亚东海岸的布里斯班，为潜艇提供油料和武器补给（潜艇被归类为"艇"，而不是"舰"）。部署在珍珠港的潜艇（总数大约 100 艘）以日本、中国东海和台湾为目标；弗里曼特尔的潜艇以南海及中间一些较小的海域为目标；而布里斯班的潜艇则面对所罗门群岛、新几内亚岛和菲律宾，总数为 40 多艘。[48]

到了 1943 年底，潜艇作战得到了更好的协调。舰队组成小分队，轮流派往中国海域，分别在按照棋盘状划分出的各个巡逻区域执行任务。此时，对于日本人的原料供应，美军潜艇已经构成主要的威胁。它们能够机动灵活地开展远程打击，静悄悄地浮出水面，拥有坚固的船壳、有效的武器装备、可靠的动力系统及出色的空中和海面搜索雷达，甚至还配备了空调，尽可能改善艇员的生活条件。日本海军因为缺乏护航舰只，无法提供足够的保护。[49] 从 1942 年到 1943 年，潜艇击沉的日本商船数量稳步增加，而在鱼雷问题解决以后更是迅猛增长：1942 年击沉 180 艘，1943 年 296 艘，1944 年达到 600 艘以上。在战争的最后几个月里，快速航母舰队和空中布雷也大大增加了击沉数量。这些加在一起，美军在战争期间共击沉 2117 艘日本商船，其中潜艇的贡献率约为 55%。[50] 战前，日本商船队总量为 600 万吨，虽经战时的建造和抢夺得以增加，最后还是减少到不足 200 万吨。潜艇还击沉了 201 艘军舰，包括 8 艘航空母舰。截止到 1945 年，日本已经损失大部分的油船及所携油料，以及 40% 的进口原材料；它在太平洋上的 5 个主要港口的吞吐量只相当于 1942 年的八分之一。[51] 在破坏日本战争能力的过程中，美国的潜艇战发挥了决定性的作用，但代价也是高昂的。在总共 288 艘潜艇中，有 41~44 艘丧失于敌手。一艘潜艇的损失无疑意味着艇上人员的损失，有四分之一的潜艇官兵未能返航，是所有军种中损失率最高的。[52]

维持全部中太平洋进攻行动势头的，是庞大的多功能舰队后勤部队，在整个战争期间，它是由威廉·L. 卡尔霍恩（William L. Calhoun）海军中将建设和管理的。因为珍珠港事件之前的标准战略要求派遣舰队跨越太平洋与日本舰队进行决战，海军已经投资建设一支辅助后勤船队——修理、食品补给、弹药船、驱逐舰和潜艇补给船、油轮——并掌握了海上加油技术。这只是一个开始。[53] 舰队是分阶段向前推进的，当卡尔霍恩的后勤分队为当前行动配发物资和给养的时候，他和尼米兹的后勤参谋人员就已经下达了命令，为下一次行动准备船只和货物。1944 年初，战争节奏开始加快，行动之间的时间间隔缩短了。随着美军距离日本越来越近，作战动用的部队和舰只数量也增加了。伤亡增多需要更多的医疗船，还要把登陆舰艇改装用来转移伤员。因此，每一次行动都要求舰队航行更远，消耗更多的油料、食品和时间。基地需要储备大量的零部件来修理在长期巡航和战斗中损坏的机器设备，还要有熟练的人员负责调试和修理火炮瞄准镜、雷达、密码机等其他复杂仪器。除此以外，具有延伸到海滩上的足够空间的港口，在太平洋上寥寥无几；环礁可以提供海上庇护，但也只是一串串环形的陆地。[54]

为了使舰只保持正常运行，避免在返回珍珠港和西海岸的路程上浪费时间，卡尔霍恩需要将港口和基地的一部分设施转移到一个尽可能靠近舰队行动区域的岛屿或环礁，并在可行的前提下，储备尽可能多的药品和替换零件。后勤部门必须派出适当的舰船和平台组合，造出一个特别的港口或基地：用于勘测、布网和扫雷，拼合式码头，平底驳船，还有需要以 4 节速度拖过几千英里海面的混凝土驳船，以及作为营房和提供 5000 种急需物品的仓库。海军运作的分配体系不同于西尔斯百货公司（Sears Roebuck）的零售系统。[55] 除了所有其他设备，还有吊车和可拆卸的浮动干船坞（其中一座可供战列舰使用），以及一艘维修舰，能够修理战斗或风暴中的损伤，或通过临时修复使受损舰只可以返回西海岸。浮动基地庇护着弹药船，部分装备了冷藏系统的给养船、海水蒸馏船、一个舰队邮局和一个电影放映厅。[56]1944 年初，为马朱罗、夸贾林和埃内韦塔克三处环礁配备的就是这些设施。

为了将战舰维持在海上，舰队补给进一步接受了可移动基地的理念。直接从阿鲁巴岛（Aruba）和库拉索岛（Curacao）驶来的商业油轮把燃油送达前沿基地，灌入停泊在那里的舰队油船，后者继而启航前往行动区域附近与作战舰只会合，加油的时候经常是在两侧同时为两艘军舰加油。1944 年 7 月，油轮共为各前沿基地运送了将近 450 万桶燃油和 800 万加仑航空汽油。1945 年，舰队后勤分队扩展了海上转运体系，增加了弹药、新鲜和冷冻食品、一般货物和一次性飞机油箱。小型护航航母也参与了这一过程，用弹射器将备用飞机送至快速航母部队。[57] 太平洋舰队的快速航空母舰、两栖攻击舰和潜艇部队，在舰队后勤分队的助力下，成为最新式也最具毁灭性的攻击力量。

尼米兹的优势在于，他比麦克阿瑟更靠近华盛顿，通过定期拜访金海军上将和珍珠港及关岛上的司令部，他更容易跟上华盛顿的脚步。他手下有天才的参谋人员，福里斯特·舍曼（Forrest Sherman）海军少将和一个优秀的陆海军联合参谋班底。作为他的下级，第五舰队司令官雷蒙德·A. 斯普鲁恩斯（Raymond A. Spruance）海军上将并非一个"沉默的武士"。还有海军上将"公牛"哈尔西，海军中将"可怕的"里奇蒙·凯利·特纳（Richmond Kelly "Terrible" Turner）和海军陆战队中将"号叫的疯子"H. M. 史密斯（H.M. "Howling Mad" Smith），作为下属，他们都不吝于表达自己的观点。更有舰队空军司令约翰·H. 托尔斯（John H. Towers）海军中将，后来成为尼米兹的副手。他是杰出的海军航空兵进攻之父，是建立太平洋舰队快速航母部队首屈一指的角色。[58] 在快速航母舰队中，飞行员获得了许多重要的指挥岗位，但是，在锐意改革和意图维持身边意见的平衡上，尼米兹是一个渐进主义者。于是，像斯普鲁恩斯这样的"战列舰上将"，虽然不情愿地接受了让航母成为舰队的支配力量，但对于它的使用，心中仍持有战前的保守态度。飞行员虽不反对发挥静态的防守作用，但认为快速航母舰队的根本价值在于它的打击能力，其特点是本质上的独立性、进攻性和战略性，并将对敌方舰队和空中力量的攻击视作其明确功能。非飞行人员则对此有着更宽泛的想法，包括防御作用，以及用大炮和飞机近距离支援两栖进攻。

在尼米兹的指挥系统中，还有一个更重要的因素是同时使用陆军和海军陆战队。在 4 个海军陆战队师（后来增加到 6 个）

的基础上，他提出进一步的要求，并得到了更多的部队：其所辖陆军师的数目也增加到 6 个。陆军的作战方法与海军陆战队不同，陆军在马金岛（Makin）和夸贾林环礁登陆作战中进展缓慢，引起了对于领导权和训练方法的质疑。

然而，总体来说，可以用一个词来形容 1944 年中期的美国太平洋舰队：可预见性。它学会了如何将各种各样的要素聚合在一起，克服距离上的遥远，在恰当的地点和时间拥有恰当的实力。问题在于，它是否能够在战争规模变大、范围变广、速度加快、激烈程度加剧的情况下保持这种能力（其货物装载量在 1944 年增长了 62%）[59]。第二个问题是，它不仅和并肩前进的麦克阿瑟将军的部队展开竞争，还要与其合作，在此基础上，它能否维持上述这种能力。对于参谋长联席会议那种机会主义的、必然会带来不确定性的太平洋战略，它能否适应可能发生的迅速变化呢？麦克阿瑟的司令部距离尼米兹在珍珠港的司令部有遥远的 3500 英里，而布里斯班就像是这条长长的走廊上最远端的一套公寓。他的西南太平洋战区的指挥范围越过新几内亚岛和俾斯麦群岛（Bismarcks），向西穿过荷属东印度群岛，最远到达苏门答腊岛，向北则越过南海和菲律宾。大部分战斗发生在这片地形复杂之地。新几内亚岛延亘的距离相当于从波士顿到明尼阿波利斯，它既有高达 1 万英尺的丛林覆盖的山脉，也有少量的海滩，长满了叶片锋利的茅草，以及地图上没有的沼泽和海图上未标记的暗礁。

麦克阿瑟麾下并没有类似辅助太平洋舰队前进的快速航母、两栖或后勤部队。他起初只有两个澳大利亚师和两个缺乏训练、装备落后的美国师，少数几艘巡洋舰和驱逐舰，以及一批缺少备用零件的飞机。然而，到了 1944 年，在尼米兹取道马绍尔群岛的同时，麦克阿瑟沿着新几内亚岛北岸跳跃前进。夺回对菲律宾的控制权，通过主导太平洋战争而成就历史大业，这个决心是难以抑制的，它是驱动麦克阿瑟的重要力量。即便没有庞大的陆军和舰队，他还拥有技能、自信和成就一番事业的强烈欲望，让自己成为一支独立的力量，实现马歇尔将军的日程表。

当然，他也有自己的日程表。麦克阿瑟性格的核心是一种追求伟大抱负的家族传承。他在回忆录中写道，他的家族传统"是与亚瑟王和圆桌骑士的历史传说联系在一起的"。[60] 他的祖父，亚瑟·麦克阿瑟在 10 岁的时候跟着寡母从苏格兰来到美国，后来在华盛顿成为一位广受尊敬、地位显赫的联邦法官。他的父亲，亚瑟·麦克阿瑟二世在内战中作为一个 17 岁的威斯康星州志愿兵，加入先头部队进攻米申纳瑞桥，并因此获得一枚国会荣誉勋章。他的父亲继续留在陆军服役，在美菲战争中成为驻菲律宾的陆军司令，并晋升到陆军的最高军衔；然而，因为陷入与菲律宾总督威廉·霍华德·塔夫脱（William Howard Taft）的长期不和，他没有获得参谋长的职位——这令他非常遗憾。道格拉斯的长兄，亚瑟三世在海军中事业有成，1923 年因阑尾炎去世的时候已身居高位。他的弟弟年幼时死于麻疹。麦克阿瑟家族遗产的守护者是道格拉斯的母亲，玛丽·哈迪·麦克阿瑟（Mary Hardy MacArthur）。这位刚愎自用的女人，来自一个著名的弗吉尼亚种植园和商人家庭。麦克阿瑟的传记作者之一，D. 克莱顿·詹姆斯（D.Clayton James）写道："就是她，以某种方式向道格拉斯灌输了一些与家族过往堪称神秘的完整联系，和一种继续坚持并超越先人成就的急切愿望。"[61]

在西点军校的时候，他的学业成绩高居班级第一，是有史以来的最高成绩之一，同时担任学员队队长。第一次世界大战期间，作为第 42 彩虹师的参谋长和旅长，他因作战勇敢而 7 次获颁银星勋章，因"非凡的英勇精神"而两次获得"卓越服役十字勋章"。[62] 他的领导能力和勇气得到高度认可，在和平时期，他被任命为西点军校校长，并获得准将军衔。在那里，他在课程和教学的振兴与现代化过程中发挥了重要作用。他迅速晋升到最高职位，在 1930 年担任了陆军参谋长。1935 年陆军参谋长任期结束，他成为菲律宾政府的军事顾问，当时年仅55 岁。

回到菲律宾无疑是一种解脱。因为在大萧条期间，军队预算缩减，他为挽救美军而奋战了 5 年时间。这次是麦克阿瑟第四次来到菲律宾（前三次分别是在 1903~1904 年、1922~1925 年、1928~1930 年），曾经的殖民地此时正寻求国家独立。这里是他的家，他真正的唯一的家。这些美丽的岛屿和热情且浪漫的岛民深深吸引了他。[63] 在跨越太平洋前往菲律宾途中，他遇到了吉恩·费尔克洛思（Jean Faircloth），一个为自己的南方血统而自豪的田纳西州人。他们坠入爱河，于1937 年结婚。1938 年，亚瑟·麦克阿瑟出生，正如他的传记作者所说，将军高兴极了。[64]

在他们位于马尼拉饭店顶层套房的阳台上，麦克阿瑟一家欣赏着动人的热带黄昏景象，眼前是一览无余的美景，马尼拉湾，巴丹（Bataan）的山峦，还有远处的南海。这里是他通向亚洲的门户。麦克阿瑟对亚洲的最初印象得自 1905~1906 年，他作为父亲的副官进行的一次考察旅行，当时正值欧洲殖民主义和帝国主义竞争的高潮。这也是一趟走马观花的旅程，经过了香港、新加坡、仰光、加尔各答、白沙瓦（Peshawar）、孟买、班加罗尔（Bangalore）、马德拉斯（Madras）、荷属东印度、广东、青岛、天津、汉口和上海的军事基地，历时 8 个多月，行程接近 2 万英里。他记得横穿"通往阿富汗的路线时与'开伯尔（Khyber）之王'宾登·布拉德爵士"（Sir Bindon Blood）同行"，骑马走过"吉卜林的吉姆大干道"（Grand

39

Trunk Road of Kipling's Kim）。旅途中，他听到"国王、总督和高级专员们表达的希望和恐惧……我们看到殖民制度的强大和缺陷，它如何带来了法律和秩序，但未能使民众获得发展……我们接触到千百万的底层百姓"。他写道，这幅由"丰富多彩的土地、神奇的传说和生动的历史"组成的画卷，是"为我整个人生所做的最重要的一项准备"。[65]

这次旅行使麦克阿瑟感悟到这一地区的"真正历史意义"，并激发了对它的"使命感"。亚洲是较晚接受西方文明的地区，他相信，美国"不可避免地卷入了"这块大陆及其"边缘的岛屿"。如他在1936年的报告中所说，对于美国和欧洲，亚洲的吸引力在于它成为西方产品市场的潜力，因为既有市场已经"疯狂竞争和过度开发"。[66]美国人鼓吹的东亚政策认为，在即将到来的对亚洲市场的国际斗争中，菲律宾会扮演一个重要角色：美国将引领菲律宾走向独立，并为其提供保护，菲律宾的军事基地将作为美国军队的一个集结地点，以保护贸易上的门户开放政策和地区内的协商谈判制度。[67]正是因为菲律宾的战略重要性，麦克阿瑟与菲律宾政治精英建立的牢固关系，以及他对这片岛屿的热爱，马尼拉成了他实现勃勃雄心的理想之地。[68]

随着20世纪30年代快要过去，这一愿景逐渐褪去了光彩。他按照计划在1937年开始建设一支40万人的菲律宾陆军，超过了当时美国陆军的规模。年轻人受到招募、训练并编入预备役，直到危机出现。导致计划失败的原因很多，但最根本的是从无到有建立一支陆军，特别是在这样一个讲着多种不同语言的群岛上，为时已晚。此时，日本人已经箭在弦上；美国陆军部正在试图减少在远东的投入，菲律宾想要的是置身事外。[69]菲律宾士兵都部署在家乡附近的各个岛屿上，不可能有效集中于可能的入侵地点。1941年7月，美国政府改变策略，

派来了轰炸机和增援部队，任命麦克阿瑟为驻远东美国陆军总 40
司令。1942 年 5 月，菲律宾的陷落是美国政府的错误，而不
是麦克阿瑟的，但他是负责指挥的军官。政府将他从战场上调
回到澳大利亚指挥对日作战的西南太平洋战线，这使他背上了
沉重的包袱。他离开巴丹时，那里的形势"预示着美国陆军所
经历的最大一场灾难"。用他自己的话说："我们马上就要完蛋
了。"[70] 无论他的调动是否切合实际、是否有必要，对于一名
军人，输掉一场重要的战斗，并且留下自己的部队听天由命，
都是极大的耻辱，不属于阿瑟家族传奇应有的内容。他唯一的
救赎就是重新夺回菲律宾。所以他的诺言"我来过，我还会回
来"成为他回澳大利亚的前提条件，并得到坚决捍卫。这将成
为驱使陆军向日本挺进的动力。

　　布里斯班的麦克阿瑟是一个崭新的麦克阿瑟——一名老
兵，不打领带，没有绶带，戴着皱巴巴的帽子，叼着玉米芯烟
斗的名人。政府未能对巴丹的部队进行增援和解救，他对此深
恶痛绝。华盛顿方面鼓励麦克阿瑟坚守阵地，提出了希望却没
有做出任何保障。他们曾告诉他，会想尽一切办法提供帮助。
轰炸机编队从非洲和太平洋两个方向来到西南太平洋。但是，
除了潜艇送来的东西，什么也没有到达菲律宾。"我本来可以
守住巴丹，"麦克阿瑟对一个下属说，"若非他们如此彻底地抛
弃了我。"[71]

　　麦克阿瑟眼中的遗弃，他的政府却认为是一种残忍的必
要。珍珠港事件之后几个星期内就得出结论，在美国的军事资
源中，欧洲战场拥有第一位的优先权，鉴于日本人进攻的力度
和速度，防守夏威夷和澳大利亚交通线，以及澳大利亚本身的
重要性都应该排在菲律宾之前。对于麦克阿瑟，无论他在什么
地方，自己的防区都要排在第一位。而其他安排都会被他看作
一种对其个人的挑战和威胁。在菲律宾战败以后，他的态度达

到了偏执的程度。他怀疑"华盛顿的领导人"——罗斯福和马歇尔——是在"反对"他，"这些人其实是一个试图恶意破坏他事业的小集团的领导人"。他继而又指责德怀特·E.艾森豪威尔准将，"为了提高自己的地位而向白宫提供麦克阿瑟的负面信息"，艾森豪威尔曾在菲律宾为他担任了四年时间的参谋长，现在在陆军部负责制订战争计划。[72]

因为他战区的低优先级，麦克阿瑟感觉自己被"彻底孤立"，对华盛顿的"敌人"疑虑重重，而美国公众赞美他英勇保卫巴丹岛，这让他得到了安慰。在反罗斯福的媒体鼓励下，在这个"渴望英雄的国度"里，人们纷纷用他的名字给孩子起名，命名道路，送给他各种奖励和会员资格。菲律宾陷落之后不久，在一次民意调查中，他成为最有可能任下届总统的四个人之一。[73]然而，1942年夏天，当中途岛和瓜达尔卡纳尔岛战役的大幕拉开以后，公众的注意力很快转向了太平洋的中部和南部。在珍珠港事件前后，将亚洲舰队撤离菲律宾的行为，令麦克阿瑟对海军怒气冲天。他还记得作为陆军参谋长时与海军就飞行任务发生的争执。而且，他与金海军上将互相嫌恶。[74]所以，他将太平洋舰队视作对手和威胁就不奇怪了。

为了重获优势，并为解放菲律宾取得必要的战略优先，麦克阿瑟相信，他需要在国内赢得一个胜利者的声誉。这就要对战场内外的沟通采取严密的管制。对于待审查的战地报道，麦克阿瑟的公共关系官员，（"选中的"）莱格兰德·A.迪勒（LeGrande A.［"Pick"］Diller）上校（后来成为准将）直率地说明了他的政策："如果我认为可能伤害到'老伙计'，我就不会允许任何这种报道发出去。"根据迪勒的说法，保证太平洋的故事具有"吸引力"（大概意思是成功的），麦克阿瑟就能得到更多的部队和补给。[75]麦克阿瑟拥有和新闻界打交道的经验，1916年，他担任陆军部公共关系官员时，就凭借"与媒体打交道的黄金般的才能"而闻名。威廉·伦道夫·赫斯特、罗伊·W. 霍华德、罗伯特·E. 麦考米克上校、亨利·R. 卢斯等媒体大亨都是他的老朋友。据《生活》（*Life*）杂志摄影师卡尔·迈登斯说，这位将军对新闻媒体有着浓厚的兴趣，每天都关注通过航空快件从美国送来的简报。[76] 他还从自己的通信主任处获得陆军部高级官员和自己手下工作人员之间的通信。另外，他的反情报主管还向他提供基于调查和通信审查得出的部队思想情况月度汇总。[77] 他相信控制依靠信息，所以他建了一套实用的通信系统来获取信息。

42

麦克阿瑟把防区想象成他自身的延伸。其公开声明以"我"相称；他对吕宋岛对日作战情况的描述，听起来更像是滑铁卢："然后我投入了霍尔将军指挥的第十一军，经海路到达三描礼士（Zambales）沿岸……我自己率第 1 骑兵师从另一侧包抄。"[78] 罗伯特·L. 艾克尔伯格（Robert L. Eichelberger）中将意识到，一场胜利的战役就是一场麦克阿瑟的战役，这让他很气愤。1942 年 12 月，艾克尔伯格被派到新几内亚岛北岸的布纳（Buna），去重振深陷困境的第 32 师，并夺取村庄；他取得了成功，并在《生活》杂志和《星期六晚邮报》上得到积极的评价。麦克阿瑟立刻将他视为竞争对手或替代者，把他派到澳大利亚训练部队并吸取教训。[79] 1944 年，马歇尔将军支持《时代》杂志发表一篇关于新几内亚岛北岸作战的文章，但是迪勒删去了各个当地指挥官的名字，而使这篇文章的效果打了折扣。按照马歇尔的观点，取得成绩的部下需要得到认可。麦克阿瑟却心怀妒忌。1945 年，他明确拒绝提名自己的手下接受英国勋章，理由是这些有功之臣已经获得美国的勋章。陆军部通知他，不存在这样的排斥政策，要求他重新考虑。[80] 总的来讲，联邦政府的战争机构在西南太平洋战区是不受欢迎的。战略服务办公室（The Office of Strategic

Service）被排除在外，总司令部（General Headquarters）的战时新闻处（Office of War Information）只能向澳大利亚公众发布消息。麦克阿瑟有他自己的宣传和心理战部门。[81]

麦克阿瑟努力按照自己的意愿描绘他的战区，这就使西南太平洋对于华盛顿来说更加模糊和遥远。虽然受到欧洲优先政策的限制，作战处仍然急切地想要帮助麦克阿瑟。第 1 骑兵师是一支陆军常备部队，已经机械化但还不是装甲部队，所以在争议之下被认为更适合太平洋战场而不是欧洲战场上的战斗。作战处太平洋战场小组将它从墨西哥边境守卫任务中夺过来，交给了麦克阿瑟。[82] 按照作战处处长约翰·E. 赫尔（John E. Hull）少将的说法，西南太平洋总司令部"［在无线电报中］不愿涉及具体的计划，或就他们所面临的问题及他们希望施行的决定与我们讨论"。赫尔拜访了麦克阿瑟，认识到双向沟通是不可能的，他毫不困难地发现了总司令部的想法。[83] 麦克阿瑟班子里的一名文职人员承认，这位将军进行的是他自己的战争，而且将军认为华盛顿不应当"什么都做，但就是不给他想要的和他认为自己需要的东西"。[84]

麦克阿瑟是马歇尔最难对付的战场指挥官。他对海军的斥责和对竞争战略的拒斥已经到了抗命不遵的边缘，给业已紧张的陆海军关系增添了不必要的负担。马歇尔的副参谋长托马斯·T. 汉迪（Thomas T. Handy）上将以一种明显轻描淡写的方式暗示，他的上司"有时感到或许［麦克阿瑟］的确令我们在工作中很难与他打交道"。尽管如此，如汉迪所说，马歇尔带着慎重与克制，"小心翼翼地"应付他。这种态度部分源于两个人在职业成就上的巨大鸿沟。麦克阿瑟在第一次世界大战期间就已经是战地指挥官，迅速升到准将军衔，进而成为参谋长；而马歇尔，在大战期间和战后，都缺乏部队指挥经验。麦克阿瑟拥有丰富的战斗经验，被称为战斗领袖——彩虹师里的一名年轻战士说他无所不能——可是马歇尔在这两方面都不行。他尊敬麦克阿瑟的战场领导能力，而麦克阿瑟佩服对方占据了那个他自己不曾得到的职位。[85]

不管马歇尔对麦克阿瑟是什么样的感觉，他有三条理由支持对方。首先，正如一切所证实的那样，麦克阿瑟能够随心所欲地指挥一支军队。其次，他具有进攻意识；他能够尽快地向前推进，并提供马歇尔所渴望的势头。最后，马歇尔断定，麦克阿瑟经过菲律宾的路线是通往日本的正确道路。

第二章
新几内亚岛上的挺进，
1944 年 4 月~7 月

　　1944 年 1 月，澳美两国部队已经夺回新几内亚岛的东半部分（巴布亚），直抵分隔该岛与东西走向的新不列颠岛的海峡。米尔恩湾（Milne Bay）、布纳、萨拉马瓦（Salamaua）、莱城（Lae）、芬什港（Finschafen）、马克姆河谷（Markham Valley）、赛多尔（Saidor）和格洛斯特角（Cape Gloucester），现在都已变成后方基地，而在 1942~1943 年的各次战役中，它们相继落入日军之手，成为一个个令人沮丧的地标。摆在面前的还有五次两栖进攻，从 1944 年 2 月开始，沿着荷属新几内亚的北岸依次展开，它们将使美军获得一个又一个机场，直到 7 月 30 日抵达该岛的西海岸。为了按计划在 11 月对菲律宾群岛最南边的棉兰老岛展开进攻，他们要在那里建立基地和集结区。在 3 个月的时间里，这场战役将使西南太平洋战场的军事力量朝着西北方发生一次巨大的位移。

　　对这次行动，在麦克阿瑟自己所定义的范围内——只有他自己这么认为——他是实际上的总司令。他并非一个单一机构的，而是在形式上整合了各个军种的司令官。当制订总体计划时，麦克阿瑟与陆海空指挥官单独交涉，他总是将最终决定权留给自己，但是授权各指挥官制订和管理各自分内的计划，并与其他指挥官协调。在出现问题的时候，他乐于进行单独或团队的讨论并接受变化。无论如何，他要求绝对忠诚和及时行动；事实上，他经常激励手下指挥官加快速度。

麦克阿瑟逐渐用一些颇有能力的军官填补了他的高级参谋和指挥岗位。其中有三位是非常出色的：空军第五航空队司令乔治·C. 肯尼（George C. Kenney）中将，两栖作战部队司令丹内尔·E. 巴比（Daniel E. Barbey）海军少将，以及总司令部作战处处长（G3）斯蒂芬·J. 钱伯林（Stephen J. Chamberlin）少将。在特业参谋中，工程兵主任胡佛·凯西（Hugh Casey）和通信主任斯潘塞·埃金（Spencer Akin）尤其受到麦克阿瑟的青睐。他的总司令部参谋军官中，有一组人员是他从科雷希多岛（Corregidor）带来的，即所谓的"巴丹帮"。这些人对他起到保护作用，在很多情况下，其忠诚度要高于自身的能力。然而，这个小集团与作战部门是完全不同的——实际是不和的——对于后者，麦克阿瑟要求忠诚的同时也看重专业知识和领导力。

麦克阿瑟是一个不合群的人。他严格限制别人进入他的办公室，以便保持隐私，并超脱于日常琐事，增加笼罩于权力之上的光环。为他守门的密友，理查德·K. 萨瑟兰（Richard K. Sutherland）中将从战前就开始担任他的参谋长。作为一位聪明的、有着极强保护欲的、不知疲倦的管理者，萨瑟兰也是一个傲慢自大、言语刻薄的人。后来，当萨瑟兰代表麦克阿瑟到华盛顿参加战略会议时，马歇尔将军对他的表现十分恼火，以至于给麦克阿瑟写了一封言辞激烈的书信，警告他不许再把萨瑟兰派来。然后，他大概是咬着牙才没有把这封信发出，转而决定继续容忍这位最难对付的战场指挥官。他在这封未寄出的信中指出，陆军部和海军都认为萨瑟兰的行为是难以容忍的。此人好像"完全没有与他人打交道的能力……他几乎惹恼了他接触到的每一位陆军部官员，且让我们与海军的交涉变得特别困难。不幸的是，他似乎根本没有意识到他这种方式的后果，但是，直率地说［此处删去了"直截了当"这个词］，

47

他几乎在每件事情上都表现得他什么都懂，但别人什么都不明白"。[1]随着麦克阿瑟与作战部门的主要下属相处得越来越融洽，他对萨瑟兰的倚重变得越来越少了。

从新几内亚岛开始，麦克阿瑟和他的指挥官全都倚仗着一个巨大的优势：海军破译了日本海军的密码，同时在西南太平洋战区内部，澳美双方对日本陆军的密码也发动了大规模的破译攻势，使他们可以看到日本人的无线电通信。在英美合作中，代号为"超级机密"（ULTRA）的拦截和加密工作是一个重要项目。[2]在1942年7月到达澳大利亚后不久，麦克阿瑟就建立了西南太平洋战场名为"中央局"（Central Bureau）的密码部门，召集了来自新加坡、非洲沙漠之战和巴丹的具有拦截和破译经验的老兵，还有华盛顿的破译专家。他们在匡西特活动房（Quonset huts）和布里斯班的赛马场里工作，由澳大利亚民兵警卫，指挥官是负责麦克阿瑟与美国通信的斯潘塞·埃金。到1943年，中央局的成员超过了1000人，而在战争结束时更是达到了4000人。它成为一个重要的密码中心，与它交换"超级机密"和技术数据的有陆军位于华盛顿的主要解码中心"阿灵顿厅"（Arlington Hall），位于墨尔本的一个海军部门和在新德里的一个英军部门。麦克阿瑟掌握了所有的军事情报，也包括代号为"魔法"（MAGIC）的行动破译的日本外交通信。中央局发现，破译日本陆军的密码是一项棘手的任务。它的第一次成功是与阿灵顿厅合作取得的，即破解了"水运密码"（Water Transport［Shipping］Code），其中有关于日本护航舰队的时间、路线和组成情况的信息，以及日军部队调动方面的数据，这些都对美军的行动计划十分重要。

48　　直到1944年1月，在新几内亚岛荒野中的一次惊人发现让日本人最重要的密码被攻克。[3]部署在新几内亚东北部锡奥

（Sio）的日本第 20 师团后卫部队，当时正在收拾东西准备沿着丛林小径撤进山区，他们在一条小溪的河床边埋下了一个钢制的大箱子。累垮了的士兵饥肠辘辘，浑身湿透，既不能把它带走，也没有办法把其中的东西烧掉。里面装的是师团的密码资料，包括密码本、替换表和密钥。因为知道日本人会在露营地点留下饵雷和地雷，澳大利亚步兵随后开始用探雷器搜索这片区域。探雷器很快就"嘟嘟地发出一阵强烈的警报"，那个箱子被挖了出来。每一页都被晾干、拍照，录入穿孔卡片，制成微缩胶片。全部内容就是日本陆军的密码。在第一批破译的电文中，有一份是关于日本陆海军高级军官的某次重要会议。由于有了这个密码本，阿灵顿厅在 1944 年 3 月破译了 3.6 万份日本陆军电文。

敌方通信的价值终归还是取决于译电员和他们对其重要性的判断。麦克阿瑟的首席情报官是查尔斯·A. 威洛比（Charles A. Willoughby）少将，是巴丹帮的成员。"查尔斯爵士"拥有自己的爱国情怀，他出生于德国，母亲是美国人。他带着英国 - 普鲁士口音（他的家族姓氏原为沙佩 - 魏登巴赫 [Tsheppe-Weidenbach]）来到美国，姓氏改为"威洛比"，之后加入陆军，从一名列兵开始一路向上攀登，曾在陆军指挥与参谋学院（Command and General Staff College）执教，在陆军战争学院（Army War College）专注于军事历史和理论研究。1938 年，他恳请麦克阿瑟让他加入其参谋部门，全心全意地为国效力。[4] 所有"超级机密"资料都要先交给麦克阿瑟，他就是他本人的情报官，倾向于接受那些强化自己意图的情报或采取相应行动，但是威洛比作为情报的收集者和分发者（对于那些他估计不可靠的情报）来说还是很有用的。[5] 马歇尔和陆军部试图在西南太平洋战区派驻自己的密码人员，但遭到麦克阿瑟的拒绝，这当然是因为他决定对其战区内的通信联络保持完全的控制。[6]

49   通过军队密码主线获得的情报立刻起了作用。麦克阿瑟了解到，美军在新几内亚沿岸最近的几个目标——马当（Madang）、韦瓦克（Wewak）和汉萨湾（Hansa Bay）——得到了增援，而200英里之外的荷兰迪亚也需要增援。麦克阿瑟可以先不去理会介于中间的日本守军，而是在荷兰迪亚发动一场登陆战，将这些守军包围。夺取荷兰迪亚可以带来可观的回报。它必然使日军陷入混乱，转变战争形势，将目前的鏖战变成一场指向菲律宾的迅猛突进，从而抓住美国公众的注意力，赶上联席会议设定的时限并抢在中太平洋之前发起攻击。

麦克阿瑟决定包围新几内亚岛，现在关键问题是夺取阿德默勒尔蒂群岛（始于第一章提到的第1骑兵师对罗斯尼格罗斯岛的突袭），从而为其朝向大海的侧翼提供保护。因为"超级机密"表明日本守军只有4000人，甚至可能更少，但是正在增加，所以麦克阿瑟想冒险只向那里派遣一支小规模部队。他也的确很幸运，第1骑兵师的分遣队在罗斯尼格罗斯岛的一个小港口登陆，而大部分日本守军在面向马努斯岛的北岸。如此一来，关键时刻的准确情报，契合了谋略和速度的需要，再掺杂一点运气，带来了阿德默勒尔蒂群岛的胜利，进而为包围新几内亚岛铺平了道路。荷兰迪亚战役的确是一次大胆的行动，同时它也得到了可靠情报的支持。[7]

最广泛和最成功地运用了"超级机密"情报的单位是第五航空队。后来，南太平洋的第十三航空队也加入进来，一同被命名为远东航空队（Far East Air Forces），负责指挥的肯尼将军可能是麦克阿瑟手下最有才干的指挥官。在第一次世界大战中成为一名飞行员之前，肯尼作为一名工程师受训并工作。他是执行过75次战斗任务的老兵，获得了卓越服役十字勋章和银星勋章。在两次大战之间，除了在陆军指挥与参谋学院

和陆军战争学院，他还进入空军工程与战术学校（Air Force
Engineering and Tactical Schools）学习。在空军工程与战
术学校期间，他既是学生也作教员，是发展攻击性空中力量的
先驱之一，使用飞机对敌军地面部队进行打击。1935年，肯
尼接掌了陆军航空兵团（Army Air Corps，1941年6月更名
为陆军航空队［简称AAF］）的作战和训练。1938年，当战争
临近，美国飞机生产加速时，肯尼正是陆军航空兵团的麻烦解
决者，不断想办法协助完成飞机制造。1940年，作为军事观察
员前往法国，他发现美国的技术已经落后了。他看到坠毁的德
军飞机上有装甲座椅和防渗漏油箱，而且德国飞行员拥有更好
的氧气面罩和飞行服。[8] 1942年8月，刚刚抵达西南太平洋的
肯尼就立刻证明了自己的价值。凭着坚强的性格、自信和批判
性思维，他是第一流的问题解决者和创新者。在战略上、行动
上和战术上，他都不断进取。他马上就认识到，一定要适应麦
克阿瑟这个人，才能取得事业上的成功。麦克阿瑟自己也意识
到肯尼正是当前形势所需要的人才。这两位将军经常在正式或
非正式场合见面，守门人萨瑟兰被晾在了一边。[9]

　　肯尼最主要的目标是摧毁日军在这一地区的空中力量。只
有扫清了天空，陆军才能够推进。他明白，为了做到这一点，
必须把力量集中于敌人的机场和增援补给舰队，以及为其护航
的飞机。问题并不只是给予一次性打击，而是反复打击，直到
他们不再造成危害。而首先，他必须改革自己眼中那个松散而
缺乏训练的官样文章的司令部。他把其前任手下的几位将军，
连同40多个上校和中校都打发回家了，代之以他所谓的"精
干之才"，具有决断力的、热情而充满活力的人。他的副手恩
尼斯·C.怀特海德（Ennis C. Whitehead）少将是一位战术
专家。肯尼在布里斯班的总司令部指挥的时候，怀特海德在新
几内亚岛的前沿指挥部部署战斗行动。肯尼发现他手下有三分

之二的飞机因为缺乏配件和维修而无法升空，便把主要补给仓库从澳大利亚转移到新几内亚岛，增加了维修设施，令其日夜不停地运转。[10]

飞行任务的增加、大量的战斗损失和欧洲战场的优先权，让西南太平洋一直需要更多的飞机。肯尼飞到华盛顿去请求陆军部，他说他可以接受"任何能飞起来的东西"。渐渐地，随着远东航空队取得更多的胜利，飞机供应量也增加了。起初是一些其他地方并不急需的型号，包括 B-25 和 B-26 中型轰炸机，P-39 和 P-40 战斗机，还有肯尼最喜欢的，被称作闪电式战斗机的双引擎远程 P-38。举例来说，到了 1943 年 3 月，"快乐的"亨利·阿诺德（Henry "Hap" Arnold）上将就不再把肯尼当作"被遗忘的人"。当生产增加而德国空军被削弱之后，他们就有了 P-47 雷电式（Thunderbolt）战斗机，甚至一些 P-51 野马（Mustang）战斗机。1942 年，肯尼和远东航空队总共拥有 517 架飞机，到 1944 年中期增加到了 2629 架作战飞机。[11]

肯尼和怀特海德早就得出结论，在欧洲执行的空中打击方式，即轰炸机编队在战斗机掩护下高空飞行，对于他们自己来说是不适用的。他们更偏爱中型和轻型轰炸机贴近地面或海面飞行，加装前置机关枪或机关炮用于扫射，所携炸弹能像扁平的石头一样在海面上跳跃，从侧面击中船只。为了攻击停在机场上的飞机，它们要既能扫射，又能"伞投"炸弹。这种炸弹是在肯尼的帮助下研发出来的，其尾部拖着一个降落伞缓缓下降，在投弹的飞机有足够时间离开以后它才会在地面上方爆炸，从而扩大杀伤面积。在 1943 年 3 月的俾斯麦海战役中，B-17 从高空投弹，迫使日军护航舰队分散，使船只在低空轰炸中更加脆弱。为了给轰炸机足够的掩护，远东航空队为伴随它们的 P-38 战斗机加装了可抛弃机翼油箱，使其最大航程从 350 英里提高到 650 英里。[12]

　　与快速航母的海军将领一样，远东航空队的将军们认为，将飞机束缚于为特定地点或编队——空军基地、舰队或商船队——提供保护，是一种浪费，也是十分危险的。这样做就把主动权交给了敌人。另外，海岸观察哨和雷达预警系统对于获知敌人的意图作用有限。在这里，无线电监听和"超级机密"再一次提供了重要的帮助。1943 年 2 月，对拉包尔的侦察表明，日本人正在为增援新几内亚岛守军进行大规模集结。海军的"超级机密"情报指出莱城是他们的目的地，到达日期是 3 月 5 日。在俾斯麦海战役中，肯尼出动了手头的所有飞机，击沉了全部 8 艘运兵船及 8 艘驱逐舰中的 4 艘。[13]

　　在肃清新几内亚岛上日军空中力量的过程中，"超级机密"也发挥了关键作用。1943 年 8 月，"超级机密"帮助确认了一次重要的增援企图。韦瓦克机场上停满了飞机，引发了一场大规模的低空打击，120 架敌机中只有 38 架未遭破坏。临近荷兰迪亚登陆的时候，按照"超级机密"提供的日军增援细节，肯尼注意到荷兰迪亚机场可能出现了一次"粗心大意的，没有及时疏散的军力集中"。1944 年 3 月 30 日，肯尼的轰炸机群"像乌云压顶一般"到来，猛烈轰炸密集停放的飞机，将其中大部分炸毁，然后又在 3 月 31 日和 4 月 3 日两次回来消灭了剩余的飞机。在瘫痪新几内亚岛东部和拉包尔的空中力量的作战中，肯尼和"超级机密"的合作出奇成功。[14]

　　与此同时，在同一时间段内，被命名为第 58 特混舰队的太平洋舰队快速航母力量，从马朱罗环礁出动——包括战列舰和油船等全部舰只——攻击西加罗林群岛，尤其是日本舰队停靠的帕劳群岛。返回马绍尔群岛进行补给之后，他们再次出动袭击荷兰迪亚和韦瓦克，随后又进攻特鲁克岛。如此一来，在

52

从 3 月 22 日到 5 月 4 日的大约 5 个星期时间里 [①]，太平洋舰队荡平了新几内亚岛以北的海域，以及阿德默勒尔蒂群岛，保护着麦克阿瑟的侧翼。[15] 指挥这次行动的是第七舰队和西南太平洋海军司令托马斯·C. 金凯德（Thomas C. Kinkaid）海军中将。他在 1943 年 11 月到达，麦克阿瑟与其形成一种如果保持沉默便可以维持的关系。鉴于麦克阿瑟对海军的偏见，并要求撤去了前两任舰队司令，哈尔西海军上将亲自陪同金凯德来到布里斯班，以便第一次见面能够顺利。金凯德的资历令人印象深刻，他曾任职巡洋舰分队指挥官，又在东所罗门海、珊瑚海和中途岛担任特混大队指挥官，还担任过北太平洋舰队司令，将日本人逐出了阿留申群岛的阿图岛（Attu）和基斯卡岛（Kiska）。在北方作战中，人们知道他与阿拉斯加陆军司令部合作顺畅。面对麦克阿瑟，金凯德直率地主张海军的观点，但是不会与其针锋相对。[16] 金凯德对麦克阿瑟并不构成威胁；二人经常晚间坐在一起抽烟聊天。麦克阿瑟喜欢登上第七舰队的某一艘美军巡洋舰去看看登陆地点（他对巡洋舰的火力印象深刻，也发现海军的冰激凌招人喜爱）。这令金凯德很不高兴，因为他要对最高指挥官的安全负责（同时对繁忙的战舰来说，这也是一种浪费）。他认为，战斗现场应该留给当地指挥官。

尽管其前任都未能做到，金凯德却设法与麦克阿瑟建立一种工作关系，主要是通过避免向华盛顿的金海军上将直接汇报——毕竟金是掌管所有舰队、人员及补给的司令官。1943 年 1 月，当巴比海军少将抵达战场时，麦克阿瑟警告他不要给金写信（巴比曾是金的参谋），并威胁这位新来者："别忘了，你说过的话会在我这里产生回音。"尽管开局很别扭，巴比还是逐渐把麦克阿瑟视为他所遇到过的最棒的指挥官，特别是因

---

① 原文如此，实际应该是大约 6 个星期的时间。

为他愿意下放权力并认可专业知识。[17] 具体到巴比身上，他被戏称为"丹，丹，这个两栖的人"，① 这个说法与登陆有关。巴比很早就意识到，在即将到来的太平洋战争中，登陆敌方海滩的重要意义。他在 1940 年撰写的《美国海军登陆作战准则》（Landing Operation Doctrine, United States Navy）被多数人视作有关这一问题的权威作品。在 1940~1941 年，他协助训练了第 1 陆战师和陆军第 1 师，1942 年，他在金海军上将的参谋部里负责两栖作战的准备工作。[18] 对肯尼和巴比的任命，使麦克阿瑟得到两位充满活力的领导人，他们在各自的专业领域——战术空军和两栖作战——中都是领先者，并能够极具创造力地用这些专业知识适应西南太平洋战事的需求与机会。

　　起初，第七舰队两栖部队只有一些小帆船、驳船、荷兰岛间货船、驱逐运输舰及新几内亚岛沿岸的各种水上交通工具。1943 年，新式登陆舰艇开始如"涓涓细流"一般从美国过来，配备的多数人员是"旱鸭子"：一艘坦克登陆舰上的 76 名船员中，只有一人有过出海经历。[19] 更重要的是，三支分别拥有 7835 人编制的特别工兵旅被派到西南太平洋。这些部队的建制与海军有很大区别，他们为陆军的两栖作战提供小型登陆艇，以及从运输舰上将部队、车辆和设备摆渡上岸所需的艇长。他们还有专业人员负责整理海滩，用推土机铲出便于离开海滩的出口。登陆艇用货船分批运到西南太平洋，为了更经济地配载而被拆分为几部分，运抵新几内亚岛之后再进行组装。到 1944 年 2 月底，麦克阿瑟共订制了 2334 艘 56 英尺机械化登陆艇（landing craft, mechanized），这是一种广泛使用的，能运载一部车辆或其他货物的小型舟艇；按照它们的到货进度，至少 11 月才能全部到齐。也就是说，直到新几内亚岛

54

---

① 巴比的名字是丹尼尔（Daniel），丹（Dan）是他的昵称。

战事结束以后，这几个旅的舟艇才达到规定数量，而即便到那时，零配件甚至仍然缺乏。[20]

　　争取小型舟艇的困难也代表了获得登陆艇的大致情形。带有船艏坡道的近岸坦克登陆舰，具有大型双甲板运载能力，对于像西南太平洋这样散布岛屿的战场是至关重要的。所有适于远航的登陆艇也是同样的情况，包括内装小型舟艇的船坞登陆舰（landing ship, dock），抵达目标水域后把小艇里面的水抽出使其重新漂浮，然后把它们分发出去。小型舟艇中还有箱式登陆车（landing vehicle, tank），一种用来穿越礁石的、外形像坦克的履带车辆，以及带有水下推进器的轮式水陆两用运输车（DUKW）。其他大型船只有坦克登陆艇（landing craft,tank），这是一种牵引式船舶，搭载在坦克登陆舰上跨越太平洋；步兵登陆艇（landing craft, infantry）用于运载步兵，两侧设置舷梯，代替船艏的门或坡道。这种登陆艇从美国东海岸启航，经过巴拿马和博拉博拉岛（Bora Bora）抵达澳大利亚。车辆人员登陆艇（landing craft, vehicle, personnel）是一种 36 英尺长的人员运载工具，被称作"希金斯艇"（Higgins Boat），他们试图将之用于外海，但是它太小了。[21] 在位于新几内亚岛东端米尔恩湾的组装工厂里，水陆两用车辆技师们挑选急需的机械化登陆艇，仔细安排好加油和中途停靠事宜，然后驾驶着它们跨过 1000 英里加入对比亚克岛的攻击。[22] 巴比将手头的每一艘登陆艇都用到了极致，装载重量和尺寸都超出了标准。但是，为了登陆荷兰迪亚，他还是不得不从尼米兹海军上将那里借用了几艘坦克登陆舰，2 艘船坞登陆舰和 5 艘战斗装载舰（combat loader，这种舰船在坚固的吊艇柱上挂着自己的船到岸登陆艇）。这些借用的舰只必须尽快归还，以便用于进攻关岛的行动。[23]

　　西南太平洋并不是唯一需要登陆艇的战场。截至 1943 年秋季，第一次两栖舟艇建造计划完成，现存供给量和欧洲战场的需求之间仍存在巨大差距，造成这一差距的原因包括诺曼底进攻规模的扩大，1944年1月底在地中海展开的、登陆意大利沿海安奇奥（Anzio）的"鹅卵石行动"（Operation Shingle），法国南部的"龙骑兵行动"（Operation Dragoon），还有太平洋各战区的马里亚纳群岛、加罗林群岛和菲律宾战役，更不用说最终进攻日本的行动。目前两栖作战需要大量各种尺寸和功能的登陆艇，这也减慢了生产速度。1943年底，强调简单和标准化的紧急项目，开始向适应不同需求的多样化规格转变。[24]全国的钢板产量被分配给不同的项目，用于制造货轮、运输车辆、机场跑道垫板、卡车、护航舰只和坦克，而水陆两用车辆的生产将不得不夺走其中相当大的产量。

　　直到1943年秋季，在金海军上将的鼓动下，经过参谋长联席会议、陆军后勤部队和海事委员会之间的漫长磋商，一系列登陆艇建造项目终于得到批准。所有这些项目的耗费加在一起，占到截至此时建造登陆艇的总花费的一半以上。这些登陆艇都计划用于太平洋而不是欧洲，特别是后续行动中需要的远海登陆艇。一旦太平洋的建造项目获得批准，金就可以用1944年初该项目中的一些登陆艇为诺曼底登陆提供一些帮助。麦克阿瑟的海军部队在菲律宾行动中将会装备足够的登陆艇。

　　但是新几内亚岛还不行。[25]在那里，巴比将只能尽力而为。在这座岛上的几次进攻中，只有一次遇到抵抗，而且并不激烈。他们证明自己在舟艇操控、火力支援和海滩整理方面得到了训练。巴比寻求并获得了更清晰的侦察照片和图片判读员，更准确的地图和海图，一艘医疗船和从坦克登陆舰改装而成的修理船，一只装运饮用水的驳船，用坦克登陆艇改装的火箭艇，再加上一艘由木壳近海运输船改装的参谋船和邮政船。[26]

56

他总共搜集了 217 艘舰船用于荷兰迪亚及附近的行动，这是
一支按照他的需要精心打造的舰队。他的基本需要就是获得一
个陆地上的落脚点。即便是爬升最快的战斗机和用途最多样的
登陆艇也需要一块土地作为基地；除非步兵夺取并守住这块土
地，否则它们就得不到基地。

　　西南太平洋战区持续增加的美国陆军部队隶属于一个名字
不吉利的"阿拉莫部队"（Alamo Force）①。（后来，在菲律宾
战役前夕，这支部队改名为美国第六集团军。麦克阿瑟使用这
个名字的目的是将他的美国部队独立于西南太平洋地面部队司
令澳大利亚将军托马斯·布莱米［Thomas Blamey］爵士，而
由自己直接指挥，尤其是为了重返菲律宾。布莱米和他的澳大
利亚部队将留下来负责扫荡新几内亚岛，并收复东印度群岛的
英属领地。）27 1943 年 1 月麦克阿瑟为阿拉莫部队挑选的指挥
官是沃尔特·克鲁格（Walter Krueger）中将。他出生在德国
柏林附近，年幼时被带到美国，在美西战争时作为一名列兵加
入美国陆军。之后，克鲁格参加了菲律宾独立战争和墨西哥边
境冲突。在派驻菲律宾任内，他参与了为吕宋岛绘制地形图的
工作，这使他对这一地区非常熟悉。第一次世界大战期间，他
被任命为第 26 师的作战军官，但是这项任命后来被撤销了，
因为法国人担心他的德国背景。他曾经在陆军和海军的战争学
院学习和教学，还曾担任战争计划处的主任参谋和处长。他也
指挥过各个级别的部队。在 1941 年陆军的大规模演习中，他
在指挥进攻和防守时都有出色的表现。

　　克鲁格的性格很让人头疼：有人说他刻薄，另一些人认为

57

---

　　① 阿拉莫之战发生在得克萨斯独立战争（1835~1836）期间，要求独立的当地民兵在
　　　敌众我寡的形势下英勇抗击墨西哥军队，它在美国历史中的重要地位与象征意义
　　　堪比 1941 年的珍珠港事件。因为这次战斗以美国和得克萨斯州当地民兵的失败为
　　　结局，所以作者说这个名字不吉利。

他固执。譬如，马歇尔将军曾警告，说他好像"很难听取其他人的观点并加以调整为己所用"，而且他给别人的印象是对批评意见太过敏感，对不能满心赞成的政策怀有抵触倾向。[28] 在西南太平洋战场，克鲁格并不友善，而且更为警惕。在新几内亚岛战役中，面对麦克阿瑟不断催促阿拉莫部队加快速度以及不可能的部队和补给调动，克鲁格加以修改后执行。这位战场指挥官向金凯德指出，最高指挥官试图在尽可能早的日期发动攻击，这是很"自然的"，而且是"听上去非常好的"。[29]

除了麦克阿瑟对菲律宾的痴迷，还有其他原因促使他加快行动。1944 年 4 月，美国人突然跃至荷兰迪亚，令日本人大吃一惊，他们做出的反应就是以部队、飞机和额外的空军基地增援新几内亚岛西部，同时帝国海军的主力也从新加坡前进到菲律宾南部的基地。新几内亚岛鸟头半岛（Vogelkop）周边地区，穿过班达（Banda）、塞兰（Ceram）、马鲁古（Molucca）群岛和苏拉威西海（Celebes），西到婆罗洲，以及向北到棉兰老岛，这片区域的战略敏感性开始显露出来。根据"超级机密"情报，麦克阿瑟更加坚定了抢在敌人掘壕固守之前夺取这些基地的决心。[30] 克鲁格天性条理分明且小心谨慎，竭尽全力赶上紧张的最后期限，麦克阿瑟间或也会对他表现出宽容的一面。在这两个老兵之间，存在着一种彼此尊重、相互信任的基础。克鲁格对个人的知名度毫不在意，使这一基础更加巩固；在这一点上，他与罗伯特·艾克尔伯格截然不同，后者 1942 年 8 月在布纳充分享受了聚光灯下的那一刻，然后就为此付出了惨重的代价。

对于指挥和对待士兵，克鲁格将军有一些根深蒂固的观念。在他看来，下级军官和军士长必须在战斗中全力承担领导部下的责任。他强调，训练高于一切，不仅在丛林和两栖作战学校里，也要在小部队联合兵种战术中，更应当在日常训练中坚持。对厨房和厕所进行仔细的突击检查，保证了良好的卫生条件。他建立了一所疟疾治疗中心，由美国的专家运营，还要求后勤单位负责减少蚊虫滋生。每个士兵都接到指示，为防止感染疟疾而服用阿的平，而且在湿热的状态下也要穿着衬衫。[31]卡通画家比尔·莫尔丁（Bill Mauldin）创造了以意大利战役中的美国兵（"狗脸"）为原型的乔和威利（Joe and Willie）两个人物。他回忆自己在 1941 年战地训练中的"有趣经历"，"一位每个肩膀上扛着三颗星的人从灌木丛里走出来，要求看看我们的光脚丫子"。克鲁格是在检查水泡。如果发现有水泡，负责的军士就会被撤职。莫尔丁还说："我们这些下层士兵都有些喜欢这位坏脾气的老家伙。"克鲁格发现一处前沿地区的部队只能吃到罐装的腌牛肉，便下令从澳大利亚给他们运来六架飞机的新鲜食物。他相信，在艰苦的环境下尽可能保持战士们士气高昂，不仅有军事上的价值，也是一个关乎公平的问题。[32] 在接下来的几个月里，他不会再有时间进行实地检查了。

为了管理这个最终达到 60 万人的集团军，克鲁格悉心挑选他的参谋人员。参谋长乔治·H. 德克尔（George H. Decker）准将和作战处长克莱德·D. 埃德尔曼（Clyde D. Eddleman）上校，这两个人最后分别成为陆军参谋长和副参谋长。为一场战役准备一支陆军部队——征募、集结、供应、装备、训练、装载——是一项巨大的挑战，尤其是在部队如此分散的情况下。当战争进行到新几内亚岛阶段，即便是在战斗中，各师之间也很少是位置贴近的。在布纳战役中因为伤病而严重减员的第 32 师，在澳大利亚用了整个 1943 年进行重建，如今从赛多尔归来再次投入战斗。第 41 师在萨拉马瓦有过类似的经历，也在澳大利亚待了 6 个月，在登船前往荷兰迪亚之前几个星期才刚刚到达新几内亚岛东部的克雷廷角（Cape Cretin）。来自南太平洋战区的第 43 师，在所罗门群岛的新乔治亚岛（New Georgia）损失惨重，被送到新西兰进行重建，它直接从那里赶来参战。在澳大利亚受训的第24师从古迪纳夫岛（Goodenough Island）出发奔赴它的第一场战斗。在夏威夷和巴布亚训练的第6师，也从米尔恩湾启航来参加它的首战。作为另一支还未上过战场的部队，第31师从奥鲁湾（Oro Bay）出发。于是，在巴布亚北岸长达500英里范围内的各个登陆点和港口的帐篷城中，排列起3个重建的师和3个没有战场经验的师，外加3个独立团。[33]

新几内亚岛是世界上第二大岛屿，在地图上好像一只大鸟，西端是鸟头，尾部的羽毛向东南伸入珊瑚海。一座巨大的山脉由西向东蜿蜒在岛的中心，最高峰达到1万英尺以上。在新几内亚岛西部，山坡变成了几乎一直延伸到北部海岸的茂密雨林，这里就是麦克阿瑟的部队将要展开行动的地区。1944年的新几内亚岛西部战役是西南太平洋军事力量发展的转折阶段。它是到此时为止规模最大的一次战役，除了像之前那样动用一个个单一的团级和师级作战单位，还有来自几个师的多个团级单位组成的特遣部队和受军级指挥的几个师。战事并非从一次两栖进攻直接进行到下一次两栖进攻；更多的情况是，紧张的日程和敌人的持续抵抗导致后方的战斗尚未结束，先头部队就已经跃向了前方，使得资源和通信更为紧张，但是也丰富了作战的经验。增援部队沿着海岸不断地分派、再分派，整个战役就好像一条单一战线，在海运补给上形成纵深。

荷兰迪亚的战斗既有成功也有遗憾。在4月22日发起进攻当天，日本人出乎意料地只进行了零星的抵抗，但是在各片海滩上，只有窄窄的一道松软的沙滩，背后就是遍布红树林的湿地，丹娜美湾（Tanamerah Bay）和洪堡湾（Humboldt Bay）这两个登陆地点都很难找到接近内陆的通道。洪堡湾的海滩上本来就堆满了日本人的物资，为了让坦克登陆舰在天黑以前驶离，匆匆卸下的食品、燃油和弹药越来越多，海滩变得拥挤不堪。在登陆之后的第二天夜里，一架日本轰炸机以滩头上堆放着日本物资的区域中的火堆为目标，单独实施了攻击。由于弹药被引燃，火焰和爆炸蔓延整个海滩，损坏了从 11 艘坦克登陆舰上卸下的货物，形成"一道连绵 500 英尺的可怕骇人的火墙"。[34] 部队不得不领取半数给养。太平洋舰队的航母可以提供掩护，但不包括夜间。滩头不应该过载，而坦克登陆舰的损失严重拖累了整个战役。另外，出人意料的包围起了作用：洪堡湾登陆只碰到日军的后勤部队，而且对方很少见地逃跑了；丹娜美湾的进攻在距离滩头很远处遭遇日军的抵抗，但是敌人被打退了。

荷兰迪亚战役的遗憾之处不是夺取它的困难，而是获得的价值有限。主要目标是位于两个登陆地点之间一块平坦谷地上的机场，它们可以作为轰炸机的基地。空中拍摄的照片提出了一个问题，鉴于雨量很大，那里的土壤能否承受轰炸机的重量。后来证实，那种砂质黏土是不行的。在暴雨和压力之下，工程部队需要一个月的时间加长跑道并以石灰岩加固。修建并维护进出滩头的道路占用了很多工程部队，减慢了机场获得重型机械的速度，迫使他们使用日本人丢弃的一些小型设备。或许是为了加速完成跑道建设，工程部队没有移除 8 英寸厚的含水表层土，也没有建设适当的排水设施。重型和中型轰炸机无法使用荷兰迪亚的各个机场。[35] 于是，它就变成了战斗机和 A-20 轻型轰炸机的一处基地。

荷兰迪亚也成为西南太平洋战区大多数司令部的所在地，还变成重要的仓库、部队的集结区域和第七舰队的海军基地。未能获得重型轰炸机基地的结果，使得战区总司令部更加担心能否在更远的地方得到这种基地，这迫使他们进一步加快速度。麦克阿瑟警觉地注视着日本人重建其空中力量，并从中国向新几内亚岛西部及周边派出增援。5 月初，"超级机密"揭露运送日军第 32 和第 35 师团的船队，在美军潜艇的攻击下遭受毁灭性的损失。但是，不知道这种情况能否持续，所以，趁日军实力不济时夺取新几内亚岛西部就显得尤为重要。确定日本人的援军不会很快到来，这使麦克阿瑟可以向那些他还不确定敌人实力如何的地点发动进攻。[36] 他的注意力又向西移动了 140 英里，集中到瓦克德 - 萨米（Wakde-Sarmi）地区，以及更远的比亚克岛。

61

　　1944 年 5 月中旬对瓦克德 - 萨米地区的攻击，是新几内亚岛战役的第二仗，它涉及一座岛屿、一个海湾和一座山。瓦克德是一座大约 1000 码 × 3000 码的岛屿，位于新几内亚岛这只"大鸟"的肩膀上。它的中心延伸着一条飞机跑道，其基础是岩石般坚硬的珊瑚礁，而不是海绵一样吸水的泥土。沿着瓦克德岛和萨米镇之间的海岸，向西 20 英里，还有好几座机场。在荷兰迪亚建设岸上机场的失败引起对土质的怀疑之前，这些机场都曾作为目标。另外，克鲁格喜欢旁边的马芬湾（Maffin Bay）的外观，可以作为从新几内亚岛向前方运输部队的一处集结地，于是瓦克德 - 萨米是一次多目标行动。俯瞰海湾的是一堆杂乱的珊瑚形成的小山，虽然高度不超过 230 英尺，却很陡峭，覆盖着雨林和浓密的下层灌木，遍布防御工事，由经验丰富的日军部队防守。在他们使用的地图上，绘制员为了表示森林，只在最北边那座从海滩隆起的、宛如迷你的直布罗陀（Gibraltar）的小山顶上简单地画了一棵树。于是，对于这场凶残而血腥的丛林战斗，这座"孤树山"便成为一个具有讽刺意味的象征符号。[37]

　　尽管有了"超级机密"，美国情报部门依然不确定日军在瓦克德 - 萨米地区的兵力，敌人三个团中有两个失去了踪迹。威洛比估计对方有 5000~7000 人（事后表明这大约只是实际兵力的一半）。第41师的一个营向瓦克德岛发动进攻，遇到了激烈抵抗，坦克和步兵协同作战，用了3天时间才取得决定性胜利。日军对本岛上的滩头阵地发起进攻，因为缺乏协调而未能成功。就剩下紧靠马芬湾西边的山头连同上面的要塞，"孤树山"上有850名日军占据的由复杂山洞和碉堡构成的大量防御工事。第158独立加强团进攻、失利、撤退并转向农福尔岛（Noemfoor）。这座位于更远海岸上的由石灰岩和珊瑚构成的小岛，位于比亚克岛和新几内亚主岛的鸟头半岛之间。6月22日，常备陆军第6师登场。这是该师结束了夏威夷的训练和防守任务之后的第一仗。头一天初尝敌人防御的滋味，第20团的两个营从东北和西北两个方向仰攻"孤树山"。虽然实施一番猛烈的炮火准备，包括大炮轰击和P-47战斗机投下的机腹汽油箱，这两个营还是遭遇从山坡上射来的机枪、迫击炮和步枪的密集火力。将进攻方向改到北边以后，第3营的推进就顺利多了，很快就到达山顶相对平坦的地带。刚一登顶，这个营就发现自己落入了圈套：日本人控制己方火力，把美国人引诱上来。现在，将他们包围，切断了补给线，他们的水喝完了，又几乎耗尽了弹药。挖散兵坑是不可能的，珊瑚硬得让镐头变得像鱼钩一样无用。[38] 下午晚些时候，在指挥官的率领下，日军两个连从藏身的地方露出头来，向第3营的防线发动进攻，造成许多混乱局面，与美国人展开的徒手搏斗一直持续到夜间。[39] 幸好当晚下起了雨，美国人可以用斗篷接住雨水再灌进水壶。

与此同时，第2营没费多大力气就到达了高地，但是被死死地钉在那里，够不到第3营。后者的位置就在400码开外的北边，中间的地面上长满了浓密的灌木。第二天黎明时发生了短暂而猛烈的交火，日本兵穿着部分美军制服，带着美军的武器，被发现的时候距离第2营防线仅有15码。双方的损失都很大，但是日本人后撤了。于是，第2营下山绕到北边，在G连遭受重大伤亡以后，他们从那一侧奋力登顶，最后终于到达陷入包围的第3营身边。

随后一天，6月23日，对这两个营进行补给的努力大都失败了。第1团的L连在上山的路上丢掉了大部分负载，自己也被围困。即便如此，还是将300名伤员运了下来。按照官方战史，就是在这一天，特遣部队指挥官富兰克林·C.赛伯特（Fanklin C. Sibert）少将意识到，对敌军兵力的现有估计和根据它制订的正面进攻计划都是错误的。现在，他下令展开循环借位的近岸攻击，用两栖牵引车把第1团转移到"孤树山"西边的海滩上，从那里发起进攻，以防止日军增援部队从那个方向赶来。在部队为上面的两个营打开并巩固了一条补给通道后，步兵和工兵小组用火焰喷射器和爆破筒清理并封闭洞穴。到6月25日，日本人的防守动摇了，剩余部队向西退去，美军开始肃清残敌。

美军在"孤树山"的损失是150人战死、550人负伤，另有400~500人因外伤、轻度中暑、精神失常及其他疾病被撤了下来。很多伤病员在几天之内就回到了原单位；其他人则需要住院几个星期到几个月不等，还有需要返回美国的。如此之大的伤亡使步兵中的各级官兵都出现大量空缺。截至6月底，第20步兵团第2营只剩下200人，而它的额定人数是700人；第3营到6月24日只有322人。即使有替换人员，也需要时间对他们进行训练，对于这个步兵营中大约一半的人来说，下次战斗将是他们的第一次。所以，很多人声称"孤树山"对第6师是一个有价值的——或许也是血腥的——开局之战，是一种误导。[40]它只是一场血腥战斗而已。

根据伤亡报告判断一个步兵单位的作战效能也可能具有误导性。这些都是以单个部门为基础编制汇报的，得出的是某一特定时间段的阵亡、负伤和失踪数字。当然，战场本来就是最危险的地方，一个人离它越远就越不容易被击中。第6师由1.48万人组成，包括了后方的司令部，后勤、补给和技术部门，这些当然都是更安全、伤亡更少的单位。[41] 所以，在根据一个步兵营最初的额定人员进行衡量的时候，看似没什么意义的分部门损失数字就会被认真对待。有一位历史学家计算过，占美国陆军总人数五分之一的步兵，在陆军总伤亡中占到了三分之二。一个师的总兵力中，步兵的人数占67%，而伤亡则占92%。

64　　　下一个进攻目标是比亚克岛，这是新几内亚岛战役中最为激烈的、代价最高昂的战斗，部分原因是它持续长达三个月。比亚克岛扼守着海尔芬克湾，位于新几内亚这只"大鸟"的头部和肩膀之间。它距离韦瓦克岛80英里。它也是一座珊瑚岛，但是更大，50英里长，15~20英里宽。进攻开始于5月27日，比韦瓦克岛晚十天。第一个月的战事非常激烈，后面两个月则更加局部化，然后减弱为扫荡作战。整支特遣部队包括第41师及附属火炮、迫击炮、坦克、工兵和其他支援单位，战斗减员（阵亡、负伤、其他作战损伤，以及失踪）共2555人。在这个数字中，三个步兵团的伤亡达到2025人，其额定人数大约是9700人，伤亡比例达到21%。[42]

　　　造成更大损失的是非战斗减员7234人，包括罹患精神疾病和各种其他疾病的人，其中最严重的是丛林斑疹伤寒。这种疾病起源于紧靠比亚克岛南边的一个很小的未设防的奥维岛（Owi），空军希望得到该岛上的一个简易机场，之后病毒蔓延到主岛。当地土著人警告说这个小岛是禁忌之地，却无人理会。丛林斑疹伤寒病毒是由螨虫携带的，它们附着于雨林边缘的灌木上，部队经过时就落到士兵们的衣服上。被感染的士兵超过了1000人。几乎没有人因此送命，但是在抗生素出现之

前没有已知的治疗方法，多数患者需要一段很长的康复期，使
他们在4~6个月中无法参加战斗。在很多情况下，这种疾病的
后遗症非常严重，以至于感染过的人只能承担有限的职责。[43]

　　所有这些损失在很大程度上削弱了第41师。比如说，已
经参加过艾塔佩（Aitape）登陆和韦瓦克进攻的第163团，它
的F连在满员时应当有196人，而在比亚克岛作战后只剩下
42人，G连也减少到65人。官方战史显示，第2营"情况也
好不到哪里去，第1营和第3营的兵力都严重不足"。[44]除了
个别几个军官，从韦瓦克之前开始，该团就没有得到任何替换
人员。另外两个团并未参加韦瓦克的战斗，但也遭受了损失：
第162团战斗减员933人，第186团是617人。因为缺乏补
充人员，受伤不严重的士兵接受治疗以后，第二天就返回各
自单位。医生从列兵曼纽尔·克雷默的后背上取出一颗子弹之
后，当天就把他送回了原单位。[45]

　　特遣部队最终坚持了下来，摧毁了敌人的力量，赢得了迫
切需要的机场。幸运的是，海军对马里亚纳群岛的突袭将日本
舰队引开，避免了一场预期的毁灭性轰炸。尽管如此，比亚克
之战仍然令人痛苦而且代价巨大，其原因有四。首先是美国人
的错误预期。其次是地形的问题。与新几内亚岛西部沿岸的其
他地方一样，比亚克岛是一个珊瑚构造的地狱般的战场，绝对
无法进行挖掘。再次是日本人熟练而坚决的防守，就像整个新
几内亚岛战役一样，实际上也一直延续到战争结束，他们不经
过近乎自杀般的防守绝不放弃一寸土地。[46]最后一点是美国人
指挥上的缺陷。

　　对比亚克岛上日军部队数量的低估直接导致了错误的预
期。比亚克岛是一个拥有自身代码的团级战区，以低功率发射
器发送短距离电报，远远超出了"超级机密"接收器的正常接
收范围。除此之外，中央局没有资源去破解一群不同的团级单

65

位的密码。即便如此，被截获的一份 4 月底发送的电文，想必用的是陆军主流密码，它列出了比亚克岛守军的配给量是 1.08 万人份。[47] 多数历史学家同意，这些陆军守军的主体，日本第 222 团，都曾被派往中国，加上附属的支援部队，共有 1.04 万人。还有作为步兵使用的海军部队 1950 人，所以一共就是 12350 人。还有大约 1000 人的援军会在 6 月赶来。像对待瓦克德 – 萨米地区一样，威洛比再次低估了日军部队的规模。起初，他的预测只有实际数字的一半，5625 人，后来又说是 5000~7000 人；第六集团军的预计是不到 5000 人。威洛比说，他预计"敌人的防守很顽固，但并不构成威胁"。[48]

66 麦克阿瑟做好准备接受这种"预期中的，顽固但并不构成威胁的日军抵抗"。他的目光已经越过新几内亚岛和马里亚纳群岛，投向后续的行动。他迫切地想要实现自己的承诺，轰炸帕劳群岛以支援 6 月 15 日的塞班岛登陆。为此，他需要确保取得比亚克岛的珊瑚礁跑道。更重要的是，他决心在日本人巩固防守以前抓住时机向菲律宾推进。幸亏有"超级机密"行动，他能够密切监视帝国海军的动向。对日本增援船队的成功打击使比亚克岛在战略上被孤立。它再也不是日军战线上的一座堡垒，而仅是一支被抛弃的守军，只能延缓美军的进攻。与此前一样，战略形势要求全速前进。包括威洛比在内的下属，都知道麦克阿瑟无法容忍任何拖延。对比亚克岛上日军实力的最保守估计导致了 1944 年 5 月 27 日发动的不恰当进攻。因为已经有一个团参与瓦克德行动，第 41 师便用两个团进攻。其中一个团留守海滩，另一个团向机场推进，但是在密集的火力下被迫后撤。克鲁格迅速将第三个团调过来补齐第 41 师，随后又从荷兰迪亚派来第四个团。时间流逝，从 5 月到 6 月，再到 7 月，麻烦依旧。

比亚克岛是新几内亚"大鸟"脖颈处两座最大的岛屿之

一，作战区域是在该岛南侧海岸的中间位置，一条延伸 15 英里的走廊。东段是茂密的低矮灌木，从海滩穿过半英里宽的雨林，就是一道陡峭的珊瑚岩峭壁，高 200~250 英尺，背靠着一连串刀锋般的平行山脊，形成比亚克岛平坦的内部高地的边缘。美军在海滩上的比亚克镇登陆，并在那里建立了指挥部和仓库。在南侧海岸的中间位置，山脊线陡然折向南边，几乎伸入大海，将后来的战场划分为两个部分。悬崖又两次转向西北，伸展成一层层长满丛林的台地，形成一座天然的露天剧场，下面沿着海岸是一片 4 英里×2 英里大小的平地。机场就在这里，剧场上方有日军最严密的防御。在隔断这条走廊东西两段的突出的山脊线上，还有更多的日军防守。[49]

沿着海岸，有一条从包斯那克（Bosnek）向西通往机场的道路。在这条道路和后面令人生畏的悬崖之间有些什么，仍是一个谜。地图并不准确。在长满低矮灌木的丛林中进行定位全靠猜测。这里仅在赤道线南边一点点，高温和高湿简直难以忍受。钢盔热得让人不敢碰，密集的灌木丛中没有一丝风。比亚克岛存不住水，因为水都从多孔的珊瑚岩中渗走了。部队士兵大量出汗，每天需要四壶水，却只能得到一壶。下雨的时候，他们用斗篷收集更多的水，但中暑虚脱是一个严重的威胁。修建补给道路的困难和运水拖车的短缺都拖延了推进的速度，比日本人造成的影响还大。[50]

比亚克岛的日军司令官是葛目直幸（Kuzume Naoyuki）大佐。而在从 5 月 27 日到 6 月 15 日的最初几个星期里，日本第二方面军（Japanese Second Area Army）参谋长沼田多稼藏（Numata Takazo）中将正好在岛上视察，接过了指挥权。一次又一次，太平洋战争中的日军指挥官展现了构筑防御工事的高超技巧：利用地形、安置武器并进行伪装。比亚克岛在这三个方面都提供了绝佳的条件。葛目意识到，美国人的目标是

67

机场，所以他设计的防御体系重点在于让对方尽可能为此付出更大的代价。在机场上方"露天剧场"的低级台阶上，有 3 个大水坑，20~60 英尺深，直径 75~120 英尺，通过地下洞穴和通道连接，足够容纳 1000 名士兵。葛目把它们建成一座要塞，称作"西部洞穴群"。它们马上变身为一座兵营、一个补给仓库和一个指挥中心，周围环绕着碉堡、掩体和散兵坑。在山坡上的其他部分，各个山洞和岩石裂缝中，他部署了火力覆盖机场的大炮、迫击炮和机关枪。

同时，朝海岸线突出的山脊脚下的"东部洞穴群"，构成了第二座要塞。第三座是在更靠东边的山脊中间高出地面的一小块地方。在美国人向机场推进，或行进在沿海岸线的补给走廊上的时候，葛目可以从这些堡垒中派出或撤回进攻小分队。这样的部署就导致不可能集中兵力进行一场决战，而葛目的目的就是要拖延作战的时间，不让对方夺取机场，并以消耗战削弱美国人的意志。日本人达成了这一目标。[51] 6 月 13 日，登陆后两个半星期，副师长建议第 162 步兵团 3 营撤出战斗，因为它已经筋疲力尽，无法在战斗中继续发挥作用。官方战史同意并补充说，实际上，前面的两个团经过 18 天的连续战斗"已经疲惫不堪"。[52] 被分配到前线执勤的第 162 团反坦克连前陆军上士弗雷德·凯尔西加德（Fred Kielsigard）如此描述这场战斗：

> 我们所在的珊瑚礁上的树木都已被砍光了。于是我们暴露在外，而敌人却能借助掩护接近到距离我们只有 10~20 英尺的位置……战斗持续了一整夜，几乎让人没有丝毫放松。一度，除了步枪和向我们投来的手榴弹，我还数出来三挺机枪和至少两个掷弹筒。[日军的]常规动作是机枪扫射，时而夹杂掷弹筒。然后，一边的灌木丛会

摇动，吸引我们的注意力，而另外一边就会有一个日本士兵试图偷袭。差不多每隔一小时，我们就要用两个钢盔回到连里装满手榴弹。日本人试图让我们停止机枪射击，趁我们重新装弹时突然袭击。所以我就打最短的点射，尽可能减少换弹夹的次数。有一次，一个大个子的日本兵突然朝着机枪冲过来，嘴里发出尖声的叫嚷。幸好我在关键时刻打中了，他就倒在枪口跟前。最后，天终于亮了，敌人撤退了……机枪的弹带上还剩19发子弹……当我要找把枪管固定在三脚架上的卡扣时，我发现它已经在夜里被打掉了……我们能熬过这场严酷的考验，我觉得真是个奇迹。[53]

对于凯尔西加德这些"丛林兵"（这个师的绰号）来说，比亚克岛是"血腥可怕的比亚克"。[54]

到6月第一周结束时，第41师的进展无法让麦克阿瑟和克鲁格满意。由于6月5日晚上发生在瓦克德的一场灾难，对不能夺取机场的担心无疑变得愈发严重。2架日军轰炸机袭击了荷兰迪亚以西这条唯一的拥挤跑道，击毁或击伤86架飞机。[55]就在此时，第41师的师长，霍勒斯·富勒（Horace Fuller）少将正在执行看似经典的迂回行动以夺取那些机场，却变成了一次严重的错误。起初，从海岸线向机场的推进遇到挫折，在第三个团赶来以后，富勒策划了一次新的进攻，再次沿海岸线推进，但是加上了第186团和第182团一个营的大范围迂回。增援团要越过包斯那克北边的山脊，顺着内部高地向西前进，直到机场对面的一个位置，然后再次越过山脊，沿山坡向下侦察前进，之后，如果没有发现敌人，便占领机场。6月2日开始向西行军，到6月7日（考虑到时差，这是诺曼底登陆当天），迂回部队已经越过山脊，踏上了机场上方的梯级山坡。

69

4个美国营便处在了西部洞穴群及其大炮、迫击炮和机枪掩体的后方，然而巡逻兵未能发现敌人，整支部队向下移动到机场和海滩上。他们在那里成为瓮中之鳖，遭到来自刚刚经过的山坡上的长时间炮击。很多人不明白，为什么师级、团级和营级的指挥官们都没有意识到，在占领上方山坡并进而实施严密广泛的侦察之前，贸然夺取机场的风险。2个攻击营在7：30开始下山，8：50到达海滩和机场，这说明他们只是匆匆查看了一下，而并未进行全面侦察。[56] 口渴难耐的部队盼望尽快结束这次长途跋涉，注意力都集中在机场上。根据威洛比所低估的5000~7000人的日军兵力，他们已经遇到足够多的日军部队了，也未在机场区域遭遇敌人，富勒及其手下指挥官们显然没想到还会再发现大批敌军。

6月14日，随着富勒的这几个营小心翼翼地退回山坡，在麦克阿瑟的压力之下，克鲁格下决心更换一个新的指挥官。他派荷兰迪亚的军长罗伯特·艾克尔伯格去接手这支特遣部队，但是把富勒留下负责指挥这个师。这是艾克尔伯格的第二次消防员式救援行动；第一次是1942年在布纳，当时他取代了第32师的师长并扭转了战局（如前所述，对他的称赞让麦克阿瑟心生怨恨）。艾克尔伯格发现富勒怒不可遏，他把这视同于克鲁格的欺侮和冒犯，目的是推动他去占领机场。这是富勒第一次有机会在战斗中指挥一个整师；早些时候，有几个团从师里调走单独部署。他和他的部队面临着可怕的地形和气候条件，还有日本守军凶猛而老道的防御，其兵力也远远超出预期。然而，克鲁格派到现场的代表报告说，富勒与其部队未能有效地协调，他和他的参谋人员都不曾把足够的时间花在从前线搜集信息和感受战斗气氛上；他也没有恰当地征询下属的意见；而且，他并未传达司令官对速度的要求。这是富勒最后一次指挥战场。克鲁格任命副师长延斯·A. 多伊（Jens A. Doe）准将负责指挥。[57]

第 41 师于 6 月 14 日确定了西部洞穴的位置,经过几天的激烈战斗,终于能够肃清水坑和洞穴了。这是一个令人不快的结局。他们通过扩音器用日语喊话,要求对方投降,但是没有反应。火焰喷射器无法触及内部,火苗会从墙壁上反射回来。他们从上面的缝隙将汽油倒进去,等它渗进洞里后将其点燃,引爆了弹药。工兵再用绞盘把一块 850 磅重的 TNT 炸药吊进这个水坑里,在洞穴入口前引爆。最后,巡逻兵进入堡垒,里面弥漫着尸体腐烂的恶臭。清除东部洞穴群和"伊卜第口袋"(Ibdi Pocket)堡垒①的行动持续到 7 月 28 日,而扫荡作战用了几个月的时间。[58]但是,到 6 月 30 日,机场已经到手了。

在对比亚克岛的进攻中,西南太平洋战区首次闯入了日本人的战略空间。[59]虽然日本陆军放弃了比亚克岛,日本海军却坚持要控制该岛以便为迫在眉睫的主力舰队决战提供空中支援。这样的交战已经吸引了来自日本、加罗林群岛和马里亚纳群岛的援军。日本人正在新几内亚岛最西端的索龙(Sarong)②建立一支 200 架飞机的空军部队,并且把棉兰老岛的一个两栖旅团派往比亚克岛,所乘坐的驱逐舰由 3 艘重巡洋舰、1 艘战列舰和其他驱逐舰提供保护。所有这些细节——舰只、番号、航线和时间——都被"超级机密"捕获。6 月 4 日,当第七舰队的巡洋舰和驱逐舰为这场遭遇战而全速向西航行的时候,第 41 师的炮兵为了打退敌人的进攻正在挖掘火炮掩体,他们向经过比亚克岛的舰队挥手致敬:这场战役中分散各处的各部门之间很少会如此相遇。然而,日本舰队司令当时已经返

71

---

① 原文的 "Pocket" 在军事上指袋形阵地,即整体如口袋形状的防御阵地或阵地群。用于伏击进攻之敌或对其形成包围夹击态势,也就是俗称的"口袋阵"。

② 这个地方的名字习惯上是 "Sorong"。

航，他已被发现，并被其参谋人员错误地告知，说美国的航空母舰出现在比亚克岛。[60]

日本海军两次试图进一步增援比亚克岛。6月8日，它派遣一队驱逐运输舰拖着装载部队的驳船。得到"超级机密"警示的澳－美巡洋－驱逐舰队对其进行了拦截，日本舰只掉头逃窜。最后一次尝试更具威胁。世界上最大的两艘战列舰，"武藏号"（*Musashi*）和"大和号"（*Yamato*）与2艘重巡洋舰和1艘轻巡洋舰及驱逐舰一起，在靠近新几内亚岛西端的巴占岛（Batjan）组成一支攻击舰队，以保护增援船只并轰击美军在比亚克岛的舰只和滩头阵地。进攻日期设定在6月15日。战列舰以18.1英寸火炮发射3200磅炮弹，射程接近30英里，能够造成毁灭性的打击，会明显拖延战役的进程。[61]它的威胁使麦克阿瑟对比亚克岛的进展尤为担忧。然而，到6月12日，对日本舰队司令来说，形势已经明朗，美国舰队正在发起对马里亚纳群岛的进攻，而不是加罗林或帕劳群岛，于是日本联合舰队集结起来驶往中太平洋准备交战。第三次引入空中增援的企图也被推迟了，因为来到南方的飞行员都感染了疟疾。

日军增援比亚克岛的失败，为联席会议两路推进战略的价值做了生动的说明——麦克阿瑟沿新几内亚－菲律宾轴线的推进和尼米兹通过马绍尔、马里亚纳和加罗林的推进。这两条路线都要遵循华盛顿设置的期限，而且是大致同步的。每一条路线都突破了日本的安全区域，即环绕其本土岛屿、中国和提供资源的东南亚的陆地和岛屿沿线。太平洋舰队的快速航母力量在这两条轴线之间摆动，先是在荷兰迪亚支援麦克阿瑟，后又参加尼米兹对马里亚纳群岛的进攻。麦克阿瑟对比亚克岛的强烈欲望是一个直接挑战，所以才吸引了帝国海军主力做出反应。6月15日，在快速航母舰队的保护下，尼米兹对塞班岛的进攻也是不容忽视的。显然，一场海上大决战很快就会到来。

　　日本人也开始意识到其安全区域受到威胁的程度。在为了争夺瓦克德－萨米地区、比亚克岛和农福尔岛的控制权而进行战斗的同时，阿拉莫部队也指向了艾塔佩的守军，发动一场两栖战役后于 4 月夺取了该地。起初，阿拉莫部队只派出一个团，即第 41 师 163 团去进攻艾塔佩，夺取简易机场并阻击日军从陆路而来的进攻。这个团未遇抵抗地拿下了机场，建立了防线，然后离开这里返回建制，去参加瓦克德－萨米地区和比亚克岛的战事，由第 32 师的一个团接防。4 月 22 日荷兰迪亚登陆后不久，刚刚在荷兰迪亚被麦克阿瑟从侧翼包围的日本第十八军，已经从韦瓦克出发，在给养减半的条件下于丛林中跋涉 200 英里。他们的指挥官是安达二十三（Adachi Hatazo）中将，一个参加了侵华战争的老兵。安达得出结论，他至少可以用他的部队减缓美军的前进步伐。[62]

　　进入 5 月，情况变得更明朗，"超级机密"情报与沿海岸向东侦察的结果都表明，一支强大的日军正在穿越沿海丛林向东朝艾塔佩移动。麦克阿瑟和克鲁格都认为必须增援。如果考虑到麦克阿瑟最重要的目标是收复菲律宾，艾塔佩就是一个相对不便的地方；他的部队已经越过这里向前方移动。现在，又不得不让部队掉头回来对付这个威胁，而不能沿海岸跃出更远。在麦克阿瑟看来，艾塔佩的迫切威胁来得非常不合时宜。6 月 12 日，参谋长联席会议向麦克阿瑟和尼米兹发来电报，询问这两位司令官对绕过菲律宾直接攻击中国台湾，以加快太平洋战事的看法。麦克阿瑟当即拒绝这一提议，坚持收复吕宋岛并将之作为对日行动的基地。6 月 24 日，马歇尔记述，麦克阿瑟的"个人感受"绝对不能影响"我们的伟大目标，即尽早结束对日作战"。他又补充说，日军在新几内亚岛西部、哈马黑拉岛（Halmahera）和棉兰老岛的集结，使得麦克阿瑟"针对敌人弱点发动突然袭击的机会大打折扣，就像你最近的一系列

行动中所遇到的情况"。[63] 这条信息非常清楚。马歇尔在暗示,
在艾塔佩的持续战斗将提出一个问题,麦克阿瑟能否像他预计
的那么早解放菲律宾。即使在更加困难的条件下,他也必须保
持迅捷步伐。不必提醒,麦克阿瑟同意了克鲁格的增援要求。
奉命开赴艾塔佩的是第 32 师的余下部队和第 112 骑兵加强团,
以及没有战斗经验的第 31 师第 124 团。第 112 团是一个小团
(1500 人),所辖两个中队,每一个中队的规模都小于步兵营。
后来,他们又补充了从新西兰匆忙赶来的第 43 师。[64]

战场在一片丛林地带。飞机场、滩头阵地和美军防线位于
艾塔佩以东 7 英里。再向东 10 英里就是在汹涌湍急和徐缓细
流之间交替变化的德林乌莫尔河(Driniumor River),它向
内陆延伸 7 英里后就到了托里塞利山脉(Toricelli Range)的
山麓丘陵地带。战斗集中在 6 英里宽的一块长方形区域内,在
大海和山麓丘陵之间,被德林乌莫尔河一分为二。美军的机动
单位并非师级或团级,而只是一个步兵营。它在到达战场之前
要奋力穿过坦克和卡车无法通行的丛林。[65] 他们尽可能从当地
村庄中雇用一些挑夫,为该营运送食物和弹药,并把伤员送回
海滩,那里有登陆艇将他们转到医院。这个营级计划更加灵
活而迅速,可以在丛林战斗中快速转移部队,组成临时的特遣
部队。

指挥链的转换造成了通信上的困难。然而,一个更为严
重的问题是,对于各营的分配,指挥官之间存在不同意见。是
集中于滩头防守简易机场,还是沿德林乌莫尔河形成掩护力
量,或者承担侦察进攻的任务,越过那条河吸引敌人,先发制
人。克鲁格感受到上司在速度上的压力,他渴望保持主动性,
避免大部队陷入长时间作战,所以他坚持第三个方案——以攻
击侦察发现敌人并将其迅速击败。威廉·H. 吉尔(William H.
Gill)少将对丛林作战有着丰富的经验,作为第 32 师的师长,

他要求在滩头建立稳固的防线，使敌人在进攻这些防线时自行消耗。他的副师长克拉伦斯·A.马丁（Clarence A. Martin）准将主张在德林乌莫尔河一线迎击进攻，因为那里需要增援。6月28日，刚刚赶来的查尔斯·P.霍尔（Charles P. Hall）少将和他的第十一军司令部接过了指挥权。霍尔曾在非洲服役并得到华盛顿方面的重视，但是他没有任何丛林作战的经验。他还没有挑战克鲁格的意图，但是倾向于把各营留下来保护滩头，直到弄明白应该在何处采取什么行动。他试图通过侦察行动获得信息，而不是像克鲁格那样以作战为目的。

霍尔一度寄希望于手中的1个师和3个团，共15个营和2个骑兵中队。第32师共有9个营，第124团有3个营，第112团相当于2个营，还有第43师169团的3个营。第43师的其余部队随后会赶到。但是，战斗打响以后，7月20日到达的第169团却装备不齐。第43师是从新西兰赶来的，他们原以为会集结在艾塔佩为后续行动做准备，而不是直接在那里加入战斗。所以他们的武器没有进行易于提取并立即使用的战斗装载。花费了几天时间获得替代武器后，他们才能够投入战斗。[66] 霍尔不断命令对德林乌莫尔河以东进行侦察，每支巡逻队都报告了更多的敌军行动和抵抗，但是它们的规模均很小，不足以挑战悉心隐蔽的日军部队进入前敌区域的行动。7月10日，他命令一个步兵营和第112骑兵团的一个中队从德林乌莫尔河向东更远处搜索，而在沿河一线只留下2个营和1个中队。第32师128团2营，现在面对的是一条3.25英里长的临河正面，而他们仅有700人。这条战线其余部分的防守兵力也大致如此。与此同时，霍尔在滩头保持着9个营的兵力——其中2个营是为了用于随后的两栖进攻。"超级机密"已经提供了大量证据，说明日本第十八军正在前来攻击艾塔佩，包括敌人在后勤方面遇到的问题和进展，甚至还有进攻的准确日期。

75

克鲁格相信这些情况，而霍尔和其他人，出于某种原因却并不相信。作为其中之一，威洛比认为，如"超级机密"所表明的，这次穿越丛林的行军在后勤上遇到的巨大困难，一定会将安达的部队削弱到不堪一击，即便它还有攻击的能力。霍尔习惯于开阔的沙漠场景。他无法想象，敌人能在难以穿越的丛林中集结起多达 2 万人的部队而不被察觉。[67]"超级机密"指明的进攻日期除了 6 月 29 日，还有 7 月上旬的某个时间。6 月 29 日指的是一次预备行动，显然在"超级机密"未能截获的某封电文中被取消了。随着 7 月一天天过去，却并没有任何动静，更加重了这种不确定性。霍尔陷入了困惑。[68]

临近 7 月 10 日午夜的时候，日本人的进攻开始了。先是遭遇战和追击，最后听到渡过德林乌莫尔河的声音，美军部队知道敌人逼近了。照明弹照亮了河面，预先校准的集中炮火，加上迫击炮、机关枪和步枪的射击杀伤了一排排的日本兵，他们纷纷倒在河里，尸体堆成一道堤坝。然而，更多敌军接踵而来，直到美军的防线瓦解。第 128 步兵团 E 连简直就是被打散了。安达设法在德林乌莫尔河防线上打开了一个 2000 码宽的突破口。他的部队向南北两个方向展开，进入河流西岸的沼泽地带，但是缺乏大规模火炮的支援和补给，无法向简易机场和滩头阵地继续进攻。美军指挥部迅速做出有效反应。将侦察部队撤回以后，霍尔把他的兵力转移到距德林乌莫尔河 2.5 英里的第二道防线。克鲁格对他的全面后撤给予严厉批评，懊恼的霍尔将简易机场上的预备队投入战斗，向东发起反攻。到 7 月 18 日，第一次进攻后的 18 天，缺口终于被堵上了，德林乌莫尔河战线得以恢复。[69]

依然遗留的任务是夺取德林乌莫尔河东西两岸的丛林。对于西侧部分，霍尔组建了一个多营分遣队，一个营从海岸向南，另一个营已经在南边与日军各部陷入激战。一俟德林乌莫尔河北段肃清，他立即派出4个营，分别以平行纵队向东前进。大约朝东走了2英里后，他们转向南边，切断了所有东西向的小路，将安达在南边的部队包围。几个营越向南走，穿越丛林就越困难。他们的行军道路变得十分艰难，在瓢泼大雨造成的泥泞中不时滑倒，随时与敌人相遇交火。[70]无线电通信时好时坏，地图毫无用处。飞机将食物和弹药空投到林中的空地。8月10日，当最后一个营抵达南边的德林乌莫尔河时，战斗已经结束了。安达这个军的残部退往韦瓦克。艾塔佩已确定安全了，两个重新组建的师和一个新组建的师都在丛林战斗中彻底接受了教训。[71]

来自不同团的各个营结合在一起，使得很难对人员进行跟踪，但有证据表明，参加了全部或大部分战斗的各营均遭受严重损失。根据官方战史，艾塔佩特遣部队共有440人阵亡，2550人负伤，还有10人失踪，同时其中也承认这些数字并不完整且相互矛盾。[72]一份1945年的第六集团军新几内亚岛战役损失汇编包括了外伤和患病。它显示，德林乌莫尔河战役造成447人阵亡，3200人负伤和外伤，以及16人失踪，合计转移3352人（负伤、所有原因导致的外伤、患病）。[73]基于第六集团军的数字，该特遣部队的全部损失是阵亡、失踪和被转移到医院的人数之和，即3815人。估计有12个营参与了战斗，满员兵力是8500人（步兵师是7000人，骑兵团是1500人），损失的3815人占到了45%，接近其兵力的一半。南线部队包括2个中队和1个步兵营，在7月13~31日因各种原因损失936人。第32师127团2营是发起攻击的主力，损失非常惨重，特遣部队指挥官只好将这支部队转移到一个比较安静的区域，让他们休息并获得新装备。[74]这些数字表明，在1944年的新几内亚岛战役中，艾塔佩的损失严重程度仅次于比亚克岛。日军有9000人死亡，118人成为战俘，残部挣扎着回到

77

韦瓦克。战后，安达因战争罪被判处终身监禁，之后他用一把水果刀自杀了。[75]

新几内亚岛战役提供了一个机会，让我们得以理解，在太平洋战场上，参加战斗的士兵在多大程度上能够决定一场战斗的类型、进程和结果。他的态度、身体条件和军事技能决定了一个单位的效能。在南太平洋和西南太平洋战区，美国和澳大利亚士兵的核心态度是，他们坚信，与日军的战斗是一场殊死搏斗，是由双方战士之间强烈的恐惧和仇恨激发的。[76]这种对待敌人的态度与在欧洲的美军部队存在很大不同。[77]

在珍珠港事件之后的几个月里，作为占据优势地位的交战国，日本设定了冲突的规则。[78]这些都反映了，20世纪30年代具有不同于以往的侵略性和民族主义的日本，特别是日本陆军，他们准备以战争手段建立日本在东亚的支配地位。根据历史学家藤原彰（Fujiwara Akira）①的说法，这些军官领导层的成员从十二三岁起就在陆军学校里接受专门的职业教育，所以他们"门户观念极深，心胸狭隘"。他们强调精神因素，推崇日本传统的武士道思想，如"忠诚、对胜利的坚定信念和日本军人的战斗精神"。[79]新兵加入陆军的第一年痛苦不堪，老兵们严格地把这些价值观灌输给他，但是通过这个过程，他就在日本的社会秩序中赢得了一席之地，实际上还是作为一个军人的特殊地位，谦卑地服务于天皇，而且他会在自己的班里发现一些非正式的禁忌和等级制度，以及替代他已抛在身后的传统日本家庭的一种凝聚力。[80]每天早晨，他都要对着皇宫的方向鞠躬，向天皇表达敬意，他将为之战斗至死。在这条道路上，他自己和他的家庭将得到"净化"。他绝不会投降。按照天皇

---

① 藤原彰（1922~2003年），年轻时曾加入侵华日军，战后进入东京大学学习，他受到日本左翼学者井上清的影响，是日本知名的研究南京大屠杀的学者。

诏书的规定，投降意味着耻辱。对于故乡的家人来说，他将不复存在，他的名字会从当地户籍中删除。他被告知，"总是要把最后一颗子弹留给自己"。[81] 向日本士兵投降的人，也一样不会得到认可，根据情况不同，俘虏会被投入苦役、被饿死或直接斩首。日本士兵以假装投降的办法与敌人同归于尽，或是暗藏一颗手榴弹伪装成死人。对于日本军队来说，根本就没有什么《日内瓦公约》（Geneva Convention）。

1944年初，公众知晓了"巴丹死亡行军"（Bataan Death March），还有1937年的南京大屠杀和其他的日军暴行，即便美国士兵还不了解详情，他们也很快就会明白，自己陷入了一场要么杀人要么被杀的战争。在1944年的德林乌莫尔河战斗中，当参战的第31师124团1营被阻断在日军部队的后方，他们偶然发现了一处日军的医院。有一些病人开枪射击；其他人纷纷自杀。官方战史说，美国部队"草草地了结了那些自杀不成的日本人"。脚注中说，在该医院区域内，没有抓获任何俘虏的记录。[82] 在第41师的防区内（荷兰迪亚、韦瓦克和比亚克岛），虽然没有被正式禁止，但人们都知道，不要带走战俘。[83]

双方都参与了杀戮。美喀师的厨师和后勤人员截获了一个去往后方的战俘，用一排步枪打死了他。[84] 同一个师的雷·厄尔·波因特（Ray Earl Poynter）指控日本人将他和伤员及死者留在一起。日本人用刺刀捅那些幸存者却错过了他。另一位美喀师的老兵赫歇尔·N.麦克法登（Herschel N. McFadden）说，那些人都是"虐待狂"。日本人将死者和伤员肢解，而"我们也这样对待他们"。[85] 在美喀师里，因为几个步兵被俘后遭杀害，便传达下来一个口头命令，"不要留下任何少将以下级别的日本俘虏"。[86] 第40师的一位中校说，应该尊重日本的士兵，但是既然一个日本人不属于人类，他也就不能享有战俘的权利。[87] 按照美喀师的威廉·麦克劳克林（William McLaughlin）的说法，当围栏里装满了战俘而又不再需要情报的时候，"我们会杀死［新到的］战俘"。在巡逻中，他们要处死被俘者，因为带上他们是不切实际的。[88] 在对南太平洋和西南太平洋战区，包括美喀师和第24、25、31、32、40、41、43师在内8个师的48位老兵的调查中，每个师都至少有一位老兵的声明大意是说他所在的那个师很少或根本没有抓到过俘虏。回过头去看，麦克劳克林发现，对于他们所有人，有一些东西彻底改变了："我们已经把杀戮仅仅看作一种本能反应，或者在某些情况下是为了缓解一些单调乏味的巡逻任务。""每个受到战争触动的人都变得残忍"，他补充说。[89] 但并不是每个人：美喀师的费尔南多·维拉（Fernando Vera）在巡逻中碰上两个死去的日军士兵。"其中一个还很年轻，"他在回忆录中写道，"看着他那失去光泽的双眼，我自己悲伤地想到，我们本来可以成为朋友的。"[90]

对老兵的调查很少出现种族主义的评论或刻板印象。日本人偶尔会被称为畜生或非人，"野蛮"和"狂热"这类形容词随处出现，但是总的来讲，对敌人的评价是客观和专业的。当然，这些调查至少也是在战争结束30年以后进行的，战争的激情已经冷却。[91]

约翰·道尔（John Dower）在他的《无情的战争：太平洋战争中的种族和强权》（*War Without Mercy: Race and Power in the Pacific War*）一书中认为，双方的种族主义态度是导致这场战争异常残酷的主要原因，对日本人非人化的刻板印象和修饰语肯定遍及了美国人的讲话和文章。然而，在战斗中端着刺刀发起进攻的日军，的确是一支不容小觑的军队。与日本人的战争是一场为了生存的战斗，一场没有庇护的斗争，令美军士兵惊愕不已。投降意味着被野蛮地杀死；幸存则意味着杀死别人。如此的前景触发了两种强烈的人类情感，恐惧和愤怒。肾上腺素流动，胃部绞成一团。比亚克岛上第41师的弗雷德·基尔希加德（Fred Kielsigard）上士回忆了在夜间接近敌人是什么样的感觉。务必要保持安静，但是班里有个人打鼾，另一个人害怕得尿了裤子，基尔希加德记得他自己的两个膝盖"相碰的声音大得像啄木鸟一样"。他解决这个问题的办法是，"让这些小伙子们在我的两边，这样我可以时不时地用肘部碰碰他们，并让自己跪在珊瑚礁上"。[92] 为了面对这样的现实，像基尔希加德这样的步兵不得不离开家乡和故土；参加了战斗，他便步入了另一个世界，一个"战争中的世界"，如杰拉尔德·林德曼（Gerald Linderman）的描述，这是一个以生存为轴心的世界。[93] 时刻保持警惕消耗着一个人的感情资源。

参加新几内亚岛进攻的一个步兵，头戴钢盔，身背弹药，如果可能，要多带几个弹夹，还有他未来几天的食物配给，他的武器（M1加兰德半自动步枪，接近10磅重），刺刀和手榴弹，在丛林中开路用的大砍刀，挖掘工具，外加两壶水。负责迫击炮和机关枪的士兵还要再加上武器的一个部件及其弹药。挖掘一个最小的散兵坑，2英尺×3英尺大小，4英尺深，就要移走24立方英尺的泥土和树根。艾塔佩战斗中，在德林乌莫尔四周巡逻使得每天挖一个坑成为必做的功课，还要把补充的弹药和食物运送到前方。把那些不能行走的伤员转移到救护站，需要给每副担架配备4个担架员，而且需要不止一组，具体要根据道路是否湿滑，有多长距离，以及道路有多陡。因为后勤营的短缺，如果没有其他任务，步兵还要负责从舰只和登陆艇上卸下给养。

最糟糕的是战场上的夜晚。黑夜是属于敌人的。丛林中像壁橱里面一样黑暗。它散发出腐肉的气味，不时响起奇怪的声音，比如陆地蟹探查空空的口粮罐头盒。大雨在散兵坑底部造成积水。从坑里爬出去缓解腹泻，可能就会招致友军的射击。步兵睡觉的时候都要睁着一只眼睛，还要注意保持武器的干燥，这样满心恐惧地熬过一夜，着实令人精疲力竭。用餐可以带来短暂的放松和惬意，但是大多数部队吃的是罐头食品。在交战区域，新鲜食物和厨房备餐是根本不可能的。新几内亚岛的每日标准餐食是 C 口粮，这是在澳大利亚饲养、烹饪并包装的，能够提供 3348 卡路里的热量，可以装进 6 个 12 盎司的大罐头盒里。它包括炖牛肉、猪肉和豆子以及盐渍碎牛肉，配上咖啡、饼干、糖和一个巧克力棒。根据官方记载，"在运到比亚克岛的一批 60 万份的 C 口粮中，有三分之二的肉食部分是盐渍碎牛肉"，这种餐食最不受美国士兵的欢迎。第 1 骑兵师师长英尼斯·P. 斯威夫特（Innis P. Swift）少将说："每个人对盐渍碎牛肉都腻烦透顶。"[94] 吃 C 口粮就意味着超出连队厨房范围之外的短途冒险，几天之后，它就会变得单调乏味，有些人还会觉得反胃。第六集团军在食物上没有替代。忍受了数日没有口粮的单位只能吃当地的香蕉和椰子。第 31 师的约翰·布赖恩德（John Briand）曾经连续 8 个星期没喝过咖啡。[95] 后来，军需兵团（Quartermaster Corps）大大改善了 C 口粮，增加了新的肉食品种，包括鸡肉蔬菜、肉酱意大利面和熏肠豆子。然而，这些新品种直到 1945 年欧洲战事结束时才出现。[96]

在 1944 年的新几内亚岛上，美军部队的迅速壮大和分散给西南太平洋战区带来大量的问题，导致了口粮配给的不足。作为最初的基地和一般供应和给养的来源，澳大利亚与作战区域之间的距离不断延长，且相对于悉尼和布里斯班，作战区域主要食品的需求更可能通过旧金山来满足。于是供应流从向北转为向西。麦克阿瑟的后勤指挥系统处在不断的官僚主义修正和紧张状态中，没有及时跟上这一转变，在战斗结束以后，才将其负责分配的人员从澳大利亚调往新几内亚岛。同时，新几内亚岛的食品储备不足且不平衡。[97] 随着不断地把各营、团和师级部队往返运送上岸或离岸，很难搞清楚向什么地方运送多少物资。譬如，第41师的各支部队就分散在艾塔佩、荷兰迪亚、韦瓦克和比亚克岛。新到手的基地缺少码头、吊车、叉车、卡车和仓储设施，所以卸货速度很慢，等待卸货的船只增加。已经卸下的货物易受偷盗行为和天气状况的影响。听装食物在热带的高温下变质，纤维板箱在雨水中腐烂，木箱因为野蛮操作而开裂。检查人员估计，各种原因造成的损失高达25%。很多其他因素也会造成延误：美国那漫长的交通线、海运、储存、铁路和仓储设施的短缺，以及缓慢的征用流程。[98] 最重要的因素是，陆军部坚持首先要满足进军法国的需求，而跨太平洋运输一度只能获得低优先级别。

　　对于新几内亚岛上的步兵来说，服装的重要性比不上食品配给，但差别并不大。经常是过了几个星期，士兵才有机会在溪水中洗澡、洗衣服，因为在作战区域内部和附近都没有配备热水淋浴和洗衣房的休息区。1944年上半年，新几内亚岛上唯一的洗衣房位于最东端的米尔恩湾。[99] 步兵的作训服肮脏污秽，一般是破破烂烂的。"人人都散发着恶臭"，第32师的一个成员回忆。[100] 人们发现那些浸透了驱虫剂的衣服容易撕破，霉菌也侵蚀布料的线缝。浸湿的靴子使得鞋带孔生锈，皮革分解。[101] 新制服很少。在第37师的二等兵埃德温·E. 汉森（Edwin E. Hanson）所属的排里，他是仅有的得到新裤子的两个人之一。[102] 尺码是一个大问题。热带地区的士兵体重下降：军医官估计，第41师人均减重26磅。军需兵团的尺码系列中，全部服装里面偏瘦的作训服太少。在瓦克德的第6师，只有23%的士兵需要38码及以上的衬衫，但是运来的衬衫中这样的尺码占87%；该师只有5%的人需要大码的裤子，但是

82

49%的裤子是大码。这个师的副师长说，尺码过大的衣服经常"妨碍行动自由，降低战斗效能"。[103]

步兵们非常清楚，除了敌人之外，丛林中还有各种动物与他们为伴。最令人害怕的是蟒蛇、水蛇和鳄鱼，但是很少会碰上它们。尽管如此，这些都加剧了士兵们对环境的恐惧。远比这些重要的是昆虫造成的破坏。必须时刻小心帐篷和散兵坑里的蝎子、蜈蚣和蜘蛛。蛆虫并不只是在尸体上享受盛宴：有个陆战队员醒来发现它们"正在啮噬"自己后背上的热带溃疡。[104]一旦皮肤被刺破，哪怕只是挠破了一个蚊子包，都有可能感染并引起伤口溃烂，他们称之为"丛林糜烂"。这些都在战斗中逐渐累积，需要很长时间的悉心照护才能治愈。[105]

传播疟疾的按蚊，在1942~1943年的确造成了非常大的危害，所罗门群岛和巴布亚新几内亚这些地区，大多数单位中85%~95%的人被感染。[106]1943年2月，新几内亚岛上每千人中有962人感染。通过大范围应用杀虫剂并积极地强制服用抑制药物阿的平，这一比例在1944年4月降低到每千人感染45.1人，其中14.2人是二次感染，在西南太平洋战区的医院中共有751例。在这场战争的官方医疗记录中，1944年太平洋战场每千人感染62.08人，病例共计33745例。[107]这一数字包括体温高于103℉的病人，低于这个温度的人留在本单位。[108]疟疾发作就像是让人坐上了从发热到发寒的过山车。被称作"黑水热"的类型很少见，但是后果极为严重。另外一种使人虚弱不堪的蚊媒疾病（这次是伊蚊）是登革热，也被称作"断骨热"，它会造成"头部的抽痛，严重的关节疼痛"以及神志不清，需要几个月才能康复。西南太平洋战区在1944年报告了28292例病例，年度每千人感染52.47人。[109]

新几内亚岛也发生了军队中典型的胃肠道疾病，尤其是痢疾。通常的病菌携带者是苍蝇，而粪便是其来源。到了1944

年，卫生条件得以改善，新几内亚岛的发病率降到相当低。那
一年，由杆菌、变形虫引起的，以及未分类的各型痢疾加在一
起，共有5620例，年度每千人感染10.43人。1945年，菲律
宾的每千人感染升高到171人。这一区别可以解释为，新几内
亚岛的人口密度较低，而菲律宾人口众多，且美国士兵自由地
混杂其中，另外还有卫生方面的问题。[110] 1944年，西南太平
洋战区，不包括澳大利亚本土和菲律宾，所报告的全部腹泻和
痢疾病例是24235例，也就相当于新几内亚岛的数字，无疑
还有更多"拉肚子"的情形没有报告。[111] 痢疾和腹泻带来体
重降低和脱水，对于那些已经缺少脂肪的人则进一步消耗身体
组织。经过一段时间，这样的体质再加上胃部的痉挛、食欲不
振、饮食单调和严重的疲劳，使身体虚弱到生理和心理崩溃的
边缘。[112]

　　出现在新几内亚岛，后来在菲律宾变成主要威胁的一种疾
病是传染性肝炎（现在称为甲型肝炎）。在丛林斑疹伤寒流行
的比亚克岛和奥维岛，首先出现了1500例肝炎，并传播到荷
兰迪亚、艾塔佩和芬什港，达到5025例，估计造成了85425
人日工作量的损失。夜间咬虫或苍蝇似乎是传播者，它们把病
菌从粪便传播到食物制作者。主要的症状是乏力、肌肉或关节
疼痛、恶心、呕吐和食欲减退，所有这些，与痢疾和腹泻一
起，导致身体的全面虚弱。[113] 欧洲战场的陆军非战伤住院率在
整个战争期间是464人/千人；西南太平洋战区为807人/千
人，是各个战场中最高的。[114]

　　鉴于长期暴露了这种特别凶险的战斗中，疲劳、营养不
良、体弱多病及战场上的高温、泥泞和恶臭，也就不足为奇，
新几内亚岛的很多步兵彻底垮掉了。比亚克岛有423例这种
病例作为非战伤员入院。[115] 1944年全年（包括莱特岛战役），
西南太平洋战区共有15160例战斗疲劳症（一种神经精神病

学的症状），都足够组成一个师了。[116] 这种疾病的症状形形色色——从不受控制的哭泣和颤抖，到失语和刻板动作。一段创伤性的经历可以"引起意志的丧失"。[117] "千码凝视"如同一个警报，用记者厄尼·派尔（Ernie Pyle）的话说，它所反映的就是"在前线待得太久而逐渐积累的模糊状态和令人伤心的含混记忆"。[118] 还有其他一些精神崩溃是源自先前就存在于服役人员身上，在入伍时未能发现的精神病。这样的人被送回美国并解除兵役。

数目过于庞大的精神病人造成了一个麻烦。前线指挥官中间有一种很强的"清洁军队"情绪，精神有问题的人是不适合作战的，如果他们不是有意逃避或者是胆小鬼的话，就应该把他们清除出去。然而，把他们送回美国治疗或解除兵役的话，就意味着当替换人员短缺的时候，要进一步减少步兵排的人数。面对这个困境，各师想到的主意是，在紧靠战线的后方为他们提供休息的机会，并由陆军的精神病医生给予治疗。这一做法的前提是战斗疲劳症并非由怯懦导致，而是因为在士兵"自我保护的天性和渴望战斗而非逃跑的愿望"之间存在的冲突。他"努力坚持，但是面对一种有时会变得无法遏制的生物学状况"，他失败了。包含催眠术的，针对战斗疲劳症的一套试验性前线精神治疗体系，在冲绳岛战役中进行了尝试并取得成功。在 900 例病例中有 800 例重返战斗。[119] 然而那是在 1945 年。而在 1943~1944 年，治疗方法还很不成熟，因为前线缺乏对精神病医生的有效利用，没有更具辨识力的诊断和治疗。1943 年，西南太平洋战区开始在战场上处理轻微的战斗疲劳症病例，在各师内部提供休息、热食和镇静剂，目的是在几天之内将这些人送回所属单位。[120] 在与新几内亚岛战役同时进行的塞班岛战役中，"安慰号"（*Solace*）医疗船收治了 150 例战斗疲劳症患者，他们在船上获得一两天的休息和可口的食物，其中有三分之二返回了战斗。[121]

步兵获得解脱和支持的最大来源是他的班集体，其作用就如同一个充满同志情谊的讨论会。闲聊，再加上比尔·莫尔丁的漫画中那些士兵间难忘的冷笑话。班集体是步兵在战争中的世界。这是经过后期训练、海上航行和最初的战斗而逐渐形成的。但是，这种小圈子会在战斗中经过筛选，又因为调动和晋升而逐渐缩小。出现了一些新面孔；替换人员因为无知而处境危险，需要老兵辅导。小心翼翼地，班集体得以重建，但是如果战斗持续时间很长，或是战斗之间的恢复时间太短，这种分裂会再次发生，老兵会缩回自己那个战争中的私密世界。

在西南太平洋，与外部世界发生联系的机会少之又少。如果有收音机，士兵会收听"东京玫瑰"（Tokyo Rose），[①] 享受大乐队的音乐作品，而忽视其宣传内容（经常穿插着有关他们自己那支部队的精确报道）。如果能搞到几份《星条旗报》（*Stars and Stripes*），他们也会阅读这份发行于欧洲战场的、由士兵办给士兵看的报纸。杰弗里·佩雷特（Geoffrey Perret）在他的麦克阿瑟传记中说，这位将军"对允许他的部队办一份报纸这样微不足道的小事也很敏感，虽然这事关言论自由"。[122] 很多老兵记得看过当时演遍了太平洋各地的《鲍勃·霍普秀》（*Bob Hope Show*），但是除此之外，他们不记得还有其他娱乐活动。信件要在路上走几个月，7 月才能收到圣诞贺卡。有一个特别的不满是，他们从来没有见过一个报社记者。当然，在美国媒体上，西南太平洋战区没有欧洲那么重要。在人平洋上，举个例子来说，相比于跟随第 41 师登上比

86

---

① 指二战时期东京广播电台的女播音员。这些女播音员通过电波向太平洋战场上的美军士兵发动宣传攻势，企图瓦解美军士气。但结果是不仅没有达到这一目的，反而因播出美国流行音乐而颇受美军士兵欢迎。

亚克岛，记者们更愿意跟随舰队去往马里亚纳群岛，那里能给人留下更深刻的印象，同时不会过于艰苦。但除此之外，还因为麦克阿瑟在总司令部针对记者们的"填鸭式灌输"，这导致西南太平洋只能出现一个故事，发出一种声音，主要来自麦克阿瑟的每日公布。[123]麦克阿瑟在新闻界的拥趸——反对"新政"的出版商，《芝加哥先驱论坛报》（*Chicago Herald Tribune*）的罗伯特·E.麦考米克上校，斯克里普斯-霍华德报业连锁的罗伊·霍华德，以及威廉·伦道夫·赫斯特——在他们的帮助下，西南太平洋战场与其司令官变成了同义词。[124]北非、地中海和欧洲西北部的战役，使奥马尔·布拉德利（Omar Bradley）、乔治·巴顿（George Patton）和马克·克拉克（Mark Clark）这些名字家喻户晓，但是很值得怀疑，普通美国人能不能叫出任何一个麦克阿瑟下属的名字。麦克阿瑟也并不情愿同麾下的士兵分享聚光灯下的荣耀。西南太平洋的步兵们发现，关于他们所在的师和所进行的作战行动的故事并没有出现在美国的媒体上。家乡的人们不知道他们在太平洋上面对的是什么。[125]这个战场上的美国大兵所承受的巨大损失也无人知晓。相反，麦克阿瑟对他这个战场上的新闻报道进行控制，在此帮助之下，再加上新闻巨头的协助，逐渐形成了一个光辉的将军形象，他的蛙跳式行动拯救了部下士兵的生命，他比海军和陆战队中那些行动迟缓的对手展现了更高明的策略。[126]

87　　夺取了荷兰迪亚、艾塔佩、德林乌莫尔河、韦瓦克和比亚克岛以后，新几内亚岛西部余下的目标很容易到手，但也并非毫无代价。海尔芬克湾里，在比亚克岛西边75英里的农福尔岛，只有一支规模不大的守军，仅需一次团级进攻。然而，克鲁格无疑还在为低估了比亚克岛兵力感到不安，所以又派去一个团。相对于比亚克岛，这次的轰炸更加猛烈，控制船用探照灯和浮标标出通往海滩的路径，避免船只随水流漂移。前来增援的第 503 伞兵团两个营降落到一个简易机场上，通信不畅使他们遭受很大损失，伤亡率达到 9%，绝大多数是因为降落在非常坚硬的珊瑚岩表面而出现严重骨折。最后一个目标，绍萨波尔 – 马尔（Sansapor-Mar）地区位于新几内亚岛构成的这只"大鸟"的眉毛上。从瓦克德 – 萨米地区出发的第 6 师 1 团于 7 月 30 日在马尔登陆，没有遭遇抵抗。绍萨波尔 – 马尔地区处于日军在索龙和马诺夸里（Manokwari）的两处基地之间，被茂密的雨林和内陆山脉那条一直伸入大海的支脉隔绝，不再拥有新几内亚岛制空制海权的日军没有展开反攻。伤亡很少，但是疾病取而代之。在丛林斑疹伤寒的第二波暴发中，第 1 团 9 人死亡、121 人住院，还有 258 人发烧原因不明。[127]

　　1944 年 8 月和 9 月，沿着新几内亚岛北岸一路延伸直到最西端，新建或扩建的跑道、滑行道和停机坪一个个嵌入丛林。工程营从一条跑道转移到下一条跑道。飞机、机组人员、地勤人员、指挥官、参谋和厨师从一个机场转移到下一个机场，2 个航空队在西北方向穿梭往来，第五航空队来自巴布亚，第十四航空队来自南太平洋，在肯尼和麦克阿瑟指挥下合并为远东航空队。到 9 月底，远东空军和澳大利亚皇家空军共有 2719 架飞机。荷兰迪亚有 2 个轻型轰炸机大队；瓦克德 – 萨米有 2 个重型轰炸机大队和 1 个战斗机大队；比亚克 – 奥维有 3 个重型轰炸机大队、2 个中型轰炸机大队和 3 个战斗机大队；农福尔岛有 1 个轻型轰炸机大队和 3 个战斗机大队；绍萨波尔 – 马尔地区及邻近的米德伯格岛（Middleburg Island）则有 1 个中型轰炸机大队和 2 个战斗机大队。各处还都拥有夜航战斗机、侦察机、救援机和运输中队，以及澳大利亚的空军单位。[128]

由于比亚克岛战斗，麦克阿瑟将军无法承担原计划的，通过轰炸帕劳群岛协助进攻马里亚纳群岛的任务。尽管如此，他也可以心满意足了，在他到达新几内亚岛最西端的同时，尼米兹海军上将也完成了夺取马里亚纳群岛的任务。农福尔岛和比亚克岛的扫荡工作分别开始于7月7日和7月23日。吉尔将军报告说德林乌莫尔河战斗已在8月9日结束。在关岛，有组织的抵抗已经停止，最终8月12日占领了马里亚纳群岛。绍萨波尔－马尔地区的机场在8月17日投入运转。联席会议制定的麦克阿瑟－尼米兹两路并进战略，非常成功地使日本人放松了警惕。在西南太平洋，目标是为夺回菲律宾计划的空中力量争得基地，在战斗中步兵的重要性凸显。因为在当时和在历史记录中对马里亚纳群岛的更多关注，西南太平洋战场的进攻黯然失色。虽然新几内亚岛的海军支援力量要远远少于马里亚纳群岛，承担作战任务的各师数目却是同一数量级的：塞班岛3个师，有2个师又从塞班岛到提尼安岛，还有2个师投入关岛。新几内亚岛用了相当于6个师的兵力，马里亚纳群岛则是5个师。

对于日本人来说，力量的天平朝反方向倾斜了；根据战前制订的计划，他们已经下决心要在中太平洋地区寻找机会与美国人进行一场决定性的战斗。日本人预设的这一优先项，让麦克阿瑟得以克服残酷的自然环境，挫败了日本陆军的顽强抵抗，向着他的终极目标菲律宾群岛跃进了1000多英里。对于麦克阿瑟这个初学者，新几内亚岛战役就像是这种新型机动作战的一次预演。"阵地进攻的时代结束了"，7月在夏威夷面见罗斯福总统时，麦克阿瑟汇报，"现代步兵武器威力太大了"，他认为，"阵地进攻只适用于寻常的指挥官。优秀的指挥官不会接受巨大的伤亡"。[129] 陆军向鸟头半岛的快速推进已经成为可能，至少部分是因为麦克阿瑟只追求对海岸线的控制。然而，在解放菲律宾的时候，他决意要占领每一寸土地。为了做到这一点，他的士兵们将不得不面对一支更大规模的、得到出色指挥的敌军，一心一意要把美国人拖进一场旷日持久的决战，而这正是麦克阿瑟在新几内亚岛西部极力避免的。

第三章

马里亚纳群岛战役，
1944 年 6 月 ~8 月

91　　1944 年 6 月 15 日，当比亚克岛的战斗进入第三个星期，日本联合舰队的主力驶过菲律宾群岛间的蜿蜒水道，出现在辽阔的太平洋上。这片水域被称作菲律宾海。舰队里加入了补给船以及曾威胁比亚克岛的两艘巨型战列舰"武藏号"和"大和号"，它们径直驶向东方的马里亚纳群岛。那里，在太平洋舰队的快速航母和战列舰部队的保护之下，美军正在攻入塞班岛。

　　麦克阿瑟在新几内亚岛西部的迅速集结，尼米兹集中海军力量于马绍尔群岛并对帕劳群岛和加罗林群岛实施打击，都使东京的海军军令部相信，美国人的一次大规模进攻正在
92　迫近。对马里亚纳群岛的空袭和在塞班岛进行扫雷，消除了对美国人目标所指的任何怀疑。目前，美军的任何进一步推进都将对日本构成战略性威胁。如果马里亚纳群岛被占领，日本从本土向西太平洋增援的空中和海上路线就会被切断，实际上就是将一直到菲律宾的制海权都让给美国人。况且，马里亚纳群岛能为敌人提供一个航程覆盖东京的轰炸机基地。东京的海军领导层决定，日本必须做出反应，与掩护岛屿进攻的敌方舰队交战，在一场主力舰队的决战中将其摧毁。取得这样一场决定性胜利在日本海军的传统和战略中居于核心地位，这源自阿尔弗雷德·塞耶·马汉（Alfred Thayer Mahan）海军上将的教导，取得海军优势的途径就是在重要的

舰队间决战中，集中使用大型战舰（在他那个年代指的是战列舰——他在1914年去世；而到了1944年，大型战舰变成了航空母舰和战列舰）。[1]

马汉的思维方式也支撑着金海军上将的看法。马里亚纳群岛不仅是日本人的交通节点，也是美军能够攻击日本本土的B-29之类远程轰炸机的最佳基地，而且对它的进攻可以把联合舰队拖进毁灭的深渊。另一个支持夺取马里亚纳群岛的理由是，远程轰炸机原来所使用的在中国成都的基地存在缺陷。从那里起飞，大多数日本领土在B-29的航程以外，该地区的恶劣天气也对飞行任务有所限制。而且，以中国为基地就涉及最长距离的、最不划算的补给线路：油料和弹药先要用船运到印度，然后再通过空运翻越喜马拉雅山。[2]尽管麦克阿瑟强烈反对，甚至尼米兹自己的参谋人员中也有不同意见，金和阿诺德还是将马里亚纳群岛写入战役计划。

进攻计划要求夺取马里亚纳群岛南部的3座岛屿：防守最严密的主要岛屿塞班岛和邻近的提尼安岛，二者都是国际联盟授权日本托管的；此外还有南边120英里之外的关岛，它是美国的领地，在珍珠港事变后被日本占领。得益于季风的吹拂，塞班和提尼安都不像热带地区的战场那样潮湿；降雨量很大，但多数是阵雨。它们都有开阔的地势，并非连绵不绝的雨林，土地被开垦耕种，有人居住。那里也有一些和新几内业岛相同的疾病——登革热、痢疾——但没有那么多。气候虽然宜人，但这片战场杀机四伏，战斗异常惨烈。[3]尼米兹海军上将派出5个师参加马里亚纳群岛战役，包括3个海军陆战队师和2个陆军师。参加过塔拉瓦环礁战斗的第2陆战师，和马绍尔群岛的老兵第4陆战师负责塞班岛及随后的提尼安岛；来自所罗门群岛布干维尔岛（Bougainville）的第3陆战师目标是关岛。驻守在吉尔伯特群岛马金环礁和马绍尔群岛的陆军第27师，作

93

为预备队在船上等候；尚未接受过战火洗礼的第 77 师在夏威
夷担当预备队。这两支队伍将分别留给塞班岛和关岛。

塞班岛是一个狭窄的岛屿，长 14 英里，宽 3~6 英里。
1554 英尺高的塔波乔山（Mount Tapotchau）雄踞在岛的中
央，南北伸展的山脊线将该岛一分为二。计划登陆地点是背着
风浪的岛屿西侧。选定的海滩在西南海岸线上绵延长达 4 英
里，空间足够这两个陆战师并排展开攻击，前提是 8 个营要同
时登陆。为了跨过堡礁并保护进攻部队，太平洋舰队为这两个
师派出 700 辆箱式登陆车（登陆塔拉瓦环礁的一个师曾使用了
125 辆）。[4]

踏上海滩只是一个开始。指挥这次进攻的第五两栖军要
求这些履带式水陆两用车辆突破海滩防御，在第一天结束时
能够一路推进到海滩远端的第一处高地。这一目标可以扩大
机动和补给的空间，把轰炸和登陆的势头转换为地面进攻的
开始。[5]指挥部希望通过打垮敌人的海岸防线而迅速占领塞
班岛。美军估计日军总人数为 1.5 万 ~1.76 万人，其中 0.91
万 ~1.1 万人是作战部队，他们对速战速决的期待建立在这一
预测的基础上。而事实上，到 6 月 15 日，岛上日军的数量是
31629 人，其中包括海军士兵 6160 人。在丢失了马绍尔群岛
以后，日本人紧急增援马里亚纳群岛，而美军情报并没有及时
更新。从中国东北调到塞班岛的日本第 43 师团，在途中因为
美国潜艇而损失了 7 艘运兵船和大量装备，但是大多数部队获
救，这个师有 1.3 万人在 6 月初到达该岛。在登陆日，因为没
有通常的司令官现场巡视，塞班岛的战术指挥就落在了师团长
斋藤义次（Saito Yoshitsugu）中将身上，他曾是骑兵，并不
熟悉岛屿作战。[6]

塞班岛拥有理想的防御地形。地势从西南部的滩头逐渐
上升到南部的小山和中央山脉的低坡。沿着这些可以对下面的

海岸线和珊瑚礁、潟湖一览无余的高地，部署有十分隐蔽的炮兵部队——至少有16门150毫米榴弹炮和30门75毫米山炮。在海滩线的尽头以及中间位置的阿弗特纳岬角（Afetna Point），有小口径火炮覆盖这些海滩。海滩线的后面是带刺铁丝网和两道步兵战壕，散布着机枪掩体，以及口径分别为20毫米、37毫米和47毫米的火炮和迫击炮。如此大量的防御工事尚未完工。很多岸防炮还躺在仓库里，或与之配套的炮兵掩体因为缺乏建筑材料而没有建完。另外，机动火炮由于缺少车辆而不能移动。[7] 我们可以想象得出，如果按照原来的计划，陆战队在接下来的11月登陆的时候，将会面对什么样的情况。

到彼时为止，美军对塞班岛的进攻是太平洋战场上最大也最血腥的一次两栖进攻，甚于之前的新几内亚和马绍尔，而比肩后来的硫磺岛和冲绳岛战役。从塔拉瓦环礁和马绍尔群岛取得的教训，该目标具有的更重要的战略性，及日军防线随后的扩大和改进，都让更强大复杂的美军进攻部队使用各种新式武器，例如火箭发射登陆艇和装甲炮塔上配备75毫米火炮的两栖坦克。仅是为了运输3个师的兵力和装备，就需要59艘运兵船和64艘坦克登陆舰。[8] 进攻行动在6月15日凌晨开始，第一批攻击部队排成森严的队列，乘着装载坦克和部队的两栖牵引车，从他们的运兵船来到出发线，8处海滩每处都有56部车辆排成四路纵队。在严阵以待的日军炮口下，他们开始前进，爬过堡礁，进入潟湖。此时，已经瞄准礁体的日军大炮开火了，大量轻武器也从上方、前方和侧方一起射击。[9]

队伍打散了。在第2陆战师的战线上，处于危险中的运载部队两栖牵引车冲到了那些为他们提供保护的、行动迟缓的装甲牵引车前面。两栖车辆急忙转向左方，从阿弗特纳岬角射来的纵向火力打在他们的右侧，海流进一步把他们向左推，偏离了原定的海滩。各营都在同一处海滩登陆，后续梯队也一起

95

涌来。结果，两个师中间地带的进攻队形被削弱，而各营相互混杂拥挤在北边的几块海滩上。这边的海滩狭窄而陡峭，朝向内陆一侧是浓密的植被。机关枪、迫击炮和轻型火炮的火力完全覆盖海滩。在迷惑混乱的状态下，陆战队员找不到自己的部队，军官联系不上自己的下属。两栖车辆的乘员匆匆抛下货物，有些人立刻撤离，也有些人和陆战队员一起在海滩上挖掘散兵坑。随处抛锚的两栖坦克——陷入壕沟的、被炮火炸裂或打穿的——提供了掩护。它们那薄薄的装甲可以勉强挡住子弹。来自海滩后面的狙击火力非常致命。最初的三天里，就有4000 名伤员被转移到临时医疗船上，这项工作十分困难，有时甚至是不可能的。[10]一位目击者说，场面就像一个星期以前，在比亚克岛默克莫尔机场（Mokmer airfield）上方台地的日军炮火，"如同在射击瓮中之鳖"。

一片慌乱之中，第 2 师的首日伤亡数字上升到 1575 人，预计第 4 师在前 24 小时内的伤亡也达到 2000 人。尽管如此，陆战队员的纪律性发挥了作用，他们很快重拾秩序和凝聚力，开始向海滩以外移动。同一个连的士兵散布在整片海滩上，寻找彼此。当时在场的一位中士说："就是把人收集起来，努力把事情组织一下。"[11]军官们聚拢在一起，让别人知道他们还在，但这样就使他们成为狙击手的目标。参加先头突击的第 2 师 4 位营长全部受伤并被迅速替换。在第 4 陆战师那一边，两栖牵引车同样遭遇来自潟湖对面的猛烈炮火，但它们仍在指定的海滩上岸，其中一些向前猛冲，的确到达了第一天的目标，却又不得不从那里后撤了一半距离。在更南边，情况很糟糕，右翼的炮火特别凶猛，付出了巨大代价却进展不大。美军各师并未实现他们的首日目标，但是他们夺取并守住了海滩，在纵深方向 1000 码处占据了几个突出部。

当天一整夜，日本人的反攻使美军经受了严峻考验。坦克从北边紧靠第 2 师左翼的一条路上驶来，在它们的支持下，敌人发起了三次攻击。士兵高擎着军旗，军号嘶鸣，口中大喊着"万岁"，军官则挥舞着指挥刀。陆战队用他们的机枪、步枪和仅有的一个炮兵营的凶猛火力予以回击。最重要的支援来自近海 3 艘驱逐舰的 5 英寸舰炮，特别是它们射向空中的照明弹，照亮了战场，映出了敌人的身影。在日军的第三波攻击中，5 辆谢尔曼（Sherman）坦克及时登上海滩。在这次进攻中，700 名日军士兵被打死。为了击退敌人在右翼的一次进攻，第 4 师得到 3 个 105 毫米榴弹炮营的支援；而在左翼的战斗中，有经历过珍珠港事件的"加利福尼亚号"（*California*）战列舰和两艘驱逐舰的支援。当晚最后一波进攻又是针对第 2 师，有 1000 名日军和 37 辆坦克，陆战队以火炮、坦克和火箭发射器掀起的惊天炮火作为回应。2 名陆战队员用他们的"巴祖卡"（bazooka）肩扛式火箭筒击毁了 4 辆坦克，又把手榴弹扔进舱门炸毁了第五辆。日军总共损失了 24 辆坦克。这就是反攻的战果。[12]

更多的谢尔曼坦克和火炮加入了滩头阵地的防御，说明进攻部队具备了突击和坚守等多种能力。谢尔曼坦克是由带坡道的登陆艇送上礁岩的。在北边，他们继续通过一条天然通道越过礁岩，另外有一条水下爆破队开出的新通道。在南边，礁岩距离海滩很近，潟湖也更浅，坦克直接跃入水中，循着一条标记出来的路线驶向海滩。之后，在拍打着坦克登陆舰船舷的太平洋海水中，一条堤道的组件漂浮起来并相互连接，于是坦克就能越过礁岩直接卸在海滩上。

各种船只源源不断地涌向岸边，带来火炮、弹药和整理海滩的部队，以及作为预备队的各营各团。在最初的 20 分钟内有 8000 人登上海滩，夜幕降临时达到 20000 人。营、团和师的指挥部也在第一天就上岸了，还有 7 个炮兵营和 2 个坦克营。[13] 让每个人在塞班岛的沙滩上活下来并取得胜利的原因是陆战队员们的团结、技能和进攻意识，以及他们对敌人表现出来的强烈仇恨和不可抵挡的毁灭性力量。

对塞班岛的进攻并没有处在危急之中，但是它也没有按照预期进展。第一天夜里，进攻部队的指挥官凯利·特纳海军中将就将进攻关岛的日期定在了 6 月 18 日，其前提就是假定可以用大约一周的时间占领塞班岛。第二天，6 月 16 日的上午，在塞班岛外与军长霍兰·史密斯（Holland Smith）将军和第五舰队司令雷蒙德·斯普鲁恩斯海军上将举行的会议中，特纳承认战斗进展不利。最高指挥官现在看到的是为了争夺这个岛屿的每一平方英里土地而进行的冗长血腥的战斗。一片阴云笼罩了塞班岛之战，实际上是整个马里亚纳群岛战役。斯普鲁恩斯通知与会者，来自美军潜艇的情报显示，日本联合舰队的一部正向东驶入菲律宾海。"日本兵就要来了"，他宣布。[14]

斯普鲁恩斯在他自己的旗舰"印第安纳波利斯号"（*Indianapolis*）巡洋舰上，等候快艇来将他送往特纳的旗舰。他看着"许多庞大而无助的运输船只"，在塞班岛的锚地起伏于海浪中，为岸上的部队卸下补给和援军。"它们全都如此脆弱，"斯普鲁恩斯沉思道，"在日本舰队面前坐以待毙。"[15] 这位海军上将出身于水手而不是飞行员，在巡洋舰和战列舰上成长起来，曾是中途岛之战的胜利者。塞缪尔·埃利奥特·莫里森认为他是"美国历史上最善于作战和思考的伟大将领之一"。[16]在哈尔西、金和尼米兹这些个性鲜明的海军上将身旁，身材瘦小、沉默寡言的斯普鲁恩斯毫不出众。他已经接受了空中力量作为舰队中心角色的观点。水手出身的指挥官一般应该配备飞行员出身的副手，然而斯普鲁恩斯的所有高级参谋人员中没有一个人是飞行员出身。[17]

与会者同意作为机动预备队待命的第 27 师立即登陆，因为这是必需的，可以让装载他们的运输舰开往安全地带。他们还同意无限期推迟进攻关岛，并将那几个陆战队师和旅留作塞班岛的预备队。另外，为了加强位于塞班岛和日本舰队之间的快速航母舰队，斯普鲁恩斯从塞班岛的火力支援部队中，抽调出5艘重型和3艘轻型巡洋舰及21艘驱逐舰。塞班岛海滩外的运输和后勤船只将继续卸载，直到第二天的晚上，然后它们将向东驶离危险水域。到6月18日，这一系列的调动将使海滩上的部队只看到一片空空如也的海景。[18]

对待这些消息，快速航母舰队的反应是兴奋而急迫的，终于有机会与日本舰队相遇并将它们摧毁。马克·米彻尔海军中将把他的舰队聚拢起来开始做战斗准备。一面加紧空袭马里亚纳群岛和火山岛（硫磺岛）上的机场，一面开始为舰只加油。米彻尔把他的大批战舰重新配置成5个特混大队，都组成直径4英里的圆环阵形，各自相距12英里。2个特混大队作为前锋，其中一个包括他的几门"大炮"，7艘快速战列舰和4艘巡洋舰，另一个包括1艘舰队航母和2艘轻型航母，为他的"大炮"提供保护。后面15英里处是3个航母大队，均由2艘舰队航母和2艘轻型航母组成。全部5个大队都有轻型航母和驱逐舰保护。庞大的舰队在方圆25英里的大片水域中伸展开来。战列舰突前，可以在水面战斗中立即发挥打击力。如果遇到空袭，战列舰上林立的防空武器将率先开火。同时，航空母舰作为舰队的进攻力量跟在后面，使敌人难以触及。米彻尔打算尽快向西航行，发现并打击敌人。[19]

这却并非第五舰队司令官的意图。斯普鲁恩斯相信，日本舰队的目标是进攻塞班岛的部队，主要的交战也将发生在这一区域。他拒绝任何想让他的舰队向西搜寻敌人的想法，因为他担心日本人通过他们的各种海战战术，分割、佯攻和侧面攻击，绕到他的背后，袭击塞班岛的滩头阵地。相反，第58特

100

混舰队，即快速航母舰队，"务必掩护塞班岛及参与这场行动的我军部队"，与该岛保持在作战距离之内。[20]特混舰队应当在塞班岛西边的一定距离之内往来游弋，日间向西，夜间向东，行程大约 140 英里。另外，在东风更盛的日子应当向西多行驶一段距离，因为舰队需要迎风转向才能让舰载机起飞，这就会延误接近敌人的努力。然而，斯普鲁恩斯不打算让岛上的部队承受风险，出现支援及弹药、饮水和食物补给短缺，还有转移伤员的情况。[21]

斯普鲁恩斯错误地理解了敌人。日本舰队司令小泽治三郎（Ozawa Jisaburo）海军中将对塞班岛的滩头并没有直接的兴趣。他不会将舰队分开，而是要一直保持聚集。没有佯攻而是集中兵力，其目的就是莫里森所说的，要对美国太平洋舰队打出"一记用尽全力的直拳"，[22]按照帝国大本营的策略，菲律宾海就是向美国舰队发起挑战，并将其"一举"摧毁的地方。[23]如此一来，由于其油料供应的限制，从侧翼包围美军的企图就是不可能的。但是，小泽不是在"指挥一支轻骑兵旅"。他知道美国舰队拥有的飞机数量是自己的两倍。另外，他也明白斯普鲁恩斯在战略上是一个保守主义者，一定会紧靠着马里亚纳群岛。他自己的飞机，因为没有防护装甲，所以比美国飞机油耗更低，航程更长，使他可以从超出敌方航母打击范围的更远距离上发动攻击。除此以外，他的飞机在攻击美国舰队之后可以飞到关岛加油并补充弹药，然后再次进攻，最后才返回母舰。所以就是在一次飞行任务中进行两次打击。作为补充，从南边的加罗林群岛和北边的硫磺岛及邻近机场起飞的日军战机，号称总数有 500 架，它们也可以借道关岛和旁边的罗塔岛（Rota）加入战斗。这些资源即便不能消除他在飞机数量上的劣势，起码也可以使这种劣势大为降低。[24]

　　飞机航程上的差别意味着，在小泽发起攻击以前，米彻尔根本发现不了他。美国航母实施的侦察范围受限于他们的侦察机航程，因此没有任何收获。有时候，日本舰队恰好就在地平线的那一边，但是侦察机此时因燃油限制而必须返航。从马绍尔群岛匆忙派出的两栖巡逻机，却因基站不足而出现通信故障。尼米兹和他的参谋人员没有预见到这种远距离空中侦察的必要性。

这种防御性的部署具有很大的优势，尽管飞行人员对此非常愤怒。通过迎风向东转向让飞机起飞，舰队不会在距离上受到损失，飞行员们在空中能停留更多时间，在靠近基地，甚至就在基地上方的空域与敌机作战。不必长途奔袭去找到敌人，而是让敌人自行靠近。此外，这种防御态势可以充分发挥舰队的多种不同力量。它最大限度地利用通信系统，组织和安排一道战斗机屏障对抗敌人。雷达（SK系统和SM系统）至少可以在45英里之外就捕捉到即将发生的空袭，在这次战斗中甚至更远。它不仅能获知水平方向的远近，还能得到垂直距离；它能知道大小、距离和高度。以这些信息为基础，舰队的战斗机指挥员可以做出判断，需要多少架飞机部署在什么位置和高度。然后，通过多频道短程无线电，他可以和每个特混大队的战斗机指挥员商讨，并命令飞机升空。15艘进攻型和轻型航空母舰上一共有多少架飞机可供调动，需要保留多少飞机作为预备队，他们也要加以权衡。通过这些信息沟通，一个多舰战机编队就能够迅速升空集结。[25]

厄尼·派尔说，航空母舰就好像是一头牛，但它是一个"凶猛的家伙"。当时，航母上最凶猛的栖息者是格鲁曼地狱猫战斗机（Grumman Hellcat）。这种新式飞机作为新建航母的组成部分来到太平洋战场。它是一种体格强壮的飞机，类似于陆军的P-47雷电式战斗机，比其上一代野猫式更长、更高，翼展也更宽，而且具备防护装甲和其他优点，重量接近1吨。

虽然更重了，但是地狱猫的 2100 马力新引擎拥有足够的推力
（相对于野猫式的 1200 马力引擎），爬升和俯冲速度更快，超
过了日本零式战斗机（Zeke/Zero）的飞行高度上限。6 门翼
装机关炮发射 50 毫米口径炮弹，形成威力巨大的交叉火力。
这支舰队共搭载了 450 架该型飞机。[26]

　　美国舰队的另一个优势是，他们的飞行员拥有为期更长也
更全面的训练和作战经历。日本海军的飞行员培养计划完全不
能与美国海军相比，到战争结束时，美国海军共有 6 万名飞行
员。[27] 1944 年 6 月，美国飞行员平均飞行 525 小时，而日本
飞行员只有 275 小时。美国海军飞行员在登上航母以前需要 2
年训练和 300 小时的飞行。大多数美军飞行员是在西海岸完成
航母训练，然后跟随舰队，在马绍尔群岛、加罗林群岛和马里
亚纳群岛的屡次进攻中获得作战经验。

　　日本海军中的航母训练不断牵涉舰队部署方面的困难。舰
队不得不停留在南方，靠近油料来源地。而且，随着美国军队
的靠近，部署在靠近太平洋入口的地方尤为重要。位于婆罗洲
的油田和棉兰老岛的炼油厂之间的塔威塔威港符合这些要求，
但是在这个港口外面进行航母训练被证明是不可行的，因为这
样就会暴露在美军潜艇的威胁之下。尽管训练和航母经验都很
缺乏（在第一艘航母上训练 6 个月，然后在第二艘上训练 3 个
月，在第三艘上 2 个月），这些飞行员在马里亚纳群岛战役之
前已经虚掷了大把的时间，用他们其中一人的说法就是，四处
闲逛。[28] 经过对战斗能力的反复权衡，美国舰队采取了防御性
部署，为战斗机提供了一个机会，以巨大的、集中的、熟练的
战斗机火力打击日军。

　　无论是战前还是战后，在证明自己的舰队部署方案合理
性时，斯普鲁恩斯海军上将都没有涉及防御的优点。然而，他
后来为这种防御作战方法提出了一个历史映像。他在海军战

争学院研究过1904年的日俄战争，他说东乡平八郎（Togo Heihachiro）海军大将在对马岛（Tsushima）击败俄国海军给他留下了深刻的印象。"东乡在对马岛等候俄国舰队到来的那种方式一直留存在我的脑海里。"他补充说，这次菲律宾海的战斗"多少也是处于同样的形势"。[29]

6月19日黎明，天气晴朗温暖，微风拂面，空中偶有一丝云朵，这是莫里森口中一个"清澈的信风日"，飞机划过天空，留下一道道尾迹。[30] 美国舰队从夜间的向东航行转为向西，又再次掉转方向放飞舰载机，一直徘徊在关岛西北100英里和塞班岛以西150英里的海域。舰队知道日本人的进攻正在迫近，黎明的巡逻机遭遇大量日军的搜索飞机。尚不知晓它们来自哪个方向，这让所有人都很懊恼。到6月19日黎明，小泽已经距美国舰队380英里，到达了他想要发起攻击的位置。上午8时25分，确定了敌人的位置后，他派出了一个航母战队作为第一波次，混编了69架战斗轰炸机、战斗机和鱼雷机。半小时后，他又派出另一个航母师作为第二波次，由128架飞机组成类似的混合机群。

美军航母有足够的时间做出反应。[31] 第一波敌机在140英里处出现在他们的雷达上，第二波次则是在115英里处。就在将要抵达美国舰队上空之前，第一波次盘旋了15分钟，等待最终的进攻命令，为美军战斗机留出了更多时间爬升高度占据有利位置，航母也可以清空甲板上的轰炸机和鱼雷机。在旗舰"列克星敦号"上监听日军空中指令的是一位日语专家，他翻译并报告米彻尔及其战斗机指挥员，进攻将于何时来自何地。在小泽的第一波次69架飞机到达舰队上空之前，从"埃塞克斯号"上起飞的11架地狱猫猛然扑了过去，打乱了对方的紧密队形。随着从"大黄蜂号"（Hornet）、"考彭斯号"（Cowpens）、"普林斯顿号"（Princeton）、"卡伯特号"

（*Cabot*）和"蒙特雷号"（*Monterey*）起飞的更多地狱猫赶来，一场大规模的缠斗在高、宽各达 1 英里的范围内展开。领头从"埃塞克斯号"起飞的 C. W. 布鲁尔（C. W. Brewer）海军中校，第一次俯冲就把敌机编队的长机打爆。冲过燃烧的轰炸机残骸，布鲁尔追上另一架日军飞机，打断了它的机翼。然后，他又击毁了第三架战斗机，把它送进大海。接下来，他进攻一架零式战机，对方采用极限的规避动作，他纠缠不放并最终让对手带着火苗坠落。在一两分钟之内，他便击落了 4 架敌机。[32]

104　　这一天中，击落三四架敌机的战绩并不罕见；有的人甚至干掉了六七架。地狱猫机关炮射出的密集弹雨把目标撕成了碎片。美军飞行员发现，零式战机并没有保护他们的轰炸机，而是采用好像杂耍一般的机动动作躲避地狱猫——"快速移动、侧滑，刹车、半滚、横滚，接着又翻转"，莫里森这样描述它们。[33]轰炸机顽固地保持着对准美国舰队的方向，随着一群又一群地狱猫加入战团，它们变得更加脆弱。[34]两个波次之间的半小时时间隔使美国航母可以分别对付它们。假如这两个波次的 200 架飞机聚在一起，在它们盘旋等待攻击命令的时候，美国战斗机就很难及时组织一次必要的拦截。[35]

　　事实上，在敌人的第一波次中，只有寥寥数架轰炸机和鱼雷机靠近了战列舰和重巡洋舰。一枚炸弹命中了"南达科他号"（*South Dakota*），造成 51 人伤亡，但是这艘战列舰的行动能力并未受影响。这些战列舰多数配置 20 门 5 英寸高射炮，使用近爆（在目标附近爆炸的）引信，还有 20 架四管 40 毫米高射炮和几十支 20 毫米高射机枪。[36]险些命中的炮弹造成了一些轻微的损伤，但是没有其他舰只受到严重影响。没有日军飞机靠近后面的航母特混大队。

　　日军的第二波 128 架飞机开局不利。他们飞行了 100 英里到达小泽舰队先头部队的位置，可能是指望着加入等在那里的第一波次机群。可是，他们被误认为是美国飞机而遭遇对空射击。10架飞机受伤或被毁，另外8架出现机械故障，这一波次继续前进，追随着第一波次的轨迹，盘旋等待指令，也撞上了来自多艘航母的地狱猫的阻挡。在接下来的混战中，一个美国飞行员数出17架日军飞机带着火苗从天空中坠落。[37]在这里，第二波次损失了70架飞机。可还是有20多架躲过了拦截，对战列舰部队发动了进攻，其中一些还触及航母。因为有弹幕的保护，战列舰中只有"印第安纳号"（*Indiana*）受到一点擦伤，当时一架着火的飞机撞在它的吃水线上。在航母中，特混大队的炮火击落4架日本飞机，其中2架已经完成投弹。二者都没有命中，但是一颗鱼雷在"企业号"的尾流中爆炸。有一架轰炸机恰在坠落入海之前释放了它的炸弹，因距离太近，弹片落在了"胡蜂号"（*Wasp*）上，造成1名水兵死亡。"邦克山号"是唯一一艘明显受损的航母。一枚炸弹在船边的水里爆炸，死3人，伤73人，损坏了左舷升降机，造成几处失火，但是被迅速扑灭。舰只的行动能力未受影响。日机中，只有第一波次的23架和第二波次的31架返回了母舰。

　　第三波次的47架飞机来自日军第三个，也是最后一个航母战队。它们在10：00~10：15起飞，路线更加偏北。有27架飞机没有收到根据最新观察做出的航线变更，它们什么也没有找到，便返回了母舰。其他战机发现了美军舰队，但是遭到拦截，损失了7架飞机。有一架突破了拦截，将炸弹投向了"埃塞克斯号"，却大大偏离了目标，之后它也被击落了。其他飞机一无所获地返回了航母。

　　第四波次在11：00~11：15出发，包括两个航母战队的82架飞机，目标是西南方向的关岛，那里已经发现美军舰队。该目标是个错误，那里什么也没有，之后编队解散。"瑞鹤号"

[页边码：105]

（*Zuikaku*）航母的 18 架飞机单独出发，遭遇了地狱猫战斗机和复仇者（Avenger）鱼雷轰炸机，损失了其中的 7 架。49 架飞往关岛，15 架飞往关岛以北罗塔岛上的简易机场。飞往罗塔岛的分队碰上了第 58 特混舰队第 2 大队（包括"胡蜂号"、"邦克山号"、"蒙特雷号"和"卡伯特号"航母）。地狱猫升空拦截，击落了 3 架，但是其余飞机溜了过去并开始滑翔投弹。紧急转向的"胡蜂号"勉强躲过了炸弹，它的高射炮击落了至少 3 架敌机。然后又是"邦克山号"面对轰炸机，但是炸弹都没有命中。除了飞溅的碎片和快速机动造成的摇动，这支特混大队毫发无损。[38]

在小泽以关岛为目标的第四波次中，大多数飞机没有返航。在延伸到地平线上的庞大舰队上空展开的杂乱无序的战斗，是一幅激烈而断续的战争场景。位于东南方向的关岛则不同，它是一个至关重要的固定地点，受到持续不断的监视，频繁发生战斗。在为小泽的飞机提供后勤保障方面，这个岛屿非常有用，同时是他缩小空中力量差距的策略所必需的一个支柱，因为它可以为来自日本本土和硫磺岛，以及从加罗林群岛去往南方的飞行编队提供基地。可是，美军的航母编队在 6 月 16 日和 17 日对硫磺岛的两次袭击，以及对关岛的持续进攻，摧毁了守军的大部分飞机。于是，相比于计划中要为该岛提供的几百架飞机，它只从特鲁克岛和雅浦岛（Yap）获得 50 架左右的增援。在 6 月 19 日上午晚些时候，为了给战斗机腾出甲板而升空的美军侦察轰炸机飞往关岛，轰炸了奥罗特机场（Orote Airfield）的跑道。当日军第四波次出现在雷达上，大约 60 架地狱猫从"考彭斯号"、"埃塞克斯号"、"大黄蜂号"、"企业号"和"圣哈辛托号"（*San Jacinto*）起飞，冲入岛屿上空的一大群敌机，击落了其中的大约 30 架；余下的也都在着陆时撞毁。

黑夜的来临最终结束了这场持续一天的战斗，恰如在关岛上空所演示的，它被戏称为"马里亚纳火鸡大猎杀"。来自机场和日军飞行员——在缺乏训练者中也有几个训练有素者——娴熟的对空火力击落了 7 架美军飞机，包括在早上打响了针对第一波次战斗的布鲁尔中校的战机。在第四波次的 82 架飞机中只有 9 架返回了他们那弱小的航母舰队。在全部四个波次中，小泽一共损失了 330 架飞机。[39]

与此同时，美军的潜艇也给日本舰队造成了同样重大的损失。太平洋潜艇部队司令官 C. A. 洛克伍德（C.A.Lockwood）海军中将派出 4 艘潜艇，在日本舰队很可能经过的通道上组成一个正方形。在 6 月 19 日上午，日本舰队的确驶过了这条通道，"金枪鱼号"（*Albacore*）从潜望镜中发现了新造的航空母舰"大凤号"（*Taiho*），它是这支舰队的旗舰。在潜艇发射的数枚鱼雷中，有一颗撕裂了航空母舰的前油箱。散发着易挥发的难闻气味，未经加工的婆罗洲油料从船上不断渗漏，"大凤号"又继续航行了一段时间。到下午三点左右，莫里森写道，一次巨大的爆炸"使装甲飞行甲板隆起，仿佛变成一座迷你的山脉……船底也炸开了窟窿"，将"大凤号"连同其大部分船员一起送入了海底。几乎在同一时间，跟踪日本舰队的"马鲛号"（*Cavalla*）潜艇遇到了曾参与袭击珍珠港的"翔鹤号"（*Shokaku*）航空母舰，它用 3 枚鱼雷将其击沉。[40] 在半个小时的时间内，日本两艘最大的航空母舰，以及舰队空中力量的三分之一就这么消失了。对日本海军来说，1944 年 6 月 19 日是一个毁灭性的日子。

当晚，米彻尔向西航行，而不再向东。日本人对塞班岛的侧面进攻——包括任何进攻，都已很难想象了。一贯保守的斯普鲁恩斯鼓励他第二天对小泽发动进攻，却还带着他的保守态度说："如果我们足够精确地知道对方位置的话。"没有日本舰队的位置，搜索还是要继续，"以确保对塞班岛的保护"。[41]
然而，斯普鲁恩斯又补充说，只有当塞班岛的巡逻机和"马丁
水手"（Martin Mariner）水上飞机未能在夜间确定小泽所在
位置的情况下，进一步搜索才是必要的。使用其他方法发现敌
人——通过塞班岛的巡逻机，或传统测向系统，抑或潜艇——
也许正符合米彻尔尽快接近敌人的目的。为回收侦察机而掉
转航向将延长追击的过程。就这样，在 6 月 19 日战斗结束之
后 24 小时内，米彻尔设法将他的舰队向西移动了约 300 英里，
从关岛附近到达了日本舰队以东约 275 英里的这个关键位置，
他选择在这里回收他那些将遭受攻击的飞机。[42] 他不顾为节省
燃油设定的限速，努力完成了这段重要航程，然后转向东方，
准备进行一次饱和回收和一次全面放飞。

　　夜间搜寻失败了，米彻尔自己的日常早间搜索也没有结
果。随着 6 月 20 日上午过去，美国人更加担忧，当天是否还
有机会对敌人发动攻击，小泽会不会跑掉。此时，斯普鲁恩斯
放松了他的限制："期望把我们今天的搜索尽可能向西延伸。"[43]
米彻尔同意进行远程搜索，但是结果证明其方向过于偏北而没
有收获。最后，美国舰队在几乎接近正确的方向上通过常规搜
索发现了日本舰队。但是，当时已经差几分钟就下午四点了，
而日落时间是在七点钟。[44] 米彻尔早就在留出起飞空间的前提
下，预备好最多数量的飞机。他下令以 11 艘航母上的 240 架
飞机发动一场清空甲板载荷的攻击。他十分清楚，飞行员们拥
有的油料最多够 4 个小时的往返航程，而且很多人不具备夜间
着舰的经验。在一艘航母上的备战室里，黑板上写着"找到母
舰"，下面画了两道横线。旗舰"列克星敦号"上，停在甲板
上的飞机在 10 分钟内全部起飞完毕。

　　美军只能在落日下进行 20 分钟的战斗，这样才能使轰炸
机和鱼雷机在天黑之前勉强返航。他们成三个编队到来，每个

编队对付一个日本航母舰队。他们立刻进行部署，排队展开俯冲轰炸，鱼雷机则实施滑翔轰炸。曾参与珍珠港袭击的大型航母"瑞鹤号"是其所在分队的唯一一艘航母，另外两艘，"大凤号"和"翔鹤号"现在已经被潜艇击沉。从"大黄蜂号"、"约克敦号"和"巴丹号"起飞的轰炸机和鱼雷机连续向"瑞鹤号"发起进攻。它熟练地以机动动作躲开多枚鱼雷，但是有几颗炸弹命中引起大火，使它几乎达到弃舰的程度。然而，这些损伤都得到处理，"瑞鹤号"经过修理以后又参加过一次战斗。

就在同一时间，从"大黄蜂号""约克敦号""企业号""列克星敦号""贝劳伍德号"（*Belleau Wood*）起飞的战机组成了第二梯队，集中打击承载50架飞机的中型航母"龙凤号"（*Ryuho*）、"隼鹰号"（*Junyo*）和"飞鹰号"（*Hijo*）。这三艘敌舰均遭炸弹命中，但是比战后所声称的要少很多。前两艘都没有沉没，但第三艘是被鱼雷击沉的，而非炸弹。海军中尉乔治·P. 布朗（George P. Brown）率领贝劳伍德号的4架鱼雷机冲向"瑞鹤号"，但是看到"飞鹰号"没有受到攻击，他便改变了目标。虽然第一次攻击他就在防空火力中严重受伤，飞机也被损坏，但是他降低速度让其他乘员跳伞，然后自己再次俯冲。他的鱼雷有可能命中了目标，而海军中尉沃伦·R. 奥马克（Warren R. Omark）则确实命中了。其中有一枚鱼雷在敌舰侧面炸开一个大洞，海水灌进了轮机舱。之后，"飞鹰号"沉没了。布朗试图返回"贝劳伍德号"，但是飞机剧烈摇摆，向下坠落，失去了踪影。

第三支舰队是3艘搭载30架飞机的小型航母，"千代田号"（*Chiyoda*）、"千岁号"（*Chitose*）和"瑞凤号"（*Zuiho*）。周围环绕4艘战列舰，包括"武藏号"和"大和号"超级战列舰及8艘重巡洋舰，组成一个紧密的环形，构成范围很大的一片防空弹幕，就像在这些战舰上空盖上了一条破碎的毯子。从"邦克山号"、"蒙特雷号"和"卡伯特号"起飞的战机把"千代田号"炸得起火，但是大火被扑灭，它得以幸存。这个机群中有一组长机在附近发现了6艘脆弱的油轮，重伤了其中的2艘，导致其沉没。

109   场面发生了变化。先是有条不紊地协同进攻，后来变成了小部队的和单独的战斗，被威廉·尤布拉德（William Y'Blood）描述为一场"野蛮而杂乱的大混战"。[45] 轰炸机向前翻滚，做七八十度的俯冲，有些速度达到350节。当他们减速退出或是脱离高射炮火时，就会发现零式战斗机正等着他们。68架零式升空对阵95架地狱猫。一个美国空军大队的指挥官说，"笨蛋才会与零式战机缠斗"。[46] 这种飞机具有超强的机动性，似乎可以让飞行员技术变得比从前娴熟很多。对于这同一位观察者来说，场面就像是一场超级马戏表演。三支日本舰队在下方延展开来，各自相距8~15英里。舰只以各种急转动作躲避炸弹和鱼雷。飞机在战舰头顶浓密的云层中钻进钻出。战斗机在天空中往来飞驰闪避。[47] 它们旋转着、燃烧着，骤然间直直跌入大海，后面飘起一个个降落伞。这支马戏团不断移动并变幻着颜色与航迹，五颜六色的高射炮火、受损航母的浓烟和烈火，未命中的炸弹激起的水花，还有橘红色的太阳映照在水中。然后，突然之间，天黑了。

          米彻尔的飞行员们，在投下炸弹和鱼雷并脱离混战之后，转向东方飞往他们的母舰，一头冲入连地平线都漆黑一片的第一个新月之夜。有些飞行员受伤，有些飞机受损，经过两天的战斗和长时间飞行，很多人精疲力竭。他们还要持续几个小时航行，必须强行维持清醒状态，保持航向，同时要努力控制好混合器和油门杆，在疯狂加速的冲动和节省燃油的必要性之间取得最佳的平衡。成功的夜间着舰是最好的结果，次好的结果是顺利迫降在海上，然后自己从下沉的飞机中脱困。

　　对每个人来说，舰上着陆都是可怕而残忍的。理想条件下，飞机要依赖着陆信号官，他们通过手势发布指令，通知飞行员接近角和甲板条件。最后一道指令要么是复飞，要么是一切正常地减速并着舰，此时，飞机的尾钩会抓住几道拦阻索，飞机便戛然停下。可是，6月20日夜间的条件远远算不上理想。为了帮助返航的飞机，舰队打开了所有灯光，包括指向天空的探照灯，并发射信号弹。有时候，闪光太晃眼，眼睛都无法重新适应黑暗的状态。着舰的模式与准则都被打破了。飞机进场速度太快，越过了拦阻索，或者是未能放下尾钩而冲进屏障。很快，甲板上发生的连环撞击就造成了阻塞，不得不停止着舰，由甲板水手清理混乱，把损坏的飞机推进海里。大多数飞机试图按顺序着舰，但是有些飞机闯进降落区或不顾复飞的指令强行落在甲板上，迫使降落区里燃油耗尽的飞机迫降在海面上。有时候，因为恐惧和疲劳，还有下方诱人的安全地带的吸引力，每个人都只考虑自己。

110

　　6月20日，美国舰队在战斗中损失了17架飞机。此外，在返回母舰时因海面迫降和着舰事故又损失了17架战斗机、42架俯冲轰炸机和23架鱼雷轰炸机。这样，参加这次战斗的226架飞机损失了99架。然而，舰队从海中救起160名飞行员和乘员，使这次战斗的飞行员和乘员损失减少到49人。[48]在6月19日全天的战斗中，31架美军飞机被击落，或是在作战和搜索行动中失踪。损失飞行员和乘员27人，还有31名水手在舰船上阵亡。[49]在菲律宾海的两大战斗里，美军总共损失了76名飞行员和乘员，平均每艘航母损失5人。

　　日本舰队在6月20日的战斗中损失65架飞机、1艘航母和2艘油轮。它退回到冲绳岛，尚存的航母和2艘战列舰继续前往日本，其余舰只驶向新加坡。6月19~20日，日本人付出的代价是 3 艘航母沉没，"千代田号"和"瑞鹤号"这两艘航母受伤。两天之内的飞机损失大约是 400 架；舰队回到日本时只剩下 35 架能够作战的舰载机。这个数字还没有包括增援关岛的陆基飞机。尤布拉德估计，全算上的话，日军大约损失了 450 名飞行员，这是对日本海军的致命一击。[50]

日本失去其飞行员的结果是，海军航空力量遭受的灾难性损失堪比其全部航空母舰都被击沉。时间太短，没有办法再像战事加剧风头正劲时那样，培养训练出新一代的飞行员。飞行员和航母的损失加在一起造成极大的损害。"大凤号"和"翔鹤号"各搭载 75 架飞机，"飞鹰号"有 50 架。再看看幸存的航母，受伤的"瑞鹤号"搭载 75 架飞机，"龙凤号"有 33 架；小一些的 3 艘航母，包括受伤的"千代田号"，每艘有 30 架。[51]全部航母的搭载能力共计 450 架，在菲律宾海已经损失了其中 201 架，这还没有考虑几艘受损的航母，其搭载战机能力减少了 45%。

大规模的舰队交战发生在塞班岛以西几百英里处，为夺取塞班岛和马里亚纳群岛的其他岛屿提供了保障，但是进攻尚未开始。对美军来说，6 月 18 日——就在菲律宾海战斗将要发生的时候——当他们抬眼望见头顶的大山，脱离血腥海滩所带来的宽慰瞬间消失了。海上的战斗占用了为陆上战斗准备的资源。提供炮火支持的巡洋舰和驱逐舰转身驶向舰队，运输舰撤离到东边。食品和弹药供应短缺，重要的师级装备还在船上，与船只一起撤走了。6 月 20 日，船只返回，卸载工作重新开始，但是直到 6 月 27 日才完成。同时，进攻部队冲出了滩头并向东、向北推进。[52]

霍兰·史密斯中将计划将他的部队部署成东西向贯穿全岛的一条线，按逆时针方向旋转，呈环形扫过塞班岛中心，其旋转的基点是滩头北边的某个位置，靠近西海岸的加拉潘镇

（Garapan）。第 2 陆战师将占据这条线的左侧，第 4 师在右侧，陆军第 27 师则在战线拉长之后插入二者中间。他们面对的不仅是困难重重的地形，还有经验丰富的日军，敌人像通常一样在防守中将地形上的优势发挥到极致。登陆行动已经把斋藤的兵力至少削减了一半，但是战斗到最后一刻的决心并未减弱。

6 月 20 日，第 2 陆战师从沿海平原移动到塔波乔山下的丘陵，与第 4 陆战师会合，一起面向北方。头顶上"梦魇般壁立的悬崖和险峻的山峰……刀砍斧剁般纵横交错地分割开来"。陆战队员在深谷中上下攀爬，艰难地越过"藤蔓缠结的气生树根"。[53] 在这样的地形中，攻击敌人需要分散搜寻，所以进展缓慢。第 6 陆战团的先头部队进攻 500 英尺高的提波佩尔山（Tipo Pale），受阻于一个机枪阵地；他们尝试了侧翼迂回，没有奏效，就索性把它留给了后续部队。在另一个地方，他们遭遇了 6 挺重机枪和 30 个步兵组成的一窝敌人，在这一天余下的时间一直受到对方的压制。第 6 和第 8 陆战团发现自己遭遇到敌人的纵深射击，来自山洞里的炮火，齐刷刷投过来的手榴弹，以及最可怕的，用刺刀和匕首进行的近身肉搏。只能一码一码地向山上推进，但是陆战队几乎每天都能取得一些进展。6 月 25 日，进攻的第六天，他们拿下了能够俯视全岛的塔波乔山顶峰。第 2 陆战师的损失，仅在这一天，就有 31 人阵亡和 165 人负伤。

第 4 陆战师距离旋转的轴心更远，负责的区域更大，但这块平地上只有几座丘陵，而不是高耸的山体。即便如此，伤亡依旧很大。第 23 陆战团 C 连夺得了菲纳苏苏山（Fina Susu Hill）的顶峰并开始下山，却发现敌人已经向下转移到背面的山坡，而且山坡上的"每一寸土地都被各种各样的武器瞄准着"。到登陆以后的第三天，C 连已经减员 40%。靠近东海岸那边，第 4 师以右翼贴近海边，艰难地向北推进。在那里，沿

112

着麦吉西尼湾（Magicienne Bay）有一场预期中的进攻，该师遇到日本守军的全面抵抗。G连接到命令，要穿过大约200码的开阔地进入一片棕榈树林，他们跑进了"一片毁灭性的弹雨"。所有能撤回来的人都躲进了一条小水沟。一位老兵回忆说，命令他们进攻那片棕榈树林，他们"越过死在战场上的同伴尸体，一边跑一边在心里发誓，一定要给他们报仇"。向北推进的过程中，该师经过的一片片甘蔗田为日本狙击手提供了理想的掩护。对于另一位老兵，情况好像是，在每一块田地里，"连里都要丢下一两个人"。[54]像在比亚克岛那样，清理海岸沿线的山洞是危险的工作。随着两个师不断推进，他们的战线越来越长，也越来越薄弱。在他们之间插入第三个师，即第27师，就变得愈发重要。

　　史密斯的基本信念是，取得成功就需要建立并保持前进的势头，并持续地向敌人施压。目的就是进攻并持续进攻，这样才能使敌人没有机会稳住心神加强防御。在塞班岛上的进攻速度对加快下一场进攻并降低其难度十分关键。参谋长联席会议一再督促他们前进。而越来越令史密斯焦虑的是他手下的各个陆战师正在不断受到削弱。第一次世界大战中，他任职于陆军第一军和第三集团军的参谋部。在1943年的吉尔伯特群岛战役中，他曾是参战部队的总指挥官，其间第27师165团和105团的一个营一起夺取了马金环礁。他们在兵力上对日本守军拥有10∶1的优势，却还是用了3天才完成任务——用莫里森的话说，"一次行动迟缓、令人沮丧的表现"。1944年，在夺取马绍尔群岛的埃内韦塔克环礁时，表现依旧没有改进。参战的第106团两个营过于谨慎，"被不及自身兵力十分之一的几组守军挡住了脚步"，莫里森写道。旁观者将此归咎于训练和指挥方面的不足。[55]史密斯明白，他和第27师必须做得更好，一定要让他们拿出合格的表现。他也知道这不是一件容易的事情。

　　第27师是在1940年秋季动员起来的一个国民警卫队师，在珍珠港事件后被运到夏威夷，负责防守外岛，因而错过了国民警卫队在海外部署之前的常规历练——精简、分组训练、更新指挥人员并替换年长者。而第27师倒是经过了人员上的大换血。有经验的士兵和士官被输送出去填补其他各师，由被征召入伍的新兵和毫无经验的士官接替。到他们参战的时候，第27师仅保留了20%的原有国民警卫队员，军士则更少。第27师的营级和参谋军官没有在美国陆军指挥与参谋学院里接受过充分的训练和指导。[56] 随着时间的推移，第27师的各个营团获得了相当大的自治权力，形成了一种狭隘的态度，很不利于全师在前进过程中团结一致。而在很快将向关岛推进的第77师里，自信、鲜明的战斗力和进攻意识，是安德鲁·D. 布鲁斯（Andrew D. Bruce）少将正在努力培养的气质。而这些恰恰是第27师的军官们，进而也是士兵们所缺乏的。[57] 此外，他们在马金环礁和埃内韦塔克环礁都是以其中一部参战，这就使得首次以整师建制行动对他们而言更具挑战性。同时，史密斯被告知，第27师是唯一可用的一个师，所以他不得不尽力将它用好。最初，他委派给这个师的任务是清剿塞班岛的东南部地区。那场交战却使他愈发担忧。这又是一次分部参战，各团和各营都是分别登陆加入战斗的。

　　来自各团的几个营混杂在一起，改变了相互之间的界限，造成了混乱的局面，拖延了部队的重组。最主要的战场是纳弗坦半岛（Nafutan Peninsula）。此处，悬崖和山脊突兀耸立，表面是参差的珊瑚岩，藤蔓缠结。开阔地上无遮无挡，由一支大约1000人的日军混合部队守卫，指挥官是在战术上非常谨慎的佐佐木（Sasaki）上尉。他趁着夜幕，在美军各营的前进通道上设立了步枪、机枪和迫击炮的火力点。第27师的一个

114

营被敌人的密集火力钉在原地, 在撤退前花费了几个小时才重新集合起来。有几个班三次登上了纳弗坦山的顶部, 却又三次撤了下来, 因为他们的阵地过于孤立。一次又一次地, 各营在白天推进几百码, 而在夜间又撤回到前一天夜里的防线。他们没有向前推进。[58]

6月20日, 3个师开始进行正面进攻的准备工作。纳弗坦半岛的部队收缩起来, 各营向北移动到一条新的战线, 最后只留下一个营面对佐佐木手下不断减少的守军, 逐步向前移动。在6月26日夜间, 佐佐木得出结论, 通过向北转移, 他可以更好地利用手头剩余的部队。其目标是北边的一座小山, 他以为自己的旅指挥部就在那里。他们从第27师的阵地旁边走过, 然后撞上了已经占领此前日军旅部所在位置的陆战队。佐佐木的部队被陆战队重创。随后一天, 最后那个美军营发现半岛上已经没有敌人, 便将其牢牢占领。

同时, 在6月22日, 全军的前进以两个陆战师的向北进攻开始。第二天黎明时分, 当攻击正在进行时, 第27师的106和165两个团, 向北插入两个陆战师之间, 加入了战斗。不知怎么回事, 平行的纵队之间发生交叉, 165团挤进了106团。结果带来各单位之间的混乱, 军官们把部队分开再重新排列便造成了延误。165团还是赶在发起进攻之前抵达前线, 106团的一个突击连也来了, 但是其他几个连晚了将近一个小时, 拖累了全师的行动。还有更糟糕的, 战斗打响以后, 第27师根本就没有取得多少进展。165团的一个突击营包围了右方的一座小山, 但是没能把它拿下来, 也无法从这里继续向前推进。另一个营前进了300码, 到达一条林木线, 可是在敌人猛烈的交叉火力下再也无法向前。106团K连陷入了来自左方山洞的迫击炮和其他枪炮火力中。坦克被派来了, 但是连长下令撤退, 为的是封堵本连和落后的L连之间出现的缺口。这几个连取得了100码的战果，当夜掘壕固守。[59]

　　第27师当天的畏缩不前足以令早就恼怒不已的霍兰·史密斯火冒三丈。这耽搁了横贯岛屿的整个进攻，因为两边的陆战师为了避免造成侧翼的缺口也无法向前推进。第二天，经斯普鲁恩斯海军上将同意，他撤换了师长拉尔夫·史密斯（Ralph Smith）少将。按照霍兰·史密斯的描述，根本问题在于，"该师全方位的低劣表现"。[60]更换指挥官本身并不能够驱使该师前进，用斯普鲁恩斯的话说，"看来没有其他行动足以完成这个目标"，让横跨岛屿的进攻走入正轨。[61]在10天前的比亚克岛上，也发生过类似的状况——在麦克阿瑟的压力下，克鲁格将军解除了国民警卫队第41师师长霍勒斯·富勒将军的职务。富勒也受到指责，说他没有向下级传达加快速度的必要性。马歇尔的主要顾问，汉迪少将和约瑟夫·T.麦克纳尼（Joseph T. McNarney）中将都注意到第27师"缺乏积极性"。[62]如果霍兰·史密斯属于陆军，对拉尔夫·史密斯的解职就不会引起激烈反应。然而，这次的情况是，一位海军陆战队的将军因为一个陆军师的表现不佳，将一位陆军的将军免职，于是在尼米兹海军上将下属的陆军部队司令小罗伯特·C.理查德森（Robert C. Richardson, Jr.）中将的煽动下，一波抗议爆发了。这场冲突进一步摇了陆军和海军（包括陆战队）之间的关系，后来它在美国媒体上激起的反响，给这场争夺塞班岛控制权的战斗蒙上了一层阴影。[63]

　　与此同时，正在为夺取塞班岛中心地带而进攻的第27师的步兵们，被困在了他们自己称为"死亡谷"的战场上，西边，即他们的左侧，耸立着高出谷底1000英尺的塔波乔山。起初只是一块块耕种过的田地，然后陡然变成森林覆盖的山坡，散布着岩石和巨砾，最后是悬崖及其平顶，使这座山的顶部形似一座城堡。悬崖上山洞里的火炮和下方砾石之间的机枪

116

可以扫射整个山谷。在山谷底部，犁过的土地周边种着树，山谷宽度不足 1000 码，几乎没有任何掩蔽物。对面林木覆盖的丘陵连成一条细细的山脊线，可以提供掩护，并可以从东边控制这条山谷，所以，部队有很好的理由把它称作"紫心山脊"①。第 2 陆战师正在向塔波乔山顶峰奋力挺进，但是整个东侧山坡，还有死亡谷东边的丘陵和山脊线的两侧都属于第 27 师的进攻范围。

防守东部这些丘陵的是具有高度机动性全副武装的日军分队。第 27 师的步兵进入开阔地带并登上山坡以后，遇到了东西两侧的密集交叉火力。他们的师属炮兵从后方进行了火力准备，但是无法从右侧越过山谷向山洞直射，同时避免误伤第 2 陆战师。派来的为数不多的几辆坦克，缺乏足够的通信联络和射击引导，自行火炮缺少有效的保护装甲抵御悬崖上方的炮火。[64] 第 27 师的官兵产生了一种孤立无助的感觉。一个营要在清晨对某个山头或林木线发起进攻。几分钟以后，突然袭来一阵时间拿捏准确的爆炸和瞄准精确的弹雨。士兵们纷纷寻找掩护，有的人被钉在原地动弹不得。一俟抓住机会，这几个连便退下来重新集结，统计伤亡，变更指挥，与其他连营重组。有可能会再尝试一次，或者当太阳西沉，就掘壕过夜。结果就是越来越被动，而且当伤亡增加的时候，他们愈发担心无法脱离这种绝境。进展十分有限，事实上陷入了停滞。

拉尔夫·史密斯将军意识到，顺着山谷直接向上攻击的现有命令不会有任何结果。被解职以后，他在离开这里前往珍珠港之前，制订了一个新的作战计划，要求更多机动性和炮火的掩护。他的临时继任者，一度准备担任塞班岛卫戍司令的桑德福德·贾曼（Sanderford Jarman）准将，于 6 月 25 日实施了

---

① 意思是夺取这道山脊就能够获得紫心勋章，说明它的重要性。

该计划。这将需要投入更多的营控制右翼的一系列丘陵。攻击并消灭日军在那里的阵地就能够减少交叉火力，为右侧向北移动并向西包抄的部队提供掩护，并从北边打击山谷中的敌人。同时，一个营要留在山谷中与敌交火，将对方拖住。

这一重新安排也没有取得效果。他们到达紫心山脊上预定的山头以后，第165团2营的军官们正在商量的时候，日本人的一挺重机枪开火，营长约翰·麦克多诺（John McDonough）中校负伤，F连的连长受到致命伤，1名军官阵亡，另有2名军官（还有5名士兵）负伤，实际上这个连的军官都没了。日军的迫击炮和机枪火力截住了这个营，他们下山掘壕过夜。第165团3营靠近了旁边的一个山头，遇到了凶猛的火力而无法前进。团长便让这个营退出战斗，派他们再向右边移动1英里多，到达与第4陆战师相接的位置。已经从山谷里撤出来的第106团1营，向这几个营的右侧移动，向北越过紫心山脊，试图包抄北侧和西侧。因为遭遇持续不断的迫击炮和机关枪火力，他们退回到附近的一条岔道上过夜。第106团3营紧随1营，但是后来回到了山谷里面，报告说陆战队造成的道路阻塞挡住了他们的去路。

在山谷里面，地形的限制意味着只能向北发起攻击，由剩下的唯一一个营——第106团2营实施。不出所料，他们遇到了猛烈的交叉火力。E连的一个排前进了800码到达中间目标，但是又被迫退回来200码；另一个排走得没有这么远，也退回到出发线；第三个排"根本就没离开出发线"。夜间，E连和G连的所有人员，包括需要照护的伤员，一起撤回到山谷南缘的出发线。这天夜里，贾曼将军斥责了106团团长拉塞尔·G.艾尔斯（Russell G. Ayers）上校，因为他未能取得进展，并威胁说，如果他第二天还不能成功，就将他撤职。至此，拉尔夫·史密斯的计划彻底失败了。[65]

118

第二天，6月26日，这是第27师的死亡谷战斗最失意的时刻。沿紫心山脊前进取得的成果微不足道。武器装备上的支援被证明作用有限。供应前线的食品、饮用水和弹药运输时断时续。伤亡已经严重削弱各营的实力。右翼的延伸也被证明是过于草率的。前进的唯一办法是完全掌握紫心山脊，然后再转身回到山谷。第106团3营沿着山脊推进到下一座小山，使用自己的重武器扫清道路后展开进攻，在随后的10分钟内损失了23个人。至此，L连两个步枪排的实力已经缩减到原来的三分之一。该营没有再向前推进，而是掘壕过夜。跟在3营后面的第106团2营在前一天的白天和夜间遭受了严重打击，被认为应当转身回到山谷里去，而不是一起就地掘壕固守。该师的炮兵指挥官和作战军官探访了这几个营后报告说，他们不知何故停滞不前，结论就是第106团士气低落。当晚，艾尔斯上校被解除了指挥权。[66]

第二天，6月27日，遵照向山谷和那一线丘陵集中的计划，第106团3营和第165团G连向紫心山脊的倒数第二座山头，国王山（Hill King）的两侧发起进攻。第3营立刻陷入敌人的火力中，赶紧后撤以便进行炮火准备，然后又发起进攻。这次没有再遇抵抗，但是碰到一群藏在山坡另一边的敌人。他们再次撤退，呼叫迫击炮火力支援，重新开始教科书式的进攻，没有再遭抵抗，完成了他们在攻取这座山头中的任务。与此同时，第165团G连从东边登上了这座山，向下移动到它的北面，遭受来自紫心山脊最后一个山头能人山（Hill Able）的密集火力。这座山四周十分陡峭，山顶枝叶繁茂，与其说是一个天然构造，倒更像是一座炮台，它对下面一排小山有着非常好的射界，而且能一直向西越过山谷，对于整个山谷来说，这是一个关键位置。随着炮火而来的日军步兵冲下山坡展开近身搏斗，并丢下35具尸体，而G连有7人伤亡。这一天即将过去，且部队已推进太远，该连便撤出了几个山头回到后方，要在那里掘壕过夜，但是在一门重型迫击炮和机关枪的扫射下又死伤了24个人，包括营长也受伤并随后死去。得知G连又回到了原先的营地，贾曼将军下令，"［此后］不得再以巩固阵地为由，为过夜而后撤"。[67]第106团3营完成了在国王山的任务，离开紫心山脊下到死亡谷里。不顾来自能人山和塔波乔山的交叉火力，该营夺取了目标，占领了山谷西边面朝北的一道低矮山脊线。第106团2营紧随其后，在3营右边占据了一块阵地。

最终，经过5天的战斗，第27师在山谷底部守住了一条锋线。与此同时，第106团1营正在清除"地狱口袋"（Hell's Pocket），这个山洞所在的高山峭壁阻碍着沿死亡谷左侧前进的道路。一个连守住口袋的出口，另外两个连爬上峭壁，在守军头顶和背后形成包围，扫清了口袋的那一部分。到这一天结束时，贾曼将军祝贺第2营和第3营"干得好"，这是第27师第一次在塞班岛上得到赞许。[68]

可是它转瞬即逝。第二天，6月28日，第165团2营遇到日军意想不到的抵抗。以能人山为目标的G连发现，敌人重新占领了居于中间位置的国王山。他们不得不第二次攻占这个山头。自行火炮的射击打开了通往山顶的道路，但是，该连向山下移动的时候，遇到机关枪和手榴弹构成的火力网。接到撤退的命令以后，敌人的迫击炮火力又使正在重新集结的部队陷入一片慌乱。G连在混乱中撤离了前线，放弃了控制山谷的能人山。当天上午，第106团的两个营沿着横贯山谷的战线向北推进了400码，停下来等待自行火炮将补给送上来。能人山上的敌人开火，自行火炮丢下补给就走了，派去搬运口粮的29名士兵被一阵迫击炮火撂倒。第3营I连的连长也被打死了，他已经是三天里的第四任连长了。突然，两辆日军坦克从北边开了过来，向战线后边一片小树林里开炮，2营和3营的营部

120

都在那里。F 连和 I 连及 K 连的残部纷纷寻找掩护。12 个人被打死或受到致命伤，61 人负伤。第 3 营营长和两个连长都死了。第 106 团 3 营原有 700 人，而现在只剩下 100 人。[69]

就在这个至暗时刻，第 27 师新任师长，原来驻夏威夷的第 98 师师长，乔治·W. 格里纳（George W. Griner）少将抵达塞班岛。他命令，刚刚清除了"地狱口袋"里有组织抵抗的第 106 团 1 营代替大幅减员的 3 营。同时，由至今未能完成任务的第 165 团 2 营协助纳弗坦战斗之后一直作为预备队的第 105 团 3 营一起去拿下能人山。第二天，6 月 29 日，花费了整整一上午的时间，直到下午才把新派来的第 105 团 3 营送到横贯山谷的前线。他们先是遭到友军炮火袭击，而后自己的 K 连被错误地带到国王山。这座山已经被日本人重新占领，正在发起第三次进攻，执行本次任务的是第 165 团 E 连。K 连遭受了友军和敌军两方面的火力。一俟第 3 营重新集结完毕，这三个营便开始同时进攻。这次，部队取得了进展，前进距离达到 1000 码，至少脱离了他们原来那个狭窄的通道，进入了开阔的地域。现在，他们可以望见从塔波乔山北坡下来的第 2 陆战师。霍兰·史密斯将军站在山顶上观察，就该师的表现夸奖了格里纳将军。[70]

随后一天，第 165 团 2 营拿下了能人山，只遇到轻微的抵抗，第 27 师与第 4 陆战师会合，终于将缺口补上了。最后的轻易取胜是由于斋藤将其剩余部队撤退到塞班岛北部的最后一道防线。在横贯塞班岛中部的战线上，他和手下官兵打了一场漂亮的防御战，充分利用地形，熟练地强化并部署武器，设置和转移阻击分队。第 27 师被塞进一条山谷，从来没有享受到成群火炮或海军舰炮的火力支援，他们犯下错误，苦苦坚守，也曾规避风险，却又饱受摧残，他们还是奋力坚持到底，直到把敌人削弱到不得不撤离了这片战场。在塞班岛中部的战斗中，第

27师伤亡1465人，第2陆战师伤亡1016人，第4陆战师伤亡1506人。第27师失去了1位团长和3位营长，22位连长受伤或阵亡。第4陆战师师长哈里·A.施密特（Harry A. Schmidt）少将相信，与第27师相比，"没人干过更难的活儿"。[71]

此时，第五两栖军的第27师和2个陆战师从塔波乔山向北推进；3个师以超乎寻常的步伐并肩移动，每天跃进1700码的距离。想着即将完成环形推进并结束对塞班岛的占领，全军士气高涨。日本各营龟缩在岛屿北部，开始分崩离析，士兵急需食物和饮用水，这让斋藤无法为最后一道防线配置足够的人员。7月4日，第27师到达塞班岛西海岸的塔纳帕格（Tanapag），该镇地处最初登陆的海滩以北10英里。位于左翼的第2陆战师已经占领加拉潘并沿海岸向北移动。现在，该师撤出了战斗，以准备计划中的提尼安岛登陆。霍兰·史密斯此时的计划是要求右翼的第4陆战师和左翼的第27师一起向北推进，肃清岛屿北端。但是，7月5日，该陆军师在塔纳帕格内陆的破碎地形上遭遇激烈的抵抗。随着第27师放慢了脚步，史密斯便命令陆战师独自去夺取北部地区，而让陆军完成塔纳帕格区域的战斗。岛上残余日军的绝大部分有组织抵抗在这一区域及其附近。

塔纳帕格以北，紧靠海滩是一片低低的沿海平原，向北延伸了几英里，直到一个名叫马坤沙（Makunsha）的村庄。平原上隆起一线悬崖和小山，形成大约600码宽的海滨走廊。在塔纳帕格附近，一条50~60英尺深的山谷切开这道隆起，两边崖壁上有很多山洞，这里被美军称作"切腹峡谷"（Harakiri Gulch）。那里的日军部队成功抵御了第27师165团的进攻。在峡谷与平原的交界处，该师105团据守着一条连接到海边的战线，受到滩头和右侧山上机枪火力的压制。7月6日下午3点左右，格里纳将军命令105团团长派上自己的预备队第1营。

122

团长伦纳德·A. 毕晓普（Leonard A. Bishop）上校认为，当天时间已经太晚，他们应当掘壕过夜。他的意见被驳回，第1营和第2营推进到距离目标马坤沙村还有一半的距离，构筑了一道临时拼凑的防线过夜。

在睡梦中被抓获的一个日军战俘在审讯中透露，当天夜里，岛上幸存的日军将发动最后一场绝望的攻击。[72]105团指挥部向各单位发出警报，包括霍兰·史密斯的司令部，并请求增援。可预备队已经没有了。在前线，一片漆黑中的部队只有做好应对困难的准备并保持警觉。集结在马坤沙的日军部队由塞班岛北部各单位的士兵和水兵组成，将他们凝聚在一起的信念是，通过进攻，他们可以完成高贵的牺牲，即天皇本人下达的"玉碎"（gyokusai）命令。意志薄弱的斋藤没有率领这次行动，而是提前自杀了。他的部下带着手头能找到的各种武器，甚至包括切削树枝的砍刀。聚集起来的确切人数不清楚，估计有三四千人。进攻之前分发了清酒，不久之后，美国人就能听到喧闹和喊叫的声音越来越大。[73]

约在凌晨4时45分，冲锋沿着海滨走廊开始了，很快就到了第1营和第2营的防线。对散兵坑里的士兵来说，一大群号叫的敌人就像冲破堤坝的洪水迎面汹涌而来，持续不断、势不可当的人流紧紧地挤在一起。日本人"一直不停地跑过来、跑过来"，一位营长回忆。[74]尽管很疯狂，敌人似乎还是在遵循着某种计划：一批人跑过最前面的几个营，然后第二批人穿过通道奔向美军在峡谷里的阵地，同时主力沿通道奋力前进，穿过陆战队的炮兵阵地进入塔纳帕格。最后被第105团团部的守军拦住，日本人的主力在塔纳帕格以南停了下来。战斗沿着海滨通道进行了一整天，美军和日军混杂在一起，互相用手枪、砍刀和匕首杀来杀去，甚至抢起步枪当作棍棒。陆军和陆战队的炮兵也陷入激战，陆军各炮兵营发射了2666发炮弹。

其中有多少发真正落在敌人头上不得而知，但是至少有40名美军士兵死于友军炮火。[75] 山谷出口位置的部队打退了敌人的进攻，但是无法对下方的平地射击而不伤到自己的同伴，又不能放弃重要阵地而冲下来。在平地上，战斗变成了彻头彻尾的屠杀。这是太平洋战场上发生的最大规模的自杀式进攻。

经过了一整天，战斗逐渐结束。坦克赶来协助第106团进行扫荡工作。第二天，推土机将打死的敌人埋进壕沟，在每个坑上临时做了一个标记，注明其中的死者人数。总数是4311人。第105团1营和2营在前线受到巨大伤亡：全部1107人中，405人阵亡，512人负伤。[76] 在攻击造成的震惊中，部队秩序完全崩溃；有些士兵逃进了海里，但是大多数人坚守岗位全力战斗。第105团有3个人获颁国会荣誉勋章。第27师付出高昂的代价，集中消灭了大量日军部队，否则就要由海军陆战队来对付他们。马里亚纳群岛战役中，还将出现更多自杀式攻击，但是相比于给美国人造成的恐惧，这些进攻给日本人自己带来的损失要大得多。

美军为占领塞班岛付出的代价是14111人伤亡，相当于全部参战部队71034人的20%。[77] 此后，在制订未来的作战计划时，20%就成为标准的预估伤亡率。在全部伤亡中，陆军占到3674人。第27师有4个营几乎损失殆尽，被转移到南太平洋的新赫布里底群岛（New Hebrides）进行重建。1944年7月9日，塞班岛被宣布完全占领，但扫尾工作一直持续到秋季。

两周之后，7月24日，第2和第4陆战师向提尼安岛发起进攻。这是一个钻石形的岛屿，从北到南长12英里，宽度为5英里，位于塞班岛东南方向的炮兵射程之内。特纳、史密斯、哈里·A.施密特少将和哈里·W.希尔（Harry W. Hill）海军少将，这些指挥官决意要避免在塞班岛海滩上经历的重大

124

损失，而选择在一个显眼的地方，即靠近提尼安镇的海滩上演一场武力秀（甚至让部队从吊货网兜爬下船进入小艇）。然后，真正的登陆安排在该岛西北部的海滩上。这些海滩相当狭小，只能同时容纳 2 个营的部队（塞班岛的海滩足够容纳 8 个营）。为避免可能发生的灾难性拥堵，指挥官们禁止在海滩上卸载；替代的办法是，用吊索绑起来的后勤物资从坦克登陆舰直接装上水陆两栖车辆，由它们穿过海滩把物资卸在内陆的堆场。组装在一起的浮码头构成一条堤道，使卡车可以从坦克登陆舰上直接开到内陆。北部的海滩不仅对来自塞班岛的后勤运输来讲更容易靠近，而且能得到来自塞班岛的炮火支持。在那个更大的岛上有 13 个炮兵营和榴弹炮营，共 156 门大炮为陆战师的行动提供支援。另外有来自塞班岛和航空母舰的飞机以及海军的舰炮。作为一种高度易燃的凝胶，凝固汽油弹刚刚被引入战场，就已被证明可以非常有效地烧毁下层灌木和甘蔗田，以发现并破坏防御阵地。[78] 因为日本人已经表现出不惜牺牲生命的决心，美国人便拿出了更具杀伤力的武器装备。

对提尼安岛的攻占是成功的，事实上，按照斯普鲁恩斯海军上将的说法，是"第二次世界大战中构想和实施的最出色的一次两栖作战行动"。[79] 登陆行动如期进行。3 天之内就占领了北部地区。之后，第 2 师在左，第 4 师在右，两师一起向南攻击前进，于 8 月 1 日到达岛屿最南端。开阔而又相当平坦的地形是理想的机场，并且比塞班岛更适于坦克行动，步坦协调作战，通信联络也大大改善。沿路遇到的反攻和由 600~800 人发动的最后一战均被击退。相比于在塞班岛上针对美军组织的那次行动来讲，这次人数是很少的。为了能够直接空袭日本本土，超远程轰炸机的机场建设工程很快就开始了。攻占提尼安岛一年之后，"伊诺拉盖伊号"（*Enola Gay*）将从这个岛上的一座机场起飞，执行投放第一枚原子弹的任务。

————

关岛是马里亚纳群岛战役中夺取的第三座岛屿，起初也似乎要成为另一个塞班岛。因为其同样的两栖作战方式，是把一个初次参战的陆军师与陆战师和陆战旅编配成一组，置于一位海军陆战队军官的指挥之下。实际上，关岛的故事与塞班岛颇为不同。首先，它是从日本控制下收复的第一块美国领土。岛上的查莫洛人（Chamorros）被日本人像奴隶一样对待，所以热烈欢迎解放者的到来。他们不仅提供情报，还在穿越偏僻地带时充当向导。和塞班岛一样，关岛也呈长条形，腰部比较细，但是它相当于两个塞班岛的面积，南北长34英里，东西宽5~9英里。它位于关岛以南100英里，属于赤道性气候——炎热、潮湿，像新几内亚岛一样大部分地区覆盖着雨林，树木繁盛，林下灌木浓密，（从7月开始的）雨季降雨绵绵不断。[80]在关岛的西南海岸，奥罗特半岛（Orote Peninsula）向海里突出数英里，其末端坐落着奥罗特机场，就是几个星期以前那场空战和轰炸的核心地点。奥罗特半岛的北岸和卡布拉斯岛（Cabras Island）构成了阿普拉港（Apra Harbor），虽然作为一支舰队的锚地太小了，但是有望成为修理、补给和行政工作的一个前沿基地。陆战队要在奥罗特半岛北侧的阿桑海滩（Asan Beaches）和南侧的阿加特海滩（Agat Beaches）登陆。海滩后面耸立着一片杂乱的丘陵、沟壑和悬崖，再后面，仍然属于岛屿西部，是一系列比塔波乔山小一些的山脉。计划要求部队于半岛的南北两侧登陆，然后在半岛的根部会合，再将半岛肃清，并夺取附近的山链。关岛的这一部分大概占全岛面积的四分之一，就是美军所需要的全部，而其余部分多为雨林覆盖，必须消除有组织的抵抗。

126

　　登陆行动原本定于 6 月 18 日，但是因为日本舰队来袭和塞班岛登陆中遭受的重大损失，斯普鲁恩斯海军上将决定无限期推迟登陆关岛。这种方式可以为塞班岛保留预备队，而且战舰集中于保护登陆部队。新定的日期是 7 月 2 日。这一推迟保证了对关岛守军进行有效的炮击。南侧登陆集团指挥官理查德·L.康诺利（Richard L.Conolly）海军少将决心要展示持续精准的海军舰炮火力，这将大大地降低海滩上可怕的伤亡率。可供他使用的包括珍珠港事件前的战列舰、重型和轻型巡洋舰、驱逐舰，以及担任空袭的护航航空母舰。7 月的连续 13 天里，这些舰只中每天都有一组对关岛的一些选定目标施行打击。每天造成的破坏会被拍照，并由专家解读，据此决定是再次予以打击还是选择新的目标。在这场太平洋战争持续时间最长的轰炸行动中，战舰共发射了 6258 枚 14~16 英寸炮弹，6292 枚 6~8 英寸炮弹和 16214 枚 5 英寸炮弹。如一个日本参谋军官所言，对于这每日倾泻的弹雨所取得效果最好的估计是，所有未予保护的火炮炮位，还有登陆海滩周边的半数炮位，无论是否受到保护，都被摧毁了。[81]

　　在北侧海滩，登陆第一天伤亡 697 人，南侧是 350 人，合计超过 1000 人。[82]登陆部队的规模与塞班岛没有很大差别（塞班岛用了 6 个团，关岛是 5 个团）。在此基础上，塞班岛的首日伤亡数字是关岛的 3 倍多，这支持了康诺利的观点，持续而方法得当的轰炸可以挽救海滩上的生命。然而，随着太平洋战争愈演愈烈，步兵在加速前进中面对着日军的顽强抵抗，承受着越来越大的压力。简单说就是，太平洋上的进攻要提速，这种炮火准备时间的延长在未来会受到挑战。

　　在奥罗特半岛北侧海滩登陆的是第 3 陆战师，他们参加过所罗门群岛北部的布干维尔岛战斗。登陆奥罗特半岛南侧阿加特海滩的是海军陆战队第 1 临时旅，由两个独立的陆战团组成，之后变成了第 6 陆战师。第 77 师作为预备队，后来被委派参加南侧进攻，他们是第一次参战，军官来自陆军常备部队，由义务兵役制度（Selective Service）的应征入伍人员组成。日军在关岛的守军有 1.85 万人。[83] 美军的第 77 师在第一次世界大战中是一支著名的部队，陆军部长亨利·史汀生和副部长罗伯特·帕特森都曾在其中服役，所以它会受到密切关注。与第 27 师不同，这个师在海外派遣之前，于美国组建并进行了长达 2 年时间的充分训练。他们经历了路易斯安那演习，经过亚利桑那西南部 6 个月的沙漠训练和切萨皮克湾的两栖训练，还有开往关岛之前刚刚在夏威夷进行的丛林作战训练。频繁的师级、团级和营级演练，和很长时间的共同工作和生活，造就了非比寻常的凝聚力。一个关键的因素是师长安德鲁·D. 布鲁斯（Andrew D.Bruce）少将的领导。在第一次世界大战中，布鲁斯的军衔从中尉晋升为中校，并荣获卓越服役十字勋章和法国荣誉军团勋章（French Legion of Honor）。1943 年 5 月接过指挥权以后，布鲁斯积极致力于让第 77 师为一场严酷的战斗做好准备。[84] 为此，他一面密切关注部队的需要，一面在他们对待战斗的态度中注入更多的积极因素。

128

尽管进行了 2 周的轰炸，在登陆过程中间和之后，日本人还是给陆战队造成了严重损失。有一些置于碉堡中的轻型火炮和迫击炮一起共击毁了 22 辆运载部队的两栖牵引车。除了破碎而陡峭的山坡，高达 100 英尺的悬崖被深谷和山洞切开，北侧海滩上的第 3 陆战师面前还有怒吼的机关枪。经过 2 天海滩上的战斗，第 3 陆战团损失了 615 人，有些连队仅剩下三四十个人。[85] 南侧海滩伤亡较少，但是离开海滩踏上奥罗特半岛以后，第 1 陆战旅面对的是固守的顽敌和反攻。

当登陆部队完成武器装备、部队和补给物资从运输舰到海滩的转运，并将滩头堆得满满当当，驻关岛的日军司令官高品彪（Takashima Takeshi）中将组织了一系列的反攻，首先是在 7 月 25 日夜间针对北侧滩头上的第 3 陆战师。这些进攻并不是第 27 师在塔纳帕格遭遇的那种一群疯子的突袭，而是以既有的营级和旅级队形展开的有指挥的行动。进攻从滩头上方的丘陵发起，朝着山下一直冲向大海。7 月 25 日和 26 日夜间，在第 3 陆战师的防区，日本人发动了 7 次反攻，都被击退，付出了 950 人的代价。但是，承受了主要进攻的陆战第 9 团 2 营，伤亡率达到了 50%。[86] 在第 21 团的防区，敌人攻到了一个营指挥部，厨师、文书和指挥部里的其他人员都投入了战斗。日军的第三次进攻插进了第 21 团和第 9 团之间的缺口，他们架起机枪，对两侧的美军阵地进行扫射，并一直推进到师医院，那里的医护人员和伤病员一起挡住了敌人，直到援军赶来。第四次反攻是在奥罗特半岛独立进行的一场"万岁冲锋"，但是规模远远小于塔纳帕格那一次。他们遇到了猛烈的炮火，其中有些盲目射击的炮弹落进了海里。在 7 月 25~27 日，第 3 陆战师伤亡 845 人，绝大多数是在这个狂热的关岛之夜。日军损失了 3500 人，与塔纳帕格的数字相同。

第 77 师也是一上岸就陷入苦战。第 305 团 2 营奉命在登陆日的下午到达出发线。他们在登陆艇里蜷伏了 3 个小时，等待着上岸的命令，很多人都晕船了。到达礁岩边缘时，该营发现没有把他们送过礁岩和潟湖的两栖牵引车，有些是出了故障，其余的正在运送弹药并将伤员送往医疗船。他们唯一的选择是顺着蜿蜒的隆起部分，涉水越过 400~700 码宽的粗糙尖利的珊瑚礁。海水正处在低位，很快就会涨潮。此时，面对着从大海上涌来的汹涌波浪，有些人必须游泳。越过满是设备和弹药的礁岩，高举着武器防止进水的同时，还要避开脚下的坑洼，这本身已是很大的挑战，何况又是在夜幕降临时，甚至是黑夜当中。[87]

最终，第77师接管了南侧的滩头，陆战旅向奥罗特半岛发起攻击。与塞班岛的一个重要不同是对坦克的有效使用。和塞班岛上相比，这里的坦克已经在夏威夷与步兵一起经过协调和通信的训练。[88]第77师的一个坦克排加入陆战旅的坦克和自行反坦克炮，一同进攻守卫奥罗特机场的大约250处碉堡和战壕。这些兵力，连同大批的火炮和海军舰炮，彻底瓦解了日本人的防御。同时，所有运输舰都在夜间照明下加紧工作，最终卸载完毕。第3陆战师和第77师封闭了南北两处滩头之间的缺口，并扩大了安全区，包括海滩以东的山线。到7月30日，即登陆10天之后，美军已经占据所有需要的土地。即便如此，直到全部消灭岛上的有组织抵抗，关岛战役才结束。反攻失败之后，高品意识到，登上关岛的敌人站住了脚跟，他的唯一选择就是撤进内陆，在那里吸引敌人的注意力，以血战到底的精神逐步削弱敌人。他选择了岛屿的北部，并开始构筑防御阵地，一直到东北部圣罗莎山（Mount Santa Rosa）上的最后据点。为了确保日军不会向南移动出现在他的前进部队的后方，布鲁斯将军提议并获得批准，由第77师派出侦察队分散在岛上的这片区域，通过无线电进行汇报。他们确认日军的确没有南来。于是，第三两栖军司令罗伊·S.盖格（Roy S. Geiger）少将立刻命令第3陆战师和第77师于7月31日在东西两侧海岸之间连成一条朝向北方的战线，以保护滩头阵地。第77师在第一天就到达东海岸并转而向北，在第3陆战师的右翼前进。两个师都陷入了从关岛中部向北部绵延14英里的热带丛林。沿途越走丛林越密，直到要想前进就必须一边走一边砍伐林木。挖散兵坑的时候，你只需挖掉5英寸的泥土就会碰上难以应付的珊瑚。环境又热又潮，地面泥泞不堪，大雨不断；腐肉上的苍蝇多得青蛙都吃不过来。除了所有这些以外，还有一个问题萦绕在他们心头，那就是日本人在关岛上的最后

130

据点会不会像塞班岛上一样，这支远征队伍里似乎到处都在讨论这个问题。[89]

向北推进的过程中存在两个问题。第一个问题就是为这两个师的前线进行补给的能力不够。关岛北部有一套公路网络，但是仅有两条车道，路况经常很糟糕。鉴于这种软黏土质和不停地降雨，加上对速度的要求，修建道路是不可能的，所以他们就必须依靠现有的道路系统，由工兵部队进行不断的维护，派宪兵实行交通管制，24小时不间断地运行，夜间安排照明。所有这些措施也仅能勉力支撑。有一次，第77师忍受了一整天的断粮断水。第二个问题是，与新几内亚岛的德林乌莫尔一样，很难判定准确的位置。关岛的地图根本指望不上——到处都是小路，四周连同上方都是丛林。结果就造成，与侧翼另一个师的联系时断时续，很难让一个连或各个营按照预定路线前进。错误定位和通信不畅导致陆战队员和陆军士兵以及陆军士兵之间不幸发生交火，还有大炮、迫击炮和飞机错误发射的"友军炮火"。

8月2日，几乎两天未遇抵抗以后，第77师的先头团靠近了巴里加达（Barrigada）。这个村庄是一个重要的道路枢纽——从西海岸的阿加尼亚（Agana）过来的道路与直指北方通往芬加岩（Finegayan）的道路在这里交会——在它附近有另一条道路从西海岸通往一个每天可以提供2万加仑饮用水的水库。该师向东北方向挺进，第307团在左翼紧靠第3陆战师，第305团在右翼靠着大海与前者平行。按照计划，第307团1营应该刚好从巴里加达北边经过，第3营则从村子里面席卷而过。第305团经过村子南边。战斗就爆发在这个道路枢纽和空地上，以及周边的树林里。沿着村子东边和北边的树林边缘，是日军经过巧妙伪装的机枪窝点和狙击手，还有几门轻型火炮和坦克，火力覆盖了道路、建筑物和开阔地。[90]上午

9：30，第305团 I 连的尖兵，二等兵约翰·安德泽利克（John Andzelik）迈出丛林，朝着西北方向进入开阔地，看到几个日本兵正穿过小路。他的连队位置突前，因为第305团停止前进的命令传下来时他们已经上路了。安德泽利克报告了他的发现，和其他人一起过去侦察。他立即就被步枪子弹打死了，小队里的其他侦察兵和中士都负了伤，I 连开始投入战斗。第1排向前推进时，被从左侧开火的机枪打死好几个人。I 连停了下来，第305团的其他各连都远在战场南边，与它排成一线。因为独自向前推进，I 连已经变成这次战斗的最南端；第305团没有绕过巴里加达，而是被困在了那里。美军的5辆轻型坦克发动进攻，但找不到目标，子弹打在坦克上形成跳弹，打伤了几名伴行的步兵，其他人则动弹不得。他们呼叫炮兵支援，但是遭到拒绝，原因是恐怕伤到友军。最后，4辆谢尔曼中型坦克赶来，他们设法摧毁了1辆日军坦克，掩护了伤员的撤退，但是天太黑了，无法继续进攻。

132

与此同时，在北边，第307团左翼的 C 连正在丛林中摸索前进，努力与其左侧的陆战队保持接触，却和右侧的 A 连失去了联系。步枪火力挡住了 A 连，当他们重新开始前进的时候，便偏离了预定的东北方向，沿着从西边进入巴里加达的道路几乎一直向东而行。这便造成 C 连和 A 连之间的缝隙越来越大。另外，由于他们逐渐走进 K 连和 L 连的路线，这两个连就被推向右边，和第305团 I 连挤在了一起。如此一来，每个连的战线都过短，无法施展火力，并将他们全部暴露于穿过北边缺口从树林里射来的敌军侧翼火力之下。

A 连和第3营因与敌人交火而无法向前推进，第1营营长派 B 连去填补缺口。第2排迂回到芬加岩–巴里加达公路的北侧，然后再到公路南侧夺取一座首层为混凝土墙的废弃花房。当这个排赶到并穿越公路时，一挺机枪从花房后面的树林里开火，把他们逼进水沟和房子内部。美军的大炮开始轰击花房，不顾第 1 营的主任参谋疯狂地要求停止这种"友军火力"。这个排得到撤退的许可，能离开的人跟着指挥官威利斯·J. 芒格（Willis J. Munger）中尉一起后撤，可是中尉本人在撤退过程中牺牲了。留下的是伤员和那些掩护并转移他们的人，包括机枪手一等兵约翰·E. 雷利（John E.Raley），虽然已经中弹，却仍在坚持射击。

就在同一时间，第 1 营的另一名机枪手注意到，从花房一角拐过去的一个茅草窝棚里面有敌人向外射击，他便向那里打了一梭子。窝棚起了火，露出一辆日军中型坦克，还有士兵坐在上面。于是便开始了一出特别的"独奏表演"。坦克先是向花房里的美军大肆扫射，又向 A 连一通射击，然后沿着阿加尼亚公路向西而去——美国人手里的所有武器都对准它开火，却没有任何作用，只是把坐在上面的士兵赶了下去。巴祖卡（小型火箭筒）发射失败，因为没有打开保险。日军坦克撞进一座房子后又钻了出来，几乎碾碎了坚持射击的机枪手雷利。最后，它一边疯狂射击，一边越过美军的防线顺着公路而去，途中经过了一个营的救护站和指挥所，还有一个团指挥部，造成了人员伤亡和一片废墟。它消失在陆战队的防区里，直到当天下午才终于被击毁。

为了营救花房里面和附近的幸存战友并弥合左翼的缺口，团长派上作为预备队的第 2 营。E 连出发去与迷路的 C 连取得联系。G 连负责救援留在花房的人。该连 1 排开始沿着庄稼地的北侧边缘由西向东行进。2 排穿过南半部分到达花房，与从公路上开过来的 4 辆轻型坦克会合。这个排和坦克一起向东边的树林里猛烈开火，掩护那些落在后面的人撤退，但是机枪手雷利是最后一个撤退的伤员，他牺牲了。

救援者并不知道 1 排在哪里。这个排其实就卧在他们刚刚经过的田野里，被左侧的也就是北边树林里日军的枪手完全控制。这些枪手一整天都没开枪，一直在等待时机。当美军坦克忙着救人的时候，日军对着面前经过的这个排开火了。第 77 师的老兵这样描述那天的场面："敌人可以看到他们的一举一动，拥有特别好的射击线路。唯一没有被打中的那个人是因为他在庄稼地里发现了一个坑。但是半数以上的人趴在那里毫无办法。他们一个一个地都被瞄准射中了。"[91] 3 排也被派了过去，可是也没有发现 1 排所在位置，他们向东边射击，而不是北边。最后，营长带着 3 辆坦克过去，才找到了 1 排的残部，在指挥救援的过程中，他自己也负伤了。这个大约 40 人的排伤亡 26 人，其中大部分阵亡。黑夜来临，战斗才结束。美军掘壕固守过夜；日军则利用夜晚向北撤退到另一个阵地。

8 月 2 日，第 77 师首次发起一场全面进攻，一场非常可怕的进攻。通过清晨进行的坦克侦察，该师了解到敌人在村庄内部和东边，但是不知道对方的配置，也不知道沿开阔地北侧树林边缘部署的敌人。日军指挥官可能认为美军会进入巴里加达村，因为他们需要补给饮用水并使用道路。这就值得花费一番心思仔细计划交火的战场。武器和部队都在巧妙伪装下隐藏起来，无烟火药也不会暴露日军的位置。严格的纪律要求他们不得随便开火，直到相当数量的敌人进入视野才能射击。美军坦克向树林里进行盲目射击。日本人出色的枪法也增加了击毙的人数。在美军这边，通信联络存在问题。进攻变成了救援。

从更根本上讲，美国人的问题在于，这场战役对速战速决的要求与需要更多准备工作两者之间的矛盾，就像在巴里加达发生的上述情况所表明的，要求部队继续推进的压力很大。布鲁斯将军宁愿把向关岛北部的行军描绘成"直接压力之下的紧紧追赶"，而不只是"尾随跟踪"。[92] 他的部队阵型是从西南到东北的几条平行纵队。在沿着这条轴线行进的时候，他就

134

可以攻占巴里加达。但是，这个村庄和敌人处在一个不同的轴线上：道路是按照东西和南北两个方向穿过村庄的。要让两个团变换前进方向，同时让每个团保持适当的攻击正面，这是一种很困难的操作，尤其是在这样一场"血淋淋"的战斗中。布鲁斯的选择是，不到万不得已不去改变队形。在巴里加达发生了这一切之后，他计划在第二天进行一次鲁莽的进攻。在炮火的集中打击下，第307团要攻占巴里加达山（Mount Barrigada）。同时，第3陆战师将迅速前进，越过这座山。他会以预备队填补留下的缺口。

虽然如此，能否维持一条共同的战线依然是这个军及其所辖两个师共同担心的问题。第77师经常落在第3陆战师的后面，以至于时常收到指令，要尽一切努力赶上来。这种差距及其造成的缺口对于要发起进攻的一个师来说，无疑是困难的。第3陆战师师长艾伦·H. 特内奇（Allen H. Turnage）少将很不耐烦，因为他的陆战队员们被拖住了；盖格将军得出的结论是，需要来一些激将法，虽然他也知道布鲁斯是一位具有进攻意识的指挥官，肯定会尽其所能加快速度。布鲁斯表示理解，并进行了解释，也提出了一个替代方案。盖格和布鲁斯之间是一种相互尊敬与合作的关系，非常不同于塞班岛上那种陆战队和陆军之间的对立。[93]

第77师和第3陆战师一起追踪着日军，又向北方行进了8天。他们要把敌人彻底打垮，结束这场已经持续很久的马里亚纳群岛战役。现在，攻势已不像是按照一条战线进行，而是以几路纵队穿越丛林。对于日本人来说，丛林起到了一定的补偿作用，限制了敌人所能够携带的武器装备。正在缩减的日军部队可以分散接近最后的堡垒。令人惊奇的是，坦克对双方来讲都正合时宜。它可以推倒底层灌木和小树，开辟并拓宽道路，在通常的炮火和空袭无法进行的地方，为火炮和机枪平台提供机动和保护。

这些遭遇战中最血腥的一次始于一场夜袭，2辆日军坦克配合机关枪和步兵对第305团A连发起进攻。坦克突破了战线，上面的机枪四处扫射，在狭长的战壕上横冲直撞，恐慌的守军士兵躺倒在战壕里面。然后坦克便扬长而去。A连丢掉了48个人。当天晚些时候，E连也同样落入这两辆坦克的伏击。它们沿着一条200码长的单行小道开火。美军的中型坦克冲了上来，但是第一辆就被一发炮弹击中而停了下来，挡住了整个队伍。然后就是一场猛烈的交火。日军坦克的炮弹打在树上爆炸，飞溅的弹片击中了蜷缩在树林中的美国兵。排长、中士和营主任参谋都负伤了，步兵开始撤退，领头的坦克也开始后退。但是，负伤的排指挥官们在组织手下坚守阵地时取得了部分的成功。在同一时间，一连串精确瞄准的迫击炮弹落在这两辆坦克上，打断了敌人的扫射，从而结束了这场战斗。E连损失了46个人。经过整整4个小时的紧张搬运，才将这个连的伤员都送到救护所，抬一副担架就需要8个人轮换。[94]

向北方的追击行动趋于结束，第77师对坦克作战更加熟悉，也更有信心了。第3营的营长为丛林中的步坦协调发明了一种战术队形。在8月7日的交战中，3辆日军坦克和1个排的步兵攻击第306团3营的防线。1名巴祖卡射手和2名使用火焰喷射器的上兵负伤，但是1个轻机枪组瞄准头一辆坦克的一道接缝，近距离射击打死了乘员。巴祖卡火箭弹和枪榴弹消灭了第二辆，最后一辆逃跑了。同一天，有一辆美军坦克被日军的反坦克炮拦住，旁边的一个排移动到这门炮的后边，悄悄扑了上去，打死了炮手。[95]

当这些丛林漫游者出现在伊戈（Yigo）和圣罗莎山周围的开阔原野上，美军的火炮、空中力量和海军舰炮已做好准备，摧毁任何大规模的最后抵抗。然而，日军的实力到此时已

136

经十分虚弱且分散，不可能重新集结起来。高品在 7 月 27 日被一辆谢尔曼坦克的机枪手打死，接替他的小畑英良（Obata Hideyoshi）中将于 8 月 11 日自杀。扫荡工作开始了。一个美国士兵回忆，他把一颗手榴弹扔进了一个灌木掩盖的洞里。里面的日本兵又把它扔了出来，它的爆炸没有伤到任何人。"我不想死！""那就出来！"美国兵大喊。日本兵想活，但是出来就只能投降。他引爆自己的手榴弹自杀了。[96]

美军在 8 月 10 日宣布关岛彻底安全，虽然尚有 3000 多名日军逃进了丛林，其中有些人一直待到战争结束。[97]在马里亚纳群岛战役的地面战斗和新几内亚岛战役中，美军经历了日本人在防御作战方面的战术。他们也认识到日军会进行非传统的、不受限制的作战，比如一大群人突然发动自杀式攻击，以及在巴里加达进行的单独一辆坦克的疯狂杀戮。这些早在南太平洋战场上就已经清楚地显露，但是在此处，它在更广阔的背景中上演，造成了更严重的后果。塞班、提尼安和关岛这三座岛上的日本守军，几乎全部被击毙，具体数字大约是 5.6 万人。他们打死或打伤了 23785 名美军士兵，其中包括 19272 名陆战队员。[98]这值得吗？除了为美军提供轰炸日本的空军基地，它还使美军获得了对太平洋中部盆地的控制，菲律宾群岛的东岸触手可及。

日本官方轻易便可理解，太平洋战争进入了一个新阶段。塞班岛陷落以后，以东条英机（Tojo Hideki）为首的内阁辞职。然而，新一届政府发誓要将战争进行到底，陆军和海军开始为下一场重要决战制订计划，他们预期这一决战将发生在菲律宾。与此同时，帝国大本营对岛屿防御的方式进行了重新评估。其制定的新原则不情愿地放弃了海岸防御的观念，代之以在内陆围绕坚固据点展开的运动防御战。总体的目标就是要将美军拖入代价高昂、耗时漫长的作战。训练中仍旧强调日本武士道精神的优先地位，但是为了适应对消耗和拖延的重视，日本军官不再那么愿意把下属的生命浪费在自杀式"万岁"攻击中。[99] 马里亚纳群岛战役也使美国人提前体验到，进入有大量平民居住的地区以后，战斗会变得多么残酷。在塞班岛上，美国人惊恐地看到，日本军人要求其同胞中的平民百姓自我牺牲而不是投降。[100] 在此后的战役中，还会多次出现这种对平民生命的漠视，而在对日本的战略轰炸开始以后，该行为会被拿来与美国人的行为进行对比。到那时，所有日本平民都应当为帝国献出生命这种信念，已经变成日本战略中一项根本原则。

第四章

加速前进，1944年8月~10月

到1944年8月，随着新几内亚岛和马里亚纳群岛两场战役的完成，战线已从太平洋的南部边缘地带推进到日本自身的内部安全区。它的敌人已经到达新几内亚岛最西端并夺取了马里亚纳群岛，其所处位置限制了日本接近南方的资源供应地，并且进入了远程飞机可以到达东京的距离。美国人现在要夺取或守住进攻路径和集结地，聚集他们的兵力。在快速航母和陆基空军的轮流参与下，尼米兹和麦克阿瑟的双路并进到目前为止进展顺利。随着美军日益靠近日本，二者逐渐并拢，陆军和海军在指挥权和资源上的竞争进一步加剧。同时，随着日本人扩充守军并改进要塞，战斗也愈加血腥和持久。其舰队的空中力量在逐渐消失，帝国海军转变为单程的空中进攻。

与此同时，在半个地球以外，诺曼底登陆获得了成功。两个月之后的8月，法国桥头堡上的盟军取得了突破，令人震惊地将纳粹国防军（Wehrmacht）一路赶回了德国边境，与登陆法国南部后向北推进的一支美国主力会师。苏联军队此时也挥师进入波兰和巴尔干地区。随着欧洲战事的结束指日可待，太平洋与欧洲这两条战线的紧密关联愈发明显。太平洋战场的行动要依靠来自欧洲的增援，进而也就仰赖欧洲战事的完成。而且，当欧洲准备好增援，太平洋战场上的部队也就需要为最后的行动开始部署。此外，美国的战时生产经过1940~1943年的巨大增长，将不得不应对产量上的急剧波动和品种的转换。这也成为罗斯福政府面临的又一个挑战，在人员伤亡大幅上升接近顶点的这个阶段，政府想要维持公众的绝对支持。

美国民众以极大的热情关注着诺曼底登陆和在法国展开的战事。现在，战争已经进行了32个月，在大后方已经有100万个家庭的成员牵涉其中。到8月24日，有22个美国师正在法国西北部作战。登陆后前两个月的伤亡达到115665人。[1]一天又一天，各个集团军的胜利进展例行公事地占据着《纽约时报》和几乎全国各种报纸的头版。

在1944年夏季的大部分时间里，战争就是由诺曼底突破以后的一连串重要战斗构成的，包括德军为切断前进的盟军与其基地的联系而在莫尔坦（Mortain）发动的反攻；盟军的巧妙回击；在法莱斯（Falaise）地区对德军的包围和沉重打击。这几次交手都是在距出发点，诺曼底的圣洛（Saint-Lô）70英里范围内的大兵团鏖战。然而，战争记者们的目光投向了其他地方，聚焦于那些作为"先锋"的装甲部队，他们以"雷霆万钧"之势，沿着法国西北部的公路"猛打猛冲"，一路"摧枯拉朽"。装甲先头部队确实出动了，但是这一阶段的典型和中心任务仍是艰苦的阵地战。记者们看到的"闪击"可能比1940年那场"闪电战"要好一点点。有一个人写道，这次突破"是一场伟大胜利的萌芽"，它会"打乱德国人的整条防线"。"一件大事，"另一个人预言，"马上就要发生。"温斯顿·丘吉尔推测，当盟军"毫不留情地推进到希特勒的内部堡垒时"，"盟军就会取得早日的胜利"。其他人也纷纷附和。眼下这场战役"事关法国当前的命运和整个战争的持续时间"。随着来自法国南部的美军加入，盟国的胜利"是如此势不可当，以至于要怀疑希特勒能否幸免于难"。据说，在第一场雪降下以前，欧洲的胜利就会到来。[2]到8月中旬，欧洲战争结

140

束的前景已经充斥于媒体和美国人的观点中。

当德国人开始从所谓的"法莱斯袋形阵地"撤退，在巴黎两侧建立塞纳河防线（8月16~25日），盟军席卷法国北部的气势几乎完全符合媒体用以描绘他们的赞美之词。装甲部队和步兵组成的先头部队"以巨大的爆发力"展开，"完全不顾德国人在侧翼造成的任何威胁……夺取了一个个重要城市，跨越了一条条河流，克服了一切障碍"。获得了"新地盘"以后，这场战役现在追求的是"摧毁西线的德国军队"。盟军战线向塞纳河的跃进"给德国人带来大规模战略失败的威胁"。鉴于盟军飞机拥有的好天气，这场全面撤退"将会变成一场全面溃败"。他们不仅把德国人击退，而且"把对方切成碎片"。此时，所有人都"沉浸在解放巴黎的喜悦之中"。英军司令、陆军元帅伯纳德·蒙哥马利（Bernard Montgomery）爵士意识到战争即将结束，"让我们以最快的速度把这件事搞定"。一位《纽约时报》的编辑认为，凭借着乔治·巴顿将军更多的"勇往直前"带给美军部队的激励，"今年"肯定能够在欧洲取得胜利。[3]

在8月的最后一周，当几乎未遇抵抗的盟军装甲兵 – 步兵纵队接近塞纳河，并过河建立了4个桥头堡时，人们的问题是："下面该怎么办？"前方是绵延100~150英里的法国东北部地区，然后是比利时和德国边境，再过去是莱茵河与鲁尔河。盟军能推进多远受制于迅速消耗的补给，尤其是汽油。登陆部队现在已经距离他们唯一的深水港瑟堡（Cherbourg）350英里远。尽管如此，如果不能继续向东推进，就会让敌人重新集结力量并掘壕固守。最高指挥官德怀特·D.艾森豪威尔将军决定在补给能力的最大限度下，让他的部队朝着安特卫普（Antwerp）这个大型港口和鲁尔河及莱茵河方向尽可能向前推进。[4]

记者们目睹了一场"令人惊叹的"赛跑，"一幕瓦解与复兴的大戏"，"纳粹坍塌的胜利一周"。要感谢晴朗的好天气，"成群的"盟军飞机发动进攻，使德国人的交通陷入"混乱"。他们的各个师被"分割、包抄、消灭"，失去了协调性，"笨手笨脚"。盟军的推进是"愈发强劲"和"毫不停歇"的。观察者做出了各种各样的预测：撤退到莱茵河，一场德国境内的战役，很快就会进行最后一战，或许将在 10 月 1 日，最迟是冬天开始的时候。[5] 陆军部副部长罗伯特·帕特森是这种乐观主义的反对者，他预计胜利将在 1944 年底到来。在一次秘密记者会上，马歇尔将军的预测是在 10 月初。[6] "胜利的旗帜已经高悬在盟军的每一条战线上"，《纽约时报》的一篇社论写道。人们听到军队里也在说着："不会太久了。"[7]

但是，它真的用了很久——8 个月之后才到来。在 9 月的第二个星期，这场乘胜追击突然放慢了速度，一个个纵队相继停顿下来。推进的距离已经超出了后勤补给能力，特别是油料的供应。每天 80 万加仑的消耗量，随着距离的拉长，部队的燃油需求已经不可能得到满足。[8] 燃油的配给并不一致，有的师加满油箱以后继续向前猛冲；有的师停滞不前，其他师只能加上半箱油；一些步兵离开坦克开始步行。部队变成了间歇性地前进。

然而，燃油的短缺绝不是唯一的障碍。部队和装备经过几个星期的长途追击已经人困马乏。经过法国北部的开阔平原进入起伏的森林地带和德国边境水网密布的地区以后，部队便放慢了脚步。此外，除了后勤不足和正常损耗，沿着新浮现出来的战线，盟军也在各处不时遭遇德国人重新开始的认真抵抗。在从"法莱斯袋形阵地"和塞纳河退却时，德军撤回了部队骨干、参谋人员和高级军官，迅速填补上预备役和掉队人员以后便能组成一个新的师。9 月 4 日，格尔德·冯·伦德施泰特（Gerd von Rundstedt）元帅回到西线指挥，他将所有能够召

142 集起来的部队重新武装，一起部署在从荷兰延伸到瑞士的整条
战线上。不过，尽管放慢了步伐，盟军还是自信能够很快克服
后勤上的困难，并突破德军防线进抵莱茵河。[9]

欧洲的追逐战转变为阵地战。但是，那年夏天席卷法国
北部的盟国大军的滚滚浪潮，已经被美国公众和华盛顿的领
导层牢牢地记住了，欧洲战场似乎已胜券在握。我们将会看
到，这种印象给后方和太平洋战场带来什么样的影响。在 9
月底进行的盖洛普民意调查中，67% 的人相信欧战将在圣诞
节前结束。[10] 人们已经开始考虑战后的美国了。罗斯福政府中
负责经济管理的平民官员们决意不再重复第一次世界大战后
的错误，即不加约束地向和平经济转换，导致了急剧的经济
衰退、失业和严重的劳工动荡。战时生产委员会主席唐纳德·
M. 纳尔逊（Donald M. Nelson）开始设计一套方案，在和平
即将来临的时候，逐步放缓民用生产向战时经济的转换。他认
为，一俟经济在 1943 年末达到顶峰，各军种得到他们初始的
装备和武器，战争对经济的需求便会减少，容许厂房和原料转
向迫切需求的民用产品，如乳制品，维修养护、烘焙、收割机
械，厨房用具，金属办公设备，电话，钟表，鞋子，手套和钢
丝球，[11] 并为那些因军方合同取消而被遣散的工人提供工作机
会。当然，军方还会有一些偶发的需求，要替换武器，也会想
要新的设计，他们的合同必须有绝对的优先权；纳尔逊的心思
就是不要向民用经济急剧转变。他更愿意通过改变军用和民用
两方面在制造业中的占比，随着军事形势的发展向民用一方逐
渐倾斜，争取将失业者完全吸收，从而在战后阶段维持充分
就业。[12]

1944 年初，在欧洲作战的损失和教训的刺激下，降
低的战时生产又再次提高。1944 年 5 月 22 日，完全没有
征兆地，海军终止了它与长岛的布鲁斯特航空（Brewster

Aeronautical)① 的战斗机合同。工人们以"静坐"罢工努力
争取，但工厂还是关闭了，9000人失去了工作。这让许多人
看到战时经济的停摆将是多么突然和残酷。[13] 在全国范围内，
1944年初的削减涉及3769份合同终止，大约减少了20万个
工作岗位。1944年6月18日，纳尔逊开始施行他的民用产品
生产试验性计划。它为民用生产提供了钢、铝和镁的额度，允
许建造产品原型和必要的机床。只有存在失业人群的地区可以
提出申请。确定诺曼底滩头阵地已经巩固后，他便提出了这一
计划；当看似锐不可当的攻击席卷法国北部时，他才将计划付
诸初步实施。[14]

　　但是，在履行该计划的每一个阶段，纳尔逊都发现自己在
与陆军部进行对抗，对方在战时生产委员会拥有支配地位。在
这场攻击中领头的是陆军部副部长帕特森、陆军后勤部队主管
布里恩·萨默维尔（Brehon Somervell）及其原材料助理和战
时生产委员会成员卢修斯·D. 克莱（Lucius D. Clay）少将。
这三个人都是不讲情面、固执己见的官僚主义斗士。他们一次
又一次地坚持认为，被他们称为"恢复平时生产"的计划在当
前阶段完全不合时宜：整个现有的战时生产能力都要为军事项
目保留，不可以转向民用需求。[15]

　　7月，各军种警告说，目前的战时生产在320个品种上严
重滞后，包括重型卡车、中型坦克、火炮弹药和战地铁丝网。
根据陆军的说法，定额未能完成的首要原因是人力短缺，而这
种短缺又源于民众士气的低落，特别是骄纵之下的美国公众失
去了对战争有纪律的、积极的态度。[16] 陆军认为，对欧洲战场
早日取得胜利的期待，孕育出一种沾沾自喜、放松努力的公众

---

①　一家成立于20世纪30年代的美国防务承包商，一直存续到第二次世界大战结束，
　　曾为美国海军和海军陆战队生产F2A水牛战斗机。

心理，并导致劳动力流向与战争无关的工作。这种趋势的标志包括怠工、罢工和抗议。西海岸的巨无霸造船厂亨利·恺撒声称，在 6 天的时间内有 2.6 万名工人离职。调查证明该声明是错误的。由于生产计划的削减，这些工人早在 6 个月之前就已经被解雇了，而实际只有 900 人离职。[17] 在作为战时生产重要基地的密歇根州，1944 年是战时的也是前所未有的罢工高峰时期，造成了 872.1 万人日工作量的损失。[18] 陆军部长史汀生说，后方"正变得令人失望"。[19]

按照陆军的说法，其结果就是战线上的后勤供应不足。陆军部的这场运动将诺曼底和塞班岛的前线士兵刻画成因为缺乏弹药而无法"将弹雨倾泻到敌人头上"。大炮缺少炮弹，陆军不得不使用更小型的、需要近战的武器，因而造成了"美国人生命的巨大损失"。弹药的短缺也带来作战计划的改变，降低火力强度，延长战争的时间。帕特森说："如果你问一些新兵，是谁在前线与敌人决一死战，不论战争是否结束，他［原话如此］都会很快告诉你……他们的境况有多么糟糕。"[20] 作为减缓恢复平时生产的部分努力，陆军部对符合纳尔逊试行计划标准的那些城市发出提醒。12 月 2 日，萨默维尔在波士顿说，"战争的结束受到延误，因为成千上万的人离开了船坞、锻造车间和铸造厂，还有成千上万的人离开其他各种战争工业另谋高就，导致生产滞后……这将带来战争久拖不决的危险，会让更多的美国年轻人失去生命"。他在纽约说："工人在担心他们战后的前途，可是我们所有人的前途，还有你们的儿子、你们的兄弟，可能都会躺在德国一块 6 英尺的草皮之下。这是难以想象的。"[21] 参谋长联席会议主席威廉·D. 莱希（William D. Leahy）海军上将警告说，一种"危险的心理状态导致人们放弃工作，因而带来战时生产的削减"。它具有"等同于在前线临阵脱逃的危害性"。[22]

在这场带来紧迫感的全国性运动中，由战时新闻处协助，陆军部在所有 4 个电台网络的 65 个广播节目中，播放了 60 秒的陆海军将领讲话。[23] 还有公路巡游和电影制作，以及从前线回来的士兵现身说法。[24] 对于战时政府的一位退休官员罗伯特·W. 约翰逊（Robert W. Johnson）来说，这场关于恢复平时生产的斗争越发使他担心武装部队对国民经济施加的影响力，而现在这种影响力又涉及国民的思想倾向。1944 年 1 月，他提醒密苏里州参议员，参议院国防项目调查委员会（Senate Committee to Investigate the National Defense Program），即简称为"杜鲁门委员会"的主席哈里·杜鲁门，"没有资格判断当前形势的人……正在涉足其职责之外的势力范围"。他致信帕特森，说陆军部"不具备监督美国经济的资格"。他指出，"在这方面发挥过多影响，既不恰当，也算不上明智"。[25]

145

陆军部的运动造成了极大的分歧，并误导甚至冒犯了一些人。战时生产委员会的新政派（New Dealers）向新闻界泄露的消息激起了小型企业、工会和国会成员的反对。一些人指责控制着战争工业的大企业企图实行劳动管制。曾经的杜鲁门委员会，现在由纽约州民主党参议员詹姆斯·M. 米德（James M. Mead）任主席的米德委员会，在 12 月 4 日就萨默维尔的指控向他提出质询，请他解释为什么说后方的松懈已造成前线的武器短缺。这一次，萨默维尔十分耐心地予以澄清，这种短缺并非基于生产方面的问题，而是因为各个战场内部的问题，主要是将军需物品从船舶和货栈转移到前线过程中的困难。"迄今尚未真正出现供应上的短缺，"他让委员会确信，"我们的问题是如何避免出现短缺。"[26]

毫无疑问，胜利的前景使一些民众松懈，期待获得比军方合同更为稳定的工作。而且，战时工作也不能算是称心如意。在一个不断变化的工作场所，很多人尚在学徒阶段，事故频发。工作时间长，劳动强度大，通勤往往又很困难，更不用说临时的宿舍和草率的饭食。[27] 随之而来的是精神和身体上的疲惫不堪，神经紧张，患病和旷工。[28] 此外，生产不足的主要原因还不在于人力资源。一项战时生产委员会的调查发现，22%的关键生产品种主要由于人力资源短缺而延误，12%是因为厂房不足，26%则是由于型号或设计的变更，还有40%是由于"需求或要求急剧增加"。[29] 很多项目出现了人力资源的短缺，包括炮弹的生产。问题起始于对欧洲登陆行动和后续战役需求严重估计不足和数量上的计算错误，以及在美国的初期生产不足。[30] 实际的作战经历催生对弹药更为巨大的紧急需求，需要额外的工厂、机床和熟练工人。然而，机床的生产及其所需的零部件，如控制按钮、轴承和马达，都遭遇了瓶颈。举例来说，一条完整的155毫米炮弹组装线，主要包括40台不同的机器，由2英里长的传送带连接。大口径炮弹填装火药需要经过特别训练的员工。此外，这项工作是有危险的，工厂位于农村地区，远离充足合适的住房。不用说，这种工厂的起步是很缓慢的。[31]

解决这些问题的办法就是对机床的生产交付进行规划和监控；使新工人的录用与工厂的完工进度同步；利用老牌兵工厂的员工使机床正常运转起来。目标是每月生产150万枚炮弹。实现这一目标与其说需要端正态度，倒不如说更需要富于想象力的权宜之计。截至11月，重炮弹药的生产达到甚至略微超出了它的指标。只有"超级重型"火炮（155毫米和250毫米）本身的生产和磨损炮管的替换及驻退机的生产严重滞后。这些延误也同样是炮弹生产中遇到的那些困难造成的。除此以外，重要品种的生产——战斗装载舰（运载部队及其补给品的，自身配备登陆艇的舰只）、B-29超级堡垒、对空雷达、（帐篷用）粗棉布、通信电缆、"超级重型"卡车和轮胎、坦克和海军火箭——都已达标，且多数超出了指标。据杜鲁门委员会的说法，人力资源来自当地，并不了解广大领土和复杂经济里其他地方的条件和机会。通过美国就业服务局（U.S.Employment Service）和战时人力委员会（War Manpower Commission）的渠道沟通招聘信息，再加上延期服役、政府奖励和工厂就业上限，可以使这些短缺得到最好的解决。³²同时，恢复平时生产计划因秋季攻势而缩减，并随着德国人在1944年12月发动的阿登高原反攻而彻底停摆，直到春天才再次启动。对于陷入争斗的战时生产委员会，总统将其主席纳尔逊免职并派往中国。

147

而人力资源的争夺仍在一个更大的框架中持续：在政府推动下，由陆军领导，在"工作或参战"的层面展开了为控制人力资源而进行的立法活动。自此以后，陆军将越来越深陷于其自身利益与后方利益纠缠不清的局面。

盟军在法国北部的突破性进展，预示着欧洲战争将早日结束，在对大后方带来影响的同时，也作用于太平洋战场。它提醒那些战略家，对日作战的胜利在很大程度上取决于德国何时崩溃，而突然之间，后者似乎就在眼前了。鉴于日本人在塞班岛和比亚克岛上表现出来的顽强抵抗，情况已经愈发明显，只有进攻日本本土才能结束战争。这种征服很快就需要从欧洲而来的额外部队，要有在能够对日实施空袭的范围内占领更多基地的全面计划，还有在距离足够近的岛屿上为进攻行动最后进行大规模部队集结和补给。在1944年秋季，除了马里亚纳群岛，还没有掌握任何这样的岛屿或大块陆地，也尚未制订明确的计划。既然已经知道美国公众不愿承受一场持久的，尤其是在欧战之后仍然拖延不决的战争，保持不间断的进攻压力就成为关键。太平洋战场的战略规划者不得不制定出一条或数条迅速通向日本的路径。他们还必须计算出需要从欧洲再部署多少部队，这些部队何时能够到达，以及如何重新装备并使其适应对日作战。战略家们必须在时间上对这两条战线进行协调。

　　1944年6月初，为了在诺曼底登陆万一出现差池时可以就近处理，参谋长联席会议迁到伦敦。在确定登陆已经成功，且从诺曼底顺利突破并一路追击到法国北部的胜利鼓舞之下，他们于6月底又回到华盛顿。太平洋战场上受限的行动时间表似乎与加快的欧洲步伐出现脱节。如我们所知，大多数高级军官料想欧洲战事将在圣诞节前结束，而通过最南端的棉兰老岛进入菲律宾，最早也要在11月15日才能开始行动。如前文所述，6月12日，参谋长联席会议指示尼米兹和麦克阿瑟为他们的下一步行动提供详细的计划，并试图通过"提前目标日期"，促使他们加快速度，"越过目前所选的目标"，"选择包括［日本］本土在内的新目标"。[33] 后来，马歇尔派作战处的主要军官，包括主管太平洋战区的约翰·E.赫尔少将到布里斯班与麦克阿瑟及其参谋人员讨论修改计划。

　　对战略问题的审议很快陷入金和麦克阿瑟之间的拉锯战。金希望继续展开他的两栖部队、战列舰和航母舰队从马里亚纳群岛穿越菲律宾海向西的突击，集结于西加罗林群岛和帕劳群岛，挑战残存的日本舰队。然后他将继续向南海挺进，不会在菲律宾停留，而是夺取中国台湾和沿海重要港口厦门。控制了台湾，美军就可以阻塞日本人通往东南亚原料产地的路线，特别是他们正急需的石油和橡胶，为包围日本铺平道路，并对日本本土的九州岛实施远程打击。厦门可以缩短已经部署在中国的美国轰炸机和战斗机的补给线路。5月，参谋长联席会议的联合战略调查委员会（Joint Strategic Survey Committee）要求对现有计划进行一次"迅速、深入且思路开放的重新审查"。由于棉兰老岛和苏拉威西岛目前的防守更加严密，他们

148

认为越过棉兰老岛和菲律宾而直接攻击台湾可能更为明智。[34]

不用说，麦克阿瑟"义愤填膺"地表示反对。他离开科雷希多岛以后，重新占领菲律宾便成为他不言而喻的核心目标。他声称，菲律宾在军事上的优势显而易见："可以切断敌人通往南方的交通线，为我们的进一步推进获得一处基地。"更何况，在实际价值之外，美利坚合众国对于解放菲律宾人民和从巴丹幸存的美国战俘有着"重大的国家义务"。菲律宾毕竟是美国的盟友，"我们孤立无援的部队在那里被打败"，留下菲律宾人忍受日军的统治。绕过菲律宾，不顾在囚禁中忍受折磨的美国战俘和忠诚的菲律宾人，岂不是证实了日本人所声称的，美国已经放弃了这些人，不会以美国人的生命冒险解救他们。如此的漠不关心将引起菲律宾人的敌意，破坏多年以来美国在远东的声誉，在美国民众中激起"极其负面的反应"。[35]

他一边反对金的计划，一边也在制订自己的计划。西南太平洋的各师将沿着群岛东侧向北推进，他们已经以同样的方式沿着新几内亚岛海岸从一个基地跳到下一个基地，总是能够得到陆基飞机的掩护，有时还有快速航母舰队的支援。在首先巩固了新几内亚岛和菲律宾之间的机场之后，麦克阿瑟将开始返回棉兰老岛东南部的萨兰加尼湾（Sarangani Bay），下一步便是菲律宾中部的莱特岛，之后是吕宋岛东南部狭长的比科尔半岛（Bicol），接下来是该岛北端，然后绕过北部，在林加延湾（Lingayen Gulf）的海滩登陆，一路向南穿过吕宋岛中部直达马尼拉。其他登陆行动会在菲律宾的中部和南部进行。该计划要求实施9次登陆，动用29个师。他的麾下共有17个师，包括为莱特岛行动而向尼米兹借来的2个师，其中大多数师要参加不止一次行动。此次战役将从1944年9月持续到1945年4月。金对麦克阿瑟提出批评，说他似乎假定海军会"对他唯命是从"。[36]

149

这个被称作"雷诺五号"（Reno V）的全面计划，需要夺取莱特岛和吕宋岛，以及在菲律宾中部和南部实施一些次要行动。后续的这些行动可以使规模远超马歇尔将军所构想的大战役成为可能。对步兵来说，在一个个丛林密布的岛屿上肃清日军部队是一项缓慢而令人疲惫的任务，需要大量人员徒步行动。它将导致部队分散，不能为了向日本本土推进而集中力量。如我们所见，马歇尔建议麦克阿瑟不要让个人情感凌驾于尽早结束战争的大目标之上。绕过菲律宾并不意味着将它放弃。"相反，"马歇尔解释道，"一旦早日战胜日本，对菲律宾的解放将以最迅速和最全面的方式实施。"[37] 无论如何，吕宋岛都是一个附条件的行动。参谋长联席会议在 1944 年 3 月 3 日的指示，此时仍然适用。与其说它解决了陆军和海军的争执，不如说只是进行了巧妙的处理。登陆台湾将在 1945 年 2 月 15 日实施，"只要在台湾行动开始之前证明夺取吕宋岛的必要性，便不排除两场行动同日展开的可能性"。[38]

7 月 27 日，一份详细的、以台湾为首要目标的行动计划，由参谋长联席会议的计划人员交给尼米兹和麦克阿瑟的参谋班子征求意见。它假设 1945 年 3 月初是登陆这座岛屿的最晚可行日期，要动用的除了海军所辖的力量，还增加了来自西南太平洋的空中、地面和后勤部队。在预备阶段，将占领菲律宾的棉兰老岛 - 莱特地区，获得一些基地，以削弱吕宋岛的日本空中力量，进而为攻击台湾打开道路。在占领莱特岛之后，西南太平洋的部队将在没有快速航母舰队掩护的条件下于菲律宾境内继续行动，借助由尼米兹战区提供的登陆艇，通过近岸作战，尽可能扩大控制范围。换句话说，麦克阿瑟将不得不用他的一部分陆军换取登陆艇，并完全依靠自身的空中力量。[39]

麦克阿瑟在电报中的回答十分严厉。他断言，这些计划人员的设想不仅违背了国家的基本战略和义务，而且带有"一种严重而危险的暗示"——实施一场"全面的封锁"。吕宋岛大量依赖从菲律宾南部输入粮食。如果为了进攻台湾而绕过它，他就必须设置一道封锁线，那将造成大范围的饥荒，杀死上百万的菲律宾人。"这样一种行为，"他的结论是，"任何政府都不会（电文中通过重复这个字表示强调）予以考虑，即便出于军方的提议。这是一道行为底线，对它的逾越，就等同于我们敌人的残暴行径。"麦克阿瑟拒绝了华盛顿的参谋人员提出的取消某些预备行动以加快计划实施的建议。[40]

对台湾的兴趣在 6 月发生了转移，面对这种情况，桀骜不驯的麦克阿瑟要求允许他前往华盛顿申明自己的立场。马歇尔没有表示反对，但也未置可否。直到 7 月底，他命令麦克阿瑟到夏威夷参加一次重要会议。事后才知道，那是罗斯福总统的一次竞选集会，与会的还有联席会议主席莱希海军上将和尼米兹海军上将。根据麦克阿瑟的回忆，罗斯福总统在一幅巨大的地图上手指着菲律宾，问道："好吧，道格拉斯，我们从哪里着手呢？"麦克阿瑟便开始陈述他此前的观点，不能仅仅把菲律宾视作迈向日本的一块垫脚石。有人认为他的语气中其实也并没有太多的威胁意味。与罗斯福常常得出的结论一样，这场争论的结果也是模棱两可的。罗斯福显然被麦克阿瑟打动，向他保证自己是倾向于菲律宾这条路线的，而且他将"推动该计划"。然而，按照一位亲历者的说法，他也并没有排除台湾，并未贸然下定决心挑选哪一个作为优先目标。麦克阿瑟至少得到一种总统在鼓励他的印象，并以一副对华盛顿方面更为合作的态度作为回应。[41]

尽管对于选择台湾的批评日益增多，但这种战略上的模糊性在 1944 年夏季一直持续。这座南北长 250 英里的岛屿，于 1895 年被日本占领。据说它的防守是最为严密的，根据参谋长联席会议的备忘录，拥有"一系列精心设计、相互支撑的永

151

久性地下军事基地"。[42] 海军明白，他们面对的是一场重要的进攻战，它将需要 9~12 个师的兵力。作战处的乔治·A. 林肯（George A. Lincoln）上校认为，"台湾行动起初看起来和进攻九州岛一样艰巨"。[43] 此外，海军辖下缺乏足够的支援武器（坦克、火炮和迫击炮营）和后勤力量（军需、医疗、工程和港口部队）为各个陆军师提供支持。实际上，他们预计至少需要 7.7 万人的陆军后勤部队。西南太平洋能够提供多少呢？麦克阿瑟的参谋人员回答，目前各军种的兵力仅勉强够他们执行菲律宾任务的。和此前一样，步兵师临时安排在登陆地点旁边，为装卸舰船和登陆艇提供人力。起初组建的后勤营太少，而且欧洲战场拥有优先使用权。另外，后勤部队的短缺妨碍了派遣更多支援部队：更多的坦克营和炮兵营意味着会有更多部队被迫分享同样数量的后勤和医疗单位。[44] 这造成的结果就是，海军缩减了他们的目标，从占领整个台湾岛变成在南部切出一块飞地，这就使得某些人对该项计划更加心存疑虑。台湾计划的反对者指出，因为敌人的实力还很强大，占领区边缘必须配置兵力，也就需要增援力量。而且，从台湾南部起飞的 B-29 轰炸机几乎无法到达日本。

1944 年 5 月，日本人从中国华中地区的汉口以南向广东发动了一场大规模进攻，旨在清除帮助中国人打击东北地区日本工业的美军轰炸机和战斗机。除了在衡阳遭遇顽强抵抗，其他地方的中国军队都无力有效抵抗日军。8 月，位于厦门正西的柳州和桂林的机场已危在旦夕。1945 年 3 月到达厦门的部队既无法帮助这些美军基地，也无法得到对方的任何支援。

所有这些原因，使得对台湾的支持转向了吕宋岛。从日本本土基地到中国台湾，再到吕宋岛，这条固定的日本空中增援走廊构成一个严重的威胁。吕宋岛拥有大约 70 个机场和着陆跑道，它可以很快从美军的空中打击中恢复。很难盯住敌人的飞机；他们可以"飞进来，加油，然后再飞离吕宋岛的机场"。[45]
西南太平洋战区司令部认为，在消除吕宋岛的威胁之前，不可能从莱特岛出发夺取台湾，而不占领吕宋岛就消除它的威胁也是不可能的。[46]然而，按照任何一种顺序进攻——莱特岛、吕宋岛和台湾，抑或莱特岛、台湾和吕宋岛——都会让麦克阿瑟和尼米兹的各个师陷入持久而代价高昂的行动，使其无法用于继续向北推进，这样便彻底推迟了对日本的进攻并延长这场战争。[47]如果他们只能负担一次行动，那就肯定是吕宋岛。

随着这场有关战略问题的争论延宕到1944年夏季，在菲律宾和中国台湾以外，第三个潜在的进攻方向浮出水面。这条路线取道台湾和琉球群岛/冲绳（Rhukyus/Okinawa）及小笠原群岛/硫磺岛（Bonins/Iwo Jima），向北一路推进到达日本本土最南端的九州岛。最初被台湾战役吸引的马歇尔支持这个新主意，这块跳板对九州岛比对中国更有意义。马歇尔与麦克阿瑟分享了这个想法，"在对日本舰队予以毁灭性打击之后，我们就应当尽可能迅速地接近日本，以便缩短战争进程"。[48]马歇尔还告诉麦克阿瑟的作战处长，他"希望航母迅速到达能够对日本进行有效轰炸的位置"。他宁愿这条前进路线越过菲律宾，因为他感觉麦克阿瑟会在那里陷入困境，虽然他也承认"缺乏足够的兵力是反对进行台湾战役的一个有力理由"。[49]对于马歇尔来说，他的决定取决于欧洲战事能否如他所预计的，在10月结束，那样的话，增援部队尤其是后勤部队便可以在1945年3月以前进行重新部署。于是，他建议采取慢慢来的方式，待欧洲战事的结果到来，也等他对于能够从那边向太平洋战场调集哪些资源有了更明确的想法。[50]

与此同时，受到一些鼓励的麦克阿瑟加快了他的日程。9月，在他们对菲律宾极具破坏性的扫荡中，哈尔西海军上将快速航母舰队的飞行员吃惊地发现日军做出的反应少得可怜。如哈尔西所言，菲律宾中部"门户洞开"，他建议大大压缩对菲律宾的进攻日程表，取消棉兰老岛及其支援性登陆，直接进攻莱特岛。[51] 考虑到日本人精于伪装，对待飞行员们的报告要有所保留，就像第 1 骑兵师登陆阿德默勒尔蒂群岛时所发生的状况。尽管如此，哈尔西的信息刺激了迫不及待的指挥官们形成某种决定。[52] 太平洋舰队的领导人，包括尼米兹海军上将、哈尔西、斯普鲁恩斯、托尔斯和特纳，都放弃了金的台湾优先假定，代之以向北推进的想法。对于这个新想法，吕宋岛上的基地和港口就变得比台湾的任何一个地方更为有用。[53] 尼米兹同意哈尔西的意见，取消棉兰老岛行动而在 10 月 20 日直取莱特岛，并建议取消马上就要在西加罗林群岛的雅浦岛实施的登陆，让已经出海的登陆部队转向莱特岛。麦克阿瑟当时正在一艘无线电静默的巡洋舰上，他的参谋长萨瑟兰确信这位将军会同意该计划，便以他的名义回复确认。但是，他提醒说，莱特岛并不是没有敌军。正在魁北克（Quebec）与英国人会晤的联席会议，几乎立即就同意了这项提议，并发出了必要的指令。

9 月中旬，欧洲战事按时结束并为台湾战役重新部署部队，特别是后勤部队的任何希望都已经烟消云散了。9 月 25 日，盟军的一场空降进攻行动令人痛苦地失败了。这次在荷兰发起的进攻，本打算在下莱茵河对面夺取桥头堡，从侧翼包抄"西墙防线"（West Wall），它的失败使战争肯定会延续到冬季。然而，夺取莱特岛和吕宋岛将会有足够的部队，再加上大块的陆地和港口，友好的当地百姓，积极的、有组织的劳工，提供协作的游击队和熟悉的地形，都有利于组织对日本本土的进攻。麦克阿瑟承诺，不超过 6 个星期就可以占领吕宋岛，并补充说，他本人坚信"他只需要不到 30 天的时间"。[54] 罗伯特·B.卡尼（Robert B. Carney）海军中将把吕宋岛比作进攻日本的前沿基地，就像英格兰是登陆欧洲的基地一样。[55]

菲律宾行动的最后一块绊脚石是海军对麦克阿瑟的担心，恐怕他会为了掩护自己的登陆行动而将快速航母舰队拖住太长时间。麦克阿瑟为此做出保证，他为林加延登陆所需的快速航母掩护会限制在行动前后的 40 天之内，海军的担心这才得以缓解。根据他的决定，提供掩护并不意味着一定要紧靠着登陆地点，而是在更广阔的范围内发现并攻击敌人"可能对行动成功造成影响"的舰只和飞机，同时"随时准备摧毁在任何地方发现的敌方海军力量"。他获准至少可以延长一段留住快速航母舰队的时间。[56] 10 月 3 日，参谋长联席会议达成一致，发布指令，12 月 20 日开始登陆吕宋岛。然后，尼米兹的部队要在 1 月底进攻小笠原群岛中的硫磺岛，接着是琉球群岛中的冲绳岛。暂时未发布有关台湾的指令，之后也没有再发布过。[57]

在 1944 年春夏之际，若论曾对新几内亚和马里亚纳之后的进攻方向产生过决定性影响的大人物，莫过于马歇尔。在陆军和海军之间发生的冗长的军种间争执中，他在共识形成之前并没有选择站在哪一边，而是首先在麦克阿瑟和金之间发挥平衡的作用。他接连催促进行更多研究，获取更多信息，通过作战处提供的讨论场合来考察各种提议；始终坚持更少的登陆作战，更多的绕道而行和新目标；不断权衡其他地方的结果所带来的影响，如欧洲和中国。他不懈地谋求动量和速度，以可能的最快速度结束战争。马歇尔通过对莱特岛和吕宋岛的指令限制了麦克阿瑟，并警告他不要大规模地重新占领这些岛屿。[58] 马歇尔于 9 月致信陆军代表斯坦利·恩比克（Stanley Embick）中将，询问越过台湾和吕宋岛而直接打击日本本土是否更好。马歇尔留意到，九州岛南部的现有守军仅相当于一个师的兵力。首先以航母舰载机发动持续 10 天左右的大规模空中打击，继而在日本本土的最南端登陆。他推测，这样一场"奇袭"会令敌人措手不及，使美军距离最终目标仅一步之遥。[59] 恩比克对此表示异议，他在回信中认为，美国应当坚持其"夺取中间目标"的计划，包括台湾南部和冲绳岛，且后者"应当以相当微弱的代价占领"，并等待苏联人加入战斗，牵制日本在中国东北的部队。[60] 马歇尔问恩比克，是否在其建议中考量了"有意延长对日战争在经济和政治两方面的接受度"。马歇尔还想知道恩比克的委员会有没有考虑到，为夺取计划中的对日封锁所需的空军基地将会牺牲多少生命，更不要说，在日本有时间加强其本土防御以后再发起进攻又会增加多少代价。[61]

马歇尔努力在太平洋寻求一条通往胜利的捷径，而法国北部的进攻此时却放慢了步伐，给他造成了阻碍。虽然胜利仍在眼前，但盟军不得不重新集结，在一条宽广战线上向德国推进，最大限度地发挥其物质优势以挫败敌人。美国在太平洋上也将遵循类似的方式。没有人再谈论对日本本土核心地带的"奇袭"和突然打击了。相反，麦克阿瑟和尼米兹这两支部队将在莱特岛先会合再分开，麦克阿瑟要在菲律宾建立基地，而尼米兹将为最后进攻日本本土而在靠近日本的地方夺取基地。然后，他们会再次合兵一处向九州岛发起进攻。他们无法西进，既因为日本人在台湾的强大兵力，也由于德国人在自己的西线防御中取得成功。美国的太平洋部队会突然造访菲律宾，然后向右急转弯，指向日本。作战行动将向北方滚滚而去。

在取得菲律宾海战役的胜利并占领马里亚纳群岛以后，美国海军获得了马里亚纳群岛和菲律宾之间广阔水域的制海权。9 月，马里亚纳群岛上的有组织抵抗结束仅一个月后，海军又获得了一个新的舰队锚地，乌利西环礁（Ulithi）。它位于菲律宾海的中间位置，面积和水深足够停泊 600 艘舰只。舰队的后勤船只——油轮、储货船、运水船、弹药船和装载配件提供即时修理的船只——现在都从埃内韦塔克环礁挺进到乌利西环礁，与敌人之间的距离又缩短了1400英里。当舰队出海执勤时，可以在刚刚脱离敌人可及范围的约定地点进行加油。油轮还能传递邮件，又有护航航母运送替换飞机和飞行员。新补充的远洋拖轮可将失去动力的舰只拖到阿德默勒尔蒂群岛的席亚德勒港或者关岛。具备了已然大大扩展且仍在继续扩展的后勤供应系统，舰队的打击范围变得非常之大。

而它也的确开始伸展触角。从9月开始，航母舰队向西航行，准备进攻日军的防御岛链——菲律宾、中国台湾和琉球——这些岛屿上遍布着机场和跑道，供其从本土起飞的飞机使用。与此同时，美军潜艇更频繁地出没在东海和南海的有限通道和海路枢纽。[62] 随着日本的控制范围缩小，位于澳大利亚弗里曼特尔和珍珠港的美军潜艇指挥部，如今也在更靠近猎场的马努斯岛和塞班岛拥有了前沿基地，可以向中国海域部署更多潜艇。出海的潜艇数量总是保持在50艘左右，其中28艘就位，其余在途。大多数情况下，3艘潜艇编组，偶尔会是4艘，在指定海域巡逻，包括台湾海峡、巴拉望航道（Palawan Passage）、海南岛（Hainan Island）海域、金兰湾（Camranh Bay）附近和其他有希望的位置。1944年夏季，派往吕宋海峡（吕宋岛和台湾之间）的8个小组共击沉56艘舰船，合计25万吨。整个1944年，太平洋上的潜艇总共取得603艘、合计270万吨的战绩。[63] 日本建立了护航舰队，但是护航舰只太少，而且技术装备和手段不足，增加了他们的目标，事实上反倒有利丁敌人。美军潜艇已获得了经验和通常有效的鱼雷，当然还包括破解水运密码得到的以及"超级机密"行动截获的其他护航资料所带来的宝贵优势。[64] 1944年9月，从东南亚向本土运输石油的日本油轮吨位达到70万吨；到了这一年的年底，只剩下20万吨。大宗商品进口从1640万吨下

157

降到 1000 万吨。[65] 日本商船吨位从战争初期的大约 6000 万吨减少到 1944 年 12 月的 2450 万吨。[66]

　　航母舰队为准备登陆而针对菲律宾进行的一系列袭击, 是其多岛空中战役的前奏。分别在 9 月 12~14 日、21 日、22 日和 24 日进行的这些袭击, 使哈尔西海军上将相信, 登陆莱特岛的时机已经成熟。该岛属于米沙鄢群岛（Visayas）, 大致位于菲律宾群岛的中心。在 9 月的空袭中, 航母舰载机消灭了大约 1000 架日本飞机, 在吕宋岛周边击沉了约 20 万吨商船和军用后勤运输船只。根据后来的马尼拉港基地司令官, 阿瑟·G. 特鲁多（Arthur G. Trudeau）中将的经验, 合理地估计是 53 艘远洋军用运输船和商船。他说, 这个港口本身"挤满了 100 艘以上被击沉的货船, 大多数属于日本人。无论你朝哪边看, 都是半露在水面上的船壳"。[67] 所有这些加在一起, 被潜艇和航母破坏的海运能力给日本造成了阻碍。

　　哈尔西海军上将对东海的突击始于 10 月 10 日对冲绳岛和琉球群岛中其他岛屿的打击, 这是迄今为止航母舰队距离日本最近的一次行动。[68] 之后, 为了保护其侧翼而对吕宋岛北部一顿痛击后, 他又对台湾实施了 3 天的攻击。第一天, 他从 17 艘航母上派出了 1378 架飞机, 第二天是 874 架, 第三天 246 架。在第三次打击中, 从中国大陆起飞的 100 架 B-29 与航母舰载机一起飞到台湾。日军以对航母的三次空袭作为反击, 共出动 761 架飞机, 其中 321 架被击落, 美军使用的还是在菲律宾海战役中成功运用过的相同的防御技战术。[69] 算上在台湾的地面和空中的损失, 这些袭击使日本陆军、空军和部分海军一共损失了 550~600 架飞机; 美国航母舰队付出的代价是 89 架飞机和失去行动能力并脱离战场的 2 艘巡洋舰。[70] 日本海军从中国和本土各岛搜集了 1485 架飞机, 甚至包括尚在受训的飞行员, 沿着琉球–台湾–菲律宾这条岛链部署。如果日本人以如此数量的飞机发动一场袭击，将是对美国航母舰队的一次挑战，但是就日本飞机如此紧缺的状况来看，这是不可能的。如此一来，日军的每次进攻都在数量上处于下风，哈尔西的舰队沿着这一岛链来回移动，将敌人各个击破。[71]

美国人在 1944 年夏季和初秋的蚕食给日本人带来一连串的灾难：新几内亚岛和马里亚纳群岛的失守，以及美军航母对各个岛屿上大规模陆基空中力量的毁灭性打击。所有信号都指向对菲律宾的进攻。日本联合舰队和帝国总参谋部（Imperial General Staff）的海军领导层意识到，美军在菲律宾外围的海上和空中行动将阻断他们获取婆罗洲和苏门答腊的石油，使其舰队陷于瘫痪。这是不能容忍的；它将意味着海军的末日，事实上也是对本土岛屿的包围，最终会导致输掉这场战争。为了阻止它，海军将领们决心发动一场全舰队攻击，消灭美军的登陆部队。他们面临巨大的困难：哈尔西的空袭已经事实上彻底摧毁了他们在琉球—台湾—吕宋岛链的陆基空中力量，就如同菲律宾海战役消灭了他们的舰载机飞行员一样。即便如此，他们还是打定主意，仰赖精巧的计谋和好运气，依靠各个环节的紧密配合，至少延迟对方进一步的挺进。即使他们失败了，至少还能保持海军的荣誉。[72]

日本舰队可能采取的行动当然取决于它还剩下多少实力。菲律宾海战役中幸存的 4 艘航空母舰可以参与行动（另外 3 艘不适宜服役）。体量大于美国舰队型航母的 4 艘新型舰队航母，已经完工但是尚未做好战斗准备。4 艘已经可用的航母，1 艘是舰队型尺寸，其他 3 艘则属于轻型航母。由于马里亚纳群岛战役中损失了有经验的飞行员，以及在哈尔西 10 月攻势期间又从航母上调走一些，所以只能为 4 艘航母上的 116 架飞机提供飞行员，留下的空缺占其承载量的四分之三。美国舰队航母平均每艘拥有 92 架飞机。此时日本飞机只能装载到航母上，

159

因为飞行员接受的训练还不足以驾驶飞机着舰。[73] 实际上，这只是一支幽灵般的航母舰队。

帝国海军的实力在于重炮巨舰，也就是战列舰和重巡洋舰。其舰队拥有 23 艘此类战舰，包括 9 艘战列舰和 14 艘重巡洋舰。

这是一股可观的力量，尤其是其中包括配备 18.1 英寸大炮的"武藏号"和"大和号"战列舰。至于巡洋舰，在瓜达尔卡纳尔岛战役中的萨沃岛（Savo Island）夜间作战中，日本的一支巡洋 – 驱逐舰队击沉了澳大利亚的 1 艘和美国的 3 艘重巡洋舰。可是现在，帝国海军严重缺乏轻巡洋舰和驱逐舰来保护它的巨炮战舰与航空母舰。整支舰队仅有 9 艘可以率领驱逐舰的轻巡洋舰，以及 35 艘驱逐舰。这一数量甚至少于美军航母舰队四支特混大队的其中两支所配属的驱逐舰。[74] 在制定舰队的战术和决定性战役的策略时，这种实力上的不平衡给日本人造成难以克服的困难。

使问题更为严重的事实是，这支舰队既需要东南亚的原油和炼油厂供应油料，又需要本土的母港提供弹药、修理和训练，但是现在正被分割在二者之间。大多数战列舰正在林加湾（Lingga Roads），靠近苏门答腊岛和婆罗洲文莱（Brunei）的油田。航空母舰则停泊在母港。很难想象这些分开的舰队能够进行协调作战，尤其是在缺少油轮的情况下。在马里亚纳群岛率领舰队的小泽意识到，派出航空母舰参与进攻是毫无胜算的，于是建议利用它们引诱美军航母舰队离开登陆海滩，实际上就是牺牲它们以便日军战列舰和巡洋舰能够上前摧毁登陆部队。这似乎是唯一能给美军舰队造成损失的办法。该计划为这次自杀式的任务提供了一个合理的背景。[75] 面对两支舰队在实力上的巨大差距，绝望的日本海军走向了有组织的自杀行动。

在美国一方，行动的提速将登陆莱特岛定在了 10 月 20 日。

作为预备行动，有必要夺取沿途各个岛屿上的空军基地以防被敌人利用。在提速过程中，有几次此类行动被取消了，但是麦克阿瑟和尼米兹坚持要占领位于新几内亚岛西端到棉兰老岛之间三分之一处的莫罗泰岛（Morotai），并在棉兰老岛以东600英里的帕劳群岛最南端的佩莱利乌岛（Peleliu）和昂奥尔岛（Angaur）登陆。莫罗泰岛登陆完全没有遇到抵抗，但是因为连续几周的大雨和敌机空袭，加上土质和排水的问题，跑道和空军基地的建设进展缓慢。莫罗泰岛成为轰炸机和战斗机的基地，用于对付棉兰老岛和苏拉威西岛，但对于掩护莱特岛登陆则相距太远。[76]

小小的帕劳群岛则是个不同的故事。对它们的占领有助于掩护莱特岛的行动，并提供一个组织飞机的良好基地，还能作为一个对邻近的科索尔海峡（Kossol Passage）起保护作用的锚地。从在塞班岛缴获的文件中，尼米兹海军上将得知，作为帕劳岛链中从南端数的第二座岛屿，佩莱利乌岛由6300名日军防守，包括从中国东北的关东军中调来的日军精锐，第14师团第2联队。它还有一个混成旅和一支海军作战部队，以及4000名劳工和空军基地人员。除了这份情报，尼米兹海军上将几乎没有其他信息，地图也不够准确。日军的伪装和大片浓密丛林灌木的掩藏，抹平了地形上的防御特征。尼米兹并不知道，佩莱利乌岛已经比塞班岛先获得建筑材料，于是它的防御工事也与塞班岛不同，是已经完工的。相比于在关岛进行的为期13天，并一直得到专业损失评估的炮火准备，对佩莱利乌岛仅仅进行了3天的轰炸，耗费的弹药也少于计划，说明美国人对该岛的防御并不担心。[77] 海军陆战队将不得不自己去发现，到底有什么东西藏在那个灌木丛林形成的"垫子"下面。

1944年5月，奉命向佩莱利乌岛发动进攻的第1海军陆战师到达帕武武岛（Pavuvu）进行休整，并为进攻佩莱利乌岛进行准备。这是属于拉塞尔群岛（Russell Islands）的一个"老鼠滋生的臭泥坑"，靠近瓜达尔卡纳尔岛。他们的休息开始于自己动手建立营地。该师在 1942 年首先登陆瓜达尔卡纳尔岛，直到最后于 1945 年 6 月在冲绳参加了这场战争的最后一役。它刚刚执行完第二次任务，进攻新不列颠岛的格洛斯特角（Cape Gloucester），为麦克阿瑟夺取荷兰迪亚提供侧翼保护。陆战队员们在季风季节于这个海角度过了湿漉漉的 5 个月。该师在那里的伤亡接近 1500 人，得到的替换兵员需要进一步训练。小小的帕武武岛处处丛林覆盖，几乎达不到步枪的射程，无法开展战术训练。全师都需要培训使用最新式的武器和装备，如火焰喷射器和两栖牵引车。不用参与战斗的确是一种奢侈享受，但也仅止于此。这个师每周有一次新鲜肉食供应；其余时间，陆战队员就吃罐装和风干食物，看一看 B 级电影，每周还能幸运地喝到 3 罐 3.2 度的啤酒。他们唯一的欢乐时光是《鲍勃·霍普秀》在其本人率领下到这里巡演的时候。在其著名的有关佩莱利乌岛和冲绳岛的回忆录中，尤金·B. 斯莱奇（Eugene B. Sledge）回忆，霍普问他的同事和助手，喜剧演员杰里·科隆纳（Jerry Colonna），是否喜欢来到帕武武岛的飞行过程："杰里对这个问题的回答是'像坐雪橇一样难受'。问他为什么，他回答，'因为没有雪'。我们觉得这是我们听过的最可笑的事。"[78]

为佩莱利乌岛做准备是一项持续不断的挑战。第 1 陆战师就好像是个孤儿，离开南太平洋战区进入中太平洋的范围。奉命指挥帕劳群岛行动的第三两栖军还在指挥关岛的登陆行动。一同执行帕劳任务的第 81 师及其作战和后勤人员，也仍然远在夏威夷。南太平洋战区的仓库中缺少作战行动所急需的装备。三分之一的谢尔曼中型坦克因为缺乏运输能力而被迫留在后方。舰只要在所罗门群岛和新赫布里底群岛的 5 个不同港口

进行装载。由于其中有一些在最后时刻才抵达，经常没有时间
进行战斗装载，只能把急需的物资堆在上面。师长威廉·H.
鲁帕塔斯（William H. Rupertus）少将还向部队保证，这次
行动将是"一次短促的迅速行动，艰苦但是很快。我们三天就
能完成。也可能只需两天"。[79]

　　与比亚克岛一样，佩莱利乌岛是一个珊瑚石灰岩岛屿，在
一次火山喷发中从海床上形成。相对于比亚克岛和塞班岛，它
要小得多，大概长6英里、宽2英里，向东北方向伸出像螃蟹
钳子一样的两个半岛，在半岛交界处的平地上有一座空军基
地。伸出去的两个钳子之间是一个海湾和红树林沼泽。东南侧
的钳子地势低平，是灌木覆盖的荒地。但是北侧的钳子很宽，
根据一个团提供的报告，这里主要包括一系列平行的山脊线，
而下面则是一"大堆腐烂扭曲的珊瑚，到处是碎石、悬崖、山
脊和峡谷，相互纠结在一起组成错综复杂的迷宫"。[80]岛上的
这片区域被称作"乌莫尔布罗高尔袋形阵地"（Umurbrogol
Pocket），就像比亚克岛上的伊卜第袋形阵地一样，作为守军
的要塞，由中川州男（Nakagawa Kunio）大佐指挥。这些山脊
上蜂巢般密布着连成网络的洞穴，组成主要的防御设施。它是
由采矿和工程专家设计的，将天然洞穴扩大，用炸药开出新洞，
在洞穴之间开凿隧道，常常是在山脊的反面。后来一共发现了
500个洞穴。其中一些有钢制的大门；全部进行了伪装。[81]这
个口袋阵里面的任何位置，几乎全部处于来自山洞和散兵坑的
多层次、多角度火力之下。山脊线上的火炮和观察哨俯瞰着登
陆海滩和边缘的悬崖。整座岛屿，特别是这个堡垒得到巧妙而
坚固的防守。

　　登陆于1944年9月15日开始，全部3个团在佩莱利乌岛
西岸的5处海滩并排上岸，相当于塞班岛攻击的一个缩小版。
首先也是持续的空袭和舰炮轰击，然后一波波的两栖舟艇为前

锋。当陆战队员为了爬过礁岩而从登陆艇转乘两栖牵引车时，来自上方山脊线的火炮和重迫击炮火力实施了打击。总计损失了 26 辆牵引车，登岸的步伐减缓，部队遭到南北两侧纵向火力的扫射。

第 1 团在左侧冒着火力登陆，面前是一道长长的、陡峭的珊瑚岩，露出地表 30 英尺高，表层已被剥去，布满洞穴和炮位，这只是让他们先尝一尝即将到来的战斗是什么滋味。进攻受阻，陆战队员们被困在那里。向北 300 码远的最左翼，另外一道 30 英尺高的珊瑚岩从海滩插入水中，参差不齐的表面遍布狭长的裂缝。顶端是为重机枪建造的混凝土掩体。底部的暗炮台里有一门 47 毫米坦克炮，向南对准海滩进行纵向射击。在珊瑚岩体上爆破形成的步兵隐蔽坑对它起到保护作用。[82] 陆战队员奋力前进，绕到了这块筑垒巨石的背后，将它包围，匍匐到暗炮台的下面。一枚烟幕弹掩护他们靠近，一发枪榴弹命中炮孔，引爆了其中的弹药，将炮台炸毁。里面的敌军纷纷逃窜，被等在外面的陆战队员射倒。然而，集中兵力攻击这两座高耸的岩体导致二者之间出现缺口，很快被日本人插了进来，这个连被孤立长达 30 个小时。现在，中川面前出现了一条沿海滩向南发起反攻的通道。不知为何，他没有抓住这个机会。[83]

中间海滩的第 5 团，受到较少的迎面火力，运气好一些。他们不仅完成了当天的目标，到达了机场，而且向东边的海岸推进，切断西南方向的日军与岛屿其他部分的联系。为了躲避炮火，第 3 营的各连一直坚守在机场南部的灌木丛林中，在茂盛的植被中彼此失去了联系，到天黑时形成了相互独立的环形防线——又一次存在缺口。可是，营长和他的传令兵彻夜寻找失去联络的各连，一个一个地找到以后把他们连缀起来。在右侧，敌人从海岬和岛上向南进行的纵向射击给第 7 团造成重大伤亡。与塞班岛的情况一样，水陆两栖车辆在右边的火力之下向左转向，拥挤在北边的邻近海滩上。等到混杂一处的各单位整理好以后，第 7 团的一个营加入东海岸的第 5 团，另外一个营向南去消灭侧翼的敌军火力。[84]

　　当天下午，日军发动了最重要的一次反攻，以步兵－坦克的协同强攻穿过机场指向第 1 师和第 5 师的接合部。13 辆装甲薄弱的轻型坦克，有步兵坐在车顶或在旁边伴行，冲上了跑道。一旦进入开阔地带，坦克就快速向前冲去，甩下了步兵和任何协同进攻的可能性。第 5 团团长对进攻有所预见，早已安排反坦克炮和重机枪上岸，再加上第 1 营的 7.62 毫米口径机枪和迫击炮，左翼的谢尔曼坦克，还有一组榴弹炮和一架海军的俯冲轰炸机，共同挫败了这次进攻。几辆坦克冲过了美军防线，但是陆战队员守住了阵地。到登陆日结束，全师伤亡巨大：阵亡 210 人，负伤 901 人，还不包括战斗疲劳症和中暑。[85] 此外，第 1 团还被困在海滩及附近。但是第 5 团在空军基地获得一个稳固的立足点，可以设置火炮并且已经到达对面的海岸。抵挡住了敌人的主要反攻，各片海滩上的卸载正在缓缓地进行，且付出着高昂的代价。该师登陆成功，将会站稳脚跟。

　　下一项任务就是取得岛屿的南部和东部，即"螃蟹"的右侧螯钳，以便各团能够集中于被称作"乌莫尔布罗高尔袋形阵地"的北部山脊。为此，师指挥部派出分属第 5 团和第 7 团的两个营。[86] 地形大多低矮起伏，覆盖着纠结的灌木，日军在其中设置了各种各样指向大海方向的防御工事和大炮。陆战队员遇上其中一座碉堡，混凝土外墙厚度超过 5 英尺。派去爆破的工兵先是用烟雾掩护，然后用炸药摧毁了它。湿度很高，阴凉处的气温达到 115 ℉。饮用水运来了，但是一部分用来装水的桶没有刷洗干净，留下一股机油和铁锈的味道。第 7 团 3 营的一份

164

急件报告说："水已耗尽。部队渴坏了。"[87] 该营停止前进，直到饮用水送来。之后，他们在合适的位置打井抽取了地下水。

在日军顽强抵抗的地方，该营集中火力：飞机、海军舰炮、炮兵、装备火箭的登陆艇，以及迫击炮和机关枪。迄今已接受经常性步兵协同训练的坦克，伴随步兵，为他们提供重要的保护和火力支援。有一回，因为通信中断，友军炮火落在进攻中的步兵头上，先是飞机轰炸，然后又是火炮，再之后是迫击炮，造成了 34 人伤亡。[88] 岛屿南部的清剿在 9 月 18 日完成，东部是 9 月 23 日，这几个营转而向北，去对付第 1 师的主要目标——那些山脊。

这个"乌莫尔布罗高尔袋形阵地"大致是一个半英里长、四分之一英里宽的长方形，在北侧鳌钳上十分显眼。炮弹已经削平了植被，它像个光秃秃的标志，提醒人们自己曾经是多么的惊悚：岩石和碎砾，蜿蜒的峡谷和令人沮丧的绝壁。乌莫尔布罗高尔地区有很多独特的构造和山峰，为了方便识别，在作战命令和战后报告中，陆战队为它们都起了名字。在登陆的第二天，北侧海滩的第 1 团弥合了战线上的缺口并向内陆的乌莫尔布罗高尔挺进，得到了海军、炮兵、坦克、迫击炮和师属唯一可用的预备队，第 7 陆战师一个营的支援。第 1 陆战师在登陆中已经损失了超过 1000 人。在来自山脊的猛烈火力下，三个营陷入一片混乱之中，其中一个营一直紧贴着海岸而行。右翼那个营被它面前的山脊线挡住去路，两条平行山脊中的一条深深插入口袋。斜坡非常陡峭；陆战队员"费力地向上攀登，翻过剃刀背一样的山脊顶端，爬过珊瑚尖顶，跃入陡坡冲沟"。[89] 在山顶上，他们发现自己完全任人宰割，承受着迫击炮、机关枪和步枪的火力，特别是来自略高一点的那道平行山脊的火力。珊瑚岩使得情况更糟，它在爆炸中产生的碎片使杀伤力成倍增加，而且不可能为提供掩护进行挖掘。一块块参差

的珊瑚造成脚下不稳，衣服和皮肤也被划破。团里的伤亡急剧
增加。比如说，第3营前线各连的总人数加在一起几乎只相当
于满员的一个连。

　　即便如此，该团依然奋力向前。到进攻的第三天，即佩
莱利乌岛登陆后的第四天，由刘易斯·B. 普勒（Lewis B.
Puller）上校指挥的第1团感觉到敌人的崩溃就在眼前，所以
必须保持压力，还要派上所有能够想到的增援力量，甚至包括
军犬排，由经过特殊训练的狗传递信息并嗅出藏于洞穴之中的
敌人。完成任务的期待只是一个妄想，但是这个团确实到达乌
莫尔布罗高尔的中心地带。这里是从西南向东北延展的一片山
脊地带的缺口，留下一条曲曲折折但是相当平缓连贯的通道，
朝着西南方向穿过这个口袋的大部分区域。这条横向的山谷在
山脊之中形成一系列仿佛高墙围挡的大片空地，密布着配置了
枪炮的山洞，使进入或穿越这里的部队感觉自己就像是桶里的
鱼。第三天，9月18日，这些平行山脊的北端发生了一连串
的交火，陆战队掐断了日本人在较高山脊上的支撑点，而日军
重新夺取了较低山脊的突出部。[90]

　　为了占据更高的地势，陆战队员们转向东北方向，试图夺
取一道斜插入山谷的障碍，它由一堆几百英尺高的柱状珊瑚组
成，被称作"五姐妹山"（Five Sisters）。日军从这道屏障射
出的密集火力把他们挡了回来。处在最右翼的第1团2营，绕
到乌莫尔布罗高尔以外，经过半岛东南面的一道山脊，从侧面
接近中心区域。配属2营的C连奉命夺取这座被陆战队员命名
为"沃尔特岭"（Walt's Ridge）的小山。傍晚时分，规避了
机枪火力后，该连匆忙拿下了这座山，却发现在它后面，同一
道山脊上还有一个更高的山头，敌人从那上面向他们射击。他
们还遭到来自一道平行山脊的攻击，那里被称作"五兄弟岭"
（Five Brothers），包含一面垂直的峭壁——一道山脊，顶上

166

有 5 个士兵。日军在夜间发动的反攻带来一场徒手的肉搏，"凭借拳头和石块，甚至把敌人整个扔下悬崖"。[91] 埃弗里特·P. 波普（Everett P.Pope）上尉奉命撤退，他只带着 16 个人返回沃尔特岭，而前一天他带上去的连队原有 90 人。他们没有办法把牺牲的战友带回来。第二天，该营把团里空闲的每一个人、每一辆坦克和每一支枪、每一门炮都聚集起来，再次发起袭击。[92] 这次进攻又失败了，因为事实证明，岩墙中间的低地根本"无法立足"。

经过 6 天的战斗，第 1 陆战团只剩下一副空壳。该团伤亡高达 56%，第 1 营更是达到 71%。该营的 9 个步枪排，共有 74 人阵亡或负伤；一个排长都没有剩下。这个团声称的毙敌数字估计有 3942 人，大约占敌人作战部队的三分之二。此外，该团使"乌莫尔布罗高尔口袋形阵地"的面积缩小了三分之一，摧毁了 22 个碉堡和 144 处洞穴。9 月 22 日，该团撤出了战斗，9 月 29 日开始装载，再次前往帕武武岛进行休整。[93]

在海军陆战队的战区，激烈的战斗又延续了 1 个月。随着第 1 团的损失和第 5 师、第 7 师这两个师的削弱，增援势在必行。唯一现成的部队是刚刚在佩莱利乌岛旁边那个较小的昂奥尔岛登陆的第 81 师。这个被称作野猫师的部队虽然此前未曾参战，但是和（在关岛的）第 77 师一样，经过了充分的训练。它已经在昂奥尔岛上把顽固的敌人逼入绝境，现在可以把两个团拨出一个来（第三个团正在攻占乌利西环礁）。负责这里和关岛的军长罗伊·盖格少将便通知了鲁帕塔斯将军，后者对于一个陆军师加入进来的主意"极为警觉"，并竭力抵制，于是盖格运用自己的职权下达调令。[94] 鲁帕塔斯肯定是希望凭借自己这个师独立完成这场战斗，而且由于第 27 师在关岛的表现，他倾向于认为所有陆军师，尤其是没有参加过战斗的那些师都会拖后腿。第 321 团很快登陆并加入对乌莫尔布罗高尔的包围。

交给第321团的任务是在半岛西侧向东北挺进，找到一条路跨越到东侧，这样便完成了对袋形阵地的合围，也才有可能将其压缩。该团发现了一条小路，顺路而下，夺取了东侧的100号高地。随后，它将兵力集中起来，以便向道路前方更重要的，所谓的B高地发动进攻。高地笼罩在猛烈的炮火和浓烟之下，步兵们以一次锐不可当的冲锋奋力登上山顶。[95]这个高地被占领，现在，紧靠着乌莫尔布罗高尔地区北侧，半岛被分割开来，对该地区的包围实现了。与此同时，第5陆战团向西侧移动，穿过第321团，开始扫荡佩莱利乌岛的最北端，以及在它北面750码远的小岛埃塞布斯岛（Ngesebus）。此时下达给野猫师的命令是，既要向南进入口袋，又要向北协助第5团守住那一条山脊线。肃清北边的山脊线，其实和岛上所有地方一样，往往需要反复进攻，因为日本人会再次渗透、重新占据一个山洞，除非用炸药将其封闭。

将乌莫尔布罗高尔包围以后，佩莱利乌岛战役进入一个新的阶段。第1团的牺牲并不是白白付出的，它将战场压缩到一块不足1000码长、500码宽的空间里。完成了南、东、北三面的外围行动以后，如今剩下的唯一担心就是最终如何将大约6500名日军防守的口袋清空。为了这场战斗，鲁帕塔斯将军有第5和第7两个陆战团，当然还有如今也经受了考验并发挥了功效的第321团。问题在于，现有的两个陆战团比第1陆战团的状况好不了多少。例如，第5团的斯莱奇所在的K连在连续进攻五姐妹山时阵亡8人并负伤22人，如他所说，"令人沮丧的结果"。在撤退中，作为担架员的迫击炮手变成日本狙击手的目标。斯莱奇回忆说："与战斗中的其他场合一样，日本人在这方面十分残忍。"惨重的伤亡之外，战斗疲劳症、痢疾和中暑也使陆战队员因治疗而脱离战斗，或是让他们在行动中体力不支。当时一位军官记录道，部队"非常、非常疲劳"。[96] 每天夜里都有一部分时间忙于警戒日军的渗透。想起那种四周都是岩石的臭气熏天的环境，斯莱奇就深恶痛绝。掩埋日军的尸体是不可能的，搬运那些牺牲的陆战队员也很不及时，于是尸体在高温中腐烂。这种味道，再混杂上无遮无掩的排泄物和吃剩的食物的味道，对这些"为了生存而奋战，身陷残酷且充斥死亡、恐怖、紧张、疲劳和污秽的战争之中的步兵们"来说，更增加了一层沉重的负担。[97]

10月4日上午，第7团沿着包围圈东侧依次排开准备发起进攻。在包围圈外围其他部分进行警戒的是第5团的一个营，以及来自后勤支持单位的陆战队员、水陆两用车辆乘员和工兵。目标是夺取毗邻半岛东侧重要补给通道的那道山脊线，包括现在已臭名昭著的沃尔特山脊。越过它就是一片密布着乱糟糟的山脊、洼地、山坡和溪谷的地域，从南边控制着那些空地和通道，五姐妹山和五兄弟岭，"马蹄山"（Horseshoe）和乌莫尔布罗高尔中央的"野猫碗"（Wildcat Bowl）。

第7团的两个营夺取道路沿线的山脊，第3营进攻沃尔特岭，第1营进攻"博伊德岭"（Boyd Ridge）。第2营藏身于左侧剃刀背一样的山脊顶部的后面，以绳索、梯子和爆破手段通过了他们那边的一道90英尺的悬崖，成功地沿沃尔特岭向北移动。这两道山脊被攻占并得到巩固，这是对这个袋形阵地的重要渗透，但是，在两道山脊后面的高地上，日军机枪火力隔着中间的洼地依然对西侧的补给通道构成威胁。L连从博伊德岭北边的洼地向上推进，解决了这些机关枪。附近的120号山脊在博伊德岭后面与之平行，可以通往"光头山"（Baldy）。这个大大的山头名字起得很贴切，它位于内线，看似无人防守，于是营长命令一个排向山上前进。等这个排到了山顶，光头山和下方博伊德岭较低一侧山坡上的日军才开火，以致命的交叉火力抓住了毫无遮拦的陆战队员。[98] 陆战队千方百计把伤员送下来，但是登上山头的48人中只有5人全身而退。L连现在变成了一个排，加上提供协助的I连，235人只剩下32人。斯莱奇回忆，"这两个连看上去就像两个排；而各个排就像几个班"。[99] 师指挥部发现，第7团和第1团一样，实际上变成了空架子，便将该团撤出了战斗。

第5团留下继续完成陆战队的任务，变成了在10月6日突入口袋内部的角色。通过反复进攻保持对敌人不间断的压力，美军赢得了东部的山脊，为补给线提供了保护，并给敌人造成惨重的伤亡。然而，战斗中付出的代价高得吓人。第5团团长哈罗德·D. 哈里斯（Harold D. Harris）上校顶住了师部要求匆忙结束战斗的压力；敌人已经被包围，不再对其他地方构成威胁。哈里斯不愿意为了速度而以生命冒险。相反，战术形势需要一个在全盘计划内更加巧妙的办法。他的目标是利用在东侧取得的优势，夺取北部那一片杂乱的丘陵，再转而向南。"由于地形的间隔"，也就是错综复杂的山脊和大片空地，他解释道，"在向南推进的过程中可以有条不紊地削减敌人的阵地"。"就这样慢慢地、稳稳地吃掉日本人的防线，"他后来写道，"这个方法得到了真正的回报。"横跨口袋阵的推进将消灭来自北边的交叉火力，使陆战队登上从南边控制大片空场的高地，将它们一个一个地清除：马蹄山、野猫碗和"死亡谷"（Death Valley）。[100]

为了在进攻区域最大限度提高杀伤力，美军付出了一切努力，包括从佩莱利乌岛机场起飞的海军海盗（Corsair）战斗机投下的重型炸弹和凝固汽油弹，但是成效有限，因为目标有限而且容易给美军部队带来危险。装甲推土机开出道路，改用火焰喷射器的水陆两栖坦克也加入战斗，将覆盖地表的灌木烧掉，露出下面的洞穴，再由坦克－步兵小队或工兵以炸药封堵。通过对西侧峭壁直接炮击和爆破，堆积起来的珊瑚碎片足够形成坡道，打开通往上方高地的一条道路。迫击炮得到大量应用，其中一门在这段时间里发射了至少 3000 发炮弹。

第 5 团的两个连转向南边，沿着平行的山脊推进，互相提供掩护。然后，在他们与敌人交战的同时，第三个连奋力攻下了另一个目标，140 号高地。作为马蹄山、五兄弟岭和野猫碗上方的一个制高点，这是一块很有价值的地方。[101] 然后，第 5 团在 140 号高地上封锁了穿过口袋的战线，并将西侧的包围圈收紧了几百码，在原来的乌莫尔布罗高尔袋形阵地的中心只留下一块橄榄球场形状的区域，起初的 6500 名日军也只剩 700 名了。

从 10 月 15 日开始，第 5 团将乌莫尔布罗高尔移交给一直作为预备队的第 321 团。一俟运输手段到位，第 1 陆战师便开始撤离。它将返回帕武武岛为下次登陆冲绳岛的行动进行又一次更加彻底的重建。现在，由第 81 师的主官保罗·J. 米勒（Paul J.Mueller）少将负责彻底消灭这个口袋。完成了占领乌利西环礁任务的第 323 团赶来加入第 321 团。第 322 团还在昂奥尔岛执行扫荡任务。相比于哈里斯，米勒对迅速结束战斗更不感兴趣。他想要的是毛虫般的封锁，一种缓慢而不间断的挤压，那样就能让自己的手下人尽可能少地暴露于危险之中。[102] 他希望下属 4 个营进行有限而持久的，常常同时展开的进攻，而不是一连串独立的攻势，以便通过不断的交战挫败日军。

作为最后阶段的一种缓慢而不间断的挤压，余下最重要的目标就是将 140 号高地的控制范围扩展到邻近的战场，即狭窄的山脊旁边，五兄弟岭下方，马蹄山和野猫碗的空地之间。[103] 早先的一次尝试没有成功，因为山顶是光秃秃的岩石，暴露于各个方向的火力之下。这一次，工兵安装了架空的绳索系统，以卡车引擎为动力将沙袋运上山坡，然后步兵在山脊上手工接力传递，堆出一个个沙袋垛，逐渐扩大控制区域。口袋中的步兵每人都有一个自己的沙袋，在前进的时候，他就用枪口或一根杆子把沙袋推到自己的前面。五兄弟岭于10月22日攻克，沃尔特岭在此前就已经拿下，马蹄山轻易夺取并固守。装甲推土机可以从北边开出一条新路，以便坦克－步兵小队、自行反坦克炮和火焰喷射器沿路推进。他们有条理地对一个个洞穴进行封堵。将东部地区掌握在手之后，包围线从五兄弟岭的远端向西突入野猫碗，但是进展缓慢。西南边是300号高地的大块岩壁，北边是五姐妹山粗糙破碎的地形，中间是死亡谷那危机四伏的冲沟和山涧，以及中川的指挥部及其最后抵抗所在的"长城"。10月底，随着雨季到来，经常下起瓢泼大雨，又刮了一场持续4天的台风。尽管如此，接替第321团的第323团，成功地将部队送上了300号高地和五姐妹山，打开了通向"长城"的道路。那是一道双层的岩壁，沿着一条窄窄的峡谷，到处是珊瑚碎片。美军的前进受到阻碍，只能从北向南缓缓移动。

与此同时，坦克－步兵小队和火焰喷射器向野猫碗周边的洞穴发起进攻。因为"长城"沿线的洞穴超出了火焰喷射器的射程，工兵安装了一条300码长的管道，用增压泵把汽油从道路上的卡车送到山洞入口。一颗白磷手榴弹抛进洞口，点燃了火苗，洞里的日本兵要么直接被烧死，要么被赶出来后击毙。逐渐地，包围圈逼近了"长城"。11月25日，中川自杀，抵抗实际上停止了。11月27日，来自南北两个方向的部队在"长城"上会师；穿过这条路，士兵们站到了死亡谷的边缘。第8步兵连的士兵仔细地搜索，接近了现场，他们默默地看着彼此，慢慢地才意识到战斗终于结束了。[104]斯莱奇回忆，他问一个经历过第一次世界大战的陆战队老兵，如何看待佩莱利乌

172

岛。这位"老家伙"的代表回答说："我再也不想见到像它那样的了……从那之后我已经受够了。"[105]

第 1 陆战师的伤亡是 6526 人，其中 1252 人阵亡。第 81 师在佩莱利乌岛上损失了 1393 人，其中 208 人阵亡。[106]换言之，两个师在该岛的损失共计近 8000 人。第 81 师在佩莱利乌岛上还有 2500 人因战斗疲劳、患病和中暑而入院治疗。[107]这座岛屿从不曾像塔拉瓦环礁和硫磺岛那样立刻在公众心目中占据重要地位，部分原因是其伤亡数字在美国陆军，包括欧洲战事中大幅增加的伤亡中并不显得突出。它只是一次在多少有些闭塞的状态下完成的次要行动，只有少数几个记者随行。然而，对于第 1 陆战师，它却是毁灭性的，随着各步兵营缩减到几乎不复存在，各团一个接一个地退出了战斗。这造成了一些直接的后果，一直到 3 月，第 1 陆战师都只能训练补充兵员，重新组建各班、排和连，在登船进行登陆演习和前往冲绳岛之前，根本谈不上良好的休息和食物。该师还将得到一位新任的主官。

佩莱利乌岛是二等兵斯莱奇的第一次战斗，他学会了害怕和仇恨日本人，特别是因为他们对陆战队员尸体的损毁。同时，他又不得不钦佩对方的枪法，在夜间对陆战队防线的渗透，等到重要目标出现再开枪的纪律性，以及他们伪装和安置武器的技巧。事实上，与比亚克岛和塞班岛的指挥官相比，中川在乌莫尔布罗高尔的防御更有经验。尽管在美军登陆和支援己方反攻时集中使用炮火，这对日军来说原本是更为重要的，但是他穷尽了一切办法对敌人进行拖延并造成伤亡。在战术上，佩莱利乌岛给美军参谋人员的教训是，对敌人的猛烈突袭可以节约时间，但是会耗费许多生命，而使用谋略能够拯救生命却需要更多时间。然而，太平洋战争的结局已经触目可及，他们必须同时做到更快的节奏和更少的牺牲。

————————

10月17日，当最后一个陆战营撤出佩莱利乌岛的行动，一场新的战斗在西边600英里以外展开了，美军的先遣部队抵达莱特湾。他们的任务是在湾内扫雷并建立导航灯标引导登陆部队。一支700艘舰船组成的无敌舰队将在10月19~20日光临。10月17日中午，刚刚收到消息的日本联合舰队司令部下达命令，开始舰队行动，去攻击并消灭美军登陆部队。[108]

从发布命令到与敌接战还有很长的路要走。日本海军的重器——战列舰和巡洋舰——大多数等候在靠近苏门答腊的林加湾，而航母则仍然停在内海的母港中。安排途中加油，使相距遥远的特混舰队协调行动，转移战舰的配属，这些都需要时间，更不用说从林加湾到莱特岛的1500英里航程。结果，直到10月24日，在莱特岛登陆开始4天之后，一部分日本舰队才到达菲律宾海域。美国人对其易受攻击的几百艘舰船非常担忧，加快了卸载进度，在第一天就完成了大部分前期运输任务。到第五天，当日本人到来的时候，各个指挥层级都已在岸上设立了指挥部，第二批次的补给船队正在卸载。出现在海湾内部和附近的是几十艘坦克登陆舰和几十艘货船，3艘指挥舰和配备500架飞机的18艘护航航母，以及来自杰西·B.奥尔登多夫（Jesse B. Oldendorf）海军少将指挥的麦克阿瑟第七舰队的，由6艘珍珠港事件前的战列舰及巡洋舰和驱逐舰组成的掩护舰队。[109]

在即将到来的日本舰队中，以小心谨慎著称的栗田健男（Kurita Takeo）海军中将指挥中央舰队。[110] 他的属下有2艘超级战列舰"武藏号"和"大和号"，3艘战前建造的战列舰，10艘比美国同型号更大的重巡洋舰，共同构成一支强大的舰队。在婆罗洲北部文莱补给油料后，他们沿着一条通道向东

174

北方驶去。通道一侧是狭长的巴拉望岛（Palawan Island），另一侧是一大片被水手们称作"危险之地"（Dangerous Ground）的海域，有无数的暗礁、沙洲和高高耸出海面的岩石。率领舰队的栗田以一艘巡洋舰为旗舰，并没有驱逐舰提供保护。正在警戒中的美军潜艇"飞鱼号"（*Darter*）和"鲦鱼号"（*Dace*）超越敌人的纵队，击沉两艘重巡洋舰，又使另一艘失去动力，并向哈尔西海军上将发出警报。失去旗舰的栗田只得游水逃生。"飞鱼号"搁浅，但是"鲦鱼号"救起了它的艇员。短短的时间里，中央舰队就失去了30%的重巡洋舰。[111]

第二天，10月24日，中央舰队驶入菲律宾群岛由海峡和内海组成的迷宫里。栗田从吕宋岛下方穿过，驶向东边的圣贝纳迪诺海峡（San Bernardino Strait），再转而向南指向莱特湾。同时，由小泽治三郎指挥的幽灵舰队从日本驶来，包括4艘几乎空载的航母，2艘老旧的战列舰和3艘轻巡洋舰，径自部署在吕宋岛东北，企图吸引哈尔西离开中央舰队。但是，与中央舰队平行的西村祥治（Nishimura Shoji）海军中将从巴拉望岛向南进入棉兰老海（Mindanao Sea），并向苏里高海峡（Surigao Strait）而去，意图是从南边向莱特湾发起攻击。跟在他的2艘战列舰和1艘重巡洋舰后面一起进入海湾的，还有志摩清英（Shima Kiyohide）海军中将独立指挥的2艘重型巡洋舰和1艘轻型巡洋舰。为上述四支大队护航的是31艘驱逐舰。

关于日本海军舰队靠近的消息，恰在一个尴尬的时刻，传到了位于吕宋岛东北的"新泽西号"战列舰上哈尔西的司令部里。如前文所述，快速航母舰队在9月和10月之间已经连续几个星期在琉球群岛、中国台湾和菲律宾对日本空军展开进攻，他们急需回到乌利西环礁进行休息、维修和补给。执行日复一日的漫长任务，需要进行密集的起飞和降落，也使他们的飞行员遭受损失。[112]米彻尔海军上将注意到，长期处于作战条件下的舰员们格外疲劳，他们的反应速度也下降了。[113]10月22日，莱特岛的登陆场已经牢固掌控，哈尔西命令四支航母特混大队中的两支返回乌利西环礁进行补给，一支当天离开，另一支第二天出发。另外，他命令2艘留下来的攻击型航母也随它们而去。当他10月23日一早听说日军中央舰队接近，便召回了这两个大队。前者及时赶回投入战斗，而后者，也是更大的那支特混大队直到战斗快结束时才加入进来。向乌利西环礁分兵使哈尔西手中只剩5艘攻击型航母和6艘护航航母，而原来共有17艘。[114]哈尔西相信，现在是将它们派出去的时候了，因为日本海军不会干预莱特岛的登陆，而是在等候对吕宋岛的进攻。不管他的逻辑多么合理，哈尔西还是受到一些人的批评，因为他在没有得到关于日本舰队位置的必要信息时就采取了行动。[115]

10月24日清晨，美军搜索机发现了正在穿越吕宋岛南边锡布延海（Sibuyan Sea）的中央舰队。哈尔西下令位于吕宋岛和萨马岛（Samar）东岸海域的余下三支特混大队发动进攻。"埃塞克斯号"、"列克星敦号"、"普林斯顿号"、"兰利号"（*Langley*）特混大队起初无法参战，因为它们本身受到来自吕宋岛上机场的飞机进攻。因为部分航母缺位，曾在菲律宾海战役中组织了1000架飞机投入攻势的这支舰队，此时却只能聚拢251架飞机。全部四次攻击中，有两次在上午进行，只从攻击型航母"无畏号"和轻型航母"卡伯特号"这两艘航母上发起。在战斗机和俯冲轰炸机之外，作为对日军战舰最有效的武器，挂载鱼雷的复仇者战机在四次攻击中共出动了76架次。其中，上午的两次进攻中分别有12架和11架——平均只有1架针对敌人的每艘重巡洋舰和战列舰。[116]

日军的中央舰队分成2个环形编队，每个直径4英里，相距7英里，分别由超级战列舰率领。美国飞行员聚焦于它们，

不仅是因为它们构成最大的威胁，也是出于为击沉这种 6.3 万
吨庞然大物找到方法的重要性。作为旗舰的"大和号"位于其
中一个环形的中央，而它的姊妹舰"武藏号"在另一个环形
中，在一定程度上更靠近保护圈的边缘，因此"武藏号"便得
到更多的关照。进攻的飞行员面前是从战列舰上射来的狂暴
弹雨，每艘战列舰都增加了防空武器，各有 120 门 25 毫米高
射机关炮。然而，扫射和投弹给防护薄弱的炮手们造成惨重伤
亡。有各种不同的估计，但是看来有 20 枚鱼雷和 17 颗炸弹命
中"武藏号"。将其击沉的是在其侧面炸出大洞并在轮机舱和
船头爆炸的鱼雷。灌入锅炉和轮机舱的海水失去控制，损伤控
制系统瘫痪，其完全失去了动力。该舰脱离了保护队形，最终
带着它的 1000 多名船员沉没。[117]

"武藏号"是锡布延海战斗中唯一被击沉的敌舰。命中
"大和号"的 2 颗炸弹，穿透船壳并爆炸，但是对其作战能力
没有造成影响。另外 2 艘战列舰受伤轻微。"妙高号"（*Myoko*）
因被鱼雷击中而速度下降，返回了婆罗洲，使重巡洋舰战队再
一次减员。栗田实力大损，但是还有 4 艘战列舰和 6 艘航母构
成巨大威胁。他向西退却，逃避进一步打击，然后再次向圣贝
纳迪诺海峡前进。[118]

就在此时，设在马尼拉的日本海军司令部接收了从日本
和中国沿着各个海岛一路飞来的增援飞机。他们决定不理会
栗田的增援要求，而将这些飞机用来应付距离最近的美军航
母舰队，"埃塞克斯号"、"列克星敦号"、"普林斯顿号"和
"兰利号"特混大队。10 月 24 日发动了 3 个波次的进攻，每
次动用 50~60 架飞机。美军的防御战机，与菲律宾海战役中
一样，粉碎了每一波次，率队的戴维·麦克坎贝尔（David
McCampbell）及其僚机共击落了 15 架敌机。然而，当战斗结
束时，云层里冒出一架独狼似的敌机，冲向轻型航母"普林斯

顿号"，投下一颗炸弹，穿透飞行甲板，引发了爆炸和大火。虽经船员们几个小时的奋力扑救，还有驱逐舰和轻型航母"伯明翰号"（*Birmingham*）的帮助，但火势依旧持续，最终引燃了物料舱室中的武器。爆炸将"普林斯顿号"的大部分舰尾和飞行甲板炸得飞了起来，翻过来砸在"伯明翰号"的甲板上，后者挤满了枪炮手、操缆手和消防员。这艘舰上的人员损失了一半，阵亡229人，负伤420人。被迫用鱼雷将这艘航母击沉，"伯明翰号"返回母港修理。[119]

普林斯顿特混大队受到的攻击结束之后，美军腾出飞机开始搜寻日本的航空母舰，而对方通过布下更加生动的诱饵促使美军搜寻成功。果然，搜索机在下午3：30发现了战列舰，一小时后又看到了航母。至此，哈尔西有了足够的理由选定他的行动方式。晚上8：24，命令下达给他的各支特混大队，让他们在夜间集中起来沿着平行于吕宋岛海岸的线路北上，在上午进攻并摧毁敌人的航空母舰。大约在同一时间，夜间搜索飞机报告，栗田的中央舰队正在靠近圣贝纳迪诺海峡，而且海峡中的导航灯光已经点亮。哈尔西坚持进攻小泽的方针不变，对身后的海峡置之不理。[120]午夜之后几分钟，中央舰队的一艘艘军舰从狭窄的海峡中露出身形，列队向南，沿着萨马岛海岸直扑莱特湾。

按照哈尔西的估计，麦克阿瑟的第七舰队拥有自己的战列舰、巡洋舰、驱逐舰和护航航空母舰，应当可以独自应付中央舰队，尤其是如莫里森所言，中央舰队在之前一天的战斗中已经"遭到重创"。依据飞行员们的战后报告，哈尔西得出结论，还是用莫里森的话说，"其全部战列舰和大部分重巡洋舰"都已经"战斗力大大下降，寿命无多了"。[121]有经验的航母军官知道，飞行员倾向于夸大他们的战果，所以需要就具体问题着重询问。"遭到重创"的中央舰队已经从菲律宾的一侧敏捷地移动到另一侧。高级军官们警觉起来，有好几个人试图提醒哈尔西。杰拉尔德·W. 博根（Gerald W. Bogan）海军少将是一位老练的航母特混大队指挥官，他请求将战列舰集结起来部署到圣贝纳迪诺海峡，由他自己的航母特混大队提供掩护，但是哈尔西的参谋人员一口回绝。[122]

178

虽然哈尔西曾经作为舰队司令指挥了著名的 1942 年 4 月 18 日轰炸东京的杜立特行动，然后又负责南太平洋战区，但是对于太平洋战场，他还只是一个新手。他作为尼米兹海军上将的一位勇士为人所熟知，那个方方的下巴恰好象征了他咄咄逼人的领导风格，在所罗门群岛战役那一段暗淡时期获得美国公众的赞誉。"公牛"哈尔西错过了珊瑚海、中途岛和菲律宾海的战斗；莱特湾之战是他第一次经历舰队之间的交战。他的旗舰是一艘战列舰而非航空母舰，他的参谋人员也缺乏快速航母舰队的经验。这些都没有多大关系，因为哈尔西的参谋人员更多是执行他的命令，而不是参与讨论和争论。与谨慎而有条理的斯普鲁恩斯不一样，哈尔西愿意冒着风险凭直觉行事。不幸的是，他的冲动风格和不注重过程，使得其命令往往模糊而过时，造成航母指挥官搞不懂他的计划。[123]在锡布延海战斗中，他越过了特混舰队司令米彻尔海军上将，直接向特混大队指挥官下达攻击命令。[124]

尽管缺乏经验，此刻，哈尔西仍然在海军作战方式的转型中扮演了重要角色。他曾经领导了对冲绳－台湾－菲律宾岛链的日本空军的进攻，给予敌人长时间的沉重打击，以至于日军的舰载机受训人员被迫转移到海岛上，只给小泽留下空空如也的航母驶往菲律宾——作为献祭的羔羊吸引哈尔西离开中央舰队。日本海军再也无法集合起油料、弹药和训练有素的飞行员进行战斗。他们全部能做的就是给美军舰队造成最大限度的破坏。事实上，10 月 25 日是太平洋战事进入下一个阶段的第一天，而且标志着它进入了最后一年，神风突击队的自杀式袭击开始了。至少在战略层面上，哈尔西已经赢得了这场战斗。即便如此，小泽的航母仍属于"现存的舰队"，是潜在的威胁，哈尔西明白，美国海军认为，摧毁这些航母是一个必要的步骤。[125]因此，他认为此时就应当集中力量加速北上去消灭敌军航母。如此一来，才能在将来制订计划时根本不再考虑它们，否则它们就总是会潜藏在什么地方。哈尔西是一个具备攻击意识的指挥官，但是操纵庞大复杂的舰队所需的精细管理工作也总是令他困惑。不管怎样，他已经把对日作战的前线不断向西向北推移，按照自己心中牢记的联席会议指示，保持对敌人的持续压力。

在菲律宾战役的决定性阶段，小泽要求将舰队中的非航母力量——战列舰和巡洋舰——转交给栗田舰队，它们在那边可以发挥不止于诱饵的作用，而且，通过派遣一支部队穿过南边的苏里高海峡，可以和栗田从东边进入莱特湾的攻势形成一个钳形。栗田把任务委派给西村，命令他在 10 月 25 日凌晨 1：00 到达苏里高海峡的南边入口，穿越海峡进入莱特湾，准时在 4：27，即日出前两小时，向麦克阿瑟的船只发起进攻。西村将在 93 分钟的时间里独自对付海湾以内的所有美国海军部队。计划就是，在栗田冲进海湾的时候，要使美国人正在全力对付西村。西村及其大部分军官意识到，这项任务就是自杀。然而，至少这是一次西村宁愿选择的夜间行动，正是日本海军所擅长的，所以他恰好有可能取得突破并造成严重破坏。[126]这样的牺牲不会白白地付出。

此时，志摩指挥的，由巡洋舰和驱逐舰组成的小舰队也正在护卫着运兵船队驶往马尼拉。为了在即将到来的战役中争取扮演一个角色，志摩在最后时刻从联合舰队获得了参加苏里高海峡战斗的任务。于是，两支完全独立指挥的部队，且谁也不

179

愿意合兵一处，就一路驶向苏里高海峡。志摩答应为西村提供支援，选择跟在对方的后面，隔开一段距离。[127] 西村舰队的主力是一战之前建造的"超无畏级"战列舰"扶桑号"（*Fuso*）和"山城号"（*Yamashiro*），它们原本是在日本内海执行船员训练任务的（在大西洋服役的"堪萨斯号"和"纽约号"与它们的制造年份相同）。经过大规模的现代化，它们还保留了标志性的、高出吃水线144英尺的塔式舰艏楼，使其显得头重脚轻。[128] 10月24日上午，哈尔西的航母派出的远程搜索机发现西村分遣队正在向棉兰老海和苏里高海峡逼近。"企业号"上的27架飞机发起进攻，炸弹成功命中了2艘战列舰。二者都出现伤亡，爆炸撼动了船体，开始进水。"扶桑号"船艉燃起大火，但是船员的扑救取得成效。给西村带来好运气的是，水泵将进水控制住了，而且哈尔西命令他的飞机转向北方去攻击锡布延海的栗田。尽管丧失了出其不意的优势，但西村决定继续按照计划进行。[129]

战斗于10月24日晚间10：50开始，当时西村正接近苏里高海峡的南端入口。在这些通道和海峡南部巡逻的是39艘美国鱼雷摩托艇，三艇一组分成13个小队。日军连续3个多小时面对三枚一组的鱼雷袭击。所有的鱼雷都未命中，有几艘摩托艇被击中。尽管如此，它们还是有助于通过不断的攻击骚扰西村，日军战舰一边保持编队，一边还要为躲避鱼雷而进行机动。它们让奥尔登多夫将军获知了西村的位置，而他的炮击和火力支援小组保护着莱特岛的登陆。甩掉鱼雷艇后，西村率领他的2艘战列舰、1艘巡洋舰和4艘驱逐舰继续向北穿过海峡。在中间位置，海峡变窄到大约17英里，然后逐渐进入莱特湾。两边的陆地海拔急剧上升到近2000英尺，屏蔽了雷达的侦测。

凌晨3：00，就在苏里高海峡的咽喉之处，这场战役的主要战斗打响了，并持续了大约50分钟。月亮已经落下，暗夜无光，只有地平线上划过的闪电。海面像玻璃一样光滑平静，能够清晰地看到白色的船艏波和鱼雷的轨迹。第一波攻击来自北边，3艘美军驱逐舰冲向西村东侧的位置，另外2艘向西侧而去。它们是最新设计的驱逐舰，每艘配备2套五连装鱼雷发射器。接近到大约5英里的射程后，东侧的舰只共向日舰发射了27枚鱼雷。稍待其抵达目标以后，西侧的几艘也射出了20枚。西村显然没有想到会在海湾以外就与敌接战，因为他的战舰才刚刚转入战斗队形。从东侧而来的鱼雷多数落空了，只有2枚或者可能是3枚关键的鱼雷击中了"扶桑号"战列舰。它猛然右转驶出了编队，与大火和进水展开搏斗。不到一个小时，它便沉没了，只留下一汪嘶嘶燃烧的浮油，上面传来困在燃烧船体中船员们的尖叫。[130] 1900名船员中只有10人幸存。

　　从西侧而来的鱼雷更为成功。西村已经下令所有战舰向右舷90度转向进行规避，但是过早地转回了原来的航向，直接撞向了鱼雷。他的4艘驱逐舰有3艘被击中，使这次鱼雷攻击取得惊人战果。[131] 2枚鱼雷命中了"山云号"（*Yamagumo*），可能引爆了它自己装备的鱼雷，造成巨大的爆炸，它的舰体断裂，舰艏落在舰艉上面，沉入了海底。下一个是"朝云号"（*Asagumo*），它的舰艏被一枚鱼雷击中，艏楼垮塌，该舰瘫痪。几个小时之后，它被炮火击沉。最后一个是"满潮号"（*Michishio*），它是轮机舱被击中，在10~15分钟之内就因为进水而沉没，200名船员中只有4人幸存。[132]

　　驱逐舰的交战使这场战役变得更加激烈和混乱。下一步，美军6艘驱逐舰分成两组从西边发起进攻，随后又有9艘分成三组从北边和西边而来。它们的目标已经从7艘敌舰减少为3艘：作为旗舰的"山城号"战列舰，"最上号"（*Mogami*）重巡洋舰和"时雨号"（*Shigure*）驱逐舰。但是随着天气变坏和烟雾遮挡，还有敌舰惊人准确的射击，上级又命令加快速度，再加上一大群美军驱逐舰和瘫痪的舰只及大块陆地都混杂出现在雷达屏幕上，这次攻击几乎没有造成破坏。[133]尽管如此，还是有一枚鱼雷击中"山城号"的舰体中部，使它的速度降至5节。但是它的引擎很快就恢复了动力，继续奋勇向前。显然，西村并不介意他已经失去了"扶桑号"，他此时得知，志摩的巡洋舰和驱逐舰正在靠近并赶上前来，可能已经鼓足了勇气，下定决心去攻击莱特湾里的登陆海滩。西村也就不再考虑穿过莱特湾的入口时会遭遇什么。

10月25日凌晨3：51，第七舰队的4艘重型和4艘轻型巡洋舰的8英寸和6英寸火炮开始齐射，战役进入了第三阶段。几分钟之后，炮声中又加入了它们身后6艘战列舰上的14英寸和16英寸大炮的齐声轰鸣。这些战舰排成三队疾行而来，两队巡洋舰和一队战列舰，由西向东成一列纵队往返驶过海湾入口。这实际上组成了"T"字形的顶端，是一种理想的策略，它使得舰队越过敌人的前端时，可以用舯部和艉部的所有火炮压制敌舰，而敌舰只能用其艏炮应战。然而，这只是此种经典策略的一次笨拙的表演。敌人只有寥寥几艘战舰，其中2艘较大的舰只已经被击中而无法正常行动。6艘美国战列舰都是珍珠港事件之前建造的，只能发射有限的穿甲弹，他们的主要任务通常是对登陆海滩进行轰击。其中只有3艘携有最新式的火控雷达，其他几艘很难在黑暗中发现目标。珍珠港事件时的旗舰"宾夕法尼亚号"（Pennsylvania）就因为没有发现目标而保持沉默，"马里兰号"（Maryland）只进行了一轮齐射。"加利福尼亚号"错误领会了一个转向命令，失去了位置，差一点撞上"田纳西号"（Tennessee），还滑进了己方火力范围，迫使整支战队暂停射击。"A.W.格兰特号"（A. W.Grant）陷入驱逐舰进攻的火力重叠区域，成为双方的目标；被命中20多次以后，它险些沉没。

总的来说，这是一个歪歪斜斜的"T"字形交叉。[134] 虽然如此，呈弧形的美军战舰以 18 分钟的炮火阻止了西村的前进。左翼的巡洋舰发射了 3100 发炮弹，"丹佛号"（*Denver*）一艘舰就发射了 1147 发。战列舰中表现最佳的是"西弗吉尼亚号"（*West Virginia*），它的 16 英寸大炮发射了 93 发炮弹。[135] "山城号"高耸的塔楼燃起大火，耀眼的火光照亮了舰上的炮塔。令人震惊的是，该舰虽然起火，却仍然能向右翼的美军巡洋舰猛烈而精准地开炮。为了能让舰艉的 14 英寸大炮发挥作用，"山城号"向左做了一个大大的转向，进入一个可以向三个方向射击的位置。[136] 之后，一枚鱼雷击中了它的右舷轮机舱附近："它剧烈地颤抖，摇摆了一阵。巨大的钢结构嘎吱作响，仿佛是它的尖叫。"少数几个获救的军官中，有一个人说。[137] 尽管如此，它还是重新启动并达到 12 节的速度。坚毅而平静的西村发出他最后一份电文："我们继续向莱特前进，做好'玉碎'的准备。"现在，他向西南方向驶去，显然是为了与志摩会合，这艘旗舰又被一枚鱼雷击中，倾覆，然后沉没。1600 名船员中仅有 10 人逃生。[138]

183

西村履行了他的职责：他向着莱特湾奋力前进，尽其全力与美军舰队交战。现在该轮到栗田了。"最上号"已严重损坏，而"时雨号"的损伤导致只能采取手动控制，二者一起返回棉兰老海，前者在几个小时后沉没，后者则一直坚持到 1945 年 1 月。志摩最终乘"那智号"（*Nachi*）到达，批准他的驱逐舰向北方进行一次远程的鱼雷攻击，但是没有取得任何效果。之后，他考虑是否向北前进，认定那将会让他遭受与西村同样的命运，他便掉头向南而去。

进攻的钳形未能接近莱特湾。中央舰队根本没有走那么远。在西村进入苏里高海峡之前不久，它才驶出圣贝纳迪诺海峡。由于没有敌舰等候, 栗田松了一口气, 下令以巡航队形沿萨马尔岛海岸向南航行。黎明时分, 在莱特湾入口以北约80英里处, 他的瞭望员发现航空母舰从东方的地平线浮现出来。几乎在同一时刻, 这些美国航母的瞭望员和巡逻机也发现了地平线上升起的中央舰队的塔桅。美军在几分钟以后得到了确凿的证据, 日本战舰的瞄准齐射落在他们的环形航母编队上。[139]对于双方海军来说, 这是一次意外的遭遇战。

已经与栗田开始交火的, 是配属第七舰队的三个护航航母大队中最北面的一个。护航航母是在改装的油轮船壳基础上建造的, 速度低于舰队航母, 也比轻型航母 (如 "普林斯顿号") 要短。它在大西洋的反潜作战中发挥过不可估量的重要作用。每艘这种航母的攻击能力包括30架野猫战斗机和携带炸弹或鱼雷的复仇者, 但是只有5英寸舰炮, 再无其他防御手段。最靠北边的大队是塔菲3号 (无线电台中的呼号), 拥有6艘护航航母, 虽资源有限, 但集合在一起也是一股强大的力量。为该大队提供保护的是3艘同样崭新的驱逐舰, 与攻击西村的那些驱逐舰一样, 以及4艘护航驱逐舰——这是一种更小型的舰只, 武器装备更少, 但也更为灵活。塔菲3号的指挥官是克利夫顿·A.F. 斯普拉格 (Clifton A.F. Sprague) 海军少将。他意识到, 幸存的机会取决于能否让他的飞机升空, 于是他转向东方, 抓住东北风起飞, 下令全速前进, 获得授权与中央舰队接战, 并得到全力支援的承诺。所幸塔菲2号大队正好出现在地平线上。据莫里森说, 塔菲3号大队的 "舰载机以前所未有的速度离开飞行甲板", 30分钟内就放飞了40架复仇者。[140]

鉴于敌舰的速度高达27节, 而护航航母只有17节, 而且日本人的火力占据绝对优势, 很难想象塔菲3号能够幸免于难, 除非得到大力支援。斯普拉格于是打算掉转航向迷惑敌人。放飞了飞机之后, 在一片意外经过的暴雨掩护下, 斯普拉格突然将航母从向东转为向南，指向了莱特湾。他下令所有战舰一起发烟，潮湿的空气使烟雾更浓更低。他又命令3艘驱逐舰发起鱼雷攻击。"约翰斯顿号"（*Johnston*）早已跃跃欲试，它们那乌黑的披风在后面冒着热气，几艘战舰全速前进，冲向日本人的6艘重巡洋舰和后面的4艘战列舰，包括孔武有力的"大和号"。"约翰斯顿号"与"霍埃尔号"（*Hoel*）和"希尔曼号"（*Heermann*）一起，再加上尾随的护航驱逐舰"罗伯茨号"（*Roberts*），以其4英寸火炮对阵敌人8英寸和10英寸火炮。"约翰斯顿号"的鱼雷只有一枚或两枚命中，但是这也足以让重巡洋舰"熊野号"（*Kumano*）出局，一同退出的还有重巡洋舰"铃谷号"（*Suzuya*），它因为一枚险些命中的炸弹在附近爆炸而速度下降。这样一来，2艘重巡洋舰都退出了战斗；栗田舰队现在从10艘战舰减少到4艘，而在战斗结束之前还要再减少2艘。为了应付美国舰队发射的大量鱼雷，日本的大炮巨舰不断重复进行规避动作。"大和号"紧急转向避让鱼雷，发现自己被左右两侧射来的鱼雷包围，航向已经背离了战场。[141]

　　栗田放慢了速度，用尽全力对抗敌人。于是，他首先与护航航母交战，他的瞭望哨把对方当成了哈尔西舰队的快速航母。美军的驱逐舰，虽然尺寸只有一半，但是其剪影与美军当时的重巡洋舰十分相似。带着这种快速航母和重巡洋舰的印象，栗田可能并未意识到敌人的速度要慢得多，使他能够在有组织的空袭到来之前抓住机会靠近并击沉这些航母。相反，他允许自己的重巡洋舰和战列舰打破阵形去追击这些潜在的目标，而将自己的驱逐舰留在后面。[142]结果就是，2艘战列舰突出于左翼，整支舰队分散在15英里以上的范围内，他对日本舰队进攻行动的控制便削弱了。在外围完成从东向南的转向之后，他们要走的距离更远了。

185

在战斗刚刚开始的时候，日本人炮火的准确性给人留下了深刻的印象，一次次在美军航母和驱逐舰旁掀起巨大的水柱，但是这烟雾弥漫的场面需要转换为不可靠的雷达观测。[143]一些日军炮手没有能够坚持下去："榛名号"（*Haruna*）战列舰终于逼近了塔菲3号的航母，却将目标转向了已接近到18英里的塔菲2号大队。对于美国人来说，缺少厚重装甲并非总是不利的，敌人的穿甲弹常常穿过航母那薄薄的外壳而没有爆炸。尽管如此，到上午9∶00，随着敌人的巡洋舰在左舷并排前进，战列舰也从后面和左舷靠了上来，塔菲3号慢慢陷入包围。位于编队末尾易受攻击的"甘比尔湾号"（*Gambier Bay*）航母遭到重创，落到了队形以外，牺牲在持续不断的近距离炮火之下。[144]斯普拉格绝望地要求他的驱逐舰和护航驱逐舰发动第二次攻击，以便将敌人的火力从航母身上引开，让敌人像此前那样对攻击进行回应。"约翰斯顿号"冲向右舷的日军驱逐舰，促使敌人在过远的距离发射鱼雷；有两枚鱼雷被炮火击中爆炸。到此时，在来自四面八方的连续打击之下，屏障已经被突破。"罗伯茨号"侧面炸开一个大洞，船艉是一堆"张开大嘴的焦黑金属"。弃舰之后，"罗伯茨号"沉没。"霍埃尔号"受到致命损伤，严重倾斜，也沉了下去。"约翰斯顿号"起火后原地打转，在10∶10开始下沉，失去了动力、方向和通信，舰桥和除一门火炮之外的其他所有武器以及桅杆都没有了。[145]"希尔曼号"和"丹尼斯号"（*Dennis*）舱室进水，但是幸存下来；"雷蒙德号"（*Raymond*）和"巴特勒号"（*Butler*）侥幸没有受到严重损伤。

幸运的是，在塔菲3号的危机到来时，塔菲2号恰好已经准备提供关键的援助。在攻击开始之前，塔菲3号的大多数飞机已经起飞去执行惯常任务了。需要时间将它们召回并改挂海战武器，包括鱼雷、500磅的炸弹和火箭。塔菲2号指挥官费利克斯·B. 斯顿普（Felix B. Stump）海军少将，在一个半小时内回收、装载并放飞了79架飞机，进行了5次攻击。在空中控制员的引导下，复仇者和野猫（如前所述，这是地狱猫的早期版本）在战斗的最后一小时里发挥了它们的威力，共投下49枚鱼雷、13.35万磅炸弹和276枚火箭，并用机枪进行扫射。在战后简报中，日本军官强调了这次空袭的熟练技巧、坚持不懈及其造成的巨大影响。在作为日军进攻力核心的重巡洋舰纵队中，塔菲2号的飞机和塔菲3号的驱逐舰给"鸟海号"（*Chokai*）和"筑摩号"（*Chikuma*）造成严重破坏，使退出战斗的重巡洋舰数目变成4艘，而栗田手中只剩下2艘。

上午9：11，这场残忍的追逐战刚刚进入第三个小时，出乎塔菲3号船员们的意料，正向他们逼近的日本战舰纷纷掉转航向离去。栗田为什么退出战场并放弃他的战术优势，原因尚不清楚。在距离塔菲3号12海里的"大和号"上，他注视着变幻不定的低云、浓烟和混杂一处的战舰。过去的2天里，他曾经从沉没的旗舰上凫水逃生，在锡布延海上遭遇几个小时的空袭，还有前一夜，很可能是在最高警戒状态下溜过了圣贝纳迪诺海峡。任何人都可以猜想，在萨马岛外的一片混战中，他的心智到底有多么清醒。无论如何，历史学家们似乎都认同，其决策过程中的核心压力是对中央舰队不断遭受损失的关切。出于不同的原因，对塔菲3号进行包围的关键时刻，对栗田来讲同样重要。中央舰队当时正处在分散部署的状态，面对重复的、大范围的、得到精巧指挥的空中打击，他们不可能在交战中幸免于难。下一波进攻从9：06开始，这次集中于战列舰。正当"筑摩号"通报自己被鱼雷击中的时候，"大和号"、"长门号"（*Negato*）和"金刚号"（*Kongo*）也处在航空鱼雷的攻击之下。[146] 关于撤退还是集中的争论非常激烈。[147] 幻想着击沉不同凡响的美国战舰所带来的慰藉，栗田下令转向并重新集

187

结，以挽救他现存的军舰。

对于正在萨马岛外往返周旋的日本人来说，这造成一个奇特的停顿，他们试图决定如何对待原先的命令，即进入莱特湾，哪怕中央舰队本身被打垮，也要尽可能摧毁更多运输船只。日本陆军、海军和空军在菲律宾的通信大部分要么受到延误，要么根本就没有，但是志摩和西村舰队仅存的战舰"时雨号"报告的苏里高进攻失败的信息，可能已经在10月25日黎明前传到"大和号"。在栗田决定不进入莱特湾之后，更详尽的报告送来。[148] 栗田的心中牢记着三个信念：第一，美国人显然正在使用莱特岛上的塔克洛班（Tacloban）和杜拉格（Dulag）这两座机场，也就是说他们已经在岛上立足并且能够坚守滩头阵地，同时为塔菲大队的飞机提供补给。第二，进入海湾将可能让自己的舰队落入圈套。他并不知道美国人在海湾里的舰队规模，或者有什么样的准备，但是他预料到那一定是不小的力量，而且他在海湾中没有机动的空间。第三，根据他对美军实力和位置的假设，他得出结论，相对己方将受到的损失，他不可能给敌人造成同等的伤害。

那么，西村的进攻，以及小泽用航母作为诱饵转移视线的价值何在呢？对栗田来说，丧失大部或全部战舰却没有取得重大战果，那将是一种浪费。问题在于，他并不是在独自行动。舰队的其他成员付出的牺牲是有意为之的，目的就是让他突入莱特湾摧毁麦克阿瑟的运输和补给。然而，就在海湾的入口处，栗田实际上逃避了自己的职责。他决定留在开阔水域，与遭遇的快速航母舰队等任何部队交战，并在日落之前重新进入圣贝纳迪诺海峡。[149] 为了这最后一次决定性的舰队交战，日本海军领导层制订了一个复杂的计划，原本可以破坏或迟滞美军在西太平洋的进攻。志摩和栗田以一种方式执行这一计划，而西村和小泽却是以另外一种方式执行，这预示了日本海军的瓦解。

对受挫的塔菲战舰的官兵们来说，这场战役带来的创伤非常可怕。驱逐舰就像是停尸房，甲板上遍布着死者被炸毁的尸体和受伤的人，水手们冒着持续的炮火将伤员放进小船和橡皮艇。其他人只能依靠浮网和木板，还有他们的救生衣。超过1000人落水。[150] 由于飞行员的定位失误，且一直忙于进行空袭，对幸存者的营救拖延了很久。也可能是因为金凯德将军及其第七舰队参谋人员的精神疲劳，他们刚刚在与西村和栗田舰队的交战中脱离险境。最终，巴比海军中将组织了一小队登陆艇在萨马岛海面上搜索，救起了1150人。这些人已经在海里坚持了两天两夜，一边还要抵挡鲨鱼的攻击。大约有116人死在了海里。

————

在10月24日至25日夜间，当苏里高海峡战役火热进行时，穿过圣贝纳迪诺海峡以后的栗田正沿着萨马岛海岸向南航行，而哈尔西海军上将撇下海峡不管，为了追踪并消灭小泽的航空母舰，他率领着快速航母舰队离开吕宋岛向北而去。这一次，哈尔西将进攻交给了米彻尔将军这位专家。在此之前，哈尔西选取了全部6艘快速战列舰、2艘重巡洋舰和6艘轻巡洋舰及18艘驱逐舰，组成了一支单独的战斗力量，作为他的5艘大型和5艘轻型航母的前锋。拥有5艘航母的约翰·S.麦凯恩（John S. McCain）海军中将的特混大队从乌利西环礁返回，将在加油之后与他们会合。这是一支具有压倒性优势的庞大舰队，而作为对手的小泽，只有4艘几乎空载的航母和2艘老旧的战列舰、3艘轻巡洋舰及9艘驱逐舰。

25日黎明，米彻尔的搜索机由第一波进攻战机紧紧尾随着，确定了小泽舰队位于东北方向 140 英里处。通过一个从更高层级调度飞机的协调员，两个波次的打击在上午 11：00 开始。轻型航母"千岁号"被击沉，它的姊妹舰"千代田号"起火并进水，剧烈地倾斜，引擎瘫痪。更多打击正在途中。日本航空母舰终于落入了哈尔西的手中，战列舰则走运一些。突然，在上午 11：15，他的半支舰队掉转了方向。[151] 哈尔西带着他的全部战列舰，1 个航母特混大队，4 艘巡洋舰及伴行的驱逐舰，转头向南去和栗田交战，留下米彻尔率领 2 个航母特混大队和巡洋 - 驱逐舰队完成与小泽的战斗。

让哈尔西转向的是来自他的指挥官尼米兹的一份电文，以及随后来自金凯德海军上将的一系列越来越绝望的消息，都是有关栗田的进攻所造成的危局，先是要求，然后又是强烈要求给予掩护和支援。金凯德发出了询问，然后又派出搜索机去确定圣贝纳迪诺海峡是否处于防护之中，但是通信延迟，搜索也不充分。金凯德本来就是要依靠哈尔西来确保这一点的。他的请求从"要求"到"急需"，再到命令式的"李在哪里（李是指挥战列舰队的将领），把李派来"。作为回应，哈尔西将麦凯恩航母大队的目标从小泽调整为栗田，但也就是仅此而已。尼米兹向麦凯恩一再发问："第 34 特混舰队（战列舰队）在哪里，重复，在哪里？"[152] 这份电文后面跟着一些附加的无关词组，这是通常用来扰乱敌人密码破译员的一项标准程序。不幸的是，这次通信中所附加的密码补丁是"全世界都想知道"，应当把它从抄录出来的报文中删掉。不知是不是个疏忽，哈尔西以为尼米兹把保护滩头阵地的责任交给了他，所以他必须南进。绝望而愤怒的他，把帽子摔到了地板上，开始骂街。收到尼米兹的电报 1 个小时以后，再加上向南北两个方向额外航行了 2 个小时，哈尔西才下令转向，随后又放慢速度为驱逐舰加油。栗田有 3 个小时的时间躲进圣贝纳迪诺海峡从而避过哈尔

西。麦凯恩和博根大队的远程进攻也没有给中央舰队造成严重
破坏。

与此同时，25日白天，米彻尔的飞机正在吕宋岛北部恩
加尼奥角（Cape Engaño）海域追踪小泽舰队。曾经参加珍
珠港和马里亚纳群岛战役的"瑞鹤号"，同时被3枚鱼雷击
中，强撑了3个小时以后就沉没了。"千代田号"弃舰，最终
在美国巡洋舰的炮火下沉没。击沉"瑞凤号"颇为艰难。一次
40架飞机的猛攻，然后又是一次27架飞机的攻击，才使"瑞
凤号"在当天下午3：26沉没。到这一天结束时，全部4艘
航空母舰都已沉没。"伊势号"（*Ise*）和"日向号"（*Hyuga*）
2艘老旧的战列舰虽然受损，但是顽强地闪躲，和"大淀号"
（*Oyoda*）① 巡洋舰一起逃回了日本。[153] 在随后几天，栗田、西
村、志摩和小泽各舰队残留在群岛间的巡洋舰和驱逐舰，被美
军的航空母舰和空军肃清。

加在一起，日本海军在莱特湾战役中总共失去了3艘战列
舰、4艘航空母舰、10艘巡洋舰和11艘驱逐舰，排水量合计
达到30万吨。[154] 这场战役使美军巩固了对菲律宾群岛的海上
和空中优势，为美军提供了控制南海的可能。尽管美国人在判
断和操作上出现了失误，通信联络缓慢难耐，舰队和军种之间
的协调无力，但还是取得了这些战绩。然而，归根结底，是美
国方面的实力和日本海军的分崩离析决定了这样的结局。在美
国一方，鱼雷的作用自始至终都显得尤为重要：潜艇在巴拉望
岛海域对栗田的攻击，对"武藏号"的猛烈空袭，苏里高海峡
战役中驱逐舰的进攻，以及击沉小泽的航空母舰的过程。

日本舰队虽然所剩无几，但还是在莱特湾战役的最后一
天以及随后一天中，企图平衡军力上的差距，开始频繁使用神

190

---

① 原文如此，正确的拼写应当是"Oyodo"。

风突击队的自杀式攻击，这次是针对塔菲 1 号和 3 号。刚刚在栗田的战舰手中失去了"甘比尔湾号"的塔菲 3 号，又有"圣洛号"被击沉，另外 2 艘护航航母严重受损，只能返回西海岸维修，且再也没能返回。在战役开始时，塔菲 1 号位置过于靠南，在棉兰老岛北部海域，此时它有 3 艘护航航母受重伤，也应当返回西海岸，但是其中 1 艘在马努斯岛得到维修。[155] 实际损失是 4 艘，其中 3 艘在很长时间里无法参与行动。在帝国大本营认为对日本安全至关重要的地区，美国人展示了他们进行持续作战的能力，但是为了在那里站稳脚跟，将不得不承受近乎经常性的神风式攻击。日本不再拥有一支能够击败美国人的海军，但是仍然可以造成严重的破坏。与此同时，在岸上，美军试图为将来更靠近日本的行动建立一块集结区域。解放菲律宾的行动正在进行当中。

第五章

从莱特岛到马尼拉，1944 年
10 月 ~1945 年 3 月

1944 年 10 月 20 日下午，在随从的参谋人员和记者的簇拥下，麦克阿瑟将军跳下一艘登陆艇，蹚着水走向岸边，登上了莱特岛。他向全世界宣布重返菲律宾群岛。最高司令官的小艇不顾海滩控制艇的警告和命令，一路破浪前进，直到撞上一块水下的沙洲，搁浅在距离沙滩还有 15 码的地方。他踏进齐膝的水里，向岸上走去，照相机在左右簇拥着。当这群人从视线中消失，控制艇上的官兵全都"开怀大笑"。"没人告诉过我，"一个水手说，"他也会蹚水。"[1] 麦克阿瑟与官兵们聊了一会儿，又被一阵大暴雨从头到脚淋透以后，他迈上一艘武器运输船，用一部电台和麦克风发表他的讲话。他开始说，"菲律宾人民，我已经回来了……到我这里集合"。这篇讲话先传送到"纳什维尔号"（*Nashville*）巡洋舰上，再转发到菲律宾全境，进而又复述在一份电报中发往美国。

麦克阿瑟的回归已成为一件家喻户晓的大事，然而未曾预料的困难和严重的问题一直存在于莱特岛战役中。其中一个就是，美国人相信，菲律宾的决定性战役将在吕宋岛展开，从而赢得马尼拉、马尼拉湾、肥沃的中央谷和现代化的公路网。日本陆军的观点与此不同，所以他们不会在仅仅作为一块垫脚石的莱特岛投入太多。然而，日本海军得出的结论是，莱特岛肯定就是决战之地，并誓言要赢得这场战役；于是，日本陆军不得不尽职尽责。陆军仔细考虑后认为，如果美国人的空中力量部署在莱特岛上，且实力逐渐增强，则吕宋岛不可能长期坚守。美军刚刚在莱特岛上岸的时候，面对的只有日军的1个师团，算上附属人员，总数大约2万人。而麦克阿瑟安排了4个师登陆，还有2个师作为预备队，共有20.25万人。对于他来讲，对这座岛的占领应当可以一蹴而就。[2] 盟军的情报部门对日军的增兵毫不知情，因为日本人正在陆军密码中建立新的编码系统。美国人直到11月中旬才再次接触到日军的密码通信，而且只是从其他的解码电文中略知一二。[3] 敌人的运兵驳船、运输舰和驱逐舰从马尼拉或邻近的班乃岛（Panay）出发，经常是在风暴云的掩藏之下，趁着夜色悄悄溜进莱特岛。

第二个意料之外的困难是天气。从9月开始，直到次年春季，东北信风给莱特岛带来大量的降雨，而且从10月开始，这个岛就受到台风（相当于太平洋上的飓风）的影响。[4] 这种猛烈的暴风雨一般生成于马绍尔群岛，在赤道以北向西席卷而来。在帕劳群岛周边，它们很可能会转向西北去袭击菲律宾北部，并继续向东南亚发展，或者向北旋转经过冲绳岛。[5] 麦克阿瑟的司令部熟知这些天气的威胁。他们只能希望雨季短一点，雨量小一点，台风也改道经过其他地方；推迟行动是不可想象的。

195　　　　莱特岛是一个形状不规则的岛屿，南北两端长110英里。有人将它比作一个人的身体：两条短腿、细腰、宽胸，好像从右侧肩膀，也就是西边，伸出去一只翅膀。在它的东北面，肘部轻轻挨着萨马岛，中间隔着只有一条河那么宽的海峡。其腰部以下是多山而荒僻的地区，1944年时，日本人并没有占领这片地区。所以，这座岛上的战斗发生在它的腰部以上大约方圆四五十英里的一块地方。美军在莱特岛的东北部沿海登陆，并向着北部和西部的低缓平坦地区伸展开来。这里是种植水稻的湿软田野，由数不清的溪水带来西南部一系列高山上的径流。那些3000~4000英尺的山峰巍然耸立在平原之上，在它们所构造的屏障西面，有道山谷形成一条战略通道，连接着前文提到的位于那个翅膀南边的奥尔莫克湾（Ormoc Bay）和北边相当于翅膀根部的卡里加拉湾（Carigara Bay）。这个翅膀本身，即莱特岛的西部，混杂着陡峭的山坡、浓密的森林、岩石山脊和开垦出来的土地。担任美军进攻前锋的是克鲁格将军麾下的第六集团军，它现在拥有2个军——第十军由西南太平洋的2个师构成，第二十四军有中太平洋的2个师，又从这两处战场各补充了1个师作为预备队。从滩头出发，两军采取不同的路线。第十军取道西北方向，沿着山链向卡里加拉湾和卡里加拉–奥尔莫克通道的北端前进，第二十四军则朝着南和西，向这条通道的奥尔莫克一端移动。

上午10：00，在莱特岛东岸20英里宽的区域内展开了登陆，4个师的部队迅速上岸。[6]与通常一样，在一个个山坡、小丘、具有战略意义的村庄和山脊上，日本人巧妙地布置了防御阵地。在其中一处，他们占据一座高出地面的墓室，将石头钻透作为射击孔。美军则以火焰喷射器应对。[7]虽然日本人一如既往地血战到底，但是他们在莱特岛上的据点太少，又相距太远，而且都在美军炮火覆盖之下。第六集团军稳步向前推进，伤亡也稳步增加，到11月1日达到3500人，而天气也在作祟。[8]登陆后的最初几天里，雨一直下个不停，越来越大，似乎永无休止。一位名叫卡尔·F. 勃兰特（Carl F. Brandt）的军医官负责一支照顾伤病员的营级分队，他的日记生动描绘了莱特岛的步兵，尤其是有关第24师第54步兵团1营的作战情况。这个陆军师在珍珠港事件发生时正在那里，还参与过进攻荷兰迪亚。[9]勃兰特写道，雨从10月22日开始下，转过天还下。10月26日，雨大得吓人，淹没了散兵坑。随后几天都下大雨，之后更是"暴雨如注"，"好像见了鬼"。10月30日它

196

变成"一场真正的台风"。11月8日，雨又是全天"下个不停"，11月9日"转为一场台风"，"狂风大作"。11月15日，还是"地狱般的暴雨"，第二天接着下，"一直"下到第三天。在2个月的时间里，莱特岛刮了3次台风，降雨量达到35英寸。向莱特谷推进带来的结果，按勃兰特的说法，就是"脚坏了"。10天之中只有一次睡在一座教堂的屋檐底下，让他可以脱下鞋来。夜间泡在散兵坑的积水里，白天在酷暑中行军打仗，脚上的皮肤（因浸渍作用）皱缩开裂。10月30日，大约有100人请病假，19人撤离，大部分是由于脚疾和发热。发烧103 ℉才允许住院治疗。

持续的倾盆大雨对很多方面造成了影响。本次行动中，第24师至少还有连队厨房，每天能提供两顿餐食——如果他们的车辆没有被堵住的话。莱特岛的公路完全禁不住下雨：路基化成烂泥，薄薄的路面裂成碎片。司机要在道路中间行驶，以躲开易碎的边缘，将双向道路变成了单行线，还要与逃难的村民共用。由于现有的口粮需要烹饪，交通停滞就意味着没有饭吃。某个连有80人因为食物中毒而"病得很厉害"；腹泻变成一个严重的问题。在11月10~11日参加山脊战斗时，勃兰特报告说："全天断粮……不休息一下就很难再往前走了。"在长达50个小时的时间里，该营实际上没有吃任何东西，"处于半饥饿状态"。最后是由运输机为他们空投了包装食品："当30磅重的箱子纷纷降落，战士们兴奋不已，与围观的菲律宾人一起东奔西跑。"他们马上就准备好了一顿饭，即便如勃兰特所说，"每个人能吃到的并不多"。[10]

不停的暴雨对机场的建设与改善，进而对莱特岛上美军空中力量的组建带来极大的负面影响。针对这些危险，麦克阿瑟的司令部已经做出及时的提醒：高级工程师威廉·J.埃利（William J. Ely）上校认为这座岛上的潮湿天气和水浸的"不稳定"土壤是不适于建设机场的。该岛的破旧桥梁和欠完善的道路系统造成了更多的问题。埃利不知道现有的工兵营在这样的条件下，如何才能按时建成合格的地基。[11] 对于麦克阿瑟和他的参谋班子来说，延迟或取消在莱特岛上的行动当然是不可想象的。这是整个太平洋战区的整体安排，汇集了麦克阿瑟和尼米兹双方的舰队，和代表着西南太平洋和中太平洋两个战场的陆军部队，双方都在准备着各自在莱特岛之后计划发动的战役。它肯定了美国在太平洋的一项战略，旨在将美国对日作战的进程提前两个月。此外，通过10月24日及之后的照片，莱特岛行动使麦克阿瑟登上了世界舞台。

　　工程建设似乎是没完没了。最好的简易机场位于莱特岛东北角的塔克洛班城（Tacloban City）。登陆作战中，它变成了一处后勤堆场。在第24师登陆的帕洛（Palo）以北的红海滩，从坦克登陆舰上直接卸载是不可能的。在敌人的炮火之下，坦克登陆舰搁浅在浅水中，于是舰只转而向北，卸载到紧靠海滩的塔克洛班简易机场。怒气冲冲的肯尼将军威胁说要派推土机去把它清理干净。10月25日，在萨马岛海域的战斗中，为了进攻而整修空军基地的工作再次被打断，塔菲大队的飞机无法降落在它们的母舰上，便匆匆飞到这里装弹并加油。在未完工的跑道上降落的65架飞机中有25架损坏。最后，在10月27日，一层碾碎的珊瑚岩上再覆盖钢板的跑道才铺设完毕。当肯尼的一个P-38闪电式战斗机中队降落在塔克洛班时，只有一架飞机的机头撞上松软的小土包，其他都安全着陆了。整个11月，塔克洛班一点点地得到改善，它的跑道改变了方向，一直延伸到海湾里。到11月9日，增加了疏散区域，雷达和对空监察站也建了起来。11月19日，杜拉格（Dulag）机场的重建工作结束；11月16日，在塔克洛班和杜拉格之间的迪那万（Tenauan）海滩旁边建设的一座新机场也竣工了。杜拉格机

198

场的建设得益于 3 个航空工程营的共同努力。莱特岛的美军飞机逐渐增加到 350 架, 其中大部分是战斗机, 但是直到 12 月, 莱特岛的兵力才成为空战中的主力。为时两个月的莱特岛机场建设工作不仅受到日军空袭和恶劣天气的干扰, 而且第六集团军为了重建内陆的泥泞公路还曾强行征用航空工程营。[12]

11 月 2 日, 莱特岛登陆 12 天之后, 第 24 师的部队开进坐落在该岛北岸的卡里加拉。该镇的重要性在于它是一个枢纽——来自东海岸塔克洛班和杜拉格的公路, 和沿着卡里加拉湾向西的道路在此交会。公路从这里绕过高山屏障到达奥尔莫克通道的北入口。克鲁格明白, 占领这条通道和奥尔莫克本身, 再加上他已经在北部掌握的区域, 实际上就是赢得了整座岛屿。然而, 在此前一天, 即 11 月 1 日, 日本第 1 师团已经在奥尔莫克下船, 并很快乘卡车沿这条通道向北边的卡里加拉湾而来。这是从中国东北的关东军调来的一支精锐师团, 取道上海和马尼拉抵达莱特岛。算上同时到达的其他师团的部队, 敌人在该岛原有的 2 万人基础上共增加了 1.35 万人。美军对沿通道向北而行的 (以棕榈叶伪装的) 运兵车队实施了空袭, 但是由于缺少基地, 并没有给日军造成严重损失。日本第 1 师团加入已经部署在北边的那些部队, 发起了一次大规模反攻, 志在将第六集团军向东赶进大海。

从北而来的美国人和从南而来的日本人争着抢占高山屏障中的通道。从西北向东南绵延在莱特岛上的这道屏障, 紧挨着卡里加拉湾的南侧。[13] 在此处, 山脉变窄, 只是一道 2 英里长的山脊, 朝向大海一边的坡度十分陡峭, 很快它就被命名为"折颈岭" (Breakneck Ridge)。从卡里加拉而来的海滩公路转而向南蜿蜒于山脊之上, 然后向下探入毗连这条通道的奥尔莫克山谷 (Ormoc Valley)。山脊向东扩展开来, 变成一片杂乱的山包、山嘴和斜坡, 与折颈岭一起构成进入通道的障碍。

11 月 3 日, 美军穿过空无一人的卡里加拉, 沿卡里加拉湾海滨向西而行, 前往来自奥尔莫克的那条通道。克鲁格将军计划沿着这条道路向西一直走到比兰邦 (Pinampoan), 在那里, 这条路突然向上朝着高山屏障而去。先头部队是第 34 团 1 营, 其医疗队随行 (包括带着日记的卡尔·勃兰特)。很快, 一座炸毁的桥梁挡住了去路, 水陆两用车辆赶来将他们渡过河去。当部队在夜间防线上安顿下来以后, 一阵来自友军的炮弹在他们中间爆炸, 当即炸死 2 人, 重伤 6 人。[14] 第二天, 又行进了大约 1 英里, 他们到达第二座炸毁的桥梁, 但是这一次有敌人的严密防守。涉过溪流的时候, 排长阵亡, 副排长也受了致命伤。尽管如此, 他还是在溪流中间进行指挥, 以精准的射击打哑了敌人的 2 挺机枪, 命中了数名步兵, 为渡河开辟了道路。这位查尔斯·E. 莫厄尔 (Charles E. Mower) 中士牺牲以后荣膺了国会荣誉勋章。[15]

日本第 1 步兵师团的侦察部队已经在美军左侧的高地上掘壕固守, 那里的山坡紧靠着海滩。1 营营长计划展开侧面迂回, 让部队到达敌人背后的高处, 向下攻击, 同时已经渡过溪流的部队从另一边奋力向上攻击。这变成了一场近身肉搏。勃兰特的急救站就在那位向部下做简报的副排长身旁, 听见他 "告诉那些疲劳饥饿、双脚酸痛、满面胡须的部下们, 干掉日本人的唯一方法就是用刺刀"。结果, 战斗在一块 "大约 100 英尺 × 30 英尺" 的狭小空间内展开, 双方各有 30 人。美军毙敌 17 人, 己方牺牲 10 人。[16]

与此同时, 第 34 团 K 连乘坐两栖牵引车从海上绕过了路障, 在折颈岭附近上岸, 迅速向内陆移动。没走多久, 该连就遭遇了日本第 1 师团先头部队的抵抗。尽管有伴行的观测飞机指示下的支援炮火, 但随着敌人兵力加强而己方弹药减少, K 连的前景开始变得不妙了。傍晚时分, 登陆艇返回, 还拖来一只分体驳船，将该连撤了回去。[17]

于是，抢在克鲁格将军集结兵力发动进攻之前，日本第1师团夺取了奥尔莫克通道的北侧屏障。师团长片冈薰（Kataoka Tadasu）中将率领先头团加速前进，并亲自下令阻击沿海滨向山障推进的美军纵队。日本人立刻开始在高地上构筑一套精心设计的防御系统。第六集团军及其第十军不得不重新谋划，将他们那种大范围分散推进的方式调整为集中突破，并沿通道推进。第34团立即成为主力，但是它在前一天的战斗中已经筋疲力尽。第六集团军已有1.2万人登陆，但在向卡里加拉推进的过程中损失了1000人，且每天都因疾病和热带战壕足而不断减员。[18]

11月4日和5日，前来替换第34团的是第24师的第三个团，即在莱特岛南端登陆而几乎未遇抵抗的第21团。该团将在11月6日对折颈岭进行侦察，并在11月7日向南进攻。按照第24师师长的观点，沿着卡里加拉湾的海岸公路过于脆弱，不足以承担为一场进攻所展开的后勤运输，在下一场暴风雨中肯定会变成一片大泥塘。今后，部队将不得不依靠登陆艇的海上运输和飞机空投进行补给。

还有另一个问题：一个被打死的日本兵身上的文件提示，通过奥尔莫克进行的增援只是日军进攻计划的一部分，敌人要向东推进，将第六集团军赶回海滩并予以消灭。这在克鲁格将军心中升起一种可能性，由于美国空军几乎不能在莱特岛发挥功效，敌人这样一次大规模的决定性行动也可能会包括在卡里加拉湾登陆。此处距离马尼拉比奥尔莫克更近，日本人也的确曾经考虑在这里登陆。尽管第七舰队军官们的意见是，日本人很可能既缺乏必要装备，也没有两栖登陆的经验，克鲁格还是对军级和师级炮兵进行部署，以便他们能从瞄准山区转向对海面射击，并下令对海滩防线予以警戒。他着手进行这些安排，而没有趁日军完成防御阵地前进攻高地；不管怎么说，成功的可能性都是值得怀疑的。面对一个乘坐卡车而非步行的新到的日军师团，而且对方已经占领了更高的地势，第 34 团将很可能无法在 11 月 3 日和 4 日突破这一屏障。无论如何，即便是刮起了台风，新来的第 21 团还是在 11 月 7 日向高地发起了进攻。[19]

这三天里的每一天，第 21 团各营和第 19 团的一个营在向前方和上方的攻击中都遇到了顽强的抵抗，只好返回他们的出发线。与通常情况一样，日军的防御阵地设置和隐藏得很好，日本第 1 师团的士兵都是"凶残的斗士"。[20] 暴雨持续，薄雾笼罩大地；地图的不准确令人绝望，连菲律宾向导都迷失了方向。通往陡峭山坡的小径泥泞湿滑。尽管如此，对于第十军军长富兰克林·赛伯特（Franklin Sibert）中将来说，这就是在浪费时间。他将团长撤了职。[21]

终于，第 21 团在 11 月 18 日遵照一个全师协作的进攻计划，沿着公路和山脊西侧向南推进，控制了已占据的范围。当天夜间和第二天上午，军属和师属炮兵，加上 4.2 英寸迫击炮，一起发射白磷燃烧弹，对敌军进行轰炸，为夺取更大范围铺平了道路。在西侧步兵的掩护下，一个坦克连从公路上向山顶发起冲锋，并开始冲下另一侧的山坡，沿路消灭了 25 处有自动武器的阵地。从这时开始，日本人的防守松动了。到 11 月 15 日，虽然日军还占据西边的一些山嘴和山脊，但这个团已经越过高山屏障，接近了位于奥尔莫克 – 卡里加拉通道的山谷底部的村庄利蒙（Limon）。第 21 团精疲力竭，各连平均损失了额定人员的 42%。截至 11 月 16 日，经过 10 天的惨烈战斗，第 24 师被刚刚抵达莱特岛作为第十军预备队的第 32 师替换下来。[22]

占领折颈岭是第 24 师的核心任务，但并非唯一目标。两侧的进攻也同样重要。该师派出第 9 团 2 营，向南经过陡峭的丛林小路，绕到了片冈的东侧，然后向西到达奥尔莫克通道，在那里的公路旁设置了一处路障，阻断日军从南边补给折颈岭的部队。在 11 天的时间里，这个营顶住了反复的进攻，呼叫炮兵火力支援，阻挠敌人的援军，切断其后勤补给。[23] 将伤员运送出去是不可能的。根据该师的作战报告，这些战士"胡子拉碴，浑身烂泥"，而且骨瘦如柴；被替换下来以后，有将近 250 人因为"皮肤病、足部溃疡、战斗疲劳症和过度劳累"而住进医院。[24]

从路障向西 1 英里的高处，是来自对面方向的第 34 团 1 营，他们乘坐登陆艇沿海滨向西迂回，然后向南翻过山脊线，穿过一条内部的山谷，再向东登上一块面向东北方的、又长又直的高地，名叫吉雷岭（Kilay Ridge）。途中，他们的菲律宾向导被敌人打死。向北望去，下方 900 英尺的山谷和环绕四周的山脊就像一个大碗。公路从折颈岭向南蜿蜒，在利蒙村进入这条山谷，并从此处开始一路沿奥尔莫克通道向南而去。其实战斗就在它的脚下展开，所以吉雷岭是一个指示炮兵火力的理想地点。对于通道沿线山坡背面经过伪装的火炮和部队，观察员现在可以进行准确的定位。该营自己的机关枪和迫击炮也对准这些目标开火。在山脊西边的孔苏埃格拉村（Consuegra），该营找到菲律宾人充当担架员、驮夫，还有一支游击队可以保护他们的补给线路。勃兰特在他的日记中写道，这些担架员"以他们的体型来说是非常强壮的"，抬着伤员"走过全是泥地和山坡的 5 英里路程回到孔苏埃格拉，一路不摇不晃，几乎没有停顿"。经过一个便携手术装置的初步处理后，两栖牵引车运载伤员沿河而下入海并返回基地。[25]

终于取得了一些优势的感觉很快就烟消云散了。在山上度过的第四个晚上，谣言开始传播，说第 32 师将替换第 24 师的所有现存部队，一些人的反应是："天哪，我盼着它快点儿来吧！”到此时，该营已经在散兵坑里待了一个月的时间，雨看似是不会停的。发热病例很多；腹泻和浸渍足成为常态。而最糟糕的是，他们能够感觉到，日本人正在观察他们，并等待着。除了一条补给通道，该营处于被包围的状态。防御阵地之间的空当似乎过大；他们以太少的兵力占据了太大的范围。下边防守山脊的各个连队一个个地撤到了山顶，敌人随后跟了上来。对面山脊射来的子弹不断从头顶上嗖嗖地破空而过，时而有美军的定时炮弹在敌人阵地上爆炸。花名册上的人数已经只有满员时的64%，继而又降到50%。一些排只剩12~15人，连队则只有60~70人了。[26] 随着战斗进入尾声，小型武器派上了用场：刺刀、手榴弹、日本军刀和掷弹筒。人们的衣服和烂泥一样“脏乱不堪……被手榴弹深深地崩进伤口”。在指挥部旁边，美军阵亡者被埋进浅浅的墓穴，因为地下含水量很高，“空气中有一股腐臭的味道”。[27]

　　在折颈岭，既没有换防也没有援兵。第21团的每个连都迅速被削弱，平均只剩1名军官和85个人。[28] 11月15日，第32师接管了侧翼那个孤立的营的作战指挥，但是下达的命令是在没有增援的情况下坚守山脊，原因是无人可派。没有军官前去查看情况。现在“没有了进出的邮件”，而且“每个人都把坑挖得更深”。战士们变得惶恐不安，尤其是无依无靠的伤员。营里的大多数人陷入一种“麻木、厌倦、漠然的状态”。“想要离开这座山是我曾经有过的最大愿望，”勃兰特在日记中写道，“有时候甚至取代了想要回家的念头。”营长小托马斯·E. 克利福德（Thomas E. Clifford, Jr.）中校告知师部“如果没有增援的话，我们将完全撤离这座山脊”，在此之后，第128步兵团的一个营终于来到。12月4日和5日，精疲力竭的这个营返回了基地。[29] 这次为期两周的作战使两个侧翼营获得了总统团队嘉奖（Presidential Unit Citations）。[30]

204 　　截至 1944 年 12 月 7 日，珍珠港事件三周年的时候，折颈岭和整个高山屏障已经被攻占。片冈和他的师团顶住了第 34 和第 21 两个团，将整个 32 师拖住一个月，造成 1498 人的战斗伤亡。当第 32 师进入奥尔莫克通道时，莱特岛战役终于到达了一个转折点，开始有利于第六集团军。莱特岛还将继续作为菲律宾战役下一步行动的集结地，作战单位一个个到来，然后立即投入战斗。到 12 月，沿着南北走向的山链形成了一条战线，从北向南到奥尔莫克依次是：第 32 师、第 112 独立骑兵团、第 1 骑兵师、第 24 师、第 96 师、第 38 师（1 个团）、第 11 空降师、第 7 师和第 77 师。总共 7 个师和 2 个团参与行动，是太平洋战争中迄今集结起来的最大规模的单一作战力量。此外，从 11 月末到 12 月中，工兵部队终于完成了莱特岛上 3 座机场的建造、钢板铺设和扩建工作，分别是塔克洛班、杜拉格和迪那万。到 12 月 14 日，它们可以为 317 架战斗机提供服务，此外有 8 个中队的轰炸机现在也可以脱离帕劳群岛的昂奥尔岛展开行动了。还需要更多的空军力量，但是现在的莱特岛已经不再惧怕来自菲律宾基地的日本飞机轰炸了。[31]

　　12 月初，当工兵在机场上取得进展时，第 77 师在莱特岛的西海岸登陆，加入了夺取奥尔莫克的战斗。麦克阿瑟长期以来总是低估敌人的实力，使得第 77 师来到这里的路线十分曲折。首先，在完成关岛战役之后，他们的下一项任务是编入第二十四军夺取（位于西加罗林群岛）雅浦岛和乌利西环礁。然后，这个军的任务调整为担当莱特岛的预备队，下辖第 7、96 和 77 三个师。在麦克阿瑟的要求下，原定运载第 77 师的船只被派去装载来自西南太平洋战区的，"做好准备的、新加入
205 战斗且熟悉目标区域"的一个师。对于西南太平洋的一个师来说，运输大队的规模不够，所以他又补充说，也可以利用一

些运载第 1 陆战师到佩莱利乌岛的舰只，莱特岛行动之后再把它们还给陆战队。[32] 其实，麦克阿瑟想要的是舰只而不是部队，既然认为莱特岛是一项很容易完成的任务，他已经在考虑后续行动了。10 月 29 日，登陆莱特岛后不久，麦克阿瑟告知尼米兹他不再需要第 77 师了。该师已经对可能的奥尔莫克登陆进行过研究，现在他们从关岛启程前往新西兰的新喀里多尼亚进行休息和恢复。11 月 10 日，在克鲁格将军的压力下，麦克阿瑟又回过头来索要第 77 师，尼米兹表示同意。距离新喀里多尼亚只有 4 天航程的船队掉头返回，经停马努斯岛后驶向莱特岛，并在 11 月 23 日抵达。该师于 12 月 7 日在奥尔莫克东岸实施两栖登陆，加入了战斗。他们的大部分装备留在了关岛。[33]

第 77 师的安德鲁·D. 布鲁斯少将指挥着一支训练有素、身经百战的部队。他相信，最大限度地集中火力和前进势头就能够取得成功，并增强部队的自信心。然而，这种推进并非单一的行动，而是根据地形和防御的性质与规模，对敌人进行攻击与机动、包抄与分割的组合，这样才能让日本人在防御中发生混乱并失去协调。第 77 师乘坐中型登陆艇从莱特湾向南穿过苏里高海峡，然后再向北到达奥尔莫克东南 4 英里的海滩，距离第 7 师的位置 7 英里。

登陆几乎没有遭遇抵抗，而且布鲁斯知道速度的重要性，在登陆开始以后不到 3 个小时就率领师部上岸。登陆艇很快就空了出来，因为补给品已经预先装上了履带式两栖车辆，它们已经登陆并立即向北进发。第 7 师跟在第 77 师的后面也向北移动，提供后方的保护，以使布鲁斯不必安排自己的步兵防守一块固定的基地；他可以"卷起自己的尾巴"，将 3 个团的兵力全部投入进攻。[34] 他明白日本人的大部队可能正在奥尔莫克等候，但是有迹象表明敌人可能没有准备。该师运气很好，日军的第 26 师团奉命东进，为消灭美军在莱特岛的机场和飞机提供步兵力量，后来他们遭遇了第 7 师。爆破队和伞降步兵乘飞机而来。日本第 26 和第 16 师团一起进攻杜拉格内陆 10 英里处的简易机场和塔克洛班及杜拉格两处机场。这个计划失败了，简易机场已经被放弃；执行爆破任务的飞机在跑道上撞毁或者错过了跑道，只有一部分步兵抵达，无人返回；通信联络与协调行动失灵。然而，伞兵的确在美国空军和地勤人员中造成混乱，直到邻近的步兵单位赶来消灭了入侵者。[35]

面对越来越强劲的抵抗，第 77 师艰难地推进到奥尔莫克外围。行动第四天，12 月 10 日，这个有着长长混凝土桩码头的重要城镇成为该师的目标，且在当天被夺取——并完全占领。进攻以一阵猛烈的爆炸开始：包括两个师属炮兵营、自行榴弹炮、白磷燃烧弹和弹片迫击炮、火箭发射登陆艇等武器的火力，以及弹药和汽油库被引爆后燃起的大火。紧接着，第 307 团的步兵握着手中的武器，逐个房屋肃清城里的日军。第 306 团从右翼逼近，两个团合力把敌人向西挤压，如官方战史记载，"就像挤牙膏一样"。[36]

站在奥尔莫克北边的一座小山上，越过构成其西部边界的那条河，有一幢石头房子，经混凝土加固后变成一座碉堡，由日军今堀支队（Imabori Detachment）驻守。这个迷你要塞控制着一套防御系统，居于奥尔莫克的第 77 师和向北延伸到奥尔莫克山谷的公路之间。必须把它攻克。12 月 10 日，美军进行了重新组织和补给，第二天便挥师向北，从构成该镇西部边界的河流两边发起进攻。美军在整条防线上都遭遇猛烈的火力，各种轻型火炮、迫击炮和机关枪间隔 5 码配置，只在近距离射击，还有许多的步兵掩蔽坑，全都经过专业的伪装。反攻带来了长达 1 个小时的激烈近战。[37]当明显意识到伤亡可能过高，这几个营便撤退了。[38]第 77 师需要他们出发前往新喀里多尼亚时留在关岛的那些坦克。

12 月 13 日，经过一天的侦察和重新定位，该师再次向前进攻，这次在左翼取得了更大的进展，之后形成了对北侧的包围。这一天的战斗以密集的炮击开始，受到惊吓的日本人错误地向美军战线移动，纷纷被打倒在地。日军继续顽抗，发动了 5 次反攻，全都被粉碎，双方都伤亡惨重。[39] 第 305 团 K 连的一个排，在几分钟的时间里从 52 人变成 11 人。[40] 化学迫击炮弹形成一片烟幕，持续了 7 个小时，伤员才得以转移。双方损失巨大，但是，经过一次次冒着美军炮火的反攻，日本人已被大大削弱。

12 月 14 日的进攻集中于那座碉堡。炮弹已经把它的伪装撕掉，一辆装甲推土机的铲斗削去了通往内部的洞顶。步兵使用了火焰喷射器和手榴弹。碉堡外围的步兵掩蔽坑被一个个地破坏。美军在其周边共发现 633 具日军尸体，占到在奥尔莫克战斗中所有被打死的 3000 名日军的五分之一。第 77 师的伤亡是 421 人。[41] 该师立刻向前推进，并于 12 月 16 日占领了科贡（Cogon）和附近的道路交叉口。用 9 天的时间解决了奥尔莫克，打开了通往北部的公路。

12 月 17 日，第 305 团踏上通往巴伦西亚（Valencia）的 2 号公路。该镇位于北边 7 英里处，在奥尔莫克山谷的中心，被判定很可能是一个日军据点。这个团在沿路各处时而遇到日军的抵抗，但都不是有组织的，所以他们坚持推进，在到达巴伦西亚的半途中构筑防线过夜。与此同时，其他各团开始从西边形成包围。第 306 团沿道路向西行进 2 英里，转而向北，再绕向东边，在第 305 团北边回到公路上，而第 307 团行进了 4 英里才转向北边直指巴伦西亚。先是 3 个团，然后变成 2 个团的平行推进抵达该镇。侧翼部队拖着弹药和武器，艰难地跋涉在稻田中，膝盖甚至腰部都陷进泥里。菲律宾人帮助运送给

208

养。第307团当天赶到巴伦西亚的简易机场。第306团同样涉过稻田，在第305团的进攻和随之而来的炮火下纷纷向北逃窜的日军给他们带来更多的抵抗。包围行动很成功。一支装甲车队越过所有抵抗快速向北而去，将食物和弹药运送给远端的部队。[42] 第77师这一天的推进所取得的成功，不仅在于夺取了莱特岛西部的交通中心，而且将敌人的防御系统从中间一分为二。

在同一时间，北边的第32师在夺取利蒙以后，已经进入了可以被称作卡里加拉－奥尔莫克通道之咽喉的地方。从此处一直向南的公路，封闭在丛林和平行的山脊之中，是片冈第1师团残部开展防御作战的理想之所在。由于在通道内部几乎没有机动空间，第32师只能发动一次又一次血淋淋的强攻，取得的战果甚至是以码为单位计算的。[43] 怒于得不到任何替换人员，师长威廉·吉尔少将已经在12月6日告诉克鲁格，他需要更多兵力，第32师"现在太过虚弱，已经干不了我必须干的活儿。他们必须把我换掉"。莱特岛上的第六集团军的确有替换兵力，总数刚刚超过5000人，但是这些兵力未经训练，而且远远少于克鲁格在登陆开始前所要求的1.9万人。[44] 截止到12月18日，第32师在利蒙以南大约3英里，距离巴伦西亚还有13英里。赛伯特将军决定对各师进行调整，让第1骑兵师打头阵。这个师已经在第32师左侧的山脉中杀出一条道路，现在正向前面的公路冲锋。第77师相应地向北移动5英里，到达一个重要的公路交叉口，这里有一条路通往日军最后一个入岛港口，位于西海岸的小镇帕隆蓬（Palompon）。从那个交叉口，布鲁斯派第306团沿奥尔莫克通道向北，于12月22日在卡南加村（Kananga）与第1骑兵师第12团会合。终于，第十军和第二十四军将缺口合拢，完成了对这个岛的包围。[45]

下一步便是夺取帕隆蓬。当第306团向北时，第305团向西进入奥尔莫克山谷和卡莫特斯海（Camotes Sea）沿岸的崎岖山地。日本人一座接一座地将桥梁破坏，而当预制的贝利桥（Bailey Bridges）不敷使用时，就需要花费时间进行替换。此外，随着该团向西进入山区，他们遇到了更多的有组织抵抗。于是布鲁斯便计划展开一场两栖行动，从海上夺取帕隆蓬。一个营，后来又加上一个营，未经战斗便占领了这个镇子，并顺着道路向东推进，威胁敌人的后方。当东西两支部队于12月31日会合的时候，日军在莱特岛上的抵抗实际上已经崩溃。第77师的战斗被证明是非常重要的，他们为莱特岛的地面战斗带来决定性的胜利。但是其速度并没有降低伤亡率，该师的伤亡数字位居各师的第三，而他们的参战时间比第24师和第7师晚了两个月。[46]

日军指挥机构的瓦解并不意味着战斗的结束，在帕隆蓬南北两侧危险的乡间地区，各种各样的作战单位在不同地区的战斗仍在持续。第六集团军及后来的第八集团军对乡村地区组织了清扫行动，几个师大范围展开，并排行进。在遇到日本人的时候就集中兵力猛烈交火。虽然这种战斗逐渐减少，但是一直持续到1945年5月。麦克阿瑟的司令部用"扫荡"这个词称呼这一阶段，但是对于亲身经历的步兵来说，这个词是对一项危及生命且令人筋疲力尽的任务的贬低。陆军上士威廉·T.麦克劳克林在他的回忆录中描述了他作为美喀师侦察部队的一员，参与扫荡行动的经历。他的部队走在步兵前面进行侦察，落入了日军的埋伏，等待步兵连派来援兵，他写道，"当'狗脸'们带着机枪、巴祖卡火箭筒和他们的所有家当赶到的时候"，我们"都坐在小路旁强撑着。和参战士兵通常的模样相同，这些步兵也都显得疲惫不堪，但是在我们看来他们很好看。他们的绿色军装吊在干巴巴的骨头架子上，机枪、迫击炮、子弹带和手榴弹的重量压弯了他们的腰"。麦克劳克林记得他们经过时并没有开玩笑。"我们是因为累坏了，丧失了幽默感，而他们是因为明白自己正要投入一场血腥的战斗。"他说他终于明白了，"为什么刚刚脱离战斗的人总是目不斜视。"[47]

麦克阿瑟已经在 10 月 20 日上岸，承担对莱特岛战役的直接指挥，但是他多数时间置身事外。在莱特岛行动的准备阶段，他热衷于乘着"纳什维尔号"轻型巡洋舰前往莫罗泰岛和莱特岛的登陆场。然而，一俟金凯德将军获知即将在莱特岛展开的海战，他就坚持让最高司令官离舰上岸，以便战舰能够用于战斗。麦克阿瑟不情愿地上了岸，进入塔克洛班的一幢砖混结构的房子。他时不时地在距离海岸线 10 英里外的第六集团军司令部会见克鲁格将军，但在接下来的几周里，他很少探访部队。尽管有几次勉强躲过日军的轰炸和扫射，人们还是能看到他在门廊上来回地踱步，叼着他那标志性的玉米芯烟斗喷云吐雾。他似乎已经不再热衷于争吵。[48]

平静的举止并不能说明麦克阿瑟对当前的进展感到满意。他已经把指挥责任交给克鲁格，同意了对方的要求，但是也明确表示，他对第六集团军的缓慢进展无法满意。克鲁格不需要这样的鞭策，他已经向第十军军长赛伯特将军施压，要求加快速度。如我们所见，赛伯特当着师长弗雷德里克·欧文（Frederick Irving）少将的面，撤掉了第 24 师的一名上校，后来把这位师长本人也撤了。欧文派两个营发起了最后的冲锋，并因此而获得总统嘉奖。虽然如此，不同指挥官在是否及如何加快进攻的问题上存在不同看法。在师里广受喜爱和尊敬的欧文被撤职，立即被证明是一个错误。麦克阿瑟本人告诉罗伯特·艾克尔伯格中将，即新任的第八集团军军长，"对做出这个举措感到遗憾"。[49]在由第 32 师取代第 24 师的时候，克鲁格很快发现新来的第32师步伐太慢。即便存在诸多困难，克鲁格还是向师长吉尔少将发出警告，说"他没有对团级指挥官施加足够的压力"，而且对方的折颈岭计划太过于"注重防守"。吉尔应当"更积极一点，以便我们能取得一些成果"。[50]

211

在与艾克尔伯格的谈话中，麦克阿瑟还通过对各师的负面评论，表达了他对令人沮丧的进展的反感。他说，第32师"一贯表现不佳"，而且他"对第77师和第7师的缓慢进展感到失望"。[51]麦克阿瑟从来没有原谅倒霉的第32师在1942年11月至1943年1月在布纳和巴布亚新几内亚的作战表现，缺乏经验，训练不足，补给很差。可是现在，这已经是一个完全不同的师了，虽然人员配备依旧不足。事实上，在折颈岭战斗的最后阶段，第32师发挥了关键的作用。到11月底，该师已经威胁到日军西边的侧翼，并迫使片冈将兵力转移到保护自己暴露在外的阵地上。这就在日本第1师团的东侧造成一个缺口，使吉尔的部队能够从中穿越并有机会将这个师团彻底打垮。这段时间，根据片冈的参谋长所说，"被证明是第1师团最具灾难性的一刻"。[52]情况的确如此，第32师在奥尔莫克通道的深处停滞不前，但那是在付出了几乎2000人的伤亡之后，更不用说疾病和战斗疲劳症造成的减员。[53]第7师虽然说不上快如闪电，但好像也完成了他们的任务。在巩固了莱特山谷的南段之后，这个师分散开来。3个营开往奥尔莫克湾沿岸独自对抗猛烈的进攻，直到第77师登陆并发起一次很难形容为"缓慢"的进攻。

麦克阿瑟对部队表现的批评是受到误导的，这揭示出他本人对部队作战环境缺乏了解。但是这种对自己的部队表现出来的坏脾气，也说明了在10月和11月间，他面对一次次的延误与推迟所感受到的紧张和沮丧。他的陆军陷入困境，他的空军

212

跌入泥潭，他的海军被神风突击队纠缠。经过新几内亚岛上的一路凯歌高奏，以及海军在莱特岛海域的胜利，如今莱特岛上的地面战斗却陷入困境，这太令人吃惊了。快速航母舰队正在极力要求为进行恢复和承担其他地方的任务而撤离，只给麦克阿瑟的海军留下目前的 6 个塔菲护航航母大队的飞机，而且他自己的空军缩减到只在塔克洛班机场上忙碌的唯一一个战斗机大队。吕宋岛和救赎已如此之近，却依然无法触及。

与麦克阿瑟一样，肯尼将军也没有料到莱特岛上的重大行动。日本人已经"走上了下坡路"，要挽救他们在吕宋岛、中国台湾或是本土岛屿上的部队。可是，莱特岛不同于他曾占据上风的新几内亚岛。对于日本对菲律宾的空中增援体系的范围和效果如何，他并没有概念。甚至因为莱特岛海战的结果，来自九州的战机经过台湾，转移到吕宋岛上的大约 70 个空军基地和简易机场，还有来自东印度群岛和婆罗洲的战机转移到米沙鄢群岛的宿务岛（Cebu）和内格罗斯岛（Negros），从北和西两个方向对莱特岛和航行在这些岛屿之间的船只构成了明显的威胁。除了日本人的援军，还有神风突击队带来的新威胁。在莱特岛战役之前，偶尔也有自杀式的攻击，最显著的就是在莱特湾海战中。当时，大西泷治郎（Onishi Takijiro）海军中将已经决定，只有采用最极端的手段，才有机会让美国海军停步。简单来说，一架进行撞击俯冲的飞机比执行轰炸任务的飞机更难以阻止。1944 年 10 月，日本海军正式采用这种骇人的新式武器。创立一支特别的自杀部队是日本陷入绝望的一个标志，但是这也生动地向美国人展示了日本人愿意付出多么大的牺牲。对于那些飞机和飞行员来说，实施此类自杀式任务有着明显的缺点。他们通常都是没有战斗经验的学员，只执行一次任务就损失掉了。但是，这些意志坚定的飞行员不顾防空火力将飞机对准敌舰，增加了取得惊人战果的可能性。[54] 敌人也在转变战术，在夜间或黎明和黄昏的时候展开攻击。美国的夜航战斗机航速慢，抓不住来袭的敌机，而且莱特岛上的山峰遮挡了他们的雷达。塔克洛班的战斗机在黄昏时起飞，并在天黑之前降落，错过了其他地方的任务。在登陆之后几个星期，肯尼就决心按照自己的方式作战。在引航系统就位之前，他就引进了大量的飞机，导致在地面上发生严重的损失；他坚持立刻建设所有机场，虽然工程人员的建议是集中力量于塔克洛班和杜拉格，这便在无法解决排水问题的一些地点浪费了时间。[55]

到11月底，在这种犹疑和缺乏信心的状态下，他脾气变得越来越坏，时不时地，恼火发展成暴怒。金凯德将军的护航航母上只有不到100架飞机，他要依靠哈尔西和肯尼的掩护。11月27日和29日，2次神风突击给莱特湾里的1艘战列舰和1艘驱逐舰造成破坏，导致严重的人员损失。根据金凯德的说法，肯尼的飞机奉命保护，却并未到场。第一次，他发出了抱怨。第二次，他指责肯尼没有完成自己的任务。肯尼解释说，他的飞机迫于防空火力而无法足够靠近。在金凯德第二次指责以后，肯尼愤怒地告诉金凯德把这些诉诸文字，以便他可以指控金凯德在正式陈述中弄虚作假。战后，哈尔西支持了金凯德的观点，他记得曾称肯尼"未能给予莱特岛有效的空中支援"，迫使自己"做好准备为他填补漏洞"。[56]

在太平洋战场上，陆军和海军的关系一贯紧张。一个重要原因就是麦克阿瑟及其巴丹帮对海军抱有敌意。海军官员也看不起陆军，但是不敢当着尼米兹的面流露出来。1943年，雷蒙德·D. 塔巴克（Raymond D. Tarbuck）上尉在加入麦克阿瑟参谋部的途中拜访了太平洋舰队司令部，他提到，在尼米兹面前，人们似乎试图让他对将要效忠的那个人产生偏见。有人说，他"不应当对麦克阿瑟太过相信"。这位海军上将从座位

213

上起身，手指着塔巴克说："小伙子，你一定要明白，这些话可不能传出这个房间。"[57]

　　然而，在打退日本人的陆基空军进攻之前，麦克阿瑟显然不可能解放吕宋岛。在 10 月 25~27 日的胜利之后，11 月美国海军度过了苦涩的几个星期，在通往吕宋岛机场的飞行线路上，日本人不断地输送飞机和单程飞行员。他们面对的唯一障碍就是哈尔西的快速航母舰队。虽然持续地给敌人造成了重大损失，但是前所未有的长时间连续战斗和海上执勤，缺乏休息和整修，陆军航空兵仅有零星支援，以及神风式战法这项恐怖的发明，都使这支舰队受到削弱。神风飞行员驾驶着俯冲轰炸机，以突然的转向或紧贴浪尖的飞行高度接近战舰。他们会单独或组成一个小队展开进攻，从多个不同角度快速连续地向一艘船猛扑下来，突破其防御。[58] 出于参加战斗和保持警戒的持续需要，航空母舰在乌利西环礁的停留时间都很短，且经常被打断。4 支特混大队中总是有一两支航行在往返乌利西环礁的路途中，这也减弱了美军的攻势。一次长时间的行动任务意味着放飞位置和行动间隔的重复，为日军发现航母提供了线索。找到美军舰队的另一条路径是尾随最后一次进攻后返航的飞机。随着参加行动的航母数量减少，护卫航母的空中战斗巡逻的规模，或是攻击队伍本身都不得不缩减。

　　其结果肯定不是单方面的。在 11 月下旬一次为期两天的袭击中，航母方面声称消灭了 438 架日军飞机。而为此付出的代价也是高昂的。"富兰克林号"（*Franklin*）、"无畏号"和"列克星敦号" 3 艘舰队航母，以及"卡伯特号""贝劳伍德号" 2 艘轻型航母大面积受损。其中 3 艘返回西海岸修理。这一损失将快速航母舰队的作战舰只数量从 17 艘减少到 12 艘。根据哈尔西的判断，其中的教训是"只有针对有价值的目标，或是重要时间点的大规模打击，才值得将快速航母暴露于自杀式攻击之下"。[59]

面前便是对重要目标吕宋岛的登陆行动。这座岛屿是菲律宾面积最大、人口最多的岛屿，马尼拉就坐落在这个岛上。本次战役始于预先夺取民都洛岛。它是一个人烟并不稠密的岛屿，最宽处50英里，长100英里，仅在吕宋岛西南15英里之外。贯穿南北的山脉高达8000英尺，横亘在岛屿西部，抵挡向东刮来的季风和台风。有利的干燥天气，预期中的简易机场，而且几乎无人防守，都使民都洛岛成为一块迈向吕宋岛的理想垫脚石。问题是进攻和补给船队缺乏空中掩护。对于麦克阿瑟和他的指挥官们来说，现在只有一种办法在菲律宾夺取制空权，那就是使用快速航母舰队。在海战之前，他就指出，他正在离开自己的陆基航空兵掩护范围，"预期将得到第三舰队的全力支持"。这一支持是"必不可少且至关重要的"。在海战结束后，哈尔西谨慎地回应，他将在10月27日之前为莱特岛提供支援，但是"之后无法继续提供直接空中支援"，因为弹药的缺乏和飞行员的疲劳。他问麦克阿瑟的飞机什么时候能够接替行动。[60]

这位将军拥有他自己的航空母舰；而海军上将自行设定了期限。尼米兹意识到，双方面临着一个重要的战略问题与机遇。尼米兹在给金的信中说，敌人已经在莱特岛上通过"投入其大量空中力量"，"决意为菲律宾进行顽强的战斗"。他认为，这给美军带来"一个重创其空中力量的机会，而无需损失我们自己的舰只和飞机，也不需长期大量投入我们的人员和物资"。[61]必须继续攻击日本在吕宋岛上的空军，直到麦克阿瑟的陆基空军投入战斗，或是敌人的实力被动摇。所以说，一场吕宋岛空战不仅是必要的，也是有利的，它会让日本人把空中力量集中到某一个地方，方便美军予以摧毁。尼米兹清楚地表明了他的条件。航母舰队一定要在乌利西环礁得到休息、维修

215

和重新装载。麦克阿瑟已经建议把舰队部署在吕宋岛以西，处在假想中的敌人水面进攻和他在民都洛岛与吕宋岛的登陆行动之间。尼米兹的回应是，舰队将停留在吕宋岛以东，因为在那里可以有足够的海上空间，并靠近海运补给和乌利西环礁，还可以对任何进攻予以拦截。于是，对吕宋岛登陆的掩护就出现了问题。一俟老旧战列舰完成这里的火力支援任务，它们就将被撤走，去往硫磺岛进行炮火支援。那边的登陆行动取决于麦克阿瑟何时将这些战列舰放走，尼米兹要求他拿出一个尽可能经得起推敲的预计时间。这位将军回答，它们"可能"会按计划撤离，即在吕宋岛登陆后的第六天，但是他建议用两艘快速战列舰替代它们，并从航母舰队抽调屏护驱逐舰。尼米兹冷冷地回答说，他不认为会出现需要这样一次调动的情况。[62]

216   在 11 月那充满焦虑的几个星期，这场讨价还价仍在继续，而推迟吕宋岛登陆的想法已经占据上风。尼米兹的参谋人员福里斯特·舍曼海军少将飞到麦克阿瑟的司令部，寻求在陆海军之间对菲律宾的使用达成一项安排，但是他在 11 月 4 日的报告中对此所作的描述却是一片暗淡。肯尼将军已经承认，他无法触及进攻莱特岛的日军飞机起飞的那些吕宋岛上的机场。作为莱特岛上的第二座机场，杜拉格机场直到 11 月 15~20 日才能准备就绪。舍曼相信，出于形势所迫，至少在杜拉格机场就绪之前，需要快速航母对吕宋岛的机场进行打击，而且持续时间实际上还要更长，以便在定于 12 月 5 日开始的民都洛岛行动中"从根本上完全取得制空权"。舍曼还补充说，西南太平洋司令部的普遍观点是，从林加延海滩登陆吕宋岛的行动肯定是要被延误了。实际上，麦克阿瑟的所有指挥官都同意这一推迟。[63]

        只有麦克阿瑟独自一人信誓旦旦地要按照原计划行动。"敌人为保卫菲律宾而奋战的明显意图最容易挫败，"他在 11

月16日写信给尼米兹说，"只要我们现在立即开始大举进攻，以阻止他们目前正在急速推进的吕宋岛防御准备工作。"[64] 11月17日，尼米兹直截了当地说，他不准备接受——因为这是"不可行的"——让快速航母舰队没有在乌利西环礁得到适当补给就承担掩护和支援民都洛岛和吕宋岛登陆的责任。他答应在民都洛岛行动期间为取得制空权而提供协助，前提是让快速航母舰队在乌利西潟湖的锚地得到10天，最好是2个星期的休息和维修保养。在民都洛岛和吕宋岛两次行动之间也需要同样的时长进行补给。[65]

　　因为没有收到回信，尼米兹在11月29日再次重复了这些条件。首先，他告知麦克阿瑟，留在南方海洋上的日本海军力量已经很少，不会构成大规模的威胁。他和西南太平洋司令部的其他人一起劝说麦克阿瑟推迟民都洛岛行动。不仅是岸基空中力量的到位需要时间，它们还需要时间在莱特岛的地面和空中逐步壮大。与此同时，航母舰队也可以在乌利西环礁得到休整和重新武装。它们几乎已经连续出海48天了。尼米兹说，目前这些航母对替换飞行员的需求"已经变得极其重要"。之后，陆基和航母上的空军力量可以一起进行强有力的打击，带来绝对的空中优势，保护民都洛岛的进攻。[66]同样的结果很可能也会作用于吕宋岛的攻击。[67]11月30日，将军把民都洛岛登陆从12月5日推迟到12月15日，同时吕宋岛登陆也从12月20日推迟到1945年1月9日。这些变化对后面的硫磺岛和冲绳岛登陆行动产生了连带影响，在海运和集结的日程表上，二者也都分别推迟了1个月。

　　首先要进行另一次两栖登陆，将第77师从莱特岛东岸海运到奥尔莫克。这场登陆如今行得通了，因为民都洛岛和吕宋岛的行动推迟，登陆舰只空闲出来，得以安排这次隔日抵达的旅行。如前文所述，奥尔莫克的登陆和向北推进完成了对日军

的包围，瓦解了日本人在莱特岛上的有组织抵抗。在 12 月 7
日未遇抵抗的登陆和迅速卸载的过程中，出现了一支大约 12
架轰炸机和 4 架战斗机组成的神风突击队。陆军从塔克洛班起
飞的拦截机击落了 3 架战斗机。9 架飞机下降到海面高度，以
1500 码的间隔冲向"马汉号"（Mahan）驱逐舰。其中 4 架被
战舰炮击落，1 架直接飞了过去，1 架错过目标落入水中，有 3
架撞上了驱逐舰，侧面 2 架，另一架正中舰桥后部。整个战斗
只持续了 4 分钟。因为大火朝着"马汉号"的前弹药库蔓延，
进水控制系统也被水淹没，舰长命令全体人员弃舰。他们将用
炮火击沉这艘战舰。10 人阵亡或失踪，32 人负伤，这样的伤
亡率低得令人吃惊。旁边的"沃德号"（Ward）驱逐舰是最后
3 架神风飞机的目标。2 架敌机落水，但是有一架撞上战舰侧
面，插入了锅炉舱。"随后发生猛烈的爆炸，一团巨大的火焰
包围了它的舰腹，并冲进乘员舱。"该舰完全失去动力，只得
被放弃，和"马汉号"一样被下令以炮火击沉。有几名船员严
重烧伤，但是没有其他伤亡。[68]

　　刚过上午 11 点，第 77 师就完成了卸载，使得船队在创纪
录的短时间内出发开始返航。神风突击队再次以 4 架飞机向屏
护驱逐舰和运输驱逐舰发起攻击。第一架落水，第二架和第三
架被驱逐舰炮火击中爆炸，第四架从正前方撞上"利德尔号"
（Liddle）的舰桥，破坏了通信系统，舰长牺牲，33 人阵亡或
失踪，22 人重伤。数次神风突击都利用旁边的一座小岛隐藏
其进攻的第一阶段。有一架飞机飞到"拉姆森号"（Lamson）
头上绕来绕去，撞上了第二根烟囱，冲进了无线电收发室。如
莫里森的记载，"火苗蹿得比桅顶还高"。舱口被爆炸封堵，
被困在锅炉舱里的人员都被烧死了。余下的人聚集在艏楼和
艉楼，等待着弃舰，但是该舰得到营救。全体 300 名乘员中
有 21 人阵亡，50 人受伤。在这次航行中，12 艘驱逐舰共发射

218

1.8 万发炮弹，并得到莱特岛 12 架 P-38 战斗机和陆战队一个中队海盗式战斗机的支援。4 艘战舰共伤亡大约 180 人。[69]

12 月 8 日和 9 日，第一轮为"奥尔莫克"进行再补给的船队没有受到攻击和损伤。12 月 11 日的第二轮船只却遭到 10 架神风飞机的袭击。有几架被陆战队的巡逻飞机击落，但是有 4 架攻击了"里德号"。一架错过目标，另一架中弹爆炸。一架撞在船头，还有一架撞在港口区域。炸弹一定是钻进了舰体，因为"里德号"在 2 分钟之内就沉没了，伴随一声巨大的水下爆炸，其全部 255 名成员损失了将近一半。在回程途中，"考德威尔号"（*Caldwell*）同时遭到俯冲轰炸和撞击。一颗炸弹炸毁了 1 号火炮的操控室，第二颗击中 2 号火炮顶部，那架飞机翻滚着撞上了舰桥，无线电收发室被毁。阵亡或失踪 32 人，伤 40 人。虽然，与神风突击战术同样吓人，也同样令人不安的是，3 艘驱逐舰沉没和 3 艘进行大修（相当于驱逐舰分遣队的半数），还有数艘登陆舰的损失，但是对奥尔莫克的成功包围，彻底击垮了日本人在莱特岛上的抵抗，其意义远远超过所付出的上述代价。[70]对日本人来说，民都洛岛遭到的攻击很快就使奥尔莫克战斗，甚至整个莱特岛战役都黯然失色。

为了在 12 月 14~15 日登陆民都洛岛，两栖舟艇已经开始集结。这次参战的地面部队有经历过折颈岭战斗的第 24 师 21 团，和参加过新几内亚农福尔岛那场并不顺遂的空降的第 503 伞兵团。运送他们的登陆艇还是奥尔莫克的部队用过的，但是它们在此次航程中得到了更好的保护，有 12 艘驱逐舰形成的屏障，旗舰是 1 艘巡洋舰，还有 3 艘巡洋舰和 7 艘驱逐舰组成的掩护部队。将在远处的苏禄海（Sulu Sea）上提供保护的还有一支强大的舰队，包括 3 艘珍珠港事件前的战列舰（主要是利用其防空能力）、3 艘巡洋舰、6 艘护航航空母舰（萨马岛战役中的塔菲 2 号）和 18 艘驱逐舰——简单说就是金凯德的

219

整支第七舰队。一旦肯尼的战斗机因为天黑或莱特岛出现坏天气而不能使用，这些护航航母便会投入战斗。

准备在北方进行掩护的是快速航母舰队。随着民都洛岛行动的推迟，且麦克阿瑟和尼米兹对日期和期限达成一致，舰队在乌利西环礁的锚地享受了一段长达 10 天不受打扰的休息和维修。这有助于他们进行重新组织并提高在神风突击中的战斗表现。因为有些航母正在维修，为了加强其余舰只的打击力，他们便把原有的 4 支舰队合并为 3 支；通过减少轰炸机和鱼雷机的数目，他们将舰载战斗机增加了一倍。出于保护舰队免受神风突击的目的，他们发明了一种类似于筛网的雷达警戒驱逐舰阵型，与朝向日军的舰队前方 60 英里处进行的空中战斗巡逻相结合。舰队于 12 月 11 日离开乌利西环礁去执行对吕宋岛为期 3 天的打击任务，以支持民都洛岛的进攻。这方面的战术也出现了变化。其目的并非进行空中格斗，而是让战斗机飞到吕宋岛的机场上空阻止日军飞机起飞。[71] 该计划被命名为"蓝色巨毯"（Big Blue Blanket），因为蓝色是美国的代码颜色。哈尔西的声明可能有些夸大其词，他说在三天两夜的时间里，即 12 月 14、15 和 16 日，他们消灭了 270 架敌机，其中大多数是在地面上。最重要的是，在那些关键日子里，以吕宋岛为基地的飞机对驶往民都洛岛的美国船只的袭击受到了压制。

日本人仍然有能力造成损失。之前一天，12 月 13 日，攻击集群和大规模掩护集群从南方穿过菲律宾水域接近民都洛岛，二者之间相距不远，正要在内格罗斯岛转向北方进入苏禄海的时候，他们遭到了袭击。在头顶掩护的是从莱特岛起飞的陆战队的 35 架海盗式飞机，和下方护航航母的 12 架飞机。下午 3：00，一架神风式轰炸机溜到船队后方，向"纳什维尔号"巡洋舰扑了过去。这是 A.D. 斯特鲁布尔（A. D. Struble）海军少将的旗舰，也是麦克阿瑟刚刚使用过的座舰。

敌机正好撞在将军在船艉的座舱，两颗炸弹爆炸，摧毁了舰桥和通信中心，点燃了待用的弹药。一些船员被抛过船舷。133名官兵牺牲，包括这次行动的陆军和海军参谋长，还有190人受伤。将军本人和50多名军官及战地记者一起被转移到一艘驱逐舰上，于是"纳什维尔号"掉头返回莱特岛。那天下午，有10架日军飞机来自宿务岛。它们被战斗巡逻机消灭了7架，又被"西弗吉尼亚号"战列舰和一艘驱逐舰打掉了2架。但是那架幸存者重重地撞在"哈拉登号"（*Haraden*）驱逐舰的舰桥上。它的炸弹爆炸，炸翻了前部烟囱，燃烧的油料和炙热的蒸汽四处扩散。大火被扑灭，这艘驱逐舰也返回了莱特岛。

12月15日登陆民都洛岛未遇抵抗。经过在莱特岛上的那几个月时间，这里的干爽气候令人愉悦。为加快速度，第77师的1200名士兵帮助卸载，运输船队提前一天返航。在登陆期间，快速航母对吕宋岛上的机场进行了火力覆盖，从米沙鄢群岛的机场起飞的神风突击队也受到限制。5天之内，美军在民都洛岛上的第一座机场就准备就绪了；由于天气干燥，第二座机场于12月28日提前一周投入使用，同时开始了第三座机场的建设。P-38和P-47战斗机，还有P-61夜航战斗机立刻入场，随之而来的一大波飞机组建起3个战斗机大队、2个中型轰炸机大队和2个夜航战斗机中队。为了袭击舰船，神风突击队必须避开这些战斗机和护航航母的空中战斗巡逻，但是这几乎不可能。[72]

尽管有所收获，民都洛岛的进攻还是不尽如人意，这给美军带来一个警示。在哈尔西于12月14~16日火力覆盖吕宋岛的各个机场之后，快速航母舰队撤到了吕宋岛以东，与油轮及补给船只会合。在风浪渐起的海面上进行加油变得越来越困难，但是哈尔西执意坚持，努力寻找平静水域完成加油。因为没有任何天气预报系统，也不了解当地的气候模式，他并不知道，散布在五六十海里范围内的舰队正在步入一场强大台风的形成轨迹，一旦进入，他也不晓得如何逃脱。大型战舰在暴风雨中没有受到严重损伤，但是航母上的飞机损失了146架。"赫尔号"（*Hull*）、"斯彭斯号"（*Spence*）和"莫纳汉号"（*Monaghan*）3艘驱逐舰倾覆沉没，造成793名官兵死亡。舰队返回乌利西环礁进行维修，一直待到12月30日。民都洛岛行动便在至少10天的时间中失去了航母舰队的掩护。[73]

12月的后半月，随着民都洛岛上的机场就绪，肯尼的战斗机开始从莱特岛转场而来。由于他们仍然在莱特岛以外行动，持续的恶劣天气和无法进行黎明和黄昏攻击，都导致他们所能提供的保护仍然有限。护航航母的飞行员们发现，他们的野猫战斗机无法匹敌新型的神风式敌机。日本人给他们的飞机增加了装甲，提高了进攻的机动性，并进行大范围的侦察。与此同时，美军的舰只也发现，他们缺乏足够的使用近爆引信的5英寸高射炮，于是就不得不更多地依赖口径更小、射速更快也更灵活的40毫米和20毫米高射炮。最使人担心的是，这种自杀式空战方式的演变导致的结果是，即使消灭了一支神风突击队中的大多数甚至几乎全部敌机，也并不能算是成功，因为仅仅一架飞机就能够击沉一艘战舰。在民都洛岛进攻期间，从12月13日到次年1月4日，神风突击队击沉或重创了1艘轻型航母、2艘驱逐舰、5艘登陆舰和7艘自由式货轮，共16艘舰船。损失包括弹药、塑胶炸药、口粮、车辆、建筑材料和航空汽油。在1月2日夜间对民都洛岛机场的一场非神风式袭击中，美军又损失了22架飞机。[74]

222　　　从地图上看，吕宋岛就像一只右手的连指手套，拇指和其他四指之间的虎口位置就是林加延湾。这个海湾从南海向南延伸大约25英里，到达一片绵延20英里的海滩。在这个海湾

的东岸，突兀耸立着8000~9000英尺高的科迪勒拉中央山脉
（Cordillera Central Mountains），阻止了雨水和风暴向西移
动。从海湾向南就是中央山谷，约有40英里宽，都是经过开
垦种植的平坦土地，具有硬实路面的道路网络，甚至还有一条
通往马尼拉的铁路。越过海湾南端的那片沙滩，麦克阿瑟便能
踏上接近其目标的一条开阔笔直的大道。为了这场太平洋上最
大规模，也是整个战争过程中仅次于诺曼底的登陆战，他正在
集结一支大军。[75] 12月中旬，在阿德默勒蒂群岛的马努斯岛、
新不列颠岛的格洛斯特角和新几内亚岛的绍萨波尔与艾塔佩，
以及南太平洋上的新喀里多尼亚岛和所罗门群岛，步兵已经开
始登船。沿着新几内亚岛海岸一线的基地，从米尔恩湾到芬什
港、荷兰迪亚和农福尔岛，都簇拥着满载给养、装备、指挥部
成员和特种部队的舰只。各师部队开展登陆训练，与其他单位
一起组成更大的阵形，开往帕劳群岛的席亚德勒港和科索尔海
峡（Kossol Passage）加油并会合，然后向莱特湾驶去，再从
那里加入登陆吕宋岛的庞大计划。

　　吕宋岛登陆定于1月9日实施，它要求大批船只自莱特湾
沿民都洛岛护航路线行驶，穿过苏里高海峡进入棉兰老海，从
右舷经过内格罗斯岛、班乃岛（Panay）和民都洛岛。进入南
海以后，舰只将向北沿吕宋岛西海岸航线，经过马尼拉湾，到
达这个手套的大拇指博利瑙角（Cape Bolinao）。整条路线都
饱受神风突击队的困扰。这支无敌舰队按照功能和速度分成两
个部分。第一部分包括164艘船只，领头的是低速的扫雷舰和
水文测量队；后者负责搜索海湾里的水面，找出沙洲和其他障
碍。中间是一队12艘护航航母和屏护驱逐舰。跟在后面的是
第七舰队负责登陆前炮火准备和支援的炮舰。依次是6艘战前
建造的战列舰，5艘重巡洋舰和1艘轻巡洋舰，以及屏护驱逐
舰。大约就在这些前锋部队到达林加延湾的时候，后续部队才

离开莱特湾，以尽可能长时间地躲开神风式攻击。其中包括装载着先期登陆的全部 4 个步兵师的运兵船，第 6 师和第 43 师在东岸，第 37 师和第 40 师在西岸，以及它们的突击登陆车和两栖牵引车，由 148 艘两栖登陆舰和中型登陆舰（landing ships, medium）装载。与步兵相伴的是第二批 6 艘护航航母。以任何标准衡量，这都是一支强大的无敌舰队。

对于所有驶往林加延湾的战舰来说，这 18 艘护航航母是对付神风式攻击的主要防御手段。他们拥有全天候的空中防线，12 艘航母随行第一编队，6 艘随行第二编队。麦克阿瑟、尼米兹、哈尔西、肯尼和金凯德这些指挥官们的意图就是提供更多的空中掩护。麦克阿瑟提出的一个办法是，派哈尔西和快速航母打击日军从中国台湾和冲绳岛向吕宋岛增援的空中力量。哈尔西的确去做了，但是恶劣天气使袭击效果打了折扣。然后，他承担了为吕宋岛部分地区提供空中掩护的任务。虽然受到阴天的制约，他还是覆盖了吕宋岛北部的机场，以航母舰载机摧毁并击落了日军编队。[76] 已在民都洛岛迅速壮大的肯尼的第五航空队，负责吕宋岛的其余部分——中央山谷及以南地区的机场。

航程的最初几天里，登陆部队受到监视和袭击，但是没有遭遇严重破坏或损失。护航航母将 15~20 架敌机"击落水中"，其余都被驱逐。然而，当先头梯队在 1 月 4 日接近吕宋岛的时候，虽然有多个瞭望台注视着天空，还是没有注意到一架双引擎轰炸机以近乎垂直的角度俯冲下来，砸穿了"奥马尼湾号"（Ommaney Bay）护航航母的飞行和悬吊甲板，并引爆了携带的两颗炸弹。油料燃烧产生的巨大热量和浓烟扩散开来，触发了存储的鱼雷，造成 158 人伤亡。弃舰之后，燃烧的残骸被下令击沉。

1 月 5 日，神风突击队员充分展示了他们能够取得多么

大的战果，即便并没有一艘战舰被击沉。恶劣的天气使陆军
在民都洛岛的机场被迫关闭，但是护航航母分遣队进行了拦
截，并赶走了敌人的两波进攻。第三波次的 20 架敌机突破
了航母大队的防线，击中了 2 艘重巡洋舰，"路易斯维尔号"
（*Louisville*）和盟国战舰"澳大利亚号"（*Australia*），分别
造成了 60 人和 55 人的伤亡。护航航母"萨沃岛号"（*Savo
Island*）的舰长为避开一架战斗机的冲撞进行紧急转向，并下
令用 24 英寸的探照灯直接对准俯冲下来的飞行员，让对方失
明，从而为自己的炮手提供了帮助；这架飞机刚好错过了护航
航母"马尼拉湾号"（*Manila Bay*，它的名字就是为了纪念发
生在这附近的 1898 年的战斗）。两架战斗机以很低的高度快
速抵近，通过急转弯的方式爬升盘旋，然后对准航母俯冲下
来；一架错过了目标，另一架扎穿了甲板，它的炸弹在雷达发
射室和机库中爆炸。损害控制措施挽救了这艘战舰，甚至它第
二天还能有限地参与行动，尽管伤亡了 78 人。1 月 5 日的袭
击到傍晚时才逐渐停息，一艘护航驱逐舰严重受损，另一艘失
去了桅杆和探照灯。针对扫雷舰的攻击造成一艘登陆艇上出现
伤亡，而日军付出 3 架飞机的代价。

　　1 月 6 日，登陆之前三天，当炮火准备和扫雷行动开始的
时候，神风式攻击也达到了高潮。在林加延湾内部，任务定
义的导航和机动空间的缺乏，都使得舰只成为更加脆弱的目
标。正在用自己的重型火炮对东侧岸上目标开火的"新墨西哥
号"（*New Mexico*）战列舰，被一架起火的神风战机撞在了导
航舰桥的敞开侧翼上，温斯顿·丘吉尔和麦克阿瑟之间的私人
联络官与舰长一同牺牲，共有 110 人伤亡。就在这第三架飞机
撞毁舰桥的前后，"瓦尔克号"（*Walke*）驱逐舰击落了 4 架中
的另外 3 架。莫里森在他的记述中写道，舰长在撞击中"全身
被汽油浸透"，"一转眼就烧得像一支移动的火炬"。[77] 他坚持

224

指挥，直到战舰转危为安。之后，他很快就因伤阵亡。另一艘驱逐舰和"朗号"（*Long*）扫雷舰都被严重破坏。后者在第二天再次被命中而沉没。日本人的自杀式飞机总是从低空以高速接近。傍晚的时候，有两架冲着一艘驱逐舰而来；一架坠入水中，第二架向左侧紧急拉升，撞在"加利福尼亚号"战列舰的主桅根部。又有来自其他战舰的炮火胡乱击中了这艘战列舰，将死亡人数提高到 196 人。各艘巡洋舰也未能幸免。爆炸前，对"哥伦比亚号"（*Columbia*）的猛烈撞击穿透了三层甲板。损坏的炮塔弹舱迅速被淹没，这艘战舰因此而得救，它恢复了转向控制并完成了当天的炮击任务。如前文所述，前一天受到撞击的澳大利亚皇家战舰"澳大利亚号"，再次受到撞击，其伤亡数字上升到 95 人，但仍然坚持作战。"路易斯维尔号"遭受的第二次撞击撕碎了它的舰桥，西奥多·钱德勒（Theodore Chandler）海军少将身受重伤。

神风式攻击的波及范围和破坏程度令麦克阿瑟和他的指挥官们大吃一惊，以至于他们迅速在 1 月 7 日组织了一次对吕宋岛全境的大规模空袭。在麦克阿瑟的要求下，此前一天哈尔西已经尽其所能将航母大队派到了南边的克拉克（Clark）空军基地，这里位于马尼拉西北 40 英里。1 月 7 日，海军的航母舰载机一早就覆盖了吕宋岛北部和中部的日军机场。随后是陆军航空兵的 60 架中型和轻型轰炸机，从西北向东南并排飞来，对机场进行扫射并投下小型伞降炸弹。然后，又有同样数量的轰炸机从东北向西南并排飞过。两个中队的战斗机在轰炸机上方盘旋。空军还单独袭击了马尼拉周边的机场。[78] 这次迅捷如箭的空袭，目的就是要让敌人相信，如果他们计划从吕宋岛撤军，现在到时候了。事实上，第二天，即 1 月 8 日，日本海军便决定不再进一步增援其吕宋岛上日渐削弱的空军部队，并认为最好将生产能力保留给距离本土更近的战斗需要。神风突击队的组织者大西泷治郎和大部分飞行员奉命撤离。想必他会即刻重建自杀军团。留下的一小批飞行员将会战斗到最后。[79]

1 月 7 日和之后的一天，战斗放慢了节奏。在上午一场没有神风突击队的传统方式的攻击中，一架日军飞机释放的鱼雷命中"霍维号"（*Hovey*）扫雷舰，之后又有一架飞机投下两颗炸弹击中"帕尔默号"（*Palmer*）扫雷舰。前者在 3 分钟内沉没，后者则用了 6 分钟。两架神风式战机向"澳大利亚号"发起攻击，决意要消灭这艘看似打不沉的战舰。第一架落入水中，但是第二架在舰桥侧面撞开一个大洞，海水灌入两个隔层。这是它第四次受伤，但是这次没有人员损失，这艘巡洋舰经过短暂修理又重新投入作战。

与此同时，登陆行动的核心力量，跟在后面运输舰上的17.5 万人的作战部队，与装载在坦克登陆舰上的两栖车辆一起，正在靠近吕宋岛。[80]1 月 8 日上午，神风突击队袭击了提供掩护的护航航母。一架飞机虽然已被击中，却坚持撞上"加达山湾号"（*Kadashan Bay*）护航航母的吃水线部位，在舰侧炸开一个大洞，燃油管线破裂。船员们有效控制住了进水和起火，"加达山湾号"返回了莱特岛。快日落时，6 架神风战机来袭。护航航母上的飞机击落了其中 4 架，高射炮火驱逐了2 架。有一架又掉头回来，同样撞在"基特昆湾号"（*Kitkun Bay*）的吃水线上。发生了大火，轮机舱进水，失去了大部分控制能力，该舰被拖走修理，直到它能够靠自身动力以 10 节速度航行，足够它在林加延湾重新加入护航航母大队。在上午的袭击中，有一架飞机撞在"卡拉韦号"（*Callaway*）运兵船的舰桥右舷侧翼部位。燃油起火蔓延，但是很快被扑灭。其搭载的 1000 多人的部队无人受伤，该舰继续前进。

对于登陆部队来说，1 月 9 日是一个重要的日子，也是最危险的日子。所有梯次的部队都现身林加延湾，几百艘舰只有的已经下锚，有的在成群结队的登陆艇中缓慢机动找寻自己的位置，它们都成为进攻的目标。神风突击队只取得了零零星星的实际战果，说明其数量在逐渐减少。它们给 2 艘巡洋舰造成了损失："哥伦比亚号"受到第三次撞击，伤亡 92 人，但是尚能坚持；"澳大利亚号"受到第五次冲撞，没有带来伤亡，也大致可以坚持。旁边有一架日军飞机坠毁，最后滑向"密西西比号"（*Mississippi*）战列舰的左舷，造成 86 人伤亡。黄昏时分，附近一门向神风飞机射击的 5 英寸火炮，把一发炮弹打在"科罗拉多号"（*Colorado*）战列舰靠近前桅顶端的对空火力控制室上，杀死了防空团队的所有人。是夜，日本人采用了一种新式武器：18 英尺长的胶合板小艇，配备愿意执行实质上是自杀任务的两三名士兵。袭击者溜到战舰附近，放下一颗深水炸弹，然后试图逃跑。[81] 70 只此类小艇从海湾西岸的苏尔港（Port Sual）出发，袭击运输和登陆舰只，给后者造成重大损失。有一两艘运输舰因舱室进水而降速，但是部队没有明显损失。然而，有一艘登陆艇沉没，另一艘遭重创，4 艘坦克登陆舰受损。这些所谓的"微型小艇"有 5 艘沉没，其余不知所终。

登陆之后，神风式攻击在海湾以内和护航线路上时有发生，一直到 1 月 13 日才停息。在 12 月 13 日到次年 1 月 13 日的一个月时间里（包括民都洛岛行动），日本人损失了 600 架左右的飞机，其中三分之一是因为自杀式攻击。美国方面，24 艘舰只沉没，30 艘重伤和 17 艘轻伤。海军的伤亡，包括"澳大利亚"和美国陆军的死伤，接近 4000 人。[82]

这些通常有护航战机伴行的神风突击队，在林加延湾战役中开发出的战术将在后来的战役中得到应用。举例来说，这些飞行员会瞄准战舰侧舷的吃水线（战列舰除外，因为它们有防护装甲）或航母的飞行甲板，以便突入战舰内部引爆它们的炸弹，破坏机械和管道，造成战舰起火和进水。另一个常见的目标是作为指挥和控制中心的舰桥，包括战列舰。为了迷惑炮手，这些飞机经常会低空飞行，往来迂回，然后猛然拉升，突然转向另一个目标。[83] 神风突击队给美国海军造成很大困扰。如此突然而又极具破坏力，它在某种程度上就像是制导导弹和鱼雷，让美军炮手无可奈何。防空火力现在必须力求将它们全部消灭，而不能只是其中的大部分。西奥多·威尔金森（Theodore Wilkinson）海军中将认为，激进的机动动作在战舰防御中是错误的，金凯德将军也同意。战舰应当保持航向并使用全部火炮，最大限度发挥其炮火的威力。与飞机成直角的战舰构成最小的目标，相比于航向上的偏离，飞机更可能由于航程误差而错过目标。在林加延湾战役中，没有重型战舰被击沉，但是 3 艘战列舰和 2 艘重巡洋舰受损严重，可能需要退出作战几个月，到遥远的船坞进行修理，而硫磺岛战役就在几周之后，冲绳岛战役也预定在 4 月 1 日。18 艘护航航母在作战中共出动了战机 6125 架次，其中 5 艘沉没或严重受损。[84] 假设日本人以几百架飞机展开神风式攻击，结果又将如何呢？

即便如此，这些损失和威胁也不足以令美军考虑后撤。战列舰和重巡洋舰被证明并无必要。登陆实际上没有遇到抵抗。只在一小段海滩上出现日军的抵抗和对登陆艇的炮击。结果证明，神风突击队是唯一的防御手段。运兵船是价值极高的目标，有 4 艘受到攻击，但是其中 2 艘，也可能包括第三艘，已经卸下了装载的人员而成为空船。陆军伤亡的 350 人更多是发生在自杀式飞机击伤或击沉的 15 只两栖舟艇上，这些飞机也并非铺天盖地而来。绝大多数来袭的机群在进入攻击范围之前，就被护航航母的空中战斗巡逻消灭了很大一部分。日军甚至连延缓林加延湾的攻势都无法做到。

1 月 9 日，登陆尚在进行中，麦克阿瑟便在林加延的海滩上岸。他乘坐的是"博伊西号"（*Boise*）轻型巡洋舰，随行的有他最亲密的那些助手，所谓的巴丹帮。他们驶过科雷希多岛，那个他们三年以前被迫放弃的最后阵地，在此过程中，也遭受到神风式攻击。海滩上的部队已经构筑了一道沙堤供最高司令官使用，但是他没有理会，而是像在莱特岛上那样涉水上岸。自杀式进攻结束几天后，他就在靠近海滩的达古潘（Dagupan）的省政府大楼和学校里设立了岸上指挥部。此时，罗斯福总统和国会已经在 12 月 16 日晋升他为五星上将，与马歇尔、阿诺德、金、尼米兹和艾森豪威尔并列。麦克阿瑟高兴地看到他的排名位于艾森豪威尔之前。[85]

五星海军上将尼米兹以非常合作的态度将其舰队的一大部分借给麦克阿瑟执行菲律宾行动——舰队航母、护航航母、战列舰和重巡洋舰、两栖舟艇和步兵师——当然是出于陆军和海军的共同利益，但是这并非毫无代价。现在，菲律宾已经平定，中太平洋战区也到了该将前进方向从西方转向北方的时刻。如尼米兹所说，他将麦克阿瑟"送进"菲律宾。现在，他要把注意力转向硫磺岛和冲绳岛，并开始找回他那些失散的下属。他心中最惦记的就是他指望着在硫磺岛行动中担任炮击任务的战列舰，还有护航航母和很多巡洋舰及驱逐舰。麦克阿瑟已经同意战列舰"大概"在林加延登陆 6 天以后按计划撤出，也就是 1 月 15 日。然而，金凯德将军对舰队规模缩小感到焦虑，他提醒尼米兹，第七舰队可能不足以保护林加延的滩头阵地和补给线路免受敌人的水面袭击。麦克阿瑟也有同样的担心。尼米兹向金凯德和麦克阿瑟保证，大部分残余的日本舰队在其本土水域，而快速航母舰队将在日本和菲律宾之间采取行动。（"伊势号"和"日向号"于 2 月中旬从东南亚返回本土。）[86] 但是，他同意金凯德将 4 艘战列舰保留 3 个星期，以掩护即将在吕宋岛西部和南部进行的登陆。因为对方继续抱怨，尼米兹又允许金凯德留下他要求的 26 艘驱逐舰中的 22 艘以及 2 艘重巡洋舰。但是，有关受重伤的 2 艘战列舰的返回，尼米兹不再让步，他需要它们立即回来，而且，按照莫里森的说法，如果"一支能够匹敌日本舰队所有残存重型战舰的局部海军防御力量，继续在那里保持待命状态，那么太平洋上的下一步重大行动就将被无限期地推迟"。作为回应，麦克阿瑟认为留下"太平洋舰队的这两艘老旧战舰"似乎不会对尼米兹"计划中的大举进攻的胜利产生影响"。[87]

从麦克阿瑟手中收回战舰就像是在拔牙。1月16日8艘护航航母撤离，1月底又有6艘撤离，重伤的"新墨西哥号"和"加利福尼亚号"在1月22日撤离。留下的4艘战列舰，从莱特湾战役之前就一直处于作战状态，现在又延长了三周时间，终于在2月14日得以脱身。"科罗拉多号"和"密西西比号"都需要战伤维修，"宾夕法尼亚号"是非战伤维修，再加上"西弗吉尼亚号"需要保养和船员休整，这几艘战列舰一起驶往乌利西环礁。[88] 到2月中旬，第十四军已经收复了吕宋岛中部的克拉克机场综合体，于是肯尼的轰炸机和战斗机终于有了一个宽敞的一流空军基地，可以从那里起飞保护林加延的滩头阵地。2月中旬，克拉克机场的战斗机和轰炸机达到380架，且还在进一步增加。[89] 4艘航母被放回了乌利西环礁，未能赶上硫磺岛战役，但是参与了冲绳的战斗。它们的缺席加剧了轰炸硫磺岛时遇到的困难。

此时，林加延登陆取得成功，麦克阿瑟的陆军几乎毫发无损，他们走出了丛林，进入相当干燥和大面积耕作的田野，他的空军掌握了菲律宾的制空权，马尼拉最后也落入他的手中，麦克阿瑟的回归几乎已经完成。展望未来，菲律宾将为进攻日本发挥主要的作用，因为它本身能提供足够的大块陆地来组织这样一场大规模的进攻行动。他自己的部队及来自南太平洋和中太平洋的部队可以集结在吕宋岛、莱特岛和邻近的米沙鄢群岛等各个岛屿上，整理补给和装备，进行登陆演习，最后登船

230

前往九州岛。11 月 3 日和 4 日，钱伯林少将和舍曼海军少将在荷兰迪亚的总司令部会面，对麦克阿瑟和尼米兹指挥下的部队数量、位置和任务做出安排。下辖 3 个陆战师的第三两栖军将使用莱特岛；同样分担了夺取莱特岛任务的第二十四军将利用米沙鄢群岛的班乃岛和宿务岛，二者各自都有一个小港口；来自中太平洋的陆军师组成另一个军，将被安排在吕宋岛，麦克阿瑟的大多数师也在那里。此外，西南太平洋将为多达三分之一的太平洋舰队提供设施。海军将把这些设施建在靠近塔克洛班的莱特湾里的萨马岛南岸、马尼拉湾，以及一个未定地点（后来确定在巴丹以北的苏比克湾）。[90] 陆军上将麦克阿瑟将完全有能力指挥这次登陆行动。

首先要占领马尼拉。麦克阿瑟决定向南发动一次闪攻，解放这座菲律宾的首都，但是他的第六集团军司令不这么想；克鲁格将军的第 43 师从离开林加延海滩的第二天，就已经与左翼的日军展开激烈交战。[91]

232　　　部队离开中部和西部的海滩，在平坦开阔的内陆山谷中几乎没有遇到抵抗，但是东部海滩后面的地带则不同。在那里，林加延湾的海岸线向北折去，狭窄的沿海平原被南北走向的三道平行丘陵分割。紧靠着吕宋岛北部大片群山的山麓丘陵地带，是科迪勒拉中央山脉，高耸着 8000 英尺以上的陡峭山峰。三道丘陵以南、海滩以东的乡村地带，到处都是起伏的山坡和绿草覆盖的独立山丘。这样的地形非常适合炮兵的观测和射击，松散的石头和土壤相结合，有利于挖掘堑壕、洞穴和隧道。以日本人通常的熟练技术设置的防线，配备了至少 1.3 万日军部队，构成了重大的威胁。敌人的所有这些防御工事都设置在距离海岸 3~15 英里处，而且进入了所谓的陆军滩头阵地线范围以内，这条线标明了为确保基地安全而需要向敌占区推进的范围。[92]

　　麦克阿瑟在另一方面也有充分的理由加速向南边的马尼拉推进。现在，日本人在吕宋岛的空中力量已经被消灭，而位于林加延海滩以南仅50英里，拥有15条跑道的克拉克机场综合体正空空如也，已经是时候把它夺过来，以便引进肯尼的空军，不仅是为了从战术上对步兵进行支援，而且是出于长期任务的考虑。过了克拉克，美国战俘及被囚禁的家属正在马尼拉终日忍饥挨饿，等待解救。当然还包括，获得马尼拉巨大宽阔的海湾和码头是组织对日进攻的先决条件。于是，当克鲁格为巩固基地而战的时候，麦克阿瑟有充分的理由表达（并未形成明确的命令）他对第六集团军南进的希望。

　　总司令部和第六集团军争论的焦点是对日军在吕宋岛的部队数量的不同看法。[93] 在被认为具有决定意义的莱特岛战役中，日本派出增援部队时，需要不断发出的信号，都能被"超级机密"破译。现在，吕宋岛只能依靠现有部队作战，有关增援的电文是稀少而破碎的。此外，日本人启用了一套新版密码，降低了盟军的解码速度。还有一个问题是如何发现和估算几百个日军独立单位的规模——陆军、海军、空军、后勤和技术部门——它们大多数在马尼拉周边。这些单位之间是通过保密电话或一种难以破解的三位数代码进行联络的。把可以作步兵使用的非战斗单位考虑进来，第六集团军的情报官霍顿·V.怀特（Horton V. White）上校将作战部队的数量乘以1.5。威洛比将军在11月30日的报告中估计，吕宋岛的敌军有13.7万人，第六集团军在12月5日的报告中估计的是23.45万人。而日军的实际人数是26.7万人。麦克阿瑟在听取第六集团军参谋长陈述他们的预测时，一次次以"废话！"打断对方。预测的数字各不相同，但是，日军的实际数量比威洛比的预测至少多出了10万人。[94]

　　山下奉文（Yamashita Tomoyuki）使用这支部队的策略

233

虽然简单，但是很聪明。这位日本第十四方面军司令不打算在开阔平坦的中央山谷浪费他的兵力，因为在这里是根本无法防范美国人的战术空军和炮兵协同火力的。相反，他要让美国人进入毗连山谷两侧的破碎多山地带来与他交战。[95] 利用高地、斜坡、屏障和伪装的优势，他已经在那里组建了三个战斗集团。林加延湾和中央山谷以东，沿着山脉绵延 50 英里的范围内，他已经部署了尚武集团（Shobu Group）的 15 万兵力，克鲁格的部队已经在靠近海滩处与其中一部遭遇。在马尼拉以东高耸的群山中，有振武集团（Shimbu Group）的 8 万人，而在中央山谷下部以西那些断断续续的、没有树木的丘陵上，俯瞰着克拉克机场跑道的，是建武集团（Kembu Group）的 3 万人。无论是在到达马尼拉之前还是之后，第六集团军的侧翼所面临的都是一系列令人疲惫不堪的血腥战斗。

在林加延湾最东边登陆的第 43 师已经与一支尚武部队交火，包括日本第 58 独立混成旅和第 23 师团。他们在海滩近旁的低矮山丘和斜坡上掘壕固守。第 43 师是一支来自新英格兰的国民警卫队师，在珍珠港事件之前就被征召，曾在所罗门群岛的新乔治亚岛经历了最艰苦的丛林战。在三个半月的连续作战中，它承受了超过 5000 人的减员，包括阵亡、负伤、战争神经官能症（1171 例）和疟疾。经过在新西兰为期 8 个月的休整，该师在新几内亚岛北部的艾塔佩编入第六集团军，在那里短暂而有限地参与了德林乌莫尔战斗。一路走来，该师的几任指挥官都被撤职，而现任师长"红脸"伦纳德·F.温（Leonard F. "Red" Wing）少将则一直任职到战后。与克鲁格一样，他也是从列兵起步，只不过是在国民警卫队中一路晋升，在 1942 年成为第 43 师的副师长。和平时期，他是佛蒙特州拉特兰（Rutland）的一名律师。带着一张干巴巴的面孔，他颇受部下的尊敬。[96]

　　对于美国人来说，吕宋岛是一场争夺道路的战斗。沿海岸公路向北8英里是达莫提斯镇（Damortis），3号公路从这里开始，它是一条铺设好的双车道公路，从1928年开始分段建设，向东5英里是罗萨里奥（Rosario），再过去一些就是一个交叉路口，从这里开始是通往碧瑶（Baguio）的山间道路。3号公路就是今天为人所熟知的麦克阿瑟高速公路，它起初是和旧时的马尼拉铁路平行的。掌握并阻断这条通往滩头阵地的通道至关重要。在交叉路口，3号公路向南拐，经过12英里到达比纳洛南（Binalonan）。从比纳洛南再向西北方向画一条线回到海滩形成一个大致与内华达州形状相似的多边形，这就是第43师的战场。

　　对于美国人来说，想要夺取从3号公路向东西和南北两个方向的延伸区域以及那个交叉路口，对滩头的防御就必须是机动灵活而易于补给的，所占据的位置能够防止上方高地的敌人向低地集结发起反攻。美军的攻击分为两个部分：一路3个团并排面向西北，朝着3号公路的达莫提斯－罗萨里奥路段推进；另一路是2个团并排向东进攻，对准公路的南北路段。向北、东和东南方向前进的各团将会逐渐岔开，留下缺口，所以第一军军长英尼斯·P. 斯威夫特中将把2个团的预备队交给温指挥，即第158独立加强团和第6师63团。至此，温将军掌握了5个团的兵力。在对敌进攻的过程中把新近加入的单位融进全师的通信系统，并建立炮兵－步兵的协同，是对他们的一次考验，更不用提后勤的混乱和短缺。

235

　　1月12日，顺着海岸公路向北前进的第158加强团发现达莫提斯已被放弃，他们转而向东踏上3号公路。第二天，在穿越第一道海岸山脊时，他们在一条山间窄路上遭遇伏击。在从东侧洞穴中射来的大炮、迫击炮和机关枪火力下，他们被迫撤退。随后一天，第158团再次进攻，这次是沿公路两侧同时推进，取得了1000码的进展。然而，到了北边的下一道山脊线，这个团遭到来自头顶洞穴的猛烈炮火袭击。同时，附近的第 63 团，沿着平行的第一条和第二条山脊线强行向北推进，第 172 团则是在第三条山脊线上。陡峭直立的山坡，一个高过一个的山丘，仿佛构成一座体育场的看台，经过精心选址、封堵和伪装的敌军火炮，数量多、口径大，令这三个团停下了脚步。还有一些其他相关因素。由于失误和混乱，新加入的第 63团几天来几乎没有得到炮火支援。除了海岸公路和 3 号公路本身，山区里面是没有其他道路的，后勤补给没有跟上前进的节奏。在炙热的阳光下作战，高山阻挡了海上吹过来的凉风，没有阴凉，饮水供应不足，与他们在比亚克岛的时候一样，部队发生了大面积的中暑。僵持局面是不能接受的。温将军意识到不得不改变战术。他首先把第 63 团的团长撤职，以副团长代之。至少，他已经将 3 个团推进到进入或接近 3 号公路东西走向的路段。然而，为了夺取这条道路及交叉路口，他就必须摧毁 3 号公路北侧陡坡上的日军炮兵。

同样重要的是要让第 103 团加速向东推进，第 169 团也要尽快向 3 号公路的南北路段推进，进而沿公路向北对交叉路口构成两面夹击。日本人在海滩以东的防御范围很大，但是并未紧密连接在一起。那些令人沮丧的高地，从北到南依次为 470号、355 号、318 号和 200 号，的确都是真正的要塞，配置了洞穴、炮孔、隧道和走廊，甚至还有一个为拖曳火炮的马匹准备的地下马厩。在海滩和 3 号公路之间，它们以几英里的间距高踞在周围的平地上，形成一条参差不齐的战线。当向北的进攻开始时，向东的进攻也同时打响，有两个团已经和这些要塞开战了。相较于以重大伤亡做正面进攻，温选择让部队从它们之间溜过去，直抵 3 号公路。

1 月 15 日晚上 10∶30，第 169 团留下一个营在 355 号高地守住敌人。另外两个营出发，先向南再向东。他们携带着几天的食物和弹药，涉过两条小河，当夜和第二天一路行军，下午5：00在帕莱克帕莱克（Palecpalec）到达了3号公路，就在波索鲁维奥（Pozorrubio）那个重要交叉路口北面1英里。与此同时，向南4英里，在缴获于200号高地的榴弹炮和迫击炮的密集火力支援下，第103团继续前进，于1月17日攻克波索鲁维奥，在海滩和3号公路的南北路段之间开辟出一条补给道路。日军在各处以连级规模发动反攻，但是都被击退。1月18日，第169团的一个营在3号公路上向北前进了几英里，可能是想建立一处阻击阵地防范来自北面的任何威胁，同时该团其余部队从背后，即东边，向阿拉瓦山（Mount Alava）和355号高地发动进攻。这个营遭遇了猛烈的炮火和来自阿拉瓦山的敌军反攻，只好中途撤退，击毙了将近400名日军。1月20日，第169团向阿拉瓦山剩余的日本守军发动进攻，对方已经被前一天的损失大大削弱。进展缓慢且代价高昂，该团最后在1月24日晚间夺取了阿拉瓦山和355号高地，到这时，将此处敌人完全消灭已经用了他们一个星期的时间。这次进攻付出了巨大的代价。仅第169团2营的兵力就从1000人减少到650人。[97]

在试图从两个方向掌控3号公路的过程中，扫除战场内部的一系列筑垒山丘相当于迈出了一大步。内线战斗进展迅速而结局未定，在达莫提斯以东的3号公路沿线那些杂乱的斜坡和山脊上，战斗的效果有限，且拖延已久。日军第58独立混成旅团拦住了美军三个团的脚步，他们以大炮、机枪和迫击炮在3号公路的南北两侧固守，使第158团和第63团只能前进短短的500~1000码。尽管帅部一再要求他们继续前进，美军步兵们却无法保持进攻势头。1月17~23日，这两个团伤亡了350人。[98]

终于，这"一步一步地"向东推进突破了丘陵地带，从一个名叫卡塔金廷甘（Cataguintingan）的村庄附近进入平坦的

237

谷地，打开了通过海岸公路和达莫提斯，再经3号公路向东的补给线。在东边领先于第158团和第63团的是第172团，它已经在1月18日从该地点越过3号公路，向北边的上坡道路移动，以夺取控制罗萨里奥的高地。这次，第43师的一支队伍不必冒着敌人的火力向上攀登，因为600号和606号高地没有被对方占领。该团发挥了控制制高点的优势，向东边的900号高地做横向移动。这个高地是守卫交叉路口的两座防御工事之一。山谷对面，在交叉路口上方是另一座工事，位于南北向一系列工事最前面的1500号高地，也正在受到第169团和第103团的攻击。该师计划在1月25日发动一次联合进攻，由第172团进攻900号高地，第63团进攻1500号高地。第63团向东推进到3号公路以南的平地，在3号公路向南拐的地方跨过公路，爬上1500号高地的顶峰。第172团机智地迂回到北边，从后山接近，攻占了900号高地。之后，按照陆军的官方战史，他们"以拳击、手抓、刺刀和射击等各种方式"突入敌军的阵地，并打退日本人的反攻，成功地守住了阵地。到1月28日，第63团拿下了1500号高地的南主峰，第172团随之也攻下同一座山的北主峰。[99]

在1500号高地以南，第103团和第169团转向北边，攻击南北走向山脉的东坡的其余部分。克鲁格把他最后一支预备队第25师插了进来，封闭了缺口。两个团奋力攀上山坡，但是未能到达大部分的山脊线。[100]敌人很快就利用了他们所犯下的错误。长满青草的开阔山坡时刻处在上方的观察之中，没有地方可以聚拢，但是一个营长偏偏这么做，他把手下军官和军士召集到他的指挥位置。15发75毫米炮弹当即落下，把他本人与4名连长和7名士兵炸死，其余35人受伤。[101]为了控制3号公路，这两个团尽可能奋力向上，事实证明他们的努力已经足够了。日军部队仍在坚守东侧山坡，但是已经开始撤往吕宋岛北部的群山。山下所造成的破坏已经拼尽了他的全力。[102]

在战役的这个阶段，日本第58独立混成旅团的半数，和第23师团的三分之一，总数接近8000人的步兵已经被打死，并损失了大量火炮、运输车辆和补给品。[103]这场战斗同样使得美国第43师人员损失惨重，593人阵亡，1644人受伤，这还不包括感染疾病和患上战斗疲劳症的人数。第103团和第169团只剩不到一半的实际兵力。[104]1月27日，克鲁格终于得到了援兵，第32师、第1骑兵师和第112加强骑兵团都从莱特岛赶来。他们在那里似乎一直都在作战，直到12月仍在"扫荡"。[105]2月13日，第33师作为第三个增援的师也赶到了，他们只在新几内亚岛的瓦克德－萨米地区获得过有限的作战经验，这次来替换了3号公路沿线的第43师。[106]第43师撤下去进行休整，但是很快就被打断。克鲁格将军现在已经牢固确立了滩头阵地的安全，并获得了足够的部队向南移动，同时保护并清除其侧翼。

实际上，从1月18日开始，克鲁格就已经向南移动了，虽然还是小心翼翼地。他预计，因为运输给养的卡车不足和桥梁的修理更换，他的部队会减慢速度。第十四军的右翼，除克拉克机场没有其他敌人，他们从主战线推进到前哨战线，又再次从主战线到前哨战线，测试敌人在每一条战线上的集中度。第一军跟在左翼，向中央山谷的东南部展开，同时避开第43师此前在北边遇到的大片山地。在这里，第一军遇到了抵抗并开始交战，但却是进攻而非防御。山下奋力减缓美军的前进，并保护其进入山区的路径——河谷、小道、公路——那些大山里是尚武集团的避难所和要塞。[107]

无论克鲁格采取什么措施加快前进速度，麦克阿瑟都不满意。根据他错误的预期——尚武集团的兵力远远小于第六集团军的预估——他坚持认为山下不会对克鲁格的左翼构成威胁。

239

事实上，与克鲁格的期望相反，最高司令官甚至相信日本人在马尼拉几乎不会抵抗，而是直接撤出这座首都。麦克阿瑟更进一步向克鲁格发出挑战，他让自己的指挥部比克鲁格的更靠近敌人，并一改他在莱特岛时喜欢独处的习惯，走访甚至加入了前进中的部队。有一次，他电告克鲁格，第37师的前进表现得"明显缺乏动力和进取心"。第37师是负责夺取马尼拉的两个师之一，它此时的节奏是军师两级一起设定的。另一次，在达莫提斯－罗萨里奥战斗开始两天以后，麦克阿瑟问克鲁格："为什么你抓住第一军不放？它应该向南移动。"[108] 这种不断地督促令克鲁格十分尴尬。麦克阿瑟并未下达命令解除他的职务。相反，麦克阿瑟强力推荐他获得第四颗将星成为上将。克鲁格是一个倔强而严厉的人，完全精通并坚守战争的艺术，而麦克阿瑟这个人则受到各种军事上的和个人责任的驱使，他们陷入了一场速度和谨慎的拔河。

尽快占领马尼拉是压倒一切的要求，这令麦克阿瑟十分困扰。他所需要的已经不止于那些理性的目标，比如说对克拉克机场的需求，解救战俘和被扣留人员，以及获取进攻日本的重要基地。最重要的是，收复他的家乡马尼拉，是他为当初抛弃巴丹和他的战士们而获得救赎的关键。除此以外，他如今还有机会赢得一次重要的胜利，一场在西方乃至更大范围的战争中都堪称伟大的军事胜利。夺取新几内亚岛的丛林不会带来这样的回报。正当欧洲盟军艰难承受着希特勒在阿登高原展开的冬季攻势的时候，这样一场胜利似乎更受欢迎，也具有更大的意义。同样重要的是，马尼拉的解放确实在他的思想中居于中心位置，这将确保他自己被视作唯一可以信赖的将领指挥盟军登陆日本。

为了吸引美国公众对事件的关注，并向马尼拉居民和菲律宾政府表示敬意，在预期几乎不会遇到日本人抵抗的前提下，他计划在该市举行庆祝游行和仪式。[109] 计划十分详尽。由吉普车组成的游行队伍将从北边驶入城中，在麦克阿瑟乘坐的第一辆车上，红色衬底缀着五颗将星，左右有摩托车队和两辆装甲车护卫。后续的吉普车上坐着麦克阿瑟司令部，以及第六集团军和英军，还有其他各军和各师的高级军官。游行队伍会沿着主要大街向河南岸的政府大楼行进，中途要在议会大楼停留。虽然这里距离华盛顿非常遥远，但这座宏伟大楼的四周一样有柱廊环绕。[①] 聚集在这些军官和宾客面前的，会有相当于一个师的美国士兵（1.4 万人）。他们将身着作战服，携带各自的武器，"干净整齐"，但是不会"过分整洁"，他们会乘坐卡车到达附近地点，不必长途步行。除警察乐队（Constabulary Band）之外，麦克阿瑟的计划中没有提及其他菲律宾部队。仪式中包括鼓号齐鸣（分别向麦克阿瑟和塞尔吉奥·奥斯米纳［Sergio Osmena］总统鸣响 4 次）。分别演奏菲律宾和美国国歌，举行升旗仪式，并由麦克阿瑟和奥斯米纳发表演讲。摄影师和记者可以跟随吉普车游行，也可以只参加仪式。最高司令部的公共关系官员迪勒上校会安排"在美国和菲律宾进行广播和连续报道"。马尼拉的公众能够通过报纸、广播和卡车上的扩音器了解这次游行，马尼拉市将宣布这一天为法定假日。

与此同时，第六集团军从滩头出发，沿中央山谷行进，一路获得了机动性和前进的势头。在太平洋战争中，这是一次

---

① 作者此处意指马尼拉的议会大楼与华盛顿的国会大厦外形类似，麦克阿瑟虽然无法在华盛顿享受荣耀，但是在这里似乎也能聊以自慰。

非常罕见的，甚至可能是唯一的机会，美军可以在具备公路网和机动空间的开阔地区作战。在这条山谷的中间，卡巴鲁安山（Cabaruan Hill）位于第一军的左侧，它是一系列灌木覆盖的圆丘和山脊，面积有 4 平方英里。这里的装备和防守与第 43 师前进道路上的那一排丘陵要塞一样。为了迅速向前推进，指挥第 6 师的埃德温·帕特里克（Edwin Patrick）将军下令空军、炮兵和步兵一齐进攻，但是各方未能同步，继而守军的猛烈火力给他们造成巨大伤亡。随后几天里，反复的进攻逐步取得了进展，但是，将这 1500 名日军消耗到不足百人，再到最后彻底消灭，整个过程用了 11 天的时间。帕特里克迫不及待地提前撤走了几个营，过后又不得不把他们派回去。上级指挥部坚持要求向马尼拉加速前进，这一决心也落实到了师级层面。卡巴鲁安山在 1 月 29 日被攻占，此前一天，第 43 师夺取了 3 号公路的交叉路口。[110]

第 25 师是参加过瓜达尔卡纳尔战役的老部队，他们进入山谷后部署在第 43 师和第 6 师之间，在 3 号公路上朝东南方向前进。在夺取了比纳洛南以后，师长查尔斯·L.马林斯（Charles L. Mullins）少将把第 161 团派到圣曼努埃尔（San Manuel）以东 5 英里。这是一个群山脚下的小镇，在通往这些大山的山谷沿线，有日军一支上千人的支队，还有一个坦克联队的 45 辆坦克，马林斯认为这伙敌人对第十四军的左翼构成了威胁。这些坦克隐蔽在堑壕之中，周边环绕着步兵掩体，并由迫击炮、机关枪和火炮提供支援。团长詹姆斯·L.多尔顿（James L. Dalton）上校派他的第 2 营绕过这个镇子，爬上它后面高处的一道防守薄弱的山脊。在这场进攻中，第 2 营取得了一些进展，而第 1 营却一无所获。多尔顿于是让第 1 营的一部分加入第 2 营，又加派了两个营的 105 毫米火炮。日军所有坦克都被摧毁，大部分士兵也被击毙，残部逃走了。[111]很明显，一个坦克联队在这场战斗中被用于固定防御，这意味着山下没有用他的坦克师进攻第六集团军，而是用来防守他的尚武集团在大山中的堡垒。在相隔一天的时间里（1月29~30日），第一军的第43、第6和第25三个师，都完成了他们的任务，分别夺取了3号公路交叉路口、卡巴鲁安山和圣曼努埃尔，其中每一项任务的目的都是向马尼拉加速前进。

242

唯一没有准备好接受这一结果的是克鲁格将军。这位陆军指挥官希望扩大推进的范围，实际上是全面地扩大，但此刻还仅限于侦察而非进攻。在第一军的右翼，第6师迅速向南移动了20英里，到达距离第十四军和克拉克机场以北仍有30英里的一条战线。侦察队从这条线向东南和东北方向搜索了15~20英里，到达甲万那端（Cabanatuan）和穆尼奥斯（Munoz），这是5号公路上的两个城镇，而这条公路是从马尼拉向北通往尚武集团盘踞的山区的一条主要道路。他们报告说，日本人在这两个镇子里都有兵力和防御设施，但是在公路以西没有集结部队，所以，并未对第十四军的左翼构成威胁。这个消息使得这个军敢于对那些从西边山上俯视克拉克机场的日军建武集团的部队展开行动。[112]

第25师在第6师以北大约20英里，靠近位于圣曼努埃尔西南20英里的名叫乌明岸（Umingan）的小镇，这又是一个山谷边缘地带的据点。根据不同来源的情报（显然包括一些日军战俘和菲律宾游击队），从圣何塞（San José）向西北到卢保（Lupao）和乌明岸，向西南到穆尼奥斯，日本人在这个三角形的区域内构建了一系列据点。克鲁格将军明白，这些据点看上去应该是一套防御体系，但是他仍然相信，随着现有兵力增强到一个装甲师和一个步兵师，在他的部队左后方是有可能发起一场突袭的。于是，1月30日，在奔赴马尼拉之前，他命令第一军突入该三角地带，占领其中的关键城市圣何塞。[113]

作为一个交通枢纽城市，圣何塞位于吕宋岛的腰部，是北部的山脉地区和马尼拉西边、北边崎岖丘陵地带的分界线，成为中央山谷和东部海滨之间的一条通道。圣何塞还处在林加延到马尼拉的铁路线上。对于山下来说，在向北方的尚武集团输送部队和给养时，这里可以作为转运与储存之地。克鲁格曾经在菲律宾服役，似乎很难相信他没有想到这是一个切断山下补给线的机会，而且可以为后续行动获得一个进入北部山脉地区的重要通道。事实上，圣何塞之战的结果使第六集团军得出结论，山下和他在吕宋岛北部的尚武集团就是他们当下的敌人。

这是一场大范围的战斗。第25师从西北方向沿8号公路一路奋战，穿插或绕过乌明岸和卢保的据点，第6师从西南方向沿5号公路向穆尼奥斯进攻，双方在圣何塞合兵一处。起初，二者相距15英里。指挥进攻的是第一军军长斯威夫特将军。针对每个师的武器配备，斯威夫特分别增加了一个155毫米炮兵营，一个重榴弹炮营，一个4.2英寸迫击炮连和一个连的中型坦克。2月1日，通过一片平坦干燥而没有树木的原野，发起了对这些据点的攻击。稻田中的沟渠使得坦克只能在道路上使用。在热带的阳光下，正面进攻的步兵无遮无拦，虽然经过了炮火准备，但日军精心布置的火炮、反坦克武器和机关枪还是给他们造成了惨重的伤亡。[114]

随后一天，即2月2日的正面进攻无果，战斗进入第三天，马林斯和帕特里克两位师长转而对敌人实施侧翼包围。马林斯命令第35团一个营穿过原野绕过乌明岸，在5号公路的圣何塞一侧占据一个位置。毕竟，最主要的目标是圣何塞，而不是乌明岸或穆尼奥斯。第6师1团执行侧翼机动，沿着泰拉韦拉河（Telavera River）的河岸彻夜行军。这条河与5号公路平行，经过穆尼奥斯向北通往圣何塞。两个师都实施了几次更远的迂回。这是一个有希望成功的战术，降低了伤亡，分割了敌军。然而，最终让这场战斗结束的是，到 2 月 4 日，来自吕宋岛南部的部队和急需的补给都已经离开或通过了圣何塞向北运往尚武集团。无需再掩护朝向北方的移动，山下也在同一天将拱卫圣何塞的据点中的部队撤往北方。由于通信联络不畅，他们的撤离是在不同时间经不同路线进行的，通过夜间行军、作战突围，或者渗透美军防线等方式向北而去。第 1 师开进圣何塞时，这已是一座空城。[115] 到 2 月 2 日晚上，克鲁格将军已经完全清楚，圣何塞的防御系统并不是为山谷中的反攻准备的集结地点，只是为了保护向北运送部队和给养而构筑的一个独立据点。所以，他命令第十四军"重启向马尼拉的全速推进"。[116]

第十四军作为第六集团军的另外一半兵力，正在沿中央山谷向南，它那暴露在外的左翼一直令人担忧。这个军及其下属两个师都来自南太平洋战区，其中第 37 师从所罗门群岛的布干维尔岛而来，而第 40 师则来自新不列颠岛。根据莫里森的说法，军长奥斯卡·W. 格里斯沃尔德（Oscar W. Griswold）中将是"一位平和的军官，讲话慢条斯理，生活习惯非常朴素自律"。在他的领导下，这个军的步兵和炮兵"坚决抵抗"赢得了布干维尔岛防御战的胜利。[117] 在吕宋岛上，这个军在 16 天的时间里连续行进了 70 英里，小心地不让自己超过第一军太多，时而开展一些小规模的战斗。比敌人更严重的问题是有限的后勤补给；卡车太少，原因是正值美国的全球运输危机，将一个个师的部队运往欧洲导致海运舱位不足，还要满足其他方面的需要，如桥梁的维修和重建。1 月 23 日，第 40 师及随后的第 37 师，到达克拉克基地附近的一座偏远小镇班班（Bamban）。[118] 现在，东南方向是马尼拉湾以北的沼泽和三角洲，西南方向则是巴丹山脉，它是一组平行的山脊线，像多节的手指一样从西北部的三描礼士山延伸到机场以外。这些高地都从上方俯视着机场的跑道，形成了一片战场，由日军建武集团的 3 万人构筑工事并牢牢占领。

建武集团是一个大杂烩，包括驻菲律宾的日本海军各个单位的残部，还包括后勤部队，如来自克拉克的建筑工人和 8500 名接受过训练的陆军战斗分队，其中大约一半是第一流的士兵。[119] 尽管如此，其司令官冢田理喜智（Tsukada Rikichi）少将建造并组织起一套极具杀伤力的洞穴防御系统，分布在手指一样的山脊侧面和顶部，这道防线抵挡了美军 4 个师的轮番进攻，一直到 4 月战斗才结束。建武集团重型火炮不足，但是拥有充足的防空武器，他们将之改用于地面作战。从克拉克机场的飞机残骸中，他们卸下大量机关枪和机关炮，经过改造也用于地面战斗。山脊以南，在斯托森堡（Fort Stotsenburg）① 的废墟和克拉克机场跑道周围，他们埋下了至少 1350 枚地雷。冢田沿着山脊，从北向南布置了一排前哨据点。向西 2.5 英里，与之平行的是他那武器配备齐全的主防御线。再向西边，在更高的山上，划定了 5 处防御地区，由海军分队防守。毋庸讳言，他的所有武器阵地都经过了巧妙的伪装。他在高地上进行防守，拥有广大的纵深。

所有这些，第十四军都需要通过与敌人交战才能了解；西南太平洋战区没有渠道获知克拉克机场周边有多少日军。猜测的数字是 4000~8000 人，且多数是后勤部队。格里斯沃尔德将军决定利用第 40 师探查北边面对班班的那些山脊，他派出了第 160 团，由第 108 团在右翼协同。1 月 27 日，他才发现自己所承担的任务比预想的要大得多，也复杂得多。在山脊线

---

① 美国陆军于 1903 年修建克拉克空军基地，最初将它命名为斯托森堡。

的东端，步兵冒着敌人的火力攀爬几近直立的陡坡。他们到达并占领了山顶，又沿山脊向西南方向移动，然后转向最靠南端的，坐落在克拉克机场旁边的山脊。这是一个缓慢的过程，前进，呼叫炮火支援，战斗，然后再次向前推进。

格里斯沃尔德现在意识到，日本人有一个"非常坚固的天然阵地"，如他在日记中所写，他们"充分发挥了炮兵的作用"，还有"布置在隐蔽良好的、控制着所有接近路径的洞穴中的"自动武器的作用。这次调查弄清了敌人的前哨战线，并将其突破，又将敌人的各个据点分割开来，以便后续能够各个击破。然而，格里斯沃尔德的结论是，鉴于日军在克拉克机场的明显实力，必须夺取这个航空中心和斯托森堡，为此，他有必要投入另外一个师，让第37师与第40师并肩战斗。他在同一篇日记中写道，最高司令部的一份新闻稿已经宣布占领了斯托森堡，而他对此的评论是："麦克阿瑟为什么要这么做？"[120]

1月28日，第37师129团的进攻越过了飞机库的残骸和敌人的前哨防线，进入了克拉克机场，但是为了扫雷和防御日军包括坦克在内的反扑，他们在当天和第二天停顿下来。第129团寸土不让，日本人在坦克被摧毁之后撤回到他们的主防线。克鲁格并不满足，他提醒这两个师，"必须""立刻"夺取整个航空中心和斯托森堡及其西边的那座大山，还有位于两个团之间的三处前哨阵地。所有目标务必在1月30日天黑之前实现。[121] 到1月31日，这些任务才全部完成：第37师肃清了城堡、机场和前哨阵地，并占领了主战线上这座被称为"世界之巅"的大山，同时，第160团切断了敌人主防线的中段；最后，第108团消灭了北段的最后几个前哨阵地。至此，美军控制了整个机场综合体和日军主防线的一半。还有其他任务要完成，包括位于更西边的日本海军的各个战斗群，但是第十四军现在要撤回第37师，留下第40师控制或完成行动；建筑人员

246

已经开始修整克拉克的飞行跑道。[122]

在对中央山谷战役的记述中，它看起来像是没完没了的几场连续的战斗。但实际上，这些战斗大多是同时发生且相互重叠的，为了让一个集团军在吕宋岛站稳脚跟并保护其通往马尼拉的路径，它们都只是这个宏大计划的一部分。所有这五次战斗——3 号公路交叉路口、卡巴鲁安、圣曼努埃尔、圣何塞和克拉克机场——都在 1 月 28 日到 2 月 4 日这一个星期之内取得了胜利。实际上，它们是麦克阿瑟和克鲁格之间为速度和安全而进行拔河的显著成效。同样也要归功于斯威夫特和格里斯沃尔德两位军长，还有温、马林斯、罗伯特·贝特勒（Robert Beightler）和布拉什（Brush）这几位师长的本领，更离不开他们麾下南太平洋和西南太平洋战区的老兵们的奋战。以牺牲的营长名字命名的山峰说明，这些军官并不是在后方进行指挥的。然而，对于步兵们来说，战斗的残酷性依旧，任何奖赏或限制因素都不能使之明显减弱。

第 40 师侦察部队的一名中士，保罗·M. 格里什（Paul M. Gerrish）在他的回忆录中，为我们提供了一个不同于指挥官看法的、更为晦暗的视角。格里什回忆说，第 40 师从 1 月 9 日到 3 月 2 日参加行动，在 1 月下旬到整个 2 月一直在作战。士兵们"筋疲力尽地"回到滩头之后，用了 4 天时间进行清洁、修理和替换装备，喝着当地的葡萄酒，在干净的溪水中洗澡，然后登上坦克登陆舰向吕宋岛南边的班乃岛发起进攻。作为罐装口粮之外的优待，早餐还吃了脱水鸡蛋、面包和咖啡。格里什指出，在克拉克战斗中，第 40 师损失了 2500 人，而没有得到补充。虽然如今只剩下不到 10000 人，比额定人数少了三分之一，第 40 师还总是向山上进行仰攻，对抗装备精良、据壕顽抗的敌人。此外，战斗总是以美军的黎明进攻开始，而敌人的反攻总是在夜间，导致 24 小时的连续作战。他不由得感慨："这需要什么样的血肉之躯才能承受啊？"格里什说，他们都已经见识过日本人对盟军战士犯下的暴行，包括残害遗体甚至吃人肉的行为，现在他们又见到了在巴丹死亡行军及之后死去的美国和菲律宾士兵的坟墓。"当怀着无比强烈的感情去憎恨时，你能不生发出满腔的怒火吗？"当（可能是用火焰喷射器）放火烧毁"一座日本兵藏身的房屋，在他们跑出来时将他们击毙"的时候，那种仇恨会掩盖所有的负罪感。美军步兵"为每一个被夺取的洞穴付出了如此骇人、如此血腥的代价"。[123] 士兵伤亡或失踪的数字都是有记录的，但是，在一次次战斗中因为外伤、生病、中暑或战斗疲劳症而被调换的人员，统计数字并不总是齐全。所有这些损失的总数，单是在吕宋岛上，从1945年1月9日到6月30日，就达到9.34万人，在整个第二次世界大战中，这很可能是美军非战斗减员最多的一次。[124]

248

————

负责解放马尼拉的是格里斯沃尔德指挥，由第37师和第1骑兵师组成的第十四军。第37师于1月27日撤出克拉克的战斗，以第148团为前锋，循着马尼拉湾以北沼泽地带的3号公路行进。第1骑兵师经过莱特岛上2个月的丛林作战，在重新装备以后被运送到吕宋岛，于1月27日到达林加延海滩。该师集结在甲万那端的时候，麦克阿瑟前来视察，对师长弗农·D. 马奇（Vernon D. Mudge）少将，他只下达了一道命令："去马尼拉。我不管你怎么做到，但是一定要去，而且要快去。要减少伤亡。遇到日本兵时轻轻试探一下就绕过去，但是要直奔马尼拉。解救圣托马斯（Santo Tomas）的囚犯。拿下马拉坎南宫（Malacanan Palace）和议会大楼。"[125] 如前文所述，在 2 月 2 日晚间，克鲁格将军终于确信可以安全地进入马尼拉，他命令集结在城北 10~15 英里处的第十四军"尽可能快速地"开进马尼拉。两师分别从不同路线入城：第 1 骑兵师组成两支各自独立的"快速纵队"，都是由步兵乘坐卡车，跟随着坦克和炮兵，从东南向西南绕行，发现大部分桥梁完好无损，涉水很浅。该师从东北方向进入马尼拉，比第 37 师早了半天，后者是全程徒步，被毁坏的桥梁和一些小据点里面的敌军抵抗减慢了速度。截至 2 月 4 日晚上，两师的各部都已进入马尼拉北部，面向正南，第 37 师靠近马尼拉湾，第 1 骑兵师在其左侧。[126]

首要的任务是解救被关押在圣托马斯大学（Santo Tomas University）的美国和英国的平民囚犯。他们接近 4000 人，且全部都上了年纪，已经被关在这里三年时间，都快被饿死了。当天夜里，他们聚集在大厅里，听着"越来越近的坦克的隆隆声"。接着，门外又传来枪炮声，前门被轰然推倒，冲进来一个手持步枪的美国兵，头上戴的圆形钢盔是他们从来没有见过的。一位"老妇人……虚弱无力，眼里流淌着喜悦的泪水，手抚着他的胳膊说，'当兵的，你是真的吗'？"[127] 第二天，从邻近的比利彼监狱（Bilibid Penitentiary）中，第 37 师救出了 1500 名美国人，包括 800 名战俘和 700 名平民。作为麦克阿瑟设定的另一个目标，马拉坎南宫已经被菲律宾人占领，但是议会大楼位于南边的帕西格（Pasig），因为太远，还未能到达。

1945 年的马尼拉是一座人口超百万的大城市，拥有很多往昔的荣光，从 16 世纪西班牙殖民时期建立的，由底部厚达 40 英尺的围墙护卫的"王城区"，到黎刹（Rizal）棒球场；为了抗震，即将成立的菲律宾新政府的行政大楼是以钢筋混凝土建造的，在这座恢宏的大厦旁边几百码，就是鹅卵石砌成的几座中世纪教堂。城市坐落在马尼拉湾东岸，方圆 8 英里，大约深入内陆 5 英里，在东西方向被窄窄的帕西格河（Pasig River）一分为二。作为首都，马尼拉还是一座繁忙的岛际和国际港口。宽阔的街道连接着公共花园和现代化的住宅，还有外国使领馆、医院、大学和学院，以及俱乐部，既有豪华的公馆，也有尼帕式的棚屋。它为具有独立意识的人民提供了文化交融的肥沃土壤。[128]

无论美国和菲律宾之间存在多少亲和力，1942 年初它都受到了严峻的考验，当时华盛顿没有向抗击日本入侵的麦克阿瑟提供援助，使菲律宾人的幻想破灭，开始怀疑美国人是否还可以信任和依赖。日本人对独立运动的鼓励及排斥西方文化的倾向，吸引了很多人。然而，几个月以后，菲律宾人看清楚了，他们能在政府里发挥什么样的作用，完全取决于日本人的需要。日本企图强制按固定价格向一家国营公司出售大米来管理大米经济，结果导致了黑市、通货膨胀、供应短缺和贪污腐败。日本人的占领是愈加沉重的压迫，对菲律宾经济造成极大破坏，造成致命的食品短缺。在马尼拉遇到日本兵需要深深地弯腰鞠躬，否则就会挨上一记耳光或者一拳，日本人借此发泄他们的怒气。当美国的陆海军部队逼近马尼拉的时候，哈尔西的飞机正在空袭马尼拉湾，由麦克阿瑟供给的菲律宾游击队也在周边活跃起来，日本军方越来越担心城里发生破坏活动。1944 年 11 月 10 日，他们组织菲律宾人成立了一支反游击队的民兵，起名为"马卡皮利"（Makapili），山下命令该组织与日本宪兵队（Kempeitei），即日本政治警察一起参与对游击队的作战。[129] 不久之后，就开始对菲律宾人进行蓄意的大规模处决。[130]

麦克阿瑟希望并期待日本人撤出马尼拉，以挽救这座城市。敌人的确这么做了，山下撤往北方，振武集团退到东边，但是他们留下了4500人，为从马尼拉转移补给物资提供保护，并且在撤退途中炸毁跨越帕西格河的桥梁，以拖延美军对振武集团战线的攻击。在马尼拉湾拥有众多设施的日本海军则有不同的意图和职责：自杀艇行动、疏散小型船只、拆除维修设施、破坏补给品，以及布设水雷。此外，司令官岩渊三次（Iwabuchi Sanji）海军少将及其参谋人员深信马尼拉应当而且可以进行防守。他们坚称已经接受此前来自海军的命令，涉及海军的作战任务和设施，它们优先于随振武集团撤退的陆军命令。陆军做出让步，将后卫分遣队交给海军指挥。于是，便实施了由岩渊指挥的马尼拉防御，1.7万人组成三个战斗群，一个在帕西格河以北，一个在城中心，包括王城和政府大楼，还有一个部署在南边，防备美军登陆南部海岸并从那个方向突袭马尼拉。[131]

美国人并没有从南边来。[132] 1月31日，第11空降师的两个团在吕宋岛西南端，距离马尼拉55英里的纳苏格布（Nasugbu）实施了两栖登陆。他们迅速向内陆进发，但是在到达塔盖泰岭（Tagaytay Ridge）的时候，被敌人的山坡防御拖住了脚步。经过一路奋战，他们来到山脊向北倾斜的平坦地带，在那里会合了该师的其余部队，刚刚伞降到附近的第511伞兵团。师长约瑟夫·M.斯温（Joseph M. Swing）少将集中了所有可用的交通工具交给第511团，将该团快速移动至紧靠马尼拉城南的一个位置。向北进攻的伞兵们被一座外墙厚达5英尺的日军据点阻挡。技术军士罗伯特·C.斯蒂尔（Robert C. Steele）爬上屋顶，凿开一个洞，把汽油灌进去，用一枚白磷燃烧弹引燃。日本兵向外跑的时候纷纷被撂倒。再向北几英里的拉斯皮纳斯（Las Piñas），一座桥梁经过短暂交火被攻克，但是在帕拉那克（Parañaque）的下一座桥已被破坏，处在北岸日军的火力覆盖下，加上来自

251

当时仍被日军控制的尼科尔斯机场（Nichols Field）的炮火，这支纵队不得不在距离马尼拉市界还有3英里的地方停了下来。

2月5日，第511团又沿着海滨向北进攻，一码一码地通过已经被自然长出的杂草伪装起来的碉堡防线。随后，第511团加入了进攻旁边尼科尔斯机场的第188团，后者遭遇的猛烈炮兵火力使这两个团完全停顿下来。问题是他们缺乏具备杀伤力的重型武器。步兵师有自己的105毫米和155毫米炮兵营，而空降师只携带轻型火炮。隶属第八集团军的第11空降师，将自己的炮兵与在尼科尔斯机场上的第六集团军炮兵集中在一起，但是在进攻过程中很不容易与步兵进行协调并调整。另外，第11空降师有8200人投入战斗，几乎只有一个陆军师的一半兵力，而且此时已经伤亡了900人。[133]斯温将军坚持进攻。从第八集团军转隶第六集团军以后，第11空降师在2月11日又尝试了一次。第511团沿海湾向北推进，到达距离市界1英里的地方。然后两个团再次攻打尼科尔斯机场，海军陆战队的无畏式轰炸机消灭了大量敌人的炮兵。这次终于攻占了机场。该师如今站在了包围马尼拉的环形战线的南侧，而第1骑兵师将是扣上这道封锁线的那道门闩。

在帕西格以北，最初的几天里，即2月3~7日，可以被称作伴随圣桑托斯和比利彼解放的发现阶段，第37师和第1骑兵师的大部队纷纷抵达，开始巡逻并布置武器装备。这一阶段也包括夺取城市东边的一座水库和水源过滤工厂，以便保证足够的供水。部队迅速向帕西格进发，夺取最后两座桥梁。就在他们马上要到达那里的时候，岩渊的海军部队向他们发起了猛攻。以水陆两栖的方式渡河是南进的唯一途径。在邻近海湾的区域，岩渊的爆破队破坏了几英亩范围内的补给品，引起的大火向北边蔓延。第37师的战士们只好炸毁几个街区的房屋，以形成一道防火线，直到风向转变。与此同时，第37师和第1骑兵师的各连营正在穿越马尼拉北部，动用了大炮（只针对有限的一些目标）、迫击炮和坦克，清除碉堡、路障和其他据点。因为日本人预期的进攻是来自南边的，所以城市北半部分防守比较薄弱，大部分敌人已在2月7日之前肃清。[134]

下一步行动就是跨过帕西格河。格里斯沃尔德选择了总统府上游的一个地点，河岸略微弯曲，正好遮挡住登船行动，登陆地点是河对岸的马拉卡南植物园（Malacañan Botanical Gardens），那里没有堤坝妨碍上岸。第148团的两个营乘两栖牵引车和小艇过河，日军在下游的迫击炮和机枪对第二波渡河部队开火。一位亲历者看到"船桨和船体胶合板的碎片在空中飞舞，人们用破碎的船桨和步枪划着船"。[135]尽管距离很短，渡河过程中还是伤亡了145人。第129团是在第二天过河的。马拉卡南宫及花园是美军穿越马尼拉前进计划的中心。东南方向几英里外是第8骑兵团，再过去1英里是第5骑兵团，他们与在马拉卡南宫转向马尼拉湾的第148团和第129团排成一线渡过帕西格河，从南向西环绕，与第11空降师连在一起，将敌人包围在马尼拉湾的海岸线上。

没过多久，第37师就明白了，相比于在帕西格河北岸的经历，他们在南岸陷入的这场危险的战斗要严峻得多。为了避免马尼拉停电，该师接到命令夺取普罗维泽岛（Provisor Island）上的发电厂。该师将这项任务交给了第129团，这个团的上一次战斗是8天之前攻占建武前线的"世界之巅"。

普罗维泽岛是一块400码×125码的区域，位于南岸，在狭窄水道与河流的包围之中，密布着发电厂的建筑物。美军面对着岛屿本身的守军，同时暴露于附近南、西南和西三个方向的机关炮、机关枪、步枪和迫击炮的火力之下。该团从 G 连派出 17 个人渡过东边的运河。第二条船上有 2 人阵亡，其他人突袭锅炉房，但是被敌人的反攻赶了出来，躲在一个煤堆后面直到夜间才被撤了回来。经过一阵猛烈的火力攻击，E 连的90 人乘坐 6 条船替换了他们。半途中，月亮露了出来，引来又一阵弹雨，损失了 3 条船。这支分遣队紧紧地挨着煤堆，藏了好几个小时，直到月光消失，他们才冲进锅炉房并站稳脚跟，穿行于机器设备之间，把敌人赶了出去。[136] 第二天，面对美军大炮、迫击炮、坦克和自行反坦克炮倾泻到小岛西侧和邻近陆地上的不间断炮火，日军的火力逐渐减弱，并最终停止。到第三天的晚间，已经变成一堆瓦砾的普罗维泽岛落入美军之手。[137]

　　普罗维泽岛南边，第 148 团在巴阁火车站（Paco Railroad Station）遇到顽强的防守：车站外部的碉堡周围有步兵掩蔽坑防护，内部由沙袋垒成的工事配置了自动武器，还有旁边的中小学校和大学建筑中的自动武器提供掩护。技术军士克莱托·罗德里格斯（Cleto Rodriguez）和一等兵小约翰·N. 里斯（John N. Reese, Jr），将他们的机枪和弹药转移到紧靠车站的位置，从那里持续射击了两个多小时，消灭了 84 个日本兵。最后，里斯阵亡，两个人都获得了荣誉勋章。[138]

　　巴阁和普罗维泽的炮战使美军炮兵交战原则发生重要改变。到那时为止，为了控制平民的伤亡，炮火被限制在只能对特定目标进行目视下的炮击。现在，又恢复了对整片地区的排炮轰击，只是禁止针对教堂和"确知有平民在内的"医院，但是这种区别是很模糊的。空中轰炸依然被禁止，考虑到美军在中央山谷遭受的友军炮火，这项禁令是有好处的。情报资料显示，在马尼拉的现代化和政府办公区域的日本人将大量的坚固建筑物变成了堡垒，内部以沙袋加固，外部有多角度的交叉火

力。对于指挥第 37 师的贝特勒（Beightler）少将来说，这是
一项重大关切。该师已经在普罗维泽和巴阁战斗中遭受重大伤
亡，目前他们面向西边，正对着上述区域和海湾。第 148 团在
向帕西格河以南的进攻中损失了 500 人。第 129 团比额定兵力
少了 700 人，第 148 团自林加延登陆以来减少了 600 人。除了
后者得到 5 个人，这两个团一直没有获得其他替换人员。再以
这样的速度消耗下去，该师将无法承受。现在，日本人——和
马尼拉——都将遭到全力的炮击。贝特勒拥有的榴弹炮包括 6
门 8 英寸和 240 毫米、24 门 155 毫米和 48 门 105 毫米，还有
坦克、自行反坦克炮和 4.2 英寸迫击炮。[139]

　　成千上万的平民逐步卷进了美国人和日本人的这场战斗，
给马尼拉市中心造成巨大的破坏。岩渊一度将他的指挥部挪到
了城市东南部的麦金利堡（Fort McKinley），并考虑把马尼
拉海军防御部队（Manila Naval Defense Force）转移到振
武集团的防线，这是陆军指挥部要求他，甚至最后命令他去做
的。这样就可以极大地挽救马尼拉和他手下的人马。但是，被
他留在马尼拉负责的陆军指挥官报告说，自己无法节制海军
分队，岩渊返回城里继续战斗。此后不久，第 1 骑兵师就完成
了对城市的包围。即便如此，防守麦金利堡的两个海军营大
约 1300 人，也并未向西退却，而是向东加入了振武集团。与
当时那个阶段的日本海军军官一样，岩渊也有着神风突击队的
精神，他认为延长在城市内部的战斗将给美国人造成惨重的伤
亡，这种想法当然是没错的。[140]

　　2 月 9 日，在第一支美军渡过帕西格河两天以后，日本人
开始执行一项灭绝菲律宾人的计划。随着美军的逼近和菲律宾
游击队开始跟随美军行动，在马尼拉充当间谍和传令兵，日本
人的怀疑和蔑视就转变成仇恨。一道命令说，"战场范围以内
的所有人"，即受到攻击的城市区域内的全部菲律宾人，"将

被处死"。[141] 处决行动发生在不同的地点和时间，规模大小也不一样，但是对于男人和少年是有标准流程的。由军官率领的武装分队会包围一户人家或公共建筑。作为目标的一群人被赶出门来，告知他们要被转移到安全地点。将男人和少年与妇女和儿童分开，并捆绑在一起。以手枪、匕首和刺刀对付那些反抗的人。被逮捕的男人会被浇上汽油锁进一个堆满易燃材料的房间，然后扔进一颗手榴弹。

255

　　妇女和儿童则经历另外一种恐怖。一个个家庭躲进石头或混凝土公共建筑里，如中小学校、大学、教堂、修道院、共济会堂和红十字会。在对巴阁区的2000人进行围捕时，日本人挑选出几组各25名女孩子和年轻妇女，把她们关在酒店和公寓房屋中，供在附近战斗的日本海军陆战队员轮奸。约有1500人挤进了德国俱乐部，希望作为日本人盟友的德国人能提供保护。他们错了，其中的男人都被杀死，甚至包括母亲抱在怀中的无辜男婴和小男孩。随着马尼拉中心地带的战斗持续进行，对平民的有计划屠杀越来越多。[142] 个别的日本兵进行干预，解救了一些妇女，但这是一个"长刀时刻"①，只不过用的是安在步枪上或握在手中的刺刀。之所以使用刺刀，就是为了节省弹药。有记录的至少有6次，日本兵用刺刀刺中被抛向空中的婴儿。[143] 许多妇女被随随便便地打死；还有很多是受伤后慢慢死去。所有人都缺乏饮用水、食物和医护。

　　2月中旬，城南的第1骑兵师还在向北边的市界奋力前进，第37师则已经向西越过了普罗维泽－巴阁一线。最终的目标是位于帕西格西北部的王城和旁边的港口。在美军战线和王城

---

① 作者将此次暴力行动类比德国的"长刀之夜"（Night of Knives）。它经常被称作"罗姆政变"，指发生在1934年6月30日至7月2日的，希特勒对冲锋队的血腥清洗行动。

之间有日军的 5 个据点。在南侧, 第 1 骑兵师面对着黎刹体育场和紧挨德拉萨大学 (La Salle University) 的棒球公园。经过两天的战斗, 在 105 毫米和 155 毫米大炮的支援下, 第 1 骑兵师穿过了帕赛 (Passay) 的郊区, 占领了德拉萨并突入体育中心。第一次他们被赶了出来, 但是第二天再次以坦克穿过一堵水泥墙, 踏上了棒球场, 用火焰喷射器和炸药清除了左外野的地堡, 以及三垒外大看台上沙袋掩体中的机枪。扫清了黎刹区域以后, 骑兵们沿海岸向北快速移动, 夺取了高级专员官邸、埃尔克斯俱乐部 (Elks Club) 和陆海军俱乐部 (Army-Navy Club)。2 月 21 日, 在那里, 他们几乎在王城的影子下, 用两座自行火炮和一个坦克排, 向马尼拉饭店 (Manila Hotel) 发起了进攻。这家饭店的顶层阁楼曾经是麦克阿瑟战前的住所。在饭店里展开的战斗破坏了他的套房, 包括他那些心爱的藏书和很多个人物品。[144]

第 37 师继续向西边的王城推进, 越过巴阁 – 普罗维泽一线, 来到以新警察局为中心的一片钢筋混凝土建筑群, 全师的兵力被吸引在此地长达 8 天。每一栋建筑——一家制鞋厂、马尼拉俱乐部、一座教堂和一所大学——内部都由沙袋堆成防御工事, 外面的开阔地带则由相互支援的机枪火力覆盖。第 129 团认为, 这是他们在整个太平洋战场上迄今遇到的最难对付的障碍。这个师的部队三次攻入警察局, 但是每次都不得不退了出来。美军自上而下逐层控制, 在地板上凿洞, 把手榴弹扔下去。炮兵营、自行火炮和坦克的不间断炮击, 把错综复杂的堡垒一个一个地消灭, 最终摧毁了整栋建筑。单是夺取警察局这场战斗就造成 105 人阵亡或负伤。[145] 夺取更靠北的市政厅 (City Hall) 和邮政总局 (General Post Office) 两个单独据点, 也是运用相同的办法。邮局大楼的房间和走廊都有 7 英尺高、10 层沙袋厚的障碍, 缠满了铁丝网。第 37 师 145 团在警察局里用到了冲锋枪、巴祖卡火箭筒、火焰喷射器、手榴弹以及爆破的方式。最后，他们通过窗户进入二层，向下攻击，通过天花板上的窟窿使用火焰喷射器。[146]

　　夺取最后的据点是最困难的，也是最关键的。位于王城以南半英里的一组公共建筑，阻挡了对这座旧城堡形成包围。这组建筑的北侧是菲律宾大学（University of the Philippines），南边是菲律宾总医院（Philippine General Hospital）。这个钢筋混凝土建筑群由马尼拉海军防御部队严密防守——举例来说，一座大楼里，有250名日本水手充当的步兵。典型的情况是，每个房间里精心布置沙袋工事，自动武器从顶层和沿地基设置的阵地中开火，而中间有空地的校园建筑也形成致命的交叉火力。楼顶标有巨大红十字的医院，其中并没有日军部队，但是他们可能在外面部署了机关枪。楼里的7000名病人和难民，拥挤在病房和走廊之中。在3天时间里，第37师的炮兵并没有理会这个红十字，因为这是一栋设防的大楼。当第148步兵团得知里面有难民的时候，便对火力进行了限制，这7000人才安全。[147]

　　第148团和第5骑兵团用了10天的时间攻下了这个医院和大学组成的据点。在各个方向射来的弹雨中进攻是一项巨大的挑战；在市内连续进行几个小时的近战令人筋疲力尽。有时候，一个班或一个排必须先后撤，然后再重新发起进攻。唯一的出路就是坚持到底：扩大立足点，移动到下一个门口，并逐步缩短战线。替换第148团的第5骑兵团，紧紧跟随中型坦克的近距离直射火力，并以火焰喷射器和巴祖卡火箭筒为主要武器，在进攻中取得了更好的效果。为了应对敌人在地下室中对洞穴的利用，他们将汽油和润滑油混合点燃。仅在拔除这些据点的过程中，美军就阵亡50人，负伤445人。[148]第148团因为非战斗减员而损失了上百人，第5骑兵团也大致相当。第

257

148 团 2 营的 3 个步兵连参加了医院里的战斗，现在比规定员额少了将近 75 人。[149] 至此大规模参与吕宋岛作战的第 43 师和第 37 师及第 1 骑兵师，都取得了胜利，也同时因为没有替换人员而实力大大削弱。

————

在马尼拉，美军首要的也是决定性的目标就是攻占王城，这处 16 世纪西班牙占领时期留下的遗迹。起初，它是为了保护西班牙定居者而建造的一座城堡，内部有一个居住社区，环绕四周的石砌围墙底部厚达 40 英尺，顶部减小到 20 英尺，高度在 20~25 英尺。即便它夹在帕西格河与马尼拉湾的码头之间，周边的壕沟和绿地也提供了大范围的射界。在城墙内部的隧道和射击孔中，日军马尼拉海军防御部队的最后 1000 名幸存者，正准备给这处遗迹带来又一场战斗。

第 37 师的王城战斗计划是十分慎重的。对三栋政府大楼的进攻被推迟到攻占王城之后，因为王城能从高处和近处提供向这些大楼射击的更佳位置。麦克阿瑟否决了空中轰炸。作战参谋们决定，经过 1 个小时的大规模集中炮击之后，对王城的进攻在上午 8：30 开始，让步兵有一整天的时间完成任务。攻击将循着目前从东向西的方向展开，同时有一个营以两栖方式跨过帕西格河，穿越政府造币厂（Government Mint），利用王城北侧围墙上的一个缺口。美军炮兵将在东北侧和西侧的围墙上轰出缺口，为另外两个营的进攻打开通道。大多数重型火炮和迫击炮集中部署在北边市界之外的炮兵阵地中，包括 15 门 155 毫米榴弹炮（口径 6.1 英寸），4 门 8 英寸榴弹炮（口径相当于重巡洋舰上的火炮）和 2 门 240 毫米榴弹炮（口径 9.5 英寸）。16 门榴弹炮和 4 辆自行反坦克炮沿帕西格河北岸部署，为第129团穿越造币厂的那个营提供直接的炮火支援。办公大楼顶上的26挺机关枪为他们渡河进行掩护。在东边，第145团的2个进攻营后面聚集着其他的火炮和榴弹炮。这是一个由132门火炮组成的阵列，而目标是一个南北长1000码、东西宽700码的战场。早先的精准火力已经消灭掉王城里的日军炮兵，于是，2月17日开始的炮火准备就能够反复轰击围墙，并在东侧围墙上为攻击部队打开一道缺口，避开重兵防守的大门而迅速进入城内。[150]

2月23日，也就是7天炮击的最后一天，铺天盖地的炮火持续了整整1个小时。当大炮安静下来，进攻部队迅速前进，渡过帕西格河，穿过造币厂，登上城墙缺口。他们遇到阻击，但是并没有伤亡。从东侧跟上来的那个排从大门进入。射击暂停了10分钟，然后炮兵开始进行局部打击，在要塞内部掀起了一道爆炸、烟雾和白磷的帷幕，掩护进攻步兵的战术展开。不久之后，敌人就清醒过来投入了战斗，但1个小时的轰炸带来的冲击和随后发生的混乱，使进攻部队能够避开敌人的火力范围进入城内与敌接战。美军在第一时间便赢得了这场战斗。

协调行动和步兵的战斗技能也同样出色。当天，美军炮兵为支援进攻发射了近8000发炮弹。[151]战斗后来变成了围墙之内的一系列交火，并以第二天，即2月24日的扫尾战斗结束。在第 天的战斗中，日军让3000名妇女儿童和教士修女离开围墙之内的两座教堂，或许是为了救他们的命，也可能是以此拖延美军的进攻，又或者兼而有之。在疏散过程中，战斗暂停。美军在王城战斗中阵亡25人，负伤265人。日军的马尼拉海军防御部队损失了超过1000人，甚至有可能达到了2000人。[152]

在第十四军东南和南边300~700码的视野中，在壕沟和绿地对面，就剩下三座中央政府大楼还在敌人手中。以麦克阿

259

瑟为首的美军指挥官们都希望马尼拉战役能有一个圆满的结局，而不是一场围困或长期而血腥的争夺。炮兵的直射做到了这一点。带有侧翼和柱廊的巍峨的议会大楼，是麦克阿瑟计划中的游行终点，它最终在 2 月 26 日承受了 1 个小时的炮火准备，然后美军第 148 团 1 营从背后发动攻击。该营在前进路线上被顽强的抵抗挡住了脚步。它退了回来，由炮兵的 155 毫米加农炮、坦克、自行反坦克炮和自行火炮进行了 2 个小时的抵近射击。对这座代表政府的标志性建筑的摧毁是如此彻底，以至于让陆军官方战史的作者罕见地表现出一种带有诗意的想象。"只剩下残损的中间部分，失去了屋顶，被掏空了内部结构，却仍然像幽灵一样伫立在两翼之上，仿佛是从倾圮的墓碑间升起的幽灵。"[153]

2 月 28 日，第 148 团在议会大楼里进行扫荡的同一天，第 5 骑兵团对农商大楼（Agriculture and Commerce Building）发起一阵长达 3 个小时的炮击，155 毫米加农炮、坦克和自行反坦克炮的火力轮番上阵，为避免伤及附近的进攻部队，炮火只瞄准大楼的一层，结果这栋大楼的上部坍塌到一层。即便到了此时，骑兵们依然发现有零星的抵抗。他们采用坦克、喷火坦克、巴祖卡火箭筒和便携式火焰喷射器进行直接射击，最后又在 3 月 1 日用上了炸药和汽油、机油混合燃烧。这些办法注定要把里面所有的人都消灭。[154]

3 月 2 日，第 148 团推进到他们的第二个目标，已经在 2 月 28 日和 3 月 1 日遭受从各个角度射来的各种口径持续炮火的财政大楼（Finance Building）。3 月 1 日，该团暂停射击，用扩音器要求敌人投降。出人意料的是，有 22 个日本兵走了过来。第二天，又有 3 个人举着白旗出现，但这次是个诡计。走出掩体的美军步兵被大楼里面的步枪和机枪火力打倒在地。一阵猛烈的炮火随之而来，摧毁了财政大楼。[155]

2月27日，战斗还在持续中，麦克阿瑟将民政权力正式移交给菲律宾政府。丰富多彩的庆祝仪式在马拉卡南宫举行，这是政府部门中尚存的为数不多的建筑之一。在这种情况下，游行似乎不再合适了。最终，该市在1945年3月3日获得解放，马尼拉战役结束。到战斗停止的时候，马尼拉遭受的破坏超过了除华沙以外的任何一个盟国的首都。在这座城市中，有超过10万名菲律宾居民在战斗中死去。日军的马尼拉海军防御部队约1.6万人被打死。美军的伤亡包括1010人阵亡和5565人受伤，估计还有大量士兵患上疾病或战斗疲劳症。[156] 第37师148团的一位下士，罗伯特·H.凯泽（Robert H. Kiser）回忆，他所在的那个连，在林加延登陆时有160人，"只有13个人熬过了马尼拉的最后一仗"。他本人曾经因为脚部受伤、传染性单核细胞增多症和两次疟疾而住院。[157] 凯泽和他那些疲惫不堪的战友们接下来还要执行夺取吕宋岛其余部分的艰巨任务。山下的振武和尚武集团还控制着俯视马尼拉湾的巴丹半岛，以及首都以东和以北的山区。在那里，他们准备倾尽全力，让美国人为完成任务而付出高昂的代价和漫长的时间。

第六章

硫磺岛，1945年2月~3月

从1944年10月到1945年3月，当战事在菲律宾四处展开的时候，太平洋舰队推进到了日本以南的各个庇护岛屿，将登陆日本所需的地面、海上和空中力量部署到位。随后驶来的便是以硫磺岛为目标的庞大舰队，由登陆艇、运输舰、油轮和货运船只组成。这个岛屿是一块面积8平方英里的火山岩（在日语中也称作 Iw Tō，意即"sulfur island"），比曼哈顿的一半略小一点，位于东京以南660英里，马尼拉东北大约1500英里。海军陆战队于1945年2月19日登上该岛，将近6周以后的4月1日，陆军和陆战队登陆冲绳岛，两次登陆行动相隔了40天。由于莱特岛战役进展缓慢，且麦克阿瑟要把战舰留下来保护吕宋岛的登陆作战，硫磺岛战役两次被迫推迟。尼米兹麾下的大部分战舰和全部11个师的海军陆战队和陆军部队最终都参与其中。

早在制订计划时就已经决定，对日本的进攻需要占领上述两座岛屿。硫磺岛处在马里亚纳群岛和日本之间的正中间位置，夺取该岛以后，就可以为那些遇到麻烦而无法返回基地的

B-29轰炸机提供救援、补充和维修。斯普鲁恩斯海军上将想要夺取硫磺岛的原因是，沿着从东京向下经过（包括冲绳岛在内的）琉球群岛的一道弧线，当舰队进入日本水域的时候，硫磺岛可以作为一个基地，使陆基空中支援力量从这里起飞为舰队提供保护。[1] 冲绳岛会为支援登陆行动提供空军和补给基地，

而且，附近的一组小岛可以作为受到保护的开敞锚地为船只提供泊位。它们将成为对日本发动进攻的出发线。

从空中俯视，硫磺岛的形状像一个甜筒，东边一侧仿佛还挂着一些融化滴落的冰激凌。最南端是海拔550英尺的折钵山（Mount Suribachi），这是一座死火山，高高隆起的山峰几乎完全被海水环绕。从折钵山向北，顺着一道2英里长的地峡，岛屿逐渐变宽，两侧都是海滩。然后，地势升高几百英尺，变成一个长宽各2~3英里的地块，中间的台地正好可以再建一座机场，四周嶙峋的地面上草木林立、沟壑纵横，伴有参差的山脊和峰峦，边缘都是壁立的悬崖。在登陆行动开始的时候，硫磺岛还没有港口，少量人口已经被转移。光秃秃的地峡上，沙土地面从海滩平缓地抬升，一直延伸到岛屿中部和北部的两座飞机场。从半岛西侧的滩头发起攻势可能会更加困难，因为那边的风浪更大。所以，美国人要从东侧登陆，这边的沙滩一直从折钵山延伸到北边的峭壁。[2]

面对美国海军进入西太平洋的行动，1944年5月，日本首相东条英机任命栗林忠道（Kuribayashi Tadamichi）为硫磺岛司令官。东条与美国人一样清楚，硫磺岛将成为对日本发动进攻的出发地，所以他需要一个经验丰富的人选。出身陆军世家的栗林曾在20世纪第一个十年担任驻华盛顿的助理武官。他是侵华战争的老兵，最近正在东京指挥皇家近卫部队（Imperial Guard）。接受任命登上硫磺岛之后，他得出结论，鉴于美军的密集火力，像塞班岛那样将部队投入滩头防御，是一项重大失误。相反，他要把防线设在远离滩头的后方，同时让海滩处在己方炮兵射程之内。一直等到上岸的美军人员和物资挤满了海滩——这是对方的惯常做法，他才会开始炮击。这仅仅是一个开始。他并没有指望能够战胜敌人，而只是要想尽办法让对方为前进付出高昂的代价，以迟滞他们迈向日本的进攻步伐，或许还能给日本人带来一些谈判的筹码。为此，他要大大强化岛上其余部分的防御——半岛和折钵山，以及地势更高也更崎岖的北部防区——以便让野外行进的美国人随时处在火力之下。[3]

　　换句话说，硫磺岛战役是日本本土防御的一次实验，这就意味着，与其在岛屿上建筑一座堡垒，不如把整个岛屿变成一座堡垒。栗林得到了他想要的一切工具、材料和人力，如爆破与洞穴专家、石匠、朝鲜劳工、混凝土和钢筋。士兵也参与了工程建设，又有更多的部队赶到，使驻防的总兵力达到 2.1 万人。栗林的司令部设在北部防区，是一套深入地下 75 英尺的洞穴系统的组成部分。它包括将军的套房、一个作战室、参谋的办公室和睡觉的隔间，全部由几千英尺长的隧道连通。在它的上方，地面上是一座负责无线电通信的巨大碉堡，顶部覆盖10 英尺厚的钢筋混凝土，墙壁也厚达 5 英尺。它是如此坚固，以至于美军最后用了 8500 磅炸药才将其摧毁。附近的一座山里还有一个类似的碉堡，负责控制岛上的所有火炮。火山岩比珊瑚岩更软，也更加易碎，山洞更容易扩展，能增加多个入口，并以隧道连通，为给养与弹药的存储和医疗设施的安置提供了更大的空间。事实上，日本人的隧道从北部防区一直通往折钵山，防守部队可以安全地进行暗中增援、补给或撤退。结果便形成了总长 11 英里的隧道，平均深度达 30 英尺。[4]

　　在太平洋战区，没有哪个美国师面对过更为复杂全面的防御体系。栗林将军也配有重型火炮：口径 75 毫米及以上的大口径火炮 361 门，口径 80 毫米及以上的海军岸防炮 33 门，两用（对空和对地）高射炮 94 门。除了用来对付飞机的高射炮，其他火炮都是从山洞或坚固的碉堡中射击。栗林还有 69 门 37毫米和 47 毫米的反坦克炮，以及超过 200 门口径略小的 20 毫米和 25 毫米两用高射炮。在迫击炮方面，81 毫米和 150 毫米口径的共有65门，还有12门巨大的320毫米超口径插杆式迫击炮（Spigot Mortar），再加上70门配有重型弹头和发射器的低精度火箭。在这些重型武器周边环绕着混凝土掩体和碉堡，配置有各种轻重机枪，形成坚固的据点，在射击线路上能够相互支援，并且像通常一样，全部经过巧妙的伪装。碉堡和步兵掩蔽坑里的日军当中，有一些精选出来接受过狙击训练的步兵。举例来说，守卫地峡中部第2机场所在区域的碉堡就有800个以上。[5]

硫磺岛战役共动用了海军陆战队的3个师。为了削弱敌人的防御，第58特混舰队，即如今拥有超过700架飞机和新型战列舰、巡洋舰及航空母舰的快速航母舰队，将在2月16、17和25日，向东京及邻近地区的飞机制造厂和空军基地展开攻击。至此，海军的心思已经锁定在一个围困日本的庞大而复杂的计划上，其中任何部分都不可轻易改变，也包括针对硫磺岛的行动。

然而，海军陆战队要求对硫磺岛进行大规模的炮火准备，这一点却并不符合海军的计划。前一年的夏天，在塞班岛的滩头，日本人的炮火使他们遭受了重大伤亡。此后，陆战队精心开发出一套更恰当的炮火准备方式。所选择的武器将是战列舰和巡洋舰上的重型火炮，口径为6~16英寸。通过细致的空中侦察，敌军每一处火炮的精确位置将被绘制成地图，划分为不同的区域予以摧毁。熟练的观测员和绘图员会对火炮的射击进行调整，引导炮弹命中目标。这些井井有条的方法已经在关岛的登陆战中得到成功应用。[6]

对炮火的精确监测更加全面而卓有成效，但是它需要时间。在尼米兹办公室最初的计划中，预定在登陆前进行8天的炮火准备。[7]哈里·施密特（Harry Schmidt）少将指挥着下辖3个师的第五陆战军，他要求进行10天的炮火准备。指挥联

266

合远征军的 R. K. 特纳（R.K.Turner）海军中将，和现在指挥第五舰队的斯普鲁恩斯海军上将却只同意 3 天。于是施密特要求 9 天，特纳毫不让步。施密特再次努力，改为要求 4 天，特纳为了顾全"大局"同意增加这额外的 1 天。可是，斯普鲁恩斯仍然不同意对大的计划做任何修改，他认为，即将由航空母舰对日本实施的空中打击，"与水面舰艇的额外一天炮击相比，可以认为至少能达到同样效果"。[8] 施密特最后又请求，无论如何炮击要集中对准登陆场；即便这个要求也不能接受：海军坚持认为还应包括防空武器等其他目标。战后，有两位历史学家受海军委托撰写一部太平洋战场的两栖作战史。他们从自身立场出发就硫磺岛战役得出的结论是，特纳和斯普鲁恩斯两位将军的心思都放在了冲绳岛和对东京及周边地区进行空中打击上面；夺取硫磺岛是必要的，但仅是一个次要目标，不应当为它过多耗费针对主要目标的资源。

斯普鲁恩斯袭击东京及周边地区的目的是让日本的空军力量动弹不得，削弱其对冲绳岛和硫磺岛展开神风突击的能力。他所指挥的第 58 特混舰队，战舰大部分是珍珠港事件之后建造的，包括装载着 700 架飞机的 16 艘舰队航母、81 艘驱逐舰、16 艘巡洋舰和 8 艘快速战列舰。其中的 2 艘战列舰，"北卡罗来纳号"（*North Carolina*）和"华盛顿号"（*Washington*）拥有 16 英寸火炮，已经被派往硫磺岛执行炮击任务，携带了对地弹药，但是在途中被斯普鲁恩斯匆匆调往日本，因为他需要更多的高射炮。2 月 19 日，即 3 天炮火准备结束之后的那天，这两艘战列舰才返回硫磺岛，只来得及参与登陆前的炮击。[9] 最后，在比硫磺岛大 70 倍的冲绳岛上，才对登陆地点进行了 7 天的炮火准备。而硫磺岛只有短短的 3 天。

这场炮火准备也并未得到来自西南太平洋的帮助。如我们在前文提到的，尼米兹将军借给麦克阿瑟 6 艘战前建造的战列舰，以便在从莱特岛前往吕宋岛的过程中防备神风突击队，他期望这几艘战舰能回来帮助执行硫磺岛和冲绳岛的登陆。麦克阿瑟担心日本海军残部重返菲律宾——这并非不可能，但是概率微乎其微——所以坚持保留这几艘战舰，直到他的空军部队进驻吕宋岛。其中2艘因为要进行重要的维修而被提前撤回，到了2月14日，他才把余下的4艘放回来。后者中的3艘只需要简单的修理，可以参加冲绳岛战役，另外一艘，"西弗吉尼亚号"匆忙驶向硫磺岛，及时赶上了炮火准备停止后第二天进行的登陆作战。[10] 参与了这场为期3天的炮火准备的战列舰还有装备12门14英寸大炮的"爱达荷号"（*Idaho*）和"田纳西号"，配备10门14英寸大炮的"纽约号"（*New York*）、"得克萨斯号"（*Texas*）和"内华达号"（*Nevada*），以及拥有12门12英寸大炮的"阿肯色号"（*Arkansas*）。后面4艘战舰在欧洲和地中海的登陆作战中获得了经验。更新型的战列舰有16英寸大炮，但是12英寸和14英寸直径的炮弹也有巨大的杀伤力。

这是降临到小小岛屿上的一支无敌舰队。15艘战列舰、5艘重巡洋舰（配备8英寸舰炮）和1艘轻巡洋舰（配备6英寸舰炮），分别部署在硫磺岛的两侧。之前这三天中的第一天，时断时续的薄雾和细雨降低了能见度。第二天天空完全放晴，第三天再次因为下雨而能见度不佳。第二天是个难得的机会。在海军为登陆做准备的过程中，12艘炮艇驶向海滩，放下水下爆破员。这些被记者厄尼·派尔形容为"一半是鱼，一半是疯子"的爆破侦察小组是刚刚才在战争中发展起来的。[11] 他们执行完破坏海滩障碍和对登陆地点的绘图任务以后，会立即游回放他们下水的那些小艇。而这一次，该区域的日军岸防炮大概以为这就是主攻，所以在可能违反命令的情况下开火，为进行炮击的战舰提供了他们的准确位置。3天时间里被破坏和摧毁的日军重型岸防炮和高射炮占总数的一半，轻型高射炮占五分之一。至于碉堡、大炮和反坦克炮以及掩体，只有25%失去了作战能力。本可以增加1天时间的炮火准备，但是这一要求遭到拒绝。有些人相信，再增加5天的话，就可以完全做好准备；事实上，根据历史学家杰特·A.艾斯利（Jeter A.Isley）和彼得·A.克劳尔（Peter A.Crowl）在1951年进行的有代表性的研究，夺取硫磺岛"就像是以血肉之躯撞击钢筋混凝土"。[12]

　　3个海军陆战师总共拥有70647具血肉之躯。[13]战争进行到此时，其中很多人已经身经百战。格雷夫斯·B.厄斯金（Graves B. Erskine）少将指挥的第3陆战师，由曾参加布干维尔岛和关岛战役的老兵组成。克利夫顿·B.卡特（Clifton B. Cates）少将指挥的第4陆战师是塞班岛战役的幸存者。凯勒·E.罗基（Keller E. Rockey）少将指挥的第5陆战师是在之前的海军陆战队突击营和伞兵营基础上新组建的部队。与陆军师有所不同，每个陆战师都配有2个替换单位，各包括75名军官和1250名士兵，同时军一级也提供另一批替换人员。每个师有3个营共150辆谢尔曼坦克，但是它们没有装备最新的火焰喷射器，必须向其他师借这种坦克。[14]到此时，凝固汽油弹已经在太平洋战区的地面和空中得到广泛使用，成为对付日军防御的重要武器。

　　2月19日黎明，海面相当平静，微风徐徐，天上朵朵白云飘浮。硫磺岛以东的海面上，遮天蔽日地驶来成群的运输舰、补给舰、登陆舰、战列舰、巡洋舰和驱逐舰。从舰队及马里亚纳群岛起飞的轰炸机和战斗机开始轮番进攻，有些低空飞行的战机像是要擦过沙滩一样。第一波轰炸之后传来了战列舰和巡洋舰的隆隆炮声。进攻的目标是从折钵山沿地峡一直伸展到北部悬崖的东岸海滩。首先从坦克登陆舰的坡道上开下来的是68

辆履带式装甲登陆车（landing vehicles, tracked, armored），和每辆运载12人的两栖牵引车。跟在后面的登陆车以其75毫米榴弹炮开火，普通的车辆人员登陆艇从运输舰上装载预备部队，后援舟艇用机枪扫射，并发射火箭，中型登陆舰负责将坦克运送上岸。其后的坦克登陆舰上则是补给物资。考虑到敌人的严密防守，海军陆战队要把一支强大的部队送上岸，使之足够摧毁几乎任何海滩防御。

　　到了中午，勇往直前成为唯一的选择。4个团已经登岸，2个团在北半幅海滩，另外2个团在南半幅。地面朝着岛屿中部缓缓地倾斜，但是，在紧邻海滩的地方，火山灰形成的一排排陡峭的台地挡住了前进的队伍。火山灰又轻又滑，很难站住脚，尤其是对于背负沉重武器的美军士兵。先是脱离海滩的行动缓慢下来，然后是一波又一波的登陆舟艇和舰只的迅速到来，部队和物资都拥挤在海滩上。起初只有零星的日军炮火，但是在不断增强，并得到南边折钵山和北边悬崖上观察点的协助。来自西边，即1号机场远端的炮火尤为猛烈，那里的炮兵阵地十分密集。中午前后，风向从西北转向东南，狂风击打着海滩，自南边而来的强劲海流与海滩平行，很多小型舟艇打横并进水，杂乱无章地拥挤在海滩上。预备部队和补给品仿佛正在登陆一块杀戮之地。有命令要求迅速离开。[15]部队缓慢笨拙地爬过台地，向西进入炮火中。第一天有3万人登陆，其中阵亡600人，接近2000人负伤。伤亡比例大概是8%，堪比美军在诺曼底奥马哈海滩（Omaha Beach）上的损失。[16]

　　根据第五陆战军夺取硫磺岛的计划，沿地峡东岸海滩登陆2个师，从南边折钵山一直延伸到北边岛屿变宽处的悬崖。南边的第5师将向西突破地峡到达西侧海滨，然后转而向北，但是其中1个团要向南面对折钵山。在北边登陆的第4师也转向北边，与第5师的其余部队并排向北推进。当作为预备队的第

270

3 师登陆的时候，它将在前面 2 个师之间向北进攻。排成一线的 3 个师将肃清北部的大片破碎地带，那里是敌人的主要防御所在。

因为无法对敌人部署在后方的兵力和火炮形成打击，特别是对方拥有位于包括折钵山顶等高处的观察哨，陆战队的指挥部在组织向北推进的同时，也下令第 5 师 28 团向南进攻，夺取这座火山。在东侧海滩最南端登陆的第 28 团 1 营要尽快向前推进，穿过此处仅有 700 码宽的地峡，到达西侧海滩，从那里将折钵山与岛屿其他部分隔离开来（地道除外）。然后，第 1 营将和第 28 团的 2 营、3 营衔接起来，形成一条横跨地峡朝向南面的战线。

271

通常的战斗发生在比硫磺岛大得多的大块陆地上，部队能够脱离作战行动，并从前线撤退，进行恢复或机动。而硫磺岛上没有这样的空间。如一位老兵所说："整个岛屿都是前线。"陆战队员们发现，他们从来没有"安全地脱离敌军射程"。第 28 团 2 营 E 连的理查德·惠勒（Richard Wheeler）在他那本有关硫磺岛的最令人伤感的书里写道，随时随地，"炮弹嘶鸣爆裂，机枪、步枪咯咯地扫射，人们纷纷被击中倒地"。在折钵山的脚下，一个人要承受持续不断的压力，仿佛上面有"透过枪支瞄准镜的几百只眼睛盯着"他。跳进无人的弹坑或战壕中寻找掩护往往得到的不是安全，而可能会招致瞄准该地点的大炮打过来的炮弹。已经肃清的掩体和碉堡经常被敌人以夜间秘密行动或通过地道重新占据。陆战队员们变得孤独而无助。[17]

陆战队员使用背囊式火焰喷射器和炸药包摧毁掩体和碉堡。惠勒回忆，马丁·J. 奎尼（Martin J. Queeney）中士"冷静地抓起一个炸药包，从侧面接近土丘，把它扔进背后的入口"。他的英勇行为为他赢得了海军十字勋章（Navy

Cross）。康拉德·F. 谢克尔（Conrad F. Shaker）下士带着他的匕首钻进敌人的隧道，出来时刀上沾满了血。"当爬上土丘，向远远落在后面的陆战队员大喊的时候，他被射中头部，倒地牺牲了"，惠勒回忆道。[18] 双方都使用了大量的手榴弹。旁边第 23 团有一名年轻的中士，达雷尔·S. 科尔（Darrell S. Cole），他所在的那个班遭到机枪火力的压制，一群碉堡中投出的手榴弹，"被扔了回去，加上他自己的手榴弹一起落在碉堡后边，从低矮的入口钻了进去"。成功以后，他两次回来拿上更多的手榴弹，但是在他的第三次进攻中，一颗敌人的手榴弹在他脚下爆炸。他们那个连完成了进攻，向前推进。科尔被追授了国会荣誉勋章。[19] 步枪和机关枪射出的子弹比炮弹更具杀伤力，但是来自大炮、迫击炮和火箭的炮弹，可以炸裂成炽热的、不规则边缘的钢铁碎片，给拥挤在海滩上或聚集在一起开会的人造成穿透伤和开裂伤。

夜晚有其独特的梦魇。太阳一落山，温度即刻下降，一阵寒意袭来。大部分舰船和飞机撤回到海上过夜，给岸上的那些人留下一种被孤立的恐怖感觉。几艘驱逐舰向天空中发射照明弹，强烈的黄光从空中飘落下来，它们制造的阴影不断地移动，更加令人感到不安。栗林认为高喊"万岁"的自杀式攻击是一种浪费，不如利用夜间进行渗透。在第一天夜里，两次有个别日本兵悄悄溜进了第 28 团 E 连（按照军方的字母命名法，被称作"安逸连"［Easy Company］）的防区，一次是用手榴弹炸伤了一名陆战队员，另一次把一名陆战队员吓得从散兵坑里跳了出米，大喊："日本人！日本人！"因为下达的命令是保持低姿，另一名陆战队员错误地把这个叫喊的人当作日本人而开枪打中了他。两个日本兵都跑掉了。"极度的紧张和夜间的寒冷让许多人牙齿打颤，都说不出话来了"，惠勒回忆。[20]

折钵山的防御最为强大，它位于从火山向北突出 700 码的

272

一个岩架上。在进攻开始的第二天，即 2 月 20 日，在这些防御工事前面展开的是第 5 师 28 团，包含 E 连的第 2 营在左，第 3 营在右，由第 1 营担任预备队。进攻在上午 8：30 开始，由大炮、舰炮和空袭进行炮火准备。派来的坦克被耽误了；海滩上的拥挤使他们没有得到汽油、弹药以及保养团队。迎面的敌人迅速反应，用惠勒的说法就是，"倾泻下来的钢铁和沙子""覆盖"了大部分的正面战线。敌人不停歇的炮击使生存看似无望。惠勒回忆起，他"能感觉到恐惧在撕扯着我的下巴"。但是，他又补充道，"我们接到进攻的命令，于是我们就进攻"。惠勒和一个同伴躲在弹坑中，每个人都被迫击炮弹片击中两次，惠勒伤在了下巴和腿上。他们立刻得到了医护兵的帮助，而那个医护兵自己也受了伤。他的同伴"双腿都被削去大块皮肤，缺失了多块肌肉"，最后死掉了。[21]

率领这次进攻的是基斯·韦尔斯（Keith Wells）中尉、亨利·O. 汉森（Henry O. Hansen）中士和一等兵唐纳德·J. 鲁尔（Donald J. Ruhl）。他们向碉堡另一边战壕中的敌人移动，此时一颗手榴弹正落在他们面前。"鲁尔纵身扑了上去，承受了全部的爆炸力"，留下"胸膛上一个血糊糊的大洞"。他获得了国会荣誉勋章。詹姆斯·罗伯逊（James Robeson）和一个斯波坎部落印第安人（Spokane Tribe Indian）路易·阿德里安（Louie Adrian）一起投入了战斗，他们轮番站起身，用勃朗宁自动步枪向战壕中射击。阿德里安被一颗射中心脏的子弹"撂倒"。[22]替补者上来填补了空缺。当这个连的手榴弹用光时，有两个人主动跑回去再拿手榴弹，结果都牺牲了。[23]

下一个被派上前线的是两名火焰喷射器射手，他们背后背着 70 磅重的汽油箱。凝固汽油弹造成的死亡简直惨不忍睹。日本人的混凝土掩体和碉堡固然能抵挡子弹和炮弹，但还是需要有进出口，至少在背后有一个入口，也要为武器、观察和瞄准留出孔洞。开口越大，敌人的火力范围越广，也就越容易成为投掷手榴弹的目标。对于碉堡的设计者来说，在防护性和实用性之间有一道微妙的分界线。手榴弹可以投进很多孔洞；炸药包往往就不行。然而，火焰喷射器可以把火苗射入裂缝中，引爆内部的弹药，烧死里面的人员，同时由步兵守住出口。肩扛式巴祖卡发射的火箭弹也有助于击碎混凝土。到了下午，坦克终于赶来加入对折钵山的攻击，但是需要有人在外部进行指引，用手势信号指示目标，并引导坦克避过地雷和伤员。为此派出了三名引导员，每辆坦克一个人。第一辆冲上山坡的坦克的引导员被打死，另一人负伤，第三辆坦克的引导员手中的外部电话被击中。随着时间的推移，陆战队员及其武器的持续压力终于战胜了折钵山下由混凝土和战壕构筑的防线。"安逸连"的战区内共摧毁 50 多个碉堡和掩体。折钵山残存的一部分日军夺路向北，加入了主力部队，留下几百人藏在火山洞穴中，一部分是伤员，其他人可能得到了栗林的首肯，组织了一次自杀式的"万岁冲锋"。[24]

为了拿下折钵山顶峰，第 28 团团长从"安逸连"挑选出 45 个人组成一支巡逻队，携带着火焰喷射器。这支巡逻队在星期四组织起来，于星期五，即登陆后的第四天上午开始上山，手脚并用地拼命爬上了最陡峭的山坡。两个日本人，其中一个是军官，从山顶的一个洞穴中冲了出来，被击毙；留在下面火山口中洞穴里面的那些人，用手榴弹发起攻击，但是这些残敌被炸药的爆破困在洞中，要么被烧死，要么如后来所知，被饿死。

随即发生的事情成为美国军事史上的传奇。巡逻队将一面美国国旗插上了折钵山的顶峰，让下面的人知道它已经被攻克。他们在火山口里找到一截铁制的水管，当作旗杆，并用岩

274

石堆在根部进行支撑。可是，他们觉得这面旗子太小。在一艘坦克登陆舰上找到一面两倍大的旗子，赶紧送到了山顶，又匆匆准备了一根更长的旗杆，由 6 名陆战队员把它竖了起来。当一大一小两面旗帜飘扬起来，升旗行动吸引了爬上山坡的巡逻队的注意，并传达给下面的官兵。一名海滩管理员，即负责指挥近岸和海滩交通的军官，用音量调到最大的公共广播系统宣布了这件事情。喜悦的叫喊从下面的海滩上升起，传遍了每一个弹坑和每一条战壕，直到近海战舰的甲板上。成千上万的陆战队员齐聚在横跨东西海岸的巨大"露天剧场"上，双眼紧盯着头顶上的这一幕。海军部长詹姆斯·V. 福里斯特尔（James V. Forrestal）碰巧正在硫磺岛的海滩上。这一刻是在庆祝攻克折钵山，但是从更广泛的意义来说，它是在致敬海军陆战队参与的这场战斗，一名战地记者将它形容为"地狱中的噩梦"。获得这样的认可有助于陆战队员直面他们所承受的损失——战友的牺牲、受伤后身体机能的缺损，甚至是他的生命。这张著名的升旗照片是由美联社（Associated Press）的乔·罗森塔尔（Joe Rosenthal）拍摄的，它凸显了那些参加战斗的士兵。实际上，在被拍照的 6 人中，有 3 人在后来的战斗中阵亡。而在麦克阿瑟的战争宣传工作中，我们找不到这种向美国士兵致敬的内容。[25]

夺取折钵山只是占领硫磺岛的开始。第 28 团掉头向北，重新加入第 5 陆战师其余部队的主战线。直到海滩被清理干净，大量登陆部队及其给养上岸并分发完毕，战线才能大幅推进。狂风巨浪把小型登陆舟艇都冲到了海滩上，以至于中大型登陆舰只很难找到空地放下坡道进行卸载。沙地上四处散落着单兵武器和个人的随身物品，以及被弹片撕碎的死者。冲向岸边的海浪中，漂浮在船只残骸中间的是登陆时溺死的士兵尸体。但是，海滩管理员很快就控制了沿海岸线排列的各区域，清理出道路，确定优先顺序，展开卸载工作。推土机和吊车赶来移除了海滩上的舟艇，在台地上开出道路，把钢板暂时铺在松软的沙地上，为补给品的堆栈立起围墙。第4和第5两个师的其余部队和预备队、替换部队及第3师的一部都已登陆。特种单位一并到来：负责排雷和建设蒸馏水系统（岛上没有饮用水源）的工兵；建立指挥网络并引导炮兵和海军炮火的通信部队；恰当照护死者，包括为每个师建立一座公墓的阵亡登记团队；还有为了能够尽早起降B-29轰炸机而扩建机场的建设营。名为"鼬鼠"的小型两栖牵引车成为一个重要工具，向前线部队运送弹药和口粮，并将伤员撤到后方。

医疗系统确实在太平洋战场上发挥了重要作用，但它在硫磺岛战役中的价值才真正是无可比拟的。从一开始，医护兵就在前线使用止血带和止血敷布控制出血，用吗啡止痛，采取各种办法保护伤员，安抚病患，用担架抬着或由其他陆战队员搀扶他们回到海滩。海滩上的医护站负责为他们输血并对每个人的伤情和治疗进行鉴别。由此，从登陆后的第一天起，伤员就被送上配备医生和手术设备的医疗舰，这些舰只满员以后会立刻驶往关岛。后来，又在紧靠战线的后方设立了营级救护所，将医生和药品尽可能送到伤病员身边。到战役尾声时，整体的医院已经在硫磺岛上开始运转。西海岸的美国人为陆战队员捐献的血液被包装冷藏后，空运到硫磺岛。最早是莱特岛的陆军军医官们使用全血，但是在硫磺岛，陆战队员们第一次用上了全血，而不再是血浆。[26]

在登陆开始的头几天里，经过上岸部队乱纷纷的争夺之后，除指向折钵山的第28团，其他各陆战团均奋力形成了计划中横跨地峡的线形阵列，面朝东北方向。第5师的第26和第27两个团拿下了1号机场，到达了西侧的海岸并转向北方。第4师的第23、24和25团从登陆地点向西进攻，在机场与第

276

5 师会合，也转向北方。当第 3 师的第 9 和第 21 团到达的时候，他们占据了前面 2 个师中间的位置。3 个师排成一条直线，开始向北方推进，荡平这座小岛。

2 月 25 日，星期天，全部战斗部队都已登陆并形成战线，指挥部已经设立，炮兵阵地也基本建成，在一场炮击后，第五军便朝东北方向展开进攻。开始攻击的地点在折钵山东北 1 英里处的开阔地带，那里缺少树林和灌木，也没有卵石和悬崖，只有 1 号机场平坦坚硬的跑道和周边起伏的沙丘。首要目标是东北方向 1 英里远的 2 号机场。紧靠这座机场的背后是一道 50 英尺高的山脊线，再向后升高几百英尺，就进入硫磺岛北半部分那片乱糟糟的地形。同时，在 2 号机场后方的高处，集中了岛上日军最密集的火炮，800 余处掩体和碉堡中部署着大炮、对空武器、反坦克武器、机关枪和迫击炮，从每一个角度和纵深覆盖着 1 号机场的平坦开阔地带。3 个美国师排成一线横跨机场，面朝北方，由第 3 师居中。在第一次进攻中，第 3 师第 9 团未能突破，而 2 月 24 日则轮到了第 21 团，他们奉命必须在当天夺下这座机场。

在炮击和空袭结束后，陆战队员在 1 号机场展开，第 2 营在南边，第 3 营在北边。北边的 2 个连在 400 码宽的战线上并肩出发，背负着他们的武器及额外的弹药和手榴弹，向两座机场之间一片开阔的沙地前进。坦克打算和步兵一起前进，但是有 2 辆触雷瘫痪，又有好几辆被反坦克炮命中，便都停了下来。太平洋战场还没有装备潘兴坦克，这种最新出产的型号配备 90 毫米火炮，轮廓更低。部队将配备 75 毫米火炮、轮廓偏高的谢尔曼坦克留在身后，继续向前压。到 2 号机场远端的山脊线大约是 1000 码的距离。部队已经得到警告，不要拔除碉堡，而是要绕过去，因而进攻速度放缓。敌人的隆隆炮火不断地滚过 2 号机场的跑道。不时有陆战队员从视线中消失，有的是被击中，有的是在进行躲避。手持 M1 加兰德步枪的士兵不能让沙子灌进枪管和击发装置，后者尤其容易出故障。到达机场远端的山脊时，各排装上刺刀，开始向山坡上仰攻，却发现自己被己方炮火击中。炮击停止后，他们再次尝试，但是被日军击退。于是，他们撤下来重新组织，以便继续炮击，然后开始第三次进攻。这次是一场肉搏战，如惠勒的回忆，用"手榴弹、手枪、刺刀、匕首，还抢起步枪，甚至用上了铁镐和铁锹"。第 21 团 K 连的陆战队员们打死了大约 50 个敌人，自己也从几个排缩减成几个班，最后和 I 连一起控制了山脊。他们只拿下了 2 号机场的一部分，却已是很大一部分，并且守住了它。[27] 除了不停倾泻的弹雨，整整一天，"迫击炮的齐射……混合着炮弹的炸裂，伴着可怕的震荡和呼啸的弹片"。医护兵缺少担架，便用斗篷搬运伤员。军官们身先士卒：K 连的上尉负伤，I 连的上尉阵亡，手下 3 名中尉也都负伤。从登陆以来，这个军的伤亡已经上升到 7758 人，比例达到令人难以置信的 25%。其中，有 558 例战斗疲劳症。[28]

　　在 2 号机场的战斗中，还有第 4 师、第 5 师的战区里，第五军遇到了日本人的主要防线，这是一座东西方向横跨岛屿的密集防御工事，建在一片遍布山岩和碎石的陡坡和几个孤立陡峭的山丘上。即便几乎所有可用的炮兵营都已抵达并投入使用，第 4 师和第 5 师的部队也几乎没有取得进展。居中的第 3 师缺少了它的最后一个团——就在附近但是未投入战斗的第 3 团。艾斯利和克劳尔在对这场战斗进行的研究中发现，第 3 师的中间地段在炮击中居于领先位置，但是他们认为第五军应当对中间位置安排更多炮火。二人指出，中间地段因战线狭窄而更易操作，是一个关键的位置。2 月 28 日，指挥第 3 师的厄斯金将军动用全部火力，包括大炮、迫击炮、海军舰炮和空中支援，一起向前猛攻，同时以预备队进行掩护。[29] 在该师的右翼，第 21 团 I 连和 K 连占据的山脊对面，一处"弱点被发现"。天黑之前，一个陆战营穿过了位于本山高原（Motoyama Plateau）的本山村的废墟。如此一来，2 月 28 日，即登陆后的第 10 天，第 3 师已经跨过了日军抵抗的主战线，进入了"硫磺岛的内脏"。[30] 陆战队在高原上的阵地，位于日本人为建设 3 号机场而平整出来的地面上，通往从西、北、东三个方向朝着周围海岸延伸的山脊和沟谷。各师已经离开了地峡上向北通往开阔高原的通道，可以从不同方向对敌军阵地展开机动。然而，在密布的洞穴系统、混凝土炮位和通往海岸的地下防御工事之间，战斗强度并未减弱，而是变得愈发激烈。

由于伤亡惨重，各师的替换部队缺乏经验、训练不足，能发挥的作用有限而价值有限，再加上作战能力的持续丧失，海军陆战队力量受到削弱。陆战队员已经连续几个星期面对身边的死亡，因为警戒敌人的夜间渗透而无法得到充分睡眠。面对部队的巨大损失，特纳将军和史密斯将军放弃了投入最后一个团——第 3 师第 3 团——的想法，主要原因是这个岛上的海军陆战队数量已经足够把它夺下来了。第 3 团在 3 月 5 日回到马里亚纳群岛。对即将到来的冲绳岛之战是否有足够兵力的担心占了上风。记者们注意到，硫磺岛上的陆战队员，一个个弓腰曲背、身材瘦削、胡子拉碴。在整个向北推进的过程中，尽管第 3 师已经缩减为 2 个团，但仍然在进攻中斗志昂扬。[31]

第 3 师越过高原向北侧海滨前进，遇上了最后一道防线。拦住去路的是精锐的日本第 26 坦克联队。对左翼进攻构成威胁的是 362C 高地。这次，厄斯金将军得到允许在夜间发动袭击。3 月 7 日黎明前，在并未进行炮击的情况下，他的部队尽可能保持安静，悄悄接近了敌人的工事并渗透进对方的防线。在防守部队受到压制的情况下，左翼 2 个营袭击了阻挡他们前进的山丘，另外 2 个营深入到 200 码远的地方，敌人这才清

醒过来并开始反击。左翼的 2 个营拿下了第一个山头，但那是
331 号高地，而不是 362C 高地。在师部的命令下，左翼两营
继续进攻，在下午 3：00 夺取了 362C 高地。与此同时，日军
的防守部队攻击并包围了渗透过防线的部队。36 个小时之后，
被困在敌人战线后方的所有幸存陆战队员才得以脱身，包括第
9 团 E 连剩下的 7 个人，以及 F 连 41 人中剩下的 19 人。第 9
团 B 连连长约翰·H. 莱姆斯（John H. Leims）少尉得知有
一个排被包围，而且失去了联系，他带着电话机和 400 码长的
电线跑了过去，命令他们撤退，并且把他们毫发无损地带了回
来。听说还有几名伤员留在后面，他又折返回去，把其中一个
人送到安全地带，然后再次返回救助其他人。为此，他获得了
国会荣誉勋章。[32] 羸弱的第 3 师用了 6 天时间击败了日本第 26
坦克联队。[33]

　　3 月 9 日，登陆之后的第 18 天 ①，第 3 师到达了北侧的海
岸，把敌人的防御线切开，将岛上的战事分成两个相邻却又各
自独立的战斗，每一边都越来越小，但是硫磺岛上也和通常的
情况一样，战斗依旧很残酷。第 3 师各部向左转，攻取向西伸
展的海岸，并为沿西海岸向北进攻的第 5 师提供掩护。第 5 师
进入山地，攻下了 362A 高地和西岭（Nishi Ridge），眼下
正在进入一条被称作"咽喉"的山中狭径。这条峡谷的角度和
地形杂乱无章，两侧山壁上到处是凹坑和洞穴，谷底散落着碎
砾、卵石和大块的岩石碎片。这是十分理想的防守之地，它通
往栗林本人所在的堡垒。刚刚占领了折钵山的第 5 师 28 团踏
入这条峡谷，以装甲推土机和坦克领头，用推土机的铲子开
道，后面跟着终于到来的喷火坦克。

　　在岛屿东部第 4 师的战区，和吕宋岛的情况一样，日本海

---

　　①　原文如此，疑为第 19 天。

军的分遣队，加上由一个老派的陆军军官指挥的部队，违背了栗林发布的命令，为了夺回折钵山而在夜间发起了一场"万岁冲锋"。由于其部队遭分割，栗林现在已经失去对下属的掌控。第4师虽然已精疲力竭，但是仍然意志坚定，他们击毙了784名日军，挡住了敌人的进攻，己方也损失了347人。事实上，第4师的伤亡比另外两师都要大。他们进攻了被陆战队员称作"绞肉机"的一群彼此分离而又互相支援的防御工事，以及382号高地——一处几百码宽的岩层，遍布洞穴武器和地下通道。山顶已经被凿开，用来安放火炮和反坦克炮。[34] 邻近的那个小一些的山头被称作"火鸡疙瘩"，顶部是用厚厚的混凝土建造的通信碉堡。下一个就是由火山熔岩形成的碗状的"圆形剧场"。在其远端的碗边上有洞穴和地道的入口。每一处不规则的表面都布置了枪炮阵地，形成互相交错的火力线。[35] 第4师一次又一次地试图夺取"圆形剧场"，开始是用5个营齐头并进，以坦克、大炮、舰炮和空袭进行反复的轰击，用了超过1000加仑的凝固汽油弹，甚至把一门75毫米大炮拆卸开来，移到近处再重新组装。2月25日，第4师开始进攻"绞肉机"，在3月3日结束战斗，拿下了382号高地；"火鸡疙瘩"和"圆形剧场"也被"征服"。该师余下部队加入其他各师参与肃清北部海滨。[36]

281 　　在硫磺岛战役的第一个星期里，海军陆战队伤亡8000人。[37] 如此巨大的人员消耗，不仅动摇了部队的根基，将军们赖以承担前线指挥任务的中尉、上尉和少校军官们也大幅减少。看一看在3月2日开始的突袭382号高地的战斗中，第4师24团E连在2天时间里都经历了什么。连长罗兰·凯里（Roland Carey）少校负伤以后由帕特·多兰（Pat Dolan）上尉接替，多兰负伤后由斯坦利·奥斯本（Stanley Osborne）中尉接替，奥斯本牺牲以后再由排长迪克·赖克（Dick

Reich）少尉临时接替。威廉·克雷辛克（William Crecink）上尉接过指挥权，但是第二天上午受伤之后再次由赖克临时代理。然后来了一位新连长，查尔斯·爱尔兰（Charles Ireland）上尉，在他当天下午负伤后还是由赖克代理。最后，团里的乐队领队罗伯特·M.欧米利亚（Robert M. O'Mealia）上尉接手，可是他也牺牲了。此时的 E 连人数已经太少，便合并到 F 连。[38] 382 号高地真是一架绞肉机。在夺取它的 8 天战斗中，第 4 师损失了 2880 人，[39] 其作战能力估计已经降低到45% 甚至更低。第 5 师的一个营中，各连从 250 人萎缩到只剩45~85 人。[40] 在西部的西村，第 5 师的陆战队员急匆匆登上一个圆丘的顶部，这里是敌人的一个指挥部，里面藏着一大堆炸药。惊天动地的爆炸造成 43 人伤亡。[41] 到 382 号高地战斗时，师级的替换部队已经全部派上前线，各师将火炮和迫击炮运输队及其他陆战队后勤人员组织起来作为战斗部队。

3 月初，一份报告中写道，参战的陆战队员看上去"非常疲劳和倦怠"，[42] 缺乏活力，普遍提不起精神。比没有精神更严重的是战斗疲劳症，有创纪录的 2648 人经历了这种症状。[43] 硫磺岛战役被公认为最恐怖的战斗经历之一——持续的死亡威胁，杀不尽的敌人负隅顽抗的意志如此坚定，战士们感觉他们仿佛在与这座岛屿本身搏斗。然而，大多数陆战队员现在已变得谨慎而沉着，他们依然坚持不懈，怀着责任与忠诚。

陆战队的各个营进展缓慢下来，局部战斗渐渐减弱。第 5 师终于逐步顺着峡谷的顶部和底部接近了"咽喉"，有条不紊地以火力和爆破封堵一个个洞穴，清理日本兵藏身的褶皱和岩石。战场范围从 1.4 万平方码缩小到 50 平方码，最后便只剩下栗林的堡垒，第 5 师用炸药把它摧毁。栗林本人切腹自杀。当战火在北部停歇之后，又在地峡上重新燃起。280 名日本人发起一次精心策划的夜袭，从地道和秘密小路悄悄潜入南部，

282

侵入一部分帐篷区域。他们用匕首、军刀和手榴弹，加上从死去的陆战队员身上拾起的任何武器，向刚刚苏醒的飞行员、"海上蜜蜂"（工程营成员）和非裔美国人组成的第5师先锋后勤连发动进攻。陆战队员抓起枪支开火，建立小规模的战线，逐渐挫败了进攻者；先锋连在其中发挥了尤为重要的作用。空军44人阵亡，88人受伤；先锋连9人阵亡，32人受伤。[44]

3月25日，第5师完成了在"咽喉"的作战任务，但是在2周时间的战斗中减员2400人。部队经过清洁整装，在第5师墓地做了祈祷和告别，然后就顺着绳梯从登陆艇爬上了运兵船。硫磺岛已经将他们掏空，很多人需要船员的帮助才能越过船栏。海军陆战队在硫磺岛共伤亡25851人；海军和陆军总计伤亡28686人。岛上的2.1万名日军估计被打死2万人，余下的成为战俘，而在几个星期之后，还经常出现小股日军的抵抗。[45]

硫磺岛的伤亡统计数字在国内引起强烈反响，给战争指挥者的心灵造成沉重打击。3月15日，当战斗还在进行中，海军公布了他们收到的一封极其痛苦的书信，一位身份不明的妇女在信中恳求"看在上帝的份上，不要再把我们最优秀的年轻人派往硫磺岛这样的地方遭受屠杀"。她写道："孩子们承受得太多了。这让很多母亲陷入疯狂。为什么不能采取其他方式达到目标。这太不人道了，太可怕了——停下吧，停下吧！"海军部长詹姆斯·福里斯特尔的回信只是给予这位寄信人和像她一样的妇女冷漠的安抚，按照海军的说法，这位妇女也向五角大楼发出了同样的请求。福里斯特尔解释道，胜利要依靠"陆战队员和陆军士兵们的英勇作战，他们用步枪和手榴弹突袭敌人的阵地，将它们占领并坚守"。"并不存在捷径或坦途，"他又说，"我也希望能有。"[46]福里斯特尔愿意公开这位身份不明妇女的来信，并承认收到了许多其他类似的信，这表明他和他的顾问们都意识到，他们正处于这场战争的一个关键时刻。正如这些信件所表明的，当美国军队越来越接近日本时，相当一部分公众开始认为战争的代价难以承受。福里斯特尔似乎是要说，前面还有更加惨烈的战斗，必须直面这一现实。为此，武装部队正在协助新闻制片公司制作更真实反映欧洲和太平洋战事的报道。在硫磺岛战役期间，原始素材被送回纽约的新闻制片公司，并准备在首次登陆后2周内发行。根据这些胶片制作的新闻短片以一种令人不安的坦率态度展示了战争的恐怖。《纽约时报》的一位撰稿人博斯利·克劳瑟（Bosley Crowther）评论道："谢天谢地，这些新闻短片越来越难拍了。它们使我们仿佛身临其境。"克劳瑟又特别提到，有一部即将上映的电影《太平洋之怒》（*Pacific Fury*），它讲述的是夺取佩莱利乌岛和邻近的安加尔岛（Anguar）。影片从近距离聚焦那些参战士兵的面孔，使他们所承受的压力和痛苦具体表现到每一个个体身上。[47]

　　尽管伤亡如此惨重——从伤亡率来看是第二次世界大战期间太平洋战场上最高的一次——硫磺岛依然是一个必须攻克的目标。日本人在该岛上的空中力量对马里亚纳群岛和空袭日本的B-29轰炸机构成威胁，如今它们都被一扫而光。此外，夺取硫磺岛之后，从这里起飞的远程战斗机就可以为B-29提供护航。直到战争结束，美军飞机一直从这座岛屿上起飞。有超过2万名从马里亚纳群岛起飞轰炸日本的空军人员因飞机"出现问题"而降落在硫磺岛。依据艾斯利和克劳尔的说法，"如果该岛没有掌握在美军手中，所有这些机组人员将损失掉四分之一"。[48]最早是在3月4日，绰号为"迪娜·梅特"（Dinah Might）的B-29轰炸机安全降落在一座双方正在争夺的机场上。战地记者厄尼·派尔在马里亚纳群岛写道，B-29上提心吊胆的航空兵们"在返航过程中'苦苦坚持'了六七个小时"。

284　　在返回基地的中途拥有一座紧急备用机场对这 11 名机组成员是莫大的解脱，尤其是海军想尽了办法却只能救起五分之一迫降的飞行员。"我估计，"派尔写道，"在 B-29 的基地上，'迫降'二字比其他任何词语听到的次数都要多。"[49]

　　到 3 月初，自马里亚纳群岛起飞的 B-29 开始转换为夜间空袭，这一战术变化进一步降低了已经减少的来自日本战斗机的威胁。柯蒂斯·勒梅（Curtis LeMay）将军是一位要求严苛的飞行员，总是叼着一支雪茄。在他统辖之下的轰炸机抛弃了对于轰炸精准度的要求。取而代之的是，他们采取了区域轰炸的方式，只在低空使用燃烧弹进行攻击。勒梅的轰炸机在 3 月 9 日至 10 日夜间对东京的袭击中开创了这种新战法。针对这座四处延展的城市中人口最稠密的地区，334 架轰炸机从仅有 5000 英尺的高度发动袭击，炸毁了 16 平方英里范围内的建筑和民房，杀死 9 万 ~10 万名居民。有一名机组成员回忆，大火造成的上升气流如此之强，以至于飞行人员"像杯子里面的骰子"一般在机舱里被抛来抛去。在下方，空袭引燃的大火比 1871 年芝加哥大火、1906 年旧金山大地震，或者是 1923 年东京大地震的破坏力都要更大，虽然后者导致的死亡人数要多一倍。空袭结束以后，幸存者们小心地走出来，眼前是一片可怕的景象，烧焦的尸体堵塞了隅田川（Sumida River）和当地的运河，这些人都是跑到那里寻求庇护的。"我们接到指示要报告实际的情况，"一个日本警官后来回忆，"我们大多数人做不到，因为恐怖的场面超出了想象。"[50] 单是一场夜间空袭就给日本的主要城市造成如此大规模的破坏，这充分证明了帝国正在变得越发脆弱。日本的防空力量似乎无力阻止再次发生针对整个本土的此类袭击。尽管如此，日本政府并没有任何准备投降的表示。

　　3 月 27 日，海军陆战队宣布取得硫磺岛胜利之后的第

十一天，金海军上将发布了他的年度报告，回顾了海军在过去
一年中取得的战绩。[51] 在此期间，海军在太平洋上前进了 3000
英里以上。金详细叙述了在塞班岛、提尼安岛和佩莱利乌岛上
来之不易的胜利，为斯普鲁恩斯在菲律宾海不对日本舰队进行
追击的决定进行了辩护。在描述海军跨越太平洋的进展时，金
强调了海军在 9 月占领西加罗林群岛乌利西环礁的未设防锚地
所带来的优势。他进一步解释，哈尔西将军发现日本人在菲律
宾的空中力量疲弱，如何使得美军在 10 月 20 日向莱特岛发
动攻击，并在莱特湾摧毁了日本舰队。累积至此的这一系列胜
利，再加上夺取了硫磺岛，使海军可以开始向日本的内线防御
发动攻击。

　　在金的报告所述及的同一时间段内，麦克阿瑟的部队已
经从新几内亚岛海岸出发，采取蛙跳方式，克服了莱特岛的顽
强抵抗，占领了民都洛岛，并在吕宋岛登陆。一俟上岸，美军
便向中央山谷推进以解放马尼拉。虽然马尼拉战役于 3 月 3 日
结束，但是吕宋岛的大部和菲律宾群岛其余各地还在日本人手
中。当陆战队员在硫磺岛上寸土必争的时候，菲律宾战役已经
进入了一个新的阶段，其激烈程度很快就将给麦克阿瑟的手下
带来考验，同时让他在华盛顿的上司们大伤脑筋。

第七章

收复吕宋，1945 年 2 月 ~6 月

　　在向马尼拉前进以及从 2 月 3 日至 3 月 3 日长达一个月的战斗中，麦克阿瑟将他的司令部设置在路易斯塔庄园（Hacienda Luisita）。它坐落在打拉（Tarlac）城外的中央山谷里面，从前是一座制糖厂，毗连着一个俱乐部。除了它的舒适，路易斯塔庄园也足够靠近麦克阿瑟正在关注的作战行动，他甚至可以偶尔加入向马尼拉进军的部队。在打拉以南卡帕斯（Capas）的奥唐奈营地（Camp O'Donnell），他拜访了作为战俘死去的美军士兵的墓地。3 月 2 日，他出席了科雷希多岛的升旗仪式，并去了一趟巴丹。在那里，肯尼的飞机发现了他们一行人，幸好在开火之前先与司令部确认了一下。这些访问活动，再加上探望圣托马斯大学和比利彼监狱中的囚犯，似乎已经愈合了他在 1942 年离开菲律宾时留下的创伤。[1]

　　马尼拉受到的肆意破坏，他的个人财产损失，以及即将到来的六十岁生日，都使麦克阿瑟对于监督菲律宾重建工作生出一种无助感。到 2 月 5 日，他就已经确信马尼拉将获得解放，但是吕宋岛的其余部分和大量的菲律宾岛屿依然还在日本人手中。1945 年 2 月，在路易斯塔庄园里，他将往日时光抛在身后，转过头来朝南北两个方向眺望。其主要任务是清除日本人在吕宋岛上的有组织抵抗。摆在他面前的是北部山区的尚武集团和马尼拉东部类似地形中的振武集团。需要安排马尼拉地区——科雷希多岛、巴丹、克拉克机场——的战斗，港口和码头需要

大规模重建，南部沿海地区的小股日军也需要展开大范围的行动加以清除。

麦克阿瑟想要的远远不止吕宋岛。在吕宋岛和民都洛岛以南有一系列的岛屿，包括保和岛、宿务岛、内格罗斯岛和班乃岛在内的米沙鄢群岛从莱特岛向西横贯菲律宾群岛的中部。这几座岛屿的港口都有供岛间贸易的码头，可以用来组织部队。一旦这些岛屿和菲律宾南部海岸的日本人被肃清，从美国向吕宋岛运输的补给物资就能更快到达，它们可以穿行圣贝纳迪诺海峡而不必再取道莱特岛、苏里高海峡和苏禄海，航程因而能缩短 500 英里。[2] 棉兰老岛位于米沙鄢海以南，在它的东部还有 4.3 万日军。最后，像手臂一样伸向英属与荷属婆罗洲的是菲律宾的偏远岛屿：巴拉望岛和苏禄群岛中的其他岛屿。在战前，这些岛屿被视作很有前途的锚地和海军基地，现在则可以提供空军基地，使美军的势力向东印度和东南亚延伸，为美国两栖舟艇运载的澳大利亚部队登陆婆罗洲提供掩护。扩张到婆罗洲以后，美军的两栖部队和空军力量便能够协助澳大利亚和荷兰部队进入爪哇岛。麦克阿瑟告诉马歇尔，"如果发现有必要"，可以再加上一两个美国步兵师。[3]

麦克阿瑟并未得到开展吕宋岛以南的任何作战行动的指示，他接到的命令只是在吕宋岛组织进攻日本的兵力。他的作战处长斯蒂芬·钱伯林将军来到吕宋岛的时候带着详细的计划，设想用七周半的时间在南部的各个岛屿发起一连串进攻。通过这些交错进行的登陆，第七舰队的同一支两栖和掩护部队可以通过菲律宾附近的通道将步兵运送到一个接一个的行动中。这在某种程度上类似于新几内亚岛战役，只不过直线的推进变成了相互叠加的战斗和扫荡。麦克阿瑟已经承诺要解放菲律宾，那么就意味着解放菲律宾的全境。他为菲律宾南部的行动挑选出来的美喀师是瓜达尔卡纳尔岛和布干维尔岛的老部队；第24师曾在莱特岛投入激战；第21师是刚刚组建的部队，刚参加了占领莫罗泰岛的行动；第40师曾在克拉克机场与日军建武集团作战；第41师刚结束比亚克岛的激战；最后还有第503加强伞兵团。[4]

有人可能会认为，对于麦克阿瑟的现有部队来说，在即将开始的扫荡吕宋岛行动的基础上，再向南方展开如此大范围的行动未免负担过重，但是他相信这行得通。他希望能在8月之前完成南进攻势，同时由克鲁格将军打败并消灭日军在吕宋岛上的部队，继而为登陆日本进行几个月的准备。1945年2月初，欧洲西部的战线大致还保持在前一年9月所在的地带——沿着森林、山丘、峡谷和德国边境的混凝土防御工事。盟军开始收复在德国人的阿登攻势中丢失的阵地，但是在积雪和严寒中面对训练有素的德军，进展十分缓慢。[5] 为了登陆日本从欧洲向太平洋战场重新部署步兵和后勤部队看起来仍然遥遥无期。

太平洋战争的最后阶段似乎就在眼前，麦克阿瑟正面临盟国在仓促之间调整部队战区、任务和部署的政治和战略压力。此时，他提出了超越其控制范围向南方的荷属东印度发动千里跃进的想法。他将澳大利亚的各师部队留在南太平洋和新几内亚岛的丛林中，扫荡或围困已经被他绕过去的日军，致使澳大利亚人对这种次要而琐屑的任务提出抗议，坚决要求执行更重要的任务，或者索性让这些士兵复员返回战时工业。英、荷、澳三方经过讨论提出一个对各方都有益的计划：澳大利亚和荷兰的步兵，在新近组建的英国太平洋舰队的掩护下，在巴达维亚（Batavia），即雅加达登陆，为荷兰收复爪哇岛。爪哇和婆罗洲都属于西南太平洋战场，但是美国人既然朝向北方的日本推进，他们大概就不会反对将西南太平洋的南部地区划分出来作为英联邦的行动区域。然而，麦克阿瑟丝毫不打算退让，可是又不愿与盟国争吵，于是他也要参与这项联合行动，为其提供运输。当然，这是他自己的战场，他要指挥这些殖民国家收复婆罗洲和爪哇。[6]

在致马歇尔的信中，麦克阿瑟认为这场战役的必要性是出于几个原因。第一，美国对建立西南太平洋战区的国际条约负有如此行事的义务。[7]第二，在解放了美国和澳大利亚领土并重建政府后却不去帮助荷兰人，这将"招致不满"，且是一场"维持信任上的失败"。他已经承诺过，"如果条件成熟"，他会给予帮助。第三，帮助荷兰人收复爪哇岛，将会"在整个远东地区带来最积极的影响，将美国的威望提升到顶点，并持续多年"。第四，进攻爪哇的方案将平息澳大利亚人对其军队受到不当部署的担心。结论就是，1945年8月占领巴达维亚以后，他在西南太平洋战区的任务就将圆满完成，他便可以"将所有资源用于针对日本的主要行动"。[8]南进战役和在异国他乡的登陆，将给他的公众形象带来积极作用，效果要远远大于吕宋岛上的漫长战斗。他担心的是，在遴选进攻日本的司令官的过程中，尼米兹将要实施的硫磺岛和冲绳岛战役会吸引所有的公众注意力。此外，当美国陆军正在西欧边界上的森林地带与德军僵持不下时，麦克阿瑟向东印度群岛的多国联合挺进一定会受到人们的欢迎。

在麦克阿瑟考虑如何最好地使用其麾下部队的过程中，他对于指挥进攻日本的野心是一项没有明说的影响因素。我们此前已经提到过，马歇尔及其下属的陆军参谋人员已经考虑过，为了实现无条件投降的战争目的，美国对日本的进攻是必要的。然而，直到1944年秋季，这场战争最后一次行动的方案才成形。1944年11月，联合战争计划委员会（Joint War Plans Committee）为进攻日本制订了初步计划。代号为"没落"（DOWNFALL）的这场登陆行动将分为两个阶段进行。被称作"奥林匹克"（OLYMPIC）的第一阶段行动要求登陆

291

日本本土四座岛屿中最南端的九州岛。登陆的目标是占领该岛南部的三分之一，建立空军基地，以便为第二阶段的"小冠冕"（CORONET）行动进攻包括东京在内的关东平原（Kanto Plain）地区提供空中掩护。联席会议在11月下旬批准了"没落"行动，继而于1945年2月在雅尔塔峰会期间确认了这一决定。会议甫一结束，马歇尔便派出陆军首席作战参谋乔治·A."阿贝"·林肯（George A. "Abe" Lincoln）准将与麦克阿瑟会面，商讨在雅尔塔做出的决定。而"没落"行动的计划还处在初步阶段，参谋长联席会议尚未遴选出全面负责这场登陆行动的指挥官。虽然麦克阿瑟相信他自己是这一职位的当然人选，他和他的支持者却并不打算坐等联席会议做出选择。2月27日，正当硫磺岛的伤亡激增的时候，威廉·伦道夫·赫斯特的《旧金山观察家报》（*San Francisco Examiner*）发表了一篇社论，将麦克阿瑟誉为"我们最伟大的战略家……他赢得了所有目标……他拯救了手下人的性命，不仅是为了将来战胜日本而必须进行的重要战斗，也是为了让他们能够安全回到自己的家庭和亲人身边"。[9] 作为更靠近决策地的《华盛顿邮报》的政治专栏作家，德鲁·皮尔逊（Drew Pearson）在3月3日报道说，确定指挥登陆日本行动的人选已经成为陆军和海军进行"暗中操纵"的重要目标。皮尔逊注意到，麦克阿瑟和他的朋友们已经采取旨在影响决策的幕后行动，但是海军尤为强调，在保障麦克阿瑟取得菲律宾行动胜利的过程中，海军发挥了重要的作用。[10]

292　　　3月23日，硫磺岛战役所付出的惨重代价传到了大后方，《华盛顿邮报》发表社论支持任命麦克阿瑟为登陆行动的总指挥。这篇社论简单地以"麦克阿瑟"为标题，称赞这位将军是一位战略和战术上的天才，他在菲律宾果断地扼住了日本人，轻松击败了曾经不可一世的山下。最重要的是，麦克阿瑟想办法既攻占了这些岛屿，又保住了部下的性命。事实上，按照报纸上的说法，麦克阿瑟总是宁可在派出美军部队之前，花费额外的时间逐渐削弱敌人。现在，菲律宾只剩下扫尾作战，而按照《华盛顿邮报》的说法，这些行动已不值得浪费麦克阿瑟的才能。相反，《华盛顿邮报》解释说，麦克阿瑟应当立即被提名指挥登陆行动。对这一任命的宣布将给"日本人的心理造成恐怖的"打击，进而"加快战争的结束"。[11] 它也可以激励后方的美国民众和战场上的士兵。《华盛顿邮报》描述的菲律宾的情形，读起来就像是麦克阿瑟自己发布的新闻稿，从准确性和军事分析的角度来说，都远远不能令人满意。与《华盛顿邮报》的说法相反，菲律宾余下的行动并非只是扫荡作战，山下还没有被打败，吕宋岛仍面临艰苦的战斗。尽管如此，在硫磺岛战役期间，麦克阿瑟已经成功地在公众面前获得了声誉，而且他是通过一种长袖善舞的技巧做到这一点的，恰与人们所认为的海军那种缺乏想象力和代价巨大的重锤方式相反。

在整个2月和3月，正当他的支持者为提名他指挥进攻而进行游说的时候，麦克阿瑟继续争取批准他将行动范围扩大到爪哇岛的解放。华盛顿并不同意他提出的，国际条约要求美国参与婆罗洲和爪哇岛战役的看法。另外，这场行动中的爪哇部分不仅必须得到华盛顿的同意，而且在实际上也需要当时正面临海运危机的华盛顿提供越洋运输。在1945年1月的舰船分配中，西南太平洋的份额被削减，为维持其地区内部运输而暂时保留的跨太平洋船只的数目从200艘降为120艘。这一定是惹恼了麦克阿瑟，他以生硬的笔调告诉尼米兹，他要收回此前在1944年11月《菲律宾基地协议》（Filbas Agreement）中的承诺，对于为登陆日本而在吕宋岛上集结的海军陆战队和陆军，他不再向尼米兹提供他们需要的房屋、道路和基地。他声称，海运船只的撤回导致无法向吕宋岛运输建设营房所必需的

293

后勤营、建筑设备和原料。但是，他"在必要情况下，仅为这些部队分配足够的土地作为他们的住处"。[12] 这份通知中根本没有提及占领吕宋岛的首要原因就是它适宜作为登陆日本的部队集结地。发生于1944~1945年秋冬季节的海运危机，正值美军的海外供应系统涉及范围最广、负担最重的时刻。除了向欧洲现有部队提供补给之外，美洲大陆上的最后几个步兵师也要通过海运送到大西洋彼岸，以增援那里的盟军，同时要向面临严冬的欧洲平民提供救济物资。法国的港口（除马赛以外）要么还在德国人手中而无法利用，要么就是被战争毁坏而只能有限地使用。盟军控制了安特卫普，但是通往它的河道还在敌人控制的领土上。《租借法案》（Lend Lease）项下的物资继续流向苏联北部和太平洋沿岸港口。在太平洋上，尼米兹正在运载三个海军陆战师（7.5万人）去进攻硫磺岛和冲绳岛，其中两个师来自夏威夷群岛，另外一个师来自马里亚纳群岛。从莱特岛攻入菲律宾的行动比计划提前了两个月，把时间表和优先顺序搞得一团糟，船只经受着持续的降雨和不断的空袭。港口的拥堵阻碍了补给物资的流转。[13]

大量船只等待卸载并不是供应紧张的唯一原因。船只的滞留是另外一个因素。各个战场的指挥官为他们自己的用途而争抢船只，既有暂时的，也包括长期的，始作俑者便是麦克阿瑟的西南太平洋战场。对于弹药和食品这些重要的补给品，以船只作为仓库可以避免丢失和不足，甚至也包括不那么重要的种类。关于他的补给舰队，麦克阿瑟直言不讳地说，在大型岛屿的基地之间开展作战行动，需要针对敌人的反应而对计划进行及时的修改，也就必须有一套灵活的补给机制适应此类变化，即所谓的"海上列车"。这种争取行动自主权的想法可能是受到太平洋舰队后勤分队的启发，也更加证明了西南太平洋战场将自己视作一个独立王国。对于负责海外航运行动的战

294

时航运管理局（War Shipping Administration）和陆军后勤部（Army Services of Supply）来说，船只滞留海外导致无法按照精确的时间表对远距离航行中的成千上万艘船只进行管理。到了 1 月，政府已经不能再继续容忍这种滞留现象了。根据总统下达的命令，将采取减少出发船只数量的办法惩罚滞留行为。

马歇尔注意到，麦克阿瑟把撤销在吕宋岛对海军提供协助归咎于对滞留行为的这种惩罚措施。作为回应，马歇尔指出，1945 年 1 月 15 日至 2 月 19 日，西南太平洋有 64~75 艘船只平均延误了 40~50 天。他还说，2 月 13 日有 446 艘船只在西南太平洋战场，其中 113 艘正在装卸，102 艘等待装卸。其他船只处于保养、修理或在途状态。等候中的船只数量"实际上相当于"作业中的数量。在他给麦克阿瑟的一份措辞严厉的电文中，他警告道："我们在全球范围内的投入无法容忍船只使用效率上的此类额外消耗。如果不想拖延战争进程，现在就亟须采取有效的纠正措施。"[14] 至于婆罗洲 - 爪哇岛计划，马歇尔告诉麦克阿瑟，可以为澳大利亚部队提供运兵船，但是缺乏货运船只。此外，参谋长联席会议希望在爪哇岛的进攻行动中避免使用美国部队。[15]

在婆罗洲 - 爪哇岛这一英联邦国家联合行动的建议送达华盛顿的时候，马歇尔正在忙于应付英美两国的马耳他会议和英美苏三国的雅尔塔会议之前的各项事务，这就延迟了他与麦克阿瑟之间的沟通。而这位陆军参谋长并非持全然批评的态度。虽然太平洋上的行动必须等到欧洲战事结束，但他告诉麦克阿瑟，"那种让你和你的经验丰富的官兵们'什么也不要做'的政策"是"站不住脚的"。"从新几内亚岛东端向马尼拉的推进已经取得了最大的战果，"他赞赏地说，而且"是付出了最少的物质资源和最小的人员损失。"问题是，在"没有额外的

295

货物运输能力"的前提下，在菲律宾南部以外，麦克阿瑟又能
够取得什么进展呢。[16]

马歇尔告诉麦克阿瑟，他不反对澳大利亚军队展开婆罗
洲行动，使用第七舰队的舰只夺取下一步前进所需的空军基
地，其实还是菲律宾巴拉望－苏禄海行动的延伸。但是，马
歇尔建议，作为爪哇岛的替代目标，应该夺取南海一角的海南
岛。海南岛位于吕宋岛以西350英里，所以它能够为封锁日本
的海上航运和在中国大陆南部的陆运提供空军基地。[17]麦克阿
瑟考虑过海南岛，但是如他在1945年2月26日告诉马歇尔
的，他发现该岛"相比于行动所需的投入……它不会带来战
略上的收益"。[18]麦克阿瑟提出，婆罗洲的油田和炼油厂对盟
军的舰队和航运来说是现成的收益，但是马歇尔并未发现油料
方面存在任何短缺，如麦克阿瑟所言，"严重到值得采取一场
军事行动"。[19]但是金将军支持婆罗洲行动的设想，他认为该
岛西侧的文莱湾（Brunei Bay）可以作为即将到来的英国舰队
的一座基地。看起来，金希望英国舰队尽可能远离美军在日本
邻近地区的行动，以避免对海军后勤系统的复杂时间表提出额
外的需求。[20]爪哇岛行动并没有正式放弃，它取决于能否得到
足够的货轮，但是随着如今已变成后方的吕宋岛呈现严重的物
流问题，它的重要性就显著降低了。除了警告、鼓励和建议，
马歇尔还向麦克阿瑟提出一个尖锐的问题："如果一定要执行
《菲律宾基地协议》，那么在菲律宾南部将不得不取消哪些行
动？"[21]麦克阿瑟已经发来一份这些行动涉及的各师名单。[22]
到1945年3月1日，他意识到，自己不得不在《菲律宾基地
协议》问题上反转立场，尽其所能将它付诸实践。如此一来，
爪哇岛行动便"不具可行性"了。但是，解放菲律宾的行动是
不会受到影响的。

对于进军婆罗洲，麦克阿瑟简单地罗列出计划所需的海上

运输工作，希望马歇尔以不反对的态度予以认可。婆罗洲登陆
将在 5 月 1 日至 7 月 1 日展开，从新几内亚地区集合起来的两
个师而不是三个师的澳大利亚部队将参加这次行动。他们在莫
罗泰岛上进行准备，然后由一个旅登陆打拉根岛（Tarakan），
一个师在文莱湾登陆，另一个师登陆巴厘巴班（Balikpapan）。
第七舰队将提供巡洋舰、驱逐舰、扫雷舰和两栖登陆艇。这次
行动预计将需要 87 艘船只运送物资和部队。上述登陆都顺利
取得了成功。[23]

在开展这些行动的同时，参谋长联席会议于 5 月 25 日同
意，由麦克阿瑟担任计划中对日本的进攻行动的司令官。对于
此次进攻行动的两栖登陆阶段，具体的指令包含了相当多对麦
克阿瑟和尼米兹之间权力划分的限制；无论如何，这对麦克阿
瑟来说已经够了，他将负责指挥历史上最大规模的一次登陆作
战。5 月 30 日，如今已经成为登陆日本的司令官的麦克阿瑟，
告知马歇尔，任何将资源用于婆罗洲或爪哇的其他登陆行动的
企图，都"将妨碍按预定时间表实施'奥林匹克'行动"。[24]
到最后，向爪哇岛的推进并没有在战争期间展开。马歇尔打破
了麦克阿瑟对南进的痴迷，巧妙地把他导向北方——如果说付
出了什么代价的话，那就是原本可以将南太平洋和西南太平洋
的 17.9 万后勤部队中的更大一部分送到吕宋岛，加快为登陆
部队建设基地的工作。进攻婆罗洲总共需要坦克登陆舰往来莫
罗泰岛 104 个航次。部分登陆舰原本能够往返多次，但是这些
舰只也可以将补给和后勤人员从新几内亚岛运送到吕宋岛的海
滩。[25]海军定于 4 月 1 日的冲绳岛进攻即将发动，却只能从中
分走少数几艘。对于陆军后勤部门负责人布里恩·萨默维尔将
军来说，婆罗洲 – 爪哇行动"根本就是与我们的决定性目标背
道而驰"。[26]

除了海运能力不足，从菲律宾展开对日本的进攻是一项巨
297 大的工程。到 1945 年 3 月下旬，《华盛顿邮报》已经断言，吕
宋岛上仍有 10 万人以上的日军。[27] 2 月 21 日，美国和菲律宾
部队在克拉克机场以西攻克了日军建武集团的最后防线，在随
后一直持续到 6 月的扫荡作战中又伤亡了 2750 人。对马尼拉
以东山区中振武集团防线的进攻则延续到了 5 月，扫荡作战也
进行到 6 月，同时肃清了南部沿海地区。（直到战争结束，针
对北部尚武集团的美菲联合大规模进攻尚未开始）。[28] 为其他
地方备战而建立起来的帐篷城，其所在地旁边不远处还在发生
小规模冲突，有时甚至是真正的激战。

马尼拉湾的直径大概有 26 英里，比它通向外海的出口宽
度大一倍，这里相比于林加延湾更具优势，面对来自海上的风
浪可以提供更多保护，也就提供了更多的船只泊位。马尼拉在
3 月所起到的重要作用是，它的一排四座码头可以供远洋船只
使用，其中一座的长度足够自由轮停靠。在从前的好时光中，
因为到访的豪华班轮，它被称作"魅力码头"。这些码头位于
紧靠帕西格河南岸的南港（South Harbor），海湾一侧的防波
堤为它们提供了又一层保护。这正是麦克阿瑟最为需要的：在
这个港口，远洋船只只要停泊下来，就可以立即使用自己的桅
杆、吊杆、滑车和绞车，直接把货物卸载到平坦、坚硬、干燥
的地面上。但是，在锚地把货物转移到登陆艇上，然后再卸载
到海滩上，这种缓慢的方式仍不得不继续实行。作为补充的快
速机制极大地提高了输入补给物资的速度。

这个海湾和这座港口的诱惑力使它们成为必须夺取的目
标。要确保马尼拉这个菲律宾主要港口的安全，就一定要肃清
马尼拉湾周边其余地区的敌人，包括海湾的南岸、入口处的科

雷希多岛和位于其西岸的巴丹半岛。部署在城市南面的第11空降师清除了南部海滨地区，由第38师和第24师34团组成的第十一军付出艰苦的努力夺取了巴丹。

1月19日，在麦克阿瑟现身马尼拉的几天之前，第十一军已经利用苏比克湾以北的海滩登上吕宋岛的西海岸，且未遇抵抗。此处原本是巴丹半岛西北角的一座海军基地。第38师刚刚获得首次作战经验，在12月日军的一次空降袭击之后，它的第149团成功收复了莱特岛上的布里（Buri）机场。第24师34团是一支经验丰富的部队，才参加完从登陆到收尾的整个莱特岛战役，损失了40%的兵力，现在补充了新近参战的替补兵员。指挥第十一军的查尔斯·P.霍尔少将是战功卓著的一战老兵，一位以富于进取心而闻名的军长。[29]他在北非战役之后来到太平洋，参加了德林乌莫尔战斗，并指挥了占领民都洛岛的行动。

靠近吕宋岛西部海滩的部队攻克了圣马尔塞伊诺机场（San Marcellino Airfield），空军建设人员立即开始进行跑道的延长和铺设，以供对地攻击的飞机使用。继而，在挫败了苏比克湾的主要抵抗之后，又收复了海军基地，这个军开始沿着7号公路向东横穿巴丹半岛。这次推进的目的是封锁巴丹地区，防止日军将它占领，并肃清这个半岛，同时，第十一军一部被派去夺取科雷希多岛上的要塞。这个军登陆的时候，第十四军正在从克拉克机场向西进攻振武集团，同时麦克阿瑟加紧努力让他的部队进入马尼拉。速度成为此刻的战斗口号。建武集团控制地区以北的三描礼士山脉一直向南延伸到巴丹半岛中部。在半岛的中部，山脉变窄，7号公路从中穿过，向上延伸几英里，登上陡峭杂乱、丛林覆盖的山峦。在这条"之字形关隘"（Zig-Zag Pass）上，由第39联队的两个大队组成的日军长吉支队（Nagayoshi Detachment），加上日本第10师团一些经验丰富的部队正在等待美国人的到来。[30]

指挥这个支队的长吉真延（Nagayoshi Sanenobu，音译）大佐是日本战争方式的熟练实践者，强调坚固工事、消耗敌人和孤注一掷地防守。仅在之字形关隘内部就有三道紧挨在一起的陡峭山脊，从北、西北和东南三个方向在 7 号公路周围形成一个口袋，形似马蹄形的曲线，继续延伸为一条狭窄扭曲的山谷，好似数字"2"的形状。长吉有 15 个中队的部队，总数为 2100 人，被他部署在上方的高地，对道路和周边地带的每一个角度都实现了最大限度的火力覆盖。[31] 他的主要防线位于从公路向西北延伸约 1500 码、向东南延伸约 1000 码的一道山脊上。除了单兵武器，每个步兵中队还有轻机枪和小型迫击炮。他把自己的 12 挺重机枪布置于可能在某些时刻会很重要的位置，当情况变化的时候，再把它们转移到事先预备好的其他位置。至于重型武器，他只有 8 门火炮，口径从 37 毫米到 105 毫米，以及 2 门 100 毫米迫击炮。但是这些火炮因为体积小，在其隐蔽的洞穴内外都可以操作，而且射击精度很高。以精心伪装的战壕和隧道与这些洞穴和掩体连接在一起的，是一群步兵掩蔽坑。用曾经参加战斗的戴维·曼（David Mann）的话说，"每个山头都是一座要塞"。[32]

2 月 1 日，第 38 师 152 团投入了他们的第一次战斗，通过了之字形关隘的第一个路段。这称得上是一个噩梦般的世界。当他们顺着公路进入马蹄形曲线，便开始受制于敌人那"可怕的能力"，按照曼的说法，对方"能够毫无预兆地将火炮和迫击炮火力，在任何时间精准地投射在战场上的任何区域"。[33]向公路以外派出的搜索小组去寻找炮火的来源和敌人的侧翼，却迷失在浓密的植被当中。在山丘的包围之中，电台也不好使，地图上的距离测量存在错误，于是各级指挥官只能根据对敌我双方所在位置的不同估计开展工作。在夜里，敌人的突击小队带着轻重机枪和迫击炮突然出现在美军后方区域，造成相当严重的混乱。[34] 第152团各营在白天收获甚微，被迫在夜间撤到安全地带。2月1日和2日的进攻均未奏效。按照军长霍尔的观点，第152团，其实整个第38师的表现都非常不好，"是他所见过最差的"，他对师长说。但是，做出这一判断的基础是对敌人根本错误的估计。霍尔以为其部队所遭遇的只是敌人的前哨阵地，而不是更远处的主要防线。他坚持认为速度非常重要。他说，第152团所遇到的"并非一支准备勇往直前的部队所无法迅速克服的障碍"。他们必须用尽全力；毕竟，这是他们以4个团对付敌人的1个团。另外，第38师师长亨利·L. C. 琼斯（Henry L. C. Jones）少将和第34团团长威廉·W. 詹纳（William W. Jenna）上校确信他们的部队正在面对霍尔所不相信的一支强大敌军。[35] 琼斯意识到，如何对付日本人的枪林弹雨是最重要的，其手段涉及美军的炮兵攻击，首先要进行空中侦察，确定敌人的位置并调整炮火的命中准确性，还包括几个营的部队应同时发起攻击，防止敌人转移兵力。第38师有4个炮兵营，军里也有炮兵部队。但是，为使用这些炮兵而做好准备至少需要2天的时间。

300

渐渐地，霍尔也开始倾向于使用炮击和多营同时进攻的战术。他命令第34团在2月3日投入战场，作为前锋由他本人直接指挥，琼斯将军和他的第152团在后跟随。指挥权的分割削弱了各营之间的协调。进攻主要防线的几个连兵力过于单薄，不足以向侧翼展开或攻克敌人的阵地。最后，霍尔终于相信了这场战斗是在敌人的主要防线上展开的；他确实在给克鲁格的信中将敌人的此处阵地称为"我所见过的最坚固的堡垒"。[36] 詹纳上校也明白了，只投入1个营是错误的，所以他在2月4日把3个营都派进了之字形关隘，同时琼斯将军让炮兵营准备炮击，霍尔也简化了战场指挥，将自己对第34团的指挥权移交给琼斯。在 2 月 5 日的进攻中，琼斯加入了炮兵，但是他没有机会对炮火准确度进行校正，所以出于安全考虑，他要求，除非他们得到团指挥部的许可，否则只能在距离筑垒阵地 1 英里远的圣丽塔河（Santa Rita River）之外射击，而团部的许可势必会延误。霍尔看到，在第二天进攻开始前，琼斯仍在校正炮火准确度，便提醒他"不要再纠结准确度的问题"，继续进攻。[37]

301 在 6 天时间里，每天上午采取各种方式发动进攻，到了下午敌人的抵抗逐步增强，炮火也更猛烈，然后便退回出发地或附近地带，并掘壕过夜，在此过程中偶尔会出现"无序的状态"。这怎么能行呢？伤亡急剧增加，部队的效能显著降低。在将近三天的行动中，第 34 团伤亡 325 人，还有 25 人患上神经官能症，这已经达到他们在莱特岛上 78 天战斗中的一半损失。团里损失了一些重要人员，包括副团长、1 名营长、4 名连长和 3 名军士长。第 152 团 B 连只剩下 1 名军官，C 连更是一名都不剩。下级军官和非任命军官的巨大损失似乎是由于他们总是冲锋在前，其中很多人是新近参加战斗的。第 34 团的詹纳上校通过无线电提醒琼斯将军，只有部队先撤退，让炮兵和飞机能够"至少在 48 小时内动用一切手段"，否则无法"瓦解"敌人的阵地。他自己的队伍已经"遭受可怕的伤亡"，詹纳补充说，"在这样的连续打击下，他们还能坚持多久值得怀疑"。[38]

2 月 5 日，在之字形关隘以东约 6 英里的迪纳卢比安（Dinalupihan），第 38 师 149 团的到来使局面有所改善，该地位于从巴丹到马尼拉行程的四分之三处。这个团曾奉命沿一条与主路平行的、（其实并不存在的）小路前进。通信中断，这里在地图上是一片空白，他们迷了路。最后，送达给他们的命令是返回出发地，他们执行了命令。该团再次向东出发，这次是朝向迪纳卢比安，途中遇上了来自建武集团的第40师巡逻队。他们最终投入了战斗，沿7号公路从东边发起进攻，以钳形攻势锁住长吉支队。另外，圣马尔塞伊诺机场的工程此时已经完工，P-47雷电式战斗机开始投下五百磅炸弹和桶式凝固汽油弹，后者是在塞班岛首次用于战场的。用幸存日本兵的话描述，这种桶式炸弹落地以后，爆炸形成"一片火海"，粘在身上或看在眼里，都让人"无法忍受"。[39]

第二天，2月6日，霍尔解除了琼斯的指挥权，暂时由其副手代理。克鲁格将军选择第1骑兵师第1骑兵中队指挥官威廉·C.蔡斯（William C. Chase）准将担任第38师的师长，他刚刚率领第1骑兵师的"快速纵队"进入马尼拉，不太可能因为速度不够而受到批评。他在2月7日接掌第38师，准备发起一次5个营的进攻。2月8日，3个小时的炮击将1.7万发炮弹倾泻在一系列的要塞上，各营随后展开攻击。敌人也回以大炮和迫击炮的猛烈火力，将美军的进展锁定在300码处，但是这仍不失为一次胜利，美国人的进攻又坚持不懈地持续了3天，直到第38师从东西两边突破了关隘。2月12日，留在洞穴和碉堡中的长吉支队的首领们不愿意死在地底下，与这支部队余下的120人一起悄悄溜走；他们在巴丹中部的纳提布山（Mount Natib）荒野地区一直躲藏到战争结束，才最终投降。[40]

第十一军随后开始肃清巴丹本地的有组织抵抗。在来自建武集团前线的第6师协助下，霍尔派部队沿马尼拉湾向南，穿越半岛，同时第34团和第151团由船只和登陆艇从苏比克湾送到巴丹半岛南端面对科雷希多岛的马里韦莱斯（Mariveles）。这些部队沿公路向北移动，与来自北边和西边的部队会合。除了两次失败的夜间进攻，一路上没有遇到日军的其他抵抗。巴丹再也不会对马尼拉湾的航运构成威胁了。

但是还有科雷希多岛。2月16日上午，马里韦莱斯的港口成为向这座要塞岛屿发动两栖攻击的基地。从之字形关隘战斗中撤出来的第34团3营，在向南出发之前进行了几天的休整，此时登上了为这次登陆挑选出来的25艘机械化登陆艇。珍珠港事件中，第24师作为常备陆军师驻扎在夏威夷。这是该营的第四次登陆作战，他们此前已经历过荷兰迪亚、莱特岛和圣安东尼奥（San Antonio）（被称为之字形关隘的所在）。经过在莱特岛西北部山区中长达78天的丛林战斗和扫荡，第24师用1个月的时间转移到民都洛岛，而这个营则为加入第十一军的行动进行准备。在科雷希多岛战斗之后，该营将重新归建第24师，为4月22日到7月25日进行的菲律宾南部的棉兰老岛行动做准备。不断扩大、无休止的菲律宾战役使麦克阿瑟的步兵一直处于紧张状态。

科雷希多岛在马里韦莱斯东南7英里，位于外海和海湾之间。它的形状像一块木头砧板，比海面高出500英尺，顶部是平坦的圆形，宽度超过1英里，周边是刀砍斧剁般的陡峭峡谷。东边是一座300英尺高的土丘，叫作马林塔山（Malinta Hill），一道弯弯曲曲的地岬从这里向外延伸3英里。整体来看，科雷希多岛使人感觉它像一只蝌蚪。1945年2月，仍旧由日军占据的这座岛屿是一个棘手的目标。但要将马尼拉作为进攻日本的主要集结地，它又是一个值得去攻占的目标，不仅因为它可以扰乱航运并作为敌人观察舰只动向的位置，而且是为了致敬那些在三年前为防守巴丹半岛和科雷希多岛牺牲的美军士兵。关于敌军在岛上的实力，"超级机密"未置一词，威洛比又像以往那样过低地估计日军的数量，这次他认为是850人。而事实上，在战斗全部结束以后，科雷希多岛上至少有4500名日本人被打死。[41]这里有一个海军的指挥部，隶属于身处马尼拉的岩渊，其中包括一些陆军的临时步兵和炮兵单位。

　　进攻中的首要问题是如何夺取高地，也就是科雷希多岛的平坦顶部。只凭一次两栖登陆就可以从东侧的海滩接近山顶，但是要经过一道陡峭的、尚可勉强通过的斜坡，而鉴于敌人理所当然控制着山顶，以这种方式仰攻的代价将是巨大的。作为替代，可以同时开展两项攻势——一边发动两栖攻击，一边向山顶实施空降，以开辟道路。与之字形关隘的战斗模式相反，这次将是美军占据高地，并得到海军和空军的炮火支援。第24团的那个营将进攻下方的海滩，而将在山顶降落的当然是第503独立伞兵团。

　　1月下旬，第五和第十三航空大队的重型、中型和轻型轰炸机开始了一场逐渐增强的轰炸，投下了3125吨炸弹。在登陆当天的2月16日（比硫磺岛战役提前3天），他们出动了66架飞机，再加上3艘重巡洋舰、5艘轻巡洋舰和14艘驱逐舰的近岸炮击。在空降兵跳伞之前，70架A-20攻击机对即将展开两栖登陆的科雷希多岛东部进行了投弹和扫射。上午8：30，运载第503伞兵团第3营的C-47运输机以两路纵队进场，从西南到东北方向掠过投放区域。

　　由于飞行员仅有6秒钟的时间飞越着陆区域，所以一次通过仅能投放6~8名伞兵，每人只有不到1秒钟的时间跳出机舱，而飞机要经过两到三次的通过才能投下机上的所有人员。执行这次空投伞兵任务的飞行员非常为难，必须在复杂多变的空域来回穿梭。着陆场是陆军阅兵场，紧靠着一个小型高尔夫球场，二者都无遮无拦。这片区域位于山顶稍稍靠南的位置，万一伞兵越过了着陆场，指向东北方的航向可以让他们对准下方的大部分区域。2月16日，风力加大，且从通常的东风变成北风，增加了降落伞的漂移，尤其是第一架飞机，它的高度比预定的400英尺高出了一两百英尺。这一错误得到了纠正，但是第一批投下的伞兵有四分之一飘过了东南方向的悬崖，要么被困在那里，要么落在了海滩上或海水中，被鱼雷艇救了起来。[42] 这样超出着陆场也并不是没有好处。科雷希多岛的日军指挥官，板垣旭（Itagaki Akira，音译）碰巧正在东南海滩上一个守卫薄弱的观察哨里，对即将开始的两栖进攻进行估量。恰好此时有 25~30 名伞兵被吹到悬崖边缘，落在他的头上。这群士兵组织起来发动进攻，打死了这支小队中的 8 个人，包括板垣。[43]

上午 10：30，经历了之字形关隘战斗的老兵，第 34 团 3 营绕过该岛，登上"蝌蚪"头尾相接处的南部海滨。他们共分成 5 个波次，每次 5 艘机械化登陆艇。有 3 部车在海滩的雷场上受损，但是其他伤亡很轻微；该营夺取并占据了马林塔山，其中的隧道在 1942 年曾被作为麦克阿瑟的司令部。下午 12：40，第二批飞机送来第 503 团 2 营，这次的着陆远比第一次成功。他们在同样的风向下设法使绝大部分部队落进着陆场或邻近区域。两次空投的 2050 人共伤亡 280 人。现在，已经有 2 个营的伞兵占据山顶，不必再空投的第三个营于第二天乘登陆艇到来。

日本人被制服。伞兵部队突然在山顶着陆完全出乎意料。刚刚转向上方的防御线又被下方的两栖登陆搞得一片混乱。几个小时之内，每个据点都被分割包围：互相之间联络中断，指挥部已经在轰炸中被摧毁。[44] 如前文所述，指挥官已被打死，同时缺乏之字形关隘的守军所表现出来的那些专业技能和普遍经验。然而，抵抗又持续了十几天时间，分散为微弱的、缺乏协调的战斗。山顶上的伞兵从着陆场向正北、东南以及正西方向扩展，巧妙地逐个夺取据点，使用他们的便携榴弹炮向洞穴和掩体进行直射，用汤普森冲锋枪向洞口里面扫射，以火焰喷射器里的汽油蒸汽灌满洞穴并用白磷手榴弹引燃，在必要情况下再进行炸药爆破。伞兵的数量足够抵挡敌人的反攻和小规模的"万岁冲锋"。来自之字形关隘战斗的第34团3营也完成了他们的任务，在海平面和马林塔山与敌交火，还扫清了向上到山顶与伞兵取得联系的道路，以便运送补给物资并撤下伤员。2月24日，随着肃清山顶的行动基本结束，第503团的2个营下山与第34团的那个营一起去清除科雷希多岛的尾部。

他们观看了一次自我毁灭的"嘉年华"，或许这是受到马尼拉地区日本海军自杀策略的启发。2月21日至22日夜间，马林塔隧道中的日军引爆了储存在那里的炸药和弹药，造成地面猛烈晃动，第34团有6个人在滑坡中丧生。2月26日上午，日本人又在岛屿尾部引爆了一座火药库，这次炸死了他们自己的200人，同时造成200名美军死伤，双方的血肉溅得满地都是；弹片甚至击中了2000码开外的一艘驱逐舰。有600名日军准备发动一场反攻，其中300人被美军的炮火和步兵火力消灭。四处都有零星发生的"万岁冲锋"。最终，对岛屿尾部的最后攻击结束时，有些日本兵企图游到大陆上去（距巴丹海岸大约2英里）。有的人被鱼雷艇救起来，但估计还是有200人丧生。已经减员200人的第34团3营在第二次爆炸发生以前就离开了，他们要为登陆南边的棉兰老岛做准备。

在巴丹以北、克拉克机场以西，第40师继续在建武集团的防线上独自作战，第37师已经撤走去参加马尼拉的战斗。但是，建武集团不再对第六集团军构成威胁，因为第40师已经在主要防线的南段取得了突破。现在，该师要被抽调去参加位于莱特岛正西的，从班乃岛开始的米沙鄢群岛战役，第六集团军建议他们在离开以前"更为迅速地推进，以摧毁建武集团"。[45]幸运的是，位于战线中间位置的第160团正要打开前进的通道。在坦克、自行反坦克炮和飞机的支援下，该团攻击并占领了重兵防守的一道山脊，名叫"麦克塞维尼岬角"

306

（McSevney Point）。在随后到来的夜晚，他们打退了几次
"万岁冲锋"，第二天发现日本人已经放弃他们这条主要防线，
也就是山脊顶部的第二道防线，撤到了西边更远处的最后那道
防线。到战斗结束时，第 160 团的第 1 营已经只有不到 400 人
的实际作战部队，其他各营也都比定员少了大约 300 人。日军
的这次撤退在战线上敞开一个巨大缺口，使北边的第 185 团和
南边的第 108 团有机会对战线其余部分实施侧翼包围。炮兵的
射击就在己方部队眼前，加上坦克和自行反坦克炮的直射，进
攻取得了胜利。680 名日军在侧翼攻势中被击毙。撕开这条主
要防线之后，第 40 师继续西进，掀翻了敌人最后阵地上的一
个又一个防区，留下一支逐渐萎靡不振的日军。截止到 2 月 28
日，当第 43 师替下第 40 师的时候，只剩下最后一处阵地。第
43 师将它消灭以后继续推进了几英里，未再发现更多的防御阵
地。建武集团的人员已经渗透到建武防区北边未在地图上标注
出来的三描礼士山脉，但是其人数因为饥饿、患病和扫荡的美
军巡逻队而大大萎缩，从 2 万人到 1.2 万人，最后到战争结束
时只剩下 1500 人。即使是在 2 月 21 日至 6 月 30 日的后期阶段，
第 48 师也在以扫荡为主的作战中阵亡 550 人，受伤 2200 人。
到 2 月底，在第 40 师前往棉兰老岛的时候，建武集团作为一
支有组织的作战部队已经不复存在了。

在第六集团军对建武集团进行碾压的时候，马尼拉湾的各
项工作已经展开。恢复海港的使用是一项艰巨的任务，对美国
人的资源和创造性构成了挑战。在莱特岛 – 吕宋岛的攻势中，
哈尔西和肯尼对吕宋岛的空袭，加之在岩渊命令下实施的爆
破，已经导致海湾里散布着 350 艘沉船，南港内部就有 18 艘。
几个星期的扫雷作业在海湾中摧毁了 585 颗水雷。码头上的仓
库被夷为平地或是被烧毁，台板也被损坏，原本存放货物的地
方只留下一堆堆的瓦砾。负责清理沉船的 W. A. 沙利文（W.

A. Sullivan）海军准将清理过那不勒斯、瑟堡和勒阿弗尔，但他发现马尼拉才是"最糟糕的"。[46]

他把主要精力放在南港。完成这里的清理工作只能等待重型吊车和救援船的到来，它们要缓慢地跨越整个太平洋，但是沙利文利用现有设备抓紧推进。如果防波堤以内的一艘沉船残骸不影响船只停靠和港内交通，就先把它留在原地。如果它妨碍了交通，就把它沿着防波堤拖到不碍事的水域，或者在可能的情况下，把它从港口里转移到附近的一处废船墓地，在那里沉入水底的船只很快就越来越多，露出水面的桅杆、烟囱和上部建筑形同一片森林。移动这些船只需要很多技术，例如在船只侧面或底部重新开孔，切割上部建筑，加装浮筒并移除货物和淤泥。将一艘船上下颠倒过来，需要使用连接在特殊的小艇或起重机上的带子、吊索或缆绳，然后用压缩空气使它浮起来，再把它拖走。[47]与此同时，一群群工人清除码头上的瓦砾，建筑人员更换损坏的台板。很快，卡车运载着瓦砾驶过马尼拉的破损街道，它们很快就遇到轮胎的短缺。只经过很短的时间，就在原有的码头中间增加了一个新的双船码头，使南港的船只停泊能力提高到24艘。[48]3月15日，终于迎来了第一艘停靠这里的船只，随着更多残骸被清理，停泊船只的数量稳步增长。即便如此，马尼拉的进度一直落后。建设更多码头需要的时间太长。首先需要的是能够将补给物资卸载到海滩上的船只，如坦克登陆舰和坦克登陆艇。3月下旬，麦克阿瑟提交了一份150艘坦克登陆舰和150艘坦克登陆艇的要求，但是此时已临近4月的冲绳岛战役，这些要求几乎不可能得到满足。[49]问题一直在持续。在5月初召开的太平洋航运会议上，马尼拉基地司令官威廉·D. 斯泰尔（William D. Styer）中将重申，菲律宾"迫切需要"获得"可以卸载在海滩上的"物资和设备，特别是坦克登陆舰。[50]情况逐步得到改善；海湾可以接纳更多航运，

308

但是积压现象一直延续到夏天。截止到 7 月 21 日，港口的总卸载量达到 13.7 万吨。港内有 112 艘船，然而其中有 50 艘已经在这里停泊了 10 天以上，等待卸载的货物量多达 189584 吨。另有 177491 吨货物在途。

当沙利文准将努力提高马尼拉湾的船只接收和卸载能力的时候，克鲁格将军正在马尼拉以东对付日本陆军。振武集团最近的防御工事在马尼拉以东不足 10 英里，第六集团军毫不怀疑这对马尼拉湾地区和城市本身的安全构成重大的威胁。第六集团军的情报部门严重低估了敌人的兵力，认为在马尼拉以北和以东的振武集团区域内只有 2 万名日军；而实际上，振武集团在这一区域有 3.75 万兵力，在附近还有更多。尤其重要的是，振武集团在自己的防区内控制着多座水坝及作为水源地的马德雷山脉（Sierra Madre Mountains）。伊波水坝（Ipo Dam）满足了马尼拉的一半用水需求，瓦瓦水坝（Wawa Dam）也提供了 15% 的水源。[51]

309　　　振武集团的防守区域是一块长方形，从南到北有 30 多英里，东西约 7 英里。这场漫长的战斗主要发生在长方形区域的南部和中部，也就是在马尼拉的正东方向。从马尼拉方向而来，开阔的土地倾斜向下进入南北走向的马里基纳河谷（Marikina River Valley），变成干燥的稻田。河谷对面与之平行的就是马德雷山脉的山麓丘陵，顺着这些山坡分布着振武集团防线的观察哨所、洞穴和掩体，背靠着纵深配置的防御阵地。山麓丘陵之上陡然耸立着一群上千英尺高的山头，紧密地布满整片区域，再过去就是高高矗立在地平线上的马德雷山脉。在振武集团防区的南段，地形崎岖破碎，有数不清的石灰岩洞穴和孤立的丘陵。指挥振武集团和吕宋岛南部所有日军部队的是横山静雄（Yokoyama Shizuo）中将。他曾在中国东北服役 10 年，所指挥的日本第 8 师团于 1944 年 9 月调到吕宋岛。12月，手下的3个步兵营被派去防守莱特岛，使其战斗力大为减弱。1945年初，当准备在吕宋岛与美国人交战的时候，他将部队分成3个作战集团，分别防守长方形区域的北段（9000人）、中段（1.2万人）和南段（9000人），另有步兵预备队（5000人）和炮兵及后勤部门（2750人）部署在中段和南段2个集团的后方。针对振武集团的战斗实际上包含两个阶段。美军先在中段和南段展开进攻，以保护马尼拉，并夺取瓦瓦水坝；然后在北段向伊波水坝推进。横山的大部分兵力是为振武防线临时拼凑起来的联队和大队，因此疏于训练，缺乏共同作战经历和相互协调，所倚靠的后勤运输系统也严重不足。可是，横山的兵力大于克鲁格能投入战场的兵力，而且他们的工事精良。[52]

对克鲁格将军来说，为消灭振武集团而集合一支部队并保持其稳定是一个很头疼的问题。被派上前线的第1骑兵师已经在马尼拉战役中被削弱，而且非常疲劳。该师的额定兵员是7625人，只相当于步兵师的一半，现在却只剩下5100人。它在马尼拉的同伴，第37师也同样遭到削弱，处于极度疲劳之中，正在城里执行守备任务。第112独立加强团规定的满员数额是2625人，现在已经不足2000人了。第1骑兵师和第112团都奉命进攻振武集团。与他们同去的还有在中央山谷行动中获得了战斗经验的第6师，这支部队也比林加延湾登陆时减少了2630人。大部分伤亡照例发生在步兵营里。克鲁格将军知道第1骑兵师很快就需要换防，他命令在林加延海滩以东的达莫提斯-罗萨里奥攻势和突破建武集团防线作战中都扮演了重要角色的第43师，穿过中央山谷前往振武防线。从1月9日登陆到3月13日接替第1骑兵师，第43师只得到9天时间进行休息和重新装备。在达莫提斯-罗萨里奥战斗后，它得到1906名替补人员，还有638名伤员从医院返回，但仍然缺编

310

1532 人。[53]第 38 师在完成之字形关隘和三描礼士山脉战斗以后，也要参加对振武集团的作战。

在 2 月初，当第六集团军刚刚到达马尼拉的时候，麦克阿瑟命令 5 个师和 1 个独立团及后勤部队为吕宋岛中部和南部战役做好准备。他迫不及待夺取马尼拉的一个主要原因来自这样一个结论，即一旦马尼拉尽在掌握，吕宋岛战役的关键时期就结束了，也就该让他的部队为了围捕菲律宾其他地区的敌人进行准备了。这令克鲁格将军十分吃惊，他指望至少能有 5 个师来战胜吕宋岛北部的尚武集团，可是只给他留下了 3 个师。第 11 空降师和从振武集团战线换防下来的第 1 骑兵师，这两个师要去肃清吕宋岛南部的海岸线，以保证从美国向马尼拉进行补给的一条安全的、更短的路线。从吕宋岛和莱特岛向菲律宾南部进行扫荡的将是美喀师、第 24 师、第 31 师、第 40 师和第 41 师。麦克阿瑟向克鲁格解释说，进攻尚武集团和振武集团现在已经变成次要任务了，以摧毁山区中的敌人为目标的攻击将是"耗费时间的，因为地形可能会影响作战行动，限制实力的全面发挥"。相反，应当把敌人"赶进山区，加以遏制和削弱"。这与敌人退进丛林要塞以后发生的情况类似，对他们更多是进行围困而不必交战。问题在于，需要付出多少鲜血和时间驱赶并最终削弱敌人。[54]

2 月 20 日，指挥第十四军并进攻振武集团的格里斯沃尔德将军下达命令，发动一场自西向东的全线推进，跨过马里基纳河谷的开阔地带，进入振武集团的地盘。这似乎是一次试探性的打击，希望能够夺取瓦瓦水坝，并搞清敌军的位置与实力。在左翼，先有第 6 师的 2 个团，继而它的全部 3 个团一起穿过谷地，开始攀登马塔巴山（Mount Mataba）和帕卡瓦甘山（Mount Pacawagan）的陡峭山坡，二者的高度都在 1000 英尺以上，拱卫着振武集团的中间地段和水坝。几天时间里，该师试图夺取并占据这两座山的努力都失败了。只有右翼取得了一定进展：第20团奋力穿过丘陵屏障中的一条河流分界线，向内部推进了2英里。下一次进攻是在3月4日，第6师师长帕特里克将军把他的第1团部署在第20团的南边，沿着第二条河流分界线，为这两个团打开前进的道路，他们只遇到了轻微的抵抗，便在振武集团的长方形区域中间形成一个又宽又深的突出部。[55]

在右侧，长方形区域的南段，第1骑兵师缓慢地向上通过开阔破碎的地带，蜂窝般的洞穴中藏着各种口径的大炮，与经过伪装的掩体串联在一起，密集地部署着迫击炮、机关枪和步兵——简单来说，包括了日本人的消耗战所需要的全套装备。美军的做法是逐个消灭每一处洞穴，派出一个班或更多的人携带常用的火箭筒、火焰喷射器和炸药，同时呼叫炮兵和战术轰炸的支援，如今的空袭中更是经常投放凝固汽油弹。筋疲力尽的第1骑兵师全力清除洞穴，从建武战线赶来替换他们的第43师2个团终于到达时，他们已经接近重要的交通中心安蒂波洛（Antipolo）。第103团进入安蒂波洛并继续向东南方向前进，只发现了一座坚固的洞穴阵地，根据它的侦察部队报告，东边和南边都不再有振武集团的阵地了。第103团已经绕过振武集团的南翼。现在，它沿着莫龙山谷（Morong Valley）向东北方向前进，再向前就是博索博索山谷（Bosoboso Valley），然后再沿着长方形区域的东边向北。战斗的流程是以逆时针旋转形成包围。第6师20团和1团，从其突出部向东猛攻，要与北上的第43师172团和103团会师。[56]

振武集团的炮击准确得令人吃惊。3月17日，第6师1团1营急速向东推进了几英里，在靠近目标拜唐岸山（Mount Baytangan）的地方掘壕准备过夜。此时，60多发150毫米迫击炮弹向他们齐射过来，造成12人阵亡，35人受伤。由于预

312

计会有一场反攻，该营撤出了当天已经占领的区域，丢下了他们的装备。[57] 振武战役的特征——血腥与持久——有助于解释这场急匆匆的撤退。此时战斗已经进行了 26 天。3 天之前的 3 月 14 日，帕特里克将军已经重伤，第 1 团的团长詹姆斯·里斯（James Rees）上校在露天场合开会时阵亡。该师的伤亡截至 3 月 14 日已经达到 570 人。此外，有 1600 人因患病和战斗疲劳症而撤离。第 6 师已经遭到严重削弱。这次撤退之后，第 1 团采取一种缓慢的战术，小心翼翼地前进，第一天先派出巡逻队，第二天再加以巩固。[58]

与此同时，第 43 师沿莫龙河谷（Morong River Valley）向北移动，第 172 团居左，第 103 团在右。在他们头顶上有一组五座山丘，每一座都严密设防，组成了振武集团的主要防线。最高的是右侧第一座，1200 英尺的塔纳万山（Mount Tanauan）。进攻第一天，3 月 18 日的晚间，第 103 团的士兵正蜂拥登上几近垂直的岩壁、山脊和沟壑，然后手脚并用一寸寸地向上攀爬，"穿过洞穴和掩体组成的迷宫般的防线……在日本人的机关枪和炮火下动弹不得"。[59] 第 103 团在炮兵和空军的支援下得到充分的掩护，在 3 天战斗的最后一天，还有烟幕弹的保护。于是，到了 3 月 20 日，第 172 团在凯马尤门山（Mount Caymayuman）的顶上得到一处落脚点，但是那里的山坡也几乎是垂直的，所以只能慢慢地完全占领这座山。敌人以营级兵力发动反攻，但是美军炮兵的回应取得毁灭性的效果。

3 月 20 日，在这组重要的丘陵之中，面对美军所取得的缓慢且代价高昂的巨大进展，横山决定撤退南段部队和处于美军火力覆盖下的那些中段部队，把他们向东转移到博索博索河对岸，而不让他们在洞穴中被消灭殆尽。通过延长战斗的时间，他要坚持山下奉文的消耗策略，这是推迟并削弱美军进攻日本的最佳手段。振武集团通信联络不畅，大多数部队直到2天以后才收到这道命令。美国步兵在3月23日发现进展变得容易了，很快便占领了这一组丘陵。[60]

然而，在振武集团控制下的领土中，南段和中段的一部分只占了不到一半，而且水坝都还没有到手。伊波水坝还在西北方向10英里开外，而瓦瓦水坝就在北边4英里处的马里基纳河上，位于这几座发挥拱卫作用的丘陵东边。格里斯沃尔德将军和他的第十四军已经转移到更开阔的地域，组织兵力与驻守在吕宋岛南部战略要地的小股日军支队交战。他的位置由来自之字形关隘的霍尔将军及其第十一军接管。3月28日，霍尔命令第6师向北推进，由第20步兵团在左翼，第1步兵团在右翼，目标是马塔巴和帕卡瓦甘两座山与马里基纳河及瓦瓦水坝。横山迅速采取相应措施，以密集的步兵火力和精确的炮兵射击，调整部队迎击这条新的进攻线路。经过1个星期的步兵战斗，第20团仅前进了半英里，而东边的第1团奋力夺取了250码。如横山所愿，开始了缓慢而代价巨大的战斗。[61]

横山是一个精明的指挥官，拥有美国人未曾料到的兵力，包括增援力量。在美国人的进攻面前，他能够熟练地调整自己的防御，将一场消耗战坚持到底并成功削弱敌人。举例来说，他进行夜间攻击的目的不是自杀式作战，而是骚扰睡梦中的敌人，同时让自己的部队在白天隐藏起来。格里斯沃尔德和霍尔的部队在火炮和空袭上具有重要的优势，而且喷火武器可以给日军部队造成极为惨重的伤亡，几乎总是致命的结果。振武集团在34天的战斗中损失将近7000人。[62]

美军各团得到的补充十分有限；在一直拖到5月的振武战役期间大多没有接收到任何替换人员。由敌人造成的阵亡和负伤所构成的伤亡绝不代表所有的人员损失。外伤和患病，尤其是热带疾病和肠道疾病，以及神经官能症等需要医疗照护和关

314

注的病例通常都造成比作战伤亡更大的损失。第 6 师在振武战役期间，从 2 月 22 日到 3 月 30 日，伤亡 1335 人，而非战斗减员是这一数字的 3 倍以上，部队总共损失了 5000 多人。绝大多数非战斗损失是暂时的，但这导致的结果就是，很多，或许是非常多的发低烧的病人依然参战。[63]

美军各团的实力都在减弱，每天每个团损失五六十人。定员 200 人的步兵连平均只有 120~125 人，个别情况下甚至仅剩 50 多人，只相当于一个排。他们不再具备发动全体进攻的力量，取而代之的是对薄弱的防线和失去地形掩护的恐惧，也没有体力再一次又一次地向前推进，在陡峭的山坡上爬上爬下。他们已经"陷入困境"，"意志消沉"、"疲惫不堪"、精疲力竭、自我封闭，但是依然执行命令。在德国边界上的欧洲冬季作战中，如果情况允许，陆军会在战线后方建立休息和补给站，让士兵轮流享受 24 小时的幸福时光。根据一等兵奥蒂斯·A. 皮斯（Otis A. Pease）所说，那里有"美味的食物、淋浴、新衣服和补给品"。[64] 在吕宋岛上，第十一军尽其所能，但是达不到这个水平。第 6 师 20 团参加了马尼拉的守备任务，第 145 团补充到振武前线。但是最后，经过 2 个月的前线作战，第 6 师的剩余部队被第 38 师替换下来，后者已经肃清了三描礼士山脉。

315   振武战役的下一个阶段围绕夺取瓦瓦水坝展开。本来以为在向北推进的过程中就可以攻占水坝，先是瓦瓦水坝，然后是更靠北的伊波水坝。然而，马尼拉的供水短缺情况恶化，以至于麦克阿瑟告诉克鲁格，这座城市不但需要饮用水，而且因为水压太低无法冲刷污物而面临肠道流行病的暴发。他希望知道什么时候能够夺取马里基纳周边的水库。克鲁格现在已经了解输水系统，他解释说，瓦瓦水坝作为靠近马里基纳的唯一固定设施，已经不再与马尼拉的供水系统相通了，所以它不能缓

解马尼拉的缺水问题。于是，目前仍由日军掌握的伊波水坝就
是唯一的目标。麦克阿瑟表示同意，然后再一次由第 43 师向
北发动进攻，与振武集团交战并夺取伊波水坝。这支队伍已经
在吕宋岛取得三次战斗胜利（达莫提斯 - 罗萨里奥、建武和振
武），此时正在肃清振武集团东边的敌军。[65]

伊波战斗的战场是一个布满岩石的盆地，位于东边的马德
雷山脉和西边中央山谷边缘上的丘陵之间。伊波水坝位于来自
高地的径流注入阿尔加特河（Argat River）的地方，河流在
这里拐了一个马蹄形的弯，然后蜿蜒向西进入一条引渠，一部
分转向马尼拉的诺瓦利切斯水库（Novaliches Reservoir）。[65]
在这条河的南岸，大约 9 平方英里的区域是一片沉闷枯燥的景
象，一条公路从中间穿过，向西连接马尼拉 - 中央山谷的路
网，向东则通往伊波水坝。公路的西半段穿行于一堆山脊和布
满洞穴的峭壁之间，日本人在此布置了他们的主要防线，已经
预想到美国人会从西边发动进攻。指挥第 43 师的"红脸"温
将军意识到，为了应对马尼拉的用水危机和即将到来的雨季，
他亟须迅速完成这场战斗，而且他可用的增援手段非常有限，
于是他决心避开重兵防御的路线，将兵力部署在南边，转而向
东，再向北，绕过敌人据守的要塞。当第 103 和第 172 两个
团向东急转，第三个团，也就是第 169 团将向主防线发起有
限的攻击，吸引敌人。配属第 43 师的第四个团，位于阿尔加
特河北岸一段距离之外，它将大范围地向东南方向包抄，从
后方接近伊波水坝。该团是一支被称作"标兵团"（Marking
Regiment）的菲律宾部队，曾在扫荡振武地区以东的作战中
协助第 43 师，同时得到了训练和武器装备。[66]

第 43 师的第 169 团、第 172 团和第 103 团从西到东一字
排开，经过几天时间以后，尽可能悄悄地渗入他们的集合区域
及河流和公路以南的出发地点。5 月 6 日晚上 10：00，他们

316

发起了进攻，炮兵先用白磷弹标记出第一批目标。在 4 天时间里，第 172 和第 103 两个团日夜向前进攻，从山丘到山脊再到山丘，从东向北，攻击惊慌疲弱的日本守军。到 5 月 11 日，这两个团已经距离南边的伊波水坝不到 2 英里，菲律宾"标兵团"经过一场急行军，从北边包围上来，但是他们突破日军防线的三次努力都失败了。第二天，5 月 12 日，在炮兵的支援下，它终于以 2 天伤亡 170 人的代价取得了成功。5 月 13 日，该团又攻占了俯瞰水坝的一个山顶。

战斗却并未结束，必须控制水坝并消灭振武集团。第 103 团和第 172 团已经在伊波水坝周边地带与振武集团北段的敌军猛烈交火，由丘陵中的主力部队向西派出的支队正在转向东边。温将军认定是时候开始全力进攻主防线了。经过通往伊波水坝的唯一公路而来的第 169 团，将摧毁峭壁之间和俯视公路的山脊一带的洞穴防御工事，而第 172 团则从东边助攻。雨季的提前开始使这一切更加复杂，时断时续的大雨使战场和公路到处是泥泞湿滑的岩石。该师提前准备，安排了空投补给，并雇用了 1000 名菲律宾人运输物资，但是进攻很缓慢。单单是运送伤员就非常困难，需要用担架 24 小时搬运。即使到达一处最靠近前线的临时外科手术室也需要 10 小时的搬运。[67]

如果说暴风雨是一个不利条件，炮兵和空中力量肯定是一个有利条件。起初是从吕宋岛各个邻近机场起飞的战术空军，它们清除了敌人的防空武器，以便幼兽侦察机能够指引大规模的炮兵火力。两次齐射共使用了 9720 发炮弹。在 5 月 16 日的空袭中，185 架飞机投下了 5 万加仑的凝固汽油弹，5 月 17 日又有 240 架飞机投下 6.25 万吨，两次都造成了恐怖的大火。[68] 第 169 团于 5 月 17 日在公路和旁边的悬崖顶上向东推进，拔掉洞穴，然后在工兵帮助下，将落在公路上的巨石粉碎，并与狭窄关隘另一端的第 172 团会合。这两个团进一步清除公路南北两侧的山脊，敌人已经后退，并很快撤到战场以东3英里的一个集结地点。也是在5月17日，菲律宾"标兵团"和美军第103团在伊波水坝会师，日本人已经为它准备好炸药，但是并未引爆。"红脸"温，这位佛蒙特州的律师和国民警卫队师长，已经完成了双重包围。菲-美双方共伤亡590人；日军因战死和被俘损失2000人以上。又一次，拒绝投降的日本人非常多。幸存的士兵向东撤进了马德雷山脉，他们在那里已不构成威胁，但是遭到菲律宾游击队的不断进攻，直到战争结束。

11天之后，第38师拿下了瓦瓦水坝。工兵用推土机开出一条通往"啄木鸟岭"（起这个名字是因为机关枪的射击声音）的道路，使喷火坦克、中型坦克和半履带式联装机关枪可以靠近并摧毁阻挡该师前进的敌军防线。完成任务之后，来自河流南岸山中的第149团，和攻下了河对岸大山的第151团，一起在5月28日加入了夺取尚未到手的瓦瓦水坝的战斗。此时，日本人从振武战线上撤进马德雷山脉，这场战斗得以缓解。

————

在马尼拉以东的长方形区域中击败振武集团的部队经历了难忍的3个月时间，除此之外，战斗还在吕宋岛的东南、南和西南三个方向的沿海狭长地带展开。登陆日本的计划要求在马尼拉以南的巴拉延湾（Balayan Bay）和八打雁湾（Batangas Bay）建设登陆设施、组织部队的营地和治疗后续伤员的医院。为了缩短运输线路，麦克阿瑟坚持要求清除南部沿海地区的所有岸炮和雷区。于是，肃清吕宋岛南部地区就变得和马尼拉湾地区一样重要。这里的敌人基本上是在藤重正従（Fujishige Masatoshi）大佐的独立指挥下。被振武集团司令官命名为"富士部队"的这支敌军由各兵种聚集起来的1.3万

318

人的临时部队组成，其中只有 3000 人来自步兵。指挥美军进攻的是率领第十四军的格里斯沃尔德将军。执行作战任务的是第 11 空降师和第 1 骑兵师及第 158 独立加强团。经过马尼拉的艰苦战斗，第 1 骑兵师又同样艰苦地对阵振武集团，各师都急需补充和休息。[69]

与振武战斗不同，这次战斗不是局限在特定战场上的正面交战，也不是摧毁了有组织抵抗后意在消灭小股甚至单个敌人的"扫荡"行动。这是一种清理行动。敌人在有利位置建立抵抗据点，在那里要按照敌人的规则作战。这种情况下，一连串的障碍——孤立的山丘、大块的山地和大型的水体——构成了前进的路径。藤重充分理解地形对部队移动的局限，对手下的混合部队做出相应部署。日本人并没有指望胜利，但是藤重坚持执行拖垮美国人的策略，尽最大努力使对方为获得每一寸土地而付出高昂代价。为了击败富士部队，美国人必须攻克由准备战斗至死的士兵所盘踞的精心布防的阵地。然后，他们又不得不转向新的目标，再重复一遍这个过程。

清理行动于 3 月 7 日开始，第 11 空降师第 187 团沿火山形成的 100 平方英里的塔阿尔湖（Taal Lake）北岸出发。在北边，比前者大四五倍的内湖（Laguna de Bay）南岸，第 511 伞兵团和第 187 团一同攻击前进。参加达莫提斯 - 罗萨里奥战斗后得到 10 天休息的第 158 独立加强团，已在 3 天前绕到塔阿尔湖南侧，他们在巴拉延和八打雁的沿海地带没有遇到敌军，只有一个被消灭的自杀式快艇基地。该团从塔阿尔湖以东转向北方以后发现，富士部队以一条延伸到湖滨并包括马科洛山（Mount Macolod）在内的防线阻断了道路。敌人的数量为 1250 人，拥有部分大炮和迫击炮，以及大量机关枪和从附近机场日军飞机上拆卸下来的机关炮。第 158 团在 4 个炮兵营的配合下，连续进攻了 5 天，到 3 月 23 日仍未能占领这座山，不得不撤下来，去组织一场在吕宋岛的东南端进行的两栖进攻。参与这场战斗的第158团少于定员900人。[70] 接下来由空降兵的第187团向南移动去完成这项任务。但直到4月1日，为了证明这场全面攻击的合理性，他们才真正接近并包围马科洛山，可后来还是失败了。已减员至1250人的第187团退到了旁边的利巴（Lipa）。得到坦克、自行反坦克炮、4.2英寸迫击炮和500人菲律宾游击队的增援之后，这个团于4月18日再次尝试，在4月21日占领了这座山，用了一个月零两天的时间完成了这项令人身心俱疲的任务。

随着第11空降师实力受损且必须分散开来，格里斯沃尔德将军决定以第1骑兵师的部队增援这次行动。[71] 作为马尼拉战役和振武前线的老兵，这些骑兵自己也需要增援，才能达到西南太平洋上其他部队的兵力。尽管如此，骑兵部队还是接替进行内湖南侧的搜索任务，一直延伸到马勒普尼奥（Malepunyo）的大片山地。他们了解到，这里已经被藤重选作最后防线的所在。当骑兵和空降兵肃清南部沿海其他地域并穿过丛林推进到太平洋上的拉蒙湾（Lamon Bay）时，富士部队残余的和所有能够搜集到的兵力一起加入了马勒普尼奥防线。

紧随其后的是第11空降师的第188和第511两团，第8骑兵团和第7师的一个中队，大约1000人的游击队，以及7个炮兵营。经过2天铺天盖地的炮击，步兵–炮兵部队发起了进攻，藤重和残余的日军撤退15英里，进入了一座7000英尺高的死火山巴纳豪山（Mount Banahao），在那里坚持到战后才投降。夺取马科洛山9天之后，马勒普尼奥地区的所有抵抗在4月30日结束。[72]

完成吕宋岛南部的扫荡工作以后，与确保米沙鄢群岛通道安全互相交织在一起的计划是收复细长的比科尔半岛。从一连

320

串海湾中的拉蒙湾起，它向东南方向延伸 170 英里，与萨马岛对峙形成了圣贝纳迪诺海峡。被选中执行这次任务的是刚刚在马科洛山取得胜利的第 158 独立加强团。该团从八打雁踏上登陆艇，于 4 月 1 日在靠近半岛东南端的黎牙实比（Legaspi）完成了一场轻松的两栖攻击。控制邻近地区以后，他们在艰苦而缓慢的丛林战中奋力推进了 2 英里，消灭了日军 500~700 人。经过 1 个月的战斗，日军防线在 4 月底崩溃，第 158 团经公路返回，在半途中与第 50 骑兵团会师。第 158 团一直在那里驻扎到 6 月中旬，训练和装备菲律宾人以清除日军散兵。比科尔行动中的 2 个团，主要是第 158 团，伤亡了 570 人。[73] 沿岸地区、海上通道和除了最小的一些岛屿的其他岛屿都经过检查，未再发现岸防炮和布雷区，米沙鄢群岛的通道已彻底清理。

实际上，在吕宋岛的全境，除东北部的多山地区（连指手套的手指部分）以外，有组织的抵抗都已不复存在。第 43 师正在伊波水坝以东追剿散兵，6 月 2 日，它接到了下一步的任务，接替第 38 师完成振武集团作战，夺取瓦瓦水坝和伊波水坝之间高地上的奥罗山（Mount Oro）和另外两个山头。6 月 6 日，第 169 团进攻最高的奥罗山受挫，6 月 8 日再次进攻，这次他们延长了炮火准备，然后立即发动步兵攻击，终于取得了胜利。另外两座山丘轻易到手后，第 169 团回去继续追剿散兵。7 月 1 日，该师卸下了全部战斗职责，奉命进入甲万那端旁边的营地进行休息和补充。除了在罗萨里奥－达莫提斯战役后休息了 10 天，第 43 师已经连续作战 175 天。现在，休息之余，还要为登陆日本进行准备，他们将在 9 月 15 日登船。[74]

第六集团军损失惨重，但是最令他们担心的是各师和独立团的规模缩减，步兵损失大于获得的补充。运输舰还在运来替换人员，但是数量大大少于西南太平洋战场需要或请求的预期。造成这种严重不足的原因是，1944年12月16日，德国在阿登高原的崎岖森林地带开始大规模反攻。这场"突出部战役"迅速消耗掉欧洲战场的步兵替换兵员。从12月16日到次年1月28日，美军在阿登战役中的作战伤亡是战争开始以来的最高点，达到80987人。[75]欧洲战场在12月和次年1月的非战斗减员合计124323人。除了疾病和战斗疲劳症，还有战壕足，它导致4.6万人入院治疗几个月。这种战壕足是严寒、潮湿和不当的冬季鞋类对足部血管和组织造成的伤害。[76]阿登高原、吕宋岛、硫磺岛和冲绳岛都是一场毁灭性的战斗，马歇尔将军在战争初期就想到了，当时他警告说，整个国家"还没有体会到承受巨大伤亡的痛苦感觉"。[77]

　　尽管有炮兵、装甲部队和战术空军的强力支援，但除横扫了法国北部，美军步兵的推进速度非常缓慢，而且需要付出巨大伤亡。马歇尔意识到这个问题，反复提醒艾森豪威尔，替换兵员的训练跟不上伤亡的速度，整个战场将不得不以自身的后勤和支援部队填补越来越大的缺口。对步兵兵源的搜罗也同样发生在后方。囿于有限任务的步兵学员都是一些身体上存在不利条件但是还可以发挥一定作用的人，他们都被从加勒比海和阿拉斯加防区征集回来，转为承担普通任务的士兵。空军候补生和来自大学校园的陆军专业训练计划（Army Specialized Training Program）成员一起转为步兵学员。存在冗余的单位，如自行反坦克炮营和防空营被拆散，其人员派往步兵替补中心。准备派往海外的22个师被剥离出7.5万名急需的步兵。承诺给其他战场，尤其是西南太平洋的替换人员被缩减。一个积极的效果是，从这些更受人们青睐的单位招募来的兵员，在智力和体力上都具有优势，他们显著提高了替换部队的数量和质量。

　　为了应对阿登高原的严重威胁，马歇尔通过参谋长联席会

322

议实施了对欧洲前线的大规模增援行动。在 1 月 11 日至 2 月 3 日期间，将有 7 个师启程前往法国。在西海岸，有两个师已经完成两栖作战训练，准备在 5 月开往太平洋，但是也在 2 月 19 日改为派往法国。在派出这 9 个师以后，全国范围内连一个留守后方的陆军师都没有了。艾森豪威尔还会在 1 月收到 2.3 万名替换人员，使总数达到 6 万人。为 8 个新组建的法国师提供的补给物资也将在 1 月到位，增加了额外的快速船只向欧洲运送部队和物资。艾森豪威尔必须有"充足的预备队"和足够的作战部队来"轮换疲惫的各个师"，莱希海军上将在 1 月 11 日致罗斯福总统的信中如是写道。[78]

德国人在阿登高原的突破被遏制后，激烈的战斗随即展开，美国人试图缩小突出部并向前推进，而德国人在森林和西墙防线顽抗。这是一场消耗战，和日本人在吕宋岛的做法一样。步兵扫荡、占领并防守阵地，师里的其他兵种提供炮火支援、指挥和后勤服务，如医疗、食品、工程和通信等。步兵照例承受着战损、疾病、外伤和精神失常造成的损失。其中很多人是在疲劳和轻微病症的情况下坚持战斗。在缺乏补充的漫长作战中，步兵单位受到削弱，人数大幅减少，直到整个师被迫退出战斗，而师里的其他单位还相当完整，却并未执行过什么任务。

在第二次世界大战期间组建陆军的过程中，存在一个基本的假设，那就是可以通过轮换制度延长休假时间，从而以最少数量的师进行连续作战。[79]然而，那就需要更多的替换人员，并为往来调动提供更多的航运。延长休假会打破班集体，削弱团队的战术配合。实际上，参战的士兵们很少会考虑他的幸存机会。约瑟夫·史迪威（Joseph Stilwell）上将在 1945 年 2 月成为陆军地面部队司令部的指挥官，他看到了"一支正在消失的地面战斗部队"。陆军总医官诺曼·柯克（Norman

Kirk）将军也认可这种担心，他对地中海地区的部队进行的一项调查显示，步兵营由于"长期参加战斗"而导致精神障碍的比例很高。其结论是，"前线士兵在耗尽了他们对部队的自豪感和献身精神之后，可期待的只有死亡或负伤，这种压力造成他们的崩溃"。一位集团军群司令雅各布·L.德弗斯（Jacob L. Devers）中将主张，不能将一个师部署在前线超过30~40天；否则，"每个人都会感到疲劳，然后就会粗心大意，还会出现可怕的患病率和死亡率……结果就是你把替换人员填进了生产线上的机器当中白白消耗，就如同把好钱跟着坏钱一起扔掉"。[80]

已经因为部队的损失而失去活力的西南太平洋战场，又将在替换人员的缩减中受到最大影响。1945年1月8日，陆军承诺给西南太平洋的月度地面部队替换人员从13350人减少到8370人（其中步兵只有7300人）。实际运送过来的人员仅6583人。在同一个月，承诺给欧洲战场的地面作战人员从43590人提高到54874人（其中有步兵48900人）。从1月到4月，陆军共向欧洲战场输送了195912名步兵替换人员。[81]

有关第六集团军在吕宋岛战役初期阶段的状况，2月13日一位亲历者的报告似乎第一次给马歇尔及其参谋人员带来了一幅令人震惊的清晰图景，他就是从华盛顿的作战处派去的小保罗·L.弗里曼（Paul L. Freeman, Jr）上校。西南太平洋战场上有很多师的"实力都已经被削弱"，其严重程度让他大吃一惊。他在给马歇尔的信中说，第43师只有71%的有效作战力量（按照下属团级部队所占比例确定），第158独立加强团还有66%，第32师还在承担莱特岛战役造成的损失，只有88%。为了提供一幅有关损失的更"真实的画面"，弗里曼说，有时候，步兵连只剩下30人、40人、60人或80人。他在报告中说，后勤部队的短缺也很严重，针对他们的替换"实际上是不重复、不存在的"，从后方运送这些部队使漫长的补给线更加紧张。弗里曼预见到"没有喘息机会的艰苦战斗将会延续好几个月"，但是"各级官兵都在出色地战斗，士气高昂"。同时，他也发出警告："这种得不到休息机会的情况如果再多持续几个月，参战士兵的耐力将被耗尽，那就不能再理所当然地预期在当下和未来的作战中取胜。"[82] 马歇尔的副手赫尔将军就弗里曼的报告提出问题，他在给麦克阿瑟的一封信中对如此严重的替换问题表示震惊和担忧。按照赫尔的说法，西南太平洋战场的数字并未预告步兵如此短缺的情况：在发动吕宋岛战役前夕，团级的缺编平均只有 4% 左右。对吕宋岛战役的预期是 1.9% 上下。对于华盛顿的作战处来说，目前西南太平洋的替换需求貌似尚可容忍。而弗里曼的报告令赫尔和华盛顿的参谋人员吃惊而又忧虑，报告中甚至考虑要拆散一个师，以其步兵充当替换人员。在给麦克阿瑟这封信的最后，赫尔说，如果弗里曼描述的是普遍情况，那就是很严重的，只能够"采取极端的行动加以纠正"，但是目前无法提供更多替换人员。[83]

因为加重了自己的替换危机，麦克阿瑟的回复反映了他对陆军部的恼怒，也说明他对替换机制相当缺乏了解。他致信马歇尔说，弗里曼的描绘的确是准确的，传递了与他自己的全面报告相同的信息。他补充道，这些"不断……受到忽视，因此陆军部编制的另一些数字反映的是完全错误的图景"。这个"错误预测"的一个特别原因是，陆军部坚持"将全部患病、负伤和临时人员计作出勤人员"。麦克阿瑟过分强调了他的问题，因为相反的情况同样存在：他们可以立即从其部队数字中去除所有需要住院治疗的病员和伤员（非暂时的），从而使要求更多替换人员成为可能。[84] 麦克阿瑟回信的最后一段采取了不同的语气和内容。"这个地区不大，"他说，"维持作战部队有效状态的人员增量也相对较小。我诚恳地希望能给予这一战场足够的替换人员。"[85]

马歇尔的答复坚决而直率。他在信中告诉麦克阿瑟，美国正在创造出"此时最大可能数量的替换人员，他们将会根据各个战场的要求公平分配"。现在，"一定"要"在陆军部和各个战场之间就替换需求的报告方式达成共识"。在马歇尔的观点中，麦克阿瑟对住院治疗的错误理解使他"明显缺乏这种共识"，特别是因为西南太平洋战场在2月的报告中说，有23511名伤病员因住院而被剔除出总兵力数字。马歇尔"找不到任何理由"支持麦克阿瑟的说法，即陆军部以自己的一组数字替代了战场提供的数字，形成"一幅完全错误的图景"。马歇尔解释说，由于可用人员不够，征兵计划并不总是能够完成。最后，马歇尔指出，陆军部刚刚收到西南太平洋4月的需求，它在2月中旬就已经到期。他认为，对麦克阿瑟的人事军官或"其他授权代表"来说，到华盛顿来看一看不仅有助于"消除目前这种相当严重的误解"，而且是非常重要的。[86]

对于麦克阿瑟来讲，解决其战场上替换危机的唯一办法是"集中使用"，换句话说就是在吕宋岛建立替换人员的储备，其规模不仅要覆盖伤病人员，而且要包括战场内部的流动，同时作为从后方港口持续到来的部队的一条通道。他要求的6万人部队遭到拒绝。这让人想起他曾经通过把船只扣留在本战场的方式建立运输船队。持续的物流危机和1945年不断增加的进攻机会，都使他在提出要求的时候完全不再顾及战争中的其他战线和战区。西南太平洋就是他的整个世界。

阿登高原的紧急替换行动成功地为美军在欧洲的各个师及时提供了足够的步兵。到1月下旬，他们已经奋力夺回了12月的出发线，德国人撤退并将兵力转向对苏战线。美军在各处对德军防线予以打击，终于在 2 月重新向前推进，穿过了余下的崎岖边界地带，克服了冰天雪地和齐格菲防线的坚固工事。在 3 月的早春时节，盟国陆军终于到达平原地区并夺取了莱茵河渡口，"希特勒德国"的末日来临了。对军方来说，在失而复得并取得最后胜利的每一个阶段所存在的步兵替换问题都已成为过去，有关部队从欧洲向太平洋重新部署的问题变得更为紧迫。

随着人力资源危机消退，美国的战争领袖们在大后方面临新的问题。鉴于德国的战败很快就会到来，美国的工人和商人都开始准备向和平经济过渡。1944 年 6 月盟军成功登陆诺曼底并快速横扫法国的时候，也曾出现类似的情绪。9 月夺取莱茵河上一座桥梁的失败和德国人在 12 月对阿登高原的进攻，暂时浇灭了早日结束战争并解除战时经济管制的期盼。在1944~1945 年的冬季，这些希望暂时蛰伏，但是在盟国军队又开始进攻的时候它们重新苏醒过来。联席会议和五角大楼里的平民部门领导都坚信，谈论恢复平时生产为时尚早。事实上，他们所寻求的是更可控稳定的劳动力，避免 1944 年的虚假和平希望导致的产量下滑再次出现。1945 年 1 月初，陆军部长史汀生和副部长罗伯特·帕特森要求国会再次尝试通过一项《国民服役法案》(National Service Bill)。总统在1 月 6 日的国情咨文(State of the Union)中赞同这一法案，并致函国会军事委员会的肯塔基州民主党众议员安德鲁·梅(Andrew May)，要求他推动这项立法工作。梅法案是一项打了折扣的《国民服役法案》，它只针对年龄在 18~45 岁的男性。它以被应召入伍作为威胁，将人们推入军工行业的岗位，并留住原有人员。这项法案立刻招致劳工组织的抗议，包括全美制造商协会(National Association of Manufacturers)在

乔治·C. 马歇尔将军

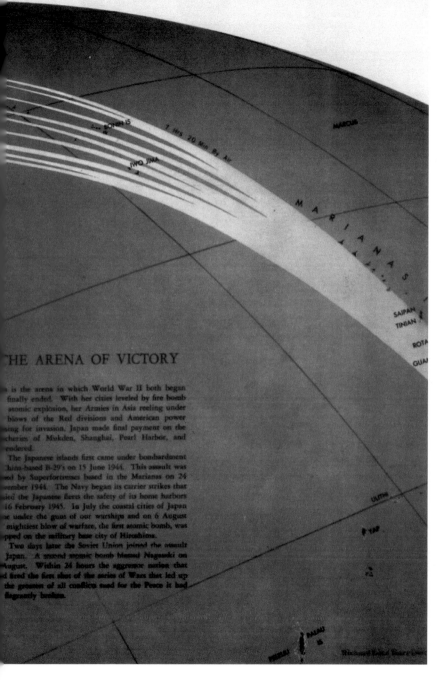

"胜利的竞技场",来自美国陆军参谋长向陆军部长提交的
两年期报告(1939年7月1日~1945年6月30日)

麦克阿瑟将军涉水登上莱特岛

海军上将切斯特·尼米兹、欧内斯特·约瑟夫·金和雷蒙德·斯普鲁恩斯

麦克阿瑟将军、罗斯福总统、威廉·D.莱希海军上将和尼米兹海军上将在火奴鲁鲁

佩莱利乌岛上，坦克炸毁了一处洞穴

在莱特岛海滩上，一艘坦克登陆舰张开它巨大的"下颌"

向硫磺岛投放圆桶炸弹（drum bomb）

肃清硫磺岛上的一处洞穴

伞兵部队降落在科雷希多岛的高地上

1945年2月乌利西环礁中的美国快速航母特混舰队

克鲁格将军（右）在吕宋岛

吕宋岛北部的步兵

吕宋岛北部绿色别墅小道，部队在 604 高地掘壕固守，向日军阵地射击

首里城附近，用降落伞投下的补给品

喷火坦克，冲绳岛

无后坐力炮，冲绳岛

Name				Serial No.		Arm of Service		Unit
MOS Title								SS
Type of Credit				Number		Multiply By		
1. SERVICE CREDIT (Number of months in Army since Sept. 16, 1940.)								
2. OVERSEAS CREDIT (Number of months served overseas.)								
3. COMBAT CREDIT (Number of decorations and bronze service stars.)								
4. PARENTHOOD CREDIT (Number of children under 18 years old.)								
						Total Credits		
			Certified by -					

ADJUSTED SERVICE RATING CARD

加权服役评级卡样本，出自《富兰克林晚星报》，1945 年 3 月 12 日

1945 年 6 月，运载第 86 师从欧洲返回的"伊丽莎白女王号"抵达纽约

1945 年 9 月，山下奉文投降

内的商界领袖和"农场地带"（Farm Belt）① 议员的抗议。史汀生明白，这将是一场激烈的立法斗争。令其任务更为复杂的是，欧洲和太平洋战场上的胜利曙光更加明朗。1月中旬，德军正在从突出部撤退，苏联人在波兰和东普鲁士发动进攻，克鲁格将军的第六集团军在吕宋岛登陆。"这很可笑，"史汀生在他的日记中写道，"我应该为我们的好运气感到痛苦。但真正的事实是，所有这些事情……足以减少我们……在立法机构得到50%赞成的概率。"[87]

整个1945年春季，政府一直坚持推动这一法案，但是在此期间发生的情况使国内更加认为战争的进展十分顺利，没有必要再出台这样一部《国民服役法案》。3月1日，巴顿将军的第三集团军突袭了特里尔（Trier）的防御工事。[88] 同样是在3月1日，在太平洋战场上，克鲁格将军的第六集团军在马尼拉战役中结束了日军的最后抵抗。科雷希多岛上的有组织抵抗在2月26日宣告结束。克拉克机场以西建武防线上的日军抵抗在2月20日被从背后突破。对振武和尚武防线的进攻从2月21~24日开始。还有2月28日，第41师的部队在巴拉望岛登陆，开启了麦克阿瑟颇受争议的解放菲律宾中南部的战役。

---

① 指美国中西部各州。

第八章

超越人类极限：夺取菲律宾全境，1945年2月~6月

　　尽管马歇尔警告他不要分散兵力，麦克阿瑟依旧下定决心要兑现解放菲律宾全境的诺言。然而，马歇尔得知消息以后并未排除这一战役的可行性。由于意外受制于马尼拉的港口设施，遭遇困难的吕宋岛战役反倒加速了南进作战。在南方，伊洛伊洛（Iloilo）、宿务市和三宝颜（Zamboanga）等城市都拥有港口、码头和防波堤，每座城市一次能够供应一个师。麦克阿瑟的设想是，重新夺取向西南方婆罗洲延伸的巴拉望岛和苏禄群岛（Sulu Archipelago），并在那些岛上建设机场。从那里，美国的空中力量可以为澳大利亚人的婆罗洲战役提供支援，并袭击日本人在南海和中国沿海的运输。收复棉兰老岛以完全解放菲律宾的主意，将使麦克阿瑟满意地实现他的誓言，

虽然为完成他的计划而从吕宋岛撤出部队将给该岛在5~6月进行的战斗带来非常危险的干扰。

　　为了实施这些行动，美军得到了装备精良、组织严密的菲律宾游击战士的支援。其中一部分是由美国军官指挥的，如1942年在棉兰老岛上躲进山区而没有投降的温德尔·费尔蒂希（Wendell Fertig）。其他则由菲律宾军人指挥，诸如曾战斗在班乃岛的小马卡里奥·佩拉尔塔（Macario Peralta, Jr.），和在莱特岛上作战的鲁佩托·康格利恩（Ruperto Kangleon）。最大的一支游击队在吕宋岛上，由拉塞尔·福尔克曼（Russell Volckmann）上校领导，他在战后继续帮助创

建了陆军特种部队（Army Special Forces）。到麦克阿瑟重返吕宋岛的时候，福尔克曼手下已经聚集起2万多人。1945年以前，当地人的反抗一直没有强大到威胁日本人对各个岛屿的控制，但是游击队干扰了敌人的民政管理，并为美国人提供了有价值的情报。在美军返回该群岛之后，游击队在阻碍日本人的机动方面发挥了重要作用，将敌人从固定阵地上赶出来，并逐进山里。

第八集团军跟随第六集团军，从新几内亚岛到莱特岛，再到吕宋岛，受命去夺取吕宋岛下方的各个岛屿。这是他们第一次接受大范围的作战任务。罗伯特·艾克尔伯格将军指挥的第八集团军由5个师组成——2个师进攻棉兰老岛，2个师负责米沙鄢群岛，另一个师负责西部的登陆，此外还有一个独立伞兵团。两栖作战大队依次行动，相隔一周或十天，从民都洛岛、莱特岛或莫罗泰岛的基地出发，运送部队通过群岛内部水域前往各自的登陆海滩。第七舰队的巡洋舰、驱逐舰和扫雷舰组成的特混大队将为登陆部队提供掩护。在各个进攻目标上，还有菲律宾游击队的协助。分散在这些岛屿上的日军部队有10.2万人，一部分是步兵，其余则来自各种单位，后勤薄弱，炮兵也有限。他们的意图是避免在滩头和定居点进行防御，而是准备在海岸后方几英里的高地上构筑精巧的防御设施，迫使美国人不得不在攻击过程中付出相当大的时间和人员代价。敌人所谋划的，如往常一样，是一场消耗战。[1]

进攻的第一个岛屿是位于南海和苏禄海之间的巴拉望岛，它的形状像一根270英里长的棍子。[2]曾在"血腥比亚克岛"上战斗的第41师186团，于2月28日在普林塞萨港（Puerto Princesa）旁边登陆。虽然游击队报告说这里的海滩并无防守，海军仍然进行了炮火准备，而实际上的确没有防守。登陆部队获知，1942年被捕的大约150名美军战俘，曾被强迫参与机场建设，几乎全部在 2 个月之前被杀害。当时，意在登陆近旁的民都洛岛的美军护航舰队吓到了巴拉望岛上的敌人。战俘被浇上汽油锁进围栏里烧死。后来者埋葬了他们的尸骨。[3]根据游击队的情报，第 186 团向北行进 10 英里进入山区，那里的日本守军有 1750 人，以 2 个步兵连为骨干，部署在几个据点里一直顽抗至死。此后，随着剩余守军分散成小股部队，菲律宾和美国军队转入侦察巡逻，对巴拉望岛进行梳理，并检查东北和西南两端的较小岛屿。工兵部队最终决定不建造新机场，而是延长和加固日本人的现有机场。第 186 团大部分人员渡过苏禄海前往三宝颜，一个营和一支炮兵分队留下警戒。

依附在棉兰老岛西部的三宝颜半岛，与苏禄岛链共同形成一道延伸到婆罗洲的战略屏障，隔开了苏禄海和苏拉威西海。三宝颜市坐落在半岛最南端，巴西兰海峡（Basilan Strait）沿岸；在这一岛链的最西端，塔威塔威群岛（Tawitawi）所属的苏禄岛（Sulu Island）紧挨着婆罗洲。防守三宝颜的是日军第 54 独立混成旅团，一支 8900 人的杂牌部队，但丝毫不缺乏步兵技能。3 月 10 日，延斯·A. 多伊少将指挥的第 41 师，即"丛林师"的第 162 和第 163 两个团，登上这座城市西边 2~5 英里处的多处海滩，此前 2 天，3 月 8 日和 9 日，巡洋舰、驱逐舰和海空军飞机已经进行了长时间的密集轰炸。在这场攻击面前，日本人撤出了带刺铁丝网、碉堡和战壕组成的海滩防线，向后方转移了几英里，退进丘陵地带更宽阔的防线。指挥着当地菲律宾部队的温德尔·W. 费尔蒂希上校已经汇报过，在三宝颜市附近区域登陆可能不会遇到抵抗。作为菲律宾最美的一个风景区，登陆前的炮火已经使它的大部分沦为废墟。[4]

距离海滩几英里，经过谷地和山脊，地势逐渐上升为1750 英尺高的一排山顶。在这片长 5 英里、纵深 3 英里，杂草丛生的高地上，日军指挥官北条藤吉（Hojo Tokichi）中将设置了由洞穴、圆木碉堡、战壕和掩体组成的一套防御体系，整体环绕着带刺铁丝网。似乎到处都是雷区，有些还带有遥控装置。一次远程操控的爆炸，可能是炸弹和鱼雷，造成第163团83人伤亡。一架单翼飞机被塞进一架运输机里，运送到棉兰老岛之后重新组装起来，它进行的空中侦察为美军炮兵提供了宝贵的支持。巡洋舰先是参与了登陆前的炮击，然后前往其他登陆战场，由驱逐舰取代了他们的位置。共3个大队的海军陆战队攻击机投入了战斗，提供了非常有效的抵近支援。

经过比亚克岛战役洗礼的第41师，在得到充足的人员配备和休息后，持续地稳步前进。幸亏有推土机在山坡上开辟出道路，他们在前线附近得到弹药和食品的补给。面对自动武器和迫击炮火力，以及每天晚上的反攻，第162和第163两个团充分利用猛烈的空袭和炮击为他们提供的支援，从3月12日到20日坚持向山上移动，此时日军的防守开始减弱。3月23日，这个师在两个关键高地之间打进了一只楔子。3月26日，第186团赶来替下了第163团，将战线向东延伸，威胁到敌人的后方。到4月1日，日军部队整体向北退去。大批菲律宾游击队阻止了日军向半岛东岸的移动，使其转向内陆，最后在雨林中崩溃。近6500人阵亡或死于疾病和饥饿；只有1385人在战争中幸存。不同寻常的是，到战争结束时，有1100人被俘虏。被捉住的多数是与大部队分离后孤立的小股部队。又一次，没有出现大规模的投降。第41师的伤亡相当大，牺牲220人，负伤665人。[5]

与此同时，第41师为前往婆罗洲的苏禄线路做好了准备，首先检查发现海峡对岸的巴西兰岛（Basilan）上没有日本人。然后，第163团的一个营在桑阿桑阿岛（Sanga Sanga）上靠近邦奥（Bangao）的地方登陆，这里距离婆罗洲海岸40英里，美军只遇到微弱的抵抗。最后，他们转向霍洛岛（Jolo

332

Island），与日军的 2400 名步兵、1000 名陆军航空兵和 350 名海军展开对峙，敌人在两个独立的高地上顽强防守。通过当地菲律宾游击队的帮助，第 163 团各用了一个星期的时间消灭了每个高地的敌人，在 5 月 2 日完成了苏禄群岛的收复。空军工程部队在三宝颜建设或扩建了两处机场，在普林塞萨港、霍洛岛和桑阿桑阿岛上也各有一处。对于为进行爪哇战役而立足婆罗洲的澳大利亚军队来说，这几座机场形成的网络是非常宝贵的。它们还被麦克阿瑟的第十三航空大队用于南海的搜索和摧毁任务。然而，随着美国潜艇摧毁了大部分日本船只，那里正在变成一片空旷的海面。4 月，在那里作战的潜艇开始把基地向北移动，从澳大利亚的弗里曼特尔转移到位于吕宋岛苏比克湾的太平洋舰队基地。桑阿桑阿岛和普林塞萨港很有用，但战事正在向北转移。[6]

3 月 18 日，当第 41 师正在为了攻克日本人在三宝颜附近的防线而努力向山上进攻的时候，在北边 250 英里以外，第 40 师在班乃岛南岸的伊洛伊洛市以西 12 英里处登陆。在夺取重要的米沙鄢群岛的作战中，此次登陆是整个行动的西翼，该群岛被夹在菲律宾群岛的中央。构成东翼的美喀师在 8 天之后登陆宿务岛。第 40 师从最初的林加延湾登陆到这次 3 月 18 日出发，一直处在作战当中。本次出发前只有 4 天的间歇，主要是补充给养和维修装备，另外有 3 天休息时间是在乘坐坦克登陆舰前往班乃岛的航程中度过的。[7]

此次登陆岛屿算是一项轻松的任务。其原本就不多的驻军有一半被派去增援莱特岛，留下 1500 人的日军战斗部队保卫伊洛伊洛。当美喀师到来的时候，日军指挥官户冢辽一（Totsuka Ryoichi，音译）中佐得出结论，防守这座城市只能导致他的部队被歼灭，于是他从城市向北撤退，穿过菲律宾游击队的封锁线，在班乃岛南部的山地中站稳脚跟。此时，一些日本士兵为避免迫不得已战死而选择了投降；班乃岛上的这些敌人一直活到了战后。马卡里奥·佩拉尔塔指挥的2.25万人的班乃岛游击队已经控制岛上的很大一部分区域。第40师的大部向东边紧邻的内格罗斯岛转进。与佩拉尔塔一起留在岛上的部队没有再突袭户冢分遣队。第八集团军付出了微小的代价取得了又一个中转港，伊洛伊洛是一个拥有优良港口的正常运转的城市。[8]

3月29日，轮到了125英里长、北部40英里宽的内格罗斯岛。第40师留下一个团在莱特岛上作为预备队，另有一个营在班乃岛上驻防，同时第503伞兵团加入该师。目标是肃清内格罗斯岛的北部；南边的部分留给了从东面宿务岛而来的美喀师。两岛之间的海面并不比一条大河宽，因此部队使用了小型舟艇，也没有进行炮火准备。领先于主力部队的一支小分队前去阻止敌人破坏通往北部的一座关键桥梁，并取得了成功。由于菲律宾游击队已经控制南部，第185和第160两个团沿着城市分布的海岸北进。师属侦察部队更进一步，绕过北部后沿东海岸向南侦察，除了在北部与敌人进行了一场激烈交火，没有再发现更多敌人。

3月30日，侦察部队中保罗·M. 格里什所在连队接到命令，向阿提普伦（Atipuluan）附近固守在一片小树林中的日军一个连发动进攻。士兵们得知首先会进行空袭，他们铺开了三块橙色的大板子，上面画着指向树林的箭头，但A-20还是把炸弹投到了半英里开外。又派来2架飞机，这次8枚炸弹全部命中目标，但其中7枚是哑弹。可是控制中心乐观地解释说："没关系，它们随时可能爆炸，因为它们有时候就是这样。"格里什后来写道，他的回复是："非常感谢。那会让我们在穿过树林的时候感到安心的。"于是，步兵就不得不在装甲车上的M8突击炮掩护下冲进小树林。这一次，进攻的步兵跨入了M8

的射击线，挡住了 M8，为日军火力提供了方便。前面 4 个步兵突然全部倒下。其中 3 人重伤后不治；第四个人因头部受伤当场阵亡。他们的战友冲进树林，抓住衣领将他们拖了回来。阵亡的罗伯特·R. 洛（Robert R. Lowe）仰面躺在草地上。格里什写道："泪水从这些坚强的老兵们脸上淌落下来。"他记得洛是"最好的战士"之一。[9] 步兵们再次进入小树林，这一次是随着一辆半履带式战车和 M8 突击炮慢慢推进，并以机枪和霰弹进行射击，二者合力可以削倒一大片树木和灌木丛。第二天，他们统计发现打死了 114 个日本人。[10]

在内格罗斯岛上负责指挥的是河野毅（Kono Takeshi）中将。他的部队总共有 1.35 万人，包括日本第 102 师团的 5500 人，第四航空军的 7500 人，还有 500 名海军。[11] 他的计划是以一种且战且退的方式杀伤并迟滞美军及其盟友，同时将自己的队伍撤进该岛北部居中位置的严密防守区域。内格罗斯岛的西部沿海平原地势平坦，但中部除外，那里有火山形成的丘陵，高度 3000~4000 英尺，突兀隆起，有些山脊相互交织，另有一些拱卫在外围，第 40 师战史中将这里描述为"陡峭的山坡"、"丛林密布的洼地"和"四下散开的山脊"混在一起。[12] 河野充分发挥地形的优势，设置了洞穴、战壕和碉堡组成的复杂系统，形成一座坚不可摧的堡垒。

在第一周内轻松完成了对内格罗斯岛西海岸城市的占领以后，第 40 师向东展开，第 185 团居中，第 160 团在右，左侧是北面的第 503 伞兵团，该团在 2 月 16 日科雷希多岛跳伞作战，承受了 780 人的伤亡。这一次第 503 团原本也要跳伞，但内格罗斯岛的轻松进攻使他们可以乘登陆艇从民都洛岛出发。内格罗斯岛总共有 12 个营的部队，留下 1 个团并 2 个营作为预备队或执行守备任务，其余 7 个营向东边的山脉前进。

起初，他们遭遇了匆忙将食品和军事物资运往其东部堡垒的日军分队，经过战斗将这些敌人的大部分消灭。河野将军从机场上的飞机残骸中拆下枪炮，安置在他的防线中，共搜集了70挺机关枪，但是重型火炮很少。[13] 接近山坡本身就是一个挑战。大约走到一半，地形变得崎岖不平，防御工事也更加严密。部队需要更多鼓舞，于是师部派第503团和第185团从两个方向朝着山脚下的帕托格（Patog）集中。第503团沿着香蕉岭（Banana Ridge）顶部一条狭窄陡峭的道路，冒着两侧从下方袭来的炮火，先向东再向南。第185团在东边的前进同样曲折难行，消灭敌人的路侧火力，清除地雷，拓宽道路，并将坦克陷阱填平。4月13日夜间，该团用3个小时击退了200名日军的进攻。4月24日，第185团到达了兰塔万高原（Lantawan Plateau），与第503团合兵一处攻占了帕托格，肃清了高原上的敌人炮兵阵地，并居高临下向旁边丛林覆盖的洼地射击。由于现在可以进入山脚下的高地，坦克和大炮向前推进，提供直接的火力支援。

快到4月底时，第40师和第503团已经接近这场战役的关键阶段。除了6个步兵营和2个炮兵连、1个坦克连，美军还握有对敌空中打击的优势，甚至动用了B-24轰炸机。此外，第503团作为预备队的那个营也加入了战斗。另外，雨季已经来到米沙鄢群岛，士兵终日浸泡在水中，泥泞遍地，进攻被推迟了。大多数夜晚，敌人都实施或企图实施渗透，令美军很少能够安睡。对于第40师的部队来说，在令人筋疲力尽的建武战役之后，内格罗斯岛战役实际上又一次检验了他们体内蕴藏的毅力。这一个师加一个团的艰苦作战取得了进展，但是河野减缓了他们的前进速度，还有高山需要他们攀登。

高耸在现场及前方道路上的是3155号高地。为了纪念在这次进攻中牺牲的第一位军官，约翰·W. 多兰（John W. Dolan）中尉，它被命名为多兰高地。它的山脚很宽阔，先是

336

以一般的坡度上升，又变成一道近乎垂直的岩墙，然后是平坦的顶部，南端有一个球状的突出部。4月17日，经过2天的炮火准备和1天的大雨，缺少第2营和加农炮连的第160团向山坡上前进；第二天，他们抓着树根和枝干，攀上了陡峭的岩墙，距山顶只有不到100米。他们被困在那里，只能在一个几乎垂直的区域内过夜，遭受"致命的"火力、长杆炸药包以及手榴弹的袭击，毫无还手之力。他们被撤了下来，但是第160团一次又一次地努力。为了降低负重，他们雇用菲律宾人运送给养和弹药上山。部队所面对的一系列战壕，串联起反斜面上的洞穴和山顶上内部连通的碉堡，全部都在附近的机枪火力覆盖之下。最后，美军撤离这座高地，用持续4天的密集炮火和空袭清除了所有植被，将敌人的防御工事暴露并摧毁，击毙守军200人。还剩下多兰高地以北的一条支脉仍在抵抗。尽管坡度很陡，一支侧翼部队还是设法到达了对面，将敌人阵地包围。精确的炮火随后降落在中间。5月3日，作为"敌人在内格罗斯岛的防御核心"，多兰高地上最后一伙日本兵被消灭干净。[14] 这场战斗还没有结束，它一直持续到5月，第40师彻底全面地清除了所有的日军据点。日本人撤离其关键阵地的次数越来越多，兵力也日益削弱。6月4日，河野把他的部队分散到岛上各处，在这个月的余下时间里，第503团和当地的菲律宾部队接受了在7月1日之前肃清该岛的任务，后者掌握着内格罗斯岛三分之二的面积。内格罗斯岛并不作为部队的集结地。第40师各部被替换下来以后返回了班乃岛。第40师和第503团的伤亡是370人阵亡和1025人负伤，还有未记录的疾病、外伤及战斗疲劳症。

6月里，保罗·格里什写道，第40师"拼命努力突破日本人的防线"。这似乎是他们在建武战役中经历的再现。他也注意到"有更多的人患上'战斗疲劳症'，且在很多情况下，

不得不退出战斗并被送往医院"。这是他们第二次"被推到远
远超出人类正常承受极限的境地"。他又补充说："除了感到疲
倦之外，他们中的许多人还经历了太多的猛烈炮火，听到了太
多的子弹呼啸，还有炸弹和炮弹爆炸导致太多的脑震荡。然后
是大量流血杀戮，有时多到令人胃里翻江倒海。"[15]向东下一
个岛屿是宿务岛，它的首府宿务市作为菲律宾第二大城市，也
拥有第二优秀的港口设施，显而易见可以作为一个师的集结
地。这座城市位于该岛东南部海岸，有长达5400英尺的码头、
货棚和9个泊位，但是缺少货物装卸设备。[16]由威廉·H.阿诺
德少将指挥的美喀师将要驻扎在该岛，当然首先是要攻占它。
美喀师由南太平洋战区的3个独立团组建而成，是参加过瓜达
尔卡纳尔岛和布干维尔岛战役的老牌部队。1945年1月转入
西南太平洋战场之后，它又参加了莱特岛西南部和萨马岛上的
艰苦清剿，导致它的减员情况无法执行宿务岛的作战任务。宿
务市地区的1.28万名日军由万城目武雄（Manjome Takeo）
少将指挥，其中有1800人的地面作战部队；其余是一些辅助
单位，甚至还包括部分平民。他严守当时日本陆军的原则，将
防御阵地远离海滩。他把碉堡和战壕建在宿务市后面和上方陡
然抬升的高地上，由一道前哨阵地、一道主阵地和几个最后
防御据点组成。于是，美军选择了该市西南5英里外塔利赛
（Talisay）的海滩，除了从潮线到树木线的一片宽阔密集的雷
区外，这里空空如也。大部分地雷被重达111磅的航空炸弹
引爆。[17]

3月26日，宿务岛特混舰队将美喀师的2个团轻松地从
莱特岛载运过来，靠近了塔利赛海滩，先由巡洋舰和驱逐舰进
行了一个半小时的炮击，然后派出了几个波次的登陆艇。前面
15辆履带式登陆车有10辆被地雷炸毁，阻住了后来者。部队
很快探查出跨越沙滩的安全通道，以浮舟架设了堤道，在上午

337

10：00 左右重新开放了海滩。在向东前往宿务市的 4 英里路程中，以及进入城市本身以后，他们没有遇到更多的防守。然而，3 天之后的 3 月 29 日，当各团进入城市以北的高地时，他们遭到了向山坡猛烈倾泻的机枪和步枪火力。[18] 在这座山的一条支脉下面，山洞中的一堆弹药被遥控引爆，造成第 182 团 A 连 20 人阵亡和 30 人受伤。该连在莱特岛的扫荡行动中已经大大削弱，以至于现在因剩余人员太少而被取消了番号。

宿务岛高地的争夺战从 3 月 28 日开始，直到 4 月 17 日才结束。使之拖延如此之久的原因是万城目复杂的纵深防御体系，包括高昌山（Go Chan Hill）的 86 座碉堡，还有美喀师将它的第三个团留在莱特岛作为预备队所造成的局限，以及阿诺德少将在查明敌军部署上遇到的困难。当这第三个团到来以后，该师要进攻的敌人也至少与其兵力相当。这个师采取小规模部队在炮兵支援下进攻的方式，才终于使万城目相信，该是撤退的时候了。在余下的 4 月和整个 5 月以及 6 月的大部分时间里，美喀师一路战斗，穿越了宿务岛北部和中北部的荒野，最终打垮了日军的有组织力量。与此同时，新到达的第 164 团 3 营向东运动，经过一星期的艰难作战，肃清了保和岛（Bohol Island）上一支 330 人的敌军。第 3 营接下来向南转移，跨过 100 英里海面，抵达棉兰老岛的马卡查拉湾（Macalajar Bay），以支持这场战役中的向南推进。该团其余部队向西移动，清理内格罗斯岛东南部地区，在这里经历了与北部第 40 师同样的残酷战斗。在彻底摧毁日军的压力下，美喀师派出巡逻队搜寻敌人并与之交战，并安排炮火和空袭。无论第 164 团在哪里交战，日军都进行反击，迟滞其进展，使这项令人崩溃的任务拖延了 60 天。6 月 24 日，该师在宿务市附近完成了宿营工作，开始休整，为登陆日本做准备。[19]

美喀师及其附属单位在米沙鄢群岛战役中大量减员。根据该师的战史记录，共有2427人在作战中伤亡，还有10556人的非战斗减员，其中有8139人患病，大多数是传染性肝炎，以及登革热、性病、痢疾和复发性疟疾。日军在米沙鄢群岛战役中的阵亡数字像通常一样很高，大约是5500人，炮弹的瞬时离地爆炸形成的巨大杀伤力和空投下来的凝固汽油弹夺去了许多人的生命，但对美国士兵来说，每一个日本兵都仍然构成威胁。尽管如此，被俘虏的以及在野外幸存到战争结束的日军士兵数量大幅上升。在三宝颜行动中，全部8900名日军有1100人被俘，1385人幸存。班乃岛上有1560人被俘或幸存，超过总数的一半。在内格罗斯岛（北部）的1.35万名日军中，350人被俘，6150人活到了战后。宿务岛上的1.28万人中，8500人在战争结束后投降。除了电台广播、传单，和战场上使用的一套公共广播系统，第40师的情报部门还通过一名俘虏敦促日本人投降。这取得了一定的效果，每天都有小股敌人投降，总共有90人。[20]

关于1945年4月太平洋战场上美国士兵的总体状态，第21侦察队的W. T. 麦克劳克林中士为我们进行了描绘。在战后几年出版的回忆录中，他说这是美喀师在连续400天里第一次获得休息（而且要为接下来的战斗做准备）。在麦克阿瑟6月6日到访宿务岛期间，麦克劳克林和第21侦察队的另一位成员被选为最高指挥官的卫兵，穿上了崭新的制服。他们认为，在避免正面进攻和"攻敌不备"方面，麦克阿瑟有着"非常好的名声"，但是他们反感其在镜头前的炫耀。经过了所罗门群岛、莱特岛和萨马岛的丛林生活以后，麦克劳克林写道，该师盼望着能在靠近居住区的地方得到恢复，很多人"热切地巴望着［宿务市］"，因为菲律宾人曾告诉他们"所有做生意的姑娘都在那里"。[21]

在米沙鄢群岛战役期间及之后抓获的大量日本战俘表明，

在菲律宾战役开始后，日本人的教条是如何适应现实的。日军指挥部的目标仍然是将美军拖入米沙鄢群岛错综复杂的每一座岛屿内部，以此拖延抵抗，这是一个可能会延长战事的计划，能够削弱美国参战部队，并推迟对日本的进攻。自杀式的战斗结局被视作一种浪费。取而代之的是，准备好连续的防线，布置在合适的位置，并保证充足的供给。日本守军打算战斗到濒临崩溃的边缘，再后撤到下一条战线。如果美国人坚持下去，进入更加偏远和困难的地区，他们就要为此付出伤亡。米沙鄢群岛的战术确实对美国参战部队造成了损失，这两个师都被列为进攻日本的部队。美喀师的战史撰写者将此时的菲律宾中部描述为"一个巨大的陷阱"。[22]

340

　　日美双方的这些战术最终一直延续到麦克阿瑟向南进军到大得多的棉兰老岛，其最西端的三宝颜已经被牢牢地掌握。准备援助美国人的是一支精锐的菲律宾游击队，人数多达2.5万，由温德尔·W. 费尔蒂希上校指挥。他在战前是一名采矿工程师和预备役军官，开战前不久被召入现役，1942年美军投降后，他前往棉兰老岛的山区组织抗日武装。到1945年，他已经组建了一支强大的部队，控制了棉兰老岛的大部分地区。该岛南北长约180英里，宽约150英里，大部分是雨林和南北走向的山脊，东部的中间部分有一些未绘入地图、杳无人烟的地带。省府达沃（Davao）坐落在东南部海岸。第八集团军选择在横跨该岛腰部的西南部海岸的帕朗（Parang）和马拉邦（Malabang）登陆，这里有一座已经被游击队控制的机场。4月17日，执行棉兰老岛任务的2个师在登陆时未遇抵抗。其中的第24师参加过莱特岛战斗，第31师在新几内亚岛受训以后轻松夺取了莫罗泰岛。它们都归属于艾克尔伯格将军的第八集团军辖下赛伯特少将的第十军建制。日军在棉兰老岛东部大约有4.3万人，其中1.5万人经过战斗训练。日本第100师

团及附属单位扼守着达沃的港口及邻近地区。日本第30师团
及附属单位负责棉兰老岛东部的其他地区。日军的弹药供应有
限，而且此刻的士气已经低落——部分原因是位于日本本土门
户位置的冲绳岛战役已经打响。美军的优势包括海军的炮火、
有效的炮兵火力和陆战队飞机的支援。

第十军从西南部登陆点迅速向岛屿中部移动，一半的先
头部队由登陆艇装载，沿棉兰老河溯流向上。这是菲律宾的
第二大河，也是棉兰老岛的主要运输路线。东西横贯岛屿的1
号公路在卡巴坎（Kabacan）与3号公路相交。后者就是穿过
岛屿中部通往北方的塞尔高速公路（Sayre Highway）。据守
着这处公路交叉点，第十军将两个日本师团分割开来。现在，
第24师继续向东边的达沃市前进，留下第31师清剿公路北
段。4月27日，第24师在登陆10天以后抵达东部海岸，途
中掠过迪戈斯镇（Digos）的一小队敌军，对方直到美军登陆
5天以后才知道美国人登上了棉兰老岛。该师沿海岸转向北方，
于5月2日在轻微抵抗下占领了已经被早先的轰炸摧毁的达
沃。西边的第24师，面对整个塔洛莫河（Talomo）和达沃河
（Davao）三角洲以及向东北和西南方向升起的高地，这里有
日本第100师团9个营的防御工事，配备了大炮、机枪、迫击
炮、火箭筒和步枪。该师正面的日军与自己的兵力大致相当，
而且敌人一如往常地布置得当。战场宽约15英里，纵深10英
里，局限于两条河流之间，被西北和东北两个方向山坡上的炮
火覆盖。由此，在第24师师长罗斯科·B.伍德罗夫（Roscoe
B. Woodrutt）少将眼中，这就迫使他进行一次代价高昂的正
面进攻。为了充分利用该师的步兵，第41师162团的一个营
在完成了三宝颜的任务以后配属第24师。美军的主要进攻从4
月30日开始，在左边，第21和第34两个团沿着塔洛莫河及
道路两侧向西北方向进攻，闯进了来自左侧山丘和右侧高地的

猛烈炮火之中。第100师团的师团长原田次郎（Harada Jiro）中将随即将他的部队向西边转移，并且战斗加剧。在5月的大部分时间里，第21和第34两个团浪潮般向前推进，突入敌人的纵深后进行清剿，一块一块地突破并撕裂日本人的防线。原田意识到自己的困境，建立起第二道，也是最后一道防线。在第41师某营的支援下，第34团对敌人展开连续猛攻，在第21团将西边的大片区域扫荡干净以后，敌人的这道防线也最终崩溃了。与此同时，右翼的第19团向西攻到了达沃河，与第34团一起完成包围。

到6月10日夜间，日本人已经撤出所有的防线，奔向他们的最后堡垒，或者更准确地说，是进入了北部丛林和大山中的藏身之处。原田的部队遵照了米沙鄢群岛日军部队的撤退顺序，说明他们执行了来自山下奉文的命令。第24师及附属单位的损失十分惨重，42天中伤亡1965人。他们在莱特岛的72天中伤亡数字是2328人。如果考虑到战争期间，第24师在260天的战斗中总共遭受了略多于7000人的伤亡，我们就能更好地体会到棉兰老岛的伤亡高得是多么不成比例。那意味着，在全部作战时段15%的时间里，该师的伤亡数字占到总数的三分之一。[23]

在达沃战役期间，美军第31师一直在巩固并实际上修筑塞尔公路。防守这片区域的是日本第30师团，师团长两角业作（Morozumi Gyosaku）中将在中国战场恶名昭彰，曾参与南京大屠杀。最近，他才刚刚从驻守朝鲜的卫戍部队调到棉兰老岛指挥这个师。[24] 他的4个作战联队共有1.35万人，他给每个联队分派了这条"高速公路"的一段。这条路从岛屿北端的马卡查拉湾延伸大约100英里，直到卡巴坎的1号公路交叉点。这是一条永远泥泞不堪的土路，被游击队和日军的行动切断了不下70次，桥梁也都被摧毁。在推土机到达重修路面，然后由工程兵修复一座一座桥梁之前，美军无法向前移动。每一步前进都意味着更多地依赖空投补给。在与卡巴坎以北的一个日军大队的突然遭遇中，第124团的步兵和炮兵迅速做出反应，日军被击溃后四散逃入丛林。又有一个团投入了攻势，而且第40师108团在北部的马卡查拉湾登陆，随之而来的还有从宿务岛启程的美喀师第164团的一个营，形成一个强有力的钳形攻势。在中途的马拉马格（Maramag），一个日军大队奉命迟滞美军前进，他们为此进行了6天艰苦血腥的战斗。在北面的峡谷地带，第108团被另一次迟滞行动耽搁了4天。然而，5月23日，南北两个方向的部队终于在马来巴来（Malaybalay）西北23英里处会师。两角现在把他的部队从塞尔公路撤到公路以东的北部丛林中。他躲藏在那里，不再试图交战。

　　随着对塞尔高速路、达沃和岛上交通的控制，棉兰老岛战役的目标——几乎——已经完成。敌人现在藏进了高速路以东、达沃以北的广袤丛林，但仍是一个不容忽视的威胁，必须进行追踪和试探。循着从达沃和高速路开始的小路，各个战斗分队开进了荒野。小路几近消失，或是太窄太陡，给养和炮兵无法通过，尤其又是在刚刚开始的雨季当中。空中补给非常重要。在南部和中部，敌军部队在搜索开始前就留了下来或是保持隐蔽。北部的美军战斗小组渗透到高速路以东的山区里，发现日军在顽强作战。麦克阿瑟乘坐"博伊西号"巡洋舰绕过整个岛屿来到南部，对如何结束战役进行考察，于6月13日到访了马来巴来。第31师的副师长无意间听到，最高长官祝贺艾克尔伯格取得了胜利，同时警告说："继续巡查并与敌人保持接触，但是尽一切可能避免大规模交战。我们不想付出更大的人员损失，尤其是在战争的这一阶段。"[25]

　　这是一个重要的表述，反映了他新近得到的太平洋全部陆军部队指挥官，以及不久之后的登陆日本最高指挥官的任命。

343

考虑到他自己的部队和硫磺岛上海军陆战队的损失，还有当时正在冲绳上演的血腥而持久的大规模战斗，他可能会担心在 11 月 1 日对九州的登陆作战中缺乏经验丰富的太平洋步兵。来自欧洲的各师部队只能赶上 1946 年春季的第二次登陆行动。菲律宾南部战役中的伤亡并不高，除了患病、战斗疲劳症和外伤，共有 9060 人。米沙鄢群岛的各个港口和三宝颜将集结三个师，组成进攻九州的 4 个军之一。从那时开始，棉兰老岛未再发生大规模交战，尽管存在许多小冲突，但仅是一种相互接近又彼此回避的情形。不断壮大的菲律宾部队在丛林地带稳步取得进展，并对日本人进行追踪。在战争结束前约有 350 个敌人投降，战后则有 22250 人，以及 11900 名日本平民。

占领菲律宾群岛耗时大约 6 个月，包括四次主要战役（建武、马尼拉、振武和尚武）和五次清剿战役（达莫提斯－罗萨里奥、中央山谷、马尼拉湾、吕宋岛南岸和南部各岛），这些战役之间有大致的先后顺序，但是也存在很多同时发生和相互重叠的情况。最初的达莫提斯－罗萨里奥进攻，为了保护林加延登陆场的左翼，延续和扩大后成为尚武战役，二者仅相隔几周时间。此时的目标是沉重打击尚武集团的 15 万大军，直到它不再构成威胁。这支敌军占据着一个巨大的最后堡垒，位于吕宋岛的林加延海滩以东，向北延伸 180 英里，形状就像连指手套的四指部分。任何闯入者都面对一道巨大的山墙：在太平洋这一侧是一部分尚无人涉足的马德雷山，林加延湾沿岸是科迪勒拉中央山脉，还有扼守南方通道的卡拉巴略山（Caraballos）。这些密密匝匝的大山都有陡峭的山脊，许多高度超过 5000 英尺。山下指挥着尚武集团以及菲律宾境内的其他日本军队，他抓紧从南方获得补给，并指望着在卡加延河谷（Cagayan River Valley）的藏身之所内部种植粮食，以应付长期围困。山下作为英属马来亚的征服者并因为在战争开始阶段夺取了新加坡而闻名。东条英机视其为对手，并把他派往中国东北。但是，在塞班岛失守，东条失去权力以后，他又受命指挥菲律宾的日本第十四方面军。[26] 山下的部队精心地部署在大山里，朝向西边的林加延湾和南面的中央山谷，意在对美军发动攻击，削弱其力量，并将战事拖延下去。

麦克阿瑟在他的南部战役以及马尼拉战役中动用了5个师，而且建武和振武前线不停地要求增援，因此造成尚武战线力量薄弱。尚未经受战火考验的第33师控制着林加延湾沿岸的战线，指向东边的碧瑶，同时第32师绕过中央山谷的角落向北进发。后者在1945年1月1日从莱特岛战役中被替换下来，当时已经伤亡1949人，随后它在1月27日到达了吕宋岛。[27] 第32师的东边是第25师，它曾作为第一个陆军师参加了瓜达尔卡纳尔岛战役，也是所罗门群岛战役的老部队，损失巨大需要大规模的重建。[28]

通往碧瑶的主要道路是11号高速公路，这是第43师在1月奋战的达莫提斯 - 罗萨里奥公路的延长线，一条双车道的铺装公路。11号高速路沿着布埃德河（Bued River）向东穿过大山里的一条裂缝，然后向北拐，在山间通道中逐渐上升，一直抵达最高点和拥有凉爽空气的夏季之都碧瑶。作为美军进攻的一条明显路线，11号高速路得到悉心的防守，所以进展缓慢且代价不菲。第33师的师长，来自伊利诺伊州国民警卫队的珀西·W.克拉克森（Percy W. Clarkson）少将是一个精神饱满的新手，还没有经过战火考验。与第一军的斯威夫特将军一样，他也希望采取更多的进攻方式和方法。他们发现北面有三条大致平行的砾石道路从林加延海滨延伸进山，交会于碧瑶。从南方沿11号公路而来的部队将发动第四次袭击。从西边接近的另一个好处是，保卫它们的尚武集团的敌军似乎是，实际上也的确是，撤回了靠近碧瑶的防御工事，且急需后勤补给。

日军作战部队每日的大米定量已经从 1.5~2 磅缩减到 0.5 磅，之后又进一步减少。菲律宾游击队曾具有宝贵的情报价值，但是刚刚又具有了作战价值，已经战斗在北部地区的 5 个团新近增加到了 1.8 万人，由拉塞尔·W. 福尔克曼上校指挥，并由第六集团军提供武器装备。

346 　尽管有了这些可资利用的人员，部队也士气高涨，但克鲁格将军依然小心前行。第 32 师已经计划参加进攻日本，他坚持让该师投入战斗，起初是以有限的幅度，试探性地推进，继而推迟了对碧瑶的攻击，直到他可以安排第二个师一同进攻。他感觉到，让一个缺乏作战经验的师独自进攻，很可能会被敌人吃掉。他请求得到第 37 师，该师已经在 3 月 3 日完成了马尼拉战役并在那里留守。[29] 最高司令部表示拒绝，但是克鲁格坚持要求，终于在那个月底硬将第 129 团要了过来，之后又是第 148 团。第 37 师的第三个团，即第 145 团已经被振武前线要走，替换了第 6 师的第 20 步兵团，后者被部署在马尼拉。对各团的重新部署将第 37 师的 2 个团摆在了 9 号公路上，这是最靠北的，也是最佳的路径。在它旁边的加利亚诺（Galiano）公路上有第 33 师的第 130 团。这两条路径上的 3 个团构成了进攻的主力。另外两条通道是朝向东边的图巴小道（Tuba Trail）和直指北方的 11 号公路，各有 1 个团的兵力。图巴小道的气候和地形与日军在这两条路线上的抵抗都阻碍了美军的前进。北部地区的一个关键优势是，美国的空军、炮兵和坦克实际上已经把日本人的火炮全部摧毁。当第 37 师各团沿着 9 号公路稳步推进的时候，旁边加利亚诺公路上的第 33 师 130 团停在了日本人在阿辛（Asin）的防御工事前。然而，第 37 师在两条公路之间打开一条小路，让第 32 师绕到了 9 号公路的北边，并沿着小路向南，到了敌人的身后。这一包围行动敞开了通往碧瑶的 9 号公路。[30]

在通往碧瑶的途中还有一道障碍横在面前。在距离碧瑶不到5英里处，9号公路顺着伊里桑河（Irisan River）向东进入一道峡谷，两侧高耸的陡峭山坡形成一片山脊。公路在那里猛然向右转，从一座桥上跨过河流，然后在对面的南岸继续沿河而下，但是这座桥已经遭到破坏。以桥为中心的西北、东北、东南和西南，每个方向上都有一两道山脊，每道山脊上都精心设置了机关枪和迫击炮。即将到来的第148团幸好已经在马尼拉战役中熟知了这种交叉火力。4月17日，在伊里桑峡谷中，从西边进攻的第2营一个排受阻于来自山脊上的猛烈火力，他们要登上最近的一道山脊，同时F连的其余部队从西北向同一道山脊渗透。当夜幕降临，他们拿下了制高点和山脊上大部分区域，并且顶住了日本人的反攻。邻近的东北方向有两道山脊，其中远处那道以猛烈火力为近处这道提供支援，对美军形成挑战。第二天，两道山脊都遭到飞机轰炸和密集的炮火袭击，随后美军一个机枪班溜到近处山脊的东侧，大部分日军防御工事在他们的射击范围以内。日本人大吃一惊，全部注意力都集中于这个机枪班，使第2营在同一时间从南边轻易地攻了上来，而第3营则过了河，沿着一道林木覆盖的山脊向东移动，向平行于9号公路朝南的一条山线发起攻击。这次袭击使日本人又困惑又惊讶，因为他们一直在注视着错误的方向。许多敌人仓皇逃窜，山脊被夺了过来。剩下的几道山脊也很快就崩溃了。伊里桑峡谷和阿辛的胜利开辟了通往碧瑶的道路，美军于4月27日进入这座城市。[31]

随着碧瑶攻势向东展开，中央山谷和北部山区之间的战线从这里向东弯曲了10英里，然后折向东南，指向了马尼拉。沿着这条向东的曲线，几条平行向北流淌的河流在狭窄的溪谷和大峡谷中流入了中央山脉，大片的山峦高耸，逐渐向北而去。第32师沿着山谷巡逻，靠近11号公路和碧瑶前线，但并未与之连接：那条战线上的兵力正在向北转移，虽然被分配到这一地段，但该师的兴趣也转向了东边预计穿越山区的路线。加速这一转换的是巡逻队的报告，高地上出现越来越多的敌人，正在扩大他们的防御范围。这对第六集团军来说是一个警报：它决心消除来自北部尚武集团的任何进攻威胁，而这就需要牵制或摧毁藏身其中的尚武集团。

在与麦克阿瑟部队交战的过程中，山下奉文同样决心利用其剩余的部队削弱可能准备进攻日本的美军各师。高高的卡拉巴略山将是进行一场防御战的理想位置。5号公路是吕宋岛上一条重要的南北向高速路，在圣何塞变成一条双车道的砾石公路，向西北偏北方向进入卡拉巴略山，升高到1000英尺后变得更加陡峭，在山谷中一路蜿蜒向上通往3000英尺高的巴雷特山口（Balete Pass）和环绕吕宋岛北部的山脉边缘的圣菲镇（Santa Fe）。盆地正北方向是卡加延山谷（Cagayan Valley），从这里向西就是尚武集团的部队——在它的外围，向北65英里是邦都（Bontoc），向西35英里是碧瑶，向东北20英里是班邦（Bambang）——这里成为第25师前进的中央轴线。左边的第32师将在高地边缘夺取从圣玛丽亚（Santa Maria）而来的绿色别墅小道（Villa Verde Trail）。这条小道向北延伸，然后朝东拐向5号公路，穿过萨拉克萨克山口（Salacsac Pass）到达5号公路和山顶上的圣菲。第一军没有预料到这两个师在山顶上会合。他们估计，敌人的大部分防御工事布置在5号公路沿线，并命令第32师快速推进到山顶，然后沿着5号公路继续向前，从后方打击敌人，之后在返回圣何塞的半路上与第25师会师于迪格迪格（Digdig）。然而，在另外一个地方会师却起到了相反的作用。2月21日，这两个师开始前进。第25师顺利向北移动，一个团走在5号公路上，一个团在左侧平行前进，第三个团在右侧大距离迂回展开侧翼进攻。第25师是南太平洋的一支劲旅，经验丰富，而且经过了几个月的休息，替换了足够的人员。该师在这条宽阔的战线上奋力向北，有时被敌人的顽强抵抗耽搁一下，其余时候只遇到一些零散的防守。越过迪格迪格以后的推进使他们更加接近既定的目标：现在要进入卡拉巴略山并掌握巴雷特山口。从迪格迪格向北大约8英里，地面朝北逐渐倾斜向上，大山之中的迪格迪格河穿过一条狭窄的深谷现出身影。5号公路溯河而上，然后一路蜿蜒，到达2000英尺高的巴雷特山口，直线距离是5英里。紧挨着山体是一大片杂乱的地形，山峰、山脊、高地和土丘。面对浓密的树林和灌木丛，地图毫无用处，部队和武器的移动与定位就像盲人摸象。日军并没有分散抵抗，第25师现在接近了敌人的一条主要防线，就在构成巴雷特山口那道山脊的顶部下方，还包括低处的几道特定山脊上的防线，且得到附近山顶后面的部队支援。第25师估计日本人的兵力在4000人左右，实际他们碰到的是8000~10000名日军。[32]

　　进展十分缓慢。向北移动的第161团对抗的是河流左岸的2000多名日军。他们沿着诺顿岭（Norton Ridge）和高岭（Highly Ridge）前进，其中还有顶峰高达3000英尺的诺顿突出部（Norton's Knob）。步兵找到一条迂回路线从三个方向进攻突出部，终于部署就位的师属炮兵打出了1万发炮弹。几道山脊和突出部都被牢牢地握在手中，但是这个团花了2个星期的时间，付出了200人伤亡的代价。第35团在该师右边的两次侧翼机动都取得了成功，进山以后也保持了佳绩，在巴雷特山口的大包围圈中沿着老西班牙人小道（Old Spanish Trail）前进。

　　山下奉文的第十四方面军副参谋长小沼治夫（Konuma Haruo）少将经历过瓜达尔卡纳尔战役，现在指挥着班邦防御区，他成功地派出4个大队阻挠了美军的机动。指挥第25师

349

的小查尔斯·L.马林斯少将意识到打破僵局需要收紧他的战线。他将第35团转移到东边与第27团连成一体。第35团再次冲进森林，先向北再向西北，与第27团建立联系。挡在老西班牙人小道上的日军各大队也进行转移，并得到了充分的增援，对第35团发动反攻，并滋扰其补给线路。到3月底，第35团已经陷于停滞。河流和公路东边的第27团将2个营留在河边，保护全师的后方。现在，这些部队得以解脱，一个营沿着河流向北运动，另一个营顺着妙光岭（Myoko Ridge）朝东北方向运动，走到半路转向巴雷特岭（Balete Ridge）。第25师已经激战一月有余，尚未触及敌人的主要防线。各营部队始终在一步一步地艰难攀登。

与此同时，在第25师西边作为左翼的第32师也从中央山谷的圣玛丽亚开始奋力上山，走在绿色别墅小道上。作为组建于威斯康星州和明尼苏达州的国民警卫队，第32师于1942年2月部署海外，参加新几内亚岛的布纳和艾塔佩战斗。在莱特岛上，它赢得了折颈岭战斗，参加了奥尔莫克通道之战，并深入莱特岛西部追踪日军的散兵游勇。旋即，它又被运送到林加延湾，由于替换危机，该师到达那里的时候比满员兵力缺少了4000人。[33]在一封家书里，经验丰富的步兵罗伯特·爱德华·古尔（Robert Edward Guhl）对这场殊死战斗的描述非常敏锐，且极具说服力。"与这里的战斗相比，莱特岛就像是主日学校的野餐"，他说。关于日本人，他写道，敌人"不仅硬得像打不垮的倔驴，而且经常尥起蹶子踢得我们满地找牙"。他继续说：

> 我要试图向你们描绘这幅图景。首先，我军分布在一个非常大的区域内，使得战斗十分艰难。然后，到处都是大量全副武装的日本兵，武器精良。地形简直就是为了

防御战专门打造的。前方是一片完全垂直的山峰，覆盖着泥土；头上不断地下雨；待在6000英尺高的地方实在太冷了。丛林密不透风。每座山都由另一座更高的山提供掩护，每座山都有日本兵的防守。他们在洞穴里挖出掩体，我们没法把他们炸出来，而他们用机枪和迫击炮的火力覆盖各个高地。敌人不断向我们的士兵开火，我们甚至不能把头露出地面。现在情况有所好转，但就在不久前，它已经具备一场大悲剧的所有要素。一点也不能大意，这太难了。我受够了。我感觉很好。我就是不舒服，厌倦了所有这一切。我猜我们只是需要休息一下。[34]

尽管都已经累垮了，但古尔和他的战友们继续坚持。与第25师一样，第32师也是在2月21日从位于中央山谷底部的圣玛丽亚开始前进，而留下的师属炮兵把那里作为基地。第127团沿着绿色别墅小道向北行进，第126团则在其左侧，先是与其平行，顺安巴亚邦山谷（Ambayabang Valley）向北，然后转而向东，而第128团留下来保护后方并进行巡逻。刚开始并不是很快，之后，第32师迅速攀爬长满杂草的山坡，将敌人从其前哨防线中一次次驱逐出去。然而，地形和敌人都迅速发生了变化。绿色别墅小道逐渐从北向东弯曲，进入森林密布、灌木葱茏的多雨地带。这块绿毯般的区域与圣玛丽亚直线距离9英里，是敌人在萨拉克萨克山口周边一大片高地上的主要防线所在。美国人迅速出现在山口前以及他们对前哨部队造成的重大伤亡使小沼震惊不已，他立即安排增援：4个步枪连补充到日本第10侦察联队，（现在已没有坦克的）日本第2战车师团也收到大批接受过步兵训练的补充兵员；从一大批武器储备中为这两个作战单位配备了大量的机关枪。合在一起，小沼的萨拉克萨克部队达到6000人，而且有足够的增援部队及

351

时赶到以阻止美国人的前进。

面前的战场是一个大致 2000 码 × 3000 码的长方形区域，包含一大片森林覆盖的高地和山脊。在它的最西端，绿色别墅小道穿过两山之间的一个马鞍形地势，这里被称作萨拉克萨克二号山口，它向南急转然后再次向东，穿过高地之间的一个槽谷，这便是萨拉克萨克一号山口。小道从山口向东延伸 3.5 英里后便到达圣菲。大部分战斗集中在小道周围，以重要的侧翼突击为重点。第 32 师于 3 月 7 日进入萨拉克萨克战场，并于 5 月 28 日从东部撤出。正如官方战史所述，这是"一场残酷无情的殊死搏斗"。[35]

3 月 7 日，第 127 团夺取了它在萨拉克萨克战斗中的第一个目标，绿色别墅小道北侧 502 号高地的顶峰。进攻计划是派出第 127 团的 2 个营向东穿越萨拉克萨克二号山口周边的大块高地，第 127 团和第 128 团的各一个营从南边分头前进，形成一个大包围圈。每个营都到达了小道附近，但是彼此之间距离过大，没有形成合围，相互分隔，也不足以对付不断得到增援的守军。所以，他们向南边退下来。与此同时，从 502 号高地向东的各营推进到 504 高和 505 高两个高地，在 2 个星期的时间里前进了 600 码，只拿下了南面一侧，防守太严密，大炮、迫击炮和机关枪的火力十分凶猛。彼时，第 127 团已经伤亡 335 人，还有 500 人因为生病和战斗疲劳症被撤了下去。几乎每个营长和连长都牺牲了，留下很多排由二等兵指挥。[36]

在重新组织进攻的过程中，第 127 团撤到了圣玛丽亚休息补充，由第 128 团接替它的位置。显然需要更有力的进攻，这就需要召回在三条河谷中发挥掩护作用的第 126 团。此刻，第一军的斯威夫特将军命令该师作为一个整体准备一场穿过这些谷地向北的行动，加入碧瑶的攻势。这暗示了对于第 32 师已经参与的战斗存在的根本误解。就在这时，克鲁格将军终于从马尼拉的第37师得到了2个团，碧瑶行动被推迟，直到其中第一个团赶到，允许第126团回归自己的师建制。在绿色别墅小道上，第32师的师长吉尔将军命令第126团占据第128团北面的侧翼阵地。3月23日，第128团重启攻势；4月5日，第126团加入战斗。

就像是完全从头再来。附近的首要目标503号、504号和505号三个高地都需要付出更多鲜血。第128团夺取了此前被绕过去的503号高地，进一步占领了504号和505号高地的大部分。日军立即做出了强有力的反应，在夜间对504号高地进行猛烈炮击并发动反攻，赶走了美军。而美军在黎明时分又以一场营级进攻重新占领了高地南侧。第128团坚守505号高地，顽强地继续向东进攻，试图夺取更高的地势，以便控制绿色别墅小道上从向南的拐点到再次向东的拐点之间的那一路段。他们设法到达那里，并在小道上设置路障，限制了日军的补给，但该团的实力不足以夺取至关重要的据点。它已经占领萨拉克萨克二号山口及附近地区，并向东推进，但随后陷入了无法继续战斗的局面。

经过莱特岛上的漫长作战，人员不足且亟待休息的第32师来到吕宋岛上。它所面对的战场十分有利于防守。洞穴里有大量炮位。光秃秃的地块随处都是，敌人可以很好地观察部队的动向，精确地校准火炮弹着点；蜿蜒曲折的绿色别墅小道为炮兵提供了大量的目标。一片浓密的森林挡住了侧翼进攻，正面攻击中的伤亡人数减少，但是相互之间的支援火力也减少了。因为夏季的降雨即将到来，战场会被雨水淹没，所以不能有丝毫的喘息。到目前为止，第32师没有获得任何替换兵员，而日军则从高地另一边得到补充。该师正面是日本第2战车师团的强悍部队，该师团组建于日本控制下的中国东北，并于1944年底重新部署到菲律宾。他们在中央山谷战役中损失了坦克，但是剩余人员由岩仲义治（Iwanaka Yoshiharu）中将指挥。他发誓要与阵地共存亡，并且真的做到了。第128团的伤亡人数与第127团大致相当，但这些伤亡是在两周的战斗中发生的，而后者是在三周之内。

第六集团军的观察员发现，第128团的战士们已经处于身心俱疲的状态。经历过四五次行动的老兵因为即将轮换回国休假而变得过分小心谨慎，终日喋喋不休。观察员说，该师在战线上驻守的时间"早就超过了应该换防的期限"。但是，吕宋岛上没有其他的师可以替换第32师；每个师都处于战斗状态。唯一的办法是按顺序轮流替换每支部队，让第127团将第128团替换下来休息10~14天，然后再让第126团以同样方式替下第127团，同时让第128团返回。从本质上说，第32师在以2个团作战，每个团只有大约1500人的有效兵力，以此对抗日军投入的8760人，包括日本第10侦察团和第2战车师团，以及替换兵力。[37] 第32师已接近崩溃的边缘。

向日本推进的战事进行到这个地步，作战导致的心理代价变得越来越明显，并开始对作战计划产生影响。1945年，西南太平洋战场上的神经官能症（战斗疲劳症）住院治疗人数是19.305万人（1945年该战场的所有疾病住院治疗人数是63.358万人）。[38] "战斗疲劳症"指的是，士兵因为持续的身体和精神压力而出现精神崩溃。典型的症状是无法控制的哭泣、颤抖和孤僻。士兵可能会失语、尖叫或狂暴。按照率先探索其病理原因及治疗方法的哈佛大学精神病学家，M. 拉尔夫·考夫曼（M.Ralph Kaufman）上校的说法，在士兵内心中出现了一种危机，关乎他是否应当继续战斗。这个问题，考夫曼指出，并非懦弱，而是自我保护的生物本能与"渴望战斗而不是逃跑"之间的冲突。解决办法就是战斗，而代价便是战斗疲劳症。[39]

　　促成这种内心冲突的是情境压力，也就是没日没夜的紧张，尤其是对于敌人的不可预测性，但也有其他方面的威胁和负担：徒手肉搏造成的威胁和几乎无法形容的原始性；武器和补给的全部重量，在菲律宾战役中平均每名士兵 40 磅，而随着装备的变化还会有些更重的东西；腹泻带来的虚弱；对疾病蔓延的恐惧；死尸的恶臭；朋友的离世。提升士气的一些因素有所帮助——热腾腾的可口食物、电影、啤酒、报纸、表演、洗澡、音乐和休息。菲律宾的作战地形更多是上坡的，而且地表覆盖很厚。战斗结束后，部队又要进行"扫荡"，或由于缺少港口营，还要负责装卸船只。战斗之间的繁重运送工作和压缩休息时间都很常见。就第 32 师而言，它在 1944 年 11 月 15 日加入莱特岛战役，此后一直没有过真正的休息期，直到第二年 4 月 17 日在绿色别墅小道上，才得到依次轮换的撤退休息，整整连续作战 5 个月或大约 150 天。在塞班岛上，一项关于战斗疲劳症的研究所得出的结论是，作战 140 天是一个临界值，超过这个期限，"精神疾病造成的减员就会越来越多"。[40] 冲绳岛上对战斗疲劳症的精神治疗，包括在听得到枪声的野战医院里进行催眠，使总共 900 名患者中的约 800 人归队。[41]

　　第 32 师的老兵或许代表了从吕宋岛开始的菲律宾战役中美国大兵的经历，从许多方面讲，这里都是本次战役中最残酷的部分。在信件和日记中，最强烈的反应是一直处于惊恐之中。丛林和敌人的本性使一切自信荡然无存。没有任何熟悉的东西。把战争说成是地狱，尚不足以表达它所带来的恐惧。当战争结束的谣言在 1945 年 6 月开始流传的时候，蒙特·J. 豪厄尔（Monte J. Howell）"害怕"继续作战。在太平洋战场上三次负伤的詹姆斯·W. 德洛克（James W. Deloach）记得自己"极其虚弱"，而且由于师指挥部"对士气毫不在乎"，"每个人都精疲力竭"。伤员要等待 12~16 个小时才能被转运到后

355

方，对有些人来说实在是太长了；他们在到达战地医院之前就
死了。罗兰·艾奇逊（Roland Acheson）经历了"疟疾、营
养不良、战壕足和腹泻"。他还说："人人都臭不可闻。"爱德
华·古尔的家信前文已经引用过，他曾连续作战 670 天，对配
给口粮感到恶心，体重骤减。在莱特岛上，他从一个高地上败
下阵来，此后便"恐惧不已"。一个人"如果受伤了，就要挺
过一整夜，然后才能得以脱身而活下来"。吃的东西很单调或
是分量不足。"不停地战斗"导致士气低落和一种"糟糕的身
体状况"。有关登陆日本的流言蜚语很多："只能听天由命了，
我肯定会死掉。"[42]

　　随着战斗继续在这种严酷的条件下展开，形势开始不知不
觉地向有利于美国人的方向转变。到 4 月 17 日，绿色别墅小
道战役的优势肯定地倾向第 32 师。第 127 团休整后马上就要
归来，虽然没有获得完全补充，但已得到一些替换人员，并投
入了行动，参加作战的兵力达到 2000 多人。与此同时，岩仲
已经失去 1125 名士兵，并得到 1600 名替换，而这将是他最后
的力量。萨拉克萨克二号山口区域几乎已经肃清，第 127 团向
小道南北延伸路段附近的日军要塞进发。虽然行动进展缓慢且
代价高昂，但该师开始向东大规模推进。第 126 团已在战场北
侧将其控制范围向东扩展，此刻是向南推进，2 个营周旋在萨
拉克萨克一号山口的小道北侧，切断了敌人向西的补给线，并
将道路本身封锁。同时，第 127 团在小道以南，向东边第 126
团对面的 508 号高地发起进攻。目的是把萨拉克萨克一号山口
孤立起来。现在，战斗朝着东边的伊姆甘（Imugan）和圣菲
展开。南北方向上的日军剩余部队被第 127 团缓缓地、一个山
洞一个山洞地清除。

　　各团轮流进行 10~14 天的休整，使得该师获得了持续的进
攻势头，但是付出的伤亡依然沉重。在 4 月 17 日至 5 月 4 日期

间，第126和第127两个团因作战和非作战原因损失了1213
人，包括10起自残行为，这是纪律和士气崩塌的明显标志。毫
无疑问，美军的炮兵提供了帮助，但是对浓密森林中的敌人进
行瞄准是很困难的，也正因为同样的原因，无法进行空袭。在
4、5两个月中，战役行动有两个中心：绿色别墅小道上控制着
萨拉克萨克一号山口的路段，以及从那里向东1英里左右的高
地，控制此处以后，该师便靠近了他们最后的目标伊姆甘，再
过去就是圣菲了。第2营夺下了一号山口边缘的508号高地，
击退了敌人的连续三次反攻。然后，在西、南、北方向上的三
个团一起向中间的山口攻击前进，用16天的时间将这里完全肃
清。到5月24日，岩仲意识到自己被打败了，他将手下的残
兵撤了下来，同时又派出一支小分队去切断向小道北段推进的
美军补给线。拖延的补给到达后，第128团2营占领了小道以
北的127号高地。由第32师训练的菲律宾布埃纳·维斯塔团
（Buena Vista Regiment）则在南边占领了128号高地。这是
最后一块垫脚石。菲律宾团到达的时候，伊姆甘空无一人。[43]

　　4月17日，当绿色别墅小道上的优势从日本人那里转移
到美国人这边，同样的变化也发生在5号公路上的巴雷特山
口争夺战中。尽管调来了第35团，第25师仍然无法获得前
进的势头。左翼的第161团在河流西边，从3月16日至4月
8日着手对付那些山脊，先是抢占了诺顿突出部，然后拿下
了克伦普山（Crump Hill），战胜了顽固的守军，但是它距
离巴雷特岭上的主要防线还有一半的路程，向东进攻的第27
团和第35团的局面也是如此。到3月底，师情报部门得出结
论，他们当面的敌军并非4000人，而是8000~10000人。马
林斯将军决定，他必须进一步集中兵力，缩短战线，将游离的
第35团插入另外两个团之间。在东面，第27团进入一系列山
脊和高地——妙光岭、伍迪山（Woody Hill）、妙光峰（Mount

357

Myoko）、肘山（Elbow Hill）、孤树山（Lone Tree Hill）和
猎狗岭（Wolfhound Ridge）——盘旋向北，再向西北，直到
巴雷特山口的出口。与妙光岭平行，朝北伸展的是卡宾塔兰岭
（Kapintalan Ridge）。第35团和第27团的各营，在这片群山
中一路攻击向前，逐个翻越一座挨一座的高地或山脊，攻下一
个又一个敌人据点。各营最重要的任务是粮食和弹药的运送，
无论是人工搬运还是空投，以及伤员的转移。一俟大雨倾盆，
这些就都不可能进行了。筑路推土机跟着部队，但是进展缓慢。

第27团的团长，菲利普·F. 林德曼（Philip F. Lindeman）
上校希望找到更好的办法。作为出生在夏威夷的预备役军官和
瓜达尔卡纳尔的老兵，因其在吕宋岛上的表现，他后来被授予
卓越服役十字勋章，这是在国会荣誉勋章之外，表彰勇敢的
陆军最高奖章。在4月17日的一次空中侦察中，林德曼注意
到，山脊和高地构成的弧线以内，地形平坦，足以让部队裁弯
取直，避开敌人的据点，笔直地到达距离巴雷特山口只有1.5
英里的孤树山。拿下孤树山附近的卡宾塔兰岭将提供一条更短
的补给线。林德曼先派出巡逻兵，随后是一个排，然后是一个
连，最后是一个营，因为很明显，敌人在孤树山防线留下了一
道缺口，距离山口只有1英里。现在，向北推进的部队重新回
到5号公路上，在卡宾塔兰岭上留下一个营负责把敌人钉在那
里。为了与敌人在妙光峰交战，曾在伊里桑峡谷中为碧瑶攻势
发挥了关键作用的第37师148团再次提供帮助。巴雷特山口
以西现有第161团的第3营，他们已经打开一条道路通往山口
左侧的哈鲁纳岭（Haruna Ridge）。山口东边的第27团第3
营已经清理了猎狗岭，又派出I连下到5号公路上，在那里与
同一个团的A连取得联系，后者正从5号公路进入山口。第
35团清除了敌人在东边的分散防线后也紧跟而来，到达5号
公路。3月13日，当该师经过山口抵达圣菲和它与绿色别墅

358

小道的交叉口，马林斯将军宣布攻克了巴雷特山口。从此时到
5 月末，为安全起见，第 25 师和第 32 师的 126 团对圣菲以北
和以东 2 英里范围进行侦察和清剿。[44]

　　第 32 师遭受了致命的损失，第 25 师也伤亡惨重。前者
的作战伤亡是 2985 人，后者是 2775 人。非战斗减员（患病、
外伤和战斗疲劳症），前者大约是 6000 人，而后者则是它的
三分之二，也达到 4000 人。这两个美国师一共损失了 15760
人，大约是一个整师的规模。日军的 20750 名参战人员被打死
1.35 万人。日本人在菲律宾群岛的损失，莱特岛除外，作战和
非作战原因共计 38 万人，而美军则共计 14.04 万人，其中 4.7
万人属于作战减员。[45] 在追忆绿色别墅小道战斗的口述历史中，
第 32 师的师长威廉·H. 吉尔少将记得这是一次"可怕的"战
斗：他的部队从莱特岛登陆之后就几乎没有得到任何喘息，士
气低落。敌人的机枪和迫击炮阵地设置"完美"，所以"他损
失了太多的人马"，且没有替换人员。经过长时间的艰苦战斗，
暴露在恶劣天气之下，面对各类疾病以及种种不利因素，于是
在作战伤亡之外还有其他"伤亡"，诸如痢疾、疟疾和夜间的
低温，"都削弱了我们的作战能力"。

　　该师的作战效能降到了 50%。看着这些伤员和死者，实在
让人"心碎"。战争是"重视生命的"。他后来觉得，"付出的
代价太大了"。下级指挥官被驱使着完成任务，"没有人意识
到为此付出的牺牲是如此之大"。他说麦克阿瑟及其参谋人员
违背道德原则，这样的代价或许过于高昂。[46]

　　假如第 25 和第 32 两个师认为，随着夺取伊姆甘和圣菲，
吕宋岛上的战事便会终止，那它们可就大错特错了。随着敌人
撤退到这道山线后方山下位于圣菲北部和碧瑶东北部的隐蔽堡
垒中，这两个师以及第 6、第 33 和第 37 师都将参与对尚武集
团的包围和压缩。克鲁格将军决心彻底摧毁敌人发动反攻的能

359

力，即便他的参谋部估计日军仅剩 2.3 万人了。

其实，在 1945 年 6 月底，尚武集团还有 6.5 万人，包括 5.2 万人的成建制部队。在美国各师中，第 25 和第 33 师不得不在 6 月底撤离下一步的战斗。然而，山下并没有进行反击的想法。正如陆军官方历史学家 R. R. 史密斯（R.R.Smith）所言，山下当时的处境使他"缺乏集中所有部队的能力"，而反击只能造成"短期的和零散的破坏"。他认为，最好的，也是唯一的办法就是"长期的迟滞行动"，以减弱或阻止对日本的进攻。[47]

吕宋岛北部的广阔内陆地区，大部分被群山环抱，从绿色别墅小道向北延伸 160 英里到达北部海岸的阿帕里（Aparri），东西海岸之间宽 120 英里。第六集团军派出一支菲美特遣部队，取道西海岸开赴阿帕里，还投下第 11 空降师一个营的伞兵，又让第 37 师的一个团进入山谷中央，与前者取得联系。他们并没有发现大量的敌军。战斗主要发生在整个吕宋岛北部的西南区域，西边是科迪勒拉中央山脉陡峭的丘陵和高山，东边是河谷和田野，一直延伸到碧瑶和圣菲脚下。中间就是山下奉文的最后堡垒，狭窄而两侧壁立的阿辛山谷。

解放菲律宾的最后一战开始于 6 月 1 日，第 25 师从圣菲挺进，扫清了沿 5 号公路向北的道路。跟在第 25 师后面并超越过去的是第 37 师，后者在马尼拉战役后曾将下属各团借给振武前线。第 37 师朝向东北进入卡加延山谷，侦察兵击溃了几股敌军士兵。第 37 师后面是在振武前线遭受重创的第 6 师，它转往西北方向沿 4 号公路朝科迪勒拉中央山脉而去。随着第 6 师的到来，第 25 师退出了战斗，去为登陆日本做准备。与此同时，第 32 师离开绿色别墅小道，在碧瑶与第 33 师合兵一处。渐渐地，随着敌军向南和向西移动，第六集团军意识到山下的最后堡垒一定在圣菲以北、碧瑶以东的丘陵山谷中的某个地方，在碧瑶向北的 11 号公路和从 5 号公路向北的 4 号公路之间。因此，他们采取一种集中和压缩的阵式将尚武集团的残部钉在那里。当雨季在 6 月到来时，每天的瓢泼大雨深达 10 英寸，导致部队的运动和补给都极其缓慢。

6 月底，随着第 37 师部署在卡加延山谷，第 35 和第 33 两个师撤离，第六集团军只剩下 3 个师和一支包括 4 个团的大批菲美部队，用以消除尚武集团这一威胁。西边，第 55 菲美团在 11 号公路上向南推进。同时，几周前刚结束绿色别墅小道战役的第 32 师 126 和 127 两个团从碧瑶出发，平行于阿格诺河（Agno River）与 11 号公路，努力向北而行。7 月底，他们在半途中与第 66 团相遇，并向东进入日军的防御范围。比一个师的规模还要大的菲美部队拥有 2.3 万人，由福尔克曼上校召集和武装，并在战斗中经受了考验。它刚刚从林加延湾的圣费尔南多（San Fernando）向东推进了一段距离，穿过贝桑山口（Bessang Pass），到达塞万提斯（Cervantes）和萨邦岸（Sabangan），位于阿辛河谷要塞的西北偏北方向，距离大约 12 英里。菲美部队的两个团进入西北区域，与第 66、第 126 和第 127 团连接起来，严密封锁了日本人的西侧防线。东侧的推进非常缓慢，那里的雨更大，将各支部队困住，无法进行补给。此外，空军还摧毁了桥梁，并使一段段道路在山体滑坡中被掩埋。南面则是敞开的，除了第 6 师和第 32 师各一个团部署在两个拐角处。只有两个美国师在这里作战，第 32 师来自绿色别墅小道，第 6 师来自振武前线，它们可能是受损严重的两个师。[48]

6 月 1 日，克鲁格的第六集团军转而指挥那些挑选出来为即将到来的登陆日本行动做准备的部队，由第八集团军军长艾克尔伯格接过了吕宋岛上各师的指挥权。当然，6 月 4 日麦克阿瑟在棉兰老岛上已经告诉艾克尔伯格，避免大规模交战，目的是"不要进一步损失我们现有的兵力"。在这种情形下，就有了充分的理由对敌人进行包围和封锁，而不再采取进一步行动。他们并没有迈过阿辛山谷的周边一线。

美国人的基本目标很清楚，就是进攻并消除尚武集团在吕宋岛北部构成的威胁。山下的目标也很明显，就是集中他的力量发动攻击，尽其所能给第六集团军造成最大伤亡。然而，鉴于在整个 7 月，甚至包括 8 月上半月的战斗中取得的进展和付出的人员损失，这最后一战大不相同。美军在这一阶段的作战伤亡是 1650 人，其中约 1000 人是菲律宾部队。虽然第 6、第 32 和第 37 师的步兵单位已经大大削弱，这三个师的负伤和阵亡人数却平均只有 217 人，这颇不寻常。[49] 对双方来讲，无休无止的瓢泼大雨使行动和补给的速度减缓。至于山下，他集中部队的任务未能得逞，第六集团军派进卡加延山谷的各支分队从几个不同方向粉碎了向阿辛山谷转移的尚武集团部队。到 8 月中旬，菲美部队对尚武集团最后堡垒的包围圈已经合拢，但是他们绝不踏入门槛一步。山下的部队则闭门不出。

进入菲律宾南部的战役已经变得缓慢而血腥，但是又至关重要。没有它，吕宋岛缺乏足够的经过清理和整修的港口设施，用以筹划和组织即将登陆日本的第六集团军。为了能让另一个由 3 个师组成的军在 9 月 15 日登船出发，米沙鄢群岛、伊洛伊洛市和宿务市以及三宝颜的各个港口都很关键。为这个军选定的就是解放了这些港口城市的那几个师。然而，除了西部尾巴上的三宝颜，棉兰老岛并没有直接的军事重要性，而只是具有完成菲律宾解放的政治意义。在进攻日本之前完成对菲律宾的解放对麦克阿瑟实现自己的誓言十分重要。另外，棉兰老岛的大部分区域已经掌握在游击队手中，推迟进攻可以避免轰炸所造成的很多破坏，尤其是对于达沃。如果第六集团军能够留下派往棉兰老岛的那两个师，它们也将大大有助于解放吕宋岛。实际情况是，菲律宾群岛的作战伤亡（莱特岛除外）共计4.7万人，非作战伤亡9.34万人。克鲁格和第六集团军总是以高超的技巧同时指挥几场战斗，在没有这些师的情况下想尽了一切办法，但留在吕宋岛的各师大多已精疲力竭。对于计划在11月1日实施的登陆日本的行动，这将带来深远的影响。

尽管实际伤亡数字很高，麦克阿瑟还是能够控制从自己的战场上发出去的新闻，以此改善他本人作为出色战略家的公众声望。整个春天，麦克阿瑟不断发表公报，吹嘘第六和第八集团军在吕宋岛和南部岛屿上的行动所取得的战果，同时总是强调敌人遭受的巨大损失。麦克阿瑟也没有改掉他的习惯，在枪声真正消失之前就宣告战役的结束。4月11日，他宣布："吕宋岛北部成建制的敌军抵抗已经崩溃，解放在即。"10天之后，他又公布说，宿务岛的胜利实现了中部各个岛屿的解放，"我们在这一战役中的损失非常小。这主要是由于敌人仍然无法判断我们的攻击方向或了解我们在当地采取的战术"。4月29日，在他宣布吕宋岛成建制的敌军抵抗已经结束的2个星期以后，他宣称美军已经夺取碧瑶的"高山要塞"。按照公告所说，美军的伤亡"惊人的轻微"。[50]麦克阿瑟的胜利捷报——未遇抵抗的登陆，迅速地深入内陆，克服猛烈的抵抗，以及轻微的伤亡——都与来自冲绳岛的消息形成极为鲜明的对比。[51]在那边，经过4月1日的一次无人抵抗的登陆之后，海军陆战队和陆军部队与敌人陷入了一场血腥的生死搏斗。冲绳岛之战是发生在日本领土上的第一次重要战役，这次骇人的预演让美国人了解到，他们在登陆日本本土时会有什么样的遭遇。

第九章

冲绳，1945 年 2 月~6 月

　　为了在能够打击日本本土的范围以内立足，美军发动了一场以硫磺岛为起点的战役。如此看来，尽管该岛体量很小，它的意义却非常重大。而冲绳则是北进战略的中心。如前所述，这是一个比硫磺岛大得多的岛屿，又长又窄，形状不规则，长65 英里，宽 2~10 英里，从东北向西南延伸，有几个半岛突出得更远。作为东海的边界，琉球群岛从日本本土一直向台湾岛延伸，冲绳正位于这个群岛的中间位置。

　　对于美军指挥部门来说，冲绳的重要性不言自明。这里正是他们想要的。它距离日本本土中的九州岛 340 英里，另一边与中国台湾和大陆沿海也差不多同样距离。占据冲绳将为加强封锁日本的南方航运提供可能，并为登陆九州提供空中支援基地。冲绳东侧岛屿庇护下的两个海湾可以作为泊地。在冲绳以西 15 英里，被称作庆良间列岛（Kerama Retto）的一组岛屿，形成了一处绝佳的近岸锚地，可以为转运货物和舰只临时修理

提供泊地。冲绳本身的大小足够集结部队，已经有 5 座机场和跑道，而且北边紧邻的一座小岛，伊江岛（Ie Shima）上还有一条跑道。

　　截至 3 月中旬，来自大西洋、美国西海岸、阿拉斯加、南太平洋、马里亚纳群岛和菲律宾的大部分美国海军正驶往或已经驶入西北太平洋被称为菲律宾海的区域。在东南方向距离冲绳 4 天航程的乌利西环礁，潟湖里正停泊着多达 600 艘舰船。

海军中将米彻尔的战斗方阵里，现有11艘快速航空母舰，除"企业号"之外都是1941年以后建成的；8艘快速战列舰也全部完工于1941年之后。此外，3艘重巡洋舰和2艘——如塞缪尔·埃利奥特·莫里森所言——"与战列舰同样尺寸的战舰，却有着巡洋舰一样倾斜的线条"的大型巡洋舰，也已经加入攻击舰队。最后是10艘战前建造的战列舰，其火炮小于新式军舰，它们可以集中起来，再加上9艘重巡洋舰，一起承担对岸上作战的炮火支援任务。作为这些美军部队的补充，将有一支新的英国太平洋舰队，由2艘战列舰、4艘航空母舰、巡洋舰中队、屏护驱逐舰队和辅助船队组成，以阿德默勒尔蒂群岛的马努斯港为基地。服务于这支无敌舰队的有油轮、弹药船、水雷舰艇、干食品供应船、冷藏船，以及其他必不可少的船只。菲律宾海此前还是日本人的水域，现在已经到处可见盟国三三两两的舰只和整支舰队，在冲绳岛、莱特岛、乌利西环礁、关岛和（新加上的）硫磺岛之间往来穿梭。快速航母舰队也比从前的速度快了一点：当它撤离冲绳岛以东去加油的时候，每艘都可以在等待加油的同时补充弹药。

美军首先在西北海域的庆良间列岛登陆。前文提到，这一小片岛屿在冲绳南部向西15英里。海军上将凯利·特纳的想法是正确的，该群岛将为舰船维修和保养提供良好的保护锚地，还能作为水上飞机的基地。布鲁斯少将辖卜的第77帅，刚刚在莱特岛结束所谓的"扫荡"，就登船前往庆良间列岛。3月26日到达的5个营是在北上的航程中才获知其任务的，他们或从部队运输舰转乘车辆人员登陆艇，或从18艘坦克登陆舰转乘两栖牵引车。这些部队像植物的卷须一样侵入各条水道，在一天时间里夺取了6座重要岛屿中的5座。各营遇到的日本守军惊恐之余无力抵抗，在各处稍作战斗便撤往岛上的高地。庆良间列岛很快变身为一个重要基地：入口处设置反潜网

367

及监视哨、防备日军空袭的雷达站，水上飞机基地在锚地的一个分支里，标示航道的浮标，44 处舰只泊位，这些合在一起成为舰只紧急修理和补充的一个大型基地。人们在锚地内部会有"安全感"，莫里森写道。莫里森还写道，海军少将艾伦·史密斯（Allan Smith）说，庆良间"让大家都觉得冲绳的战术局面更为坚实"。他们要在那里待下来。[1]

美军在冲绳战役中将动用 7 个师，18.3 万人的一支庞大攻击力量，陆军第 7、第 77 和第 96 三个师来自莱特岛。如前文所述，他们刚刚在那边结束一场令人身心俱疲的战役。另外三个师来自南太平洋的训练营地，它们是第 1 和第 6 海军陆战师及陆军第 27 师，后者曾在软弱的指挥下战斗于塞班岛。最后是刚从塞班岛而来的第 2 陆战师。另外，还有来自夏威夷的集团军和军级人员，包括远征军第十集团军司令小西蒙·B. 巴克纳（Simon B. Buckner, Jr.）中将，以及从西海岸各个港口蜂拥而来的补给舰只。[2]

登陆行动在 4 月 1 日复活节当天打响；登陆地点是该岛的西海岸，就在其狭长中部以南，靠近渡具知（Hagushi），这是一条 8 英里宽的平滑笔直的海滩。渡具知海滩是一处很好的选择，因为其周边地势相当平坦，且位置朝向冲绳中部，使得这里成为补给仓库的绝佳地点；而立刻就能得到距离海滩仅仅 1 英里的 2 座机场，更是赋予这里极大的价值。10 艘战列舰和 9 艘重巡洋舰进行了 7 天的炮火准备，痛击了敌人的炮兵防御阵地，而这正是当时硫磺岛上所必需的。然而，在冲绳，从照片中几乎没有发现日本人的大型火炮，在登陆地区也没有发现。第三陆战军的意见是，岛上的大规模伪装可能会掩饰登陆地点附近存在的重型火炮，但结果是海滩上几乎没有任何炮兵防御；敌人的大炮在别处。[3]

登陆开始那天，天气晴朗，海面平静。目标就是不久前集中了所有可用炮火的海滩及其周围地带。于是，在乘船接近并抵达时相当脆弱的部队得到保护。完成这一任务的是19艘老式战列舰和巡洋舰上的大口径火炮以及快速航母和护航航母大队所属飞机的空中打击。在夜间，运输和登陆舰只（坦克登陆舰和新型的、稍小一点的中型登陆舰）已经完成各自的跨太平洋航程，到达了卸载位置。日出时，它们纷纷打开艏门，放下坡道，放出满载人员和配备火炮的装甲箱式登陆车，运输舰上的部队顺次进入挂在吊艇柱上的车辆人员登陆艇。上午8：30，一波又一波的登陆艇向海滩驶去，其中引导艇的数量是前所未有的，它们急匆匆地奔向各自的准确位置。驶向各处海滩的所有登陆艇和登陆车辆，共有1332艘／辆。各个波次分成4个集群，每个集群包含1个师。第7师和第96师在南，第1和第6陆战师在北。整条攻击线纵深大约7000码，宽10000码。靠近岸边时，各个波次的登陆艇停下来穿越珊瑚礁。这在早间的高潮时很容易，但是低潮时就需要在礁石另一侧用登陆艇转运。1个小时里，1.6万人的部队登上了沙滩，几乎没有碰上任何守军。美军部队横扫前方的2座机场，在一两天内就越过了地峡，到达东侧的海岸，一路几乎未遇抵抗。

到目前为止，第十集团军已经取得很大进展，而且显然很轻松：在庆良间近岸锚地获得了一个很棒的泊位；完成了兵不血刃的迅速登陆；获得了优质的卸货海滩；并得到近在咫尺的2座机场，还在附近低矮、倾斜的乡间地带建立了后勤堆场。施工人员和设备、堤道、码头和驳船都纷纷登陆。构成主要道路网的土路，宽度大体只有 条半车道，需要拓宽和加固。与此同时，部队立即向四面八方出发搜寻敌人。在左翼登陆的第6陆战师，向北转向冲绳狭长的中间地段，那里连接着偏远的山区。第7师和第96师穿过地峡向东部沿海地区展开，同时右转，形成一条横跨岛屿面朝南方的战线。第三陆战军（辖第

1、2、6陆战师）目前作为预备队。值得注意的是，到4月，硫磺岛上的第五陆战军（辖第3、4、5陆战师）已经严重消耗。第三军将在必要时加入主要战斗。

与此同时，第6陆战师将负责清理登陆点以北地区，占冲绳岛总长度的五分之三。美军注意到有分散的日军部队正在向北撤退。这些敌人会组织起来，再加上来自邻近岛屿的其他日军，这种可能性就需要美军在北部有一支防御部队。派遣新近组建的第6陆战师执行这一任务，将为其提供一个以较少伤亡获得作战经验的机会。这个师由在关岛作战的部队组成，是战争中创建的最后一个海军陆战师。该师于4月7日分三路纵队出发，很快肃清了地峡，两路分别沿着两侧的海岸，一路在中间，伴行的工兵部队快速修复和更换桥梁，登陆艇则一路供应餐食和弹药。4月11日，该师抵达本部半岛（Mobutu Peninsula）。这是一个从西海岸延伸出去的巨大突出部，上面有一座中央高达1500英尺的巨大山体，名叫八重岳（Yae-Take）。情报显示，这里正在集结一支相当数量的游击部队。第6师进入半岛侦察。同时，该师第22团派出侦察部队，乘登陆艇沿冲绳其余部分的两侧海岸前往岛屿北端，并从东海岸向中部巡逻，都没有发现敌人的踪迹。

第十集团军现在很清楚应该如何行事，特别是因为硫磺岛上的帐篷城曾在3月26日夜间遭到攻击。命令是"摧毁本部半岛上的残余敌军"。[4]第6陆战师在半岛上的各营已经进行过侦察，现在将八重岳包围起来，向山顶推进，压缩守军的环形防线。他们面对的是一支轻装的日军，精心选址，缺少火炮，但有许多小口径步兵武器。通过空袭、机动、计策和艰难的冲锋，陆战队员登上了山顶，将敌人实际上赶出了这座山。该师包括许多新兵，但也有经验丰富的老手。在这次的北部行动中，他们打死了大约2500个日本兵，而自己也损失惨重，

370

两周之内伤亡了1304人。[5]

　　在迅速占领庆良间和冲绳北部的鼓舞下，第十集团军加快了进程，在情况允许时攻占了伊江岛。这座平坦的小岛坐落在本部半岛顶端以外3英里处，日本人在岛上建了一座机场，有三条5000英尺长的跑道。随着美国人到来，机场已被尽可能摧毁并布下地雷，但仍有一个机场大队和劳工大队留守，并与当地居民一起在唯一的伊江町里修建了厚实的堡垒。岛上有一个孤立的土丘，高185英尺，上覆珊瑚礁，名叫"伊江城"（Iegusugu），被美国人称为"尖顶"（the Pinnacle），除此之外没有任何障碍物阻挡陆地和海上的着陆和起飞，正是因为它的机场，美军才需要这个小岛。第十集团军选择第77师负责此次作战，它刚好完成在庆良间列岛肃清敌人的任务。

　　4月2日，完成了庆良间的任务后，第77师305团重新登上运输舰，为躲避神风突击而向南航行。当10架或更多的日本飞机来袭时，他们已经出发16英里，1架飞机和2枚炸弹在舰桥和舰长舱内爆炸。阵亡者包括运输舰分队指挥官、舰长、第305团团长、参谋长、人事和作战参谋。情报和补给官受伤，几名重要士兵伤亡，几乎所有的团部记录都丢失了。船上的第77师总共损失了98人。[6]该舰返回庆良间，士兵们在那里转乘美国海军"萨拉索塔号"（*Sarasota*）。除了交给第77师的庆良间任务外，第十集团军还留下了该师的第307团，以便对冲绳东海岸展开一场佯攻。投入的部队被减少到1个营，但是，第十集团军频繁地为了其他任务而留用第77师的兵力，势必使该师在复杂的两栖作战中负担更为沉重。在那场血腥的战斗中，从夺取伊江岛战斗中撤出的各营，相比于假装在冲绳南部的海岸登陆，它们原本可能发挥更大的作用。[7]

　　伊江岛是一个椭圆形，东西长5英里，南北宽3.5英里。面貌各异的海滩环绕着海拔约165英尺的平坦高地。被摧毁

372

的机场坐落在该岛的中北部，"尖顶"和小镇位于中东部。沙滩沿着西南部和中南部的海岸线延伸。现在伊江町的防守已经大大加强，武器都得到伪装，日军指挥官试图以向其他海滩射击的方式，将美军吸引到小镇下方那片原始状态的海滩。这个诡计没有成功。伊江岛遭到了大规模轰炸，"得克萨斯号"战列舰和 2 艘巡洋舰进行了系统的炮击，辅之以第五舰队各舰的间歇性参与。3 个陆军炮兵营从伊江岛以南 5 英里的一个小岛上提供了更多火力支援。登陆日定在 4 月 16 日，2 艘战列舰、4 艘巡洋舰和 7 艘驱逐舰炮击了海滩，步兵登陆艇发射了火箭弹，迫击炮和飞机投下一颗颗凝固汽油弹。第 305 团的 2 个营（第三个营正驻守庆良间）分别在曾经的机场南边的海滩上登陆，然后向东直线移动。第 306 团的 3 个营在西南边的海滩登陆，首先向北进攻，然后并排向东扫荡，清理了西部和北部的海岸，包括跑道区域。第二天，4 月 17 日，第 307 团的 2 营和 3 营在"尖顶"和伊江町以南那片宝贵的海滩上登陆（第 1 营被调去佯装登陆冲绳）。这两个营将保护海滩，以便让坦克上岸发起攻击，还有重型建筑设备将立即开始重建机场。于是，这两个营在第二天成功遏制东南部地区的敌人。

在内陆，"尖顶"俯视着伊江町，一条条平行的街道顺着山坡向下延伸，连接着高地和海滩。这里已不再是一个居住区，轰炸将它夷为了平地。散落在住宅区和街道上的残骸被用来隐藏和保护日军的机关枪和步兵；现在的街道变成狭窄蜿蜒的小路，布满了地雷，缠绕着电线，坦克和自行火炮无法驶入。在向上推进的过程中，美国人总是处在上方敌人的视线里。步兵分散在一个个街区，无法集中进攻。接近山顶时，他们被所谓的"血腥岭"（Bloody Ridge）挡住了去路。从 4 月 17 日到 20 日，第 305 和第 307 两个团奋力向"尖顶"进攻，伤亡惨重。他们占领了血腥岭和另一个叫总督府

373

（Government House）的建筑，但由于缺乏弹药，在敌人的激烈反扑下无法坚守。岛上的守军有5000人，其中包括一些当地居民甚至妇女。他们的武器有时候就是削尖的木棍。

尽管代价高昂，但美军通过对伊江发动的攻势保证了坦克和机场所需的机械设备在下方海滩上不受干扰地登陆。此外，这场攻击为清除留在北部和东部的残敌争取了时间。4月19日，布鲁斯将军乘坐海军的小艇从东边巡视了这一地带，对通过压缩伊江镇和"尖顶"的包围圈来完成战斗的最佳部署和路线做出了判断。由此产生的计划令第306团的3个营向"尖顶"的西、北、东三面推进，并重新将第305团和第307团的4个营投入南面一线，再次从东北、北和西北三个方向进攻血腥岭。现在到了缩小包围圈的时候。

战斗于4月20日上午打响，重炮集中轰击伊江城（"尖顶"）及其道路。第306团1营与3营并肩推进到这座山的东面发起进攻，第2营则移动到山的另一面。从小镇斜坡的底部到顶部，再从那里到"尖顶"，所有美军营都遭遇"小型武器的密集火力"。副师长形容这座"尖顶"是"一个防卫极严的阵地，有一个深度相当于三层楼高度的洞穴"。到处都是"迷宫般的机枪、迫击炮和火炮阵地，在我们倾泻的炮火中几乎毫发无损"。然而，该师的战报提到，"步兵的前进往往只能通过悄悄挪动、爬行和渗透来完成"，但是战士们在大炮和自行火炮的支援火力掩护下稳步推进，终于在山体周围的雷区中开辟出一条道路。[8]

完成作战任务的压力不仅在"尖顶"，也存在于血腥岭。第307团2营和第305团1营现在又回来了，而且这次配备了更多的机关枪，他们第一次占领血腥岭和总督府后，又在日本的反击中把它们丢掉了。向北推进的部队越发密集，在这两个营旁边是第307团3营，他们控制着总督府和"尖顶"之间的

374

阵地，第305团也从西南方向逼近过来。

4月20日至21日的夜间，在血腥岭东边靠近总督府的地方，小股日军对第307团C连的防御阵地进行了试探性的进攻。凌晨4：30，长达1个小时的迫击炮和火炮轰击落在美军阵地上，敌军分几路纵队压了上来，被第307团2营的营部挡住。此时，整个指挥部，从上校到司机，都参与组织了山坡上的一道防线。左边那个排停止了战斗，但右边的那个排还在坚持。一等兵马丁·O.梅（Martin O.May）曾用机关枪在上一次撤退中担任掩护，这次也是如此。当迫击炮弹炸毁了他的机枪并使他严重受伤时，他便改用手榴弹，一直战斗到牺牲为止。梅被授予了国会荣誉勋章。近距离交战持续了1个小时，美国人终于夺回了失去的阵地。第二天早上，他们统计到364具日本人和冲绳人的尸体，如前所述，其中包括一些女性。一个步兵连通常有100~200名士兵；G连、H连和E连，这三个连一共只剩142人。截止到4月21日，第307团2营几乎损失了全部30名军官，包括阵亡和负伤。[9]

就在同一天，即4月21日，"尖顶"被攻占。第306步兵团控制了大部分地表，因此不可能使用炮兵和海军舰炮，但是依然有敌军火力从这座山的西南角射出来。外部战斗进行到下午2：00，此时只剩下山洞和隧道还在敌人手中。射击、爆破和坦克射出的炮弹很快将它们封锁。持续6天的伊江岛战斗结束了。美军阵亡172人，负伤902人，另有46人失踪。在此过程中，他们击毙日军4706人，俘虏149人。据估计其中包括1500名冲绳人。扩建机场的工作立刻展开，并很快完成，1个战斗机大队于5月10日进驻，随后1个月又增加了3个大队。到5月中旬，伊江岛建起雷达站和空中预警系统，还通过海水处理储备了10万加仑淡水。伊江岛战斗中最广为人知的牺牲者或许就是深受喜爱的战争记者厄尼·派尔，他从步兵视角出发的描述以及对他们的同情都十分出色。被敌人机枪打死的派尔是1945年1月从欧洲战场转到太平洋的。到达这里后，派尔写下了他在理解新的敌人方面所遇到的困惑，并努力领悟太平洋战争的宏大规模。他期待自己更为熟悉的欧洲战事能很快结束，牺牲之前，他已经起草一篇有关这一主题的专栏文章。他在其中尝试总结自己在北非、意大利和法国的两年半时间的经历，但太平洋战场上的军人会不安地从中发现一种熟悉的情绪。在目睹这场战争的过程中，他看到了"在如此熟悉的混乱中死去的人，他们变成了怪物。在如此巨大的无限中死去的人，你几乎开始憎根他们。这些事情是你在国内甚至都不需要尝试去理解的。对后方的你来说，它们只是一列列的数字"。[10]伊江岛战斗结束3天以后，第77师就踏上了冲绳岛的战场。[11]

　　幸好，现在美国人手中控制的不仅是读谷（Yontan）和嘉手纳（Kadena）这两座紧挨着登陆海滩的机场，又有了伊江岛这个位置极好的第三座机场。此时，庆良间列岛为船只提供了一个方便且基本封闭的泊地，从维修船获得战斗损伤的初步修复，将伤员转移到医疗船上，交接货物，并在汹涌的大洋中获得片刻的宁静。在冲绳西侧中间位置的渡具知海滩上，每天都有大量的弹药、食物和其他补给物资来自近海船只、各种小型舟艇和附近沙滩上正在卸载的登陆舰。之后，所有这些物资都会用卡车运到邻近的"堆场"并码放起来。很快，它们就会被运送给正在南边作战的士兵和陆战队员。10艘战列舰奉命为向南进攻的陆军和海军陆战队炮兵提供海军舰炮支援，它们是"马里兰号""得克萨斯号""阿肯色号""科罗拉多号""田纳西号""内华达号""爱达荷号""西弗吉尼亚号""新墨西哥号""纽约号"，全部使用12英寸和16英寸的大炮。它们射出的重装弹药扩大了陆军火炮造成的破坏。为了保护大批部队和舰只免受来自冲绳岛及周边地区的空袭, 海军尝试建立一套早期预警系统, 并将防区向外、向上扩展。其中也涵盖了由 18 艘护航航母组成的支援航母大队的 495 架战斗机和鱼雷机, 以及 2 个新到的海军陆战队的战斗机大队, 后者的 222 架飞机装载在额外 3 艘护航航母上。支援航母大队对冲绳岛进行日夜不间断的空中战斗巡逻。登陆指挥官特纳海军中将为了形成更大规模的防御, 命令 16 艘警戒驱逐舰环绕冲绳岛, 部署在与登陆区域指挥部各不相同的距离上。每艘驱逐舰上都装备雷达和一个战斗机指挥小组, 对 5000 码半径范围进行巡视。当敌军飞机出现在屏幕上, 驱逐舰就会把敌人的数量、方向和距离发送给正在空中巡逻的战斗机。

已经为硫磺岛战役和轰炸日本本土提供支援的第 58 特混舰队, 即快速航母舰队也在冲绳岛战役中发挥了它的最大效能。所有 11 艘快速航空母舰, 除了最值得骄傲的 "企业号" 之外, 都属于战时建造的埃塞克斯级。此外, 特混舰队还有执行空中战斗巡逻的 6 艘防护性的轻型航母, 以及 5 艘战列舰。这支舰队还坐拥包括 "密苏里号" 在内的 3 艘 4.5 万吨大型战列舰, 除大口径舰炮, 每艘都配备 148 门高射炮, 口径从 20 毫米到 5 英寸。现在, 除了 16 艘重型巡洋舰和轻型巡洋舰之外, 还有 "阿拉斯加号" 和 "关岛号", 这两艘大型巡洋舰配备 9 门 12 英寸火炮, 被称为 "与战列舰同样尺寸的战舰, 却有着巡洋舰一样倾斜的线条"。至于承担着繁重工作的驱逐舰, 特混舰队大约有 80 艘。现在太平洋战场上的英国海军是第 57 特混舰队, 隶属于斯普鲁恩斯和尼米兹指挥, 所承担的任务是琉球群岛之中冲绳以西一直延伸到先岛诸岛。当第 58 特混舰队向北进攻日本的时候, 英军在该区域发动的空中打击将消灭那些岛屿和台湾对冲绳构成的任何威胁。台湾地区则由麦克阿瑟的空军力量负责。

　　进行如此大规模的集结并构成如此巨大的网络，原因就是：虽然日本海军此时已遭受重创，然而它正在谋划反戈一击，削弱美军的进攻，其中便涉及在冲绳建立的更有效防御和扩大海军神风攻击的计划。自杀式攻击，就像我们前文所述，已经在莱特岛－林加延湾战役中被证明是成功的，神风突击队员们击沉了24艘战舰，并击伤67艘，包括"密苏里号"和"新墨西哥号"2艘战列舰以及"哥伦比亚号"轻巡洋舰。日本海军利用其在距离冲绳最近的本土岛屿九州岛上的55座机场，征集并训练神风突击队员，有时将他们单独派出，有时与战斗机一起进攻。很多飞行员是大学生，大部分是自愿参加的；然而，也有些人是迫于同伴的压力，或是被指挥官举荐的。日本海军在6月共发起了10次大规模的神风突击，合称为"菊水作战"（kikusui/floating chrysanthemums）。包括非自杀式攻击和陆军航空兵的攻击，日军共派出大约5000架飞机。[12]虽然这一数目在五六月萎缩了，神风突击仍是美军在冲绳战役期间的一个紧迫问题。4月13日，超过185架神风飞机来袭，4月27~28日，又有115架，5月4日则有125架。[13]

　　神风攻击所使用的武器中，最可怕的是"樱花"炸弹，美国人称之为"巴嘎"，在日语里是"笨蛋"或"傻瓜"的意思。这是一种安装在有人驾驶的滑翔机上的炸弹，悬挂在一架双引擎轰炸机的腹部下方，在敌军头顶释放。垂直俯冲和火箭推进使其速度高达500节，当飞行员驾驶它击中目标时，便引爆2645磅的高爆炸药。3月18日，在美军登陆冲绳两周之前，第58特混舰队派飞机突袭九州岛上的机场，却发现大多数机场空空如也，敌人的飞机已经先行起飞去攻击特混舰队，此时这些航母的飞机都在九州岛上空。在那次袭击中，3架神风飞机命中了航母，击中"企业号"的是一枚哑弹；第二架飞机刚好撞毁在"无畏号"的甲板上，导致45人伤亡；第三架击穿了

"约克敦号"的飞行甲板并在靠近侧舷处爆炸，造成 2 个大洞，伤亡 31 人。4 月 16 日，一架神风飞机撞穿了"无畏号"的甲板，形成一个大洞，引起猛烈的大火，造成 97 人伤亡。这次受损的严重程度使它返回了海军船坞。[14]

　　第二天，大部分飞机已经升空作战的"胡蜂号"成为正上方一架神风飞机的直接目标。敌人把飞机对准战舰俯冲而来，投下的炸弹钻透了飞行甲板、机库和乘员舱，冲进早餐时间的厨房，导致包括军官在内的 2600 名人员中的 370 人伤亡。大火在 15 分钟后扑灭，"胡蜂号"的飞机返回以后均安全着舰，但是这艘航母不得不驶往船坞修理。作为一艘新式的快速航母，"富兰克林号"被一个未被发现的攻击者投下的 2 枚炸弹击中。它的飞行甲板、机库和停放的飞机都遭到严重破坏，并燃起大火，迫使一部分人弃舰。大火和轮机舱温度过高，船员被迫撤出，战舰完全停顿下来。到中午，在 2 艘巡洋舰的帮助下，剩余船员——令人震惊地有 989 名船员伤亡——控制了火势，部分稳定了战舰，并将伤员疏散。该舰被拖走，慢慢地恢复了动力和稳定性，然后驶往珍珠港和纽约进行整修。5 月 14日，在与提供掩护的空中战斗巡逻队的遭遇中，唯一一架幸存下来的日军飞机将"企业号"的前升降机撞得隆起；飞机上的炸弹落进洞内深处爆炸。这是"大 E"第三次被神风飞机命中。81 名船员阵亡或受伤，舰只需要开到一个海军船厂进行大修。在战争结束前，"富兰克林号"和"企业号"都没有再返回作战。

　　神风突击队员喜欢在云层掩护下接近，因为这能带来最大的突然性，而这正是他们的攻击所依赖的。经过一周的平静，5 月 11 日，一架神风飞机突然从云层间向快速航母"邦克山号"俯冲下来。它撞在飞行甲板上，莫里森的记录说，"滑过停放的飞机，一路引起大火，从舰侧坠入海中"。与此同时，第二架神风飞机及其携带的炸弹破坏了航母的飞行甲板和中心岛的上层结构。大火在上层甲板肆虐，特别是浓烟导致很多人窒息。耗费5个多小时才将大火扑灭，伤亡660人。"邦克山号"在战争期间再也没有参与作战。[15] 这5艘新型埃塞克斯级快速航母必须在国内的海军船厂进行大量的结构维修。这一级别中另外3艘舰需要在作战区域进行维修，"约克敦号"和"汉考克号"（*Hancock*）的飞行甲板上都有洞，炸弹也破坏了"埃塞克斯号"的油箱。"本宁顿号"（*Bennington*）和"大黄蜂号"在经历了6月的台风后，不得不更换50英尺的前甲板。这使得"伦道夫号"（*Randolph*）成为特混舰队中唯一完好无损的大型快速航母。[16]

这是太平洋战场上的神风攻击迄今为止所造成的最严重损失，它原本还可能更为严重。这些航母都有最先进的灭火系统和训练，拥有自动的可移动柴油驱动水泵；雾化喷嘴射出很细的水雾比实心的水流更为有效，软管和接头都是可以连接和互换的。[17] 舰上还有钢材切割设备和呼吸器，供直接应对损伤的船员使用。所有新型战舰都有一支训练有素的损害控制队，配备了防毒面具和头盔。经过几个月以来的此类袭击，海军已经明白，迅速找到起火点是非常关键的。

为了阻止美国人在日本本土的大门口站稳脚跟，日本人准备尽其所能战斗到底。在4、5、6三个月中，日本海军共出动飞机3700架次，既包括常规战机，也有自杀式飞机。莫里森估计，日本陆军至少也出动了这一数字的一半架次，这三个月总共达到了5500架次。[18] 这些袭击中的大量战机来自九州岛；日期则取决于从工厂获得飞机和完成特殊训练的时间。目标是第58特混舰队、庆良间列岛的泊位、登陆海滩以及组成冲绳周边"警戒围栏"的驱逐舰和护航驱逐舰。防御这些袭击的主要手段是警戒驱逐舰；从靠近登陆场的机场和掩护登陆的支援

380　航母、大队护航航母上起飞的战斗机执行空中战斗巡航；还有快速航母不断派出的飞机。在庆良间列岛和冲绳登陆海滩之间的海域，及其上方的空域，这些战机形成了一个不断移动的三维战场。

　　原在菲律宾执行任务的"阿伯克龙比号"（*Abercrombie*）护航驱逐舰赶来，成为该区域的警戒舰之一。[19] 当运输舰离开登陆海滩前往冲绳以南的安全海域过夜的时候，"阿伯克龙比号"有时也在掩护屏障中发挥作用。这艘驱逐舰定员216人，艏艉均配备5英寸大炮，中间还有20毫米和40毫米的各种火炮。4月2日，登陆的第二天，它正在为运输舰提供掩护，甲板上的人们听见海浪中传来叫喊。船员们发现4名已经在海里泡了9个小时的水手，紧紧扒着一个空汽油桶。一个人手部烧伤，所有人都筋疲力尽。他们解释说，自己是另一艘为运输舰执行护卫任务的驱逐舰"迪克森号"（*Dickerson*）上的船员。10架神风飞机发动进攻，其中一架以200英里的时速掠过舰艉，"砍掉了两座烟囱的顶部，切开了舱面厨房，撞倒了桅杆，然后停在舰桥下面，燃成一团火球"。[20] 随着火势蔓延，许多船员被迫离舰。救援船上的船员，包括为登陆做好准备的游泳者，用橡皮筏搜寻，救起了大约40名船员。52人死亡，15人严重烧伤。这4名水手不得不等待"阿伯克龙比号"的营救。

　　对"迪克森号"的袭击非常典型。日军空中战役的第一波高潮始于4月6日袭击抵达冲绳的美军。从九州起飞了699架飞机，其中355架是神风飞机，正好超过一半。[21] 当天风力很大，白浪滔天，气温在60~65 ℉ ①。"纽科姆号"（*Newcomb*）驱逐舰正在驶往伊江岛，发现自己成为神风攻击的目标，4架

---

　　①　相当于15.5~18.3℃。

飞机正朝它飞过来。第一架撞上了烟囱，第二架栽进海里，第三架击中余下的烟囱。第四架飞机带着一枚大型的炸弹或鱼雷，深入轮机舱和消防室，造成一片"混乱"，驱逐舰陷入上百英尺高的火焰。训练有素的船员很快扑灭大火，按照莫里森的说法，"纽科姆号"的后甲板"变成一副类似过山车的模样"，他曾目睹类似的攻击，凭记忆写了下来。该舰被一艘拖船拖到庆良间列岛。船上40人阵亡或失踪，24人受伤。[22]

381

具有讽刺意味的是，作为保护海滩的一条防线，在冲绳以北50英里处单独部署的警戒战舰，却也为日本人立下了路标。从最北面的警戒舰到登陆海滩之间，神风飞机从其大部队中冲出来，以警戒驱逐舰为目标。这些细长的目标，每一艘都有6~10门火炮指向不同的方向。在神风攻击中，它们似乎比冲绳沿岸拥有密集火炮的美军巡洋舰和战列舰更像一个容易杀戮（和被杀戮）的目标。

驱逐舰外壳单薄，因此容易受到神风飞机的破坏，但他们依靠其他形式的防护来替代装甲。炮手训练有素，而且使用近爆引信。这些引信携带了一个感应装置，可以在接近目标的位置引爆炮弹，因而能够在没有实际击中飞机的情况下便将其击落。空中战斗巡逻的飞机上也有无线电和雷达操作员，海军的雷电式和海盗式战斗机也经常在空中飞行。此外，到4月10日，冲绳登陆已确定安全之后，更多暴露在外的警戒舰得到加强，由1艘驱逐舰改为2艘，再配上几艘装备火炮和救生支援的登陆艇。

神风突击行动的第一次真正高潮发生在登陆确定安全之前3天，包括在下午3:00左右俯冲下来的40~50架飞机，目标对准在伊江岛以北担任警戒的"布什号"（*Bush*）和东边30~40英里的"卡西杨号"（*Cassin Young*）。这两艘驱逐舰能够反映与神风突击队交战的典型经历。"布什号"击落了2

架飞机，又击退了 2 架，第五架飞机进行闪避并一头坠落在两个烟囱之间，把一枚炸弹送入前轮机舱，炸死了那里的所有船员和 2 个轮机舱的大部分人员。但是，大火被扑灭，辅助电力投入使用，进水得到控制。此时，另一艘警戒驱逐舰"科尔霍恩号"（*Colhoun*）已经赶来协助"布什号"，并全力投入击落神风飞机的战斗。然而，"科尔霍恩号"错过了 1 架，敌机猛然撞在它的主甲板上，杀死了 2 门火炮的操纵人员和后轮机舱的所有人。即便如此，舰长还是设法转换了气门，使战舰有足够的蒸汽动力维持 15 节的航速，并控制了火势。一架神风飞机在附近被击落，另一架则被"布什号"的防空火力和一只刚刚赶到的登陆艇击落。第三次爆炸发生在前轮机舱里，2 个锅炉破裂，并在水位线以下炸开一个 4 英尺 × 20 英尺的大洞。又有 4 架飞机来袭，在"科尔霍恩号"一侧造成第二个水下破洞。第三架飞机跳过了它，撞上了"布什号"的主甲板，引发了另一场大火。第四架神风飞机超出了目标，在一次"半滚"中倒转，撞在"布什号"左舷，引起军官舱着火。所有在场人员都当场或不久之后因伤阵亡。

黄昏时分，一次波涛中的浪涌将"布什号"推到沉没的角度，它向下沉去。"科尔霍恩号"也在黑暗中缓缓沉没，呈 23 度角倾斜，甲板被淹没。大部分船员已被转移到"卡西杨号"驱逐舰上，该舰从最近的警戒位置赶来。最后一批剩余船员被拖船载走，在舰长要求下，"科尔霍恩号"被击沉。"布什号"余下的大部分船员浸泡或漂浮在海上，浪高达到 12 英尺，他们紧靠着救生筏、浮网和舰长的小快艇。这些人身心俱疲，在冻僵的同时忍受着烧伤的痛苦。"布什号"有近三分之一的船员在海上失踪或死亡。[23]

4 月发生的神风式攻击表明美军的警戒线过于薄弱，于是立刻采取了相应措施。警戒舰只的数量减少，一部分电台－雷达小组转移到岸上，就像在伊江岛所做的那样。登陆舟艇作为炮艇和救生艇派往每一艘警戒舰，某些舰只覆盖的区域扩大，由2艘驱逐舰一起负责一个警戒位置。5英寸火炮可能不如想象中的火力强大，但是它们有近爆引信。这些改变的目的是要加强警戒力量，在从登陆场向外辐射的50~65英里范围内保持电台-雷达-警戒系统的对空防御。随着2个大队的海军战斗机开始起降在读谷和嘉手纳这两座机场，以及第三个大队的192架战机在途，该防御系统进一步扩大。

　　日本的水面舰队几乎已经被破坏殆尽，迫使日本海军依赖自杀式袭击。就连日本最后一艘超级战舰"大和号"也被要求执行一项自杀性任务。4月6日，"菊水作战"开始，"大和号"从日本内海启航，第二天绕过九州，向南驶向冲绳。它的9门18.1英寸火炮的射程为22.5英里。伴随它的是1艘轻型巡洋舰和8艘驱逐舰。有一艘美国潜艇发现了它们，2架来自庆良间列岛的水上飞机和米彻尔麾下第58特混舰队的16架战斗机组成的跟踪掩护小组对其进行监视。美国人派出280架飞机发动进攻，其中98架复仇者携带鱼雷。这是对付军舰的首选武器，因为它们可以自行接近目标并在水线以下爆炸。对于残存的日本海军来说，这次战斗就是一场灾难。大和号战斗群没有空中掩护；它的防空炮手缺乏训练，只击落了寥寥几架美军飞机。鱼雷机在这艘超级战舰的左舷炸出5个大窟窿。扶正注水淹没了那些舱室中的船员，因为他们没有得到及时警告。炸弹摧毁了无线电室和医务室。该舰只剩下一个螺旋桨，倾斜到与甲板垂直的角度，弹药发生碰撞和爆炸。最后，它在冲绳以北200英里处，沉没于一片浓烟之中。巡洋舰和8艘驱逐舰中的4艘也被击沉。[24]

　　4月初，在日本海军最强大的战舰猛然突围并开始其第一次大规模的神风攻击时，赶来参加战斗的额外4艘快速航母、

383

2 艘战列舰、5 艘巡洋舰、15 艘驱逐舰和辅助船队（补给舰）一定使尼米兹海军上将大受鼓舞。这些是英国在对日海战中的贡献，它们自成一体，但是作为第 57 特混舰队隶属于美国舰队。尼米兹现在拥有了足够的力量——部队、舰只和飞机——向北而不是向西南推进。琉球群岛呈一条线从冲绳向西南延伸，经过先岛诸岛一直到台湾岛。反过来，日本人应该而且确实在先岛诸岛的宫古岛（Miyako）和石垣岛（Ishigaki）上修建了机场。宫古岛距离冲绳只有约 200 英里。这样，在中国大陆的日军飞机可以提前调往台湾，以便从西南方向对入侵的美军部队发动袭击。从乌利西环礁和莱特岛的圣佩德罗（San Pedro）海军船坞启航的英国第 57 特混舰队，在先岛诸岛以南巡航了 100 英里，对这些岛屿进行了反复的空袭，炸毁了飞机，破坏了跑道。日军也做出了回应，派神风突击队攻击英国航母。没有一艘英国航母的飞行甲板被敌人的飞机穿透。与美国人的木制飞行甲板不同，英舰的甲板是钢制的，这意味着它们携带的飞机数量大约只有美舰的一半，但也更耐穿透，因此日本人的攻击只造成轻微损坏。

在袭击高潮之后的补给过程中，美国第 52 特混舰队的护航航母和驱逐舰接替了英国第 57 特混舰队，在此过程中，日本人从西南方向发起的进攻遭到拦截。[25] 日本南部海域的控制权正在易手。然而，这种转变进行得最慢的地方在冲绳岛南部，那里是日军的重中之重。4 月 3 日，在渡具知海滩开始卸载的第三天，美国第 96 师和第 7 师已经越过地峡，转向南方，并迅速投入战斗。就在 1944 年 12 月，这两个师和他们那位第 24 军军长，曾在瓜达尔卡纳尔岛、新乔治亚岛和布干维尔岛作战的约翰·R. 霍奇（John R. Hodge）少将结束了莱特岛战役，并在 1 月和 2 月的部分时间里进行了扫荡。[26] 4 月 3 日和 4 日，冲绳各师在没有太大阻力的情况下移动了几英里，然后在遇到敌人阵地时放慢了脚步。牛岛满（Ushijima Mitsuru）中将指挥的日本第三十二军的目标是在沿途具有战略意义的高地上建立前哨阵地。日军的步兵和炮兵不时向南进的纵队展开零星的袭击，美国步兵攻击并夺取了有战略意义的山头，但随后，从 4 月 6 日到 8 日，随着地形的变化和大规模重装备的日军部队现身，两侧海岸之间整个地峡范围内展开了全面的战斗。冲绳岛上这片面积约 5 平方英里的区域内，到处布满了丘陵、悬崖、山脊、手指状山岭、河谷、峭壁、山峡和口袋状的地形。山丘通常不超过一两百英尺，但是很陡峭，并且紧紧地挤在一起，只有一个例外，那就是"浦添村悬崖"（Urasoe Mura Escarpment），它像根 1 英里长的笔直的钢针。

从瓜达尔卡纳尔到布纳再到冲绳，日本人已经从这一系列战役中学到了太多东西。牛岛具备实战经验，曾在日本军事学院担当管理角色。他既懂得战术又了解理论。他的参谋长是长勇（Cho Isamu）中将，曾在中国、缅甸和马来亚作战。这两个人一起重组了日本第三十二军的参谋班底，充实了有才能的年轻军官。其中的作战处处长是八原博通（Yahara Hiromichi）大佐，他思想保守，但很有战术思维。[27] 牛岛要采用的策略也是其他地方用过的，且最近刚刚由山下奉文付诸实践：他们不会在滩头与登陆敌人交锋，取而代之的是撤进以山峦密集为特征的南部地区，并在纵深构筑碉堡、战壕、洞穴与地下隔间和隧道等防御工事。这一次，再向后退一步就意味着在首里城（Shuri Castle）的陵墓上建造一座堡垒。这座始建于 14 世纪的城堡是　处国家珍宝，是有数百年历史的琉球国的文化和政治中心（经过重建，今天已成为一处世界遗产）。日本第三十二军辖有 3.9 万人的日本步兵战斗部队和 3.8 万人的特种、后勤和炮兵部队。在总共 7.7 万人的基础上，估计还有 2.6 万名冲绳人被征召，这是迄今为止，在太平洋战场上协助防御的本地居民人数最多的一次。[28] 这个军也配置了现有的、最多且最好的装备：287门大、中口径大炮和榴弹炮；296门小口径火炮；24门巨型插杆式迫击炮；1100支榴弹发射器；52门已被证明十分有效的47毫米反坦克炮；以及1500挺机枪。日本人现在也使用炸药包。[29]

随着向南推进的步伐放缓，美国人意识到自己正在进入不同的地带，两侧海岸之间的这一区域，以纠结错落的山区为主，其中日本人的防御系统环环相扣。4月11日，美军第7师32团1营，顺着平坦的东部海滨地区向南推进，攻下了大木町（Ouki，音译），但是又不得不撤回该镇以北。坦克为他们提供了重要的支援，但是一条布雷的反坦克壕和邻近高地上的日军炮兵，使这些美军坦克被迫停了下来。失去了坦克的掩护，且暴露于敌人的炮火之下，该营撤了回来。在第32团右侧，第7师184团的2营和3营也在向南推进，他们已经消灭作为前哨阵地的红色高地（Red Hill），在接下来的8日和9日两天里，又以高昂的代价夺取了另外两处日军防守阵地，三角测量高地（Triangulation Hill）和穹隆状的坟头高地（Tomb Hill）。日本人在后者的反斜面（后山坡）上掘壕固守，第184团的一次侧翼机动彻底失败。[30] 在美军朝向西海岸的防线上，第7师旁边是第96师382团，它的3个营都在与，或几乎在与不同的敌军部队交战。第2营差一点直接迈进向嘉数岭（Kakazu Ridge）上发动的进攻，那将使他们陷入致命的交叉火力，但是他们改变方向撤了出来。向西南方向推进的其他各营面临从西原岭（Nishibaru Ridge）和墓碑岭（Tombstone Ridge）这两道山脊上不断射来的机枪、迫击炮和大炮的火力。第3营夺取了墓碑岭的一个突出部，但是在密集的火力下被迫撤退。第2营也在大雨中退了回来。第1营的B连和C连开始争夺墓碑岭上的制高点，招致敌人进一步的进攻，美军被迫撤退。前奏阶段已经过去，阵地进攻正在展开：四支美军战斗部队在岛上相互衔接，而当第96师383团进攻嘉数岭时，第五支部队也被串联起来。

嘉数岭是一道比较平缓的山脊，与战线和后面的浦添村悬崖平行。它之所以很重要，是因为正挡在南进的道路上。嘉数岭比墓碑岭或三角测量高地更大的困难是，在攀登它之前，人们必须首先向下，穿过一条满是灌木和杂树的峡谷。一座次级高地，西嘉数岭嵌在嘉数岭的北侧，构成一个马鞍形状。4月8日，第二十四军指挥部命令第383团的1营和3营第二天夺取这一系列高地。为此，他们应当在前一天的夜里悄悄潜入峡谷，攀上嘉数岭的侧面，与那里的敌人交战。尽管缺乏情报及准确的目标照片和地图，但各连打算在毫无预警的情况下发动袭击，让日本人大吃一惊。部队越过峡谷，悄悄爬上山坡，直到一个日军哨兵发现他们并马上开火。他们几乎立刻就被迫击炮弹击中，都没来得及结成战斗队形。[31] 日本人用炮火覆盖峡谷，以阻止增援，同时从上方逼近，将美军挤压回峡谷里面。已经登上山顶的美军用刺刀、手榴弹和机关枪进行战斗，直到弹药耗尽。

A连和C连这两个连的部队到达了嘉数岭的前坡，被敌人打得支离破碎，同时L连已经登上西嘉数岭的山顶。B连尚在峡谷中，冒着枪林弹雨向上前进，已经损失了几乎五分之一的人员。营长拜伦·金（Byron King）敏锐地意识到守住山脊的重要性，但也同样理解这两个连所面临的风险。他用无线电通知团部，他在山脊上有50名士兵，而增援部队遭到敌人的压制。他汇报说，部队正遭到猛烈的炮火袭击，并发出警告，如果得不到增援，他们将不得不撤退。团指挥部的 E. T. 梅（E. T. May）上校考虑到嘉数岭上的收获虽然很小，但是也十分宝贵，不容失去，所以决心一定要守住。如果营长"神经过

387

敏"的话，上校说，应当由副营长接替他。命令是"不惜一切代价守住山脊"。然而，奉命增援的 G 连还远在后方 1000 码的地方，到得太晚了。A 连连长杰克·A. 罗伊斯特（Jack A. Royster）上尉一直坚持战斗，直到一道烟幕包围过来，让他可以送走伤员，然后逐步撤离嘉数岭。该营军医宣布，幸存者不再适于继续参加战斗。[32]对第 1 营来说，4 月 9 日是一场灾难，而第 383 团则只剩下一半的兵力。

到 4 月 10 日，美军的向南推进已经接近停顿。[33]对形势进行评估以后，更富攻击性的日本军官要求向北展开一次全面反攻。牛岛对部队的防御工事和守军都感到满意，为了安抚参谋人员，同意一次特别的进攻：由 6 个大队在 4 月 12 日夜间溜进美军防线，向北展开，越过美军刚刚穿过的乡村地带，到达距离最初登陆的海滩和仓库不远的一个目标。这不是一次旨在粉碎敌人防线的"万岁"攻击。渗透者将破坏第十军的补给线。然而，在最后一刻，考虑到从日军防线的南段中抽出 6 个营似乎过于冒险，所以派出去的部队从 6 个营减少到 4 个营。4 月 12 日晚，在一阵猛烈炮击以后，日军进攻部队开始渗透美军防线，背着 110 磅重的炸药、食品和弹药向北推进。可是，这次美国人占了上风。美国海军的炮火照亮了天空，各艘战舰协同炮击。美军步兵小心地加固了阵地，此时轮到成群结队的日本兵暴露在外。一部分人突破了防线，一部分人后撤了，其余的人干脆被统统打死。[34]第二天早上，美国人统计有 317 名日军被击毙。

冲绳的地形给日本守军带来了异乎寻常的优势。东西海岸之间有一系列的高地和悬崖，每一个都有一两千码长。如前所述，从西面开始是嘉数岭和西嘉数岭，后面与之平行的是浦添村悬崖，然后是西原岭和墓碑岭居中，棚原崖（Tanabaru Escarpment）和天际岭（Skyline Ridge）围绕着东海岸附近

388

的178号高地和大木高地（Ouki Hill）。其中大多数（如果不是全部的话）有洞穴和炮兵掩体及隧道，空间足够用于睡觉、医疗、后勤、通信和指挥。外面，在正反两面的山坡上，是经过伪装的战壕、迫击炮位、碉堡、机枪阵地。这是一套远比硫磺岛上的工事规模更大也更复杂的地下防御系统。

这场战争是在一个创新和反制的残酷循环中进行的。随着日本防御力量的加强，美国人也想方设法从防守严密的阵地中撬动敌人。美军握有的优势在于他们的炮火准备，这已经变得更为全面和准确。他们有27个炮兵营（324门火炮），可以向敌军防线发射1.9万发炮弹。还要加上战列舰和巡洋舰上的大炮。集中炮火（意思是不同来源的炮火击中同一位置）很常见，还使用了可以让爆炸发生在目标上方的定时引信，海军舰炮和陆上的炮兵之间相互协调。在战役的这一阶段，空中打击的作用不是很重要。海上需要飞机保护舰只免受袭击。尽管如此，仍然执行了817架次的空袭，投下一两千磅的炸弹。在起初的炮击中，日本人龟缩于堡垒中，在后续的步兵进攻中才出来把守他们的防御工事。一系列的高地和悬崖是第一道防线，也构成了冲绳防御主阵地的外环，而位于南边几英里处的首里城是其最重要的中心。[35]

美军从4月19日开始的南进攻势配属了3个师，第7师和第96师已经开始作战，第27师则刚刚下船。第7师位于东部战线，从沿海平地向上进入地形杂乱的内陆。向南的路径被天际岭挡住，它像是一块椒盐卷饼，在沿海平地上隆起一堵近乎垂直的墙，而顶部狭窄。占据这道山脊的是日本第11独立步兵大队，这支队伍曾在侵华战争中获得团队嘉奖，由800~1000名士兵组成。4月19日早6：40，在炮火准备之后，第7师开始向天际岭发起进攻，第184团G连和F连在左右两侧冲向1000码之外的山脊，第32团G连随后跟上。跑过

389

中点后，日军在旁边 178 号高地和大木高地上的迫击炮和机关枪打响了，天际岭分队及邻近的步兵同时开火，猛烈打击了前进中的各连。所有人都为了活命而趴在了地上。

第二次进攻是从左下方的沿海平原开始的。第 32 团 3 营攻击天际岭较低的一端，获得了 3 辆坦克和 3 辆喷火坦克组成的一支小分队的增援，对于从未见过的步兵来说，这种喷火坦克显然是让人着迷的东西。[36] 坦克上的火炮和火焰喷射器打开了天际岭的起点及附近的洞穴和炮位，其中有好几个都小心码放着日本兵的尸体，单是一个拱形墓穴里就埋葬或暂存了 200 具。L 连和 K 连出发登上陡峭的山脊前坡，而另一侧的 "反" 面山坡，由掌握着手榴弹、迫击炮、机关枪的日军占据，二者之间是一条 "刀刃般的脊顶"。K 连各排先是遭到手榴弹袭击，然后是己方炮兵的 4 发近弹，导致全排只有 6 人没有伤亡。一个排被派去替换，随后是一次更大规模的反击。K 连和 L 连离开山脊的时候合起来只剩 25 个人。在上午对天际岭的进攻中，坦克再次伸出援手，救出被围困的残余步兵及其伤员。

第 7 师指挥部担心前进方向被拖向沿海平地，而向 178 号和大木两处高地的进攻则可以居高临下控制天际岭。在这一战术形成命令之前，发生了一件事，引起了人们对山脊的关注。第 91 化学迫击炮连的观测员西奥多·R. 麦克唐奈（Theodore R. MacDonnell）中士看到，"被困住" 的一个排里有一个人被打死而这个排却没有任何反应。怒气冲冲的麦克唐奈冲上山脊，抓起武器，试着找到了射击的日军机枪，经过在护坡上下的反复努力，最后打死了敌军机枪手，而自己活了下来。他的英雄行为鼓舞了战友们的行动：重点转移到封闭洞穴和清理天际岭及附近地区。然而，两个团的 G 连都在上午的前进中受到压制，他们再次迂回前进，到达大木高地，并在山脚寻找掩护。一小时后，袭来一阵猛烈的 81 毫米迫击炮的集中轰击，许多人被赶回了上午的隐蔽处，而更多的人被炸死。第二天，喷火坦克烧毁了敌人的迫击炮阵地。指挥部还组织了一次烟雾掩盖下的迫击炮攻击，这项额外措施奏效了。被烟雾挡住视线的日本人，直到美国人已经冲到山下才发现。日军为了恢复阵地，整夜以迫击炮、炸药包和反冲锋发动进攻，但坦克得到了重新补给，半履带战车运走了伤员。美军击退了所有进攻，守住了大木高地。178号高地也势在必得。4月23日至24日夜间，在浓雾中，敌人从这处高地撤出了他们的人马。

第7师的战区还有一个目标——"落基崖"（Rocky Crags），一座骇人的珊瑚岩小山，位于天际岭西北方向的高地上。日本人以洞穴、隧道和步兵在这里固守。负责进攻的是第184步兵团加上第17团B连，由坦克、火焰喷射器和一门特别有效的155毫米榴弹炮提供支援。4月19~24日，每天都向小山的平坦表面发起攻击，到最后一天才几乎摧毁了所有防御工事。美军伤亡243人。

下一个加入美军战线的第96师填补了战线中间的缺口，它也是参加过莱特岛战役的老部队，如今面对的是一项令人却步的任务。该师正面是排成一线的三道山脊，各约500码长，高度大致有100英尺，相互间隔500码，从西到东分别是嘉数岭、西原岭和棚原崖。第96师负责后面两处，前者则交给第27师，该师现已加入战线上新增的西侧沿海部分的作战。这些都不是简单的任务。第96师要对付日军的反攻以及高地周围很多方向上的大炮、迫击炮和机关枪的密集交叉火力。除此之外，它首先必须摧毁墓碑岭。

墓碑岭是蟹子公村（Kaniku village，音译）的墓地，高出周围地面75英尺，向西南方向延伸半英里。如今，其内部已掘出大量的隧道，日军藏在像兔子窝一般相互支撑的阵地里。[37]4月19日早上6：40，第381步兵团1营进入洼地，穿过它爬上西原岭。同时，第382团2营为了肃清墓碑岭而从北边攀了上去。在墓地远处的一片树木中，L连遭遇从地下堡垒钻出来的日本人用刺刀发起的进攻。战斗持续了整整一下午，直到美国人在失去32名同伴以后撤退。但是该营仍然保持警戒，以确保这支日军不会再次对美军其他各营发动袭击，那几个营正朝向西原和棚原两道山脊移动。如此一来，美军就少了一个营用来占领这些山脊。与此同时，墓碑岭本身已经由I连全面肃清。

第96师逐步设法在西原岭和邻近的棚原崖投入了5个营的兵力，也未能免于很大伤亡。在来自头顶和右侧嘉数岭东坡的日军迫击炮和大炮的猛烈火力下，美军穿越田野和溪流，用了几个小时才来到这道山脊的脚下。西原岭有大量的插杆式迫击炮，可以发射大型炮弹，因为它们在空中翻滚的声音而被海军陆战队戏称为"尖叫的耶稣"。迫击炮火不停地降下一阵阵冰雹般的锯齿状金属碎片。在进攻的初始阶段，3个连便只剩下4名军官。这的确是一场恶战。第382步兵团3营在一天之内打死198个日本人，但在4月20日，第96师和第27师的伤亡都比敌人多，而且战斗疲劳症在美军步兵中蔓延。第382步兵团的战斗效能下降了一半。[38] 棚原崖尚未占领。坦克和喷火装甲车在山脊前移动，向敌人开火，步兵从西原岭向"大门"进发，这是靠近棚原崖西侧的一个马鞍形地带，但第96师被敌人的手榴弹和炸药包以及10挺机关枪迟滞，无法到达山顶。而到了第二天，4月24日，日军指挥部却像在178号高地一样，从更南边的棚原崖和西原岭撤出了他们的残余部队。日本人决心要为后面的战斗保存他们的步兵。

山脊上，尤其是嘉数岭和西原岭上的步兵需要装甲部队支援，也确实得到了满足。第193坦克营A连的30辆坦克，在登陆和集结以后，加上几辆喷火坦克和突击炮，于4月19日一起开赴前线参加总攻。坦克有目标和地图，但是在任何阶段都没有与步兵建立联系以提供支援和防御。他们只是三四辆排成一个纵队，一边呼啸着穿过西原岭和嘉数岭之间的马鞍形地带，一边寻找嘉数岭村，找到以后便将它彻底摧毁。然后，行动便结束了。可是，日本人不这么想。自杀小队准备好炸药包和手榴弹、47毫米反坦克炮和地雷。其中有一门炮打掉了4辆坦克。在这场轻率而缺乏协调的进攻中，30辆坦克只回来了8辆。同一天上午，第27师105团1营为了与嘉数村的坦克会合，正在攻击嘉数岭。派上去的一个排34个人轻松地进入村庄，但发现这是个圈套。大部分人逃了出来，而余下的都被打死打伤。为了清除从5号公路对面向进攻西原岭的部队射来的交叉火力，该团第2营在左侧攻击嘉数村。第27师已经受够了那座他们所谓的"该死的高地"。[39]

393

第27师的各营多数接到进攻浦添村悬崖的任务。这是一处陡峭倾斜的山脊，在嘉数岭以南俯视着岛屿中央，日本人可以从这里居高临下地阻击美军的前进。小D. A. 诺兰（D. A. Nolan, Jr.）上校率领着西原岭上的第381团3营，他向第27师105步兵团C连连长约翰·F. 马尔赫恩（John F. Mulhearn）上尉提出建议，利用诺兰手中的5辆坦克，他们两个营展开一次同时进攻。马尔赫恩表示拒绝，他解释说，在袭击嘉数村之后，嘉数岭上的部队，包括他自己的这个连在内，将向西撤退，绕过山脊，然后往南指向嘉数岭后面的浦添村悬崖。因此，第27师和其他部队一样，未能攻占嘉数岭，为了集中进攻浦添村悬崖而把它留了下来；进攻西原岭的部队将不得不承受来自其右翼嘉数岭的敌军猛烈火力。根据命令，第27师的各营现在集合起来，要将日军赶出浦添村悬崖。

冲绳岛西侧的海岸线从向南猛然折向西，增加了1000码左右的作战区域，大部分是沿海的平坦沼泽，有着矮矮的像手指一样的山丘，而沿着海滩向南就是曾经的牧港机场（Machinato Airfield）。开阔的地形造成对日军反击的防范很薄弱，敌人从坑道和洞穴中冒出来或是乘着小艇上岸破坏美军的补给线。现在赶来的第27师各部经过塞班岛战役后，在新赫布里底群岛的圣埃斯皮里图岛（Espirito Santo）待了几个月，他们原本是纽约州的国民警卫队。起初，该师被派到冲绳驻守，而不是为了占领它。浦添村悬崖向西几乎一直伸进大海，向东则直插战线的中心位置。第27师的进攻从紧靠小海湾的牧港町开始。让部队穿过海湾意味着工兵部队要学会组装两座贝利桥，建起一座128码的步行桥和一座浮桥，且都要在4月18日至19日夜间完成。这座浮桥是个问题，但几颗烟幕弹把它恰当地隐藏起来，让第106团的2个营悄悄跨过海湾，爬上了浦添村悬崖的尾部，沿崖顶向东南方而去。

很快，他们就遭遇敌人的前哨阵地，对方发出了警报。沿着山脊继续前行1000码，他们撞上了日本人的防御墙，投入了血腥的战斗。山脊最高处的"西顶"（West Pinnacle）其实是由坑道构成的一座堡垒。然后是一个切入山顶的交叉口，有通往附近城镇的道路，接着是第二个高耸的堡垒"东顶"（East Pinnacle）。这是一场分层展开的战斗。幸运的是，在一个被打死的日本军官身上发现一张地图，上面标示了当地道路上的雷区，给美军的作战行动和补给运送带来很大方便。4月20日上午，为了到达并摧毁西顶，第105团的2营和3营在悬崖上一路奋战，但是2营未能登顶。团长W. S. 温（W. S. Winn）上校随后想出一个不同的办法：F连和G连绕道悬崖底部。越过东顶以后再爬到山顶，转移到反斜面，然后从另一侧下山。他们将顺着下面的道路推进，占领名嘉真町（Nakama）。当这两个连翻过山顶向下的时候，他们遭到猛烈的迫击炮射击和后方包抄进攻。所有军官和大多数中士、下士已阵亡或受伤；逃走的其他人，有许多从刚刚爬上来的悬崖上跌落。单单4月20日这一天，整个第27师的伤亡就有506人，是冲绳岛上一个陆军师在一天之内出现的最大损失。[40] 随后3天，各营重新组织后又返回悬崖，来清除这两处顶峰和敌人的进攻。最终，他们成功了。在一次徒手肉搏后，他们用枪支、手榴弹、刺刀和枪托打死了100多个日本兵。4月23日夜里，30个孤立绝望的日本人发动了一次"万岁冲锋"，全都被机关枪撂倒在地。[41]

395

第27师在其作战区域内进行了3场不同的战斗：嘉数岭、东西顶以及后来被称为"物品口袋"（Item Pocket）的战斗。后者覆盖了东西顶西北约1英里的海岸部分。"物品"这个词代表的是陆军地图上的字母"I"，而"口袋"则指内陆的中心位置，手指形状的山脊从这里朝着东北和西北方向的海滩延伸500~800码。这些山脊沿沟壑和峡谷伸展，内部容纳了一系列的隧道与隔间，估计可以指挥和供给600人的部队。日本守军是经验丰富的步兵，除装备了步枪、刺刀和手榴弹外，还有能穿透装甲的47毫米反坦克炮，可以集中、连锁和交叉射击的机关枪，以及迫击炮。1号公路沿线桥梁的破坏严重限制了美国人的补给。来自"口袋"中的日军火力赶走了替换修理桥梁的工兵部队，打死了排长。第27师试图绕道而行，但是推土机驾驶员中弹阵亡。坦克营的营长尝试使用最后一辆推土坦克，但是一颗47毫米炮弹将它击穿，营长和向导都牺牲了，这条旁路也被堵住了。[42]

被俘的美国人被枪杀，或是在封闭的洞穴中被闷死。有的人会突然发现自己陷入一场使用匕首、刺刀或枪托的肉搏战，要么就是趴在地上躲过炮击。第165团的各连连长依次率领自己的部队向"物品口袋"上面的瑞安岭（Ryan Ridge）顶峰发起冲击，却没有一个取得成功。在美军炮击之后，日本人精心配置的武器具有致命的杀伤力。弹药、医护用品和救护兵都缺乏。与指挥部的通信常常中断。在轮到伯纳德·瑞安（Bernard Ryan）上尉想办法到达瑞安岭顶峰的时候，他取得了一些进展。他在攻击中注意到，为了留出近弹落下的空间，排在射击线后面的部队都位于爆炸点的后面。然而，炮兵的射击直指进攻的前方；这样一来，进攻部队就不需要留出防护空间。那么，在敌人出来防御的时候，便可以有更多的战士留在山脊上。前面的 E 连已经有 8 人到了山脊，但是根本待不住。当部队紧跟大炮的弹着点时，有 31 人登上了山脊。同样重要的是，瑞安安排 I 连跟在他后面，如果他的 K 连败退下来的话，能为他们提供保护。I 连连长同意合作，两个连一起登上了山脊的顶部。于是，瑞安在山顶集结了 100 多名士兵，足以清理"物品口袋"并将日本人赶出下方的洞穴。[43] 此时，第 27 师师长格里纳将军对第 165 团团长凯利（Kelley）上校失去了信心，解除了他的指挥权。该团行动缓慢，随着各营连的散开和分裂，组织愈发混乱。[44]

在这困难重重的地形中，第二十四军向南推进并站稳了脚跟，但是尚未粉碎和突破敌人的防线；它付出了巨大的损失，将战线向南移动了几英里。在美军发起攻击的第一天，4 月 19 日，这个军就有 720 人阵亡、负伤或失踪。第二天，第 27 师在东顶和西顶伤亡 506 人。[45] 到他们于 4 月初撤出战斗的时候，这个师的作战和非作战伤亡已经达到 5224 人。[46] 在所有师当中，一个接一个的连长牺牲或负伤；作战效能降低到 50%、40%，甚至 30%。[47] 冲绳岛上的日军充分发挥了大范围地下掩蔽所的优势，但仍然要面对美军的炮兵和步兵的袭击。撤下去的日军部队将由步兵营和特种营的替换人员加以补充。4 月24 日至 25 日夜间，在横贯全岛的整个战场上——占据着 178号高地、西原岭、嘉数岭、浦添村悬崖——的敌军全部向南撤退。在向北敞开的长达 1 英里的缺口上，空荡荡的嘉数岭静悄悄地矗立在正中间。

在发动进一步攻势以前，第十集团军急需增援。西边，在后方等待的第 1 陆战师取代了严重削弱的第 27 师。在佩莱利乌岛战斗中，第 1 陆战师的步兵营曾缩减到几乎不复存在，该师一度需要迅速重建。[48] 第 96 师在漫长的莱特岛战役后，又在冲绳艰苦作战，急需得到休息。为替换第 96 师而参战的第 77 师也同样经历了莱特岛战役，并刚刚撤出伊江岛战斗。第 7 师将继续坚持到第 96 师返回，然后才能休息。新组建的第 6 陆战师现在已经上岸，不久将加入第 1 陆战师所属的第三两栖军，同时陆军各师仍隶属第二十四军。这两个军都归巴克纳将军的第十集团军统辖。

4 月 12 日，牛岛批准了近乎自杀式的袭击，这反映出日本第三十二军的理念正在发生变化。对于目前以山下奉文所代表的防御战略，包括在消耗战中撤退和紧缩，参谋长长勇以及大多数指挥官表示反感，并坚持全面进攻。牛岛再次让步，并计划了一次大规模北上行动。靠近东海岸的日本第 89 联队将通过小长（Onaga）向北推进。日本第 24 师团由 1.5 万人组成，位于第 89 联队以西，其各联队的目标是棚原崖、嘉数岭－西原岭一线的第三道山脊和浦添村悬崖的前田（Maeda）段。冲破这些美军防线，特别是在前田段的防线，将使日本第 44 独立混合旅团占领西海岸以北约 2 英里处的小山町（Oyama），从而切断海军陆战队的补给。日军其余各营将继续向北前往普天间（Futenma），那里靠近登陆海滩，是美军进攻的出发点。两侧海岸的攻击登陆将执行自杀式任务，用炸药包摧毁坦克和补给物资。在更大范围内，定于 5 月 3~4 日的反攻，将与"菊水行动"计划中的 10 次大规模神风攻击中的第五次同时展开，除了常规的往返式攻击外，还有 125 架自杀式飞机。[49] 将陆上

398　战斗向北拓展，逼近渡具知海滩上空的空战，将使大部分位于地下的日本步兵重新获得一种保卫日本的感觉。

　　这次反攻的两栖作战部分是一场彻底的失败。在西边，登陆的地方并没有接近神风攻击，日本兵费力爬上岸的地方是一处靠近那霸的海堤，由美军第 1 陆战师防守。而在东侧的海岸上，登陆美军第 7 师后方海滩的企图招来停泊在海湾里的美国海军的致命炮火。

　　日本人在陆地上的反攻于 5 月 4 日太阳落山以后开始，由步兵和装甲编队组成，从首里城以北不远的一个地点到东侧海岸排成一线，面向北方。如果在东部或中部形成突破，左翼的日本第 44 独立混成旅团将转向西侧海岸，切断美军第 1 陆战师的补给线。否则，日军就从中部向东岸迅猛推进，以粉碎在岛上连成一线的美军各营。东海岸的日本第 89 联队所面对的，是圆锥高地（Conical Hill）以北一片多山而开阔区域的美军第 7 师各营。在中间，第 24 师团的 2 个联队向浦添村悬崖东南方向的前田悬崖推进，过了这里是棚原崖，再向北就到了西原岭以东一线，这两个联队将由第 22 联队提供支援。

　　炮兵与进攻和防守的结合对交战双方都至关重要。日本人从山洞中撤出火炮，以拓宽射界，覆盖更大范围的战线。美军的幼兽侦察机发现并报告了它们的动向。美国炮兵将射程延伸到敌人这些炮兵的头上，而日本人则推出了高射炮。他们现在也使用美国人用的那种空爆弹头，并用烟幕弹来隐藏他们的前进部队。问题是，隐藏在烟雾或大片弹幕中行进的士兵很难保持方向感。在美军第 7 师的战线上，日军的进攻虽持续不断，但是游移不定。他们在开阔的平地上几乎漫无目的地移动，既不前进也不后退，很快就变成了待宰的羔羊。[50]

399　　所谓的东西两顶之战，包括浦添村悬崖的很大一部分，打开了一条大致1英里宽的走廊，沿5号公路向南通往首里城。那里是浦添村悬崖的终点和前田悬崖的起点。从悬崖北边进攻的是坚持战斗的美军第96师。第381团居右，第383团在左，虽然都已筋疲力尽，但是他们试验并准备了将于第二天，即4月26日在反斜面上展开的进攻。这次战斗中，美军炮兵发射了1600发炮弹，飞机投下凝固汽油弹，坦克和火焰喷射器对地下隔层和碉堡进行了大范围的攻击。近战中用上了机关枪、手榴弹，甚至是长矛，但第96师未能关闭这条已经在战线中央存在1个月之久的走廊。该师第383团刚打退了两次进攻，击毙265个日本兵。同一天，坦克和火焰喷射器又消灭200多个敌人。4月29日和30日，第77师从伊江岛战役中赶来接替了第96师。第381团伤亡1021人，作战效能下降到40%左右。K连现在仅剩24人，与I连合并后组成的一个连也只有70人。在前田悬崖作战的很短时间内，第77师307团1营有8名连级指挥官受伤。该师声称消灭了3000多个日本兵。[51]

第77师有足够的力量将第三个营部署到南边，紧靠5号公路，阻塞日军向北的通道。然而，通往东风町（Kochi）的道路以东仍存在可以渗透的空隙。通过这条路线，450名日军溜到了北边，占领了棚原崖和东风镇。日军在4月23日至24日夜间的全面撤退中放弃了延伸至嘉数岭－西原岭这条山脊线以东的棚原崖。由于战线南移，美国也并没有对棚原崖采取任何防范措施。第7师最东边的第17团各连负责击退入侵者。随后是一场持续3天的战斗，美军依靠大炮和迫击炮的火力，还有坦克的支援，但还是卷入了近战。他们先从东边，继而又从西边向棚原崖的山坡发起攻击，将敌人包围。在来自头顶的火力中，美军反转位置，把自己置于高悬的岩壁下方，向上面猛扔手榴弹，直到敌人从上面撤离。在山下，他们摧毁了镇子

400

里的防御，用便携式火焰喷射器一个一个地清除了洞穴里的机枪。尤其具有破坏力的是 81 毫米迫击炮。日本人尸横遍野。日军对美军在该地区的补给和汽车运输构成威胁。虽然敌人为了打击补给基地而与第 17 团展开十分激烈的战斗，但他们还是设法使这一通道中断了几天。

尽管如此，日本人的反攻仍是一场灾难。美国人付出了巨大牺牲，他们的 2 个师在 5 月 4 日都损失了 300 人以上，但是日本人失去了 5000 人的精锐部队。为了弥补他的损失，牛岛开始用接受了步兵训练的后勤部队充实防线。美军部队的排列和指挥也发生了变化。现在，第 6 陆战师加入作战，沿着西侧海岸向南挺进，经过八重岳战斗后在第 1 陆战师旁边跻身主战线。这两个陆战师现在有了自己的直接指挥机关——第三两栖军。刚刚夺取了伊江岛的第 77 师也被加强到东翼，在第 96 师旁边居于东侧海岸，目前都归第二十四军和第十集团军直接指挥。第 7 师撤离战线休息。现在的目标是首里城及其防御阵地，它位于冲绳南部腰间的一座小山上，西边是港口城市那霸，东边的海岸上则是与那原（Yonabaru），从这里向南到岛屿南端，还有绵延 9 英里的山地。

沿着西侧海岸，地势基本平坦，遍布蜿蜒的山丘、沟壑、峡谷、土丘、农田和开阔地。山岗和小丘伴随重要的高地和山脊，提供了来自多个角度的火力。为了拿下作为日本第三十二军指挥部的首里城，美国第十集团军组织了三路进攻：第 77 师在夺取当面的前田悬崖后，将顺 5 号公路沿着通往城堡北面的山谷前进，吸引守军的全部注意力。同时，在其左侧的第 96 师将沿着东侧海岸向南迂回，再向内转向城堡。而西边的 2 个陆战师要向东推进。如此一来，敌人将陷入三面合围之势。然而，这样一个攻势需要两侧的各个师步调一致。

第 77 师的目标是 125 码高的砚岭（Ishimmi Ridge），它

横卧在首里城北边，东西长约1500码。为了减少白天进攻的惊人代价，发起攻击的第307团要在夜间占领这道山脊。E连被选中去执行这次任务，又配属了一个重机枪小组和C连的一个排。进攻队伍在凌晨3：00出发，天亮之前登上了目标的山顶，掘出散兵坑。被枪声惊醒的日本步兵开始从坑道中钻出来与美军交火，很多人被重机枪和炮火撂倒。但是，一俟日本人的大炮、迫击炮和手榴弹派上用场，他们就占了上风，把美军的机枪打掉后，迫使数量大减的美军退回了自己的指挥所。撤退已不可能。有些伤员被抬着，或者自己走着，甚至是用雨披在地上拖着。一支救援部队遭伏击后撤退。命令是等待。增援部队被派出，但是只上来5个人。由于缺乏食物、水和弹药，山脊上其余的美军士兵从死伤者手中搜集步枪子弹，并用刺刀战斗。第3排打退了敌人的三次白刃进攻。美军的炮兵从唯一剩下的一部电台收到炮火支援的请求，迅速反应，帮助第3排继续坚持下去。第三天天黑之后，第306团3营的L连到达前线，把一个个散兵坑里那些已经累垮的E连士兵替换到后方。这个加强连已经死伤接近四分之三的战士。

第77师占领了砚岭，正对着首里城的北面，与左翼的第96师和右翼的第1陆战师连成一体。这张大网已经合拢。沿着山谷向南，靠近第96师战区东边的界线，有一片杂乱扭曲的山丘向西南延伸。砚岭的止东，赫然耸立着一个顶部平平的山丘，那就是平顶高地（Flat Top Hill）。顺山谷向北，相距700码的地方是形状名副其实的"巧克力豆"（Chocolate Drop），在它的东北500码左右有一个名叫"肉疣"（Wart）的突出部。这一组射击阵地覆盖了从上下两个方向穿越山谷的通道。攻击"巧克力豆"是非常危险的。首先，它受到一大片雷区的保护，且沼泽地带毫无遮拦；其次，除了从上方"平顶"射击的大炮和迫击炮外，它还同时处在反斜面的机枪火

402

力和密集防御之下。5 月 11 日，第 306 步兵团 3 营发起攻击，伤亡 53 人后撤退。该营在 5 月 13 日和 14 日再次尝试，但都失败了，而且本身已消耗殆尽，3 个步兵连被整编成 1 个连。根据陆军官方历史学家的说法，"在一位观察者看来，在'巧克力豆'附近的某个地方，死亡的步兵排成一排，就像是一条躺下来休息的散兵线"。[52] 到此时，该营已损失 471 人，并由第 307 团取而代之。渐渐地，一天又一天，第 77 师逐渐在小堡垒上占据了更多的支撑点，但直到 5 月 20 日，美国人将进攻扩展到为"巧克力豆"提供主要防御的平顶高地之后，才最终把它占领。战场扩大到毗邻平顶的一片杂乱的高地，将第 96 师和首里防线东段的边缘也纳入进来。

这场"平顶 - 巧克力豆 - 肉疣"战斗从 5 月 13 日持续到 20 日。日军在山顶据守，所倚仗的除了迫击炮和能够有效应对美军坦克的 47 毫米炮，以及出色的防御阵地，还有对死亡的普遍接受，这是 1945 年 5 月几乎遍布整个太平洋战场的一种情绪。于是，防御十分凶猛。第 77 师和第 96 师肯定是太平洋战场上最有战斗力的部队，配属了坦克、火炮和海军舰炮、团级 105 毫米自行加农炮、火焰喷射器和爆破小组。有的部队向目标发起攻击却未能到达目标，有的第二次、第三次甚至第四次尝试，有的到达目标但未能守住。然而，在日复一日的努力下，边缘阵地被占领，敌人的火力减弱了。"巧克力豆"上的部队向前推进了几码，直到洞穴一个接一个被封闭，反向斜坡被牢牢占据。平顶高地的山坡上正在进行一场激战。在它旁边是一条从附近经过的次要公路，已经布上了地雷，并用损坏的坦克封堵。这条通道被快速清理，美军更多的坦克和自行火炮驶来。这是攻击日军主要防御工事的关键。5 月 20 日，先是一条人链将手榴弹快速传递到山顶一线的部队中，然后他们迅速拔出拉环，把手榴弹向敌人砸去。平顶高地终于夺了过来。

此时开始真正包围了首里城。为了从东北和东两个方向朝城堡推进，第77师左翼的第96师向东南移动。位于它右翼的第1陆战师现在也加入进来，从北和西北两个方向逼近。该师的上次战斗还是在佩莱利乌岛。第1陆战师和新组建的第6陆战师已经并肩向南移动，其中后者是沿着西侧的海岸。在第1陆战师的任务区域里，起伏的平地遇到平行的山脊，还有一道石壁通向上方的首里高地（Shuri Heights）。首先是东西延伸半英里的大掛岭（Dakeshi Ridge）；之后是首里西侧边缘一大群坚固的防御阵地，即平行于大掛岭，位于和名町（Wana town）上方的和名岭（Wana Ridge）；然后是几乎紧贴着这道山脊的和名洼地（Wana Draw），一块向西变宽的溪流形成的凹地。这块凹地上面是200英尺高的石壁，凿出了射击阵地。首里高地提供了观察美军进攻的最佳角度。从5月10~21日，这一众的斜坡就是第1陆战师与重组的日军第63旅团作战的地方，后者补充了来自其他单位和机场建设部队的剩余人员，总数有6700人。

除了步枪、轻便的短管卡宾枪、刺刀和匕首、迫击炮和机关枪之外，美国步兵还使用了大量的手榴弹。或许是因为掌握了投掷技巧，而且投掷者的暴露程度比其他方式要低，所以手榴弹发挥了更好的效果。除此之外，他们还获得了来自海军（"科罗拉多号"的战列舰尺寸的炮弹）和师属炮兵的出色火力支援。加农炮以安装在坦克底盘上的105毫米单炮的形式加入战场；坦克现在与奉命保护它们的步兵一起投入战斗。最重要的就是用来摧毁日军洞穴系统的火焰喷射器，包括装在坦克上的和单兵背负的。为了打开通道，和名-首里战斗中的步兵将火焰喷射器中的凝固汽油倾倒在山坡上点燃。在这些计划周密的战斗中，烟幕提供了有效的掩护。一种新式的步兵武器得到试验：这种肩部发射、无后坐力的火箭筒被称为巴祖卡，

404

之所以叫这个名字，是因为它与喜剧演员鲍勃·伯恩斯（Bob Burns）在20世纪30年代发明的同名乐器有点相似。尽管第1陆战师的第1、第3和第7团一个接一个地进攻和名岭的山坡，但均未成功。伤亡总是很高。由两个排对大掛岭发动的一次连级进攻中，连长和所有班长都损失了。随后，另一个排进攻回来时，49个人伤亡了32个。自5月10日以来已经损失了超过1000人的第7团，在5月19日被撤了下来。[53]

　　和名洼地以西略多于1英里的地方，第6陆战师面朝南方。在它面前是一组三个被日军堡垒化的高地，中间那座称为"糖面包"（Sugar Loaf）。它孤悬在那里，大约50英尺高，200码的长边与道路平行，其冷酷的形象让美国人想起了"巧克力豆"。在这块"糖面包"后边，与它的右侧（西边）重合了几百码的是大约80英尺高的马掌高地（Horseshoe Hill）；它的左侧（东边），朝着首里方向与之重叠的是200英尺的半月高地（Half Moon/Crescent Hill）。根据第6陆战师的特别行动报告，这三处高地全部"由隧道和走廊连接，预备队的移动可以得到隐藏"。[54]他们彼此互相接近，确保能够从多个角度和位置开火。高地上弯曲的山脊为榴弹炮和迫击炮提供了保护。只有通过进攻才能发现这些经验丰富的守军的位置。在5月12日，第6陆战师试探性地派出第22团G连，该连夺得了"糖面包"的顶峰，但伤亡惨重。次日，该师派出第29团3营。到白天结束时又派出这个团其余各营，同时确保得到空中轰炸和海军炮火的支持。5月13日，第6陆战师沿着一条向东伸展的战线发起进攻，在半月高地附近克服了越发顽强的抵抗，取得了几百码的进展。该师逐步意识到，需要动用全师力量集中对付"糖面包"这三处高地所在区域。5月14日，第22陆战团2营前去争夺"糖面包"西边和北边的制高点。越往前推进，敌人的迫击炮火力越猛，美军的伤亡也越大。又有46名陆战队员被派上去坚守阵地。5月15日拂晓时，山坡上只剩下1名军官和19名战士。日军从各个角度猛烈开火，迫击炮的轰击、敌军的冲锋、缺乏机动空间，这些都减缓并限制了美军的行动。第22陆战团2营现在撤了下来，在3天的交战中，他们已经伤亡400人。[55]

多日以来，进展缓慢而损失巨大；第6陆战师的老兵们发现，5月16日是冲绳岛战役中"最痛苦"的一天："两个团以全部可用力量发起攻击，却未能成功。"[56] 该师还是得到了帮助，海军16英寸舰炮的轰击，空袭中投下的一千磅炸弹，还有步坦协同摧毁了敌人的阵地，加上步兵的进攻削弱了敌人的有生力量。5月18日，趁着敌人火力的减弱，在大炮和迫击炮的猛烈炮火准备之后，第29陆战团D连连长霍华德·L.梅比（Howard L. Mabie）上尉向"糖面包"以北前进，然后派出3辆坦克去摧毁敌人的守军，并全身而退，之后是一阵火箭齐射，随后又是一轮野战炮齐射。为了与日本人交战，梅比在山地上列好了他的阵势，射击小组从下到上排成一线。5月18日，第29团D连夺下了"糖面包"，F连则掌握了马掌高地的一部分；5月19日，他们取得了更多进展；5月21日，陆战队向周边高地推进了250码，彻底控制了马掌高地。他们无法控制的是半月高地，因为这座最高的山头还没有夺过来。[57]因此，第6陆战师不会向左转，加入第1陆战师争夺首里城的战斗。相反，它要指向西南，越过安里川（Asatogawa/Asato River），进入冲绳最大的城市那霸。他们留下一支强大的部队来防守半月高地并与1英里外首里的第1陆战师保持联系。

5月21日，冲绳岛刮起阵风，随后是冰冷刺骨的雨水，有时下得如瓢泼一般。这场大雨几乎每天都在持续，直到5月底。溪水泛滥，炮弹坑变成了池塘，匆忙改善的道路系统被冲毁，小路满是没膝盖的泥浆，甚至能深及臀部。汽车运输，无论是轮式的还是履带式的, 都无法进行。每个担架上的伤员都需要 4 个人搬运, 还要有另外 4 个人换班。对于前线的步兵来说, 有时候通信断绝, 食品和弹药补给也很少。散兵坑泥泞不堪, 经常需要垫上成捆的干草。里面的士兵及其武器总是湿漉漉的。迫击炮手 E. B. 斯莱奇在我们前面提到的佩莱利乌岛上就是第 1 陆战师的成员, 他到达 "糖面包" 的时候, 第 6 师刚刚离开这里, 前往岛屿西部位于首里城下面的那霸。[58] 新来者在马掌和半月这两座高地之间架设迫击炮。他们挖出各自的散兵坑, 夜间就待在里面, "浑身湿透, 又冷又可怜"。这是 "地狱中最可怕的角落", 斯莱奇在《与老兵在一起》(*With the Old Breed*) 中写道: "在死亡、腐朽和毁灭的坏死过程中窒息。" 旁边 "躺着大约 20 个陆战队员, 每人一副担架, 一件雨披遮住膝盖以上", 等着送往墓地。"整片区域都被爆炸翻了个底朝天, 到处都是弹坑, 每个里面都有半坑水, 许多还漂浮着陆战队员的尸体。人们可怜地倒在那里, 仍像他们刚被打死时的样子, 半个身子浸泡在淤泥和污水中, 生锈的武器还握在手里。硕大的苍蝇成群地盘旋在他们周围。"[59]

首里现在被从北、东、西三面包围起来, 但是南面没有。那边要再晚一些。第 77 师守住了砚岭, 但是未能在他们所及范围内再占领几座高地。从 "巧克力豆" 争夺战中幸存下来的这些人, 正在持续的大雨中深陷泥潭, 供应中断。第 1 和第 6 陆战师占据着首里的西侧, 前者在半月高地上有一支警戒部队, 后者则大部分立足于首里西南方向的那霸, 即将前往首里以南的作战区域。首里的东南一侧穿过觉高地 (Oboe) 和圆锥高地 (Conical Hill) 向东海岸延伸, 然后到达冲绳南部的港口与那原 (Yonabaru)。突出的障碍是圆锥高地及周边的 1000 多名日军构成的防御工事, 他们装备有野战炮、迫击炮和 50 挺机关枪。进攻的主力是第 96 师, 该师在首里包围圈中位于东北和东两个方向，在平顶高地经过一场苦战，取得了不错的战绩。

　　争夺首里城的最后一战在5月11日打响：两营分别发起攻击，向下朝东侧海岸方向移动，进入476英尺的圆锥高地周围隆起的山脊。第383团1营避开了首里防线的山丘和北侧区域，冒着敌人精心布置的炮火奋力向南推进。到5月19日，在攻占圆锥高地之前，美军在这一地区已经伤亡超过300人。坦克提供了帮助，但是很快就打光了弹药。手榴弹的对决持续不断。在圆锥高地西北侧建立一处立足点后，第96师命第383团展开第二次攻击，他们分别潜入南部，从桃原（Tobaru）和天留（Amaru）现身。这两个村庄位于圆锥高地东北方向朝着大海的下坡处，它那手指形状的几条山脊从圆锥的顶点分散开去，就像是一个破旧车轮的几根辐条。目标是占领山坡对面的山脊及其上面的顶峰，以便美国第7步兵师能够迅速向南掠过海岸，而不必承受日军从右侧山坡倾泻的炮火。一旦进入冲绳南部的剩余地区，该师便可以和来自对面海岸的一个海军陆战师会合，完成对首里的包围。第383团团长E. T.梅上校确信，有必要从相反方向对圆锥高地展开一次正面的仰攻。F连的2个步兵排和第763坦克营的2个坦克排从北线开始向山上进攻。在没有军官的情况下，2名技术军士负责指挥：他们遇到了一个卵石堆起来的路障，但并没有日军，他们都认为无需等待命令便率领手下继续往前走，一直到达圆锥高地两侧制高点。他们的主动性是成功的；守军一直面对着另一个方向。然而，敌人迅速转向南边进行反击。一架美国侦察机在空中注意到这点，很快，大炮和迫击炮的炮弹一齐落在进攻的日本人头上。

　　为了将圆锥高地转变为第7师的安全通道，还需要从东向西继续推进，越过这座山丘周边的低地。日本人控制着西侧一路排列下来的几座防御严密的山丘，包括"拱背"
（Hogback）、"燕尾"（Cutaway）和"糖块"（Sugar），为它
们提供保护的是旁边小山上的机枪掩体和大炮，美军对这些小
山也按照军方的字母顺序法命名为麦克（M）、爱情（L）和国
王（K）。第96师，连同新来的第381团3营，得到低空轰炸、
海军和陆军大炮的有力支援，再加上坦克的火炮、炸药包、60
毫米轻型迫击炮、重机枪，还有防线上的一个连投出的1100
颗手榴弹。5月21日，第381团损失了56人，但是在作战过
程中打死的日本人相当于己方损失的8倍。[60] 现在由第17、第
32和第184团组成的第7师，得到了为期12天的休整，替换
了1691人，又有546人从医院归队。[61] 这支实力大增的部队
在5月21日回到了前线。他们这个师被选中，成一路纵队悄
悄避开圆锥高地的战斗，经过与那原进入冲绳南部。出发前一
个小时天上开始下雨，然后变成倾盆大雨。冲绳岛上这场漫长
的降雨把第7师泡得透湿，但是他们仍然通过这一走廊进入了
冲绳南部。

在那霸旁边，陆战队面朝东边。第十集团军指挥部希望部
队从东西两侧会合，完成对首里的包围，削弱、瓦解并摧毁现
在几乎已尽在他们掌握之中的全部日军。而此时，牛岛也在计
划并实施其部队撤离首里的行动。5月21日，他征询了各个师
团和旅团指挥官的意见，对于撤退的主意会给一支日本陆军造
成何种影响，他们再次表示了担忧。冲绳的意义不仅是战略上
的，它还具有重大的象征意义。还有一个问题是，部队能往哪
里去呢？知念半岛（Chinen Peninsula）太过艰苦和偏僻。但
南部沿海地区是可以的。那里储存了补给，也准备了阵地。最
重要的是，南部海岸提供了进行长期战斗的机会，可以对美军
造成更大的消耗和破坏，推迟美国人利用冲绳对日本本土发动
进攻。此外，在东边沿海地区的圆锥高地防线上，美军打开南

进通道所逐渐取得的成功也给日本人带来了越来越大的威胁，他们将在首里陷入严密的包围，并遭到致命的轰炸。第二天，即 5 月 22 日，日军开始向 8 英里之外的南部沿海转移伤员和物资。

在短暂的降雨间隙中，第十集团军通过空中侦察了解到日军部队的大规模移动，但是也深信日本人不会真的撤出首里城。[62] 一俟明白实际情况就是如此，美军的移动便转而向南。第 7 师不应再向西去完成对首里的包围，而是应该占据邻近的知念半岛，确保这些山丘或北边的沿海地区没有日军部队。横跨岛屿，在知念半岛对面，那霸以南是小禄半岛（Oroku Peninsula），在它的尖端上，第 6 陆战师的 2 个团于 6 月 4 日从海滨向北进行两栖登陆。从内陆进入小禄半岛的是第 1 陆战师。在美军这两个师之间，有一支大田実（Ota Minoru）将军指挥的日本海军基地部队，囊括了留在岛上的几乎全部海军人员，战斗力远不及步兵。战斗持续了 1 个星期，但是在此过程中，4500 个日本兵全部被打死。包括大田在内，有几百人在一处地下指挥所里自杀，此处十分隐秘，以至于陆战队员用了几天时间才发现这里。大约有 150 名日军投降，是冲绳岛上人数最多的一次。这是一个鼓舞人心的标志，但与之相对的另一方面是，绝大多数日本人选择战死或自杀而不愿投降，这也是一个严峻的现实。日本海军基地部队被消灭是日本人的一次重大失败，但美国人的伤亡人数达到 2608 人，相比于他们在首里城堡面对经验丰富的步兵时的损失，这一数字高得不成比例。[63]

战斗尚未结束。再往南，东西两侧的海岸合到一起，就像是一堵悬崖构成的高墙，把岛屿合抱在怀中。冲绳岛的最后一战就发生在这些高地的上面和后面。从岛屿中央向南推进的是第 96 步兵师，他们刚刚完成了圆锥高地之战，又迈向了下一场战斗。随之而来是殿后的第 77 师。第 7 师从知念半岛顺海岸向西南进发，在小禄战斗以后，第 1 陆战师和后来的第 6 陆战师沿西侧海岸前进。最后，美国人合兵一处，准备开战。

410

这场最后的战斗发生在冲绳岛西南角一块 15 平方英里的区域，被西侧和南侧的海岸包围，四周排列着山脊和悬崖。其中有一块中等高度的台地，上升为两座小山丘，与座岳（Yuza-Dake）和八重濑岳（Yaeju-Dake），后者形成了北边和东边的悬崖，然后沿着北侧达到 290 英尺高度。第 96 师从北进攻，第 7 师从东进攻，第 1 和第 6 陆战师赶来以后就从西边进攻。牛岛在大大缩水的第 24 和第 62 师团以及第 44 独立混合旅团中收集了 1.1 万人。缺乏训练和装备的 2 万多后勤部队和勤杂人员，散布在经验丰富的日军步兵周围。机关枪、迫击炮和 47 毫米加农炮将给进攻的美军造成重大伤亡，后者要穿越平坦开阔的地带、攀上悬崖、与敌人交战。有一个班的 8 个人全部被打死了。

到后来，最受欢迎的一个景象就是漫天尘土，至少有一名美国士兵在 6 月 10 日这么说过。一个新登陆的 M4 中型坦克营——每辆都配备一门 75 毫米火炮和一挺机关枪——的履带掀起了一片遮天蔽日的沙尘。同时登陆的还有改装火焰喷射器的坦克，并且新配置了 200 英尺长的可拆卸的、灵活的加长装置，能够向坦克无法接近的目标喷射火焰。没完没了的雨已经停了，不再需要降落伞空投补给品，道路恢复通畅，食品、饮水和弹药又运了上来。坦克将替换人员和补给品运到前线，并把伤员从乘员舱下面的逃生口装进去，带回后方。在国支岭（Kunishi Ridge）的 5 天战斗中，坦克向前线运载了 90 吨补给物资和 550 人的替换部队，并送回 1150 名伤员。有 21 辆坦克在战斗中受损或被毁，但是它们的损失绝非毫无意义。[64]

现在，冲绳岛上的形势瞬息万变，美军的行动也一样。指

挥第 7 师 17 团的弗朗西斯·帕克勒（Francis Pachler）上校
为了进行突然的偷袭，将第 3 营移动到悬崖对面八重濑岳的内
侧山坡上。他认为应当在这个山坡上控制一大片区域，所以要
用 3 个连发动袭击，每个连都通过各自的不同路径，而这些路
径在夜间是很容易识别出来的。"偷袭"意味着没有炮火准备，
但是袭扰火力更早开始，且掩护火力已经就绪。每个连都增加
了一部重机枪。计划非常周密：要求每位参与者了解行军过程
的所有细节。到八重濑岳的徒步行军很成功。B 连越过了 3 名
日军，方向没有朝任何一侧偏离。在到达新阵地后不久，帕克
勒的部队就撞上了约有 50 人的一队日军，其中 37 人被 L 连击
毙，剩下的逃之夭夭。到了早上，这个营已经摧毁了洞穴，站
稳了自己的脚跟。为了躲避美军的炮火，敌人已经在夜间撤
退，但预计他们还会回来。[65]

411

这次攻击是一场全面进攻的一部分。在这场进攻中，第
96 师瓦解了沿八重濑岳、与座岳和 95 号高地一线的东半部分。
在西半部分，第 1 陆战师从小禄半岛赶来，向南朝国支岭奋力
进攻，这道山脊是东西走向的高地悬崖的尾巴。在它左边，第
96 师的 382 团肃清了火炮林立的山坡，使陆战队员在 6 月 11
日直接登上国支岭，并在那里坚守。[66] 在没有与空军和炮兵协
调的情况下反复进攻，招致了日军的抵抗，而且带来了高昂的
代价。它也没有起到任何作用。装甲支援大大缓解了步兵的任
务。喷火坦克在国支岭的洞穴和峭壁上使用了不少于 3.7 万加
仑的汽油。相比之下，步兵使用的标准便携式火焰喷射器的油
箱容量仅为 5 加仑。

终于开始有迹象表明，国支岭上的日本人正在动摇。新来
的第 22 陆战团逐渐占据上风。6 月 17 日，日本人不仅是在这
道山脊，而且是在冲绳全境崩溃。他们的部队不再拥有一支军
队的任何必需品。食物吃完了。医疗护理仅限于简单的包扎。

412

炮声听起来像是吹口哨。大部分通信线路被毁。也不再有增援部队。牛岛已经完成他的计划：通过在最南端设置的战场对美军进行迟滞。首里被日本人放弃之后，美军的伤亡人数总计达到 8357 人，约占此次战役伤亡总数的 17%。6 月 18 日，正在视察战斗的西蒙·B. 巴克纳中将，被在他正上方爆炸的炮弹造成的珊瑚碎片击中阵亡。至于牛岛，他只是解散了部队，建议他的士兵们找到通向北边的道路，去加入游击队。在 6 月 22~23 日的某个时间，他和他的参谋长长勇，一起上演了他们的自杀仪式。

6 月 17 日冲绳尚未平静下来；岛屿南部的扫荡行动持续了一周，偶尔发生小规模冲突，大范围的巡逻封锁了很多洞穴，抓获了一些逃往北边的日本兵。在扫荡阶段被打死的日军总数为 8975 人，还有 2902 名战俘和 906 名劳工。美军在搜捕行动中伤亡 783 人。美军在冲绳战役中的总伤亡人数为 49151 人，其中 12520 人阵亡或失踪，36631 人受伤。陆军非战斗伤亡（患病、精神疾病、事故）为 15613 人，海军陆战队为 10598 人。日军中大约 11 万人被击毙，7400 人被俘，其中大概有一半是冲绳人，但余下约 3700 人，这一数字仍然比以前抓到的俘虏多很多。美国领导人不由得要想一想日本投降人数之惊人。这是否意味着士气和纪律的动摇？又或者，超过 10 万名日本士兵和水手，像那些驾驶飞机执行单程任务的年轻人一样，选择死亡而不是投降，才是更为重要的呢？

冲绳战役对登陆日本的计划所带来的影响是直接而深刻的。将要登陆日本本土的陆军和海军陆战队各师都需要对步兵进行大规模的重新组建。[67]当冲绳战役接近尾声，在大约 700 英里之外的吕宋岛西南部，第 43 师于 6 月 26 日撤出了在伊波大坝及周边的作战行动，为即将到来的任务进行准备。该师已连续作战 175 天。现在，部队在马尼拉和林加延湾之间的甲万

那端附近的帐篷城安顿下来。淋浴间正在那里等着他们（用水
可能正是来自他们刚刚收复的伊波大坝）。远离了战斗和第六   413
集团军，士兵们幸福地睡在帐篷里的小床上，而不再是地上。
他们吃烹饪出来而不是盒装的食物，穿着崭新的或者清洗过的
制服。积累了足够"绩点"的老兵们，其中很多是军士，启程
回家了。这是为老兵退役返家而新近颁布的制度的一部分。替
换人员到达并开始学习太平洋战场的武器和战术，并适应他们
的班集体。这么多朋友都走了——去医院，回家，或者，去了
墓地——眼前换成了一群难以区分的新面孔。[68]

为了定于11月1日的九州岛登陆行动，以及来年3月登
陆东京地区的行动，美军在菲律宾、马里亚纳群岛和夏威夷进
行的集结，将需要动员太平洋上的所有可用部队。

第十章

干掉两个，还剩一个：大后方，
1945年3月~6月

　　1945年的4月以高调开始，两个主要战场都向美国本土传来令人欢欣鼓舞的消息。在第五舰队这支"世界上最强大的海上力量"保护之下，美军势不可当地登陆冲绳岛。读到这个消息的美国人大大地松了一口气。在欧洲，盟军已经跨过莱茵河，深入德国的工业心脏地带。每日战报带来的消息都是迅速的合围行动，俘虏了数万德国人，曾经不可一世的敌人被削弱到仅剩孤立的小范围顽抗。4月1日的《华盛顿邮报》报道，第九集团军在一周之内"强力推进"了75英里，与鲁尔河（Ruhr）以东的第一集团军连成一线。两个集团军的会师包围了"鲁尔口袋"中的40多万名德军。与此同时，根据《华盛顿邮报》的说法，乔治·S.巴顿中将指挥的第三集团军的"突破之师"，第4装甲师"沿着法兰克福－柏林高速公路勇往直

前"。巴顿的人马在10天之内俘虏了6万名德军。[1]第二天，读者又被告知，英军已径直穿过德国第25集团军的补给路线，使荷兰的5万名德国士兵陷入被包围的危险。同一篇报道把在鲁尔抓获的德军数量修正为4万~10万人，而在3月，奥马尔·布拉德利将军指挥的第十二集团军一共俘获了35万名德军。[2]形势已经很明朗，德国人开始认输了。

　　太平洋战场上的作战行动也在同步推进，至少也让人们感觉取得了一样的成功。3月27日，在距离冲绳70英里的庆良间列岛中，美军登上了最大的渡嘉敷岛（Tokashiki）和其余

几座小岛，荡平了日本人的抵抗。美军缴获了日本人未及使用的 300 只自杀小艇和几吨炸药。这种单人小艇长 18 英尺，由一个四缸马达驱动，船尾有一颗深水炸弹，船头是一枚鱼雷。4 月 1 日登陆冲绳西海岸之后，美军从登陆地点出发，迅速夺取了内陆的两座机场。《纽约时报》以"预计最为血腥的登陆几乎完全没有遭遇日军抵抗"公布了这次"令人惊喜的轻松胜利"。[3] 在这最初的成功之后，美国人挥师向南，前往占该岛三分之一面积的、日军主力所盘踞的人口密集地区。

从这里开始，太平洋战场的故事就与欧洲不同了，而且是截然不同了。在第二周的战斗中，美国公众从新闻报道中获悉，冲绳的南进行动在"激烈"抵抗和"十分密集的迫击炮和大炮火力"中陷入僵局。这场南进攻势是"非常严峻的"。与德军不同，日本人在负隅顽抗。《纽约时报》和《华盛顿邮报》的通栏大标题只告诉人们欧洲的进展：苏联人在 4 月 9 日攻入维也纳，英美军队正在向易北河挺进，还有美国第九集团军 4 月 12 日距离柏林只剩 57 英里。《纽约时报》上的大幅地图显示了德国领土上盟军的绝对优势，以这样的地理信息准确无误地传达出第三帝国已经进入它的最后时刻。截至 4 月的第一周，所有人的眼睛都盯着盟军在德国会师的进程。至少是在短暂的时间里，来自冲绳的新闻滑下了头条，在第一版上的篇幅比意大利北部前线的战事还要少。[4]

随着欧洲的胜利将在几天，最多也就几个星期之内到来，经济如何从战时恢复到和平状态所带来的挑战开始在报纸头版上与来自前线的新闻争夺版面。4 月 2 日，战争动员与复员局（Office of War Mobilization and Reconversion, OWMR）主任詹姆斯·F. 伯恩斯（James F. Byrnes）宣布他将离开自己的岗位。在他的辞职信中，这位罗斯福的"总统助手"解释说，他一直就打算在主要工作从动员转向复员的时候退休。当胜利"指日可待"，他在辞职信中写道，正是应当有一位新主任来负责的时候了。在伯恩斯辞职后，他的办公室发布了一份季度报告，预测欧洲胜利日后的 6 个月内，在逐步从战时生产转向民用生产的过程中，将有不少于 100 万名工人失业。根据伯恩斯的说法，在此期间，军需品生产将减少约 20%，并在一年内再减少 20%。总的来说，这份报告试图向工人们保证，在高达 1400 亿美元储蓄的支持下，被压抑的消费品需求将为那些因向和平时期经济转型而失去工作的人提供充足的就业机会。尽管伯恩斯建议，在情人节之后取消全国范围内对酒吧和夜总会的宵禁以及对赛马的禁令等不受欢迎的措施，但他的报告依然数次严厉地提醒人们，美国面临着"太平洋上的严峻战争形势，狂热的敌人正在其本土岛屿和亚洲大陆上顽强抵抗"。他特别提到，对稀缺物资的限制措施，还包括价格和工资的管制以及食品配给制度，都将继续执行。[5]

尽管这些都提醒人们还会再有牺牲，但许多美国人，包括伯恩斯从前在参议院的同事，依然认为他的报告和随后的辞职进一步证明，罗斯福政府提出的悬而未决的《国民服役法案》已没有必要。在 1944 年 1 月的国情咨文演说中，罗斯福已经对该法案表示支持，并谈到一项关于工人有义务为国家安全做出贡献的《经济权利法案》（Economic Bill of Rights）。[6] 正如我们前文所述，一年以后，他在 1945 年 1 月的国情咨文演说中又旧话重提，而且在 4 月去世前的最后一次炉边谈话中也涉及这个问题。陆军部长史汀生及其在动员方面的关键人物，副部长帕特森，早就想要一部更加有力而全面的服役法，包含一项"工作或参战"的条款来限制罢工，但是他们希望能有一部众议院法案，让政府将年龄在 18~45 岁的工人稳定在关键行业的工作岗位上，直到可以找到替代人员，并在需要的时候，将工人直接派到关键行业。[7]

虽然美国的民意支持某种形式的国民服役法，但是，包括美国劳工联合会（American Federation of Labor）和全美制造商协会在内的主要商业和劳工组织，都反对任何的强制措施，尽管其出发点各不相同。[8]劳工领袖担心任何侵犯工人特权的企图，尤其不愿意将他们的命运托付给管理动员部门和机构的那些公司律师、银行家和商人。商界人士则认为政府对劳动力的导向证明了新政下的行政机构对权力和市场控制的贪得无厌。

考虑到国会两党议员都不愿与如此强大的选民对抗，当众议院于2月1日通过该法案时，政府官员受到了鼓舞。由此，这项法案进入参议院，在那里它受到了军事委员会（Military Affaris Committee）领导人的冷处理。在拖延两周之后，委员会提出了一个效力弱了很多的法案，基于自愿而非强制的原则。在接下来的辩论中，科罗拉多州民主党参议员埃德温·约翰逊（Edwin Johnson）尖锐地质问："现在伯恩斯先生辞去他的职位，大概是想在战争计划之外另找一份工作，那么我们又有什么理由要把其他人'冻结'在他们的岗位上呢？"[9]这个参议院版本，用《纽约时报》的话说，就是一项"粉饰性法案"，其他支持者赞扬美国工人的奉献，反对政府企图通过"法西斯方式"将工人作为"奴工"进行控制的法案，因为美国已经表明它有能力凭借自由劳动力在生产上胜过它的敌人。[10]最终，在劳工组织的压力下，参议院里有12位民主党人加入共和党一边，将这一法案的两个版本全部否决。

国民服役立法的失败说明了，在动员美国人面对太平洋战场未来的艰苦斗争上，政府遇到了困难。罗斯福警告说，人力法案的失败将"危及战争"，但这一警告未能说服参议员们，因为他们在各自选区的报纸头条上看到，即将胜利的证据已经无可辩驳。随着欧洲的胜利已如此接近，恢复平时生产的工作马上就要开始，就像战争动员与复员局的报告所表明的，同时是伯恩斯的辞职带来的戏剧化效果，企图延长联邦政府对工人的控制已毫无胜算。

对战后经济的焦虑日益增长，加剧了政府在整个战争期间曾经面临的问题。那些设法进行举国动员的人，从未成功地让美国人对获得胜利需要付出多少牺牲达成一致。民意测验的结果始终显示，美国人希望胜利能为自己和家人在就业和住房两方面带来更好的生活。罗斯福政府对民意测验进行评估后，根据类似的实际条件制定了战时目标。在 1944 年的国情咨文中，罗斯福宣布支持《经济权利法案》，并承诺在战后创造 6000 万个就业机会。他的计划暗示了政府和工人之间的一项合同，工人因为在后方为战争做出的贡献而获得回报。但尽管有罗斯福的敦促，许多工人还是不愿意用看似安全的工作机会去交换军工行业的岗位。[11]

战时宣传经常用面向消费者的推销广告包裹爱国主义的信息。[12] 1945 年的一则别克广告向读者保证，他们的新款车将"成为归来的勇士们梦寐以求的一切"，而好彩（Lucky Strike）香烟则声称，它将包装从绿色改为白色，是为了节省据称稀缺的绿色墨水。"好彩绿已经开赴战场"，这家公司宣布。"美国人多么……想要更好的东西啊！"百龄坛啤酒（Ballantine Ale）的一则广告呼吁战时的女性工人购买战争债券，存下钱去换取"更好的东西"——教育、旅游或婚姻。"即便是在战争中"，广告词中写道，"自由的美国人依然享受着许多那些不幸的人们所缺乏的'更美好的事物'"，其中当然也包括百龄坛啤酒。"'某些更美好的东西'就在这适度的饮料之中。"[13] 简言之，企业领导人抓住机会让他们的努力被认同为美国人民的愿望。随着商业在国家的紧急状态中得以恢复，全美制造商协会之类的组织发起了一场公关活动，以废止政府主导的——战时的——经济救助政策，并提醒美国人民，自由企业制度才是创造美好生活的关键。新政改革的支持者对这场公关攻势既敬畏又反感。在评估这些企业宣传者的影响力时，战时新闻处的一位自由派分析师刻薄地总结道："自由企业制度已经成为第五项自由。"[14]

在面向消费者的广告中，与战事有关的包装影响并反映了美国人所普遍持有的态度。在整个战争期间，公众对他们应该做出的牺牲的性质一直怀有矛盾的感情。民意调查经常显示，大多数美国人甚至在1945年仍然支持某种形式的"工作或参战"的法案。但是深入调查则引发了对这些观点的普遍质疑。例如，1942年《财富》杂志和战时新闻处进行的民意调查显示，绝大多数人支持征召工人从事战争相关工作。然而，当被问及是否愿意放弃目前的工作，转而从事军工行业时，10个人里只有3个回答愿意。[15]

后来的经历提供了进一步的证据，让我们相信美国人对于征召劳动者从事战时工作的支持更多是抽象的，并不像民意测验中显示的那么强烈。1944年底，面对轮胎的严重短缺，陆军部和战时人力委员会试图劝说马萨诸塞州新贝德福德（New Bedford）的熟练工人去填充该镇普利司通制造厂的200个空缺岗位，以便这家工厂能增加轮胎帘布的供应，这种人造纤维或尼龙的产品是制造轮胎的关键配件。作为劝说目标的工人都住在新贝德福德镇，且在另一家生产不太重要的棉织品的工厂上班。他们如果换到轮胎工厂，肯定也隶属同一个工会，挣的工资也和现在一样。尽管如此，政府动员这些工人的努力还是没有成功。出于对产量下降的担心，纺织厂的劳工代表和经理人员合起来劝说工人们不要换工作。到最后，即便轮胎的短缺十分紧迫，为了这样一份很多人认为只会维持几个月的工作，也很少有熟练工人愿意牺牲自己在现有岗位上的资历。[16]新贝

421

德福德案例和其他许多事例一样，以小见大地反映了国家人力资源政策上的缺陷。到 1945 年，为了应付重要行业的劳动力短缺，陆军从海外召回大批士兵，填补了包括制造炮弹、轮胎和棉制帆布等军工行业的空缺岗位。

对动员者来说，更令人沮丧的也许是困扰军工行业的停工和旷工比例的上升。这种行为似乎违背了战时宣传中提出的共同牺牲的理念。海外的美国士兵经常强烈地抱怨，在国内的安全岗位上拿着难以想象的高工资的工人们还要罢工。[17] 有很多漫画讽刺工人们一边贪婪地吃着牛排，一边抱怨汽油配给制。然而，在现实中，"美国新兴城镇"是一个拥挤、紧张且存在人身危险的地方。军工行业里的很多人在三年多的时间里每天要工作 10 个小时，只能享受有限的娱乐。从 1942 年到 1945年，按照美国劳工统计局（Bureau of Labor Statistics）的数据，每年有大约 200 万起致残或致死事故。难怪当更安全、更持久的平民工作机会向他们招手时，工人们会拒绝被冻结在军工行业的岗位上。[18]

产业界出现的越来越多的不安迹象也令战争领袖们感到沮丧。在战争的大部分时间里，一种联合执政的方式在华盛顿占据主导地位。著名的共和党人和商界领袖，如史汀生与他的助理部长约翰·J.麦克洛伊（John J. McCloy）和罗伯特·洛维特（Robert Lovett），都被赋予在陆军部和海军部管理战时经济和监督军工生产的职责。那些"年薪一美元"的企业领导人进入许多动员机构，将企业影响力扩大到政府中那些原来由新政派把持的次级管理层。联邦政府成为企业扩张和巨额利润的主要承销商，而不再作为企业的管理者对其行为进行监督。如史汀生所解释的，"在一个资本主义国家里，如果你想加入一场战争，就不得不让企业从战争过程中谋利，否则企业就无法运转"。[19]

422

即使在监督战时生产的同时，这些商业领袖也仍对为经济恢复到和平时期的生产做准备保持着浓厚的兴趣。由于这种想法，他们回避对经济的全面动员，并坚持要对消费品和服务的生产给予充分考虑，这让帕特森副部长十分忧虑。[20] 商界和政府，特别是和军方之间的密切合作，以及美国工业的惊人产出，有助于重塑大萧条时期破碎的美国企业形象，恢复行业领袖们动摇的信心，这些人在多年前还被认为应当对当时爆发的经济灾难负责。随着欧洲战事接近尾声，在开始转向和平时期经济的进程中，商界领袖力图受到更少的控制。当史汀生和帕特森拒绝放松陆军对经济的掌控时，他们过去在私营部门中的那些盟友对这两位官员，甚至对整个陆军都发出了严厉的批评。[21]

随着胜利的前景愈发明朗，从 1944 年 6 月开始，在不同的产业环境中，人们对新的利害关系和挑战的看法也逐渐清晰。工人们对失业的恐惧是大萧条时期种下的祸根。由于担心裁员，他们为了保障在民用经济中获得就业机会而离开了军工岗位，使这些工厂的产能减少了 25%。1945 年 4 月来自战争动员与复员局的报告进一步搅扰了保证后方团结所需的那种脆弱的共同牺牲精神。在经济转向和平时期生产的时候，没有人希望被困在前景暗淡的军工行业里。

4 月 12 日，罗斯福总统在佐治亚州的温泉镇（Warm Springs）疗养期间逝世，这给大后方的团结带来又一次沉重打击。在之前的一年时间里，他的充血性心脏衰竭需要每天进行治疗。他设法获得了连任，并积极参加了 2 月在雅尔塔举行的盟国首脑会晤，但体力消耗相当大。他继续主持内阁会议和记者招待会，并与国会主要成员进行磋商，但是他待在椭圆形办公室的时间少了，休息的时候更多了。在 3 月底前往温泉镇之前向全国发表的最后一次讲话中，他还在敦促人力法案的制

423

定。但《纽约时报》指出，他在过去两年中一直在拖延这场关于人力法案的真正斗争。他已经不是从前那个全情投入的总统了。

尽管如此，罗斯福的逝世似乎仍是不可想象的。在12年的总统任期里，他的形象已经深深植入人们的心中。根据共和党参议员罗伯特·塔夫脱（Robert Taft）的说法，这位伟大的领袖，"这个时代最伟大的人物"已经离我们而去。[22]哈里·杜鲁门遵循着同样的道路，但是对于这个国家正在为之战斗的价值观，已经失去一个权威性的提示。有关德国和日本的彻底改革可能是这些价值观中尤为根本的，这种改革只能通过无条件投降来实现。现在，政治形势更加均衡。共和党人多年来一直处于在野状态，而一个非民主党的战时政府的愿景成为一个诱人的目标。没有"大老板"的战争机构可以通过很多喉舌发声。一方面，负责战时人力委员会和战争动员与复员局的政治家对战时生产提出了稍许鼓舞人心的观点。另一方面则是帕特森和史汀生发出的严厉警告。更广泛地说，内部人士预测，新政派即将退场，新政府将转向更加务实的温和治理。[23]

宣誓就职以后，杜鲁门很快就与史汀生、福里斯特尔和参谋长联席会议见面，听取关于军事态势的情况简报。参谋长们告诉这位新任总统，他们认为与德国的战争还要持续6个月，而对日作战将要再进行一年半的时间。在罗斯福总统去世的那天晚上，杜鲁门与他的内阁成员开了一个简短的会议，他要求各位部长暂时留守他们的岗位。会议结束时，史汀生部长走到新总统身边，告诉他一个非常重要的秘密。美国正在发展的一种新式武器"具有难以置信的破坏力"，而且在大约4个月之内就可以使用。在那一刻，史汀生只想说这么多，但是稍后，他将向杜鲁门汇报更详细的情况。[24]

杜鲁门对国会发表第一次讲话是在4月16日，而他在次日的第一次新闻发布会上也没有提供多少信息能证实他会改变罗斯福的政策。他宣布自己将忠实于前任为战争确立的两项目标——无条件投降和美国参与战后国际组织。美国将一直战斗到敌人停止所有抵抗。还要进行很多艰苦的战斗，他补充道，但是美国人民已经付出巨大牺牲，不可能接受一种"局部的胜利"。"我们的要求一直是，且仍然是——无条件投降！""我们绝不会与和平的破坏者就和平的条件进行讨价还价。"[25]第二天，在他第一次定期举行的新闻发布会上，对于任何取消赛马禁令和娱乐宵禁的想法，杜鲁门断然不予理会，并拒绝预测在欧洲胜利日之后会有何举措。[26]在评价杜鲁门的表现时，《华盛顿邮报》的专栏记者欧内斯特·林德利（Ernest Lindley）赞扬他坚定地再次承诺美国要取得全面胜利，并坚持诸项禁令和宵禁措施。他指出，对这些问题表现出"丝毫示弱的迹象""都将鼓励来自其他方方面面的放松措施的要求"。林德利预计，在接下来的日子里，总统承受的压力将会越来越大，但他很可能已经"在第一次测试中以坚定的立场避免了麻烦"。在欧洲胜利日之后，政府将不得面对"特殊利益集团"要求的，对战时生产进行比战争动员与复员局预期的更大幅度削减，那时便会有更大的考验。与此同时，当美国人寻求放松战争给后方带来的严格管控的时候，武装部队将启动把部队从欧洲战场向太平洋战场重新部署的复杂过程。林德利解释说，重新部署是及时战胜日本的必要条件，但他担心陆军部没有付出足够的努力，以便让海外的士兵准备好应对"在欧洲胜利日后相当缓慢且规模有限的复员"。[27]

按照起初的构想，长期服役的老兵退伍与部队向太平洋的重新部署同时进行，并不一定就会很慢。马歇尔将军尤其注意避免像第一次世界大战结束时那样，几个月后才将部队遣送回国。1943 年 7 月，陆军部成立了特别规划处（Special Planning Division），与总参谋部一起展开研究。在随后的几

个月时间里，标准制定出来并得到各主要指挥机构的批准。在
此过程中，为获得陆军各组成部门代表的意见，采用了科学的
调查方式。结果表明，美军士兵同意马歇尔的意见，即像第一
次世界大战那样，按照师等作战单位进行复员，将是极不公平
的，因为每个单位里都有短期和长期参战人员，前者将轻松得
以解脱，而后者则已沮丧地等待很久。

如今已经是一名陆军上校的电影导演弗兰克·卡普拉
（Frank Capra），在马歇尔的鼓动下，为部队拍了一部电影
《干掉两个，还剩一个》（*Two Down and One to Go*），对这
一体制进行了合理的解释。[28] 陆军的欧洲胜利日复员方案，按
照截至 1945 年 5 月 9 日的服役经历，乘以不同的倍数，计算
每个陆军或空军士兵的绩点。得出的总绩点被称为加权服役评
级（Adjusted Service Rating）。服役 1 个月获得 1 分；海外
服役 1 个月再加 1 分。参加作战并获得缀在战场缎带（欧洲或
太平洋）上的星标，每颗星加 5 分。抚养孩子的父亲每个孩子
加 12 分，最多为 3 个孩子加分。最初，绩点在 85 分以上的可
以退伍。简单来说就是：一个 1942 年 5 月应征入伍者，第一
年在美国国内参加训练（12 分），第二年在英国训练并进行作
战准备（24 分），然后第三年在法国和德国（24 分）参加了 4
次战役（法国北部、阿登高原、莱茵兰和中欧战役），获得了
4 颗作战星标（20 分），并受过一次伤（5 分）。那么他已攒
够了 85 分，便有资格退伍了。

加权服役评级在许多方面是一种非常公平的手段，可以让
老兵退役，并确定应该要求哪些人在太平洋战场继续服役。它
也是一场行政管理上的噩梦。该计划受到各种解释、误传和失
误的影响。陆军部同时进行复员和重新部署的各项计划将部队
分为四类。这一过程要求对各单位进行重新组建，使其人员
在加权服役评级中属于同一级别。第一类单位将留在当前指挥

425

系统中执行占领任务。第二类部队将被重新部署到一个仍在活 426
跃的战场。欧洲和地中海战场上的第二类部队将被重新部署到
美国。从那里，他们要么继续前往太平洋，要么留在美国作为
战略预备队的一部分。欧洲或地中海的第三类部队将接受整编
和再训练，然后转为一类或二类部队。欧洲和地中海的第四类
部队将由高绩点的人员组成，包括那些从其他类别及撤销的部
队中调动出来的人员。被指定为一至三类的部队，将由绩点不
够退伍或拥有重要的军事职业特长（Military Occupational
Specialty）的基本人员构成。如果拥有重要的军事职业特长，
即便有了足够退伍的绩点，也可以留用。其中大部分是从事无
线电、雷达、密码分析和其他重要工作的人员。[29]

　　陆军希望，把包含中等绩点人员比例最高的部队归为第
一类，可以适当简化这一过程。第四类单位中，符合退伍条件
的人员比例是最高的。第二类单位中，绩点较低人员的比例最
高。[30]这一办法的目的是尽量减少各单位之间重新调整的规模。
一旦得到补充和整编，在欧洲和地中海战场上，被指定将用于
太平洋战场的第二类部队会被调回美国休假一个月，然后再进
行补充训练。陆军计划在1945年转移300万人。陆军运输军
团（Transportation Corps）的一位上校说，在最好的情况下，
移动大规模军事单位也是"像大搬家一样复杂"："你会有一百
个不同的变量，你必须充分考虑每一个变量"，并使它们重新
变得井井有条。[31]陆军的调整计划，特别是士兵从一个单位调
动到另一个单位，使已经很庞大的变量列表进一步膨胀，在已
经很复杂的过程中增加了又一重复杂性。

　　1945年2月，在向美国政治科学学院（American Academy
of Political Science）发表讲话时，马歇尔把这种重新部署的
过程称为"世界历史上最大的一个行政和物流问题"。尽管面
对这一巨大的任务，他仍然充满信心地，或许是过于自信地认

427　为，重新部署能够以"完全井然有序的方式"展开。[32] 这些人员可以按照合理的可预测时间表进行集合、分类和转移。顺利向太平洋转移部队的最大障碍是大后方缺乏耐心。一俟欧洲战事结束，大多数人的自然反应就是想回家。他们的亲属也会表达相同的情绪，会让国会代表了解自己的感受。报界和广播公司将进一步反映和放大国内日益增长的急躁情绪。在这种形势下，作为马歇尔非常认真对待的一个变量，部队的士气很容易被大后方的迫不及待削弱。

　　与此同时，马歇尔说，尽管希望让符合条件的士兵尽快回家，但大多数批准退伍的士兵在返家之前将不得不"忍受相当长的延迟"。[33] 绝不能容许任何资源偏离太平洋战场上的集结工作。如果想要以可承受的生命和财富代价战胜日本，速度便至关重要。国内的生产也不能有任何懈怠。马歇尔承认，在战胜德国以后，民众自然会期望对战争物资的需求将大幅减少。但事实不会如此。马歇尔强调必须限制伤亡，他告诫听众："我只想说一句话：与大西洋战场相比，我们打算在太平洋战场消耗更多的弹药和其他补给物资。"[34]

　　德国人的阿登攻势被打退以后，随着欧洲不断取得的胜利，马歇尔发表的演讲颇有先见之明地描述了国内厌战情绪的发展动态。到 4 月中旬，随着胜利在望，马歇尔也愈发担忧。在 4 月 14 日给艾森豪威尔将军的信中，他警告这位盟军最高指挥官，让不需要执行占领任务或太平洋战场作战任务的部队复员，这项工作"要求每个人都做出最无私的自觉努力"。他补充说，除非这一过程得到妥善处理，否则陆军可能就会在美国的公众舆论压力下，"采取干扰重新部署的措施，并导致对日战争的延宕"。[35] 出于心理上的原因，马歇尔又加上一句，428　第一批回国的士兵最好来自深入德国领土最远的，也就是作战时间最长的各师作战部队。为了尽可能周到，他还敦促艾森豪威尔"向你的所有手下转达我个人的深深关切，希望所有指挥官发挥聪明才智全面彻底地执行我们对于重新调整和重新部署的有关规定"。[36]

　　整个4月，马歇尔为实施重新部署和部分复员继续进行准备，他担心这一过程中的任何小问题都可能妨碍美国在太平洋战场充分发挥军事力量的努力。正如其第一次公开声明所显示的，杜鲁门也担心一旦战胜了德国，美国的战争努力就会松懈。然而，在这个月底，他获知美国将很快拥有一种武器，它有可能早于预期地结束对日战争。4月25日，史汀生向杜鲁门作了一次有关原子弹的更全面汇报。作为原子弹项目的代号，曼哈顿工程特区（Manhattan Engineering District）的指挥官莱斯利·格罗夫斯（Leslie Groves）少将也出席了这次会议。他准备了一份关于这种炸弹的发展和现状的备忘录。史汀生的备忘录则涉及这一新式武器在政治方面的影响，其开篇便是"四个月内，我们就很可能完成这个人类历史上最可怕的武器，这样的一枚炸弹可以摧毁一整座城市"。[37]史汀生用余下篇幅解释了英国在原子弹开发中的作用，并广泛讨论了一旦原子弹的秘密向全世界披露后将会出现的问题。出于超越这场战争本身的考虑，史汀生劝说杜鲁门成立一个委员会，研究这种新式武器可能在战后产生的作用，包括对国际关系的影响及其和平利用的潜力。格罗夫斯的备忘录描述了该项目的历史，并说明第一枚炸弹可以在8月1日前就绪，第二枚将在年底前准备好。该项目的科学家们正在研制第二种类型的炸弹，一种内爆装置，但格罗夫斯解释说，他们遇到了问题。如果他们能够解决这些问题，这样一个内爆装置将在8月底准备好。从那时开始，后续的炸弹将会每十天准备好一枚。鉴于这样的时间安排，格罗夫斯补充道，"它针对的目标是，而且一直都预期是日本"。这种炸弹将由第二十航空大队的一支特别组织的部队

429

投送，这支部队正要前往海外接受更多训练。[38] 格罗夫斯没有提及他们的目的地，但杜鲁门最终得知，第509联队将部署在去年夏天的马里亚纳群岛战役中占领的提尼安岛。了解到这个新的情况以后，杜鲁门现在可以希望，在不进攻日本的情况下以原子弹迫使其投降。然而，他也知道，他不能指望炸弹成为制胜的武器。登陆计划在推进，它几乎是不可能取消的。4个月内可能会发生很多事情，足以打乱格罗夫斯提出的时间表。史汀生和马歇尔两个人都完全了解曼哈顿计划，也都建议美国继续为登陆日本进行准备。

为此，马歇尔紧张地继续监控着欧洲胜利日临近时的重新部署情况。艾森豪威尔向参谋长保证，他正准备在德国投降后迅速采取行动，尽快将第一批高绩点士兵送回美国。他已经从作战行动中撤出并重新部署了两个部队运输机大队，以保证第一批返回的士兵能有"一条高效的归国空中通道"。[39] 5月2日，马歇尔致电艾森豪威尔和地中海战场美军总指挥约瑟夫·麦克纳尼上将，要求他们同时宣布重新部署日。马歇尔随后又要求艾森豪威尔尽可能早地安排这一日期，最好是在欧洲胜利日的同一天。艾森豪威尔表示反对。在5月8日这个欧洲胜利日之后，至少需要10天时间才能向他的所有下属发出指示。马歇尔对这一答复感到不满，他后来赢得了艾森豪威尔的同意，双方达成妥协，将这一日期定在5月12日。[40]

杜鲁门上任还不到1个月，欧洲战事就结束了。在短短的这一时段中，盟军在欧洲的挺进继续充斥在新闻中。当美国公众把注意力转向太平洋时，他们得知冲绳岛的僵局越发严峻，伤亡人数不断攀升。第十集团军的战士们遭遇"所有地区的顽强抵抗"。4月24日，有位官员在《华盛顿邮报》上的一篇文章中宣称，前进速度"非常缓慢，而且代价不菲"。[41] 一个多星期以后，读者被告知，美军士兵在嘉数岭遭受了地狱般的炮击，许多弹震症的受害者就如同"行尸走肉"一般。[42]5月8日，欧洲胜利日，《纽约时报》报道，美军再次前进，但取得的进展是以数百码为单位衡量的，这与美军在德国战役的最后几周所取得的全线推进形成了鲜明对比。第二天，《华盛顿邮报》刊登了一则残酷的消息，提醒人们太平洋战场的斗争仍在继续；它的标题是"只有消灭冲绳的小日本才值得纪念"。[43]

当冲绳岛上的伤亡不断攀升的时候，参谋长联席会议把注意力转移到对日战争的最后阶段。在关于如何最好地实现美国战争目标的争论中，陆军的参谋军官一直强调尽快击败日本的必要性。"时间至关重要"，一位参谋在研究报告中断言。[44]这种对速度的强调反映出马歇尔一直以来的担心，美国人民对这场战争的支持是有限度的。在整个战争期间，这种担忧一直影响着他的战略决策。"欧洲第一"战略的重点是尽早跨海进攻，因为他们预计美国人民不愿忍耐一场欧洲外围的持久战。出于同样的原因，马歇尔接受了麦克阿瑟和尼米兹两位将军分别指挥太平洋作战，因为这能保持进攻的势头，并通过展示朝向日本本土的稳步推进来维持公众的注意力。这项战略计划的第二部分，对日本本土的进攻，也出于同样的假设，即封锁和轰炸这种耗费时间的替代方案无法持续得到公众支持。[45]

在1944年8月的"八边形"（OCTAGON）会议[①]上，联合参谋长委员会已经正式同意这一打败日本的直接方法。而实际上，参会的美国一方的关键成员担心这一登陆行动的预期代价。总统在参谋长联席会议中的代表，威廉·D.莱希海军上将倾向于一种围困的策略，相信这种办法能使美国人付出更少的生命代价摧毁日本的军事力量。海军和陆军航空队的参谋人员在不同程度上同意莱希的意见。马歇尔和陆军的参谋人员从

431

[①] 这次会议又被称作第二次魁北克会议，实际举行时间是1944年9月11~16日。

一开始就出于各种原因反对围困和轰炸的策略。他们提出，美国必须占领靠近日本的战略要点，才能使围困奏效。在他们的先期文件中，陆军的参谋人员认为他们所嘲笑的"环绕黄海的想法"既耗时又无效。最重要的是，他们怀疑围困是否能逼迫日本很快无条件投降。

这场关于战略的辩论断断续续地持续到 1945 年春，德国即将战败，这迫使参谋长联席会议解决这一问题，以便他们能够向麦克阿瑟和尼米兹发出行动指令。在联合情报委员会（Joint Intelligence Committee）的一份报告中，陆军发现了支持其反封锁立场的理由，该报告警告说，围困将延长战争，并促使日本领导人相信，持续的抵抗将导致美国的厌战情绪。参谋长联席会议的参谋人员随后在 4 月底的一份报告中表示，登陆是迫使日本无条件投降的唯一可靠途径。他们警告说，封锁和轰炸策略可能带来战争的拖延和与日本的谈判达成妥协。在更多的争吵之后，参谋长联席会议同意美国应该为登陆日本做好准备。[46]

然而，尽管表面上看起来是最终决策，但参谋长联席会议的决定并没有结束有关战略的争论。金海军上将在登陆问题上暂时让步，但并没有放弃通过封锁和轰炸在登陆之前削弱日本并迫使其投降的希望。在登陆发生以前，海军和陆军航空队将有几个月的时间来实现这一目标。4 月 30 日，金表示他暂时支持登陆，并指出，根据围困的进展情况，参谋长联席会议最晚可以在 8 月或 9 月推翻他们的决定。无论如何，金认为参谋长联席会议应该将他们的计划提交给新总统批准。与此同时，麦克阿瑟和尼米兹的参谋人员可以继续制订他们的"没落"行动计划。[47]

在整个 5 月，针对麦克阿瑟和尼米兹指令的确切措辞进行了更多的争论，其焦点在于进攻作战的指挥权应当在什么时候从尼米兹转移到麦克阿瑟手中。海军希望尼米兹掌握进攻过程

432

中的两栖登陆部分。一俟麦克阿瑟的部队安全上岸，他就可以接过指挥权。马歇尔，还有对此更为重视的麦克阿瑟，则希望由陆军把控进攻的两栖阶段。海军不愿意将其舰只交给陆军指挥官，陆军也反对由一位海军将领在初始阶段指挥这场战争中规模最大、最复杂的行动。最终，双方在5月25日达成妥协，将进攻的海上和两栖登陆作战阶段置于尼米兹的控制之下，除非在"紧急情况"下由麦克阿瑟接管指挥权。然而，该指令并没有解释什么样的紧急情况需要由麦克阿瑟接手。事实证明，无论是陆军还是海军都不相信这件事已经搞定。但就目前而言，该指令为尼米兹和麦克阿瑟开始协调登陆九州岛的计划指明了方向。[48]

根据参谋长联席会议的早期指示，麦克阿瑟的手下已经开始计划，并在5月28日前准备好初稿。按照最初的设想，"没落"行动需要已经在太平洋的部队发起"奥林匹克"和"小冠冕"行动的最初攻击。来自美国大陆到西太平洋的替换部队将在11月投入进攻，但从欧洲重新部署过来的部队预计要到1946年初才能加入。因此，重新部署的部队将构成"小冠冕"行动的预备队和后续部队。克鲁格的第六集团军将指挥"奥林匹克"行动，总共动用14~17个师，包括3个海军陆战师，其中一些师的集结地远在夏威夷。他们的目标是夺取鹿儿岛湾（Kagoshima Wan）和有明湾（Ariake Wan），并将其变为入境港，然后向北移动，建立一条从东海岸都农（Tsuno）向西南方向延伸到西海岸川内（Sendai）的对角线，有效地占领九州岛下部的三分之 。该区域将用于建设机场和"小冠冕"行动各师的集结。[49] 罗伯特·L.艾克尔伯格的第八集团军将执行"小冠冕"行动，与从欧洲重新部署过来的各个师构成的第十集团军一起，对最大的本州岛发起攻击，首先占领东京－横滨地区，然后前出关东平原，继续扩大作战行动，直到

433

日本投降。第八集团军在初始攻击中将动用大约 14 个师, 其中 2 个是装甲师, 在后续的行动中还有从欧洲重新部署而来的 10 个师。按照麦克阿瑟的参谋部于 5 月 28 日拟定的计划草案,"奥林匹克"行动一共将出动 77.67 万人, 包括预备队和空军人员。"小冠冕"行动总共需要 102.6 万人。"没落"行动遵循这一基本框架, 但是随着太平洋战场陆军部队, 即麦克阿瑟的司令部, 与华盛顿的联席会议参谋人员合作, 根据不断变化的形势对方案进行优化, 该计划经过整个夏天后发生了很大变化。[50]

然而, 与此同时, 欧洲的胜利触发了复员和重新部署的启动。到目前为止, 对于马歇尔坚定不移地致力于促使这两个进程顺利进行, 艾森豪威尔表示充分的赞赏。欧洲胜利日是感恩和庆祝的理由, 但正像艾森豪威尔在 5 月 8 日致马歇尔的信中所解释的, 一定要对庆祝活动加以限制, 这对避免"放松我们对日作战的努力"十分重要。"推迟欢迎回家的仪式,"他补充说,"将会强调我们这么长的时间里已经付出了多少牺牲, 而不是突出我们下一步还要付出多少牺牲。"[51]规划和协调为美国战争英雄举行的公众招待会需要对职业自尊的敏感和对公众看法的警醒。出于对后者的关注, 艾森豪威尔和马歇尔谨慎地指派了一个 20~30 名步兵组成的代表团, 与其指挥官一道参加全美胜利巡游活动。其中有一次, 在 5 月 30 日, 马克·克拉克将军和 50 名官兵从巴黎经一站式飞行抵达芝加哥参加游行。新闻报道解释说, 这些士兵来到这里是为了代表"成千上万还没有回家的人和成千上万永远不会回家的人"。克拉克一行受到约 75 万名祝福者的欢迎, 在当地典雅的帕默酒店(Palmer House)举行了宴会, 最终散场以后, 他们分别回家探亲。[52]

安排大量高绩点的军人回家, 再让其他几十万人准备登船前往太平洋, 事实证明, 这项工作远比让最早的一小群人回

家困难得多。在欧洲的美军部队必须先经过重新配置，然后 434
才能脱离战场。部队不得不进行转移，建立通信线路，建设新
的仓库。当艾森豪威尔在战争结束时要求归还租借给英国人
的第十八空降军时，英国指挥官回答说，因为该地区有大量
德国战俘，所以目前很难从命。随着困难日增，艾森豪威尔
在 5 月 15 日向马歇尔哀叹，重新部署的要求"如此复杂，且
牵扯众多，以至于所有其他考虑都不得不在我们的计划中退居
次席"。[53]挑选出高绩点人员并以低绩点人员补充已消耗部队，
这项工作因为保持士气的需要而带来更大的挑战。麻烦几乎立
刻就开始了。事实上，总有一些主观因素牵涉其中。作为一个
持续的过程，作战星标的授予在欧洲胜利日之后一直在进行当
中，同时，随着绩点的计算，达到 85 分的人员就从前往太平
洋的各师中被清理出来。5 月底，副总参谋长托马斯·汉迪上
将告诉艾森豪威尔："有关作战星标的麻烦才刚刚开始。"汉迪
解释说，他的办公室已经收到人们的抱怨，这些人认为自己受
到了"不公平的待遇"。"在接到所有这些反映之后，我们才
知道存在为星标付钱的现象，"他又补充，"我猜测，从现在开
始，这样的抗议会大量增加。"[54]

　　作战星标的颁发过程有可能让人质疑制度调整是否公平，
而公平正是这一过程的基本原则，但是，对将要重新部署到太
平洋的部队进行有效调整，也带来巨大的影响。举例来说，第
2 师已经完成重新调整程序并稳定了人员名单，被安排到"小
冠冕"行动中作为预备队，但是之后又被额外授予了 2 颗作战
星标，于是便有 2700 人的绩点超过了 85 分的门槛，具备了
退伍的资格。[55]在重新调整过程中已经减少 6100 人的第 5 师，
又失去了 600 人，因为这些人得到了额外的战役表彰。这些
姗姗来迟的星标，加在一起，总共使欧洲战场上的 1.4 万人免
于继续服役。[56]还发生了其他一些复杂情况，包括第 2 师在内 435

的一些单位，当突然出现预期之外的运输舰船时，他们在重新调整完成之前就被运走了。一俟回到美国，第 2 师发现找不到有经验的或专业的替换人员，因为新近接受训练的替换人员都被派往太平洋战场了。这就需要一批来自欧洲的低绩点替换人员。然而，由于有资格退伍人员的返回带来越来越大的压力，运输船只很快就变得紧张起来。第 2 师直到 1945 年 10 月才得到它需要的替换人员。

在承诺按照个人情况进行退伍和重新部署工作时，陆军部决定以效率换取公平，这便使许多参战的老兵豁免了继续服役。他们已经尽了自己的一份力量，不再要求他们做出进一步牺牲。5 月 11 日，即重新部署日的前一天，艾森豪威尔进一步阐述了重新调整体系的基本规则，曾在两个战场（如北非和欧洲）作战的士兵，不会被重新部署到太平洋战场，即便他们的绩点还不够 85 分。[57] 这一决定使陆军部承受了额外的压力，需要从其他来源（包括新兵）寻找替换人员，而国会针对 18 岁新兵海外部署而新出台的限制措施也带来同样的压力。

关于 18 岁的入伍者在作战前应接受多少训练，在欧洲战争逐步结束的日子里，国会以对此展开的辩论作为重申其权威的几种方式之一。到 1945 年春，美国陆军拥有 800 万兵力，是战时政府规模最大、实力最强的武装力量。诺曼底登陆之后，随着陆军开始与德国人交战，厄尼·派尔等记者和比尔·莫尔丁这样的画家，将战争的痛苦和恐怖传递到大后方，美国公众采纳了灌输给他们的散兵坑视角，一种对步兵加以同情并对那些“大人物”持批评态度的观点。埃里克·塞瓦赖德（Eric Sevareid）从意大利前线报道了“高层做出的重大误判”给他本人和记者同僚们留下的深刻印象。[58] 这种愈发民粹主义化的态度，加上 1944~1945 年急剧攀升的伤亡人数——其中 70% 以上是步兵——使得延长服役期限成为一个令人不安

的问题。尤为严重的情况是因为陆军需要 18 岁和 19 岁的年轻

436

人，他们更能承受严酷的战斗，更容易接受灌输。[59] 因此，国
会的辩论集中在这些"男孩"身上。但并不涉及改变已经确定
的服役年龄，而是坚持在参加作战之前必须加以充分训练。

　　史汀生和作为陆军地面部队司令部指挥官的约瑟夫·史
迪威上将，在这一问题上直面公众，也没有否认有些步兵在
19 周岁生日前牺牲。然而，他们坚持认为，特殊的局面不可
避免地造成这种悲剧性的牺牲。通常，应征入伍的士兵在经
过 15~17 周的基础训练后被派往美国国内的各师进行更多的武
器和战术训练，然后才随该部队派往海外。到 1945 年初，美
国国内的所有师都已被派往国外，因此新兵从基础训练基地来
到替换兵员训练中心，在那里只能接受有限的进一步教学，然
后便派往海外。战场指挥官建议，在一个非交战区的作战部队
中，为替换人员再提供 3~6 周的高级教学（有关新式武器、地
雷、饵雷、夜战、侦察和巡逻）。事实证明，这很困难，因为
诺曼底登陆后欧洲的伤亡人数远高于预期，因此新兵被直接派
往作战师。

　　1945 年 3 月 17 日《星期六晚邮报》有一篇文章，题目
为《战争的孤儿》（*Orphans of Battle*），美国公众从中了解
到这些美国士兵在欧洲战场上的经历。记者理查德·C.霍特
利特（Richard C. Hottelet）写道："作为替换人员的步兵感
到困惑，他们不属于任何特定的集体，在缺乏指导、未接受足
够训练，也没有伙伴在身边的情况下，就被哄骗着加入了战
斗。"这种情况已经持续 6 个月。早在 1944 年 10 月，战场上
的替换营就已空无一人，大多数替换人员几乎立即就开上了前
线。在那里，每名新兵都与一名经验丰富的士兵配对，被告知
在值勤时不要睡觉，寒冷中要按摩双脚，要保持步枪清洁。太
平洋战场的替换优先级低于欧洲战场。在 1945 年 3 月 16 日的

437

一次新闻发布会上，史迪威将军回应了霍特利特的文章，排除了师级训练的可能性，可能是因为各师最后都已经调走了。他又解释说，替换训练中心现在采用了更为集中的准备课程。年轻的美国士兵的父母们并不放心：《纽约时报》刊载了一批对陆军不满的文章。根据《纽约时报》的报道，这种情况变得越来越根深蒂固，因为人们感到"陆军正在试图插手平民的事务"。[60]

所有这些都构成了国会采取行动的背景，他们要通过一项要求对 18 岁新兵至少进行 6 个月（另一个版本中要求 12 个月）训练的修正案，以此延长义务兵役制。在参议院里，领导对这一修正案进行斗争的是俄亥俄州共和党参议员罗伯特·塔夫脱。在一项民意调查中，人们被问到，18 岁的新兵是应当在派往前线以前接受一年的训练，还是军方在认为他们已经接受足够训练的时候就把他们更早地派往前线，有 68% 的受访者坚持应当先接受一年训练。3 月 6 日，马歇尔向艾森豪威尔抱怨说，塔夫脱在参议院做出"强烈批评"，因为他有一个朋友的儿子在欧洲战场上阵亡时年仅 18 岁。马歇尔补充说，参议院"抨击对这些年轻人的使用和对其训练不足"。与此同时还有麦克阿瑟将军"对缺乏替换人员的强烈抗议"，以及其他指挥官也反对进一步将其部下转为步兵替换人员。"这些因素组合而成的形势，"马歇尔总结说，"带来了最有悖情理的压力。"[61]

4 月 25 日，参议院就这项修正案以 50 票对 25 票"击败"了杜鲁门的新政府。他们这种做法无视总统表达的意愿，拒绝了马歇尔的直接呼吁，后者曾警告该修正案可能导致"灾难"，而参议院认为这些警告夸大其词而不予理会。美联社记者艾伦·德鲁里（Allan Drury）在参议院媒体席的座位上，通过他的私人日记评论说，在"军方继续无处不在"的情况下，参议员们变得焦躁不安。德鲁里指出，在有关《国民服役法案》

的斗争之后，"由于军方两个部门在那场不愉快的战斗中获得不坦诚的坏名声，出现了一种非常强烈的倾向，那就是狠狠地教训他们一顿"。"五角大楼和海军大楼里那些坐在翻盖式书桌旁的常客们正面对自己厄运临头的预兆，"他又说，"尽管自己并不情愿，但是他们统治美国的小小尝试正在随着这场战争一起进入最后阶段。"[62]

3天之后，4月28日，当国会把延期法案的草案递交总统，亚拉巴马州民主党参议员约翰·斯帕克曼（John Sparkman）解释说，这项修正案要求6个月的训练，其前提是已经发生变化的形势：即将战胜德国将带来人力需求的下降。[63] 鉴于计划在欧洲胜利日后开始的大规模重新部署，上述想法正是马歇尔所竭力想要避免发生在公众领域的。他引用了欧洲持续不断的伤亡以及艾森豪威尔和麦克阿瑟对部队的要求，向国会建议，修正案的效果将是增加5万人的替换短缺，并减缓部队的复员。其他消息来源指出，随着陆军开始在绩点制下大规模重新部署，对年轻应征入伍者的需求仍会保持高位。[64] 尽管如此，5月9日，欧洲胜利日之后一天，国会将《义务训练和服役法案》（Selective Training and Service Act）延长一年。在阻止了国会试图免除农业工人入伍以后，杜鲁门不情愿地批准了这项法案，并提出了新的要求，即任何19岁以下的陆军或海军新兵都不得被命令加入作战，"除非已经接受至少6个月相应性质的军事训练，并在必要的程度上使新兵做好战斗准备"。[65]

国会关于延长草案的辩论指向国会山和美国公众中存在的广泛且日益增长的情绪，针对的是联邦政府继续干涉人民生活和命运。杜鲁门通过呼吁公众的公平感，在豁免农业工人的问题上占了上风。国会议员们真的相信农场劳动比其他所有形式的劳动更有价值吗？这种全面豁免的深远影响足以让大多数民主党人保持一致，包括南方人，他们通常与塔夫脱等共和党人一起投票。但是在作战中使用 18 岁的孩子是一个更具感情色彩的问题。众议员们不太愿意接受陆军部的一项保证的安抚，他们现在公开质疑该部门的信誉。1945 年 2 月，俄亥俄州共和党众议员威廉·赫斯（William Hess）两次指责陆军部违反了早先的承诺，即在 18 岁的新兵接受一年训练之前不将他们派往海外。

　　到 5 月初，国会对陆军的怀疑无处不在。马歇尔沮丧地得知，他在众议院军事委员会的秘密会议上所作的，有关复员和重新部署计划的证词已被泄露给新闻界。《华盛顿邮报》针对这一泄露事件谴责"不负责任的众议员"，但是报纸编辑怀疑此事是否会造成任何损害。而且，考虑到目前公众的焦虑程度，这一计划最好是尽可能保持公开。这让陆军部十分吃惊。"我们的士兵、他们的家人和其他平民百姓，"编辑们评论道，"得知德国投降后，复员工作预计将迅速地，并在相当广泛的范围内展开，都将感到无比欣慰。"⁶⁶ 马歇尔当然会对《华盛顿邮报》所强调的"迅速和广泛的"复员提出异议。这篇报道发出了错误的信息。为防止公众产生任何误解，陆军部第二天公布了它的复员计划的详细提纲。

　　这篇 5 月 6 日发布的新闻稿强调了太平洋战争最后阶段的准备工作在后勤方面所涉及的挑战。陆军将维持一支 700 万人的大军，但希望在本年度退伍大约 200 万人，其中三分之二来自欧洲战场，三分之一来自太平洋，但是向太平洋战场进行重新部署仍然是首要任务。海上运输将十分紧张，尽管在现有船只外还有 800 架运输机和 3 艘改装的英国远洋班轮，但仍需要一年时间才能让合格军人复员回家。陆军部承认："我们不能指望我们计划的每一个阶段都能取得完美的效果。"对有关各方来说，这都像是一种轻描淡写的说法。然而，陆军部希望能够依靠美国人民的理解和勇气迎接即将到来的挑战。[67]

　　5月8日，复员计划泄露给新闻媒体的3天之后，众议院军事委员会成员透露，陆军正在计划于和平时期维持大约450万人的规模，其中400万人将作为预备役。该委员会主席，肯塔基州民主党人安德鲁·梅（Andrew May）对此消息发表了一份书面的否认，但是委员会中的几位成员坚称最初的报告是真实的。陆军领导人计划组建一支比战前规模大得多的和平时期的部队，他们指望和平时期的征兵制度来填补空缺并提供预备役人员，这样的消息并不令人感到意外。尽管有记录显示马歇尔支持普遍军训制（Universal Military Training）和更大规模的战后军队，但这个具体的数字还是初次听到。然而，大多数国会领导人坚决反对普遍军训制，并怀疑陆军想在战后维持其权势。军方提案的泄露，除了再次暴露秘密证词外，还引发了一场关于战后军事机构性质的持续辩论。[68]

　　即使在胜利的时刻，对陆军近乎愤世嫉俗的怀疑也是显而易见的。在欧洲胜利日后不久，《华盛顿邮报》专栏作者马奎斯·蔡尔兹（Marquis Childs）报道说，欧洲战场上的美国兵把军方未能将长期服役的士兵轮换回家休假视为一种失信行为。据蔡尔兹说，陆军对这一问题的解释——海运船只的短缺——对士兵们来说是站不住脚的。在评估海外士兵的情绪时，蔡尔兹警告说，一旦开始复员，陆军部的信守承诺将"极其重要"。他警告说，如果陆军部把退役工作"搞砸"了，"如果个别高级将领仅仅为了提高某些指挥官的威望而让士兵继续服役"，"那么政府的问题就的确十分严重了"。[69]

　　又一次的泄露更加突出了士兵和高级将领之间的鸿沟，这次是马歇尔向参议院军事委员会所作的秘密证词。据政治八卦专栏作者德鲁·皮尔逊（Drew Pearson）所说，参谋长告诉参议员们，他担心有一大批高级军官，如著名的"铁血将军"乔

440

治·S.巴顿，正在"叫嚣着"与日本决战。[70]

密歇根州共和党人阿尔伯特·恩格尔（Albert Engel）决心与陆军针锋相对。在拨款委员会（Appropriations Committee）的一次会议上，恩格尔发动了被某位记者形容为"对陆军部最近公布的复员绩点制度的一场攻击"。恩格尔说他对抚养津贴的成本很是担心，希望陆军改变它的制度，对有3个以上孩子的父亲给予绩点奖励。按照陆军的制度，身为父亲的士兵的前三个孩子可以获得绩点，但是如果他们有4个或更多的孩子，却不会得到更多绩点。恩格尔断言，德国战败后，国内需要这些人。他威胁说，如果陆军不改变其政策，他将对陆军拨款法案附加一项十分严厉的修改。国会议员梅承诺将反对任何此类措施，并恳求他的同僚们"相信陆军领导人的判断"。[71]梅的请求被证明是徒劳的，军事委员会最终被迫在6月中旬就此问题举行听证。

对陆军的绩点制度发动的攻击才刚刚开始。如《纽约时报》在5月14日的一篇文章中提出，"国会议员的收件箱里已经塞满了士兵家属的来信，他们想要知道乔为什么不能回家。呼吸着胜利气息的国会议员们，正以他们近来事事插手的热情关切造成陆军的焦虑"。[72]当众议员恩格尔抱怨陆军忽视抚养津贴的成本时，科罗拉多州参议员约翰逊批评整个绩点制度过于复杂，容易出错。作为替代，他推荐一种更简单的方案，称为"先进先出法"。陆军在他们的回应中指出，仅计算服役年限而不考虑其他重要因素，例如军人曾经面对的危险或艰苦条件，那是不公平的。[73]对加权服役评级的其他攻击不太容易反驳。陆军面临的许多持续挑战关乎工业对拥有特殊技能劳动力的需求。商界人士和许多政府管理者认为，欧洲战争结束后，就有可能按照其在国内能够发挥作用的大小，让军队中的熟练工人回国。煤炭行业尤其迫切，他们警告说随着冬季的到来，北方将出现燃料短缺。在 5 月中旬，肯塔基州的前众议员，战争动员与复员局的新主任，伯恩斯的继任者弗雷德·文森（Fred Vinson）提出一个让 5000 名煤矿工人复员的请求，遭到陆军部副部长帕特森的回绝，因为这只能"以牺牲其他服役时间更长、任务更为艰巨的士兵为代价"。为了避免文森忽视这将对士气造成的显而易见的后果，帕特森又说："这将导致战士们的普遍不满。"[74]

442

　　帕特森原本还可以补充说，那些工作在新建的五角大楼的军官们，他们的士气受到针对陆军和陆军部的持续不断的众多批评的影响。副参谋长托马斯·汉迪在 5 月底给艾森豪威尔的信中写道："公众和国会里的人对陆军部所做的几乎每件事都持批评态度，而且这种态度越来越严重。我想这多少算是一种自然反应。从各种迹象来看，保持战争的优先性都将是一项艰巨的任务。""这句话听起来很奇怪，"他承认，"但事实确实如此。从公共关系的角度来看，陆军部的工作远比以往任何时候都更加困难。"[75]

　　在某些方面，陆军努力表明他们理解公众情绪，这进一步鼓励美国人对加速向和平环境过渡的期望。在对加权服役评级和重新部署过程所作的解释中，总是包括对日作战需要克服巨大障碍的警告。但它们也总是包含一些表态，例如艾森豪威尔的话，告诉那些虽然在他手下，但是即将参加对日作战的士兵们，"有些人，而且我相信会有越来越多的人，将会很快就享受到回家的喜悦"。[76]"在向太平洋战场转移部队、飞机和补给物资的同时，"马歇尔在 5 月 6 日发表的一份声明中向美国士兵保证，"将以最快速度送回长期服役的老兵，而且要确保早日取得最终胜利，让你们都能够回家。"通过利用快速假设固定目标方位的预测，陆军增加了自己所面临的问题。例如，根据陆军部 5 月 6 日解释重新部署过程的新闻稿，按照加权评

级绩点，陆军预计明年将退役130万士兵。但是，他们估计
还会有大约70万人因为疾病、负伤或年龄而退伍。那么，在
443 欧洲胜利日之后的第一年，共计将有容易让人记住的整整200
万人退役。[77] 不久，陆军参谋人员发现，他们在履行自己退役
200万人的新"义务"的同时，很难再为太平洋战场提供足够
多的成熟部队。

马歇尔对欧洲胜利日后出现普遍失望的担忧正在变成现
实。国会、公众和一些战争计划管理者都在把国内事务优先于
太平洋战争。国会要求免除农业工人服役并允许煤矿工人退役
的要求，目的是立即减轻战争所带来的一些负担。陆军部对这
两个要求的拒绝激怒了国会中的一些人，而商界领袖及其在国
会中的支持者对他们所认为的陆军对恢复平时生产的妨碍更
是持批评态度。"不要忘记，"一份商业刊物解释说，"陆军的
态度是敌视恢复平时生产的。"根据《基普林格华盛顿通讯》
（*Kiplinger Washington Letter*），陆军之所以采取这种做法，
是因为它不信任行业领袖，并指责他们奢望"一切照旧"。行
业领袖及其在国会的盟友反驳说，商界在整个战争期间都不负
众望，并将继续履行其义务。而副部长帕特森和陆军的参谋人
员都是"感情用事"和"不切实际"的。订单的削减已经在
造成失业。除非民用经济得以复苏，否则将出现大规模失业，
"这甚至会让军工行业的工人紧张不安，并造成不稳定状态，
损害对日作战的物资生产"。[78] 毫不夸张地说，截至欧洲胜利
日，陆军正成为使人们感到沮丧和愤怒的主要目标；它恰好象
征了这场开始让美国人感到厌倦的战争。

在欧洲胜利日之后，尽管冲绳战役还在激烈进行，但是
恢复平时生产和向太平洋的重新部署占据了新闻焦点。在德国
投降后的一周内，陆军部和战争动员与复员局发布了一系列的
报告，并举行了数次记者招待会，更加详细地阐述了当美国准

备对日本的最后一战时，美国人民可以有何期待。对于相互叠
加的重新部署和部队复员进程，陆军制定了时间表，这反而限
制了恢复平时生产的步伐。陆军敦促公众坚持到底，直到赢得
太平洋上的最后一战。文森接受了陆军在这一过程中的主导地
位，但相信他所在的机构和陆军之间必须进行更好的协调。当
他了解到，史汀生部长希望总统向国会发表一项有关重新部署
的联合声明，文森请求杜鲁门在 5 月 9 日指示陆军部在发表任
何此类声明之前要征询他的意见。他解释说，"整体的恢复平
时生产计划，以及我们满足国内最低吃穿需求的能力，还有我
们供应被解放地区的能力——所有这些在很大程度上都取决于
参谋长联席会议最终实施的大规模重新部署计划"。[79] 杜鲁门
授权文森直接向陆军咨询拟议中的信息，但是也表明他无意于
亲自向国会传达这一信息。[80]

444

　　文森有幸能与总统保持一种密切的工作关系，后者将他
描述为"绝对忠诚并值得信赖"。[81] 在他们一起供职于国会的
时候，两个人就已成为朋友，杜鲁门在参议院，而文森在众
议院。后者与前者一样，被很多人认为在政治上持温和态度，
虽然二者也都强烈支持新政方面的立法和计划。他们都以工
作勤奋、不事张扬著称。两个人都不被视作意识形态的拥护
者，有一种看法认为这主要是因为他们都是来自边远各州的代
表。文森在税法方面很有名气，他在 1944 年布雷顿森林会议
（Bretton Woods Conference）上的工作受到赞扬。这场在新
罕布什尔州召开的美国与其盟国之间的会议确立了战后的全球
金融体系。战争期间，他还担任过经济稳定办公室（Office of
Economic Stabilization）的主任，这个职位使他成为国家的
首席通货膨胀监察员。尽管这是一个具有相当对抗性的职位，
但他与曾经的国会同僚保持了联系，并设法避免树立严重的政
治敌手。[82]1945 年 3 月，参议院一致同意由他担任联邦贷款管

理员。他作为这一角色的第一项工作就是在杜鲁门副总统的邀请下会见参议院成员。[83]

445 当文森在 4 月 7 日接替伯恩斯的时候，他正在跳上一列奔驰的列车。美国的战时经济需要两种形式的约束，一种是重新配置商业和工业活动，以便将足够的资源导向战胜日本所需的武器和物资装备的生产；另一种是对个人造成的冲击，出于同样目的控制食品、耐用品和汽油的消费，同时施行必要的定量和配给措施。在前一种情况下，从欧洲胜利日之前几周，限制措施的大量解除和向市场经济的转变就已开始，并很快变得势不可当。伯恩斯已经暗示了即将发生的一些变化，陆军部和海军部已经开始取消他们相信将不再需要的装备合同。所有人都同意，随着欧洲战事的结束和日本海军的溃败，美国海军就不再需要所有这些合同项下的舰只，陆军航空队也不再需要所有这些订购的飞机。3 月，一份 72 艘舰只的订单被取消，这预示着许多人所担心的，一个匆忙而混乱地转向恢复平时生产的过程。

德国的投降迫使文森在从五角大楼获得所需资料之前就发表了第一份恢复平时生产的报告。5 月 10 日出台的这份报告题目为"战争——第二阶段"，它所针对的，包括这场单线战争互相交叠的各个组成部分；军人退伍和重新部署的体系，战时生产和它对就业需求的影响，以及在战争第二阶段的消费品供应。至少在最后这个问题上，文森并没有给公众带来什么值得高兴的理由。会有一些管制措施放松；不再需要调暗灯光——"灯火管制"解除了，赛马的禁令，还有要求夜总会和酒吧早早关门的宵禁令也取消了。在很大程度上，文森要求美国人继续保持的，就是《纽约时报》所谓的"斯巴达式的生活方式"。[84] 在三种需求量最大的定量配给食品，糖、黄油和肉之中，糖的比例——每年家用 15 磅和罐装 15 磅，以及黄油的比例都将保持不变，直到秋季的末尾，肉类才有望恢复到从前的水平。供鞋帮使用的皮革数量也减少了。煤矿工人的缩减将使煤炭供应减少20%，这意味着明年冬天家里会更冷。取决于个人就业情况的可怜的汽油供应量增加了一倍，但新轮胎的供应量减少了八分之三。棉纺织品供应短缺，价格昂贵，因为劳动力和设备的缺乏造成种植面积减少了一半，而陆军需要棉布制服和帐篷用于在太平洋战场进行重新部署。人造丝的长筒袜让位于预防疟疾的蚊帐。[85]

文森预测，到1945年夏末，战时生产将有所缓和，进而能够制造更多的消费品，如收音机、吸尘器和其他电器。然而，他强调，实现日本的无条件投降和占领其本岛需要"我们战争和生产付出全部努力"。战时生产将小幅度减少，也许会有15%，但大多数军工产业工人将不得不继续工作。这意味着失业率将略有上升，其中大部分是"换工作造成暂时失业的"工人。[86]

劳工领袖认为文森未能解决迫在眉睫的高失业率风险，他们对此产生了强烈反应。美国产业工会联合会恢复平时生产委员会（Congress of Industrial Organizations Reconversion Committee）主席特德·西尔维（Ted Silvey），嘲笑了文森预测的未来几个月战争订单只会减少10%~15%。"使用这些数字是荒谬的，"西尔维告诉记者，"军方采购官员自己也知道这是错误的，这是以某种盲目乐观的态度期望失业率会有所下降，或者是说即便我们不去讨论它，问题也会自行解决。"[87]似乎是为了强调西尔维的观点，即使在消费限制措施仍然有效的情况下，向平时生产的转换也在推进。5月，陆军航空队取消了1.7万架飞机的合同，该事件造成的失业会在下一年蔓延开来，总数将达45万人。就在文森发表这篇报告的几天之后，《纽约时报》的头条新闻宣布"美国工业开始转向和平方

446

式"，接着是更为严肃的副标题"战争的'第二阶段'预计会带来就业问题，失业是一个大麻烦，劳动者意识到危险"。通过使用一种所谓"即时授权"的程序，向 72 个特定行业提供恢复民用生产的信号和手段，政府正在缓缓步入恢复平时生产的过程。政府说，其目的是缩短取消战争订单与进行和平时期生产之间的时间差。5 月 11 日，战时生产委员会撤销了 73 项管制，包括对金属材料的管制，并承诺在几个月内取消一半的管制措施。[88]

447　　　商业评论员和不同的国会成员从区别于劳工的角度看待战争动员与复员局的报告，但是同样都不赞成它。这些观察者发现，很难相信武装部队将需要 1100 万军人，而所需食品和补给甚至比两线作战的时候还要多。支持这一观点的是 5 月 21 日《巴伦周刊》（*Barron's*）的一篇文章，报道说战时生产委员会主席朱利叶斯·克鲁格（Julius Krug）暗示，在文森发表报告两周后，更大幅度的削减便已迫近。根据《巴伦周刊》的说法，问题在于五角大楼那大肆铺张的计划，这些计划"毫无疑问，就像所有军事计划一样，对任何情况都进行了设想，甚至包括登陆月球"。[89]同一份杂志还报道了，文森和陆军之间正在上演一场幕后争斗。"在一些更明智的国会首脑中，越来越多的人感觉到，"有篇文章解释说，"在只剩一个敌人的情况下，陆军后勤主管布里恩·萨默维尔将军对战时生产的要求过高了。"文章继续说，这些国会议员"从文森办公室得到了一些鼓励"。所有迹象都表明，当国会从 7 月 1 日开始审议新财政年度陆军拨款法案时，萨默维尔就会成为热锅上的蚂蚁。[90]

　　　目前尚不清楚文森或其幕僚可能对国会议员就陆军部的单线战争计划说些什么。然而，我们确实知道，文森仍然对陆军的人力和物资采购需求持怀疑态度。5 月 14 日，萨默维尔会见了战争动员与复员局的咨询委员会，解释了为什么在欧洲胜利日之后陆军的需求仍然如此之高。"在太平洋战场上,集结区的问题非常严重,"萨默维尔解释说,"马尼拉一片狼藉,吕宋山谷遭到破坏。"根据会议记录,萨默维尔"将从欧洲到太平洋的转运问题比作把整个费城搬到菲律宾,并强调指出,转移的速度只能由收到物资的快慢决定"。他估计,到年底,整个战时生产将减少16%。或许可以进一步削减,但太平洋战场上的苛刻条件使他不想做出任何肯定的预测。尽管咨询委员会的成员们礼貌地总结说,萨默维尔的演讲是"迄今为止向委员会所作的一次最好的介绍",但他们第二天的评论表明,他并没有改变这些人加快脚步恢复平时生产的决心。[91]

448

萨默维尔陈述的第二天,文森打电话给他的老板,要求和他谈谈陆军在对日作战上的需求。马歇尔要求文森给他一天时间收集一些可靠的资料,并指示萨默维尔为这次会面准备一份报告。萨默维尔在同一天的回复中对陆军的采购计划进行了辩护。他在报告开始时建议,需要提醒文森,陆军的兵力水平在未来一年只会下降5%,所有这些人,无论驻扎在哪里,都需要住处、衣物和食品。萨默维尔向马歇尔解释说,文森质疑采购与战略之间的关系。文森特别想知道的是,"我们是否打算花上3~6年的时间削弱日本人,为什么我们不能将欧洲的大量物资转移到太平洋战场?那样一来就不必在这里再生产如此之多"。据萨默维尔说,文森尤其关注国内对军方计划的政治反应,他曾表示"国会十分恼火,几乎达到他所知道的最危险的一种气氛",他希望"获得尽可能多的信息,以避免经济战线上的灾难"。在这里,萨默维尔暂时将包袱甩给马歇尔,向他建议,需要由他向文森解释维持陆军规模和制订作战计划的理由。

回到他作为后勤主管的职责,萨默维尔向其上司强调,他已经将欧洲的物资最大限度地纳入估算,还考虑到了"相对于

我们将实际回收的，或者我们能及时转移的设备"，是否还有
什么东西"我们能指望有更大的比例得到利用以满足我们的
需求"。萨默维尔向马歇尔保证，他的机构一直在努力降低预
测，并"以谨慎的态度尽快"减少需求。他理解，陆军在某些
方面的需求，比如棉纺织品，似乎已十分紧迫，但那是因为目
前的生产水平已经低于战争早期。在这个变小的苹果上，陆军
咬掉了一大块——20%。根据萨默维尔的说法，文森可以通过
将生产提高至 1942 年的水平来解决问题。对于纺织品和其他
短缺的原材料，如制鞋用皮革等，陆军的需求已经得到有关部
门的考虑和批准，而且具体到鞋子和靴子上，陆军已经把需求
降低到军需总署所谓的一个"低得很危险的"水平。萨默维尔
相信，更大的问题是对于陆军判断力的信任和信心。他的结论
是，文森想要了解"关于太平洋战场计划的足够信息，以便说
服自己，在为今后几年做规划的陆军不是在过度需求，而且正
在充分利用欧洲的现有资源"。[92]

　　令萨默维尔感到最为不安的是，他看到文森闯入了军事战
略领域。在给马歇尔的备忘录附言中，他说，结束了与文森的
谈话后，他得到的印象是，动员主任认为，美国可以通过延长
封锁和轰炸的时间推迟登陆行动，从而降低对生产的要求。萨
默维尔和马歇尔一样不同意这种想法。他断言，如果美国选择
无条件投降的持久战策略，对装备物资的需求将保持不变，而
生命损失会更大，相关费用，特别是士兵工资也会增加。[93]马
歇尔以前曾在参谋长联席会议、国会听证会和非正式的新闻发
布会上提出这些论点，但在这三个场合中，对美军战略的怀疑
仍然很强烈。毫不奇怪，萨默维尔同样未能改变文森。

　　在与依靠萨默维尔报告的马歇尔会面以后，文森仍然担心
陆军部和陆军参谋部没有意识到公众在战时经济的约束下已经
变得多么焦躁不安。动员主任在 5 月 22 日出席参谋长联席会议

时再次试图说明这一点。文森告诉这群人，由于缺乏信息，公众对欧洲胜利日之后的战争状况、恢复平时生产的进展、隐约显现的失业和粮食的短缺都深感忧虑。他补充说，国会非常忙，而且处于一种"由其多种职责和所面临问题造成的奇怪心态"。文森还列举出芝加哥的卡车罢工和无烟煤矿场上的持续混乱，对越来越多的劳工风潮发出警告。然而，食物的短缺是"最棘手、最令人恼火的因素"。文森将公众刻画为"受到鼓动"且"容易得出错误结论"。他再次要求提供有关对日作战所需物资的数据，并特别要对飞机的需求加以审核。如果军方能够减少战略物资的使用，将大大有助于恢复平时生产的进程。根据会议记录，作为其第一次评估报告的总结，他说自己"担心国家的动荡。他以前从未见过人民处于现在这种心态"。[94]

450

　　文森并非一个危言耸听者，事实正相反。尽管如此，他对公众心态的评价太过极端。或许，这是在表达其国会同僚的感受，这些人一直在倾听选民的牢骚。他也可能是在传达总统的决心，一定要避免再次出现第一次世界大战后的那种经济萧条。马歇尔试图向文森保证，他了解形势，但是对于军方缩减需求几乎没有提供任何指望。相反，马歇尔解释说，为了在对日作战中减少牺牲，陆军将使用比欧洲战场更多的部队和机组人员作为预备队。为每个师增加一个团能使士兵的生存机会提高35%。马歇尔补充说，他不能把希望寄托在苏联参战或日本投降上。因此，"生产必须跟上"。[95]文森回答说，接下来的6个月至关重要，他要求切实而逐步地削减生产，以防止在战后出现经济问题。

　　对此问题拥有最终决定权的莱希海军上将宣布，他同意文森的观点，并相信对方提出了"对国内局势更为清晰的看法"。[96]参谋长联席会议的记录更多是一个总结，而并非发言内容的逐字记录，这让读者对莱希声明的重要性惊诧不已。如果莱希同意文森对经济压力的看法，那么他是否相信陆军可以减少对人力和物资的需求，并继续执行其太平洋战争的计划呢？抑或他认为陆军应该改变战胜日本的策略，采取一种不会对经济造成如此沉重负担的方法呢？

451　　陆军参谋人员坚持认为轰炸和封锁是一种拖延战争进程的办法，它无法迫使日本人在可以接受的时间内无条件投降。但是，如果苏联参战呢？那是否能减少用于降伏日本的美军规模，从而减轻后方的压力并加速复员呢？ 5 月 25 日，在众议院拨款委员会分会的一次闭门会议上，马歇尔预料到了这些问题。他解释说，如果苏联参战，美国很可能就需要规模小一些的部队，但这个问题目前还是"无法估量的"。在被问到轰炸和封锁的策略时，马歇尔指出了这种方式存在的很多问题，包括战事拖延给纳税人造成的负担。他还提到，美国人需要考虑中国人对于日军部队在他们国土上的继续存在作何感受，并警告说，为开展有效封锁而需要占领战略要点，这可能导致一场代价高昂的消耗战，其伤亡水平与直接进攻的预计伤亡相差无几。97

尽管马歇尔是在闭门会议上作证，但这个分会的成员很快就向记者透露了他们所说的大部分内容。几位众议员告诉媒体，战争会比预期的时间长，在下一个财政年度不会有大幅度的开支削减。其中没有太多的新东西，陆军部和战争动员与复员局在其公开报告中都已经说过了。然而，更令人惊讶的是，这个分会的一些成员做出了看似并不一致的预测，"陆军规模可能很快会再次大幅缩减"。据《纽约时报》报道，几位匿名的众议员对此进行了详细阐述，称复员比例"将取决于未来数月的事态发展。他们解释说，如果苏联加入对日作战，我们国家大概可以减少太平洋战场的兵力。然而，他们强调，马歇尔将军没有讨论苏联对日作战的前景"。98

这是众议员在不到一个月的时间里第三次透露闭门会议上

的信息。被泄露的信息中最具争议的部分是马歇尔对陆军预测
中的苏联人因素所作的即席评估。国会在这一问题上的推论和　452
《纽约时报》的报道似乎违反了马歇尔建议并刚刚实施的审查
规则，反对媒体对"未来战争计划"的猜测。按照他的意愿，
新闻检查处（Office of Censorship）指示新闻界，有关"苏
联针对日本的意图"的猜测是一个特别令人关切的问题，应该
加以回避。[99] 不必奇怪，一些媒体人士抗议这项新的限制，认
为这是陆军部将其严格管理强加给大后方的又一次尝试。记者
I. F. 斯通（I. F. Stone）指出了这种努力的愚蠢，因为日本人
对苏联人意图的猜测比美国人要多得多。马歇尔和新闻检查处
处长拜伦·普赖斯（Byron Price）都明白，他们无法压制公
众对苏联参战的所有猜测。然而，马歇尔担心，这种推测，特
别是如果它与官方渠道有联系，那么在苏联红军完成从欧洲向
远东前线的部队调动之前，就可能挑起日本人对红军的进攻。
在向该分会作证以后，马歇尔惊异地看到自己的名字与他想要
压制的那些故事挂上了钩。

　　惹麻烦的众议员明确表示，他们是在就苏联参战的或然性
及可能的影响得出自己的结论，但这无济于事。读者不太可能
相信听证会上没有讨论过这个问题。从马歇尔的角度来看，也
许更令人不安的是国会对陆军计划的一个关键组成部分的猜测
所带来的潜在影响。通过提出苏联"在未来几个月"参战的
可能性，匿名的众议员鼓励公众相信，陆军不需要将其重新部
署计划贯彻到底。时间安排尤其令人不安。在接下来的几个月
里，在数十万人军横穿美国前往太平洋战场的同时，美国人将
请求苏联人伸出援手。

　　马歇尔及其陆军参谋部的下属，与史汀生和帕特森为首的
陆军部平民首脑，已经正式通过了击败日本的一套复杂策略，
需要军方继续介入民用经济，并且，当大多数美国人正在期望　453

放下这副重担时，继续将这个国家的几百万年轻人置于自己的指挥之下。由此带来的针对军方领导人的批评使他们担心，美国人缺乏继续为战争付出牺牲的意愿，这将鼓励日本人的顽抗，指望通过拖延战事就能迫使美国接受一个不完整的胜利。由此，就不得不让日本人看到，美国人全心全意地准备投入压倒性的兵力登陆其本土，那将是一支多达 700 万人的庞大陆军，以其所能制造的无限火力为后盾。帕特森一贯反对恢复平时生产的号召，但是他发现，战争动员与复员局近来的行动甚至也不那么受欢迎了，因为他们含蓄地质疑陆军的胜利计划的基本原则。"文森的办公室，"帕特森抱怨道，"已经变得焦虑不安，因为其中有许多人想就太平洋战争的策略发表意见。"[100]

尽管针对陆军的批评愈发鼓噪，但杜鲁门仍然支持马歇尔战胜日本的策略。6 月 1 日，他向国会发表了演讲。这是自 5 月初文森第一次听说之后，美国陆军部就一直在着手准备的。总统顾问塞缪尔·罗森曼（Samuel Rosenman）法官监督了对这一冗长文稿的某些修改，但最终版本忠实地表达了陆军部对美国在太平洋战场面临的种种挑战的关切。[101] 在阵亡将士纪念日（Memorial Day）的讲稿中，近三分之二的篇幅致敬不同军种的贡献，并赞扬了为战胜德国做出贡献的士兵、水手及飞行员的勇气和牺牲。谈到太平洋战场，总统对复员和重新部署的过程进行了概括，并向国会保证，正在付出一切努力让符合条件的士兵尽快从欧洲回家。陆军将需要不到 700 万人参加即将到来的对日作战，这将允许来年再退役 130 万高绩点军人。另外有 70 万人因为负伤、患病或是年龄离开陆军，总共将有接近 200 万人在今后的 12 个月内退伍。[102]

当杜鲁门的讲话最后涉及赢得对日战争的胜利时，他援引了正在进行的冲绳战役的伤亡数字，为下一步的斗争描绘了一幅暗淡的景象。美军在前进的途中，会第一次遭遇日本陆军的主力。通往胜利的并非一路坦途。轰炸和封锁还不够，将不得不在地面战场上，以坦克、火炮和火焰喷射器支援下的步兵击败疯狂顽抗的日本陆军。这项工作需要数量惊人的后勤补给物资，抵达战区所需的路程也十分遥远。杜鲁门指出，海军需要对受损船只进行大规模维修，并呼吁造船厂工人坚守岗位。他还解释说，未来几个月对公共交通的需求将有所增加，使得国内旅行更加困难。最后一战的物质需求只容许战时生产发生少许的变化；后方需要生产的坦克、飞机和火炮的数量减少，但弹药的产量会接近1944年的水平。已经动员起来的经济必须为满足太平洋战争的特殊需要而生产更多的物品，包括抗疟药物阿的平、钢制驳船、铁丝网和防虫窗纱布、作战靴、棉布制服、水陆两用卡车、雨衣、蒸馏装置、无线电中继装置、特殊铁路装备和机动车间设备。国内市场上的纺织品和鞋用皮革会继续紧张，而食品同样如此，因为要供养一支700万人的陆军，以及欧洲那些新解放的地区。[103]

总统在讲话结尾呼吁美国人付出最后的努力，以实现"日本的无条件投降"。日本人已经放弃了征服的梦想，但他们指望美国人对战争带来的牺牲感到厌倦。"他们希望我们想要看到自己的士兵和水手回到家中，回到和平环境的舒适和利益的诱惑中，这将迫使我们接受一定的妥协，从而避免无条件投降。""他们应该更清楚，"总统补充道，"应该让他们意识到，我们这个国家现在正处于军事力量的顶峰，我们的决心不会松懈，也不会削弱。"[104]

杜鲁门的演讲实现了几个目的。一些观察者认为这是直接对日本发出的警告。但是，它同样针对行政部门和国会中的批评者，这些人认为陆军的计划给后方带来了不必要的负担。通过向国会发表这次演讲，杜鲁门为陆军的计划背书，也确凿无疑地让马歇尔相信总统本人不会动摇。

455

公众的反应并不激烈。这篇讲稿中有关重新部署、复员和恢复平时生产的大部分内容在几个月之前就已见报。第一份报道仅是一次摘要，但是对于陆军立即使用正在集合起来的全部人员和装备的能力，后来的报道提出了一些问题，虽然是间接性的。[105] 杜鲁门的话对东京的日本政府影响不大。它也没有改变国会、商界和劳工组织的想法，他们要求更快恢复和平时期的经济模式。6月初，恢复平时生产的支持者利用对一项重新授权物价管理局（Office of Price Administration）法案的听证会，督促政府放松战时管制。作为战时经济动员中出现的最具新政色彩的机构，物价管理局对公民日常生活的介入仅次于陆军。批评人士指责该机构是造成肉类短缺的罪魁祸首，并将其视为"无足轻重的长发左翼分子"的避风港，他们以打击通货膨胀的名义扼杀了自由企业制度。[106] 私下里，罗伯特·塔夫脱参议员批评该机构是由新政经济学家运行的，他们专心致力于抚慰劳工并管制利润。"现在，"他补充道，"我们正在步入战后时期，不久的将来，恢复平时生产的重要性将超过战时生产。"[107] 在公开场合，塔夫脱告诉参议院，"我们正在开始恢复平时生产的阶段，现在是放松价格管控的时候了"。[108] 同一天，德鲁·皮尔逊报告称，劳工阶层要求针对"恢复平时生产的混乱局面""采取迅速行动"的压力越来越大。根据皮尔森的说法，美国产业工会联合会汽车工人工会（Auto Workers Union）主席 R. J. 托马斯（R. J. Thomas）会见了杜鲁门，表示他很担忧每天被解雇的成千上万名汽车和飞机工人的命运。杜鲁门只是承诺他将会考虑托马斯关于如何处理这个问题的建议。[109] 文森的战争动员与复员局报告曾预测，向和平时期经济的逐渐转变将吸收许多新近失业的工人，但只要工业界继续为战争开足马力，并且只是进行选择性的复员，这一重新安排的过程将使受到影响的工人长期处于焦虑状态。

　　与此同时，马歇尔也对自己能否在未来几个月赢得国家领导人的信任而感到担忧。尽管总统在阵亡将士纪念日发表了讲话，但是对陆军权威的挑战依然有增无减。在6月的第一个星期里，国会中对普遍军训制持反对态度的人对这一制度开启了为期数日的听证。[110] 新闻界继续猜测苏联"何时及是否"会加入对日作战，盛怒下的参议员质疑陆军部审查政策的其他方面。[111] 也许最重要的是，从马歇尔在闭门会议上的证词被泄露开始的陆军预算拨款听证会，有可能变成针对其单线作战策略的一场全民公决。

　　马歇尔也承认了这一点，他采取了不同寻常的步骤，向《陆军和海军杂志》（*Army and Navy Journal*）的所有者和编辑、共和党顾问约翰·卡伦·奥劳克林（John Callan O'Laughlin）表达了自己的担忧。奥劳克林曾是西奥多·罗斯福的助手，这位"狂野骑手"（Rough Rider）在离任前短暂担任过助理国务卿。在20世纪的前几十年里，奥劳克林还是一位杰出的记者，与相对平静的20世纪第二个十年的许多共和党人一样，他对日本及其领导人持正面的看法，其中一些人是他在担任1912年东京博览会美国委员会秘书时认识的。[112]《陆军和海军杂志》是一本专门报道军队新闻和世界事务的期刊，作为它的编辑，奥劳克林有机会接触到政府官员和国会成员。他还为一些著名的共和党人，特别是前总统赫伯特·胡佛，撰写并发行了一份印制的政治时事通讯。6月9日的通讯内容尤其丰富。"本周的事态发展令人震惊，"奥劳克林写道，"表明马歇尔将军打算从参谋长办公室离职。"[113]

　　根据奥劳克林的说法，马歇尔告诉他自己想退休，而且将推荐德怀特·艾森豪威尔来接替。马歇尔解释说，现在德国战败，"所有与粉碎日本有关的可能情况都已经能够预见"，且全部计划和任务均已确定，部署也在进行之中，他可以把职位

457

转交给继任者了。奥劳克林告诉胡佛，他不知道马歇尔为什么
在他们的会面中展露其"隐秘的内心"，但他指出，将军说他
收到了对于他指挥战争"公众信心下降"的报告。马歇尔还
说，在国会，"人们越来越倾向于对他所说明和建议的一切都
提出批评"。马歇尔举出普遍军训制这个例子。奥劳克林作为
题外话指出，普遍军训制没有通过的机会，并补充说，尽管马
歇尔曾经是国会山上最受欢迎的官员，他"在众议院拨款委员
会愤愤不平地抱怨其成员披露了他的秘密证词，引起了对方的
不满"。据奥劳克林称，马歇尔还起草了一封给参议院军事委
员会的言辞尖锐的信函，内容涉及他们泄露秘密证词的问题，
在其助手的说服下，他没有发出这封信。[114]

奥劳克林推测了马歇尔准备退休的其他原因，其中包括
他与海军部长欧内斯特·金海军上将之间愈发困难的互动，以
及人们可以理解的一个愿望，想要放下他从1939年担任参谋
长以来所承受的巨大负担。奥劳克林还推测，在杜鲁门最近的
阵亡将士纪念日讲话中，马歇尔可能因为自己没有被以恰当
的"陆军上将"头衔称呼而感觉受到轻视。后面这件事向奥
劳克林暗示，马歇尔与新总统的关系并不像他希望的那样亲
密。奥劳克林就这一问题指出，马歇尔曾表示，看到杜鲁门在
其讲话中支持无条件投降的政策，他感到"松了一口气"，这
样的反应说明，马歇尔对总统此前在这一政策上的承诺并不
笃定。

奥劳克林对他与马歇尔的特别会晤所作的大量描述是杂乱
无章、涉及颇多的，让人很难准确地分辨是什么原因促成马歇
尔的这场谈话。马歇尔在欧洲胜利日后立即写给艾森豪威尔的
一封信提到，他可能在接下来的几个月内退休。[115]在奥劳克
林的叙述中，马歇尔起初似乎准备立即退休，但从他后来的信
中，奥劳克林推测艾森豪威尔将在接任前回美国休假几个月，

458

这个时间安排与马歇尔早些时候对艾森豪威尔的说法更为一致。奥劳克林不知道马歇尔给艾森豪威尔的信，但他猜测马歇尔在罗斯福总统在世的时候就已开始考虑退休。奥劳克林回忆说，在临近击败德国的时候，马歇尔对奥劳克林关于日本可能在德国之前投降的预测非常感兴趣。两个敌人的突然投降应该是马歇尔让出陆军指挥权的理想时机。马歇尔告诉奥劳克林，日本当时没有接受失败，因为"满洲帮"——1931年开始将日本导入战争的军国主义者——仍然控制着政府。尽管如此，马歇尔说，他的报告表明，"和平派"正在日本壮大，但愿他们能在"短时间"内占据上风，前提是"我们不间断地进攻，或者是我们正在准备一场长期战争"。[116]

奥劳克林的叙述时常让人很难辨别他是在准确地总结将军的陈述，还是在用自己的推论和解说来修饰这些陈述。在谈到马歇尔对日本政治的看法时，奥劳克林写道，最近对日本皇宫几栋附属建筑的轰炸"令华盛顿感到遗憾，因为我们希望天皇能对和平谈判和防止投降后的混乱发挥作用"。"令华盛顿感到遗憾"这样的说法模糊了做出这一声明的人。马歇尔可能说过类似的话，但也可能是奥劳克林自己对形势的解读。还有一个几乎同样的情形，在这同一封信中，他错误地加以演绎，说曾经指挥驻中国美军部队的约瑟夫·史迪威中将正在与麦克阿瑟会面，讨论在中国沿海登陆的问题。鉴于马歇尔对登陆中国沿海的坚决反对，该信息几乎肯定是来自其他渠道。

虽然我们有理由怀疑，马歇尔到底对奥劳克林说了什么，至少我们可以接受他的这一说法，即马歇尔宣布自己想要退休使奥劳克林感到震惊。因为没有一个马歇尔的传记作者提起过这段情节，历史学家可能也会和奥劳克林同样惊讶。然而，或许更令人吃惊的是马歇尔的解释，他认为自己可以下台，因为"所有与粉碎日本有关的可能情况都已经能够预见，不仅所

459

有计划和任务都已经确定, 而且直到最后的细节, 部队和补给的调动都已经安排好, 且实际上正在进行"。这些话是奥劳克林说的, 但是这一次, 他明确表示他是在总结马歇尔告诉他的话。

尽管如此, 仍很难相信马歇尔认为情况就像他所透露的那样都已经解决了。参谋长联席会议在太平洋战场为战争的最后阶段建立了指挥架构, 并且已经对作战顺序达成一致——秋季登陆九州, 随后在第二年春季登陆关东 (东京) 地区——但仅限于我们已经提到的前提条件, 随着计划作战日期的临近, 这些行动都将接受进一步的审核并可能加以修订。此外, 总统尚未最终批准这些计划。[117] 国会也还没有同意陆军的拨款要求。国会议员还有其他办法改变陆军的计划。最近对年轻应征入伍人员向海外部署的限制表明国会能够如何干预陆军的重新部署计划。参谋部尚未确定这些新要求的全部影响。与此同时, 国会已安排在 6 月中旬举行听证会, 调查让拥有 4 个及以上子女的军人退伍的可能性。似乎依然存在更多的变数。

还有其他理由怀疑陆军重新部署计划的不可更改。出于尚不清楚的原因, 艾森豪威尔的参谋人员预计, 退伍的绩点门槛将从 85 分进一步降低到 75 分, 并已开始以此为基础制订计划。这一决定改变了欧洲战场上可供重新部署的部队数量, 在决定派往太平洋的部队中, 这将导致大规模的重新洗牌。[118]

重新部署的实际过程本身可能也会产生令人头痛的问题。如前所述, 官员们预计将有数十万人在美国各地进行转运, 在几个月的时间里把铁路交通搞得一片混乱。对重新部署的部队进行太平洋战争所需的训练也尚无妥善安排。陆军预计, 在美国士兵等待回国休假期间, 可以在欧洲完成部分训练。当他们销假归队后, 再接受余下的教学。在公开场合, 陆军部对按计划执行这些转移工作信心满满, 但这并不能阻止陆军首席精神病学家威廉·门宁格（William Menninger）上校或其他人，推测陆军将出现数千名士兵在假期结束后擅离职守的情况。[119]

虽然奥劳克林没有对陆军计划的状况表达任何此类担忧，但他还是得出结论，陆军仍然需要，实际上国家也需要，马歇尔继续指挥。在他们会面之后，奥劳克林忙不迭地组织公众投票支持参谋长。他首先在自己的杂志上发表了一篇社论，呼吁"总统下令，并由国家要求马歇尔将军放弃退休的想法"。奥劳克林认为，可以由"国会通过一项总统乐于批准的决议，重申全国人民每个人心中对这位伟大战士的信心"，以这种方式劝阻马歇尔将军。[120]

6月11日，战争开始时曾作为海军上将在太平洋服役的康涅狄格州共和党参议员托马斯·哈特（Thomas Hart）提到，"城里到处传言"马歇尔打算退休。哈特担心这个谣言是有根有据的，并要求将奥劳克林的社论收入《国会议事录》（*Congressional Record*）。[121]据奥劳克林说，同一天，参议院军事委员会主席，犹他州民主党参议员埃尔伯特·托马斯（Elbert Thomas）和委员会中来自佛蒙特州的资深共和党人沃伦·奥斯汀（Warren Austin）一起拜访了马歇尔，请求他不要退休。纽约州共和党代表詹姆斯·沃兹沃思（James Wadsworth）和其他几位众议员都走访了这位将军，提出同样的恳求。最后，杜鲁门总统也告诉马歇尔，国家需要他坚守岗位。[122]

在首次报道了他与马歇尔的会晤之后一周，奥劳克林满意地说道："因为他所感受到的全部压力，马歇尔将军同意留任参谋长，并由史汀生部长按照此意发表了一项声明。"奥劳克林还说，与马歇尔会面的参众两院议员都看出来，他真的是累坏了，"他认为自己的任务已经完成；他需要确保自己是必

461

不可少的"。奥劳克林对此并不信服, 他认为, 除了马歇尔告诉国会议员的这些话, "在他最初的退休决定背后还有更多原因"。他对将军在退休问题上逢场作戏的结果更为肯定。他预言: "马歇尔将在陆军部拥有更高的权威, 国会也会更加迁就于他。"[123]

这看起来似乎就是马歇尔一直想要的结果。不需要多么大胆的猜测也能看出, 马歇尔导演了一出胁迫国会和总统的戏码, 从而让对方给予自己一项非正式的信任投票。他并不是第一个玩弄这种手段的官员。甚至有可能奥劳克林也是自愿参演这出戏的。身为经验丰富的政治玩家, 他不需要马歇尔亲口告诉他该怎样扮演自己的角色。无论动机如何, 近来与国会之间的互动显然令马歇尔感到疑惑, 形势是否已经恶化到如此程度, 以至于他将不得不经常为自己的每一项决定进行辩护, 以抵挡愈发自负的立法者的批评。当然, 在上个月发生的事件中, 果真出现了他最为担心的, 国会在欧洲胜利日后的反应。正如文森所证实的那样, 要求政府加快脚步恢复平时生产的压力持续不断。公众对复员进度的渴望也显而易见。国会和陆军之间形成如此关系, 至少部分是因为立法者和官员在不同的话语体系下运作, 一方是凭借报纸上的观点、国会信件和利益集团的游说, 另一方则利用高度机密的信息来源。恰是在后一种情况下, 马歇尔从这些渠道获知, 日本人在观察美国人如何应对欧洲的胜利以及激烈残酷且胜负未定的冲绳战役。

到 6 月初, 马歇尔可以休息得轻松一些了。杜鲁门认可了对日作战的战略, 也肯定了他作为参谋长的领导才能。国会至少目前也站到了他这一边。现在, 他可以将注意力转向同时进行的复员和重新部署工作中的无数问题, 以及迫使日本无条件投降的艰巨任务。

第十一章

和平与战争之间，
1945 年 6 月 ~7 月

正如杜鲁门在 1945 年 6 月 1 日阵亡将士纪念日讲话中所
作的解释，还有一场战争要赢取，不论是美国政府还是美国人
民都不能放松对这场战斗的承诺。只有通过美国军事力量全面
而巨大的投入，才能迫使日本无条件投降。

然而，其他问题也亟待解决。来自解放后的欧洲的报告对
未来几个月的大规模饥馑发出预警。与盟国之间，最主要的是
苏联，但也包括法国，所发生的争执，为联合国宪章会议提供
了一个黯淡的背景。这次会议是 1945 年 4 月 25 日在旧金山
举行的，一直持续到 6 月 26 日。在大后方，对经济恢复平时
生产的渴望愈发强烈，成为又一个需要关注的问题。尽管杜鲁
门、马歇尔和帕特森竭力解释在半个地球以外进行战争所面对
的困难，但似乎大部分美国人难以想象，如今只剩一条战线的
战争所需要的人力物力几乎与两条战线的时候一样多。有越来
越多的国会议员认为，这些需求是过度的，甚至是危险的，他
们中的一些人在战争的大部分时间里一直反对他们眼中的，军
方要接管经济的企图。

5 月底，杜鲁门派罗斯福的忠实助手哈里·霍普金斯
（Harry Hopkins）去会晤苏联领导人约瑟夫·斯大林，试图解
决双方之间悬而未决的分歧。霍普金斯曾在 1941 年夏天执行
过类似的任务，当时苏联还没有从德国人的突然袭击中缓过神
来。选择霍普金斯担任总统特使具有一种象征意义，能让斯大

林确信美国对苏联的政策不会突然改变。更具体地说，杜鲁门希望霍普金斯说服斯大林扩大波兰政府的政治组成，以及其他一些目的，包括确认苏联在雅尔塔首脑会议上的承诺，即在德国投降后 3 个月之内加入太平洋战争。5 月 30 日，霍普金斯向杜鲁门报告说，斯大林已同意采取措施扩大新的波兰民族团结政府。斯大林还同意美国的联合国安理会投票表决方法，并向霍普金斯保证，苏联将在 8 月初与日本开战，这一消息在华盛顿尤其受欢迎。

杜鲁门听到莫斯科传来的消息很得意。助理新闻秘书埃本·艾尔斯（Eben Ayers）说，总统"非常高兴和激动，他情不自禁地告诉我们霍普金斯的好消息以及他与斯大林会谈所取得的成功"。[1]霍普金斯的工作并没有消除与苏联之间的一切潜在问题，但杜鲁门相信，所取得的成就已足够举行一次有意义的首脑会谈。霍普金斯完成使命之后，杜鲁门随即同意 7 月中旬在柏林郊外的波茨坦（Potsdam）与苏联和英国领导人会晤。欧洲战后的问题将是首要的议程，但结束对日战争所带来的挑战几乎同样重要。

仍然由马歇尔领导的参谋长联席会议并未忽略必须在欧洲胜利日后尽快战胜日本。五角大楼的战略家们计划在德国战败后一年内完成这项工作，最多不超过 16 个月。到 1945 年 6 月，出于多个原因，这一时间表的可行性有所减弱。首先，随着重新部署的进行，武装部队显然要为实现"奥林匹克"行动的目标而倾尽全力。但是在另一方面，美国的商界领袖、劳工组织、消费者及其在华盛顿的代表能否支持长达一年半的战争，同样存疑。美国的军方领导人继续坚持将战胜日本作为首要任务，但其他问题，其中最主要的是欧洲尚不稳定的态势和美国经济在未来的不确定性，都在争夺注意力和资源。

冲绳战役还在延宕。随着伤亡高企，对美军战略的质疑也在增长。5 月中旬，广播评论员马丁·阿格龙斯基（Martin Agronsky）在《每日战争播报》（*Daily War Journal*）的一次广播之后，收到在冲绳作战的一位士兵的母亲，C.J.H. 夫人的一封愤怒的来信，质问为什么陆军和陆军部及美国领导人通常不会因为"所有这些美国孩子遭到的屠杀"而受到追究。一连串痛苦的问题接踵而至。"为什么冲绳岛上的孩子们还得不到增援？""为什么同一支部队要连续战斗 45 天？""为什么第一线上只有 6 个师？""为什么太平洋上的每次战斗都如此血腥？已经有了血腥塔拉瓦、血腥塞班岛、血腥佩莱鲁 [原文如此]①、血腥莱特岛、血腥硫磺岛、血腥冲绳岛、血腥棉兰老岛（对于那里的全部 3 个师来说）、血腥吕宋岛（尚未结束），还要有血腥婆罗洲。难道就没有人想过，我们在太平洋上流淌的鲜血是一种毫无必要的高昂代价吗 [？]"[2] 如果看到这封信，五角大楼的官员肯定会试图解释，地理环境和有限的后勤能力限制了在这些地方能够得到有效支援的作战部队数量。他们应该还会指出，经济动员和打败德国的最后一击限制了在太平洋战场上进行增援的能力。然而，很难说这些解释能否给她带来些许安慰。

465

　　这位 C. J. H. 夫人说她没有使用自己的全名是害怕给她儿子带来麻烦。从她这封信开始，人们纷纷批评美军在冲绳岛上采取的策略。5 月 28 日，广播评论员和新闻分析员 H. V. 卡滕伯恩（H. V. Kaltenborn）间接地质疑正在进行的这场战役的必要性，他认为美军已经在这座岛上取得了他们需要控制的那部分地区。[3] 一天后，战争记者霍默·比加特（Homer Bigart）报道，巴克纳将军对正面进攻的依赖不必要地增加了海军陆战

---

① 这里指的应该是佩莱利乌岛（Peleliu），写信的这位母亲少写了一个"i"，变成了"佩莱鲁"（Pelelu）。

队和陆军士兵的伤亡人数。比加特认为，美军没有在首里战线后方进行侧翼登陆，而是"令人吃惊地沿着中路浪费时间"，延长了痛苦，给海军带来了沉重的压力，后者在为作战提供支援的同时遭到神风突击队的袭击。在接下来的一周里，专栏作者戴维·劳伦斯（David Lawrence）将冲绳战役称为一场"彻底失败"，要求对冲绳战役的实施以及巴克纳的指挥才能展开调查。[4]

私下里，海军和陆军的观察员对巴克纳的领导能力表达出类似的担忧。6月初，约瑟夫·史迪威中将以陆军地面部队司令的身份访问冲绳，进行实地考察。史迪威也希望在即将到来的登陆日本的战争中获得指挥权，他在日记中写道，"进攻中没有战术思想。会议上从未讨论过加紧作战或对各师提供帮助的计划"。[5]海军上将雷蒙德·斯普鲁恩斯抱怨巴克纳"缓缓前进"的方式，并承认他希望能有一些"霍兰·史密斯式的进攻"。[6]在更为私人的场合，麦克阿瑟告诉访问马尼拉的客人，因为批准巴克纳全力占领整座岛屿的方式，尼米兹也应该受到谴责。麦克阿瑟坚持说，没有理由为了把日本人赶出这座岛屿而牺牲生命。像卡滕伯恩一样，他也主张，一旦他们保证了机场的安全，美军就应该采取防御态势，迫使日本人来驱赶他们。如一位麦克阿瑟的传记作者所说，这位将军对尼米兹的批评最终传到了海军上将那里，"对战争最后几周双方最为紧张的关系起到了推波助澜的作用"。[7]

史迪威在公开场合说，对于美军克服重重困难在冲绳岛上取得的进展，媒体没有给予足够的重视。[8]同样地，包括海军部长詹姆斯·福里斯特尔在内的海军高级指挥官，都力挺巴克纳，拒绝接受戴维·劳伦斯那种误导人的批评。在6月17日发表的一份声明中，尼米兹说劳伦斯受到严重误导，给人的印象是他因为"一些有悖于美国最佳利益的目的"而被利用。[9]

6月21日，在频繁收到战斗已经结束的报告后，巴克纳的继任者宣布，该岛已经完全占领。扫荡行动又持续了10天的时间——在此期间有1.1万名日军战死或被俘。争议很快就平息了，但最初的报道已经令美国军方颜面尽失，暴露了公众和媒体之间，以及陆军、海军陆战队和海军的指挥官之间日益加剧的焦躁和争执，而各个军种必须在即将到来的对日进攻中进行合作。

在杜鲁门任职的最初几个月，每天都有迹象表明太平洋上的战争与欧洲的和平进程和国内的经济复苏是密不可分的。上任后不久，杜鲁门收到了白宫特别顾问塞缪尔·罗森曼法官前往欧洲评估那里的局势后发回的一份报告，杜鲁门据此提出警告："欧洲未来的永久和平在很大程度上取决于这些被解放国家经济的恢复，包括合理的生活水准和就业情况。除非这些地区再次恢复其在国际商品和服务交换中的地位，否则美国经济也将受到深远影响。一个混乱和饥饿的欧洲不可能孕育出稳定、民主和友好的政府。"局势非常紧迫，但对日本发动战争的要求和食品及煤炭的短缺限制了政府的应对。考虑到这些相互竞争的优先事项，杜鲁门敦促政府中的军事机构负责人，"在成功执行军事行动并维持我们重要的国内经济所允许的最大范围内"，尽一切可能满足西北欧那些艰难盟国的需求。10

5月28日，在与赫伯特·胡佛会面时，杜鲁门再次意识到欧洲、太平洋和后方问题的不可分割性。杜鲁门邀请这位前总统到白宫讨论欧洲的粮食短缺问题。11胡佛曾在第一次世界大战期间负责组织美国的食品项目，并因在战争期间和战后运营欧洲的救济计划而赢得了国际声誉。胡佛首先对改善欧洲救济工作和解决国内粮食短缺提出了建议。他认为，后一个问题可以通过取消物价管理局的食品定价权来解决。12在与总统进行广泛对话的过程中，胡佛也分享了他对结束对日战争和恢复国内经济的看法。

胡佛将结束战争的建议与对苏联的批评看法相提并论，毫无疑问，他认为与日本就投降进行谈判是防止苏联统治东亚的关键。根据胡佛在会后做的笔记，他一上来就警告杜鲁门，苏联人的"亚洲"本性使他们不值得信任。他随后建议，美国可以和英中两国共同发表一个声明，明确其在亚洲的目标。其中包括日本从中国东北撤军并恢复中国的控制权，日本武装部队无条件投降，使日本解除武装 30~40 年，并将被控违反文明战争准则的某些日本军官交付盟军羁押，进行审判。这位前总统还建议告诉日本人，盟国无意摧毁日本政府的组织形式，他们希望看到日本重新加入国际大家庭。胡佛还建议杜鲁门，警告中应该包括"暗示"日本将被允许保留其在朝鲜和中国台湾的"权益"。他补充说，拟议的声明也应当说明，如果日本政府拒绝投降，就证明它完全不可信任，必须予以消灭。针对杜鲁门问到的，这份宣言成功的把握，胡佛承认机会并不是很大，但他认为，最近东京成立了由海军大将铃木贯太郎（Suzuki Kantaro）领导的新政府，这表明日本人正在积极致力于和平地结束战争。

在与杜鲁门会面后的笔记中，胡佛悻悻地总结道，他被邀请到白宫参加会见可能只是出于作秀的目的，而根本不是因为"他们关注我或我的观点"。杜鲁门在阵亡将士纪念日有关赢得对日战争胜利的讲话证实了这些担忧，虽然这也不能怪总统，他向胡佛索取的备忘录直到几天之后才收到。尽管如此，此时已经很清楚，杜鲁门和胡佛对无条件投降和战争目标的理解相去甚远。然而，这并不意味着杜鲁门拒绝接受这位前总统有关对日战争的所有观点。

会见结束后，胡佛应杜鲁门的要求，提交了一份书面建议，标题为"关于结束对日战争的备忘录"。它更为正式地介绍了他与杜鲁门见面时提出的观点，在某些方面比他的笔记提供了更具体的细节。胡佛在一开篇即表示，他认为说服日本人投降的"机会微乎其微"，但他认为这一努力不会有什么损失，却有可能收获颇丰。除了已经提到的收回中国东北、解除武装和审判日本军国主义者的条款外，胡佛还建议将日本政府在中国的所有财产移交给中国作为赔偿。他写道，除了这些措施之外，他觉得没有其他目标"值得牺牲50万~100万美国人的生命"。他在自己的备忘录中还包含了他向杜鲁门提到的宣言中那些积极的刺激，包括美国愿意看到日本回归国际大家庭，承诺不干涉日本的生活方式或摧毁日本政府，以及支持日本以托管的形式控制朝鲜和中国台湾。在这一部分的最后，胡佛重申，如果日本拒绝该宣言的条款，美国将不得不继续毁灭东京政府。在其备忘录中，胡佛再次表明，他相信铃木贯太郎最近被任命为首相意味着日本政府在寻求结束战争。他还断言日本人会更愿意投降，因为他们想要保住"作为其国家精神领袖的天皇"，而且他们希望在苏联人介入之前停战。最后，胡佛在这一部分中写道，日本有庞大的自由主义中产阶级，如果盟国提出这些合乎情理的和平条款，他们会站出来全力支持的。

　　胡佛在结尾时向杜鲁门保证，如果日本接受该宣言的条款，美国将实现其所有目标，"或许只除了我们情绪激动的少数人的报复"。[13]他暗示，这些好处将立即得到大多数美国人的欢迎。美国将挽救50万~100万小伙子的生命，又能避免耗尽国内经济复苏和欧洲复兴所需的经济资源。最后，美国将避免对日本进行占领和治理的成本与风险。[14]

　　杜鲁门很快就开始依赖弗雷德·文森提供的建议，他在收到胡佛备忘录后的第一反应就是拿给文森看。从6月2日开始，文森定期参加总统与其幕僚的晨间会议。[15]根据杜鲁门的说法，这个肯塔基人是"一个直截了当的人"，"一个值得信任的人"，他了解国会的想法。[16] 这一次，总统可能要求助于文森了，因为他认真地对待胡佛所警告的，与日本长期作战的灾难性经济后果。正如我们前面提到的，文森最近提醒人们注意恢复平时生产的步伐滞后，并抱怨陆军为对日作战贪得无厌地索取人员和物资。遗憾的是，我们只能猜测杜鲁门从文森那里得到了什么建议，因为它并未记录下来。在拿到胡佛备忘录将近一周后，文森把它还给了杜鲁门，并建议他将备忘录递交国务卿和陆军部长，而更重要的是，还请他征求为罗斯福担任了 12 年国务卿的科德尔·赫尔（Cordell Hull）的意见。文森在退回备忘录的附信中没有透露他对这个话题的想法。杜鲁门听从了他的建议，将副本寄给了史汀生、代理国务卿约瑟夫·格鲁（Joseph Grew）和赫尔。[17]

史汀生从白宫收到胡佛备忘录的副本时，他手中已经有一份对胡佛在 5 月中旬交给他的早期版本不甚详细的评估。随后，他向作战与计划处战略和政策小组（Strategy and Policy Group, S&P）的参谋班子征求意见。该小组在 6 月 7 日回复了他，对胡佛备忘录的地缘政治基础提出质疑。参谋们不相信，他们认为的在任何情况下都不可能实现的提前和平，能够阻止苏联参战并成为东北亚地区的强大力量。他们补充道，"公平来说"，任何将苏联人排除在外的妥协的和平，都会被他们视作违反了在雅尔塔达成的协议。关于胡佛对长期战争的经济影响发出的警告，他们承认，"这是一个需要进一步调查的经济问题，但'十八个月'后美国经济是否会'崩溃'似乎值得怀疑"。参谋人员断然否认胡佛预测的 50 多万美军会在进攻日本时伤亡，认为这一数字"绝对太高了"。他们还认为允许日本保留其在中国台湾和朝鲜的"权益"是不明智的，因为盟国在 1943 年通过的《开罗宣言》（Cairo Declaration）中，已经承诺要建立一个独立的朝鲜，并将台湾归还中国。然而，他们确实同意，最好向日本发出警告，以一种有助于实现美国战争目标的措辞，明确无条件投降的含义。[18]

当杜鲁门要求他对胡佛备忘录发表看法的时候，史汀生手里正拿着战略和政策小组的意见。他很快将新版的备忘录交给该小组评论，同时隐去了胡佛的名字，只是说这还是写过上一份备忘录的同一位匿名"经济学家"所写。6 月 15 日，马歇尔把小组的意见交给史汀生，并评论说自己"大体上同意"这些观点。在大多数内容上，战略和政策小组重复了早先的评价。这些参谋人员在原则上同意胡佛的建议，即美国应当，要么单独，要么与其盟国一起，向日本发出一个警告，明确无条件投降的含义，其表达方式与先前的公开宣言一致。这排除了胡佛让日本保留其在中国台湾或朝鲜"权益"的提议，他们认为这一提议无论如何都是不明智的。该小组的成员还强调了与苏联合作的重要性，并强调美国不会具备在东北亚大陆上挑战苏联人的能力。参谋人员再次否定了胡佛估计的 50 万 ~100 万人的阵亡，认为这一数字过高。与胡佛不同的是，小组认为，至少占领日本部分地区是解除日本武装的必要条件。他们还驳斥了胡佛所谓的，在日本建立军事政府将是"一项不可能完成的任务"，认为这一论点毫无根据。

在经济方面，参谋人员重申了他们早先的观点，即美国在对日作战中耗尽资源的可能性微乎其微。然而，他们补充说，打败日本进而防止未来战争所需的资源可能比用于立即救济欧洲的资源更有价值，不管那里的情况多么严峻。他们甚至更坚决地拒绝了胡佛对日本政局的分析。参谋们引用来自陆军情报部门的信息说，铃木和控制东京政府的军国主义者之间没有什么区别。他们还认为日本中产阶级中"心向自由的"和平派无关紧要。根据陆军情报，这些"自由派"人数很少，几乎名不副实。他们追求的目标与军国主义者称霸亚洲的野心相同，但

471

由于更多地接触日本以外的世界，他们对美国的实力具有更合乎情理的尊重。[19]

史汀生发现，关于在太平洋战争中消耗资源而不是将资源转向救济欧洲所能带来的好处，战略和政策小组的解释令人费解。他认为他们对铃木和日本和平派微不足道的影响力的观察完全是错误的。[20] 6 月 16 日，史汀生以一封包含他自己想法的附信向杜鲁门呈交了战略和政策小组的意见。与胡佛一样，史汀生强调了登陆日本的危险与通过军政府占领和管理日本的困难。他还同意胡佛的一个观点，即如果日本人民希望如此，可以通过允许日本保留天皇的皇位，软化和平条款，这将带来潜在的好处。出于战前在日本的经历，史汀生一贯相信，在日本有一大批被他称为"温和政治家"的人，他们正在为结束战争而秘密地努力。他认为，这一和平派系正在皇室周边形成，试图利用天皇的巨大影响力在适当的时机向军国主义发起挑战。按照史汀生的说法，一份保证天皇本人安全并保留天皇制度的公开声明，可能正可以使和平派获得控制政府并结束战争的筹码。[21]

因为国务卿爱德华·斯特蒂纽斯（Edward Stettinius）正在旧金山参加联合国大会，代理国务卿约瑟夫·格鲁负责回复杜鲁门对胡佛备忘录的意见。这是他第二次有机会要求总统对无条件投降进行调整。5 月底，曾在珍珠港事件之前担任驻日大使十年之久的格鲁，请求杜鲁门在阵亡将士纪念日讲话中包含一项声明，向日本人澄清无条件投降的含义。他特别希望总统能够保证，美国不会摧毁天皇制度。杜鲁门似乎表示同意，并让格鲁与罗森曼法官合作拟出将包括在后来讲话中的合适措辞。但是，他也让格鲁去请联席会议、陆军部长和海军部长一同审议。至此，格鲁的计划便搁置下来。

当格鲁与其下属的两位助理国务卿迪安·艾奇逊（Dean

Acheson）和阿奇伯尔德·麦克利什（Archibald McLeish）分享这份声明草案的时候，这两个人都反对任何承诺美国政府不会对天皇加以处置的声明。当天晚些时候，格鲁得知联席会议及福里斯特尔和史汀生两位部长也反对此时向日本发出声明。他以为这些人更倾向于等到冲绳战役结束之后。但史汀生在日记中写道，他想的是如何将这一警告嵌入一个包括苏联参战及投放原子弹的时间表。这种炸弹大概能在夏至之前准备好，苏联人预计会在8月下旬参战。正如历史学家布赖恩·维拉（Brian Villa）所指出的，就史汀生而言，这一时间表是可以接受的，先是发出警告，之后使用原子弹，然后是苏联参战。进攻日本将是最后的手段。

格鲁仍然坚持认为有必要立即向日本发出警告，以修改并澄清无条件投降的含义。他在6月初收到胡佛备忘录，这给了他第二次机会把这个问题讲清楚。杜鲁门在信中询问国务卿对胡佛备忘录的看法。然而，他利用斯特蒂纽斯正在出席旧金山会议的机会，以代理国务卿的身份来回应杜鲁门。与战略和政策小组的官员一样，格鲁认为，因为《开罗宣言》的存在，胡佛关于朝鲜和中国台湾的建议是不切实际的。他还相信，美国必须占领日本，并通过某种形式的军政府在战后初期对它加以控制。格鲁强调了日本去军事化的重要性，但他也认为美国必须在日本实施社会和政治改革（例如言论自由、宗教自由），以孕育其民主政府。简言之，格鲁认为胡佛的建议对日本太过宽容，也无法消除日本军国主义的根源。

叮是，他在天皇问题上和胡佛有着相同的想法。这位前大使解释说，现有证据全都强烈表明，"不对现任天皇造成肉体伤害并保留天皇制度，这在对日条款中是必不可少的"。因此，按照格鲁的说法，日本人对皇权的忠诚，使美国把在天皇的命运问题上妥协作为一项权宜之计。如果美国保证天皇不受伤

473

害，天皇制度不会废除，就可以挽救"大量的生命"，而日本人将愿意"在满足这些不可或缺的条件的情况下"承受"极端的艰难困苦"。反之，如果华盛顿坚持废除天皇制度并将天皇作为战犯加以审判，美国人就可能面对"长期的抵抗"。[22]

474

　　这算不上一个完美的理由。格鲁坚持认为，如果天皇的命运仍然悬而未决，对于天皇的"狂热"忠诚会使日本人奋战到底——虽然他并未使用"狂热"这个词。如果真是那样的话，政府内外对格鲁的批评者都会质疑，盟国怎么能确定天皇不会成为战后日本民族主义和军国主义的号召力之所在呢？格鲁的回答部分依赖他对日本历史的理解。但是他也相信，在占领期间采取超常的手段可以杜绝军国主义的死灰复燃。格鲁本人，还有其他那些曾在更为平和的 20 世纪第二个十年指导美国对日外交政策的共和党政治家，包括胡佛和史汀生，都强调日本于 1868 年明治维新后在现代化和宪法改革方面所取得的巨大成就。他们认为，大萧条造成的绝望状况使日本军国主义者绑架了政府，并将国家导向与美国发生冲突。根据这种观点，日本的侵略性根源很浅，可以轻易拔除。美国需要打败日本，惩罚军国主义者，恢复温和的政治家和商界领袖对政府的掌控，这些人曾引领日本走上现代化的道路。

　　这一观点也容许一定的变动。例如，格鲁认为美国必须统治日本才能实施民主改革。胡佛认为任何治理日本的努力都是愚蠢的，而且会适得其反。总统在参谋长联席会议上的代表莱希海军上将同意胡佛的观点。在莱希眼中，"如果日本要由一支占领军统治"，美国军队应该只扮演一个次要角色，"以节省成本并让美国军队尽早回国"。[23] 此外，胡佛、格鲁和许多战前新闻界及国会中的反干涉主义者认为，美国在 20 世纪 30 年代毫无必要地激怒了日本。美国的政策，尤其是对日本的禁运，是由一个"疯子"设计的——胡佛在一年之后以此来形容

罗斯福——他利用战争扩大总统权力，威胁美国的民主。[24] 胡
佛的观点代表了右翼的最极端观点，但大多数保守派认为，通
过提供与过去时代的稳固联系，并在困难时期作为民众忠诚的
焦点，天皇可以为日本的复兴做出贡献。按照这种看法，推翻
天皇会是一个灾难性的错误，将激起日本人民的反抗，并导致
美国必须对日本实施代价高昂的军事占领。[25]

　　格鲁极力主张修改无条件投降条款。这不会是他的最后一
次。接下来的几个星期里，在备忘录和与总统的会晤中，他继
续敦促发表关于天皇的声明。令他沮丧的是，他发现自己的努
力遭到了前任领导科德尔·赫尔的阻挠。赫尔曾担任罗斯福的
国务卿十多年，1944年11月因健康问题被迫辞职。当年，他
是在得知珍珠港遭到袭击之后才收到了日本的宣战书，所以他
认为没有理由信任日本或与日本妥协。杜鲁门的阵亡将士纪念
日讲话已经向日本人发出了通知，这就足够了。赫尔承认，针
对消除日本军国主义的最佳方法，胡佛提出了许多问题，"广
泛地涉及如何处置天皇的问题等等"。赫尔怀疑"讨论胡佛在
安抚性方案中提到的任何问题"对他是否有所帮助。[26] 杜鲁门
几乎不可能错过这最后一句话的意义。赫尔警告总统，胡佛，
推而广之，还包括格鲁和史汀生，正在施行一项在政治上很容
易被等同于危险的绥靖政策。杜鲁门尊重胡佛在食品政策和救
济等方面的技术专长，但他对这位前总统是否具备政治上的敏
锐性持怀疑态度。另外，赫尔从前是一名众议员，与罗斯福关
系密切，杜鲁门曾承诺继续推行罗斯福的政策。至少目前不会
修改无条件投降。

　　然而，这并不意味着杜鲁门排除了向日本发出另一则警告
的可能性，那将可以进一步澄清无条件投降的含义，而不会带
来政策的缓和。但如果要发出警告，就必须等到丘吉尔、斯大
林和杜鲁门三巨头在波茨坦会晤之后。这就是国务卿斯特蒂纽

斯的建议。他在旧金山接到杜鲁门的电报，建议对日本的任何
警告都要变成三大国或四大国的要求（斯特蒂纽斯把中国也包
括在内）。这可能会有助于，他补充道，"将这样的警告与对
日本人未来的一些保证结合起来"。考虑到这是一项联合发布
的声明，斯特蒂纽斯建议将此问题列入即将举行的波茨坦会议
的议程。当格鲁在 6 月 18 日上午与杜鲁门会面时，总统说他
想推迟发表声明，并要求沮丧的格鲁将该议题列入即将召开的
会议议程。[27]

———————

6 月中旬，随着冲绳战役临近结束，杜鲁门将注意力转向
了进攻日本。尽管联席会议于 5 月 25 日指示尼米兹和麦克阿
瑟开始准备，但杜鲁门尚未批准"奥林匹克"行动。在此之
前，他希望与联席会议和武装部队的文职领导人一起对战略选
择进行彻底审查。这些讨论笼罩在冲绳的阴影之下。在会谈以
前，杜鲁门让莱希海军上将要求马歇尔和金"估算所需的时间
以及进攻日本本土带来的预计损失"。莱希又加上一句，总统
打算"最大限度地减少美国人的生命损失"。应杜鲁门的要求，
马歇尔向麦克阿瑟询问了他在进攻九州的最初 90 天内的预计
作战伤亡。麦克阿瑟立即给出了一组数据，估计将有 10.505
万人在战斗中伤亡，还有包括外伤和疾病的非作战伤亡大约
1.2 万人。[28]

6 月 17 日，也就是会见参谋长联席会议的前一天，杜鲁
门乘坐总统游艇沿波托马克河（Potomac River）顺流而下，
与其核心圈子里的成员进行磋商。他后来在笔记中写道，这是
一次涉及广泛的讨论，谈到欧洲事务的"计划、问题和决定"，
特别是粮食和燃料状况，加上"对日战争和与中国、苏联及英

国的关系，以及与这次行动的最高指挥官的关系，还有如何对付这位骄纵易怒、大权在握的五星麦克阿瑟"。[29] 杜鲁门在使用"最高指挥官"这一头衔时，可能指的是麦克阿瑟即将在进攻日本中扮演的角色。也有可能他认为麦克阿瑟是盟军占领日本的未来领导人。不管是哪种方式，杜鲁门显然不喜欢依赖这位"骄纵易怒的先生"。同样清楚的是，尽管杜鲁门对这位 477 "戏精和骗子"——他以此指代麦克阿瑟——进行了长篇大论的指责，但他并没有认真考虑解除其太平洋战场上的陆军指挥权。在日记中发泄了他的沮丧后，总统转向了更紧急的事情。"我必须决定太平洋的战略，"他写道，"我们应该进攻日本本土，还是进行轰炸和封锁？这是我迄今为止最艰难的决策。在了解实际情况后，我会做出决定。"[30]

　　正如杜鲁门很快发现的那样，他的选择并不像其描述的那样显而易见，做出决定也不是一件收集"实际情况"的简单事情。根据会议记录，马歇尔首先解释说，进攻九州是"绞杀战略的关键"，是"通过进攻东京平原迫使日本投降"的最佳手段。他补充说，在整体击败帝国陆军之前迫使日本投降是可能的，但要实现这一结果，需要继续封锁和轰炸其本土岛屿，加上苏联的参战和进攻九州。[31] 关于伤亡的问题，情况变得模糊不清。很容易看明白，并不存在单一的方法来估算伤亡人数，而"实际情况"会支持预设好的决策。马歇尔引用了一份参谋备忘录的结论，太平洋地区的作战经验差异如此之大，根本不可能做出确切的伤亡预期。在讨论了麦克阿瑟之前在莱特岛和吕宋岛的经验后，马歇尔推测，九州岛上的机动空间将有助于麦克阿瑟减少伤亡。他说，前30天九州岛上的伤亡人数很可能与麦克阿瑟部队在吕宋岛所遭受的人员损失（3.1万人）相当。马歇尔随后念出了麦克阿瑟的一份电报，该电报在没有任何改动的情况下确认了"奥林匹克"行动。麦克阿瑟不明智地提到海军早先支持在黄海的作战行动，包括登陆舟山群岛（Chusan Archipelago），他也敦促不要有附属的"不具有决定意义的浪费性作战"。[32] 麦克阿瑟不必担心。金海军上将同意，"奥林匹克"行动是进军东京地区的必要前奏。控制九州将加强对本州的封锁，并通过使机场靠近主岛来便利空中行动。九州应该放在第一位，金说，然后可以适时评估中苏两国在大陆上可能采取的行动对日本有何影响。[33]

当杜鲁门向他征求意见时，莱希海军上将提醒他的同僚，总统特别想知道"奥林匹克"行动的伤亡人数。莱希希望利用冲绳的损失率来预测九州的伤亡情况。这将意味着美军预计要承受达到攻击部队总人数35%的伤亡。莱希然后要求马歇尔提供那个数字。在马歇尔回答之前，金插话说，他同意马歇尔早些时候的看法，即九州比冲绳提供了更大的机动余地。这将有助于将伤亡率减少到吕宋岛和冲绳岛二者之间的水平。他说完以后，马歇尔告诉莱希，进攻部队将由76.67万人组成。莱希的算法用在进攻部队身上，伤亡人数就是将近27万人。马歇尔和金的计算实际上基于对麦克阿瑟在整个岛屿战役中的伤亡人数的低估，而且其中没有包括支援登陆行动的海军可能遭受的损失，因此得出的数字比总伤亡数字要少3.1万~4.1万人。[34] 这些预测是计算方法发生微妙变化后的结果，而这次会议上没有讨论这些变化。此外，一份早些时候来自麦克阿瑟参谋部的电报也没有被提及，其中估计"奥林匹克"行动在60天内将有10.5万人伤亡。马歇尔收到这个数据后很快向麦克阿瑟发电，问他这是不是确定的数字，并提醒他，总统对登陆行动的代价极为担忧。麦克阿瑟接收到这个暗示，回答说自己并非真的认为"奥林匹克"行动的伤亡会接近10.5万人。[35]

至少可以说，总统的顾问们在处理伤亡预测时采取的回避和在某些情况下有意误导的方式令人不安。对于这次为计划登陆行动附加一个预测数字的努力，最应该说的一点就是，它表明马歇尔准备篡改数字，以便让"奥林匹克"行动获得批准。金愿意为马歇尔的预测提供背书，这或许更加令人迷惑。一个 479 可能的解释是，通过同意马歇尔的主张，即由于九州岛面积更大，能为战场机动提供更多机会，因此可以减少伤亡，金试图使海军摆脱在冲绳战役中处置不当的任何指控。[36] 最终，整个关于伤亡预测的问题在会议上被支持登陆九州的论点掩盖。

如前所述，马歇尔和金都认为"奥林匹克"行动是任何征服日本计划的必要序曲。福里斯特尔部长同意，在会议上代表陆军航空队的艾拉·埃克（Ira Eaker）中将也表示同意。史汀生部长同样支持"奥林匹克"行动，尽管他认为自己有责任就军事政策的政治方面提供建议。为此，他建议采取一定措施对其所定义的日本渴望和平的"隐藏阶层"加以鼓励。陆军部副部长约翰·J.麦克洛伊与史汀生意见一致。莱希海军上将更进一步，对制定美军战略的基本前提提出疑问。他说，有人认为如果没有让日本无条件投降，美国的胜利便大打折扣，他不能同意这种人的观点。即使没有无条件投降，莱希说，他"在可预见的未来也不会担心来自日本的威胁"。反对美国占领日本的莱希补充说，坚持无条件投降会不必要地增加美国人的伤亡。杜鲁门的回答是，正因为考虑到莱希的想法，他"在无条件投降的问题上为国会采取适当行动敞开了大门"，但他觉得，目前自己无法改变公众舆论。[37]

会议记录显示，临近结束时，讨论转向了"某些其他问题"，历史学家普遍同意这里指的是对原子弹的非正式讨论。[38] 记录又显示，杜鲁门批准了莱希宣读的一份备忘录，建议一旦法国军队撤出意大利北部，就恢复向法国提供租借物资。杜鲁门在会议结束时向联席会议表示感谢，又说他现在感到"满意和放心"了。[39]

6月18日，杜鲁门在白宫会见他的军事顾问时，并没有
就战略问题做出任何不可改变的决定。他批准了对九州岛的进
攻行动，并同意应当继续开展"小冠冕"行动的准备工作，虽
然暂时还未正式批准它。莱希继续反对"奥林匹克"行动，但
是杜鲁门无意放弃美国的无条件投降战略的基本目标，尤其是
马歇尔和金，以及福里斯特尔和史汀生都支持它。然而，金对
九州行动的投入并没有他在会议上所表现出来的那样强烈。首
先，记录显示，他说他相信，海上封锁和战略轰炸的结合将迫
使日本在"奥林匹克"行动开始之前投降。更重要的是，他
保存着一份来自海军上将尼米兹的反对进攻日本本土岛屿的电
报。5月25日，在看似无休无止的冲绳争夺战中，尼米兹撰
文警告说，进攻本土岛屿将遭遇的抵抗会与美军在冲绳所面临
的一样激烈。他写道，"除非我们对行动的速度予以高度重视，
从而愿意在做好最佳准备之前开始进攻，并且愿意接受相当大
的伤亡"，否则最好继续对日本实施海空作战。尼米兹在陈述
封锁和轰炸的理由时，为了阐述自己的论点，他采取的方式是
刺激杜鲁门对伤亡的严重关切，同时挑战马歇尔所坚持的，速
度对于实现日本无条件投降至关重要的观点。正如历史学家
理查德·弗兰克（Richard Frank）所指出的那样，尼米兹的
来信让金可以使美国的战略陷入一片混乱。杜鲁门强调，他
对"奥林匹克"行动的认可是基于参谋长联席会议的"一致意
见"。[40] 如果金收回他对进攻日本的支持，那会怎样呢？

杜鲁门在白宫召开的战略会议探讨了对一系列不同军事力
量的选择，一端是原子弹，另一端是放弃无条件投降。当然，
原子弹仍然笼罩在近乎完全的秘密之中。会议上讨论的所有其
他问题都已进入新闻界，并成为广泛猜测和争论的主题。据公
众所知，承诺对日本使用最全面武力的选择是登陆。登陆行动
的细节尚未确定，但杜鲁门和马歇尔的公开声明以及重新部署

的开始，都使即将开展的行动成为新闻界不断猜测的主题。其 481
次就是围困（封锁和轰炸）或马歇尔所称的"绞杀"战略。在
封锁、轰炸以及随之而来的饥饿和疾病中将轻易导致不亚于进
攻行动造成的死亡人数。但从美军的角度来看，围困能降低生
命的代价，减少对美国人力和物资的需求。当下，美国正在采
用这项战略的一种变体，由第三舰队和第二十航空队的力量对
冒险进入日本本土岛屿附近狭窄海域的船只进行捕猎，同时每
天对敌方城市展开空袭。进攻的准备工作及其对交通、人力和
资源造成的压力使美国失去了围困策略带来的经济上的好处。
另外，持续不断地对日海空作战产生了意想不到的效果，激发
了公众对不必进攻就战胜日本的可行性开展探讨和争论，并导
致人们质疑重新部署和集结的必要性。

史汀生和麦克洛伊都进一步提出第三种选择——以一种外
交倡议的方式，修改无条件投降的条件，对日本君主制度的存
续提供保证。这一选项已经在陆军、海军和国务院的官员中得
到广泛讨论。与其他各种军事手段一起，修改无条件投降的利
弊也在媒体上和国会大厅中经过了公开的讨论。陆军参谋人员
看到，可以利用天皇来确保分散在亚洲和太平洋各地的几百万
日军部队投降。海军官员认为，如果东京的军国主义者得到保
证，投降并不意味着废除其皇权体制，那么他们所倾向的绞杀
策略就更有可能迫使日本屈服。格鲁，当然还有胡佛，都相信
有关天皇的公开保证将为东京的和平派成员提供迅速结束战争
所需要的筹码。史汀生也间接地提到这一条款，当时他讲，要
找到某些方法帮助隐藏的日本和平团体发挥其影响力。根据麦
克洛伊自己的记录，他说得更为直接。"如果不让他们保留天
皇，那我们就是疯了"，他应该是的确这么说过。[41]史汀生和 482
麦克洛伊有别于莱希，他们并没有建议放弃无条件投降，但是
要求总统对它进行重大调整。麦克洛伊和史汀生在另一点上也

与莱希不同，他们相信一项外交倡议应当以武力威胁做后盾，特别是原子弹的威力。

此时此刻，就在 6 月中旬，杜鲁门的顾问们发现很难分辨总统对无条件投降的看法。他在 5 月下旬给格鲁留下的印象是，赞成对无条件投降进行一些修改，但他也要求副国务卿与参谋长联席会议、史汀生和福里斯特尔达成一致，通过常规渠道提交他的方案。值得注意的是，杜鲁门没有向格鲁透露他对天皇命运的想法，也没有回应两周后格鲁评估胡佛备忘录时提出的建议。6 月 18 日上午，这位固执的外交官再次提出此事，杜鲁门已经听从了斯特蒂纽斯的建议，要求他把向日本发出警告的议题列入定于 7 月 17 日开始的波茨坦三巨头会议的议程。当天晚些时候，史汀生和麦克洛伊谈起关于外交解决的话题，根据会议记录，杜鲁门改变了话题。最后，莱希更为直截了当地建议完全放弃无条件投降，杜鲁门说，这一步骤不会受到欢迎，该由国会决定下一步行动。因此，截至 6 月 18 日，杜鲁门愿意考虑与盟国磋商后向日本发出警告。但是关于这份警告的具体内容，他并没有透露自己的任何想法。然而，鉴于他之前拒绝支持任何对天皇或天皇制度存续的保证，可以有把握地说，他在这个问题上更接近赫尔而不是胡佛的观点。

除了进攻本土、围困和外交选择之外，还有苏联红军加入太平洋战争，而这超出了美国的控制范围。它是另一种可能以武力加速日本投降并减轻美国负担的方式。正如上文提到的，尽管马歇尔努力平息公众对苏联意图的揣测，但国会议员和记者们已经在高声质问苏联参战能否挽救美国人的生命，并容许缩减陆军规模。陆军参谋部的参谋人员判断，至少苏联军队会负责击败中国东北和朝鲜的日军，使美国不必将兵力分散到亚洲大陆上，而这并非一个无足轻重的因素。在白宫的会议上，马歇尔甚至希望苏联人参战所造成的震惊能"恰好成为一项具有决定意义的行动，在美军登陆日本的同时或很短时间之后，迫使已经毫无希望的日本人屈服"。金海军上将承认苏联人的协助有价值，但他还是坚持说，这并非"必不可少"。[42]

杜鲁门在6月18日会议上的决定可以说主要是负面的；他没有理会胡佛对苏联参战后果的警告，且拒绝了他提出的放弃无条件投降和取消"奥林匹克"行动的建议。相反，杜鲁门继续恪守前任规划的方针。然而，这并不意味着美国还在严守进攻日本的承诺。杜鲁门批准了"奥林匹克"行动并完全放弃了围困策略，可是在接下来的四个半月时间里，美国应当仅依赖空中和海上力量攻击日本。如果原子弹可以投放，那将会增强美国的实力。苏联对东北亚地区的进攻，以及中国人的行动，在会议上都没有得到多少关注，因为它们似乎并不重要。所有这些都将发生在登陆日本行动之前。杜鲁门还未放弃通过外交手段结束战争的可能性，但是他明确说不打算改变无条件投降的政策，同时依然保留其他选项。

因此，实际上也没有解决多少问题。尽管出现一些共识，但总统的军方和文职高级顾问在"奥林匹克"行动的必要性上仍然存在分歧。正如在这种局面下华盛顿经常出现的情形一样，持不同政见的政党会把他们的争论带入公共领域，以期改变总统的想法。

————

杜鲁门在6月18日会见其军事顾问时，复员和重新部署已经同时进行了整整一个月。艾森豪威尔的工作人员将欧洲战区的各个师分为四类，士兵们根据加权服役评级在各师之间移动。按照计划，绩点达到85分或以上的人被重新分配到将会复员的师里，而这些师里低于这一分数的人则转移到将要取道

484

美国向太平洋重新部署的各个师。为了准备向太平洋战场重新部署而重组各师的过程牺牲了部队的凝聚力，削弱了士气，因为缺乏经验的美国士兵离开了他们那些经验丰富的伙伴，融入由一样稚嫩的军官和士兵构成的重组部队。

这还仅是一个复杂过程的开始，人员和设备的转移要经过两大洋三大洲，船只、飞机和火车组成一个鲁布·戈德伯格（Rube Goldberg）式的系统，在全球纵横交错，按照紧张的时间表运行，几乎不允许任何延误。指令由五角大楼发布，但实际上，将行动决策授权给战场指挥官的军方传统意味着有多个决策节点。艾森豪威尔决定免除曾在两个战场服役的美军士兵的重新部署，还有他的参谋人员期望加权服役评级标准能很快降低到75分（这一情况后来并未发生），这只是华盛顿之外的决定如何影响五角大楼计划的两个例子。另外一个例子就是麦克阿瑟囤积货船用作浮动仓库的习惯。

急于结束两个战场的战争给部队和货物的转移造成了负担，甚至考验了美国人的创新和灵活性的极限。通过剥离各师的所有武器和装备，以及除衣服和个人随身物品之外的所有东西，陆军设法将挤进运兵船的士兵数量增加了一半，且这些士兵要轮流使用铺位。各师将在旅途终点与他们的装备会合。以这种方式，整个师只需4艘运输舰便可以渡过大洋。不利的一面是，许多装备因包装仓促而在运输过程中毁坏。在其他地方，5月下旬短暂地出现预期之外的部队数量增加，导致抵达东海岸的人数超出意料，进而引发铁路部门的抱怨，以及在国会中就遣散铁路工人问题发生激烈争执。

然而，这并不意味着高绩点的人被迅速送回了美国。陆军和陆军部的官员一再解释说，将优先考虑重新部署到太平洋战场或返回美国接受额外训练的部队。尽管如此，被重新调整到第四类将要退役部队的士兵，看到同伴们纷纷上船回家，很快就对延误感到急不可耐。后勤部门中的美国兵有很多其他的不满。为了给菲律宾和冲绳运送补给、重建港口、修筑仓库和基地，太平洋战场上急需工程兵、建筑营和军需部队。这些老兵将取消在美国的休假，直接部署到太平洋。

最初，欧洲和地中海战区的大多数陆军航空兵部队预计也将直接部署到太平洋和中国战场。陆军航空队参谋长阿诺德将军认为，他的飞行员会明白在对日作战胜利之前，保持现有部队完整的重要性。然而，到 1944 年底，阿诺德得出结论，陆军航空队必须实施陆军宣布的绩点制度，大多数飞行员将通过美国大陆重新部署。遗憾的是，欧洲和地中海战区的指挥官直到 5 月 25 日才收到解释空军部队退役和重新部署流程的最终指令。与陆军一样，陆军航空队各个大队在海外进行了初步调整，由低绩点飞行员替换符合退役条件的人员。这些重组后的部队将回国休假 30 天，然后返回之前指定的基地接受训练，最后运往太平洋战场。这就是该流程应当遵循的运作方式。但是，一位陆军航空队的官方历史学家不满地指出，"该计划显然是遍布所有指挥层级的一团十足的乱麻"。"它在理论上是完美的，"一位空军历史学家写道，"而实际上一点也不完美。"[43]

随之而来的一系列行政混乱，约瑟夫·海勒（Joseph Heller）1961 年的小说《第二十二条军规》（*Catch-22*）的读者一定耳熟能详。延迟或相互冲突的命令妨碍了海外单位的重组工作。陆军航空队本来是要将空军各部队原封不动地从欧洲和地中海重新部署到太平洋战场，但是到了 6 月中旬，他们已经完全放弃了这个最初的政策。取而代之的是，司令部宣布，部署到太平洋战场的航空队将从美国本土抽调，由从未参加海外服役的飞行人员组成。换言之，陆军航空队决定从他们最初设定的前提，即在对日作战中只使用有经验的人员，改为依靠那些主要是因为没有作战经验而有资格参加这次战役的地勤和

486

空勤人员。据空军战史记载，这个决定的意思是"出于安抚公众的目的而不顾军事经验的重要性"。[44] 在 6 月 22 日公布该决定后不久，陆军航空队又宣布了一项修正案，旨在确保每个重新部署到太平洋的航空大队都要有一批训练有素的地勤和空勤人员。按照这项新计划，大约 10% 的空勤人员和 20% 的地勤人员需要拥有作战经验。陆军航空队在战后不久进行的一项内部研究中指出，"这意味着那些原来根本不会被重新［原文如此］配备的空勤人员，在出发执行任务时所具备的作战经验会比地勤人员少得多"。[45] 除了这种朝令夕改所造成的行政混乱之外，记录保存不善、运输船只缺乏、飞行任务或飞机发生意外变化，以及指挥官不愿将技术熟练的飞行员派往其他部队，这些都进一步加剧了系统的阻塞。

似乎还有时间来解决这些问题。然而，到 6 月中旬，"没落"行动所要求的大规模对日空中打击的前景并不乐观。飞行员们越来越多地抱怨，觉得自己在陆军航空队反复无常的流程中受到不公平对待，这也有可能对该流程造成损害。马歇尔和罗伯特·帕特森对这些来自士兵和飞行人员的抱怨尤其敏感。官方战史中并未提及，陆军航空队实施修改后的绩点制度，会对已经在太平洋战场开始作战的空军部队造成何种影响。华盛顿的司令部或战场上的指挥官会坚持对下属士兵与参加欧洲作战的部队一视同仁吗？陆军航空队在改变其向太平洋重新部署的政策时，在维持作战效率方面进行了妥协。它这样做是迫不得已的吗？

陆军地面部队已经在处理这个问题，因为它面对的情况是，必须安排那些指定参加"奥林匹克"和"小冠冕"行动的各师里的高绩点士兵退伍。一旦确定有资格退伍的人数，下一步就是获得替换人员，并将他们向太平洋战场调动，以便他们能够及时加入所属部队，为登陆行动开始训练。这意味着，在

487

夏季的某个时候，太平洋上已经超负荷的海上运输将不得不顾及前往菲律宾或冲绳的、数量待定的额外替换人员。原本，为替换在作战中伤亡或因疾病和外伤而不适合战斗的士兵所形成的需求是更可预测的。

6月中旬，也就是杜鲁门与参谋长联席会议举行6月18日会议的前两天，麦克阿瑟的消息令陆军部大吃一惊，为了让参加"奥林匹克"行动的部队达到满员，他将需要难以置信的21.9万名军官和士兵。他的计算基于如下几个假设：所有参与进攻的部队都应该满员；加权服役评级达到85分的人员应该从所属部队中移除；还要储备占进攻部队10%比例的替换部队，以便在首次登陆后支持进攻行动。麦克阿瑟解释说，到7月1日，他所辖的部队将缺编6.4万人，其中3.4万人属于将要参加"奥林匹克"行动的部队。他预期，在未来3个月内会再有4.7万人的正常损耗。据他的估计，参加"奥林匹克"行动的部队中还会有另外6.6万人达到85分或以上绩点而退伍。他预测还需要额外的4.2万人来填补自己的替换部队。[46]

麦克阿瑟在给陆军部的信中宣布了他的人员需求，并强调他最迫切的需求是有经验的官兵。重新调整将使他失去数千名"身经百战、拥有长期经验的成熟老兵"。"奥林匹克"行动中的各师也将失去"经长期训练培养的难以替代的关键士兵和专业人员"。[47]在一个计划于11月1日登陆九州的师中，增加了多达5000人的新兵，这一前景令人气馁。目前他接收的这批未经考验的替换人员是不堪使用的。尤其是其中年仅18岁的年轻人，他们在完全接受6个月的训练之前就被运往海外，因而无法参加作战。

2天后，陆军部向麦克阿瑟保证，他们正在尽一切努力满足他的需要。目前，西海岸的港口积压了12.4万名准备派往其麾下的人员。但这一数量将在未来4个月内继续增加，所以

488

他可以预期 6 月 5 万人、7 月 7.5 万人、8 月 7 万人和 9 月 7 万人，总共达到 26.5 万人的替换人员。[48]第二天，马尼拉和华盛顿的重新计算显示，相对于他最初向陆军部报告的 6.4 万人的缺口，麦克阿瑟的实际人数比他的编制表中声称的多了 2.3 万人。这意味着华盛顿将有能力全部满足他对替换人员的要求，包括将会重新调整的 9.6 万人，并且还能富余 3.7 万人。"必须认识到，"麦克阿瑟的司令部被告知，"运输能力将十分紧张，无法将如此规模的替换人员在指定的几个月时间内运送到你们的战场。"[49]太平洋两岸都需要付出相当大的努力来实施这些转运行动。麦克阿瑟必须最大限度放回他目前保留在战场上的运输船只，华盛顿也将不得不把运送他的替换人员设定为高度优先事项。

即使那样，大多数替换人员也不会具备理想的作战经验。有一些战斗经验但没有资格退伍的士兵，预计将在指定参加 1946 年"小冠冕"行动的各师中，替换那些达到 85 分或以上的人员。也就是说，即将抵达太平洋战场填补麦克阿瑟部队空缺的人员除了基本训练外，几乎没有任何经验。那些计划在 8 月和 9 月到达的人将加入所属各师，在 9 月中旬出动发起进攻之前，几乎没有时间与他们的新团队一起训练。

在欧洲战场同时进行复员和重新部署的实施细节，留给那些专门从事后勤、运输、人事和培训的参谋。早期的参谋研究预测，具备足够的运输能力完成这两项任务。但这些都是以假设"奥林匹克"行动将于 12 月 1 日而不是 11 月 1 日开始为前提。随后的研究得出结论，更早的开始日期是可能的，但会对陆军的能力带来更大的压力，需要"未来几个月内在所有后勤资源上进行最紧密的协调"。[50]这个慎重的预测没有考虑到调整过程中出现的困难，结果证明它过于乐观。6 月 18 日，在杜鲁门与参谋长联席会议开会并批准了 11 月 1 日登陆九州的时候，负责协调重新部署部队及其装备的组织、移动和装载的参谋人员已经落后于计划了。

所有将要复员和重新部署的部队都集中到法国北部兰斯（Reims）附近的集结区指挥部（Assembly Area Command），然后再前往法国或荷兰的不同港口。包括工程兵在内的后勤部队直接从马赛向太平洋战场重新部署，以满足菲律宾和其他集结地区机场和营房建设的迫切需求。起初，人们希望这些后勤单位与装载其设备的运输船队一同驶向太平洋。事实证明，这个程序非常麻烦，因为它涉及的整套设备的修理、组装和包装工作很复杂。安排在这一系统下的三支船队没有一支按照预定时间启航。结果便是，欧洲战场采用了一套经过修订的制度，一个单位的设备将分开包装，并以慢速货船先启航，而部队乘坐速度更快的运输舰后出发。新程序更为有效地利用了全部可用船只，但是后来又发现很多设备的不当包装导致到达菲律宾后无法使用，它的优点便也被抵消了。[51]

预定参加"小冠冕"行动的各师，一边安排绩点高于85分的人退伍，一边努力为重新部署做准备，它们在此过程中也遇到了数不清的问题。很多情形下，这些师往往一直处在移动之中，来不及确定达到退伍资格的士兵并获得相应替换人员。另一些情况下，挑选重新部署的单位的标准令人十分困惑。例如，被指定参加"小冠冕"行动的第45师有1.1万名士兵和600名军官符合退役资格。而另外，在决定解散的第63师和第65师中，超过85分的人员却少得多。[52]整个过程又出现了额外的问题，很多重新部署的师没有收到指示它们集结地或分配给它们的港口的相关命令。在其他情形中，法国铁路网络的问题也妨碍了部队从德国返回。

陆军希望有待重新部署的部队在欧洲等候登船时，能够开始进行一些太平洋作战所需的训练。由于种种原因，这几乎是

490

不可能的。训练装备必须得到保障，因为确定要重新部署的各师在抵达集结区时，除了包装和运输所需的基本个人物品外，其他装备都已上缴。人员的变动使事情更加复杂。在任何一个师都有大量士兵等待退役，而替换他们的人员还没有出现的时候，开始训练几乎没有意义。训练的滞后将负担转嫁给在美国的陆军地面部队。最初，陆军希望重新部署的各师，在士兵结束为期 1 个月的休假返回后，在一个指定基地进行改组，并接受 8 个周训练的剩余部分。该计划是让重新部署的部队恢复在欧洲中断的训练。保存不当的记录甚至让这一不高的期望也未能实现。截至 6 月，170 个抵达的单位中只有 4 个提交了有关登船返回前完成了哪些培训的报告。即将离任的陆军地面部队司令约瑟夫·史迪威将军没有对额外训练的必要性给予重视。他在视察冲绳作战行动的时候说，大多数在欧洲参战的士兵能在一周内学会如何与日本人作战。但史迪威的继任者雅各布·德弗斯（Jacob Devers）上将认为，有必要强调重新部署的士兵要接受为期 8 个周的全程训练，以此来安抚公众，使他们为与日军的激烈战斗做好准备。[53]

刚刚完成冲绳作战的第 96 师的经验表明，德弗斯的观点比史迪威更可靠。该师师长 J. R. 布拉德利（J. R. Bradley）少将认为，士兵们需要接受特殊训练，以应对该师在冲绳所面临的各种情况。例如，越过日军阵地继续前进的士兵，需要有预备队紧随其后，负责清理大量被绕开的日本兵，他们经常会躲在洞穴和隧道里面。构筑防御工事的山脊需要纵向攻击，以尽量减少日本人在炮兵打击范围以外的反斜面上配置的火力。布拉德利建议说，间接火力对削弱洞穴中的防御工事几乎没有作用。在这种情况下，直瞄武器，比如无后坐力炮这种肩扛式的轻型炮兵武器、坦克、火焰喷射器，都必须和步兵单位紧密配合。即便如此，也需要三四天的时间才能让步兵对防御工事实施令人满意的攻击。

布拉德利还就人事管理提出了一些建议，这对即将到来的进攻日本本土的行动尤为重要。"一次投入大量新入伍的替换人员的做法，虽然对于这次行动是必要的，但也导致大量的此类人员早早伤亡。"布拉德利建议，最好是每天安排替换人员加入，数量较少的人员会更容易融入部队，并接受具备作战经验的老兵的训练。他又补充说，与日军交战时，士兵一定要时刻保持警惕，严防敌人的渗透和夜间袭击。这样的紧张，加上几乎持续不断的炮火压力，意味着只要有可能，攻击部队就应该每隔两周从前线撤离一次。[54]

陆军地面部队开始采用的训练计划吸纳了冲绳和太平洋战场上其他地方的许多经验教训，全部课程包括日军战术、日本武器识别、有效使用美军武器对付洞穴、夜战，以及重要的疾病预防工作等单元。[55]对重新部署的各师进行训练的总体计划，要求士兵利用在美国训练所需的装备，并如前所述，在菲律宾与他们的装备会合。训练上的时间安排使"紧张得难以置信"的进攻时间表更加紧张。[56]第一批重新部署的各师于6月底到达。经过1个月的休假，他们将在7月底或8月初开始训练。2个月后，他们就要启程前往菲律宾，并于10月底或11月初抵达。到那时，他们将必须把装备拆包并备妥待用，开展登陆和射击演习，对舰只进行战斗装载，并在麦克阿瑟司令部规定的1946年1月20日前开拔，投入"小冠冕"行动。后续各师将在夏季抵达，时间会越来越紧张。

在同时运送复员军人和重新部署的各师跨越大西洋的过程中，保证并协调所需的船只，这本身就带来一堆难题。监督这些部队调动的官员很快发现，一些重新部署的单位在调出其高绩点人员之前就离开了欧洲。一旦这些部队的高绩点官兵在美国退伍，就必须有替换人员才能使这些单位达到满员。然而，在美国是无法获得替换人员的, 因为我们前文提到, 通过美国训练中心培训的士兵被直接派往太平洋战场, 以填补麦克阿瑟那些兵力不足的各师。于是, 为了重新部署的各师能够获得替换人员, 陆军地面部队征用驻扎在欧洲的低绩点士兵, 组成一个个 2000 人规模的 "替换包"。然而, 到了 6 月中旬, 陆军发现它无法保证足够的运输船只, 在运送低绩点替换人员的同时又能满足高绩点人员返回美国的配额。是加快替换人员返回, 还是履行其公开承诺的复员计划, 面对这种两难局面, 陆军选择了后者。[57] 此时, 复员和重新部署工作只进行了 1 个月, 有关各方就都清楚地看到了这一系统中不断加剧的效率低下。

运输延误会缩短训练时间, 这可能发生在训练过程中的任何一个环节。与欧洲各师准备重新部署时遇到的问题相反, 复员士兵的返回实际上走在了计划的前面。这真是喜忧参半。如前所述, 多于预期的部队在 6 月抵达, 造成美国运输系统一片混乱。当士兵们挤上火车开始他们的假期, 陆军、国防运输局 (Office of Defense Transportation, ODT) 负责人和国会之间爆发了一场公开的争吵。国防运输局负责人将问题归咎于陆军。以帕特森副部长为首的陆军代表, 一时淡化此问题, 一时又指责国防运输局没有为士兵的涌入做好充分准备。[58]

帕特森最终让步了, 但只是很小的一步。6 月 28 日, 他宣布陆军将安排 4000 名列车乘务员暂时离岗 30 天, 以帮助重新部署工作。但他明确表示, 他不希望陆军为铁路或其他行业人员提供更多假期。与此同时, 帕特森指责国防运输局强迫美国士兵在恶劣的条件下旅行, 并坚持认为陆军已经履行自己的职责, 就欧洲胜利日后需求的增加, 向民用运输机构发出了充分的通知。[59] 事实上, 即使是负责将归国士兵从船上转移到接待站——他们从那里登上火车开始休假——的陆军参谋人员也对从欧洲战场意外涌来的士兵感到惊愕。五角大楼部队控制科的 D. E. 法尔（D. E. Farr）上校责骂在巴黎的同僚，因为他们在传递船只到港信息上慢得离谱，而更加恶劣的是，事实证明这些信息往往也并不准确。"最近在和你们这些人打交道的过程中，我们感觉相当的困难，"他抱怨道："在过去 24 小时里，有 6 艘船抵达这里，你们甚至在任何报告中都没有提过这些船只在海上。"[60]

最初设想的是，重新部署计划依赖有关船只容量、航行速度和距离的准确信息。当然，并没有办法将延误装载的因素考虑在内，也就只好把无法衡量的变数排除在计划之外。但即使是看似确实的统计数据，如船舶运力，也经过了人为调整，给重新部署造成进一步的障碍。7 月初，饱受困扰的法尔上校获悉，从欧洲战场向西南太平洋重新部署后勤部队的进度已经落后于计划。问题的发生是因为车辆没有及时到达马赛的装载区。欧洲战场原本计划在 7 月底前运出 23.6 万名士兵及其装备，而实际却只能达到 11.9 万人，同时指望能在 9 月赶上进度。对于他们能否做得到，法尔表示怀疑。简单地说，战场那边的计算结果并不合乎情理。"我在这件事情上搞糊涂了"，部队控制科派驻巴黎的富兰克林准将承认。"是有人糊涂了，"法尔回答，"因为如果这就是实际情况，我想我们最好取消太平洋战争。"法尔解释说，问题在于富兰克林在 6 月用 18 艘货船为 3.6 万名士兵运送装备。但在 7 月，他预计将发出 27 艘货船，却只能运载 3 万人的装备。换言之，欧洲战场将比 6 月多使用 9 艘货船，却要少运送 6000 人的装备。"比例完全不匹配"，法尔认为。富兰克林注意到了这个矛盾，但无法做出解释。[61] 事情就这样不了了之了。

从马赛运送装备的延误将给整个越洋运输系统带来连锁反应。正如我们所指出的，一个解决办法是让后勤部队先于其装备到达，但没有人知道麦克阿瑟的司令部是否能接受这种办

494

法。另一种替代方式是利用现有的运输船只将更多的部队从欧洲运回，这个航程更快，可以让船只返回马赛后，再将后勤部队连同装备"分段式"运到太平洋。但即使到了此刻，大人物们也无法就基本事实达成一致。富兰克林告诉法尔，已经计划通过美国间接重新部署29.5万名美国士兵。法尔抗议说，这相当于预期的船只停泊能力要提高100%。他的解释是，根据一致的估计，他的办公室已经考虑了额外20%的超额停泊，但他无法想象欧洲战场如何将两倍于原先预期的部队装载上船。

增加的部队当然会加剧东海岸的铁路拥堵。尽管如此，虽然阻塞的铁路系统可能会推迟休假，而且干扰太平洋战场重新部署的时间安排，但有关各方都认识到，当150多万名士兵预定于11月和12月途经全国各地时，重新部署的时间表将会面临真正的威胁。已经很糟的情况只会继续恶化。"让我告诉你一些信息。"法尔在与富兰克林的通信中补充道，"积压在美国的要运往太平洋战场的部队规模正接近失控。欧洲战场未能处理好用于直接重新部署的船只，将会继续加剧这一问题，并造成更大的困难。"[62]

495　　重新部署在最初阶段遇到的困难，让人们没有理由乐观地以为这些困难能得到解决。当然，人们可以说陆军在战争中迄今为止令人印象深刻的记录可以证明，它有能力处理任何阻碍完成重新部署的问题。但我们也可以说，正如马歇尔早些时候指出的那样，陆军所面对的任务是历史上前所未有的。时钟在嘀嗒作响，陆军这趟列车晚点了。

面对经过美国进行间接重新部署所带来的挑战，陆军遭遇西部干线难以克服的物理限制。西部铁路网的建设并不是为了将如此多的人从东部输送到西部，同时又不影响对该地区经济至关重要的民用客货运输，人力的短缺，熟练工程师、信号员和机械师的缺乏使问题更为复杂。随着铁路为迫在眉睫的交通量激增而逐渐开足马力，耽搁已久的机车和轨道维护造成了麻烦。铁路管理人员和他们在国会的盟友看到了解决劳动力短缺的简单方法。陆军还可以让数千名应征入伍的熟练工人退伍，如果做不到这一点，陆军还可以允许这些工人暂时离岗，直到危机解除。支持这种补救措施的人认为，通过让列车准时运行，这些工人能为战局做出宝贵的贡献。[63]

　　陆军，更具体地说是帕特森副部长，继续反对这一提议。正如我们前文提到的，在欧洲胜利日之后，陆军部几乎立刻就收到蜂拥而来的各种要求，包括为85分的退伍门槛破例，并优先考虑国内急需的这一类或那一类士兵，如牙医、牧师、父亲、30岁以上的男人和煤矿工人。工会领袖、矿山经营者、内政部长和固体燃料管理局（Solid Fuels Administrator）局长哈罗德·伊克斯（Harold Ickes）为矿工提供理由。后者坚持认为，在即将到来的冬季，美国城市以及同样重要的西欧大部分地区将面临煤炭短缺，除非陆军把人员腾出来开采煤矿。

　　帕特森认为所有特殊豁免的请求，包括伊克斯提出的，都威胁到绩点制度的诚信。就他所认为的国家未能充分动员的问题，这位陆军部副部长曾与国会和其他文职机构进行斗争。在《国民服役法案》失败后，他高度警惕着大后方对战争承诺出现任何松懈的迹象。在欧洲胜利日之后，要求恢复平时生产的压力越来越大，这证实了他最担心的事情。因此，他恪守底线，回绝了堆在他办公桌上的许多申请书，他认为这些申请所要求的，给予不同士兵群体特殊待遇是不恰当的。[64]

　　帕特森坚持认为，任何事情都不能改变陆军以民主程序构建的绩点制度。每一个特殊的要求都如同一个楔子，足以撬开这个系统。帕特森在履行其办公室职责时态度严厉、坚定不移、不知疲倦。对于国会、新闻界和战时机构中那些推动恢复

496

平时生产的人们，他是一个理想的反面人物。正如《展望周刊》（*Look*）在一篇广受欢迎的文章中所指出的，"华盛顿的第一号战争狂人"是一个"品德端正的典范"，他的"热情使许多不那么严于律己的公职人员每天晚上都祈祷着他在政治上的灭亡"。[65] 帕特森并没有屈服于公众舆论，而是试图通过其办公室的公共关系部门，加上频繁露面于国会各个委员会和动员机构来影响公众舆论。[66] 所有这些努力的目的是让国家专注于为了完成战胜日本的艰巨任务仍需做出的诸多牺牲。

恢复平时生产和紧急休假的鼓吹者认为，帕特森把陆军的需要放在第一位，其他一切都放在第二位，这种过于简单的做法，最终会害了国家。私下里，失意的伊克斯向文森抱怨说："鲍勃·帕特森不仅是个一根筋，而且这根筋还短得出奇。"[67] 伊克斯、文森和其他批评帕特森的人担心，在赢得战争的过程中，美国仍可能失去和平。欧洲的大范围饥荒、国内的大规模失业和不断上升的通货膨胀率将使美国很难建构一个数百万士兵、水兵和陆战队员为之战斗的社会。

文森已经在陆军的人员和补给需求上与萨默维尔将军发生冲突，他发现帕特森不愿意在恢复平时生产的问题上让步，这一点尤其令人不安。文森凭借其聪明才智在国会崭露头角。作为一名"工作狂"，他还以对税法有着近乎百科全书般的了解而闻名。在担任布雷顿森林会议美国代表团副团长时，他也表现出同样的能力，善于掌握复杂的财务问题。在布雷顿森林和他的各种行政职位上，文森被视作一个愿意自由协商并就最终决定达成共识的人。[68] 在与英国人和苏联人合作后，文森发现与罗伯特·帕特森打交道是一种折磨。私下里，双方都说对方不可理喻、夸夸其谈。两人之间及其下属之间的交流都表现出一种冷淡的彬彬有礼，难以掩盖双方办公室中酝酿的敌意。在性格冲突的背后，思想意识上也存在更严重的差异。

如前所述，文森和杜鲁门一样，是新政的坚定支持者。他得到手下一班顾问的支持，如罗伯特·内森（Robert Nathan），此人与文森观点一致，认为政府有必要监管企业并为失业者提供救济。文森及其手下的新政派不信任虔诚的共和党人帕特森，指责他以战争合同偏袒大企业，公开敌视劳工阶层。[69]帕特森一方则坚称，他唯一关心的是确保美国的战斗人员拥有赢得这场战争所需的装备与弹药。军事上的必要性胜过其他所有考虑因素。然而，正如《国民服役法案》的失败和限制使用18 岁新兵所表明的，人们开始逐渐对那种观点失去兴趣。马歇尔、帕特森和萨默维尔将军不得不更加努力争取，为执行陆军征服日本的战略获得必要的人力、物资和预算资源的支持。

文森和五角大楼的人都相信，各自推荐的政策于国家最为有利。在陈述自己的观点时，他的有利条件在于能够在每天上午的白宫幕僚会议上与总统直接对话。文森还可以指望杜鲁门认真对待自己不得不说的话，即使总统并不总是站在他这一边。毕竟，总统曾经领导参议院战争支出调查委员会，对于商界的欺骗行为和陆军部的随意浪费，他已经见过太多的证据。事实上，他后来声称，在领导杜鲁门委员会的过程中，他为纳税人节省了 150 亿美元。作为一名参议员，杜鲁门还共同推动了促进战后充分就业的立法。《杜鲁门－基尔戈尔－默里法案》（Truman-Kilgore-Murray Bill），非正式地被称为《恢复平时生产法案》（Reconversion Bill），它以充分就业为目标，建议实行一套全国性的失业保险制度。杜鲁门私下抱怨说，军事动员部门"将建立一个法西斯政府，如果萨默维尔能办到的话"。[70]总之，对马歇尔的尊重，对彻底战胜日本的坚定不移的承诺，对失业率回到大萧条时期水平的持续担忧，还有对五角大楼并不总是珍惜国民财富的强烈感觉，这些因素都需要杜鲁门进行反复的权衡。

498

国民经济从战时管理体制向和平时期的稳定状态过渡，缓解这一过程的任务可能会带来尖锐的分歧，因为这对相关各方来说都是未知领域。第一次世界大战后的经历与 1945 年美国所面临的情况在规模上的差异使得很难进行这种比较。此外，一战后的复员进程并没有被大萧条和大规模失业的新鲜记忆所困扰。所有人都在猜想未来会发生什么。这一点在 6 月 1 日的内阁会议上得到了充分的证明。这次会议上，财政部部长小亨利·摩根索（Henry Morgenthau，Jr.）抱怨战时生产委员会最近的一份声明，预测到年底将有 180 万工人失业。他怀疑是否有人真知道这一数字，担心这令人沮丧的声明会损害当前的债券走势。海军部长福里斯特尔预测，两年后失业人数将少于目前。战时人力委员会领导保罗·麦克纳特（Paul McNutt）则更为乐观，他说在未来十年里不会再出现失业。会后，商务部部长亨利·华莱士（Henry Wallace）、内政部长伊克斯和司法部长弗朗西斯·比德尔（Francis Biddle），这些人都被认为是内阁里新政派的留任官员，他们私下对福里斯特尔和麦克纳特的乐观预测感到可笑。然而，最强烈的反应来自总统本人。杜鲁门显然对这个话题感到不安，他打断了讨论，说他不想公开发布对未来失业情况的预测。[71]

文森及其班子成员明智地避免在公开场合进行这种预测，但私下里，他们和战争动员与复员局咨询委员会的成员们担心，陆军持续的人力和物资需求正在阻挠恢复平时生产，并将战后经济引向灾难。对有限的原料和商品的过高需求造成了通货膨胀的压力，带来直接的危险。目前的经济状况还没有开始吸收被取代的战时工人，数百万士兵有可能一回家便会失业。考虑到预期的战争持续时间，这种失业的压力还不算最紧迫，但已经是严重的威胁。咨询委员会对持续的通货膨胀压力担心不已，他们在 6 月的一份报告中解释说："在确保为战胜日本而进行全力生产的同时，恢复平时生产的计划必须预见到，这种战时生产终止后国内经济将会受到的影响。"在对战争努力给予必要尊重的基础上，该报告建议，"谨慎利用我们的资源，需要根据民用经济的需要仔细确定军事需求，而满足前者的最低需求对于维持战时生产至关重要"。就该委员会而言，眼前的危险是持续短缺给民用商品造成的通胀压力。根据报告，办法就是"尽可能迅速地"增加民用商品和服务的生产。如果不能削减军事生产——尽管报告暗示这可以做到——就必须找到某些其他手段提高民用生产。[72]

在评估恢复平时生产的滞后速度时，文森及其顾问假设陆军在兵力使用和物资采购上都超出了战胜日本的需要。文森在与萨默维尔及后来与参谋长联席会议见面时，已将这一点表达得淋漓尽致。这种做法已经开始产生效果。罗伯特·内森带着明显的满意向文森汇报，尽管陆军在5月19日预测1945年最后一个季度的生产需求只会减少15%，但到5月底，他们已经把这一数字上调至31%。他补充道，这种预测的变化"当然表明，你在与参谋长联席会议的讨论中取得了进展"。[73]

这是一个大有希望的开端，但还有进一步削减的机会。例如，与两线作战相比，陆军后勤部队针对一场单线战争的估计，显示五个不同类别的采购有所提高。根据文森一位助手的说法，这里面的炸弹和化学战材料的增加是可以理解的，对火车车厢的需求增加也如是，其中大部分是中国和印度战场的窄轨库存。另外，在装备和服装的预测中可能有相当的余量，二者分别增加了21%和26%。这是陆军部和战时生产委员会正在审查的最后两个项目。陆军的人力预测也需要进一步审核。[74]特别值得关注的是，根据5月陆军有关复员事宜的声明，预计到1946年6月，它将拥有696.8万名军人，其中近300万人在美国。留在本土的人员中，有130万名"管理人员"，参

500

与培训、行政管理、供应和"内务处理"。给文森的报告指出，其中有 90 万人曾在海外服役。尽管报告没有提出任何建议，但是这样的表述方式——"你可能有兴趣仔细看看这个表格""你可能对这一明细感兴趣"——意味着对这些数字持有相当的怀疑，尤其是将有 90 万名老兵在欧洲胜利日后的一年内留在美国继续服役，履行"内务处理"等职责。[75]

　　陆军部的批评者数量不断增加，他们就是无法理解，为什么在德国战败一年以后，陆军还需要 700 万人服役。相当确切地说，陆军要吞噬掉巨量补给和食品的前景——包括每个士兵每年 400 磅红肉——至少会在来年扼杀所有恢复平时生产的希望。在 6 月 11 日战争动员与复员局咨询委员会的会议上，帕特森试图对陆军的需求以及同时进行的退伍和重新部署过程进行解释，但没有取得多大效果。他向委员会保证，陆军计划在 1946 年 6 月前退役 200 万名军人，为了达到这个数字，很快就会宣布降低退伍所需的加权服役评级分数。与此同时，陆军和陆军航空队正在将 300 万人以及 1000 万~1500 万吨的物资运出欧洲。为了击败日本，陆军将利用美国的空中优势削弱日本抵抗进攻行动的能力，以减少生命损失。他驳斥了一些毫无根据的指控，即陆军正在为战后储备物资，或者现在因为担心工人大规模离开军工企业而生产多余的弹药。他说，陆军采购物资的目的只有一个：打败日本。[76]帕特森进一步解释说，陆军将很快让 40 岁以上的人退役，他希望高绩点人员的持续退役将有助于缓解重要劳动部门的压力。但他补充说，不能做任何事情扰乱军人们认可的绩点制度。对于熟练工人，不会实行提前退伍或特殊休假。

　　对于参加了 6 月 11 日咨询委员会会议的文森来说，帕特森的演讲几乎没有带来任何鼓舞。希望一些退役士兵能够弥补铁路工人或矿工的短缺只是一厢情愿的想法。与此同时，从西

海岸运送食品的车流和东海岸运送重新部署的士兵回家休假的
列车都在晚点，拥挤不堪，或者干脆就没有。西海岸的造船厂
也面临熟练劳动力的短缺。5月底，文森收到的一份报告显示，
加利福尼亚和华盛顿两个州的造船厂工人缺编高达 2.4 万人以
上。这一缺口出现之际正是神风突击队给支援冲绳战役的舰队
带来巨大损失，导致工作堆积如山的时候。截至 5 月底，有 31
艘舰只在维修之中或正在排队待修，还有 60 艘正在路上。[77]
当问题的严重性愈发明显，纽约州共和党众议员詹姆斯·沃兹
沃思询问帕特森，是否有可能让熟练工人暂时离岗以弥补这一
不足。帕特森告诉对方，陆军和海军正在考虑以一个特殊项目
让电工退伍，以便他们可以转移到西部，但他重复了自己的标
准解释，不会有暂时离岗。绩点制下的退役将不得不收紧。[78]

　　对某些人来说，这似乎是一个快速的补救措施，或至少算
是朝着正确方向迈出的一步，但帕特森认为这是对暂时性问题
的一种鲁莽的过度反应。他相信，让拥有重要技能的士兵离岗
或提前退伍将严重破坏绩点制度的诚信，并在这场战争的最后
一次战役前夕大大挫伤士气。在坚持士兵认可的加权评级分数
时，帕特森遵循了他从温斯顿·丘吉尔那里得到的建议。首相
曾警告帕特森，一战以后，英国短暂尝试了根据工作经验安排
士兵回国，这种办法削弱了士气，并在部队中引发了抗议。[79]
帕特森不想在战争进行期间挑起这种反应。另外，他依靠有计
划的士兵退伍来弥补关键领域的劳动力不足，充其量是一种良
好的愿望。没有人能保证工人们会返回战前的工作岗位，而且
他们在服了几年兵役终于退伍之后，立即返回工作岗位的可能
性微乎其微。

　　美国在为战争的最后阶段做好准备时所面临的这些问题，
当然没有现成的解决办法。事实证明，协调船只、人员和设备
的移动极其困难。重要行业需要训练有素的工人，而在其他军

502

工行业，削减或取消订单正在导致当地失业率飙升。在 6 月的第一周，文森被告知，申请失业补助的人数增加了 25%。三分之二的申请集中在纽约州、密歇根州、宾夕法尼亚州、伊利诺伊州和加利福尼亚州。[80] 只要陆军还在继续控制对民用行业至关重要的原材料，这些工人就没有什么选择。战争期间，各州就业机构被统一为全国性的就业服务局，国会成员和各州的地方领导人现在试图通过重新控制这一机构来解决当地的失业问题。总统拒绝了这些要求，理由是战争的持续需求以及将熟练工人引导到重要军工行业的需要。[81]

6 月下旬，文森了解到，由于重新部署的步伐滞后，以及整个太平洋战场的卸载和仓储能力的局限，这些条件不太可能很快改变。6 月，陆军要求 110 艘货船从法国南部运送装备和补给，但后来得知，它只能装载其中的 57 艘。计划要求在 7 月装载 120 艘船，但这一数字被减少到 84 艘。在太平洋彼岸，马尼拉作为接收补给的主要港口，每天能够卸载 9000 吨货物。最初的估计曾经是 4 万吨。道路和仓库的不足使仓储问题复杂化。由于雨季的到来，预计这种情况不会有什么改善。报告指出："对陆军的批评相当多，因为他们现在正计划通过向太平洋战场已经过度紧张的设施倾卸大量货物，以达到清理欧洲战场的目的。"更坏的消息随之而来，"作为这种情况的结果，原计划的重要行动被进一步推迟便不足为奇"。[82]

陆军当然会拒绝这一结论。在战争期间，陆军已经展示出令人印象深刻的能力，通过人员和资源的重新调配，针对紧急情况拿出临时的解决方案。计划已经出台，即通过把参加"奥林匹克"行动的各师从中太平洋直接送到登陆海滩，以弥补太平洋战场的一些后勤限制。然而，此时，文森不大可能对陆军这种"我能行"的态度留下深刻印象。推迟作战行动的可能性意味着战争将拖延下去，而陆军对恢复平时生产的阻挠也将持续。

国家处于一种不稳定的状态，介于和平与战争之间。人们对失业、通货膨胀和民用经济的原材料不足日渐忧虑，与对欧洲状况的担忧相互交织在一起。对于解放后的欧洲大部分地区来说，粮食和燃料短缺预示着一个匮乏而绝望的冬季。有些士兵终于踏上返乡之路，但更多人要走过的那条路却是通往似乎愈加遥远的前线。这场骇人听闻的战争必然还需要付出更大的牺牲。地方领导人和他们在国会中的代表敦促政府进一步取消战时管控，并质疑陆军需要如此大量的人员和物资。民间动员机构的官员、国会成员、劳工领袖和各州官员，正在对他们所察觉的可能导致战后经济困难的迫切问题做出回应。在这方面，他们领先于公众舆论，既没有引导民意，也并非对民意的响应。

当然，决策者关注着公众舆论。白宫监控报纸社论，密切关注民意调查，此外还衡量其中对总统的支持率。陆军部有自己的公共关系官员，定期考量各级官兵的意见。然而，就帕特森而言，最重要的民意调查，即用于建立退役绩点制度的民意调查已经进行。[83] 陆军部也监测公众舆论，以评估军队以外的民众对战争的总体看法，特别是对陆军政策的看法。国会议员同样在观察民意调查，但是按照历史学家威廉·奥尼尔（William O'Neill）的观点，在整个战争期间，那些表明公众愿意为了战争承受巨大困难的民意调查数据都被立法者认为不可靠。[84] 与国会一样，陆军部似乎也以同样方式对待民意调查，只引用那些确认本部门政策的结果，而忽略相反的数据。

在塞缪尔·罗森曼发表了关于欧洲粮食短缺的报告以后，《时代》杂志记者雷蒙·比尔（Raymound Buell）指出，一项民意调查显示，美国人支持罗森曼的建议，呼吁减少国内消费，以便为解放后的欧洲提供更多救济。[85] 可是他又说，萨默维尔将军不会同意影响陆军每人每年 400 磅红肉的定量供应。（平均而言，一个成年的平民每年可获得大约 130 磅。）"这个国家最大的问题之一，"比尔写道，"就是各个军种几乎都在自行其是。"需要有"一个强硬的文职政府对非军事领域的军事和民用需求做出决断"。[86] 鉴于不同民意调查的结果往往相互矛盾，国会和行政部门的决策者不能根据最新调查结果制定政策，这也是情有可原的。不需要民意调查就能知道，大多数美国人盼望战争结束。然而，要想知道大多数美国人愿意为结束这场战争而付出何种努力，那就更难了。一方面，大部分人坚持无条件投降和彻底战胜日本。当被问及如何对待裕仁时，33% 的人希望处死他，17% 的人想对他进行审判，11% 的人想要终身监禁，只有 3% 的受访者认为，美国应该留下裕仁并通过他对日本进行治理。[87]

使情况复杂化的是 1945 年 6 月坎特里尔（Cantril）组织进行的一项民意调查，其中 58% 的受访者更愿意看到日本在登陆行动开始之前就被美国的海空军推到饥饿而死的边缘。只有 27% 的人呼吁立即登陆。[88] 然而，正如我们所指出的，马歇尔和联席会议的参谋人员认为，围困政策将延长战争，增加谈判解决的可能性。反过来，这将导致很难实现美国人表示支持的战争目标：无条件投降和制裁天皇。6 月的其他民调显示，公众对伤亡的担忧正在增长，冲绳战役刚刚结束，但对政策偏好几乎没有指引作用。在一项坎特里尔民调中，参与者有两种选择：在日本放弃对中国和太平洋岛屿的控制后与之达成和平，或者继续牺牲可能高达"数十万美国士兵"而坚持战斗。选择战斗的占 56%，选择和平的占 37%。《财富》杂志的一项调查提出了一个类似的问题，但是省略了伤亡人数，愿意战斗的比例上升到了85%。[89] 对于士兵对战争目标的看法，同时进行的一项调查也得出了支持无条件投降的结果，但在如何实现无条件投降方面存在矛盾。这项调查于6月进行，针对2075名结束海外服役返回美国的士兵。当他们被问及，是否支持"双方都对和平条款有发言权的一种和平"，有1332人回答说美国应该继续战斗，直到全面击败日本，201人支持谈判，500人不确定。但当被问到他们对于在战争中继续服役有何感觉时，1248人说他们现在应该退役，381人说他们应该再服役一段时间，但只能到日本战败。[90] 换言之，大多数人认为征服日本的任务应该由其他人来完成。这样的回答是可以理解的，因为几乎所有调查参与者已经赢得至少一颗作战星标，大部分人有了两三颗。

很容易理解为什么大部分人认为已经尽了自己的责任。尽管如此，美国士兵支持无条件投降的前提条件似乎很明显，参与投票的大多数士兵相信他们不会被派往太平洋。[91] 针对平民对后方、定量配给、工资和战后经济状况态度的调查工作表明，人们普遍对未来感到不安，并希望看到战时管制的解除。但民调并没有显示，公众像国会议员和动员官员所说的那样对管制措施感到愤怒或厌倦。欧洲胜利日之后不久，一项调查显示，美国人希望从配给制中得到解脱。但是，如前所述，平民也声称他们准备减少食品消费，以缓解欧洲的粮食短缺。此外，无论他们对定量配给的看法如何，一项民调中有74%的回答者表示，诉诸黑市交易是不正当的。在6月8日进行的另一项调查中，77%的参与者说，国会应该等到日本被击败以后再降低所得税。[92]

6月底的调查普遍显示，公众舆论继续忠实于赢得对日战争的目标，支持无条件投降，并认可陆军复员计划的公平性。与此同时，大量的信件要求亲人立即从欧洲返回或从美国境内

506

的部队退伍。硫磺岛和冲绳的血腥战斗带来的沮丧心情，日益对战后生活感到焦虑，都通过离开战争相关工作的工人和一系列的罢工行动表现出来，它揭示了一种矛盾的心理，可能很容易转化为对政府更为实质性的压力。

对美国人来说，越来越多的人相信日本的失败是不可避免的，而这场战争的代价是恐怖的，这使得太平洋战争似乎比对德战争更令人反感，也更缺乏意义。其结果就是，随着美国人开始艰难地向民用经济转型，在欧洲胜利日之后，公众关注的焦点从欧洲变成了恢复平时生产，而不是亚洲。华盛顿发生的转变比大街上更为迅速和激进。大部分美国人，尽管迟疑、困惑、厌倦战争，担心伤亡和工作，仍然尽可能地坚持战时的管制措施和价值观念。政治、劳工、舆论和企业界的精英更加努力而持久地要求废除战时管制，并向可持续的民用经济转型。

在这种变化的背景下，陆军作为最无处不在的政府部门，已经成为全国范围内批评的主要目标和替罪羊。陆军的文职和军职领导人尽最大努力抵挡这些批评，对于任何人企图改变战胜日本的策略、复员进程或陆军认为完成战争所必需的预算，也都予以坚决的反对。在7月的第一周，急于出城休假的议员投票赞成陆军390亿美元的预算。同一个星期，杜鲁门准备前往波茨坦参加峰会，他在内阁会议上支持帕特森执行绩点制度，伊克斯和文森为解决他们认为很严重的国内劳动力短缺问题所付出的努力因此而受挫。[93] 6月中旬，总统对马歇尔和史汀生保持信心，并接受了"奥林匹克"行动。陆军的胜利计划得以保持。执行这些计划所需的部队能否按时就绪还有待观察。

第十二章
波茨坦，1945 年 7 月 ~8 月

7 月 9 日，杜鲁门总统乘坐美国海军"奥古斯塔号" （*Augusta*）启航东去，参加波茨坦首脑会议。他驶过了运送第 4 和第 8 步兵师返回美国的运输舰，这些士兵迫切需要盼望已久的 30 天假期。诺曼底登陆行动中，第 4 师在犹他海滩（Utah Beach）登陆，参加了解放巴黎的战斗，并在贺根森林（Hurtgen Forest）经历了这场战争中最血腥的一次战役。第 4 师在欧洲战场上连续 199 天与敌人展开不间断的战斗，难以置信地遭受了高达 3 万人的伤亡。该师预定作为后续部队参加"小冠冕"行动。在航程后半段，"奥古斯塔号"又经过了正在驶向美国的第 2 和第 87 步兵师。[1] 第 86、97、104 和 95 师已经回到国内。第 86 和第 97 师原定要在太平洋战场服役，但是在进行了一些两栖训练后，它们突然被改派到欧洲加入"突出部"战役。它们是派往欧洲战场的最后两个师，也是最早返回美国的。在 2 月到达欧洲以后，第 86 师执行了 42 天的作战任务，参与了莱茵河、"鲁尔口袋"和巴伐利亚三次战役。6 月 18 日，伴随一支陆军妇女队（Women's Army Corps）乐队演奏的"热辣音乐"，该师抵达了纽约港。陆军部副部长帕特森乘着一只快艇到港口迎接他们。还穿着冬季制服的军人们满头大汗地背着装满慰问品的背包，蜂拥登上将他们载往新泽西州的渡船，在那里，他们被送到附近的基尔默营地（Camp Kilmer）。到 6 月 20 日，吃过一顿他们记忆中最棒的牛排大

餐以后，第 86 师的军人们开始了他们为期 30 天的休假。假期结束的时候，他们将在俄克拉何马州的格鲁伯尔营地（Camp Gruber）重新集合。6 月 23 日，参加过"鲁尔口袋"战役的老部队第 97 师和第 365 工程团的非裔美国士兵一起到港。后者曾经在欧洲战场维护向前线输送补给的，被称作"红球高速"（Red Ball Highway）的运输线路。为了避免给不堪重负的纽约铁路系统增加压力，运输舰把第 97 师和第 365 团沿哈德逊河上溯 20 英里，卸载到距离尚克斯营地（Camp Shanks）仅 4 英里的地方。这两支部队都将重新部署到太平洋，但是首先他们要解散后享受 30 天的假期。[2]

重新部署的第一阶段正在全面展开。然而，所有部队都需要替换达到退伍资格的人员。然后它们将重新集合开展训练，并向西海岸的集结区转移。这些向西航行的运兵船一定让总统对美国的军力感到放心。但是它们也提醒这位曾经的炮兵上尉，那些回家的美国士兵在继续对日作战之前，只能在美国短暂停留。

杜鲁门在波茨坦的主要目标之一是确保苏联在中国东北地区加入对日本帝国陆军的作战，从而使征服日本变得更加容易。从表面看，三巨头的会议像是一次有关欧洲问题的会议。苏联已经废除与日本的中立条约，但两国依然处于和平状态。此外，尽管美国大多数评论员公开猜测苏联会参战，但日本领导人还是希望能够说服斯大林提供帮助，以谈判解决这场战争。在幕后，完成对日战争的任务耗费了总统的大部分注意力。即使是他本人在参与有关欧洲局势的会议时，美、英、苏三国的军方参谋人员也在商讨如何在这最后一战中协调各方努力，并划定彼此行动的边界，避免互相发生意外冲突。

总统希望在会议结束时，能够取得对战胜日本至关重要的几个问题的答案。不仅要决定苏联是否及何时参战，杜鲁门还想了解美国能否在"奥林匹克"行动预定开始之前有效利用原子弹。警告日本的想法遭到了临时委员会（Interim Committee）的拒绝。该委员会是杜鲁门设立的，由亨利·史汀生任主席的一群高级官员组成，其任务是决定如何发挥新式武器的最佳作用。除了决定不向日本发出警告外，委员会还建议对日本城市投放原子弹，作为从马里亚纳群岛起飞的 B-29 执行的战略轰炸的升级行动。对原子弹进行非作战展示的可能性，委员会成员只是简略地考虑了一下。

临时委员会还审议并批准了由军方官员另外组成的目标委员会（Target Committee）编制的目标清单，包括古都京都、广岛、长崎、小仓和新潟。列席委员会会议的马歇尔将军认为，位于九州北部的小仓应该列为首选目标。他并没有解释选择小仓的理由，但似乎这最契合他对生命代价的担忧，并提供一个最好的机会避免遭受马歇尔所谓的"谴责"，即对民用目标使用新武器所带来的责难。[3] 首先，如果"奥林匹克"登陆行动必须进行，这颗炸弹将通过破坏九州和本州之间的重要联系，对行动提供支援。其次，日本西部最大的小仓兵工厂及其铁路编组站可以作为攻击的地面目标，它们位于村崎河（Murasaki River）对岸，远离该市的主要人口中心，因此有可能辩称已采取减少平民伤亡的措施。[4]

一旦明确了这颗炸弹如何使用，该委员会的主要任务即告完成。此时，史汀生主动将委员会的建议与他自己的坚定信念结合起来，即美国应当开展更多工作，向日本澄清无条件投降的含义。他曾建议在冲绳的激战当中不要发表这样的澄清，但是因为有了原子弹，他笃信美国应该在发动进攻之前向东京做出提示。在原子弹被投下之前，总要让日本人有机会看到一份明确无条件投降条件的声明，作为谈判的要约和示弱的标志。史汀生尚未决定是在使用炸弹之前还是之后立即发表这一澄清

511

声明，但无论哪种方式，日本人都会很快了解到，美国人是在以压倒性的优势采取行动。

虽然他还不确定发表声明的时间，但史汀生对声明应当包含的内容很肯定。他认为，应该告诉日本人，裕仁将被允许继续留在皇位上，天皇制度将得以保存。杜鲁门对待天皇的立场却不是那么明确。事实上，甚至都不清楚他是否赞同向日本发表任何形式的声明。他经常给来访者留下这样的印象，如果是在不同的情形下，他可能会同意对方的意见。此外，这位新总统行事谨慎，考虑到他肩负的决策重任，可以理解他还不确定应当采取什么样的最佳方式，而且他已经在多个场合改变过心意。

代理国务卿约瑟夫·格鲁是第一个遇到总统在这种情况下犹豫不决的人。杜鲁门称赞了格鲁的声明草案，然后故意没有批准。格鲁领会了总统的意思。第二天，杜鲁门让他把这个项目列入波茨坦会议的议程。格鲁告诉史汀生和海军部长福里斯特尔，关于发表一份澄清无条件投降的声明是否可取，他"得到的印象是总统已经表示不同意他的观点"。史汀生的看法不同，"他认为总统目前不想执行这样的计划，特别是不希望各部门因为这样一个计划的存在而以任何方式削弱对最后攻击的准备"。[5]史汀生把杜鲁门并没有说过的话随意地归为他的观点。

512 如上文所述，当总统在前一天出席参谋长联席会议，会见史汀生和福里斯特尔时提到对日本的警告，他明确拒绝发表修改或澄清无条件投降的公开声明。相反，他说他为国会采取行动敞开了大门，而在他看来，自己无法改变公众舆论。[6]

然而，在接下来的两周里，史汀生根据自己对总统观点的解读采取了行动，并安排了一个由助理国务卿约翰·麦克洛伊领导的委员会，负责起草后来为人所熟知的《波茨坦公告》（Potsdam Proclamation）。在 6 月 26 日举行的陆军部长、海军部长和国务卿三人委员会的又一次会议上，史汀生谈到了"在日本可能遭到 S-1（原子武器）的有效打击以后，努力通过发出警告的方式使之投降"。[7] 史汀生还朗读了一份为总统撰写的备忘录，针对发表声明澄清无条件投降的含义，并警告日本人拒绝投降将产生什么可怕后果，解释了为什么这是一项明智的策略。格鲁和福里斯特尔批准了备忘录，三位内阁成员任命了一个由麦克洛伊领导的下级委员会，起草实际的声明。[8] 尽管这个下级委员会包括来自国务院和海军部的成员，麦克洛伊还是主要依靠陆军参谋部战略和政策小组的几名成员起草最终文件。6月30日，麦克洛伊将草案带到了史汀生位于长岛的家中，经过一些文字上的小改动后，准备把它提交总统。[9]

　　史汀生于7月2日凌晨面见杜鲁门，向他提交了一沓文件，包括他给总统的一封附信和题为"对日方案建议稿"的备忘录（也是由史汀生撰写的），以及一份由麦克洛伊委员会草拟的"国家元首宣言草案"。陆军部长在信中提醒杜鲁门，他之前曾提起向日本发出警告的问题，并准备了一份备忘录，列举了发出这一警告的理由。信中指出，在警告中不应提及特殊武器，史汀生还补充说，"当然，如果要发出这一警告——几乎可以肯定的是，它会伴随这种武器的使用——就必须对其内容加以修改，以符合这种武器的效力"。[10] 史汀生这种一反常态的含糊其词表明，关于警告和投弹的先后顺序，他自己还没有决定向总统作何推荐。"伴随"是什么意思？炸弹投下之前还是之后？

513

　　史汀生在信中解释说，备忘录和公告草案主要是为总统即将在波茨坦举行的一些会议的"可能背景"准备的，但备忘录本身给人的印象是，它的主要目的是说服总统接受发出警告的整个想法，而不是为波茨坦会议提供谈话要点。它首先回顾了进攻日本的整个决定，并预告了一场为征服敌人而进行的漫长而艰苦的斗争。例如史汀生曾去会进行关键战斗的地区，认为那里"很容易发生在硫磺岛和冲绳岛经历的生死之战"。[11] 备忘录明确指出，美国在未来的战役中拥有众多优势，但将这些优势转化为尽早的胜利将是一个严峻的挑战。然后，史汀生竭力推荐"一个对将要发生什么的警示和一个投降的明确机会"。部长驳斥了美国媒体对日本人的不准确描述，即说他们都是狂热的、不可理喻的。他补充说，尽管日本政府当下掌握在军国主义者手中，但一群"自由主义者"正在寻求重新控制政府。为了帮助这一群体，美国可以发出警告，澄清无条件投降的含义，列举盟军占领期间将采取的步骤，同时概述让日本重归国际大家庭的步骤。[12]

史汀生的备忘录解释说，所有这些步骤都已经列在随附的公告草案中了。他告诉总统，公告中最具争议的条款是向日本人保证，当一个倾向和平和负责任的日本政府毫无疑问地确立以后，占领军会立即撤离日本。"这可能包括，"这一小节的最后一句写道，"如果能让全世界都完全满意地相信，这样一个政府永远不会再有发动侵略的意图，那么将在现有王室下实行一种君主立宪制。"[13]

514

史汀生明白他在向总统抛出太多东西。考虑到问题的复杂性和总统当天的紧张日程，他请求第二天下午再安排一次会面。杜鲁门同意。第一次会面后，史汀生在他的办公室日志中透露，杜鲁门"显然对议题的提交方式非常满意，而且他明显默许了我在处置日本问题上的态度，并宣布我所写的是一份非常有影响力的文件"。[14]

第二天，7月3日，两个人再次见面时讨论了原子弹以及在波茨坦如何向斯大林提起这个话题。按照史汀生的日记，他建议，如果斯大林总体上看似愿意合作，杜鲁门就应当告诉他，美国正在研制原子弹，而且知道苏联也在做这件事。总统可以解释说，它马上就能准备好用来对付日本，但是美国愿意讨论如何在战争结束后的和平时期控制这种武器。史汀生提到，杜鲁门似乎同意他的意见。[15]

公告草案包含了格鲁、史汀生和福里斯特尔的努力，他们要撰写一份由警告日本和澄清无条件投降原则两方面内容构成的声明。警告的措辞是明确无误的。如果日本领导人拒绝投降，他们就会看到"日本国土的彻底毁灭"。但公告也向日本人保证，他们可以在现有的王室下保留天皇制度，有意在此问题上做出让步，许多专家认为这会阻止东京的和平派取得对抗军国主义者的优势。部长们承认，日本可能会认为这一公告代表了美国存在的厌战情绪。但他们觉得这是一个值得尝试的机会，因为它有助于避免在日本本土岛屿上进行战斗。当然，如果杜鲁门遵循史汀生的建议，这份公告将"伴随"原子弹一同发布。

史汀生和其他人都知道，他们的建议具有很大的争议性。在修改无条件投降方案的过程中，对其发挥指导作用的，是他们自身受到意识形态扭曲的对日本历史的分析，以及他们对世界政治的坚定保守态度。那些反对修改无条件投降方案的人和容许保留天皇的人，同样都是罗斯福新政的支持者。其背后不仅仅是对发动珍珠港袭击的国家进行报复的愿望。无条件投降的支持者认为日本天皇制度在根本上是不民土的，是一个容易操纵的原始民族主义的象征。他们说，日本军国主义者只是问题的一部分。正如罗斯福在1943年1月卡萨布兰卡会议（Casablanca Conference）上宣布这一政策时所说，无条件投降意味着"摧毁德国、意大利和日本基于征服压迫其他国家人民的思想体系"。[16]人们觉得日本文化中有太多的旧时封建主义残余。商业利益和地主阶层对工人和农民保有太多的权力。宗教和教育机构促成了一种激进的思想。为了挽救这种局面，工会应当受到保护，卡特尔必须解散，佃农要摆脱依附关系。简言之，日本人民需要一个新政，而这只能通过持续一段时间的占领来实现。

通过社论、新闻报道和国会发言，从意识形态出发针对日本未来进行的辩论，逐渐在公众中形成轮廓。至于国务院、军方和跨部门工作组织的公开论述，在其表象之下也有类似的趋势在涌动。[17]虽然大多数争论集中于需要什么手段实现太平洋地区的持久和平，但是这使有关结束战争最佳手段的争论趋于复杂。国际和国内政治相互交织。保守派希望战争的早日结束和有限的占领能够消除后方的战时经济管控，加快物价管理局之类的新政机构寿终正寝。在他们看来，这些机构干预市场，扰乱了大多数美国人的生活，并妨碍充分就业。[18]

对于美国能否在战后与苏联保持和谐关系，以胡佛为首的保守派深表怀疑，他们也对任何可能有利于苏联的政策提出质疑。这些人担心，一场旷日持久的对日作战将为苏联向东亚扩张创造充足的机会。军方有些人支持这个观点。海军的战略计划处（Strategic Plans Division）处长，"睿智的"查尔斯·库克海军上将担心日本这股力量的缺失所带来的真空。库克在一份备忘录中向金海军上将建议，结束这场战争的最佳方式是拥有一个"强大的中国和一个被赶回老家的日本，既再也无力侵略，但又不能彻底予以铲除，要让它仍然作为保持东亚和西太平洋稳定的一股力量"。[19]库克担心进攻的代价，不仅是美国军队的代价，也包括日本的代价，政府中的其他官员也有同感，他们敦促杜鲁门修改美国对于无条件投降的要求。福里斯特尔、史汀生和格鲁都在私下表达了对战争结束时苏联在东亚扩张的担忧。[20]建议修改无条件投降要求的同时，他们还试图改变罗斯福与苏联进行合作的政策。他们担心日本城市的灰烬会成为激进主义发展壮大的沃土，此外，也会促使苏联在该地区扩张。这种想法影响了他们对杜鲁门提出的意见，尽管在他们的正式建议中——正如我们在探讨前述备忘录时所提到的——格鲁和史汀生的评估仅限于以修改无条件投降的方式实现美国目标的各种可能性。这一修改和与苏联的合作当然不是相互排斥的，但大部分官员怀疑能否同时执行这两项政策。[21] 史汀生把公告草案交给杜鲁门之后，越来越担心它会在前往波茨坦与斯大林会晤的途中被一些官员"抛弃"，那些人认为"我们不能向日本澄清任何条款，因为那会被理解为在苏联有机会介入之前结束对日战争的一种愿望"。[22] 主张无条件投降的人反对的不是"澄清某一条款"，而是拒绝考虑"澄清"这一行为，因为他们认为这个主意其实是用来软化策略的。1945年6月和7月，随着对无条件投降充满意识形态色彩的争论不断加剧，双方越来越互相怀疑对手的动机。

反对修改无条件投降的人认为，这份公告草案企图抹杀这场战争最重要的一项目标，而且是在缺乏公开讨论的情况下。当麦克洛伊草案递交到国务院时，助理国务卿迪安·艾奇逊和阿奇伯尔德·麦克利什指责了允许天皇继续在位的想法。他们在部门会议上激烈地争辩说，要把日本变成一个和平的国家，需要的不仅仅是剪除日本的军方极端分子。艾奇逊被 I. F. 斯通形容为"企业律师的进步和智慧样本"，他认为需要从根本上铲除皇权制度以降的整个体制。私下里，艾奇逊称格鲁为"绥靖派亲王"。[23] 麦克利什痛斥有些人企图在没有就此问题举行全面公开听证的情况下就改变政策，并将自己的意见直接提交给新任命的国务卿詹姆斯·伯恩斯。他利用最近的民意调查来巩固论点，在信中对伯恩斯说，公众依然强烈支持无条件投降。麦克利什承认，虽然利用天皇来实现投降可能具有军事上的意义，但是这可能会在未来一代的时间里增加对和平的威胁。他也不否认在这一点上存在的分歧，但如果政府希望改变

517

政策，它应该用"任何美国人都不会产生误解的话语"来阐释其理由。[24]

麦克利什对政策改变的过程和被改变的政策同样感到不安。对他来说，没有对这些问题的公开讨论，就不可能有真正民主的外交政策。另外，莱希、史汀生和格鲁这些职业人士则回避选举政治，认为民意是易变和无知的。他们认为，自己的专业经验为决策提供了更好的基础。

尽管他们不愿向民意低头，但主张修改无条件投降的人突然发现自己不得不在公开场合与对手抗衡。他们得到了国会议员和新闻界保守派的大力支持。这场争取公众支持的运动愈演愈烈，《纽约时报》专栏作者阿瑟·克罗克（Arthur Krock）利用他在杜鲁门政府内部的大量消息来源撰写了一篇社论，建议做出维持天皇制度的决定时不必考虑民意。"这是一个含蓄的问题，而且它的确像一个必须由最高当局根据专家判断予以回答的问题，而大众舆论对此问题不会发挥有益的促进作用。"[25]

麦克利什给伯恩斯的信中有意识地提到民意，这或许足以劝阻新任国务卿修改无条件投降。但伯恩斯也收到了他的一位前任科德尔·赫尔的信息。当被问及对公告草案有何意见时，赫尔打电话告诉伯恩斯，有关天皇的让步"听起来太像绥靖政策"——这是他第二次用这个词来形容修改无条件投降的企图。他在随后的电报中强调了这个意见。赫尔告诉伯恩斯，与天皇有关的条款具有政治轰动性。在发出任何警告之前，最好等待"盟军轰炸的高潮和苏联的参战"。[26]

尽管支持修改无条件投降涉及政治风险，但是多位共和党参议员在与胡佛会面后公开接受了这一想法。曾担任共和党顾问的前外交官休·威尔逊（Hugh Wilson）对胡佛有关日本的建议表示欢迎，称之为"一个少数党独领风骚的机会"。然而，威尔逊认识到，必须谨慎处理这个问题，以免被指责为绥靖。[27]
6月的最后一周，印第安纳州共和党参议员霍默·凯普哈特
（Homer Capehart）宣布，日本人已经联络美国官员，提出了
一项他认为可以接受的和平提议。凯普哈特没有说明确切的条
款，而是问道："如果日本人放弃包括中国东北在内的所有他
们占领的领土，这不是很好吗？"当时正在西海岸的杜鲁门立
刻让他的一名助手与国务院核实，国务院当即否认了凯普哈特
的说法。格鲁紧跟着予以正式否认，凯普哈特随后承认他所说
的日本人只是"有影响力"的商人。谣言暂时平息，但这一插
曲表明杜鲁门的白宫是多么小心地监控着国会的意见。[28]

　　几天后，即7月3日，缅因州共和党参议员、少数党领袖
华莱士·怀特（Wallace White）呼吁发表一份声明来定义无
条件投降。怀特宣称，在"容许继续追求和平"的前提下，日
本应该被告知，它面临的选择是毁灭或者投降。[29]《时代》杂
志记者弗兰克·麦克诺顿（Frank McNaughton）私下指出，
怀特所说的是"相当多的参议员相信的事情，但正如怀特所承
认的那样，如何做到这一点而不给日本人留下我们厌倦战争的
印象，那是另外一回事"。[30]

　　7月12日，盟国各代表团已开始抵达峰会所在地波茨坦，
凯普哈特又请求发表一份有关战争目标的声明。这位参议员嘲
笑了使日本民主化的想法。在间接提到天皇问题时，凯普哈特
说，美国应该要求日本非军事化并惩治战争罪犯，但他认为没
有什么理由要求"我们必须摧毁日本的政府形式，然后花费数
年时间进行占领并教授不同的政府形式"。[31]亨利·卢斯的《时
代》杂志紧随其后，他呼吁以政治家的姿态努力争取日本的投
降。[32]卢斯是一位热情的长老会成员，一度称共和党是"我的
另一个教会"，在波茨坦会议之前，他曾试图与杜鲁门讨论无
条件投降的问题，但没有成功。在最近的华盛顿之行中，他还

519

单独游说了超过三分之一的美国参议员。现在，他正利用自己的出版帝国将公众注意力聚焦到这个问题上。[33]

在这场辩论中，奥劳克林的《陆军和海军杂志》披露，杜鲁门带着一份公告前往波茨坦，它呼吁日本投降，并列出了美国的条件。了解史汀生及其同事声明起草工作的一些华盛顿知情人士希望能确保它泄露出去。7 月 14 日发表的社论准确地描述了它的内容，并强调了对于天皇命运的分歧。据这份杂志的报道，"自由主义者和新政派"希望处死天皇。其他人指责军阀是日本侵略的罪魁祸首，认为天皇制度"不影响我们的安全，如果我们为摧毁日本的宗教和政治体制而战斗，那只会延长这场战争"。[34]无论是谁泄露了这份公告，都采取了一种揭露政治上党派关系的方式。该杂志的文章提及"自由主义者和新政派"并不是一种恭维。正如历史学家马琳·梅奥（Marlene Mayo）所指出的，对一些人来说，到 1945 年，"几乎没有比新政更糟糕的称谓了"。[35]

520 这场争论所披的意识形态外衣促使一位日本评论员看到杜鲁门开始放弃对无条件投降的坚守。在《陆军和海军杂志》刊发独家报道的同一天，《纽约时报》指出，日本广播公司的大谷奇男（Kusuo Oya）认为，最近关于无条件投降的争论代表了"杜鲁门保守但又相当极端的那一面"。大谷发现，美国人越来越倾向于重新评估罗斯福"插手远东"的政策，并预测杜鲁门将"逐步清算罗斯福的个人失误，他在长达 12 年的任期中，在美国的内政管理和外交政策方面都留下了极深远的影响"。[36]

大谷的分析很好地抓住了在有关结束战争最佳方式的争论中，国内政治和外交政策之间的联系。许多共和党参议员批评罗斯福无条件投降政策及其将会涉及的社会改造工程，同时反对战时紧急措施导致的国内官僚机构膨胀和侵扰的方式。如前所述，物价管理局成为一个受青睐的目标。但参议院共和党人也组成委员会，挑战罗斯福互惠贸易政策的延续。这场争论的重要意义在于罗伯特·塔夫脱参议员的论点，即英国正打算乘机开拓美国的开放市场，而美国则将精力投入太平洋战争。[37] 一般来讲，共和党人发现自己同情选民的众多抱怨，包括针对"新政左派分子""全球化的胡说""集体主义"，以及当美国人在国内对稀缺的食品实行配给的时候却免费赠送、租借物资。在他们看来，补救办法是回归"美国方式"，解散"所有这些国营公司"，结束"很少有或根本没有经验，主要目的就是取悦他们的某些上司，当然还要拿到一份好薪水"的"不切实际的""傲慢无礼的年轻人"的专制领导。[38]

参议员们要求澄清无条件投降的意愿越来越强烈，在某些情况下，他们还主张放宽条件，这都反映并影响了公众参与讨论这一话题的意愿。那些经常很辛酸的请求往往来自有儿子或丈夫在武装部队中的美国人。奥马哈（Omaha）一位律师的儿子死了在莱特岛上，他告诉杜鲁门，公众不会支持一种利用"我们的孩子直到杀死所有日本兵"的策略。他写道，一俟解放了菲律宾，摧毁了日本的工业，并夺取了"为保护该地区……所必需的几座岛屿"，美国就应该撤离太平洋战场。他总结道，"以一颗满怀尊敬的，但已经破碎的心所能迸发的全部能量——我要'大声疾呼'——为这场对美国小伙子们的可怕屠杀'设定一个终点'吧"。类似的信件要求总统代表那些儿子参军的母亲们"不要理会'无条件投降'这一条款，给予日本能够早日结束这场战争的和平条件"。[39] 一些记者还对持续以燃烧弹空袭日本所带来的道德影响感到不安。大多数人承认，日本人可能不会以美国能够接受的方式做出回应，但仍敦促自己的政府通过外交手段为结束战争付出更多努力。[40] 这些给白宫、国务院、国会议员和地方报纸的信件并不只是一波短暂的高潮，而是源源不断汹涌而来。这表明，与当选官员不同，少数活跃的公民并不怎么担心受到绥靖的指控，他们希望就无条件投降的政策展开全面而公开的辩论。

如上所述，民意调查依旧显示，绝大部分人支持无条件投降和严厉对待日本天皇。然而，到7月初，公众对无条件投降的质疑成为战时新闻处关注的一个问题。几周前，该部门主任埃尔默·戴维斯（Elmer Davis）曾建议参谋长联席会议和各战争机构的文职首脑，日本的宣传正在强调执行无条件投降政策的代价，希望他们可以"让我们对无条件投降到底是什么意思加以定义"。[41]戴维斯认为，明智的做法是发起一次广播攻势，以应对他认为正在日益增长的，放弃无条件投降而与日本实现和平的情绪。[42]

那些要求澄清无条件投降的人，他们这么做的原因是相信美国的力量是如此强大，以至于战争的结局是必然的。他们还认为，这一事实对日本人来说和对美国人一样显而易见。日本军方当局并不这么认为。1945年4月8日，帝国大本营开启了它的本土防御计划。这个代号为"本土决战行动"（KETSU-GO/Decisive Operation）的计划要求动员新的军事单位，包括"特别"（自杀）部队和平民组成的游击队。"本土决战"的直接目标是在美军建立滩头阵地几天之后将其歼灭。更大的目标是通过让美军在进攻本土时付出沉重代价而迫使美国接受协商解决。帝国大本营希望潜在的巨大伤亡使美国人更愿意进行谈判。否则，他们期待进攻日本行动的实际代价会让美国人坐到谈判桌上。不论是哪种方式，美国人中间出现厌战情绪都在东京被当作一种假设事实，而且构成了日本终战策略的基础。东京宣称，无条件投降是完全不可接受的，但其行为表现得似乎任何形式的投降都同样令其反感。在战争的最后几个月，日本政府拒绝对这一立场做出任何改变。东京的领导人从未向盟国传达他们对投降的最低要求。

6月，帝国大本营制定了《志愿兵役法》（Volunteer Military Service Law），实际上将全体国民都变成战斗人员，并开始了一项宣传计划，呼吁所有日本人以天皇的名义为保卫祖国而献身。[43] 日本动员全体人民追求"光荣牺牲"，同时认为美国人不愿牺牲并削弱战争投入，二者形成了鲜明的对比。东京的宣传人员利用美国媒体的报道，在国内传播这一观点，以激励民众。反过来，美国公众将这些努力视为绝望的信号，即使是与大多数外界新闻隔绝的日本人也不可能信服。[44] 能够接触截获到的日本电讯的美国官员对日本的宣传并不是那么不屑一顾。从珍珠港事件之前开始，在"魔法"行动这个代号下，美国的密码分析员就一直对日本的外交通信进行拦截和破译。当然，随着战事的紧张，基于已然很丰富的了解，"魔法"行动进一步增加了从更多日常电子监听中获得的大量内情，这些监听依赖通信量来识别敌人的位置。到1945年夏天，美国人已经驾轻就熟，以至于在日本人的电报发出几个小时内，他们就能完成拦截、解码和翻译。[45] 从这些消息来源收集到的证据显示，尽管一些个别官员做出了努力，日本政府仍然致力于迫使美国人进行谈判。从初春开始，在几个欧洲国家首都的日本外交人员向东京的上级提出结束战争的建议，在德国战败后则更加频繁。其中一些人解释说，美国人的声明已经显示，他们愿意给予日本比德国更好的待遇。以铃木贯太郎为首的日本政府仍然由军方主导，陆军大臣阿南惟几（Anami Korechika）大将和陆军参谋长梅津美治郎（Umezu Yoshijiro）手握重权。在军方的监视下，铃木政府公开重申反对无条件投降，并私下命令其外交官停止与外国中间人的所有讨论。[46] 7月中旬，根据"魔法"行动的一次截听，东京总参谋部的一个副参谋长告诉他在斯德哥尔摩的下属，"日本坚决要将大东亚战争进行到底"。[47]

523

一个多星期后，帝国海军参谋部的一名军官也如此通知在伯尔尼（Bern）的一个下属，东京正在全力以赴地投入战争。截获的信息表明，日本海军认为美国与驻外的日本外交官开启沟通暗示"敌人面临着某种困难"。[48]

到 1945 年 6 月，相信美国人越来越厌战已经成为东京的信条。不管这些人自己的观点如何，日本驻欧洲的外交官提出的建议必须以这种信念为前提。驻瑞士的日本官员认为，日本可以利用美国早日结束战争的愿望——这被称为美国的"弱点"——缓解无条件投降的压力。[49]一位驻瑞典的日本外交官采取了一种略微不同的态度，认为美国人的战争努力已受到损害，因为"美国人的思想"已经变得"因成功而懈怠"。他补充说，只要日本人继续投入战争，他们就可以指望美国出现"越来越严重的厌战情绪"。这位外交官承认，只有少数美国人赞成温和的和平条件。然而他又说，英国人赞成放宽条件，并愿意努力与日本达成妥协。[50]

正如上述信息所表明的那样，盟国之间可能存在的意见分歧也让日本有理由期望一个比无条件投降更有利的结果。由于伦敦更多关注欧洲的局势，英美两国的摩擦可能提供一条避免无条件投降的路径。另一个不容忽视的可能性是，东京可以利用华盛顿希望在苏联参战之前结束战争的愿望。这种可能性是由美国驻瑞士情报主管艾伦·杜勒斯（Allen Dulles）这样的权威人士传达给日本人的，他是未来的中央情报局负责人。[51]讲英语的盟国与苏联之间日益紧张的关系使东京的官员相信，他们在结束战争的问题上寻求苏联的帮助会有所收获。东京驻莫斯科大使佐藤尚武（Sato Naotake）几乎立即注意到，这样的举动是一种自我欺骗的行为。他指出，日本能提供的任何东西都是苏联想要便能得到的。尽管如此，他仍然忠实地坚持按照东京的计划吸引苏联人的兴趣，即派遣近卫公爵作为天皇的代表前往莫斯科执行一项高级别但未具体说明的任务。[52]

　　佐藤几次试图得到苏联对这次行程的批准，却都归于失败，最后他恼怒地告诉外相东乡茂德（Togo Shigenori），日本政府将不得不面对事实。如果他们想结束战争，就必须接受无条件投降或"非常接近于此的条件"。佐藤在随后的一封电报中承认，他仍然不确定政府对结束战争的看法。东乡回答说，"掌权者"依旧相信日本武装部队还可以对敌人"给予相当沉重的打击"，尽管日本军方领导人承认，他们也怀疑能否承受可能接踵而至的反复袭击。但是，日本不会接受类似无条件投降这样的结局。生怕佐藤继续怀疑下去，东乡告诫他，"天皇本人已屈尊表示了他的决心，因此我们一定要向苏联人提出这个要求"。[53]

　　对美国情报官员来说，这些和其他类似的电报提供了令人信服的证据，表明日本军国主义者仍然控制着政府，天皇支持他们努力迫使美国放弃坚持无条件投降。陆军情报部门在发送给马歇尔将军的一份备忘录中，对佐藤－东乡之间的前几次来往电文进行了分析，仔细考虑了对东京行为的几种解读，得出的结论是日本政府的"一小撮"正在耍弄外交策略，以延迟失败并避免投降。根据情报部门的说法，拟议中的莫斯科之行的动机是相信"可以用合适价格收买苏联人进行干预"。至于东京选择战斗而不接受无条件投降的意愿，情报部门猜测日本统治者希望"日本人拿出来的一个有吸引力的和平提议能挑起美国的厌战情绪"。[54]

　　日本外交通信中对日本战斗精神的召唤和对美国厌战情绪的预测揭示了日本战略所依据的前提。解密后的日本陆军和海军通信显示了控制政府的陆海军将领如何试图实施这一战略。从6月开始，"超级机密"破译行动发现日本军队开始逐步向九州增兵，这种增兵超出了美国人的想象。在6月18日总统批

525

准"奥林匹克"行动的白宫会议上，马歇尔曾告知总统，美国的海空军力量将大大降低日本增援九州的可能性。但到了7月，敌人还是出现在了那里。"超级机密"监听行动持续发现在九州新组建的师团。其余部队则是从中国东北或本州派往南方的。7月22日，马歇尔获悉，情报部门在九州识别出3个新的步兵师团，使其师团总数达到9个，估计兵力为45万人。[55] "目前，"马歇尔对苏联和英国同行说，"日军最值得注意的行动是朝向九州的移动。"[56] 美国人还可以推断出，帝国大本营正在努力把九州变成自杀性武器基地，包括神风飞机、微型潜艇和人工驾驶鱼雷。不仅是增援的规模令人感到震惊，美国官员还非常不安地得知，日本人已经正确地识别出"奥林匹克"行动中美军部队将要上岸的海滩。[57]

"超级机密"监听行动揭示出日军增援部队的规模，但是不知道这些部队的质量或装备如何。从外交通信中收集的其他情报表明，日本人在食物和重要补给品，特别是油料上，已经捉襟见肘。另外，"超级机密"也暴露了帝国大本营决心以自杀性武器和海滩附近的大规模反攻，给入侵者造成无法容忍的重大伤亡。[58] 日本人在这绝望的赌局中孤注一掷，以期延长战争并拖垮敌人。帝国大本营确信九州是下一个目标，因为前两年的经验表明，美国人会选择陆基飞机航程内的目标发动下一次攻击，这就使九州成为最有可能的目标。地形决定了该岛南部和西南部3个宽阔海滩作为登陆地点。行动时间取决于天气；对九州的袭击在9月之后的某个时间，而下一次袭击最有可能于1946年初发生在本州。[59]

6月6日，致帝国政府最高战争指导会议（Supreme War Direction Council）的一份报告解释了日本军事计划背后的想法。它声称美国面临许多问题，包括罗斯福的去世、大大增加的伤亡以及欧洲胜利日以来的战争疲劳。报告补充说，美国还在大力投入这场战争，但仍有其他有利于日本的因素，包括盟国之间在欧洲问题上的摩擦日益加剧，以及蒋介石对其共产党对手的担心。联盟会不会立即破裂值得怀疑，但时间是站在日本一边的。"如果日本坚决地继续这场战争，并迫使敌人严重消耗，那么到了今年下半年，就可能大大削弱敌人继续作战的意志。"[60]

6月8日，在裕仁天皇出席的御前会议上，一致通过了题为"未来战争指导政策基本总纲要"的最后策略。该计划以极为轻描淡写的语气承认，日本面临的形势非常"紧迫"。[61]然而，陆军大臣阿南坚称，冲绳之战是保持乐观的理由。那里的日军虽然无法得到增援，却给美国人造成了惨重伤亡，向敌人展示了他们在距离本国越来越远的地方发动战争所遭遇的障碍。帝国陆军参谋本部（Imperial Army Headquarters）的参谋人员找到了其他寄予希望的理由。在汇报美国的政治局势时，他们敏锐地得出结论，部分复员可能会事与愿违，向美国公众发出矛盾的信号。一方面，复员和恢复平时生产的初步动作说明战争很快会结束。另一方面，"对伤亡人数增加的预期加上不确定的战争目标，可能成为导致民众和军队战斗士气下降的因素"。美国媒体的报道使日本人发现五角大楼正在陷入很多状况的困扰。他们观察到："抑制《国家兵役法》（National Conscription Law）、劳资纠纷增加、对战略的批评等，都妨碍了政府的战争措施取得成功。"尽管美国公众存在这些不安的迹象，但日本的参谋人员预测，要迫使美国人通过谈判达成解决方案，至少还需要一场规模比冲绳更大的战役。[62]

裕仁信赖的顾问，内大臣木户幸一（Kido Koichi）侯爵将这一战略视作失败政策的延续，它会把日本推向毁灭的边缘。然而，他也拿不出其他的选项。木户代表天皇说服所谓的

527

"六巨头"成员（包括首相、外相、陆相和海相以及陆军和海军的参谋长）批准争取苏联调停以结束战争的计划。这是政府在结束战争方面所能做的最大限度努力，并未考虑与美国人进行接触。[63] 由此，努力争取苏联人参与一项模糊计划的重担落在了不幸的佐藤大使肩上。这个计划受到的限制如此之多，以至于看起来完全与现实脱节。例如，日本愿意把它的军队撤离从欧洲人手中夺取的殖民地，前提是这些国家获得独立。日本人将考虑把军备裁减到国防所需的最低水平，但他们显然希望在这个过程中掌握一定话语权。尽管日本人预期会在领土和经济上对苏联人让步，但他们并未考虑放弃朝鲜。最后，也是最重要的，日本政府在任何情况下都不会接受无条件投降。[64]

———

　　徒劳地接洽莫斯科和增援九州都清楚地表明，军国主义者仍然控制着日本，并决心按照他们公开宣布的意图采取行动，粉碎入侵。除非出现任何意外情况，否则美国的参谋人员将不得不继续推进"奥林匹克"行动。参加这次作战的部队已经部署到太平洋战场，某些部队才刚刚在菲律宾境内完成对日军的扫荡。随着冲绳在 6 月底得到巩固，工程部队和建筑营开始把冲绳岛改造成支援登陆九州的空军基地。鉴于"小冠冕"行动预计将于 1946 年 3 月进行，来自欧洲的重新部署工作也在继续——尽管如前所述，总统尚未批准这项行动。

　　对日作战计划继续向前推进。美国训练的中国国民党士兵组成的各师开始将日本人赶出缅甸北部和中国南部。退却的日军井然有序地撤离中国，为了增强自身力量以应对预期中美军在沿海地区的登陆。在东南亚，澳大利亚军队开始征服婆罗洲，英国军队准备重新夺回马来西亚。在菲律宾，对于位于吕宋岛北部的山下奉文的尚武集团部队，第6师继续收紧绞索。该师已经作战200多天，创造了美军的一项纪录。尽管已安排第6师参加"小冠冕"行动的进攻阶段，但是它还在坚守对抗尚武集团的阵地。[65]整个7月，第3师也在一直与敌人保持接触。战斗缩小为针对日军孤立部队的小规模战斗，敌人拒绝投降，并经常以绝望的"万岁"进攻袭扰疲惫的美军。与第6师一样，第32师也被安排在1946年3月"小冠冕"行动的进攻阶段。[66]后方的美国人对菲律宾的持续作战了解甚少。7月5日，麦克阿瑟宣布这些岛屿得到解放以后，位于群岛偏远地区的战斗只是偶尔成为新闻。[67]对于大部分美国人来说，战争似乎已进入一个不那么危险的新阶段。

529

手中掌握了冲绳，空中力量的拥趸信心满满地预言，在下一次战役中，美军的登陆将势不可当，因为空军拥有了瘫痪日本工业并摧毁其交通运输网络的能力。越来越多的证据表明日本国内的分歧，说明进攻日本可能是不必要的。许多人想知道，日本是否马上就会投降呢？另一些人对这种乐观情绪发出警告，但公众讨论中充斥着希望，想要找到一些避免更多冲绳这类战事的方法。[68]6月23日，《基普林格华盛顿通讯》告诉它的商界读者，现在出现了"软战"对"硬战"的局面。作者很快补充说，尽管"它们有一定的依据"，但这些报道并不真实。"软战"意味着封锁和轰炸，其优点主要是经济上的。基普林格报道说，经济学家和商界人士担心进攻日本的准备工作对经济的影响。政府没有显示出转向"小规模战争"的迹象，但基普林格暗示他和他的大多数读者认为政府应当这样做。[69]

陆军带头反对"软战"，其参谋人员长期以来拒绝接受以这种手段实现无条件投降的想法。马歇尔意识到，这种想法会吸引厌倦了牺牲并盼望和平的美国公众。但正如基普林格承认的那样，"软战"意味着一场耗时更久的战争。马歇尔很肯定，美国人在任何情况下都不会支持一场更长的战争。于是，重新部署仍在继续，部分复员也如是——这是马歇尔对公众舆论做出的让步。令指导该项目的人感到惊愕的是，国会对复员工作的进度感到不满。选民的抱怨弥漫在立法者的办公室里。凯普哈特参议员收到大量的反对意见。科罗拉多州民主党参议员埃德温·约翰逊（Edwin Johnson）说，陆军正在"不慌不忙地"进行士兵退伍工作，只顾享受它"自己的甜蜜时光"。肯塔基州民主党参议员"快乐的"A. B. 钱德勒（A. B. "Happy" Chandler）希望把陆军的规模砍下一大块，修正现行的退役制度，以改善现状。[70]

国会山上要求加快复员的呼声不断高涨，此时的五角大楼正在追踪日本作战指令。陆军选择首先缓解后方的压力。陆军部副部长帕特森被批评刺痛，又担心能否保留绩点制度。他私下承认某些抱怨是正确的。他自己的调查显示，返回美国的，拥有85分或更高分数的士兵被陆军留用，从事一些"无关紧要的日常任务"，诸如"割草、清洗窗户、驾驶员工用车"，其原因是没有现成的替换人员。帕特森告诫指挥官，这些士兵必须立即退役或从事生产性工作，否则当批评者要求改变绩点制的时候，陆军将被置于无话可说的境地。[71] 与此同时，陆军部发言人宣布，陆军打算在本月底之前将临界分数降到略低于85分，以便能够在1946年6月之前实现此前宣布的200万名士兵退役的目标。

作为相应的行动，陆军派遣一支高级别团队前往马尼拉，以便使新的减分措施在某种程度上能够契合"奥林匹克"行动的要求。事实上，麦克阿瑟在复员问题上遇到了困难。在飞往马尼拉的团队中，有陆军部负责人事部门的助理参谋长斯蒂芬·亨利（Stephen Henry）少将和作战处部队控制科的主管克劳德·B. 费伦博（Claude B. Ferenbaugh）准将。7月28日，费伦博准将报告，在持续三天的会议之后，麦克阿瑟、克鲁格、艾克尔伯格和空军司令乔治·肯尼等各位将军一致确信，将绩点降低到 85 分以下将会"使即将到来的行动遭遇无论如何都不合情理的严重危机"。在给陆军部的一份公报中，他们坚称，任何低于 85 分的分数都将"剥夺与敌人交战的各师中那些经验丰富的作战带头人"。缺乏时间而无法同化替换人员，将导致额外的伤亡。进一步削减尤为关键，因为各师以 85 分为标准，"已经筛选出了很大一部分训练有素、经验丰富的人员"。进一步降低分数会把余下部分都剔除出去。[72] 在 7 月 2 日的另一次沟通中，费伦博建议，如果坚持进一步调整，可以根据麦克阿瑟的需要，挑选出 1 万名专业人员，每千人编成一队，由改为执行此项任务的运输船只在 9 月 1 日前迅速派遣过来。[73]

　　第二天，副参谋长汉迪（Handy）中将在给麦克阿瑟的一封私人电报中直言不讳地回应说，政府最高当局承诺在 1946 年 6 月前复员 200 万人，它的实施是"绝对必要的"。这个 200 万人的目标在 5 月似乎只是作为一种意向的表述，而杜鲁门和陆军部官员发表演讲后，如今它已不容置疑。汉迪向麦克阿瑟提出了这一问题，后者在给华盛顿的电文中表示，在"作战进行到某一时刻，'奥林匹克'行动的成功完全可以预见"之前，不可以降低绩点要求。那个时刻在哪里呢？汉迪认为这些按计划要在 1946 年 6 月 1 日前退伍的人员，无论如何现在都必须从参战部队中移除。陆军部为何要拖延？为什么不立即宣布一个 80 分或 75 分的绩点，同时只在晚些时候才适用于太平洋战场呢？[74] 马尼拉集团接受了到 1946 年 6 月 1 日复员 200 万人的目标，但是反对将分数降到 85 分以下，这是因为"距离'奥林匹克'行动的部队登船只有 6 周了"。这段时间太短，无法及时替换并使部队恢复失去的领导力和经验，何况这一过程还不是一次而是两次。克鲁格将军担心，"如果现在下令进一步调整，'奥林匹克'行动的成功可能会受到威胁"。他说，一俟"奥林匹克"行动获得成功，他将迅速采取行动安排所需数量的士兵退伍，以实现200万人的目标。他拒绝给出具体日期，但陆军部出于制订计划的考虑，确定了12月1日这个日期。与此同时，麦克阿瑟"坚持"他的部队不应当受到与其他地方的部队不一致的区别对待，因此，如果宣布较低分数的话，他也要适用。然而，这将使之前由最高指挥部下达的"奥林匹克"行动不可能执行。他"强调"复员"不应当优先于作战行动"。[75]

532   8月2日，陆军部对其复员政策进行了澄清，解释说，到5月12日，只有80万名士兵的绩点达到85分或以上。但是，陆军不会为了在次年6月达到200万人的目标而降低退伍的门槛分数。相反，它将重新计算1945年5月12日之后的服役绩点。新的计算结果会有利于在太平洋战场服役的士兵，因为他们中的许多人在5月12日之后曾在交战区域服役，因此会比驻扎在欧洲的士兵获得更多的绩点。然而，这种新计算方式的实施日期尚未公布，尽管这个时刻大概会晚于登陆九州的行动进展到被认为足以稳固。[76]简单来说，有可能到9月中旬的时候，在菲律宾经历了五六月份战斗的一些士兵将登上前往九州的部队运输舰，尽管他们可能会发现，加上5月12日之后服役的这段时间，他们已经获得了退役所需的85分。这绝不会给士气带来好的影响。

麦克阿瑟认为，复员的进度太快，与基本的作战需要脱节。动员机构的文职负责人和关键的国会议员认为，这个体制过于缓慢、僵化，而且无视国内的迫切需要。在总统前往波茨坦期间，帕特森继续努力保持退伍程序的诚信健全。国会对陆军迟迟不让高绩点人员退役的批评依然存在，同样的还有要求陆军允许铁路工人和煤矿工人暂时离岗的呼声。人们记得，陆军曾让4000名列车员离岗30天，但这只是杯水车薪。7月24日，正如承诺的那样，参议院战争调查委员会（Senate War Investigating Committee），即"米德委员会"就铁路问题举行听证。国防运输局负责人J. 门罗·约翰逊（J.Monroe Johnson）上校作为主要证人和陆军部最重要的批评者，其他参议员也对陆军发起了猛烈的攻击。约翰逊重申了他现在已十分熟练的抱怨，即陆军部没有就部队的到来向他的机构发出预警。他还坚持认为，铁路需要增加7.5万名熟练工人，以维持服务并应对重新部署所带来的越来越大的需求。约翰逊声称，陆军没有与国防运输局合作，反而将一个铁路营改造成一支炮兵部队，并将其运往太平洋。这位愤怒的约翰逊说，情况得到缓解的前景是"暗淡的"，他所能做的就是不断地"大喊大叫"，让人们意识到这个问题。但是，他补充说，如果总统选择使用他的权力，就可以让需要的工人退役。该委员会主席，纽约州民主党人詹姆斯·米德（James Mead）采取了一种有较少对抗意味的态度，说他希望陆军能安排1万名具有铁路工作经验的人退伍。剩下的6.5万人再通过政府发起积极的招募活动募集。[77] 密歇根州共和党参议员霍默·弗格森（Homer Ferguson）指责五角大楼的"转椅"官员在旅行中接受了普尔曼豪华车厢的特殊待遇，这一指责就不那么具有建设性了。

533

　　米德的计划成功的可能性似乎不大。就在他宣布打算让陆军安排1万名铁路工人退伍的同一天，副部长帕特森告诉参议院军事委员会，他在任何情况下都不能通过让煤矿工人从陆军中退伍来弥补该行业的劳动力短缺，从而对美国士兵"背信弃义"。该委员会的民主党高级议员埃德温·约翰逊不为所动，称陆军的人力政策是"盲目、愚蠢和不道德的"。[78] 帕特森对满足民间需求的拒绝来自他对必须保持绩点制度诚信的笃定。当然，帕特森也拥有总统的支持，至少目前是这样。但是在一项盖洛普调查显示的公众对陆军政策的支持里，他和五角大楼的参谋人员也看到了对他们这一行动的支持。这项由陆军部发起的民意调查显示，对于与日本人的战争而言，大多数美国人并不认为陆军规模太大，也不担心它会主宰民政事务。大部分人还对陆军给予士兵的训练和照顾做出了正面的评价。[79] 在这一信息的支持下，帕特森觉得有把握将他的批评者斥为具有耸人听闻和夸大其词倾向的"某些参议员"。[80]

　　帕特森的自信——他的批评者会把这说成是傲慢——弥漫在五角大楼。这就为陆军部与国会和动员机构文职负责人之间更为严重的冲突埋下了种子。一份关于陆军活动的每周报告指出，7 月 27 日，在最近的参议院听证会期间，代理的运输部队负责人约翰·富兰克林（John Franklin）少将"作证说，就其重新部署计划，陆军已同时与国防运输局和美国铁路协会（American Association of Railways）进行了协调，并且，依陆军部所见，为太平洋战场的作战行动提供足够的铁路运输不会有严重的困难"。[81] 对于富兰克林与盛怒之下的米德委员会成员之间的冲突而言，这是一个令人惊讶的正面阐述。当富兰克林说国防运输局的负责人"过于惊慌失措"时，参议员米德想知道，如果没有人力短缺，为什么总统最近公开呼吁 6.5 万名铁路工人到西部铁路线找工作？更具破坏性的是，卢克·芬利（Luke Finley）上校承认，5 月陆军向国防运输局提供了部队的估计抵达人数，但是没有向该机构每天通报总数达到了多少。陆军已将该类数据提供给美国铁路协会，但没有给国防运输局。当然，这是国防运输局负责人 J. 门罗·约翰逊上校所一贯坚持的观点。当被问及为什么陆军让国防运输局一无所知时，芬利说他认为对方不需要更新数据，但如果对方主动询问的话，是可以得到这些信息的，这样的回答显然于事无补。会议结束时，米德威胁说，除非平民机构得到陆军部的更多合作,否则将把交通问题上报给总统。[82]

这场争论的核心是在调动美国资源问题上存在的更深层次的分歧,它们可以追溯到几年以前。约翰逊坚持认为,军方在经济上的控制造成铁路在维修、更新设备和工人需求方面受到系统性的忽视。陆军部和陆军反驳说,他们对民用资源的需求是由战争目标和为实现这些目标而选择的战略决定的。在每一件事情上,答案都是让平民做出更大的牺牲。帕特森及其同僚相信,对民用交通实行更严格的限制可以缓解卧铺车厢短缺的问题。同样,人力的短缺原本可以通过实施国民服役法加以补救。[83] 不管这些理由有多少价值,国会还是对陆军部的观点兴致索然。要解决立法者眼中这个非常现实的问题,办法就是提高陆军方面的灵活性,特别是在控制关键岗位士兵退役的政策上。帕特森在这一点上略作让步,他同意让4000名有铁路经验的士兵暂时离岗,但不打算对国会进行更多安抚。一场摊牌正在酝酿之中。

535

人们可以理解,帕特森何以认为他能继续赢得与国会的斗争,至少目前如此。民意测评似乎显示士兵和公众都站在他这一边。此外,总统还告诉内阁,他不打算修改绩点制度。然而,陆军在交通问题上普遍的自满情绪令人更加难以理解。就在富兰克林少将平静地说没有问题的同一天,刚刚从西部旅行回来的战时生产委员会主任便宣布运输是国家面临的首要问题,还说他不知道在没有更多人力的情况下如何解决这一问题。[84] 两个人不可能都是对的。如果存在问题,也很难看到双方在相互对立的前提下如何解决问题。也许陆军指望在任何紧急情况下,它都能拥有运输工具的优先使用权和优先通行权。动员主任和他们在国会的盟友可能也持同样的怀疑。但是,即便陆军能够应对紧急情况,它也只能通过侵犯平民需求来实现。对于马歇尔认为的维持对日作战所必需的平民士气,这将带来什么影响呢？

考虑到截至 7 月底重新部署工作的进展，陆军的自满情绪也令人费解。当月早些时候，与文森的下属所报告的一样，陆军参谋人员发现了许多阻碍重新部署的问题。与文森手下不同的是，陆军并未预计"奥林匹克"行动的推迟。但他们很担心。根据陆军参谋部的一份文件，主要问题是所宣布的政策——将重新部署置于重新调整之前，意味着安排高绩点人员退役——与"实际情况下这两项工作构成的相互干扰"之间的冲突。[85]

马尼拉港的拥堵、西海岸造船厂遭遇的"瓶颈"以及太平洋战场缺乏足够的部队运输舰，都给部队向太平洋的转移造成麻烦。7 月中旬，陆军后勤部队的军官询问麦克阿瑟的司令部，是否有能力处理从欧洲和地中海战场涌入的海量物资。9~10 月，每月将有相当于 200 艘运输舰的数量，还要叠加参加"奥林匹克"行动的部队带来的交通量。尽管菲律宾的船舶卸载量有了"令人满意的"增长，但参谋人员建议，除非 7 月底之前船舶周转率有更大的增长，否则陆军将需要从西海岸驶往菲律宾的船只数量减少 30 艘。在征求麦克阿瑟对这一削减的意见时，这些军官们提醒他，如果菲律宾的船只拥堵拖延了退役工作的进度，陆军满足太平洋战场未来需求的能力将受到"严重影响"。他们还请求麦克阿瑟重新考虑释放他为本地海运而留置的船只。[86]

在他们奋力从欧洲向太平洋运送装备的同时，对于预定要交给麦克阿瑟指挥的部队，陆军参谋人员还必须找到办法来消除他们的积压情况。一种可能性是建立一个横跨太平洋的空中运输指挥穿梭系统，就像在所谓的"绿色计划"（Green Project）中用于加强从欧洲向国内转移部队的系统一样。遗憾的是，实施该计划需要至少 9000 人的后勤部队在规划路线沿途岛链上建造所需的住房、燃油储存设施并扩充基地。[87] 麦克阿瑟不太可能为该项目腾出这些人员。事实上，陆军已经决定，麦克阿瑟对后勤部队的需求如此之大——而最大限度地提高可用的海运能力的压力更大——以至于他们从欧洲派遣了一个工兵通用后勤团和一个工兵建设营，尽管这两个单位在港口建设和重型桥梁等复杂任务方面缺乏熟练人员和经验。陆军参谋人员转而使用一种不太令人放心的被动语态告诉麦克阿瑟："人们认为这些部队现在有资格执行一般的工程任务，在您的指挥下，经过适当的专业训练，他们将能够早日执行您所在地区需要的任何专业任务。"[88]

　　到8月初，根据由陆军航空队、运输军团、陆军后勤部队和总参谋部作战处代表组成的一个高级别委员会的建议，陆军已部分解决了西海岸预计出现的部队积压问题。这一委员会的主要目标是消除那些计划向太平洋转移的部队的积压问题。但他们面前还有另外三个目标，从而使第一个目标的实现复杂化。他们需要保持人员从欧洲不断流出，以便他们能够取代计划从美国向太平洋转移的低绩点现役人员。他们还必须"尽可能加快部队从欧洲返回美国"。最后，一俟替换人员到达，太平洋战场上的高绩点人员也必须回国。情况很快明朗，唯一可行的选择就是将船只和飞机从大西洋转移到太平洋。这意味着，成功实现消除积压这第一个目标，必然会影响其他目标的实现。

　　委员会的结论是，减少西海岸积压的最快方法是将"绿色计划"转移到太平洋，并将目前在大西洋的74艘胜利轮转变成太平洋的运兵船。充分发挥运输机的作用，每月运送5万人横渡大西洋，再加上额外的胜利轮，就能在1946年2月前后消除积压。另外，飞机和船只的转移将使从欧洲返回的士兵人数减少略多于100万人。尽管如此，委员会成员相信，通过在

537

1946 年 4 月将船只和飞机归还大西洋，美国仍然可以在 1946 年 6 月之前将其在欧洲的驻军减少到占领任务所需的水平，那时候人们便会想起来，美国陆军曾保证到那时将让 200 万名士兵退役。

在委员会提出建议时，它已经不得不调整其计算。麦克阿瑟的司令部通知华盛顿，它每月只能容纳空运而来的 1 万人。这就需要缩减维持"绿色计划"的飞机和支援部队的配置，尽管经过这一缩减后的部队数量仍需要大量的建设工作来保障。马歇尔收到该委员会的建议时，他决定只安排 40 艘胜利轮转移到太平洋。针对余下船只的决定将在 9 月 1 日做出。马歇尔没有对这一决定进行解释，但是他可能已经相信日本人马上就会投降，也就不需要进一步的重新部署了。他也可能是担心，减少从欧洲回国部队的运输在政治上造成的影响。然而，即使在马歇尔做出决定之前，委员会的建议也明显会让陆军在西海岸积压大量的部队，起码要持续到 2 月底，最有可能是到 3 月，即"小冠冕"行动开始的时候。当然，这是假设有足够的列车能按计划运行，将重新部署的人员运送到西海岸的登船港口。[89]

仅靠陆军的海空资源无法消除部队积压的问题。在陆军高级别委员会审查重新分配大西洋航运能力的可行方案的同时，马歇尔向金海军上将寻求帮助，以应对太平洋上持续短缺的部队运力问题。马歇尔建议他和金联名向麦克阿瑟和尼米兹发电，告知他们部队积压的问题，并要求他们采取一些具体措施来减少积压。马歇尔要求尼米兹和麦克阿瑟审查他们对计划执行的作战行动的需求，将所需人员削减到"基本必需"的水平。太平洋战场指挥官还应确定其控制下的港口卸载能力，以避免海运周转时间上不必要的延误。接下来是指挥官将船只留在战场内部供本战场使用的常见问题。麦克阿瑟和尼米兹被要求告知华盛顿，假设每个指挥官都保留了可供跨太平洋使用的船只，那么他们每个月可以腾出用于西海岸装载的最大运输能力是多少。最后一项实质性措施是要求两位指挥官重新审查两栖运输工具的使用计划，其中包括突击训练演习，以便能在"奥林匹克"行动需要它们之前临时腾出攻击运输舰。这封电报的结尾告诫说，"在太平洋战场指挥官的通力合作下，再加上陆军部和海军部采取的行动，预计的积压数量有望减少"。[90] 它的确减少了，但并没有完全消除。根据陆军的表格，假设拟议的措施得到实施并按计划产生效果，1946年3月，即"小冠冕"行动开始的时候，仍将会有18.8万部队积压。

金在给马歇尔的回复中表明，他支持参谋长拟议的这份电文，但是他明显对其作用表示怀疑。举例来说，鉴于航运能力的短缺，金同意这两位指挥官应当对他们的人员需求进行审核。但是他提到："我的理解是，绩点退伍制度导致了陆军必需的替换人员出现大幅度的增加。这对战场内部的训练需求也带来显著的影响。"简单来说，尼米兹将无法腾出两栖攻击舰只用于跨太平洋运输，因为这些舰只要用来对补充了替换人员的各师部队进行训练演习。有关攻击运输舰，金提醒马歇尔，6月尼米兹说过，他在8月以后腾不出任何此类舰只。金不反对询问尼米兹情况是否改观，但是他的语气表明他已经知道尼米兹会怎样回答。"按照您的备忘录中估计的差额，"金在回信中说，"我不反对要求美国太平洋舰队总司令再次确认他在这方面的情况。"至于太平洋的指挥官们囤积船只的问题，金赞同放回这些船只，以用于跨太平洋运送部队，并指出三分之二的船只在麦克阿瑟手中，其余的由尼米兹掌握。[91]

金在给马歇尔的回信中所使用的冰冷语气不由得让人感到惊异。其中暗示着，正是因为陆军坚持在开展"奥林匹克"行动的同时进行部分复员，才带来如此的困难，让他们陷入焦头烂额的境地。战场内部的运输能力周转是一个问题；但是，毫不奇怪，其中有大量令人垂涎的船只被扣在麦克阿瑟的战场上。高绩点人员向战场外转移和替换人员向战场内流入，把所需要的运输能力牢牢地锁定，不可能腾出两栖攻击舰只去运输部队。有可能找到解决办法，但是这个责任要由陆军承担。

冲绳部队的控制权在从尼米兹指挥部向麦克阿瑟指挥部移交的过程中遇到持续的困难，这可能也对金产生了影响。这一问题在 5 月底浮出水面。当时，布里恩·萨默维尔抱怨说，尼米兹正在优先准备针对中国沿海舟山－宁波的"远程大炮"（LONGTOM）行动和进攻琉球群岛的"冰山"（ICEBERG）行动。萨默维尔指出，在冲绳几乎被完全控制的情况下，应该准备登陆九州。尼米兹的优先事项会"从对日主要行动的准备过程中分散兵力和资源"。海军似乎并没有放弃陆军参谋部参谋人员所谓的"环绕黄海的想法"。[92] 他们曾希望，联席会议随后发布的一项明确的行动指令将使尼米兹的准备工作停止，但尼米兹继续拒绝向麦克阿瑟提供冲绳岛上的资源。7 月 10 日，马歇尔预定前往波茨坦的那天，乔治·林肯将军批准了一份致金上将的措辞严厉的备忘录，指控尼米兹违抗参谋长联席会议关于"奥林匹克"行动的指令。然而，林肯认为，最好是让马歇尔告诉金备忘录说了什么，或者只是读给他听，而不是把可供他存档的副本交给他。[93]

———————

这件事必须先等一等。马歇尔收拾行装，于 10 日午夜前往波茨坦。在第一段旅程中，他乘坐阿诺德将军的飞机到达魁北克的明根（Mingan），钓了一天的鲑鱼，然后登上自己的飞机跨越大西洋。在巴伐利亚的又一次短暂钓鱼之旅后，马歇尔于 7 月 15 日抵达柏林。7 月 6 日启程的总统经过一段更为悠闲的海上航行到达安特卫普，又乘飞机与马歇尔同一天抵达目的地。尽管杜鲁门要参加每日的全体会议，但联席会议的工作日程安排较轻松。他们没有出席全体会议，而是与英国同僚开会，最终确定太平洋战场的指挥职责，并重新划定战场边界。联合参谋长委员会（英国和美国）与苏联军事代表团举行了两次会晤，以确认苏联加入对日作战并确定作战边界。尽管杜鲁门身陷其中的日常会议什么也解决不了，又把关于欧洲问题的决定推迟到战后的外交部长会议上，但是联合参谋长委员会迅速通过了完成太平洋战争的议程。

会场之外，改变世界的事件发生得更快。7月16日，史汀生给杜鲁门带来了一个消息，一枚原子弹在新墨西哥州的沙漠中成功引爆。世界已经进入原子时代。第二天，7月17日，斯大林访问了杜鲁门在德国巴伯尔斯贝格（Babelsberg）郊区的住处，确认了他先前的承诺，苏联将参加对日作战。杜鲁门在给妻子贝丝的信中写道，"我得到了来这里想要的东西"，"斯大林会毫无条件地在8月15日加入对日作战"，他又不无夸张地补了一句。[94]

原子弹和苏联参战曾经遥不可及，现在则变成总统结束战争的谋划中必须加以考虑的因素。当杜鲁门还在消化这个新消息的时候，联席会议审查了他们希望杜鲁门向日本人发出警告的措辞。我们记得，起草这一警告的是约翰·麦克洛伊领导下，由来自陆军战略和政策小组的代表主导的一个专门委员会。他们的版本中包含一项明确的承诺，"如果能让全世界都完全满意地相信，这样一个政府永远不会再有发动侵略的意愿"，便允许日本人在现有王室下建立君主立宪制。[95] 前国务卿科德尔·赫尔和国务院内部的反对者迫使这一草案被修订，将关键的第十二条改成一种含糊的保证，即一旦日本人表现出投入和平生活的愿望，"他们将有机会遵循和平的路线把控自己的命运"。[96] 这是在波茨坦交给国务卿詹姆斯·伯恩斯的那一版草案。

然而，7月初，海军部长福里斯特尔向联席会议提交了一份原始草案的副本，征求他们的意见。金上将已将该版本提交给联合战略调查委员会。该委员会是一个由高级军官组成的军种间小组，被授权广泛思考美国未来的安全。[97] 它对允许日本人"在现有王室下"保留君主制这一条款迟疑不决。他们认为，日本人可能推断盟国计划推翻现任天皇，并以其他人取而代之。另外，他们担心日本激进分子……可能会反对以任何形式保留君主制。为避免误读，委员会建议把该条款改为："在对不再发生侵略行为做出适当保证的前提下，日本人民将自由选择他们自己的政府形式。"[98]

这一修订引发了这份警告的最先起草者，战略和政策小组成员的强烈抗议，他们指出，日本的激进群体过于弱小，不足以作为政府决定投降的因素。然而，他们愿意修改他们的草案，清楚无误地表示他们不打算推翻裕仁的皇位。最重要的是，他们坚持认为"我们不应转弯抹角，而是直截了当地说明我们打算如何对待天皇"。在已发送给波茨坦的修订后草案中，这一关键条款改为："日本人民将自由选择是否保留天皇作为立宪君主。"[99]

7月17日联席会议讨论这个问题时，情况便是如此。会议开始时，莱希海军上将解释说，"这件事已经在政治层面进行了审议，并且已经考虑删除涉及天皇的语句"。然而，莱希又补充说，他认为联席会议可以从军事角度考虑联合战略调查委员会的草案。据会议秘书称，"参谋长们花了相当长的时间讨论如何对日本适用无条件投降的方案"。可惜的是，会议记录对这次重要讨论只有扼要的记载。我们只知道马歇尔带头警告，不要做任何会暗示盟国打算让裕仁退位的事情，"因为他继续在位可能会对日本本土之外地区停止敌对行动发挥影响力"。此外，马歇尔建议，在一份接受联合战略调查委员会修订的有关天皇措辞的文件中，参谋长们应向总统表达这个想法。根据会议记录，联席会议同意马歇尔的意见，并指示秘书为总统起草一份载有这些条款的备忘录。[100]

由于没有更详细的记录，人们不禁要问，为什么马歇尔接受了联合战略调查委员会，而不是战略和政策小组中他自己的参谋人员的意见。金上将和其他在场的海军代表也是如此。鉴于他们对进攻日本的勉强支持，如果他们支持麦克洛伊委员会修改无条件投降的建议，那才是符合情理的。也许莱希在开场白中所说的，这件事已经过"政治层面"审议，并考虑删除涉及天皇的语句，是在委婉地告诉联席会议，杜鲁门已就此问题做出决定。根据过去几周对截获的日本电文的阅读，联席会议可能也得出结论，无论公告中对天皇说了什么，都无法诱使日本投降。就在前一天，驻莫斯科的佐藤大使给东京发了电报，表示他"不清楚政府和军方对结束战争的看法"。[101]佐藤将政府和军方视为两个独立的实体，除了让人一窥东京在决策上的动态，美国人没有从中找到任何理由期待日本人准备投降。其他情报来源强化了这个观点。"超级机密"所表明的敌人向九州集结是一个警示，日本的战争领导人抱着极其坚定的决心，要让美国人在入侵行动中付出难以接受的代价，被迫通过谈判解决问题。

第二天，7月18日，联席会议批准了一份递交总统的备忘录，以联合战略调查委员会的措辞取代了麦克罗伊委员会的语句。删掉了有关现有王室下的君主立宪制的提法。警告中关键的第十二条后来又改为："在对不再侵略做出适当保证的前提下，日本人民将自由选择他们自己的政府形式。"[102]此时，杜鲁门还没有决定何时发出警告。但莱希的评论表明，他已经

543

决定发出一个警告。在这件事情上，格鲁和史汀生的共同努力，后方适时的泄密及其引发的公众讨论，都让总统很难不发表某些关于无条件投降的声明。如前所述，莱希关于天皇问题已经过"政治层面"审议的表述可能就是他在以自己的方式暗示，杜鲁门决定在发布警告时省略任何涉及天皇的内容。如果总统还有任何进一步的疑虑，联席会议的备忘录已使他下定决心，要从警告中删除有争议的关于皇位的内容。

544

发生在波茨坦之外的事强化了杜鲁门在天皇地位问题上拒绝妥协的态度。尽管缺乏直接证据，但大多数历史学家同意这样的假设，即总统每天都能收到有关"魔法"行动解码的日本外交通信和"超级机密"行动对日军部署的分析简报。[103] 这两个消息来源表明，日本人仍然不愿意接受任何类似无条件投降的条款。相反，东京正在利用外交手段逃避失败带来的全部后果，同时准备在九州展开血腥的最后一战。这种情形下，在天皇命运上的妥协将被视为绥靖。尽管有海外的日本外交人员进行秘密接触，又有杜鲁门面临的越来越大的压力，要求找到一种成本更低的手段迫使日本投降，但交战双方的立场似乎都变得更加强硬，没有任何外交和妥协的余地。他们之间的直接交流依然中断，但日本人还是设法直率地传达了他们的意图；如果美国人希望避免与无比坚定的顽敌展开又一场代价高昂的战役，他们就必须接受东京给出的条件。虽然杜鲁门向丘吉尔吐露，他一直担心进攻日本会导致"血流成河"，但他仍然决定在天皇问题上永不让步。

因此，斯大林的参战承诺使他精神为之一振。而更加振奋人心的是，他收到了新墨西哥州沙漠中的最新消息，原子武器爆炸试验成功。7月18日上午，就在联席会议为总统准备建议的同一天，史汀生向杜鲁门提交了第二份关于这次试验的更详细报告。他写道，总统"从这个消息中获得莫大的鼓舞"。那天晚上，杜鲁门在日记中总结了当天发生的事情。他首先写到和侄子共进早餐，后者在他自己服役过的老部队担任野战炮兵中士。然后他和丘吉尔共进午餐，两位领导人讨论了原子弹试验的成功，并同意将此事通知斯大林。首相也向杜鲁门出示了斯大林对裕仁来电寻求苏联协助谈判结束战争的回复。斯大林的答复要求东京予以澄清，这令杜鲁门很满意。[104] 在评估原子弹试验和苏联在战争中的合作这两件事的重要性时，杜鲁门禁不住乐观一时："相信日本人在苏联人入局之前就会垮台。当曼哈顿出现在他们的国土上时，我确信他们一定会完蛋。"[105]

接下来的几天里收到的消息让杜鲁门更有理由盼望原子弹能迫使日本投降。7月20日和21日，他收到弗雷德·文森发出的两条关于后方形势的惊人消息，这警告他，恢复平时生产的缓慢进程可能会破坏美国经济，危及对解放后的欧洲的救援工作。文森将于本月底出任财政部部长，他向杜鲁门保证，接替他担任战争动员与复员局主任的约翰·斯奈德（John Snyder）对国内形势严峻性的看法与他本人一致。文森把迫在眉睫的危机完全归咎于军方。煤炭行业为军方对物资和人员的过度需求所造成的问题提供了一个"极好的例子"。文森解释说，他说服了煤炭行业主管哈罗德·伊克斯将一些供应国内的煤炭提供给欧洲，尽管伊克斯确信美国国内在即将到来的冬天将面临煤炭短缺。文森补充说，如果能说服陆军让"几千"名煤矿工人暂时离岗，美国原本无需被迫做出这样的选择。"交通也同样重要"，文森接着说。铁路方面和约翰逊上校的办公室做得"非常出色，但他们肩负的压力几乎无法承受"。文森报告了许多发生在西海岸的运输混乱导致食品变质的投诉，并警告说"情况会变得更糟，而不是更好，甚至可能威胁到陆军在期望时间内完成重新部署的能力"。几千名熟练工人的退役将再一次大大缓解现状。文森指出，陆军已经在这个问题上做出让步，同意让 4000 名铁路工人暂时离岗，但是还需要他们做得更多。

546　　遗憾的是，帕特森副部长固执己见，拒绝安排更多士兵离岗，理由是这样做会破坏绩点制度，并辜负军人的信任。文森声称他理解帕特森的困境，但不同意副部长的推理。他指出，陆军已经安排几千人离岗，因此可以再次安排。"4000 这个数字无疑也并非不可改变"，他补充道。当然，帕特森担心，任何进一步让工人退伍的举动都会引发其他行业的类似要求像雪崩一般涌来。文森预料到这种理由，提议建立一个离岗人员储备池，包括固定数量的一部分人员，由战时人力委员会负责管理。文森解释说，这一过程将通过提前设立固定的人数来防止更多的离岗要求。他提醒总统："如果不采取类似措施，我坚信我们的经济和社会将遭受最严重的后果。"

　　在直接请求总统允许采取行动后，文森又提出了一个更为重要的问题。他抱怨说，陆军保留了过多的现役军人。问题的根源是，在他们于欧洲胜利日宣布的数量基础上，陆军实际上把人员需求又提高了 27 万人。文森告诉杜鲁门，他安排下属研究了这个问题，并答应向参谋长联席会议和总统提交一份详细的报告。"我强烈要求您回来以后认真考虑这个问题，"他补充说，"我们的战争努力和恢复平时生产都需要人力。在一些帮助之下，如今后者能够更快地进行了。现在一个小小的推动力，就能在对日胜利的冲击到来时，让我们的经济避免很多麻烦。"[106]

　　很难想象对政策进程采取更为激烈的干预。即将宣誓就任财政部长的文森和接替他战争动员与复员局职位的约翰·斯奈德，一位来自阿肯色州的银行家，也是总统在陆军预备役时期的朋友，他们都是总统最信任和最亲近的密友。[107] 这两个通常都很谨慎的人发现国内的事态发展得如此令人不安，以至于他们认为有必要打扰总统与斯大林和丘吉尔的首脑会议。文森对形势感到非常忧虑，第二天，与斯奈德取得一致后，他又给杜鲁门发去一份电报。这一份比之前那份短，却更具冲击力。文森请总统要求参谋长联席会议立即"重新评估所有军方需求以及决定这些需求的战略考虑"。他还希望战争动员与复员局参与这项研究。文森承认，最近太平洋地区有利的事态发展并不一定预示战争会提前结束，他也承认美国必须为最糟糕的突发情况做好准备。"另一方面，"他补充说，"我们展现出的海空优势也要求继续重新审查我们赢得战争的需要。"[108]

文森在当天发给杜鲁门的支持备忘录中详细阐述了他的担忧。备忘录的开头提到了一份声明，帕特森副部长在其中再一次嘲笑修改退役制度的建议。帕特森声称陆军已经收到 50 多个工商业团体的特殊请求。他补充说，"其中涵盖了各种数量不等的要求，从煤矿方面提出的 11 万人到饲养老鼠的 3 个人"。帕特森在声明最后冷静地指出，由于战时生产的减少和陆军当前的退役制度，民用行业的人力缺口正在逐步缓解。[109] 文森却完全不同意。他警告总统，"人力的短缺从未像今天这样严重和令人不安"。铁路、煤矿、金属矿、伐木业和纺织业都面临严重短缺。更糟糕的是，两年前从陆军暂时离岗的 30 岁以上的煤矿工人竟然被召回了现役。尽管要求安排 5000~10000 名铁路工人退伍，但陆军部只同意让 4000 名工人暂时离岗。文森坚持认为，必须采取一些措施来减少陆军在人力方面无法餍足的需求。"我实在搞不清楚，"他说，"陆军为什么需要 724.2 万名军人，加上 115 万名平民来维持 300 万人的对日作战部队。相比之下，去年春天的总兵力是 830 万人，当时活跃在战场上的有 500 万人。"他补充说，陆军规模的缩减将对经济产生立竿见影的有益影响。"安排士兵离岗休假或退伍将纾解我们恢复平时生产的问题，有助于防止通货膨胀，避免对陆

548 军的批评，最重要的是，让铁路和煤矿得到迫切需要的缓解，如果得不到这些援手，来年冬季两个行业很可能会陷入真正的麻烦。"110

　　人们记得，5月，萨默维尔将军曾抱怨说，战争动员与复员局的一些工作人员希望在军事战略的形成上拥有发言权。当时并非如此，但现在的确是这样的。文森的两份电报明确要求总统采取行动，增加离岗军人数量，并同意全面重新评估对日作战的战略。正像基普林格的通讯给他们贴上的标签，文森和斯奈德加入了主张围困战略或"软战"的行列。在杜鲁门上任的头几个月，他在一系列问题上的决断力给旁观者留下了深刻的印象。然而，这一次，他选择了按兵不动和罗斯福式的含糊其词。作为回应，他告诉文森，他"非常感谢"对方的备忘录。"这些对我帮助很大"，他又补充道。111

　　问题是这个帮助有多大？文森和斯奈德的警告当然没有被置若罔闻。毕竟，杜鲁门本人就曾经历第一次世界大战后混乱的复员过程。他当时和其他成千上万的人一样，在随后发生的经济动荡中遭遇了生意失败。这让他对文森的警告尤为敏感。后来的情况表明文森的警告已经引起总统的注意，并将在未来几周对他的想法继续产生影响。如果杜鲁门没有对文森的警告立即采取行动，那并非出于他的无视，而是因为他现在相信，未来几周内结束战争的可能性确实存在。日本人没有软化他们对无条件投降的立场。但这已经不重要了。原子弹在手使总统相信敌人很快就会被迫祈求和平。

　　7月21日，就在杜鲁门收到文森第二封信的同一天，他接到有关原子弹的第一份全面报告。曼哈顿项目主任莱斯利·格罗夫斯写道："试验的成功出乎所有人的最乐观预期。"他估计炸弹的威力超过了两万吨 TNT 炸药。爆炸形成一个方圆 1200 英尺的大坑，摧毁了半英里外一座 40 吨重的钢塔。根据格罗

549

夫斯的估计,新近建造的五角大楼都抵挡不住这样的爆炸。在该地区的非官方旁观者中,有一名盲人妇女瞥见了爆炸,据格罗夫斯说,她"看到了闪光"。[112] 在与杜鲁门和伯恩斯一起审阅了这份报告后,史汀生在日记中透露,两人"极为高兴"。他接着说,"总统受到巨大的鼓舞,当我见到他时,他对我说了一次又一次"。[113] 第二天,7月22日,史汀生告诉杜鲁门,炸弹将比预计时间更早准备好用于对付日本。史汀生随后拜访了英国代表团,并宣读了格罗夫斯给丘吉尔的报告。

完全可以理解,这份报告让杜鲁门感到何等如释重负。前两周的新闻报道掀起了对"奥林匹克"行动的讨论,并对进攻的可行性和美国的战争目标提出了质疑。新闻界、参议院和公民个人要求向日本发出详细警告的呼声越来越高,这已演变成对声明保证天皇地位的更直接支持。如果它能避免进一步的流血牺牲,越来越多的美国人愿意采取这一步骤。对无条件投降的大部分批评来自共和党及其媒体界的盟友。但杜鲁门深知,如果进攻日本造成的伤亡规模与冲绳战役相当,这些批评会带来更大的压力,也更显得具有先见之明。日本对九州的增兵使灾难性结果发生的可能性比在6月中旬看起来更高。文森的电报增添了新的忧虑,他坚持认为,当前这种取胜策略,即使成功,也可能在国内造成经济灾难,给解放后的欧洲带来混乱。

尽管杜鲁门当时并不知道,但成功实施针对九州和本州的"没落"行动的障碍越来越多。文森提到了目前的运输问题及其对重新部署的可能影响,但似乎没有其他人向总统汇报陆军决定在重新部署的同时进行部分复员所造成的多方面问题。正如我们前文提到的,陆军领导人继续否认存在任何问题,沉着地轻轻略过民间机构的不满,与此同时,陆军参谋人员正在拼命努力,想方设法安排"奥林匹克"和"小冠冕"行动的人员和物资就位。

550　　　格罗夫斯将军有关原子弹的报告使杜鲁门能够忽略这些挑战，转而专注于一个更受欢迎的新局面：为日本比预期更早投降而做准备。日本的抵抗突然崩溃可能会引起新的困难，这将使东亚大部分地区的未来充满疑问，但对美国来说，其后果还是远比战争的持续更容易忍受。7月23日，杜鲁门开始探讨提前投降可能带来的影响。为此，他要求史汀生就是否仍然需要苏联参与对日作战，征求马歇尔将军的意见。后者的回答很谨慎。美国不需要苏联来打败日本。红军在中国东北边境的集结牵制了那里的日军，使他们不太可能被撤回本土岛屿。换句话说，即便没有向日本发动攻击，苏联也是在协助美国。然而，马歇尔指出，即使美国迫使日本投降，也无法阻止苏联人独自进入中国东北。第二天，即7月24日，史汀生告诉杜鲁门，美国在战争中不再需要苏联的援助，但忽略了马歇尔关于苏联可能会不顾美国的行动而进入中国东北的警告。[114] 史汀生随后告知总统，第一枚原子弹最早可能在8月1日做好投放准备，而且肯定不会晚于8月6日。杜鲁门感谢史汀生，并说这是他向日本发出警告所需要的信息。此时，他已经得到丘吉尔的同意，并在当天早些时候向蒋介石发出了一封电报，征求他的同意。杜鲁门相信蒋介石会同意这一警告，一得到回复，他就会发表这份宣言。关于向日本人保证天皇将被允许继续在

551　位的重要性，史汀生再次试图改变总统的想法。这位部长承认，既然警告已经发送给蒋介石并得到赞成，就不可能再改成承诺保留天皇。但是如果事实证明天皇问题事关公告"能否"被接受，他恳求总统向日本人转达必要的保证。杜鲁门告诉史汀生，他"已经考虑到这一点，他会处理好的"。[115] 这远远不是部长所期待的积极承诺，但已经是他能得到的最好回答。

　　　实际上，原子弹试验的成功强化了杜鲁门早先做出的决定，即从拟议的警告中删除涉及天皇的条款。在这方面，他仍

然比史汀生更有信心，认为这枚炸弹将迫使日本在美国不让步的情况下投降。他对苏联及时参战也失去了兴趣。然而，他认为，如果没有预先通知苏联人，就不能对日本使用这种新式武器。7月24日，杜鲁门与史汀生交谈后，在晚间的全体会议结束时走近斯大林，随意地告诉他，美国拥有了一种强大的新式武器，很快就可以用来对付日本。斯大林看似泰然自若地接受了这一消息，并回答说，他希望这将有助于尽快结束战争。令杜鲁门相当吃惊的是，斯大林没有任何进一步的询问。对于自己履行了作为盟友向苏联人通报这枚炸弹的义务，总统感到满意，也不再就此问题说什么了。当然，斯大林通过苏联间谍的努力了解了英美的原子弹计划。对于杜鲁门的重要消息，他在表面上的平静反应实际上是经过深思熟虑的，试图以此向美国人表明他不会被新武器吓倒。然而，私下里，他命令手下科学家加快苏联原子弹项目的工作。[116]

在此期间，针对日本提前投降的后果，杜鲁门继续搜集有关信息。7月25日上午，得知炸弹将很快备好的第二天，他会见了马歇尔和英国东南亚指挥部司令官、海军上将路易斯·蒙巴顿（Louis Mountbatten）勋爵。杜鲁门在当天的日记中写道，在上午11点会见丘吉尔和斯大林之前，他"与蒙巴顿勋爵和马歇尔将军进行了一次最重要的会晤"。那一天，原子弹的可怕威力一直萦绕在他心头。"我们发现了世界上有史以来最可怕的炸弹，"他在日记中写道，"这可能就是幼发拉底河河谷时代所预言的，诺亚和他的神奇方舟之后的毁灭之火。"然后，他开始详细记录格罗夫斯报告中的信息，譬如，他记下了半英里外钢塔的破坏情况和弹坑的大小。接下来几行似乎是讲给后人听的，涉及炸弹的使用。他强调，这种新武器将用于严格意义上的军事目标。"即使日本人是野蛮、残忍、无情和狂热的，作为服务于人类共同福祉的世界领导者，我们也不能把

552

这一可怕的武器投到京都或东京这两个新旧首都。"杜鲁门补充说，日本将收到要求他们投降的警告，但他怀疑日本是否会服从。拥有新式武器会带来可怕的负担，这种想法促使他考虑更骇人的可能性。"希特勒没有发明原子弹，这对全世界来说无疑是件好事。这似乎是有史以来最可怕的发明，但它也可以发挥最好的作用。"然后是令人沮丧的含糊不清的注释，"10：15 让马歇尔将军进来和我讨论战术和政治局势。他是一个头脑冷静的人——蒙巴顿也是"。[117]

杜鲁门提到的"战术和政治局势"是什么意思呢？一些历史学家推测，在这次会见中，马歇尔向杜鲁门通报了日本在九州增兵的情况，甚至可能向杜鲁门提供了修正过的进攻行动可能造成的伤亡预测。[118] 这似乎是可能的。毕竟，马歇尔通过"超级机密"行动定期收到太平洋战场的最新情况。但来自蒙巴顿和马歇尔的证据表明，总统主要关心盟军针对日军抵抗突然崩溃的准备情况。换言之，这就是新式炸弹给杜鲁门的思想带来的影响，总统的目光正在越过"奥林匹克"行动，望向战争的即刻结束，而所有这一切都意味着美国在亚洲的责任，以及对国内经济恢复平时生产的重要影响。

553　　7 月 24 日，蒙巴顿在抵达波茨坦的当天出席了联合参谋长委员会的会议。之后，马歇尔邀请他与阿诺德将军共饮一杯。三人聚到一起后，马歇尔让蒙巴顿发誓保守秘密，把原子弹的情况告诉了他，并补充说，这一武器将在 8 月 5 日前准备好使用。三人一致认为战争可能在几周后结束。当蒙巴顿问为什么当天下午联合参谋长委员会将 1946 年 11 月定为战争的结束日期时，马歇尔解释说，参谋人员不了解原子弹的事情。1946 年 11 月"是一个合理的预计"日期，即如果盟国必须坚持进攻日本，战争会持续多久。会面结束前，马歇尔再次提醒蒙巴顿，他保证"不告诉任何人，即便是首相，马歇尔将军知

道我那天晚上和首相一起吃饭"。[119] 当晚上演了这出戏的第二
幕。他们吃完饭后，丘吉尔把蒙巴顿带进书房，关上了门，然
后说："我有一个大秘密要告诉你。"与蒙巴顿分享了这个秘密
以后，丘吉尔建议他指示手下开始计划应对日本在未来几周内
投降的可能性。[120]

　　根据蒙巴顿对他与杜鲁门会面的描述，两个人在7月25
日讨论了原子弹和日本提前投降的可能性。"总统把这个原子
弹的故事当作一个重大秘密告诉我"，他写道。蒙巴顿建议杜
鲁门通知麦克阿瑟，并补充说，最好是能恰当安排投弹的时
间，以便战场指挥官可以做好准备，一旦日本投降，能够随时
占领日本控制的地区。杜鲁门对此提出异议，解释说他不希望
战争不必要地拖延哪怕一天时间。在日记中，蒙巴顿承认总统
的想法是正确的，但补充说，日本的早日投降"显然要给可怜
的指挥官们带来难度极大的问题"。[121]

　　在与马歇尔、丘吉尔和杜鲁门的会面中，蒙巴顿了解到，
格罗夫斯将军的消息如此令人激动，以至于知道这个秘密的人
都情不自禁地与他人分享。然而，令人震惊的是，对这么重要
的信息的处理方式竟是如此缺乏协调、率性而为。丘吉尔和
杜鲁门私下里一致认为杜鲁门应当把有关这个武器的情况告诉
斯大林。他们每个人都告诉了蒙巴顿，而且总统和首相也告诉
了各自的军事顾问。关于这枚炸弹的消息促成了计划的临时调
整，但是对于原子弹取得的成功会如何改变战略、行动或政
策，杜鲁门、丘吉尔和联合参谋长委员会都没有试图进一步全
面评估。这种方法上的缺点，或者说是方法的缺失，在未来的
几周中会变得显而易见。

　　与蒙巴顿会面后，杜鲁门在7月25日临近中午的时候又
召见了马歇尔，并继续询问日本提前投降的后果。然而，这次
会面的焦点转变成提前投降对国内政策的影响。对于这次会见

554

的情况，我们手中最好的证据包括马歇尔为总统准备的简报和他们返回华盛顿之后，马歇尔交给史汀生的文件摘要。报告题为"适应提前战胜日本的复员计划的重要性"（"Status of Demobilization Plans to Meet an Early Defeat of Japan"），马歇尔在开篇解释说"这是我在'终点站'（指波茨坦）向总统提交的报告的实质内容，他所担心的是可能会对就业等方面的士气产生不利影响"。[122] 这证明文森关于美国经济状况的警告引起了总统的注意。

总体来讲，马歇尔的报告表明，陆军能够改变方式，实施向和平的过渡，而不会对美国经济产生负面影响。体制不会受到突然的冲击，这在很大程度上是因为部队规模将逐渐缩小，军事采购同样也会相应地缓慢削减。已经在进行的过渡规划要加速进行，重新部署和复员工作也将得到调整，以适应新的实际情况。该报告涵盖了战后在亚洲的目标和国内的经济调整，值得详细讨论，因为它展现了陆军对经济向和平过渡的乐观展望。

马歇尔向杜鲁门所作的陈述始于一个令人安心的预测，即当前的退伍比例可以立即调整，允许更多的高绩点人员退役。目前从欧洲的重新部署可以修改为首先让绩点最高的人员回国。计划要从欧洲重新部署到太平洋战场的低绩点人员的运输将停止。已经在回国途中的低绩点人员将继续前往太平洋协助受降行动，或作为战略预备队的一部分加以保留，来应付继续存在的敌对行动。已经在美国的低绩点人员要么被派往太平洋协助占领日本控制的地区，要么留在国内执行其高绩点同僚的退役事务。这些安排，即高绩点人员加速退役，并依靠绩点较低的部队执行占领任务，"应该能够解决可能存在的棘手的士气问题"。

针对已经在太平洋占据了日本帝国关键地区的部队，这项送回高绩点人员的新计划将会得到实施。幸运的是，对于万一出现日军抵抗突然崩溃的情况，麦克阿瑟和尼米兹海军上将的参谋人员一直在制订应急行动的计划。美国军队将被用于占领日本和中国台湾。然而，陆军还希望在中国沿海打开几个港口，为中国军队提供补给，并帮助他们解放长城脚下的日本占领区。陆军还会占领朝鲜的部分地区，但在将其纳入责任范围之前，需要在这一目标上获得政治引导。报告警告说，由于美军部队分散在整个太平洋地区，并且仍在为登陆九州而进行组织，因此他们可能需要 3 个月的时间去占领日本和朝鲜的所有战略地区。这些情况意味着，美国将依靠日本的合作来占领其本土岛屿并解除仍在战场上的数百万日军的武装。考虑到预计中部队进驻日本的时间延迟，陆军批准了一项计划，首先麦克阿瑟将驻防日本的关键战略位置，并"通过现有的日本内阁和行政机构管理这个国家"。陆军还建议利用"日本的帝国大本营或其一部分"，以保证整个日本范围内的日军投降。尽管简报谨慎地避免提及天皇，但是其中提到内阁和帝国大本营，就相当于默默强调了参谋长联席会议早先的建议，即不会采取任何行动阻止美军获取天皇的合作，命令其臣民投降，并不得抵抗占领军。

556

根据马歇尔的报告，占领日本和日军控制地区将给美国的海运带来巨大负担，西海岸的运输压力将持续，但陆军预期可以加快合格的高绩点人员从太平洋回国，同时派出低绩点部队去替换他们。陆军参谋人员还预测，从战争到和平的过渡不会对经济造成难以控制的干扰。维持陆军所必需的补给品生产将继续进行，但随着士兵退伍，会逐步地减少。某些未明确说明的发展计划将继续进行，B-29 轰炸机和为其提供服务所需的重型运输机也将继续生产。在过渡时期，预计南美洲国家也将为飞机生产提供出口订单。

　　总的来说，恢复平时生产只会影响 20%~25% 的美国工业。那些不受其影响的行业仍有大量的军方订单需要完成。此外，"平民对战争期间无法获得的物品有巨大的需求"。公用事业和其他经济部门中，拖延已久的维护需求也将填补缺口。根据这份报告，陆军认为工业向和平时期生产的转变不会导致失业率的突然上升。人员退出现役进入经济领域的进度，将受到运送他们回国的可用船只数量的限制。过渡将会是渐进式的，流量在几个月内会稳步增加，而不是蜂拥而来。底特律和洛杉矶这类城市的情况固然会存在更多的不确定性，那里的军工生产企业聚集着大量的工人。在这种情况下会出现"困难"，但是可以通过"政府、行业和劳工"的"精心规划"和"积极引导"加以克服。

　　对底特律和洛杉矶问题的考虑引发人们思索恢复平时生产的更广泛影响，并且需要让公众为前途做好准备。马歇尔的报告以"美国人民的重新调整"为题，强调了把"将要发生什么以及每项特定政策或行动的必要性"都讲清楚是多么的重要。举例来说，人们肯定会问，为什么已经在美国的低绩点人员不能退出现役。"陆军可以负责告知士兵"，报告自信地说，但告知国内公众的任务将落在像战时新闻处这样的平民机构身上。"这将需要巨大的努力"，报告总结道。[123]

　　陆军给总统的简报准确地预测了从日本宣布投降到美中两国军队进入日本及其关键地区之间的时间差。但在许多其他方面，该报告显然无助于杜鲁门为突然间向和平过渡做好准备。几个例子就足以说明。底特律和洛杉矶的问题可以通过劳工和产业界的合作来解决，这一建议忽略了战争期间曾发生的罢工，还指望着商界和劳工领袖达成做梦也想不到的某种协议。正如战后的事件表明，复员过程中的调整可以使士兵和公众不再有理由抱怨，这种预期也并不可靠。此外，认为陆军会"负责告知士兵"的说法在战后不久的一段时间内也将彻底落空。尽管如此，陆军预测中的缺陷，无论多么重要，其说服力都不及报告所揭示的陆军对当前复员、重新部署和经济恢复平时生产的状况评估。

陆军认为民众对民用商品和服务有着巨大的被压抑的需求，这对关注恢复平时生产的民众而言，是一个小小的胜利。但该报告将平民需求视为将在战后过渡时期开始发挥作用的因素，这一论述不言而喻地表明，陆军并没有认真对待战争动员与复员局所警告的，当前军方采购对经济的有害影响。一旦战争结束，民用需求就可以释放，但是在战争结束之前不会发生。报告指出，即便如此，在可预见的未来，军方采购和人员规模仍将保持在较高水平。其中有关重新部署和复员的讨论流露出明显的信心，这也说明对当时局势的评估不够坦诚。它是一个平稳运行的过程，需要进行适度调整，以实现高绩点人员回国退伍的目标。然而，它忽视了来自国会议员和美国士兵两个方面越来越多的不满，这套系统已经运转不灵，有太多的高绩点人员被陆军不必要地保留。另外，除了西海岸的运输压力，报告没有提到困扰复员和重新部署工作的无数问题：预期中的部队调动积压、海运船只短缺、西太平洋港口设施不足、指定地点的意外复杂情况，以及部队从欧洲转移到美国的过程中，陆军遇到的从低绩点人员中筛选高绩点人员的困难。

陆军预期可以相当完美地向和平过渡，这是基于一个假设，即已经开始的行动进展顺利，因此能进行调整以满足新的目标，而不会有太大困难。但重新部署正面临日益增多的问题，部分复员也已证明是极其复杂的，负责管理战时经济的平民人士越来越不愿意让陆军决定何时开始、以何种速度开始恢复平时生产。还有时间来得及告知总统，陆军在准备"没落"行动时面临的挑战。对于将部队移动到登陆地点过程中遭遇的

558

许多问题，陆军仍然有可能加以解决。当然，如果日本投降，这些问题便会消失。日本突然投降，陆军所面临的任何挑战与登陆行动相比，都显得微不足道。但有人想知道马歇尔计划在什么时候向总统提交一份关于重新部署和复员情况的详细报告，坦率地解释陆军正在面对的困难。

与杜鲁门会面后，马歇尔指示麦克阿瑟将占领朝鲜的重要地点列入其针对日本垮台的目标清单。第二天，7月26日，杜鲁门向日本公布了盟国的警告。出于礼貌，国务卿伯恩斯将这份名为《波茨坦公告》的警告展示给苏联外交部长莫洛托夫（Molotov），但拒绝了莫洛托夫要花些时间研究该文件并发表意见的请求。[124]

拥有了原子弹，杜鲁门便可以改变政策，还能认真考虑战争突然结束所带来的后果。登陆作战的准备工作还在进行，但是7月26日以后这些工作便开始转向新的目标。一个新的时间表附加在旧时间表之上，而修改过的日程只有少数几个人知道。总体来讲，它鼓励美国人对日本强硬，并在与苏联打交道时采取一种顽固的态度。杜鲁门明显已经更加相信，原子弹将使登陆行动不再必要。这对他来讲是一个莫大的解脱。但是他对苏联人的态度很无奈。几乎没有办法能阻止对方参战，而日本抵抗的突然崩溃可以让美国人在东北亚对抗苏联的压力时更有优势。将朝鲜列入麦克阿瑟的占领目标，最清楚地表明了对苏联的新态度。

尽管对大多数参与联合参谋长委员会工作的官员来说，原子弹仍然是一个秘密，但美英两国领导人一直希望在登陆日本之前知道这种武器是否可用。然而，登陆计划仍在执行中，因为没有人想完全依赖原子弹的成功，也无法确定这个新式武器能否迫使日本投降。就在6月，日本抵抗的突然崩溃还顶多是一种遥远的可能性。在杜鲁门收到格罗夫斯将军的报告后，情况发生了变化。万一原子弹没能迫使日本投降，登陆的准备工作还要继续。当胜利在望的时候，预防措施似乎是必要的，尤其是如果日本在11月之前投降，登陆前的行动将使盟国军队部署到位，以应对日本投降。盟军仍然无法确定战争是否会在没有登陆的情况下结束，但原子弹试验的成功减轻了盟军在制订计划上的一些压力，让杜鲁门、丘吉尔及其最高指挥官开始为日本投降做准备。终点似乎就在眼前。

第十三章

终于投降，1945年8月

　　在波茨坦会议期间和之后，原子弹的部件——包括铀弹、目标环和炸弹外壳——向太平洋转移，盟军加快了针对日本抵抗可能突然瓦解的计划的制订节奏，这些都发生在一道秘密的帷幕后。对于那些注视着波茨坦会议的人，或者通过媒体收到间接报道的人——全体美国公众——来讲，就对日战争而言，盟国似乎仍在致力于通过进攻征服日本。然而，在幕后，有影响力的平民和军方官员继续质疑拟议作战行动的效力。战争动员与复员局咨询委员会成员和该机构工作人员加紧对陆军采购政策的批评，并警告即将发生的经济灾难。日本对九州的增兵强化了海军最初对"没落"行动的怀疑，促使金上将和海军部长福里斯特尔鼓起勇气，公开挑战陆军结束战争的策略。陆军参谋人员仍一心投身登陆行动，但是随着越来越多关于九州增援的证据出现，就像7月一样，他们也开始寻找"奥林匹克"

行动的替代方案。到8月初，陆军的计划紧张到了近乎崩溃。重新部署进行得时断时续；整个旅程的大西洋段进展顺利，但及时到达太平洋的前景暗淡，因为人们首先要考虑的是通过拥挤不堪且维护不善的铁路线转移这数百万人，而此后他们将要登上的船只还没有着落，这些船只能不能到达他们的登船港都尚属未知。

　　此刻，盟军在7月26日向日本发出的《波茨坦公告》赢得了国会两党的支持，包括要求杜鲁门定义无条件投降的呼声最高的人。共和党参议员罗伯特·怀特（Robert White）、肯尼斯·惠里（Kenneth Wherry）和霍默·凯普哈特都公开表示支持。惠里总算是勉强称之为"朝着正确的方向迈出的一步"。[1] 更普遍地说，《纽约时报》报道，华盛顿"充斥着猜测和谣言"，认为日本可能会听从盟国的警告并投降，尽管没有人愿意公开这样说。[2]

新闻界的评论五花八门。一旦这个公告带来的最初的激动消退，对文本的更仔细审查将显示，有关日本命运的关键问题仍未得到解答。公告一开始就向日本发出了严厉警告，威胁说如果日本人拒绝投降，将"彻底摧毁日本国土"。"以下是我们的条款，"它继续说道，"我们不会偏离它们。你们别无选择。我们不会容忍任何拖延。"日本被告知，将国家卷入战争的领导人将被永远解除政府职位。日本的战争罪犯将会受到审判，日本领土上的一些"要点"将被盟国占领。在领土方面，将结束日本的殖民统治……包括朝鲜和中国台湾，其国土将减少为四个主岛和盟国决定的其他岛屿。盟国在公告中向日本人民保证，他们无意"奴役日本民族或消灭其国家"。至于日本政府的未来，盟国宣布，除了剥夺军国主义者的权力，占领还将奠定一个民主社会的基础，包括言论与宗教自由和对基本人权的尊重。一旦实现了这些民主目标，"日本得依人民自由表达之意志成立一保障和平及负责之政府"，盟军将立即撤出日本。公告再一次呼吁日本武装部队无条件投降，并在结束时再次警告，另一种选择便是"迅速完全毁灭"。[3]

一些关键条款中含糊不清的措辞引发了猜测，并导致了关于确保持久胜利的最佳方式的辩论。《华盛顿邮报》和《新闻周刊》专栏作者欧内斯特·K.林德利认为该公告"公正而毋庸置疑"地表明了盟国的战争目标。此前，林德利一直倾向于对日本的任何警告中都应包括保留天皇的许诺。尽管如此，对

562

于这一警告中没有提及天皇的命运, 他却并不感到担忧。其中
向日本人承诺他们有机会选择自己的政府形式, 林德利援引这
一条款预测, 这份公告的条件是允许维持天皇制度的。他补充
说, 它的模糊性实际上可能会促使裕仁在结束战争上予以合
作。天皇越是有所帮助, 盟国就越有可能允许他继续留在皇位
上, 前提是日本人民希望这样做——而且没有发现他犯有战争
罪行。[4]

《纽约时报》的军事专家汉森·鲍德温 (Hanson Baldwin)
持相反的观点。他担心盟国在裕仁命运上的缄口不言会造成国
务院错误地将军国主义者与天皇区别对待。鲍德温认为这种做
法是错误的: 天皇通过"亲情、习俗、传统"与军国主义者的
联系如此紧密, 以至于很难只消灭其中一方而放过另一方。此
外, 这种"放过天皇"的做法, 再加上一些美国官员最近的声
明, 暗示对日本的宽大处理, 只会增强日本坚持要求更佳条款
的决心。鲍德温对其他条件也表示担忧, 比如公告提到盟军占
领日本境内的一些"要点", 并表示只有全面占领日本才能根
除日本的军事文化。他警告说, 如果做不到这一点, 日本就有
能力发动另一场战争, 就像德国在第一次世界大战后所证明的
那样。[5]

关于《波茨坦公告》的含义和战后对日政策的争论, 因
为日本政府宣布将无视盟国的警告而中断。将这一宣告归于
"半官方"的同盟通讯社 (Domei News Agency) 的第一批
报道, 给日本政府可能真的接受《波茨坦公告》留下了些许希
望。[6]然而, 在随后几天里, 很显然日本人断然拒绝了美国的
提议。[7]东京的局势多少有些复杂, 反映了支持和平者和主张
继续战争者之间的分歧, 但结果只是证实了军方仍然掌权, 将
领们不愿意按照美国可以接受的条件投降。起初, 铃木首相希
望推迟发表正式声明, 由其政府成员探讨如何做出最好的回

应。政府里的军方领导人对这一做法感到不满，并迫使铃木更明确地拒绝《波茨坦公告》。"政府不认为这是一件有任何价值的事情，"他告诉日本媒体，"政府不会加以理睬。我们将坚定地勇往直前，使战争圆满结束。"[8] 人们引用了铃木所使用的"mokusatsu"一词，它可以被翻译为"拒绝评论""忽略"，甚至"待之以无言的蔑视"。显然，第一种和第三种解释的含义存在很大差别。然而铃木打算让他的评论被众人解读，就算是他真的评论了，也不会让东京的基本立场受到误解；日本政府不准备按照《波茨坦公告》的条件投降。[9]《纽约时报》沮丧地总结道，这意味着"太平洋战争必须而且将要在战场上一决胜负"。[10]

当然，胜利貌似已成定局，但是还要看一看它是否会遵循陆军的展望——通过进攻主岛取得。在公开场合，军方官员试图平息对结果的任何怀疑。第八航空队司令詹姆斯·杜利特（James Doolittle）将军宣布，几周后将有近1000架B-29超级堡垒从冲绳起飞，由远程雷电式战斗机护航。杜利特解释说，从冲绳起飞的短距离飞行会使这些B-29的有效载荷相当于从马里亚纳群岛起飞的同型号飞机的3倍。雷蒙德·斯普鲁恩斯海军上将的第五舰队参谋长，德威特·拉姆齐（DeWitt Ramsey）海军上将同样自信地告诉电台听众，登陆之前将对日本进行大规模空袭。他指出，参加最后一战的进攻部队已经从欧洲集结。然后，他补充了一条警告。拉姆齐在提到尼米兹上将早先的评论时提醒听众，美国必须战胜两个敌人：日本和漫长的补给线。[11]

564

长长的补给线，或者更准确地说，为远距离对日作战提供物资的问题，涉及负责经济动员的文职官员，这使他们与制订登陆行动计划的军官发生冲突。陆军的参谋人员几乎只考虑后勤方面的挑战，为支持登陆行动，一定要将人员和物资及时运

送到西太平洋。正如文森最近给杜鲁门的电文所表明的，民众
已经把注意力转移到大后方，想的几乎完全是陆军计划的人员
转移和物资生产如何影响经济恢复平时生产。此时正值战争关
键阶段，领导战争动员与复员局的是约翰·斯奈德，这位银行
家是杜鲁门在陆军预备役时期的朋友。当时并非更换领导层的
最佳时机，但杜鲁门希望文森宣誓就职，以便他能取代摩根索
排进总统的继任顺位。

　　人们记得，斯奈德同意文森在波茨坦向杜鲁门发出的警
告。然而，战争动员与复员局咨询委员会成员认为，有必要在
斯奈德上任当天向他汇报恢复平时生产所处的危险状态。总统
在波茨坦期间，在 7 月 23 日与该委员会举行的会议上，美国
商会（National Chamber of Commerce）主席埃里克·约翰
斯顿（Eric Johnston）以政治术语阐述了恢复平时生产的情
况，旨在获得新局长的同意。约翰斯顿解释说，美国人感兴趣
的是工作。他所谓的"国内和平"这个目标只有通过合理的复
员计划才能实现，"我们的日常工作应当尽可能地有助于复员
工作"。他很快解释了这实际上意味着什么。他说，"陆军中
存在着严重的浪费"，而且"随着时间的推移，会出现严重浪
费的更多证据"。他承认判断失误是不可避免的，但是战争动
员与复员局的工作是保护武装部队不受自身失误的影响。持续
的浪费会带来更多的批评，他警告说，这将导致对斯奈德和政
府的批评。简言之，当咨询委员会审查采购中是否存在浪费的
证据时，它并非"吹毛求疵"；它是真心要保护政府。"如果
陆军需要太多的钢铁，"约翰斯顿补充说，"平民就得不到。在
我看来，如果你想让民主制度运行并发挥作用，就必须在未来
几个月向民众提供更多的物资。""陆军需要意识到这一点"，
他继续说。简单来说，恢复平时生产的争议源自基本原则上的
尖锐分歧。约翰斯顿解释说："我曾和陆军部的高层坐在一起，

565

他们说唯一重要的是陆军。我不同意这种说法。"[12]

其他委员会成员也随即表示类似的看法。美国劳工联合会主席威廉·格林（William Green）抱怨说，"无论整个经济形势如何变化"，陆军"都不会改变态度。他们会继续索取，不会放松"。[13] 在谈到交通状况时，扳道工工会负责人 T. C. 卡申（T. C. Cashen）担心列车闸瓦短缺，在更大范围上，还有芝加哥以西"非常紧张的交通状况"。他补充说，人力短缺非常严重，但愿他们能够克服。企业家乔治·H. 米德（George H. Mead）代表小规模的军工企业，也是战时劳工委员会（War Labor Board）的一位成员，他警告斯奈德，如果没有他所在的委员会持续施压，不要指望陆军着手复员工作。包括马歇尔在内的陆军领导人会同意文森发给杜鲁门的电报，但除非斯奈德的办公室强迫他们这样做，否则他们不会采取行动。"只靠他们自己，"米德宣称，"我不相信他们能做得到。"[14]

斯奈德接任战争动员与复员局的负责人两周之内，某位记者称为"一团糟"的恢复平时生产成为媒体日益关注的话题。两种不同的情景困扰着商人、工人、国会和负责动员工作的平民官员。第一个问题涉及战争拖延到 1946 年的后果。陆军为这场长期战争实施的采购和人员需求可能会加剧劳动力的短缺，并造成煤炭和木材等基础商品的不足。熟练铁路工人的持续缺乏将影响国内货物的分销，并阻碍部队向太平洋战场重新部署。第二个担忧是，按照目前恢复平时生产的进度，国家将无法为日本最终投降时所带来的经济冲击做好准备。尽管评论员们看到周围存在很多指责，但大部分批评是针对陆军的。

566

参议院战争调查委员会（即米德委员会）7 月底发布的报告批评了陆军的人力政策。"陆军有大量的人力储备，但退伍工作进展缓慢"，参议员们抱怨。报告还说，这个问题甚至变得越发令人沮丧，因为关键行业的工人相当缺乏，无助于加快恢复平时生产。[15] 米德委员会还发现了平民动员机构之间缺乏协调的问题。报告总结称，军工合同的终止在平稳进行，但在处理剩余材料方面，需要更好的团队合作。记者约翰·克赖德（John Crider）写道："在整个团队合作问题的背后是陆军部和文职机构间的宿怨。"他补充说，米德委员会强化战争动员与复员局的建议无疑是希望一个更强大的恢复平时生产的机构"拥有足够权力让陆军部不敢跨越雷池一步"。[16]

与此同时，在一次非公开会议上，参议院军事委员会向陆军部副部长帕特森发出质询。会议讨论了一项决议，加快 1 万名符合退伍条件的矿工退伍，并让另外 2 万名目前处在非交战区的矿工暂时离岗。该决议罕见地得到了来自西弗吉尼亚州的民主党和共和党参议员的跨党派支持。当帕特森坚称这项决议会破坏绩点制度并削弱士气，一贯态度温和的犹他州民主党人埃尔伯特·托马斯（Elbert Thomas）回击说："帕特森先生，一方面你拥有一支庞大的陆军。它似乎比你的单线作战所需的规模大得多。但另一方面，你却不愿费力安排相比之下如此少的煤矿工人退役，以帮助缓解战争期间最严重的燃料危机。"托马斯继续长篇大论地指责，陆军的政策浪费了人力资源，傲慢地无视这些政策给后方带来的结果。"就这样吧"，德鲁·皮尔森说。此事现在要提交参议院表决。[17]

这一波猛烈的批评一直持续了 8 月的整个第一周。新任命的农业部长克林顿·安德森（Clinton Anderson）呼吁加速退伍工作，并公开质疑陆军在一场单线作战中还需要 800 万人。全国农场主联合会（National Farmers' Union）领导人詹姆斯·巴顿（James Patton）更进一步批评陆军的政策。他没有理会陆军的主张，与约翰逊和塔夫脱两位参议员一起要求将部队总数削减至一个"合理的水平"。巴顿还谴责陆军拿走了"大量物资"，并拒绝退役数百万士兵。"如果有可能相当顺利地进行恢复平时生产，"巴顿说，"那么绝对有必要现在就开始腾出物资和人力，并在未来几个月内逐步增加数量。"[18]《华盛顿邮报》专栏作者马奎斯·蔡尔兹也谴责陆军未能和战争动员与复员局合作。他写道："陆军部的文职领导根本不会关注公认的恢复平时生产的最基本要求。"蔡尔兹解释说，海军更为合作，而陆军则轻率地囤积人员和机床，仍然无视其政策的经济后果。当杜鲁门从波茨坦回来时，他必须纠正这些问题。蔡尔兹提出的建议很有帮助，即更换陆军部的领导层将是一个好的开始。考虑到78岁的史汀生部长可能会退休，对于他的继任者，蔡尔兹认为其首要条件就是能否与战争动员与复员局的斯奈德进行合作。他还不厌其烦地为这位未来的新部长制定了议程。排在第一位的是让士兵退伍以缓解交通和采矿方面的人力短缺，其次是"尽快"对陆军的人力需求予以更全面的评估。[19]

公众越来越多的批评对五角大楼的想法只有最轻微的影响。7月底，陆军总参谋委员会（General Council of the Army staff）对局势进行了调查，重申了富兰克林将军的主张，"就目前来看，为太平洋作战行动提供充足的铁路运输不会存在严重困难"。[20]参谋人员还自信地预测，参议院不会在休会前采取行动，决议安排煤矿工人退役。然而，第二天，帕特森副部长宣布，陆军正在与民用航空公司签订合同，每月向西海岸运送2.5万名士兵。他还表示，陆军将在未来几个月加快铁路工人的退伍。正如《纽约时报》所解释的那样，这两项措施旨在"缓解交通拥堵的状况。这种状况在上周导致一个参议院委员会受到指控，称陆军在向太平洋重新部署部队时没有与铁路和国防运输局合作"。[21]这里终于出现一丝迹象，表明陆军承认重新部署遇到了麻烦。或者是看似如此。事实上，帕特森除了宣布向西海岸空运一些部队外，对陆军的行动几乎没有其他改变。他在解释有关铁路工人退伍的"新"政策时强调，只有绩点达到 85 分或以上的人员才能退役，即使是那样，也可能需要到 12 月才能将其中一部分人送回国。再者，将不会有暂时离岗。

陆军部的声明并没有平息公众对恢复平时生产的拖沓步伐的担忧。在接下来的几天里，官员和评论员继续批评他们眼中陆军对政策的阻挠。8 月 1 日，伊克斯再次警告，除非陆军让 3 万名矿工离岗，否则国内和欧洲都将面临煤炭短缺。固体燃料管理局副局长表示，煤炭短缺还会使包括钢铁厂在内的主要工厂在冬季每周只能开工 4 天。[22]

形势继续发展。《华盛顿邮报》的欧内斯特·林德利和米德委员会一样，建议修订《剩余物资法》（Surplus Property Act）。他还怪罪国会未能通过一项法案，使被认为不适合服役的人员不得离开与战争相关的工作岗位。林德利还提请人们注意米德委员会对西海岸的工厂和造船厂严重人力短缺的担忧。其中一些问题的解决需要国会的合作，但林德利指出，总统已经有权"迫使武装部队安排煤矿工人、铁路工人和其他技术工人退役，相比于武装部队内部，外界更需要这些人"。林德利又加上一句，从波茨坦回来后，杜鲁门将不得不"抓紧处理后方事务"。[23]

斯奈德陷入了政治旋涡的中心，他坐在会议室里，用德鲁·皮尔逊的话说，"他的双耳抖动得就好像有无数弧线球从四面八方向他飞过来"。根据皮尔逊的说法，这位尽职尽责但信息匮乏的斯奈德根本无法胜任此项任务。皮尔逊又说，对他的任命就像是从纽约街头随便带走一个人，让他指挥一艘潜艇。斯奈德"甚至不知道有关各种恢复平时生产问题的术语"。[24] 根据皮尔逊的说法，美国人民、他们在国会的代表，以及很多给他写信的士兵，似乎都在把注意力集中于战后会发生什么。在最近的英国大选中，选民们赶走了温斯顿·丘吉尔，并任命工党领袖克莱门特·艾德礼（Clement Atlee）为首相。这场选举表明，忽视民意的政客将面临怎样的下场。

不知道是否需要提醒斯奈德，一场恢复平时生产的拙劣表现会带来什么样的政治影响。在8月的第一周，他继续面临要求他采取行动遏制陆军人员和物资需求的压力。战争动员与复员局的工作人员很快将帕特森对铁路问题的解决方案斥为空泛的表态。没有任何东西能保证绩点达到85分及以上的人从欧洲回国后会立即加入西部的铁路工作。此外，6月安排暂时离岗的4000名身在美国的人员，他们尚未发挥任何作用。截至8月2日，只发现不到1000人具有"任何种类的铁路工作经验"。[25]

随着战争的持续，平民动员机构和陆军部似乎一直渐行渐远。当然，帕特森对劳动力短缺的反应表明，对于陆军参谋人员，他比那些在战争大部分时间中批评陆军部做法的平民更有信心。这在一定程度上是因为，对于平民动员人士来说，铁路行业的劳动力短缺在威胁重新部署的同时，也威胁着后方的经济状况。另外，帕特森和史汀生认为，美国人在国内的牺牲还不够，应该准备好为了全面胜利而在短期内忍受更多的不便。帕特森坚持这些观点，而且认为绩点制度是神圣不可侵犯的，这也危及了向太平洋地区重新部署的成功。他可以反驳说，如果国会通过一项《国民服役法案》，造船厂或铁路行业原本不会出现劳动力问题。但现在那已是无可挽回的了。严峻的现实是，陆军需要找到办法防止劳动力短缺打乱它的时间表。让2.5万名士兵飞越国土，这充其量只是解决问题的部分方法。

帕特森和负责"奥林匹克"行动集结工作的军方参谋人员几乎没有考虑陆军的采购和人力政策会对恢复平时生产有何影响。事实上，如果说帕特森认为恢复平时生产的计划已经走得太远，或许也不算夸张。最近的盖洛普民意调查显示，大部分美国人并不认为陆军规模过大，而且陆军在处理人员和物资方面做得很好，这给帕特森和陆军参谋人员提供了维持现有人员和装备水平所需的全部保证。美国仍然面对一个桀骜不驯的敌人，他们决心要尽可能给进攻者造成损失。通过对日本施加压倒性的武力，美国将最大限度地减少伤亡，并确保彻底胜利。五角大楼的思维还是集中在征服日本的紧迫任务上，推开了有关亚洲大陆的未来和欧洲复兴的行动计划。战后美国经济的未来健康被视为一个假定事实，几乎没有被列入陆军的关注清单。当参谋人员确实在处理经济问题，比如在回应胡佛5月30日的备忘录时，他们决意把即将到来的灾难警告视为危言耸听。

平民动员人士从相反的方向接近胜利。日本的失败被认为是必然的。美国可以通过围困取得胜利。封锁和轰炸战略仍将决定日本的命运，但它也会在更大程度上保证经济能从战争中复苏，足以让美国人在和平时期品尝到胜利的果实。国内安全与外国威胁之下的安全同等重要，尤其是在这些威胁几乎已被消除的情况下。当和平向他们招手的时候，对萧条和失业的记忆主导了国会议员和平民动员人士的心思。物价上涨的压力、原材料的短缺和混乱的交通网络被视为预示着通胀肆虐的经济停滞，它无力吸收数百万最终将从海外返回的人员。物价管理局负责人切斯特·鲍尔斯（Chester Bowles）最担心通货膨胀。他在给斯奈德的信中解释说，除非在未来三个月内增加产量、减少军方采购和人力需求，否则他将不得不提高价格，而这一行动无疑会导致通货膨胀。和一位未具名经济学家的预测相比，鲍尔斯的警告还算是保守的。这位经济学家告诉他，如果日本在10月前不投降，或者美国没有找到一种方法来打一场350亿美元的战争，而是现在750亿美元的战争，"经济稳定计划注定要失败"。[26] 鲍尔斯告诉斯奈德，他不能完全接受这种观点，但他也认为这离实情不远。

正像专栏作者约翰·克赖德所指出的，斯奈德还没有权力让陆军部在恢复平时生产的问题上不敢跨越雷池。但如果想同军方对抗，他确实拥有总统的信任和文森的支持。战争动员与复员局咨询委员会的成员无疑是理解这一点的，他们在8月6日一致通过一项决议，呼吁斯奈德通过削减军费开支和增加民用生产来保护恢复平时生产的工作。咨询委员会指出，除非民用生产增加，且军事采购减少，否则人们会"严重怀疑"，在"我们的储蓄完好无损、对农场和工厂产品的大规模购买力保持不变，也为退伍军人和军工行业工人的就业提供了机会"的情况下，这个国家能否实现向和平时期经济的过渡。[27] 该决议包含到目前为止的标准免责声明，即不应采取任何措施削弱对日作战的努力，但经验表明，武装部队具有浪费资源的倾向，对国内经济的健康状况漠不关心。"我们被迫"，决议继续说，"建议立即审核武装部队的规模和军事采购计划，以期为了国民经济的利益而削减开支"，其失败将导致"国内的冲突和混乱取代国外战争的恐怖"。在确定了斯奈德的议程后，委员会同意在下次会议上通过一项决议，要求战争动员与复员局召开一次最高军民首脑会议，以审时度势，并使军事政策"符合国内外需求，最终避免一场民用经济的危机"。[28]

当咨询委员会开始质疑陆军的采购和人力计划，原本以这些计划为支撑的战略便突然陷入混乱。正如我们前文提到的，7月下旬，当总统还在波茨坦时，"超级机密"已经显示，九州岛上的日军士兵数量出现惊人的增长。报告还显示，这些部队大部分部署在三个登陆海滩的邻近地区。毫无疑问，日本帝国大本营已经预见到美国的意图，敌人正在尽其所能构成威胁，令进攻者为敢于踏上日本的神圣国土付出高昂代价。

572

马歇尔将军在 6 月 18 日的白宫会议上赞同"奥林匹克"行动，当时他是出于这样一种假设，即到 11 月 1 日前日本人在这座岛上会有 8 个师团。截至 7 月 20 日，"超级机密"表明，岛上的日军数量已经从 6 月的 10 万人跃升至 38 万人。第二天又发现的 3 个师团则使日本军人，包括士兵和水兵，增加到 45 万人。[29] 起初，麦克阿瑟的情报主管查尔斯·威洛比不愿接受这些显示新部队到达九州的情报。他曾在 5 月预测，岛上将有 6~8 个师团，且很有可能比这个数字还要少。和马歇尔一样，威洛比认为美军的海空力量能阻断增援行动并将该岛与主岛本州及帝国其他地区隔离开来。然而到 7 月中旬，他不得不相信，日本本土岛屿上军事单位的全面增加已经导致"九州岛上作战单位的大量涌入和组织"。2 个星期后，他根据在岛上持续发现的新增部队修改了他的情报评估，警告说："这种具有威胁性的趋势，如果不加以遏制，我们的进攻可能会变成一对一的比例，那可不是一种获胜的秘诀。"此外，威洛比补充道，尽管美军拥有九州岛的制空权，日本人仍然有能力将其部队移动到该岛的南半部分。[30]

情况愈发糟糕。到 8 月 2 日，"超级机密"显示，岛上已经有日军 54.5 万人。5 天之后，这一数字又增至 56 万人。美国的密码破译人员也在追踪九州登陆海滩的航程范围内持续增加的飞机数量。截听显示，其中大部分是由教练机改造的自杀式飞机，类似于在冲绳外海袭击美军舰队造成惊人效果的那些飞机。日本人也在聚集一批自杀式船只，包括小型水面船只、微型潜艇和人工驾驶鱼雷。

对于美军将面临的敌军部队素质，"超级机密"未能提供多少信息。威洛比指出，一些新发现的部队可能没有完成组织或装备。"超级机密"行动与截听外交通信的"魔法"行动确实表明，由于美军对铁路交通的袭扰，日军燃料不足，缺乏重型火炮，并且难以运送现有物资。然而，情报也显示，日本人依然热情高涨地投身于保卫国土。截听内容没有显示军方对"本土决战"的支持有减弱迹象。当丰田副武（Toyoda Soemu）海军大将被提升为日本海军联合舰队最高司令官时，美国海军情报部门预测，他和他的直接下属小泽治三郎会与帝国陆军中的"极端分子"密切合作。7 月 29 日，丰田向海军人员发出了振奋人心的讲话，证实了帝国海军和陆军的领导层一致承诺了对本土岛屿的最后防御。[31]

　　日本向九州增兵的惊人证据促使参谋长联席会议的参谋人员开始考虑"奥林匹克"行动的替代方案。最初的步骤是试探和摸索性的，但是其中表现出来的紧迫感也是在常规应急计划中很难看到的。8 月 4 日，联合战争计划委员会向联席会议计划室（Joint Staff Planners）提交了一份报告，基于"这种积聚和集中可能对'奥林匹克'行动产生的影响"，建议后者指示麦克阿瑟和尼米兹"反思他们对形势的估计，重新审核可能替代'奥林匹克'行动的日方目标，并针对这些替代目标制订作战计划"。[32] 随报告附上的是致麦克阿瑟和尼米兹的备忘录草案，其中解释说，九州的形势尚不需要立即改变给他们的指令，但确实需要认真考虑"奥林匹克"行动的前景，并对可能的替代方案进行评估。

　　8 月 6 日，当联合战争计划委员会的报告一路穿过参谋长联席会议的官僚系统，马歇尔的副参谋长告知他，"奥林匹克"行动的前景将成为即将召开的联席会议的主题。第二天，一直在跟踪九州岛上日军增兵情况的马歇尔向麦克阿瑟发去电报，征求他对于近来情报显示九州岛日军部队大幅增长的意见。马歇尔提到，日本本土其他地方的日军兵力削弱，使得直接打击关东平原或更偏北的目标成为可能，比如仙台等东京以北沿海地区，或者位于九州岛北端的大凑（Ominato）。[33] 麦克阿瑟

574

迅速在当晚回电，他排除了马歇尔推荐的替代目标，因为它们都在大多数美军陆基飞机的航程之外，除了从马里亚纳群岛起飞的 B-29。天气也使大凑不够理想。在靠近东京的仙台登陆，可能会遭遇来自关东地区的援军。麦克阿瑟也拒绝考虑情报显示的日本空中力量在登陆地点附近的集中。他解释道，在整个战争期间，他总是看到这种过于夸大其词的报告。另外，他向参谋长保证，到 9 月，一俟他将空军从吕宋岛转移到冲绳岛，日军的地面部队就将"动弹不得"。"不应该，重复一遍，绝对不应该，出现一丝一毫更改'奥林匹克'行动的想法。它的根本目的是获得空军基地，在它们的掩护下，我们可以将部队向北部署，进入日本的核心工业区。该项计划是明智的，一定能取得成功。"他总结道："在西南太平洋战区的各次战役中，当我们临近一次行动时，情报总是以各种各样的方式指向敌军实力的增强。毫无例外，有关这次增兵的情报也是错误的。"[34]

与麦克阿瑟共事的三年多时间让马歇尔确信，他这位太平洋战场司令官"如此倾向于夸大事实，且如此易受自己的欲望影响，以至于其判断力很难令人信服"。[35]麦克阿瑟对"奥林匹克"行动充满激情的辩护只能确证这一严厉的判断。马歇尔曾问，是否有某种可能性，然而可能性并不大，"超级机密"行动受到了日本人的欺骗。麦克阿瑟对这一问题的粗劣回应几乎无法令人放心。正如历史学家理查德·弗兰克所指出的，这位太平洋战场司令官所声称的，之前每次行动前夕的情报报告总是高估日军的规模，是一个"十分放肆的谎言"。[36]麦克阿瑟自己的情报往往低估日军的规模，吕宋岛就是最近的、代价最高昂的例子。他相信一旦行动开始，美国的海空军能阻止日军增援登陆海滩，这似乎也是不可靠的。马歇尔以前听过这种绝对的断言。事实上，他本人在 6 月 18 日的白宫会议上对"奥林匹克"行动的支持也是基于类似的保证，即美国的空中和海上优势能阻止九州的增援。但结果并不顺利。

对于麦克阿瑟出于自身目的而在数字上变戏法的能力，马歇尔当然有亲身体会。就在6月18日的白宫会议上，马歇尔也参与合作上演了这样一幕，他敦促麦克阿瑟降低对"奥林匹克"行动的伤亡预测，后者非常乐意这么做。当时，马歇尔利用麦克阿瑟指挥史上最大规模两栖作战的愿望来支持"奥林匹克"行动，因为他认为登陆九州是早日迫使日本无条件投降的最可靠方式。日本人的增援使这个防卫薄弱的岛屿变成一座数十万军人和数千件自杀性武器防守的堡垒，引起了人们对这种方式可行性的严重怀疑。

日军向九州增兵使海军更加倾向于另一条通往胜利之路，并为在"奥林匹克"行动上最后摊牌做好了准备。如前文所述，4月，金海军上将告诉他在参谋长联席会议中的同僚，他对"奥林匹克"行动的支持是有条件的，他想要在8月或9月的某个时候复核这些计划。5月，在起草"奥林匹克"行动的指令时，尼米兹海军上将向金透露了他对登陆行动的疑虑。接下来的几个月里，这些疑问愈发强烈。6月底，尼米兹与斯普鲁恩斯和金在旧金山见面，讨论进军日本的问题。气氛明显是悲观的。尼米兹怀疑陆军能否为"奥林匹克"行动做好准备，斯普鲁恩斯提到，布鲁斯将军的第77师经过为期一年在关岛、莱特岛和冲绳岛的战斗，目前"状态奇差"，接受了1万名替换人员。"在吕宋岛北部的各师同样如此"，他补充道。另外，斯普鲁恩斯说，海军陆战队的状态良好，况且还有两个陆军师，即莱特岛上的第81师和自从1944年转移到太平洋战场就一直在夏威夷的第98师，它们各自的状态可以说是良好和极好。然而，他的疑问是，新近抵达的部队是否受过登陆行动所要求的足够的两栖作战训练。尼米兹也感觉缺乏足够的海运能力支持"奥林匹克"行动，但是海军计划处长查尔斯·库

576

克海军上将说，真正的问题在于当陆军登陆时，吕宋岛应付不了他们的后勤补给。稍后，这次会议的记录显示，斯普鲁恩斯提出了一个非常有趣的观点，"奥林匹克"行动的计划是基于预估的岛上日军规模。随后并没有关于这个问题的详细记录。他的这个观点本身好像并不值得注意。然而，考虑到九州岛上的形势发展，它似乎引起人们更多思考。斯普鲁恩斯是不是在间接地引用那些显示日军在九州增兵的情报呢？我们无法确知，但看来是的。斯普鲁恩斯发表意见后，尼米兹马上建议，如果"奥林匹克"行动被推迟，海军应当开辟一条海上路径通往中国的广东附近。虽然这次会议主要是有关"奥林匹克"行动的，但是与会者也对麦克阿瑟的"小冠冕"行动计划表示怀疑。尤其是，库克坚定地说，麦克阿瑟计划在东京的外海建造使用人工港口，这是完全不可行的。库克对能否建起来深表怀疑，即便能建起来，也根本没有足够的时间。[37]

到6月底，金、库克和太平洋战场的指挥官们都将"奥林匹克"行动视为一场正在酝酿中的灾难。各师部队都由厌战的老兵和训练不足的替换人员组成，而陆军打算用他们来进攻日本。在作为主要集结地之一的吕宋岛上，陆军缺乏后勤部队和设施，无法安排必需的补给物资上岸并分发给各师。为了登陆诺曼底的行动，相应的准备工作在邻近的英格兰持续达两年时间。现在，陆军却只有几个月的时间，要从菲律宾、冲绳和夏威夷匆忙地发动对日本的进攻。

7月间，日本人增援九州的证据越来越多，无非确认了海军对"奥林匹克"行动的反对。马歇尔就日军增援九州对美国进攻计划的影响向麦克阿瑟征求意见，两天之后的8月9日，金向尼米兹也发去了类似的征询。金在给尼米兹的信中附上了马歇尔给麦克阿瑟的电报和麦克阿瑟的回复副本，后者声称"奥林匹克"行动应当继续。恰如理查德·弗兰克所指出的，金正准备打破在"奥林匹克"行动上的脆弱共识，质疑陆军战胜日本的计划。当然，金知道，如果尼米兹在五六月份时不赞成"奥林匹克"行动，后来日本人在九州岛上增兵只会强化他对这一进攻行动的反对立场。然而，尼米兹的回答对有关"奥林匹克"行动的争论会产生什么样的影响，仍然只是猜测。[38]

在8月的最初几日，当陆军计划遭到的反对愈演愈烈，整个太平洋战争的前景却发生了十分重大的变化。华盛顿时间8月6日，战争动员与复员局咨询委员会就要求斯奈德审查"武装部队规模和军事采购计划"进行表决。同一天，一架B–29在广岛上空投下第一颗原子弹。8月8日，苏联向日本宣战。8月9日，当地时间凌晨1：00，红军向在中国东北的日军发起了攻击。当天晚些时候，金询问尼米兹对"奥林匹克"行动的看法。而在尼米兹收到这个信息之前，第二颗原子弹爆炸了，给长崎造成了毁灭性的后果。

对日本外交和军事通信的截听再次使美国官方看到日本政府最高层内部上演的戏剧性一幕。尽管日本人已经意识到苏联可能会在某一时刻参战，但苏联的突然宣战和红军在中国东北地区摧枯拉朽的进攻，仍然让日本人震惊和沮丧。与此同时，日本人对这两颗原子弹的反应只是听天由命的屈从，这让美国的观察家无法确定东京的下一步行动。[39]

美国大部分地区也感到震惊。这枚炸弹的消息让多数美国人目瞪口呆，处于难以置信和满怀希望之间。《华盛顿邮报》8月7日的评论代表了许多人的看法："对于我们大多数人来说，仍然不可能相信，周日副刊的编辑们，为低俗杂志喋喋不休编造故事的写手们，在所谓的漫画页面上填充太空船、麻醉枪和星际战争幻想的艺术家们的怪诞梦境……终于变成了现实的世界。"[40] 同一天，《华盛顿邮报》预测，这枚炸弹"即使不能结束对日战争，肯定也会使之大大缩短"。[41] 第二天，8月8日，欧内斯特·林德利大胆地说，由于日军可以在地下掩体中得到保护，"这枚炸弹不一定能避免登陆日本"。[42]陆军部也持类似观点。据报道，由于担心这一引人注目的新式武器会在国会引发更多要求加快复员的呼声，史汀生部长表示，陆军目前没有立即削减其700万兵力的计划。[43]到8月9日长崎被摧毁后，《华盛顿邮报》对登陆行动的担心降低了，而对后方形势更为忧虑。它警告说，"在日本投降之前连续投掷原子弹排除了登陆的可能性，并增加了恢复平时生产出现危机的可能性"。[44]第86步兵师的士兵们坚决相信，原子弹使登陆日本的行动不可能了。8月7日，计划最先重新部署的第86师离开了俄克拉何马州的格鲁伯尔营地，前往旧金山以外的一处营地，准备派往海外。当他们两天后抵达加利福尼亚州时，许多士兵确信战争很快就会结束。他们向国会议员和当地报纸发出抗议，反对在欧洲服役之后又将他们派往太平洋的决定。他们的抱怨是徒劳的。陆军部坚持认为，日本不可预测的形势使得麦克阿瑟必须得到他需要的所有部队，以应对任何可能出现的情况。[45]

日本是否愿意继续战争尚不确定，美国官员需要为战争很可能在几天内结束而做好准备。随着外交官、军官和平民动员人员彻底推翻了其计划所依据的假设，"奥林匹克"行动逐渐隐入背景当中。然而，正如前面所提到的，杜鲁门还在波茨坦时就已经开始考虑提前投降的可能性。对于日本提前投降将如何影响陆军的复员和采购计划，他曾向马歇尔征询信息。文森、斯奈德和战争动员与复员局咨询委员会的成员都不知道原子弹的存在，他们几个月来一直在关注陆军持续的人力和采购政策给经济带来的危险。现在，所有这些都已经像是上一个时代的事情了。广岛遭受袭击后，斯奈德突然采取行动，解决了立即转向和平时期经济所固有的问题。8月7日，当总统座舰停靠弗吉尼亚州诺福克时，他赶来迎接，并跟随总统乘火车返回华盛顿。[46]第二天，杜鲁门和斯奈德与物价管理局负责人切斯特·鲍尔斯以及战时生产委员会主席朱利叶斯·克鲁格一起解决了一场关于恢复平时生产的争论。由于担心价格暴涨，杜鲁门站在斯奈德和鲍尔斯一边，拒绝了克鲁格建议的取消对稀缺物资的战时控制。8月9日，杜鲁门向克鲁格发送了一封措辞谨慎的信件，概述了对方在政府准备恢复平时生产时的职责。[47]杜鲁门的信在媒体上引发了更多的猜测，日本投降的可能性越来越大，和平即将到来。

　　与此同时，日本政府在内阁和最高战争委员会的一系列会议上迟疑不决地走向投降。在这场磨难中，日本军方领导人，尤其是帝国陆军中的那些人，依旧不愿屈服。陆军大臣阿南惟几坚称，除非盟国同意四个条件，否则日本不会考虑投降，包括保留天皇制度、不占领日本的神圣领土、日本有权决定谁会接受战争罪审判，以及武装部队有权自行解除武装。最高战争委员会会议从8月9日晚些时候开始，一直持续到8月10日凌晨。阿南在会上宣布，1亿日本人作为一个整体死去比同意投降让盟国占领日本更好。陆军参谋长梅津美治郎对此表示同意，并补充说，否则为这场战争付出的所有牺牲都将毫无意义。

　　最后天皇介入了。日本将接受《波茨坦公告》的条款，前提是此公告"不包含任何损害天皇陛下作为主权统治者特权的要求"。[48]在做出他的圣裁时，裕仁将四个条件缩减为一个，但是坚持维护自己作为天皇的特权，仍然不能算是无条件投降。

　　8月10日上午，杜鲁门会见了史汀生部长、莱希海军上将、福里斯特尔部长和国务卿伯恩斯，讨论了尚未从官方渠道收到的日方和平提议。约翰·斯奈德也在场。值得注意的是，在这个关键时刻，杜鲁门通过召集负责军事政策和外交事务的文职领导人，维护了文官对政策制定的把控。莱希担任总统在联席会议中的代表，他将向众人简要介绍情况，并向总统呈递他们的观点。有关此次会议情况的记录相互冲突。伯恩斯在会后立即向他的助手抱怨说，当他到会时，莱希已经说服杜鲁门接受日本的提议。伯恩斯反对接受日本的提议，这是十分肯定的。但我们有理由怀疑他在其他方面的描述，尤其是他所谓莱希说服总统接受日本提议。[49] 根据白宫助理埃本·艾尔斯的日记，伯恩斯在莱希之前到达，这就使得这位海军上将不可能在伯恩斯到达之前左右总统的想法。[50] 杜鲁门当天的个人记录没有什么用处。他的笔记将 8 月 9 日和 10 日的会议合并记在 8 月 10 日这同一个条目下。[51] 此外，这些笔记甚至都没有提到这次匆忙召集的会议，根据他的预约簿，会议是在 9：00 举行的。[52]

各种不同的说法在某些基本事实上是一致的。莱希和史汀生赞成接受日本的提议。伯恩斯反对。国务卿可能对公众的反应感到担忧（他告诉助手，接受它会导致总统在政治上"饱受折磨"），但后来国务院的日本专家告诉他，拒绝日本维护天皇全部特权的努力也具有合理的政策理由。[53] 当被问及维护天皇特权是否意味着"不改变国家的统治制度或天皇陛下的地位"时，一位日本驻瑞典代表回答说，尽管他没有关于这一点的正式指示，但他认为"该措辞包含了这两种解释"。[54]

很难说杜鲁门及其顾问对此有多少了解。我们确实知道，总统决定让伯恩斯起草一份答复，美国将不理会东京所坚持的维护天皇作为主权统治者的特权。相反，它将把天皇置于美国最高指挥官的权威之下，这暗示了天皇制度将会延续，至少是暂时的。[55] 美国的官方回复指示日本人，"从投降的那一刻起，天皇和日本政府统治国家的权力应当服从盟国的最高指挥官，后者将采取他认为适当的措施实现投降条款"。[56]

遗憾的是，对于 8 月 10 日白宫会议的所有记述都不能可靠地说明杜鲁门对日方提议的看法。当然，我们确实知道，他最终拒绝了莱希和史汀生关于接受它的建议。除此之外，我们不知道他在抉择过程中发挥了什么作用，假如他的确发挥了作用的话。不难想象，他为了做出正确的决定会有多么焦虑。整个夏天他都坚决拒绝在天皇问题上让步。然而现在，如果他放弃坚持，战争就可以结束了。史汀生肯定记得，他曾在波茨坦劝告总统，说这一刻可能会到来。[57]

军事方面的考虑似乎使争论的天平朝着对日本让步的方向倾斜。正如史汀生所解释的，盟国需要天皇的合作，以确保在整个亚洲的帝国军队有序投降。[58] 天皇还可以为占领军进入本土岛屿提供便利。尽管如此，总统仍然拒绝给予日本人想要的明确保证，也就是莱希和史汀生，还有之前的胡佛和格鲁（及多位共和党参议员）所建议的保证。

杜鲁门的想法如何呢？当然，如果在最后一刻安抚日本人，他会担心公众的反应。但是他还有另外一重担忧。简单地说，杜鲁门不信任日本人。如果有可能使美国无法实现针对日本的战后目标，对于做出任何这样的决定，他都保持着警惕。杜鲁门指示伯恩斯起草一份给日本人的答复，之后不久，他就向民主党众议员迈克·曼斯菲尔德（Mike Mansfield）表达了对日本即将投降的担忧。杜鲁门的笔记只说曼斯菲尔德在 1944 年应罗斯福的要求访问了中国，"他来向我要求再一次访问中国。他曾经在那里居住，似乎对这个国家了解很多。我推迟了对这个问题的决定"。[59] 然而，曼斯菲尔德告诉《时代》记者弗兰克·麦克诺顿，他和杜鲁门的谈话涉及很多方面，比总统笔记显示的要多。根据曼斯菲尔德在谈话后立即做的笔记，杜鲁门说，日本任何形式的投降都必须"毫无疑义地包括战场上的所有日本军队"。杜鲁门特别担心叛变的关东军可能在中国东北造成的混乱。曼斯菲尔德补充道：

> 向裕仁提供特别保证，保持其现有地位，这种建议令杜鲁门深感厌恶。他不赞同任何保证，也就是说，给天皇任何保证都不能算是无条件投降，即便这只是给日本人保留脸面，是我们提供的一个救生装置。它为日本保留了未来民族主义凝聚的内核。杜鲁门对东京建议的这一部分并不看好，但显然必须与莫斯科、重庆和伦敦进行磋商。他的想法是让它成为一场彻底的投降，无论怎样都不向裕仁做出任何让步。

583

根据麦克诺顿的记录，杜鲁门补充说，美国将保留其自身安全所需的太平洋岛屿，"对日本实施多年的彻底管制，摧毁其战争潜力，并确保太平洋的和平"。[60]

杜鲁门 8 月 10 日的笔记还显示，当天晚些时候，他会见了华盛顿州民主党参议员沃伦·马格努森（Warren Magnuson），讨论了"一条经过不列颠哥伦比亚省通往阿拉斯加的道路以及他的科学研究法案"。马格努森告诉《时代》的麦克诺顿，他和杜鲁门也讨论了日本投降的问题。马格努森发现杜鲁门"对于向天皇做出特别保证心怀厌恶"。根据马格努森转达给麦克诺顿的描述，总统认为裕仁"在许多方面与希特勒或墨索里尼同样都是一名战争罪犯，现在正试图让他的国家摆脱战争，同时保留其根本上的极权主义体制"。然而，杜鲁门意识到，美国可能需要在"不做出特别让步"的情况下保留天皇，以实现帝国军队的投降。马格努森从杜鲁门的评论中推断，美国将给出一个还价，使天皇得以存续，"但政府将被改造为本质上的民主政府，利用天皇（出于礼貌的说法）作为荣耀的象征"。[61]

很难搞清曼斯菲尔德和马格努森对杜鲁门意见的转述有多准确，以及他们在多大程度上把自己的观点投射到总统身上。麦克诺顿的报告似乎在某些方面存在缺陷。他的记录说曼斯菲尔德与杜鲁门会面近一个小时，对总统来说，这几乎是无法想象的时间长度，尤其是预约簿上只为曼斯菲尔德安排了15分钟的时间。另外，曼斯菲尔德和马格努森的叙述，正如麦克诺顿的转述，展现的是杜鲁门对天皇和投降的一贯态度。这些会见中所表现的最重要一点是，杜鲁门没有接受其保守派顾问的观点，即裕仁只是日本军方集团操纵的傀儡。杜鲁门判定裕仁天皇支持日本侵略的罪行成立，并担心天皇制度在未来可能成为日本民族主义的焦点。这些担忧导致杜鲁门拒绝了史汀生和莱希的建议，没有接受8月10日东京提出的条件。显而易见，他并非在8月10日首次得出这些观点，这些观点影响了他拒绝胡佛和其他保守派早些时候提出的对天皇问题做出让步的决定。麦克诺顿的描述还表明，至于全面占领，杜鲁门认为"对日本实施彻底管制"——按照他的说法，将使日本社会民主化，这一立场也不同于莱希、史汀生、胡佛和各位共和党参议员所希望的有限占领。在提到日本人时，杜鲁门写道："他们想为投降设置一个先决条件。我们的条件是'无条件'。他们想保留天皇。我们对他们说，我们会告诉他们怎么保住他，但是条件要由我们来定。"[62]

8月10日至11日晚间，杜鲁门的信息被传送到东京时，由各部的部长助理、联席会议计划室和来自陆军、海军和陆军航空队的军方参谋人员组成的国务院-陆军-海军协调委员会的成员们，挤在五角大楼的各个相邻房间里起草文件，阐明日本为完成投降需要采取的步骤。对于日本提前投降的可能性，就在7月还只有一项漫不经心的应急计划，现在则已经成为一桩紧急事务。似乎离五角大楼越远，人们就越愿意相信战争即将结束。在菲律宾, 麦克阿瑟的工作人员认为, 日本即便不是在几天之内, 也很可能在几周内投降。8 月 9 日, 第八集团军司令艾克尔伯格将军向妻子描述了这个场面。"你可以想象我们脑子里在想什么," 他写道, "因为我们大多数人相信日本很快就会放弃抵抗, 这是我们第一次真正相信它。"8 月 11 日, 日本祈求和平的消息传到菲律宾后, 艾克尔伯格报告: "这里的大多数人彻夜未眠, 我知道有很多人高兴地鸣枪庆祝, 我想肯定还有相当多的免费畅饮。"[63] 冲绳岛上出现了悲剧性的反转, 在高射炮的庆祝射击中, 有 6 名军人被炸死, 30 人受伤, 弹片像雨点一样落在毫无防备的饮酒狂欢者身上。[64]

在后方, 公众对和平近在眼前的猜测有所增加。公开场合, 没有人愿意准确预测战争将会在何时结束, 但几乎每个人心里都在想着和平。华尔街对日本祈求和平的消息做出反应, 下调了与战争有关产品的评级, 并买入了与和平有关联的股票。[65] 过去几周一直与陆军部争执的国防运输局改弦更张, 宣布很有可能在 1945 年世界职业棒球大赛前及时解除旅行禁令。[66]《华盛顿邮报》警告, 战争尚未结束, 但该报的编辑仍然描述说: "盟国人民正迫不及待地准备迈入一个和平的世界。"[67]

西北部的造船厂工人宣布要继续工作, 但也告诉记者, 他们已经在计划搬回他们在国内其他地区的家里。战时人力委员会的官员敦促即将被解雇的造船厂和飞机制造公司的员工向美国就业服务局登记, 以便他们能够随着经济恢复平时生产而有望获得新的工作机会。[68]

一项针对主要城市的调查发现, 大多数居民对日本投降的可能性处于一种 "观察等待" 的状态。匹兹堡市政厅前建起了一座悬挂着彩旗的看台。费城宣布了对日胜利日后开始举行的活动安排。在通常很古板的波士顿, 报童们试图用高喊 "战争结束了" 的办法招揽生意, 但据报道, 大多数工人在正常工作。到处都在谈论裁员和工厂关闭，加重了"紧张预期"的情绪。[69]

可以肯定地说，大部分美国人相信他们已经站在和平的门槛上，虽然他们在过去四年中看到了太多的意外，对日本人的所作所为完全不敢预料。美国的军方参谋人员更有理由对东京的下一步行动表示怀疑。截获的外交和军事通信显示，日本军方领导人认为杜鲁门的通电是对天皇提议的拒绝，并主张继续战争。8月12日，陆军负责情报的助理参谋长警告说，日本政府可能会以拖延谈判削弱美国的决心，并预测日本政府的任何投降企图都会遭到军方持不同意见者的抵制。[70] 8月13日，杜鲁门指示马歇尔，在日本政府对美方条款的反应尚待确定期间，继续推进对日进攻行动的计划工作。同一天，马歇尔命令一位副手向隶属于曼哈顿项目的官员核实，了解将原子武器用于战术目标的可行性。约翰·E. 赫尔将军代表马歇尔说，他们想知道，在11月前可能准备好的9枚炸弹，是否可以用来对付靠近登陆海滩的日军部队和通信中心。[71] 这一讨论很快便失去了意义，幸运的不仅是日本人，还有那些原定在24小时后就不得不穿越海滩的美国人。

8月14日，经过3天的停顿后，美军的B-29恢复了在日本上空的任务。以冲绳为基地的远东航空军（Far Eastern Air Force）的飞机和哈尔西第三舰队的舰载机也轰炸了日本境内的目标。在一次空袭中，有600多架飞机向九州发起攻击。[72] 随着对日本的空中打击力度加大，天皇召集了一次由内阁成员和高级顾问参加的御前会议，告知其臣民，他将接受盟国提出的条件。当天晚些时候，美国官员通过瑞士政府获悉，日本政府同意按照《波茨坦公告》的条款投降。该信息还包括，天皇将向所有帝国军队发出必要的命令，遵照盟军最高指挥官的命令投降并缴械。在当晚匆忙召开的新闻发布会上，终于解脱

586

的杜鲁门兴高采烈地宣布："我认为，这一答复意味着要求日本无条件投降的《波茨坦公告》被完全接受。回复中没有任何限定条件。"[73] 杜鲁门宣读了日本人的信息并表示麦克阿瑟将担任受降的最高指挥官，之后便以"仅此而已"突然结束了会议。

587 　　对东京来说，却并非仅此而已。正如美国陆军情报部门的预料，帝国陆军中的异见人士妄图阻止天皇发布投降令。驻扎在东京的军官已经为一场政变策划了好几天，可能还得到了陆军中几个高级将领的支持。8 月 14 日，当他们得知天皇的决定时，密谋策划者决定占领皇宫并销毁他宣布投降的录音资料。随后发生了短暂的冲突，但是到了 8 月 15 日上午，阴谋被粉碎，作为领导者的几名军官意识到他们已经失败，在皇宫前自杀了。[74]

　　在中国东北和千岛群岛，日军与苏联的战斗一直持续到 8 月底。在其他地方，中国共产党的军队宣布要解除华北地区的日军武装并接受其投降。朝鲜民族主义者与日本占领军发生冲突，越南民族主义者胡志明在河内宣布成立越南民主共和国。太平洋战争已经结束，但亚洲没有实现和平。

结　语

尽管杜鲁门坚持说日本已经无条件投降，但他实际所接受的是比这略低的条件。[1] 此外，让天皇听命于盟国最高指挥官麦克阿瑟，也就是杜鲁门同意通过现存的日本政府实施间接的占领。这使美国人更加难以确保最高指挥官的法令得到遵守。而如果杜鲁门接受日方的 8 月 10 日提议，困难则要大得多。无论是哪种情况，日本政府不失时机地试图将自己对投降的理解强加给盟国。8 月 17 日，他们通知麦克阿瑟，"盟国在日本领土上确定的占领地点应限制在最低数量"，并且"选择的地点应当避开东京这样的城市，每个地点的驻军规模也都要尽可能小"。[2] 麦克阿瑟没有理睬这一请求，而是按照最近完成的应急计划的要求实施了全面占领。这一代号为"黑名单"（BLACKLIST）的行动需要动用 22⅔ 个师的兵力，其中多数来自菲律宾。然而，像"奥林匹克"行动一样，还要再从冲绳、马里亚纳群岛和夏威夷抽调共 6 个师。麦克阿瑟的参谋人员预计，所有部队到达目的地需要三周时间，但是他们向华盛顿保证，可以获得充足的海运船只使足够数量的部队迅速挺进日本的战略要地。[3]

8 月 30 日凌晨，第 11 空降师开始大批进驻横滨郊外的厚木（Atsugi）空军基地。同样在破晓时分，海军也开始在横须贺（Yokosuka）海军基地登陆第 4 陆战师的部队。据一名陆战队军官说，"我们的第一波次完全是由试图在麦克阿瑟之前上岸的军官组成的"。他们成功了。麦克阿瑟下午抵达厚木。站在伸向停机坪的移动舷梯顶部，牙齿间叼着玉米芯烟斗，他停在飞机舱口观察着情况，让摄影师有时间捕捉到这个历史性的时刻。尽管这是一个庄严的场合，但在场的 200 名记者中有一个人认为这种气氛更适合"草坪派对"。[4] 9 月 2 日，正式的投降仪式在美国海军"密苏里号"战舰的甲板上举行，由麦克阿瑟将军主持了盛大的仪式。同一天，山下抵达碧瑶，向第 32 师的代表投降。正式投降仪式在第二天举行。大约 5.05 万名日军放下武器，其中 4 万人来自阿辛河谷。[5] 人们可以想象，美国人因为不必再经历另一条绿色别墅小道而得到解脱，而日本人也因为将美国人拖住了六周的时间而松了一口气。

————————

相比于所有人在 8 月动荡的前两周里的想象，在美国人抵达日本的时候，实际情况要好得多。情报显示，日本人对九州南部的大规模增援使美国的计划陷入混乱，并导致联席会议对"奥林匹克"行动的可行性深感疑虑。原子弹的投放和苏联的参战终结了围绕"奥林匹克"行动的争论，极大地改变了作战行动的优先项。参谋人员将"奥林匹克"行动搁置一旁，忙乱地准备一场意想不到的对日本的提前占领。他们希望，这场占领不会遭遇抵抗。

日本帝国的突然崩溃将任何行动的最终命运都带入了前途未卜的境地。我们知道，从 7 月到 8 月初，日本在九州的集结给那些能接触到"超级机密"情报的人敲响了警钟。但是我们无法确定，如果日本人不投降，"奥林匹克"行动是否会按计划展开。混乱的复员和重新部署工作给进攻日本行动造成了越来越多的障碍，国内政治领导人对陆军战略的抵触愈发强烈，以及令人沮丧的日本增援九州的证据，迫使人们坦然承认这件事情的不确定性。[6]

我们的确知道，海军一直在准备利用最近获得的有关九州的情报来质疑进攻行动的整体观念。得知联席会议将在下次开会时重新讨论进攻计划，马歇尔对结果非常担心，便要求麦克阿瑟就此问题发表看法。我们还知道，联合战争计划委员会对替代"奥林匹克"行动的其他几个选项进行了研究。这些努力对他们来讲只是走一个过场。参谋长联席会议不太可能在如此短的时间内改变登陆地点。[7]然而，真正的选择不是在九州与本州或四国之间，而是在登陆和封锁之间，这是包括莱希海军上将在内的海军军官不断坚持的。

早在日本人开始增援九州之前，海军中支持围困战略的人就在战争动员与复员局中获得了重要的盟友。从5月开始，文森就美国人民的情绪向参谋长联席会议发出警告，经过整个夏天的发展，又有文森和约翰·斯奈德给身在波茨坦的杜鲁门发去的电文，一直到8月初，随着战争动员与复员局咨询委员会决心为应对恢复平时生产的滞后步伐而与武装部队展开对抗，这场控制陆军人力和采购计划的运动达到了高潮。杜鲁门信任文森和斯奈德，重视他们的委员会，但在此处，我们也只能猜测，如果战争没有突然结束，恢复平时生产的鼓吹者和陆军部之间的这场摊牌会有什么结果。海军和战争动员与复员局反对"没落"行动的理由不同。他们对对日行动的质疑可能是通过不同的官僚路径展开的，但是注定会相交在椭圆形办公室。

在评估"奥林匹克"行动的前景时，历史学家不曾考虑到针对陆军战略的反对日益增多，而对恢复平时生产的支持也愈发强烈。他们也并未充分认识到，在欧洲胜利日之后，陆军领导层在多大程度上成为批评和谩骂的对象。围绕《国民服役法案》的激烈斗争为此后的不满定下了基调。整个夏天所涉及的

591

事项变得更多。批评人士指责陆军试图通过"工作或参战"法案来控制美国社会，违反了不在作战中使用18岁年轻人的承诺，保留了在后方从事关键文职工作所需的军人，囤积物资，控制经济，并拖延恢复平时生产。随着夏季休会，国会要求恢复平时生产的呼声有所减弱，但是到了10月，也就是距离"奥林匹克"行动正好还有一个月，当议员们返回国会时，这种呼声就会再次高涨。

这场狂热批评的背后是对国内未来的担忧。民意调查显示，公众仍然对陆军的战争指挥抱有信心，陆军可以从中获得慰藉。但还有其他民调显示了对更大伤亡的嫌恶，对实现和平的渴望。在对陆军政策的反对中，商界团体、劳工领袖、立法者以及很多负责监督经济从战争向和平顺利过渡的人，为社会上普遍存在的厌战情绪赋予了明确的含义和具体的形式。

马歇尔试图超脱于这场争论，但是针对陆军的批评令他刺痛，并担心国内团结的破裂。对日作战包含重要的心理层面，必须让敌人确信美国人对无条件投降的坚持毫不动摇。但正如日本的广播所揭示的，也是"超级机密"行动所证实的，日本人正确地解读了美国的公众情绪。他们的战略是指望美国人会放松努力，并愿意接受一种不完全的胜利。就像马歇尔长期以来所忧虑的，情况正在背离他在两线战争中所奉行的战略。他指望部分复员可以为陆军赢得更多的时间来发动最后一战，但是陆军安排高绩点士兵退役的程序妨碍了人员从欧洲的重新部署，提高了国内的期望，并招致国会的批评。

加权服役评级制度开始应用于太平洋战场，海上运输的紧张，步兵单位剥离经验最丰富的士兵，这些问题纠缠在一起，使情况更为复杂。马歇尔承认，陆军正在失去"它的第一梯队"。随着美军逐渐靠近日本，作战的需求越来越高。硫磺岛和冲绳岛就是明证。地形以及准备充分的要塞、坑道和洞穴让炮兵和近海炮火无法充分发挥作用，必须与敌人近距离交战，各支援单位要密切协作，并动用新式武器，包括火焰喷射器和有特殊装备的坦克。就像一位历史学家指出的，"现在不能再搞以战代练了"。[8]

马歇尔还不得不担心麦克阿瑟余下部队的状态，其中大多数原计划要参加登陆九州的行动。麦克阿瑟的公众形象是一位刻意避免伤亡的将领。尽管如此，菲律宾战役还是给第六集团军造成了可怕的损失，很多部队由于步兵的疾病和疲劳而失去战斗力。[9]当敌对行动于 8 月 15 日结束时，第 6 步兵师的各单位已经连续参战 219 天，成为美军在太平洋战争中的一项纪录。该师的步兵团伤亡率高达令人震惊的 93%。战争结束时，第 6 师仍在吕宋岛北部与山下的尚武集团残部交战。该师预定要参加"小冠冕"行动，只有几个月的时间进行重组并替换伤亡人员。

用于肃清菲律宾南部的各师已于 6 月底停止作战，而他们将于 9 月中旬出发参加"奥林匹克"行动。首先必须替换伤亡人员和经验丰富的老兵，后者的加权服务评级都已经达到 85 分，将要复员回家。第 41 师的伤亡比例高得骇人。第 43 师撤出扫荡行动时，已经在将近半年的时间里作战 175 天。战斗中的伤亡并不轻，但麦克阿瑟手下因病减员的数量远远多于日军。疾病带来的消耗超过了太平洋战场其他地区的水平，也给部队的纪律和士气造成问题。[10]

计划进攻九州的各师大部分在登船开往日本以前只有几个月的时间休息和准备。相比之下，在英国的美军部队为登陆诺曼底进行了大量细致的准备工作。第六集团军各部将在退伍过程中失去相当大一部分的部队领导层，必须提拔和引进新人。他们也正在接收，而且将在 9 月继续接收大批的替换人员，并努力加以训练。这些人员只接受过 15 周的基础训练，他们的第一次战斗经历将是最可怕的，那是一场面对殊死抵抗的登陆战。然后，第六集团军会在数量不具备明显优势的情况下继续战斗——在麦克阿瑟的情报主管看来，"那可不是一种获胜的秘诀"。

麦克阿瑟本身就是一个问题。马歇尔容忍了他在菲律宾南部未经授权的作战行动，主要是因为这些战斗打开了可用于"奥林匹克"行动的港口，从而减少了对依然拥堵且能力受限的马尼拉的依赖。这些行动的代价很高，但在与麦克阿瑟打交道时，参谋长联席会议已经习惯于两害相权取其轻。在接受太平洋战场分裂的指挥结构时，他们就是这么做的。麦克阿瑟和尼米兹的交替进攻使敌人失去了平衡，并在公众面前展现了太平洋彼岸的行动和进展。但随着两位指挥官在日本会合，他们二人及其下属参谋人员之间的关系变得越来越无法调和。麦克阿瑟对冲绳战役的批评，加上尼米兹在战役结束后不愿放松对资源的掌控，都预示着两个军种之间即将出现一场暴风骤雨，有可能破坏"奥林匹克"行动所需的紧密协作。事实上，海军已经准备好径直驶入这场风暴。8月8日，福里斯特尔部长致信杜鲁门，要求总统以马歇尔或艾森豪威尔取代麦克阿瑟。[11] 这封信似乎被某些事件耽搁而没有发出。尽管如此，人们不必猜测福里斯特尔这次挑战的结果会是什么，因为海军对"奥林匹克"行动现有的指挥安排抱有深刻的怀疑。当然，马歇尔对麦克阿瑟也持保留态度。然而，如果"奥林匹克"行动如期展开，对于这位被杜鲁门贬损为"自命不凡的家伙""戏精""骄纵易怒、大权在握的五星麦克阿瑟"将军，马歇尔可能也不得不对他加以维护。[12]

更麻烦的仍然是困扰重新部署的不确定性持续累积。由于距离和季节性天气模式带来的挑战，为"小冠冕"行动重新部署的时间表只能容许最细微的误差。部分复员对运输提出的额

外要求，使本来就复杂得近乎难以置信的局势更加复杂。陆军
参谋人员私下里担心复员会优先于重新部署，但在公开场合，
他们自信地向国会保证，重新部署正在按计划进行。然后，听
证会一结束，陆军立即宣布，正在谋求商业航空公司的帮助以
缓解积压。从西海岸出发的航行也带来一个问题。马歇尔曾直
接干预，批准将改装后的自由轮调到西海岸，但即使在那时，
陆军自己的时间表也显示，部队运输的积压情况会一直持续到
1946 年初。到 7 月中旬，为重新部署的部队提供八周训练的
承诺仍然是一个难以企及的目标。很多单位跟不上新装备的步
伐，记录丢失或无法使用，重新部署的各师构成也经常发生变
化。马歇尔还必须应对肯定会在 9 月底出现的问题。到那时，
从马赛而来的包装不良的建筑设备，抵达菲律宾后将被发现无
法使用。这将如何影响登陆九州后的机场建设计划？陆军的官
方战史对这个问题没有提出任何看法，但马歇尔无可避免地必
须面对它。

　　我们根本不知道会发生什么。在四年漫长的战争中，美国
人在解决后勤问题和克服长期困难方面所展现的能力给人留下
了深刻的印象。齿轮可能已经完全啮合，登陆可能会按计划进
行。但是其中包含着太多的希望。在一场覆盖全球大部分地区
的两条战线的战争中，为了取得迅速而彻底的胜利，尽管参谋
长联席会议努力制定战略，但陆军发现在太平洋战争要求最苛
刻的这场战役中，自己正准备使用的各师补充了大量的新兵。
陆军将对阵的是一伙意志坚定的敌人，一群躁动不安的公众，
以及愈发强硬的政治领袖。在这种情况下也就不用惊讶，杜鲁
门和马歇尔都明白原子弹是不可或缺的，而且仅仅依靠它便赢
得了他们所寻求的胜利。

595

注 释

引言　最后的清算

1. Robert R. Palmer, Bell I. Wiley, and William Keast, *The Procurement and Training of Army Ground Troops* (Washington, DC: U.S. Government Printing Office, 1948), 639.
2. Charles F. Brower, *Defeating Japan: The Joint Chiefs of Staff and Strategy in the Pacific War, 1943–1945* (New York: Palgrave Macmillan, 2012), 40.
3. Peter J. Schrijvers, *The GI War against Japan: American Soldiers in Asia and the Pacific during World War II* (New York: New York University Press, 2002), 101.
4. Richard Frank, "An Overdue Pacific War Perspective," *Naval History Magazine* 24, no. 2 (April 2010), http://www.usni.org/magazines/navalhistory/2010-04/overdue-pacific-war-perspective.

第一章　蓄势待发

1. John Miller, Jr., "MacArthur and the Admiralties," chap. 11 in Kent Roberts Greenfield, ed., *Command Decisions* (Washington, DC: U.S. Government Printing Office, 1990); Samuel Eliot Morison, *Breaking the Bismarcks Barrier, 22 July 1942–May 1944* (*History of United States Naval Operations in World War II*, vol. 6) (Boston: Little, Brown, 1950), chap. 26.
2. James C. Fahey, *The Ships and Aircraft of the United States Fleet*, 2nd war ed. (New York: Ships and Aircraft, 1944), 5–6.

3. Clark G. Reynolds, *The Fast Carriers: The Forging of an Air Navy* (New York: McGraw Hill, 1968), chaps. 1–5.

4. Samuel Eliot Morison, *Aleutians, Gilberts, and Marshalls, June 1942–April 1944* (*History of United States Naval Operations in World War II,* vol. 7) (Boston: Little, Brown, 1951), 317.

5. Reynolds, *Fast Carriers,* 141.

6. Richard Overy, *Why the Allies Won* (New York: Norton, 1995), 192.

7. Hugh Rockoff, "The United States: From Plowshares to Swords," in Mark Harrison, ed., *The Economies of World War II: Six Great Powers in International Comparison* (New York: Cambridge University Press, 1998), 82.

8. Alan S. Milward, *War, Economy and Society, 1939–1945* (Berkeley: University of California Press, 1979), chaps. 3, 6–7; Overy, *Why the Allies Won,* chap. 7.

9. Overy, *Why the Allies Won,* 194. See Frederic C. Lane, *Ships for Victory: A History of Shipbuilding under the U.S. Maritime Commission in World War II* (Baltimore: Johns Hopkins University Press, 1951).

10. Mark Stoler, *Allies and Adversaries: The Joint Chiefs of Staff, The Grand Alliance, and U.S. Strategy in World War II* (Chapel Hill: University of North Carolina Press, 2000), 119; Maurice Matloff, *Strategic Planning for Coalition Warfare, 1943–1944,* United States Army in World War II, The War Department (Washington, DC: U.S. Government Printing Office, 1959), chaps. 15–17, 20.

11. Matloff, *Strategic Planning for Coalition Warfare, 1943–1944,* 317–320, 396–399, 520–521.

12. Ibid., 463.

13. On Marshall: Forrest C. Pogue, *George C. Marshall,* 4 vols. (New York: Viking, 1963–87); Larry Bland, ed., *George C. Marshall: Interviews and Reminiscences for Forrest C. Pogue* (Lexington, VA: George C. Marshall Research Foundation, 1991).

14. Bland, *George C. Marshall: Interviews,* 14, 67–68, 81.

15. Ibid., 33–34.

16. On the establishment of the Operations Division: Ray S. Cline, *Washington Command Post: The Operations Division,* United States Army in World War II: The War Department (Washington, DC: U.S. Government Printing Office, 1951; reprint, 2003), chaps. 4, 6–9, 14, 15; "odd assortment," 93.

17. On the replacement problem: Robert R. Palmer, "The Procurement of Enlisted Personnel: The Problem of Quality," xiii–86; Palmer and William R. Keast, "The Provision of Enlisted Replacements," 165–239, and Keast, "The Training of Enlisted Replacements," 365–428, in Palmer, Bell I. Wiley, and Keast, *The Procurement and Training of Ground Combat Troops* (Washington, DC: U.S. Government Printing Office, 1948); Roland G. Ruppenthal, *Logistic Support of the Armies* (Washington, DC: U.S. Government Printing Office, 1959), chap. 11.

18. Palmer et al., *Procurement and Training of Ground Combat Troops,* 206.

19. Ibid., 238.

20. Stoler, *Allies and Adversaries,* xi.

21. Charles F. Brower, *Defeating Japan: The Joint Chiefs of Staff and Strategy in the Pacific War, 1943–1945* (New York: Palgrave Macmillan, 2012).

22. Ibid., 8.

23. Ibid., 9–11; Michael Pearlman, *Warmaking and American Democracy: The Struggle over Military Strategy, 1700 to the Present* (Lawrence: University Press of Kansas, 1999), 241.

24. Brower, *Defeating Japan*, 9–10, 40.

25. Ibid., 24–28, 59; Russell F. Weigley, *The American Way of War: A History of United States Military Strategy and Policy* (Bloomington: Indiana University Press, 1973), 280.

26. Brower, *Defeating Japan*, 11, 33, 93, 103.

27. Ibid., 16–17, 27.

28. Ibid., 27.

29. Ibid., 27.

30. Waldo Heinrichs, *Threshold of War: Franklin D. Roosevelt and American Entry into World War II* (New York: Oxford University Press, 1988), 40.

31. *Time*, June 2, 1941.

32. Morison, *The Battle of the Atlantic: September 1939–May 1943* (*History of United States Naval Operations*, vol. 1) (Boston: Little, Brown, 1947), 51 n. 40, 114–116; Robert William Love, Jr., "Ernest Joseph King," in Love, ed., *The Chiefs of Naval Operations* (Annapolis: Naval Institute Press, 1980), especially 178–179.

33. Morison, *Battle of the Atlantic*, 116; Love, *Chiefs of Naval Operations*, 160–163.

34. Duncan S. Ballantine, *United States Naval Logistics in the Second World War* (Newport, RI: Naval War College Press, 1998), 275.

35. Matloff, *Strategic Planning for Coalition Warfare*, 136; John Ray Skates, *The Invasion of Japan: Alternative to the Bomb* (Columbia: University of South Carolina Press, 1994), 45.

36. Grace Person Hayes, *The History of the Joint Chiefs of Staff in World War II* (Annapolis: Naval Institute Press, 1982), 559–560.

37. E. B. Potter, *Nimitz* (Annapolis: Naval Institute Press, 1976), 268.

38. Biographical notebooks, p. 123, E. J. King folder, box 11, John H. Towers Papers, Library of Congress, Washington, DC.

39. Brower, *Defeating Japan*, 86.

40. George Baer, *One Hundred Years of Sea Power: The U.S. Navy, 1890–1990* (Stanford, CA: Stanford University Press, 1994), 214.

41. Potter, *Nimitz*, 272.

42. Robert Sherrod, *On to Westward* (New York: Duell, Stone, and Pearce, 1945), 227; Morison, *Rising Sun in the Pacific, 1931–April 1942* (*History of United States Naval Operations*, vol. 3) (Boston: Little, Brown, 1948), 256.

43. Samuel Eliot Morison, *Victory in the Pacific, 1945* (*History of United States Naval Operations*, vol. 14) (Boston: Little, Brown, 1960), 108–109.

44. Morison, *New Guinea and the Marianas, March 1944–August 1944* (*History of United States Naval Operations*, vol. 8) (Boston: Little, Brown, 1953), 172.

45. On amphibious forces: Jeter A. Isely and Philip A. Crowl, *The United States Marines and Amphibious War* (Princeton, NJ: Princeton University Press, 1951).

46. Ronald H. Spector, *Eagle against the Sun: The American War with Japan* (New York: Free Press, 1985), 484–485; Samuel Eliot Morison, *Coral Sea, Midway, and Submarine Actions, May 1942–August 1942* (*History of United States Naval*

Operations, vol. 4) (Boston: Little, Brown, 1949), 230–232; Morison, *New Guinea and the Marianas*, 15–16.

47. Spector, *Eagle against the Sun*, 482–483.

48. Ibid., 485; Morison, *New Guinea and the Marianas*, 26; Samuel Eliot Morison, *Leyte, June 1944–January 1945* (*History of United States Naval Operations*, vol. 12) (Boston: Little, Brown, 1958), 412.

49. H. P. Willmott, *The Great Crusade: A New History of the Second World War* (London: Michael Joseph, 1989), 333; Spector, *Eagle against the Sun*, 481, 485; Morison, *Coral Sea, Midway, and Submarine Activities*, 191, *Breaking the Bismarcks Barrier*, 68, *Leyte*, 398–399.

50. Spector, *Eagle against the Sun*, 483, 486, 487; Morison, *New Guinea and the Marianas*, 16, *Leyte*, 413.

51. Willmott, *Great Crusade*, 334–335.

52. Morison, *Leyte*, 414; Spector, *Eagle against the Sun*, 487.

53. On the Pacific Fleet Service Force: Morison, *Aleutians, Gilberts, and Marshalls*, chap. 6, *New Guinea and the Marianas*, chap. 18, *Victory in the Pacific*, chap. 10; Rear Admiral Worrall Read Carter, *Beans, Bullets, and Black Oil: The Story of Fleet Logistics Afloat in the Pacific during World War II* (Newport, RI: Naval War College Press, 1998); Ballantine, *Naval Logistics*, 113–156.

54. Ballantine, *Naval Logistics*, 177–180; Carter, *Beans, Bullets, and Black Oil*, 49, 90–109.

55. Ballantine, *Naval Logistics*, 153.

56. Carter, *Beans, Bullets, and Black Oil*, 46.

57. Morison, *New Guinea and the Marianas*, 345; Carter, *Beans, Bullets, and Black Oil*, 139–145.

58. On Towers: Clark G. Reynolds, *Admiral John H. Towers: The Struggle for Naval Air Supremacy* (Annapolis: Naval Institute Press, 1991).

59. Ballantine, *Naval Logistics*, 170.

60. Douglas MacArthur, *Reminiscences* (New York: McGraw-Hill, 1964), 3.

61. D. Clayton James, *The Years of MacArthur*, 2 vols. (Boston: Houghton Mifflin, 1970, 1975), I, 47.

62. Ibid., 238–239.

63. Carol Morris Petillo, *Douglas MacArthur: The Philippine Years* (Bloomington: Indiana University Press, 1981), 55.

64. James, *Years of MacArthur*, I, 555.

65. MacArthur, *Reminiscences*, 31; James, *Years of MacArthur*, I, 91–94.

66. As quoted in Michael Schaller, *Douglas MacArthur: The Far Eastern General* (New York: Oxford University Press, 1989), 32.

67. Waldo Heinrichs, "The Role of the U.S. Navy," in Dorothy Borg and Shumpei Okamoto, eds., *Pearl Harbor as History: Japanese-American Relations, 1931–1941* (New York: Columbia University Press, 1973), 202.

68. Petillo, *Douglas MacArthur*, 58.

69. James, *Years of MacArthur*, I, 501–509.

70. Ibid., II, 65 ("near done"), 95.

71. Quoted in ibid., II, 88.

72. Schaller, *Douglas MacArthur*, 74; James, *Years of MacArthur*, II, 86.
73. D. Clayton James Transcripts of Interviews, 1971, Brigadier General William L. Ritchie folder, box 4, RG 119, MacArthur Memorial Archives (hereafter MMA), Norfolk, Virginia; James, *Years of MacArthur*, II, 133–138.
74. James, *Years of MacArthur*, I, 368–371; General Thomas Handy transcript, vol. 2, 34–36, Senior Officer Oral History Program, box 1, Handy Papers, United States Army Heritage and Education Center (hereafter USAHEC), Carlisle, Pennsylvania.
75. Lewis B. Sebring, Jr., manuscript biography of MacArthur, 413, box 9, Hanson Baldwin Papers, George Marshall Research Library (MRL), Lexington, Virginia.
76. Brigadier General L. Diller folder, box 6, Oral History Transcripts, RG 32, MMA; James, *Years of MacArthur*, II, 136; Carl Mydans folder, box 7, Oral History Transcripts, RG 32, MMA.
77. George Kenney Interview, box 3, James Collection, RG 49, MMA; Geoffrey Perret, *Old Soldiers Never Die: The Life of Douglas MacArthur* (Holbrook, MA: Adams Media, 1996), 396.
78. Louis Morton Interview with MacArthur, folder 7, box 7, p. 5, Hanson Baldwin Papers, MRL.
79. Stephen R. Taaffe, *MacArthur's Jungle War: The 1944 New Guinea Campaign* (Lawrence: University Press of Kansas, 1998), 11, 83–84.
80. Marshall to MacArthur, 8 September 1944, folder 2, box 17, RG 4, MMA; Marshall to MacArthur, 29 April 1945, OPD Outgoing Secret Messages, box 56, RG 165, Record of the Army General and Special Staffs, National Archives, College Park, Maryland.
81. Marshall to Elmer Davis, 10 July 1944, folder 45, box 89, Marshall Selected Correspondence, MRL; Frederick S. Marquardt transcript, box 7, Oral History Transcripts, RG 32, MMA.
82. Thomas T. Handy transcript, vol. 2, 34, box 1, Senior Officer Oral History Program, Handy Papers, USAHEC.
83. Major General John E. Hull transcript, vol. 1, 32, vol. 2, 30, 34, box 1, Senior Officer Oral History Program, Hull Papers, USAHEC.
84. Marquardt transcript, box 7, Oral History Transcripts, RG 32, MMA.
85. Handy transcript, 38–41, 41A, vol. 2, box 1, Senior Officer Oral History Program, Handy Papers, USAHEC.

第二章　新几内亚岛上的挺进，1944 年 4 月 ~7 月

1. Marshall to MacArthur, 15 April 1945, folder 2, box 75, Marshall Selected Correspondence, George Marshall Research Library (hereafter MRL), Lexington, Virginia.
2. On ULTRA and codebreaking in the Southwest Pacific: Edward J. Drea, *MacArthur's ULTRA and the War against Japan, 1942–1945* (Lawrence: University Press of Kansas, 1992).
3. Ibid., 91–93.
4. Geoffrey Perret, *Old Soldiers Never Die: The Life of Douglas MacArthur* (Holbrook, MA: Adams Media, 1996), 230–231, 367; Stephen R. Taaffe, *MacArthur's Jungle*

War: The 1944 New Guinea Campaign (Lawrence: University Press of Kansas, 1998).

5. Drea, *MacArthur's ULTRA*, 21.

6. Perret, *Old Soldiers Never Die*, 367–368.

7. Drea, *MacArthur's ULTRA*, 102–105.

8. On Kenney's background: Thomas E. Griffith, Jr., *MacArthur's Airman: General George C. Kenney and the War in the Southwest Pacific* (Lawrence: University Press of Kansas, 1998), chaps. 1–3.

9. On Kenney in the Southwest Pacific: Griffith, *MacArthur's Airman*, chaps. 4–8; Herman S. Wolk, "George C. Kenney, MacArthur's Premier Airman," and Donald M. Goldstein, "Ennis C. Whitehead, Aerial Tactician," in William M. Leary, ed., *We Shall Return! MacArthur's Commanders and the Defeat of Japan* (Lexington: University Press of Kentucky, 1988), 88–114, 178–207.

10. Griffith, *MacArthur's Airman*, 59–75.

11. Wolk, "Kenney," 94–95, 102; Wesley Frank Craven and James Lea Cate, eds., *Army Air Forces in World War II*, vol. 5, *From Matterhorn to Nagasaki, June 1944 to August 1945* (Chicago: University of Chicago Press, 1953), 337.

12. Wolk, "Kenney," 94–95, 102; Griffith, *MacArthur's Airman*, 98–99, 105–108.

13. Drea, *MacArthur's ULTRA*, 68–70; Griffith, *MacArthur's Airman*, 101–112.

14. Drea, *MacArthur's ULTRA*, 109–111.

15. Samuel Eliot Morison, *New Guinea and the Marianas, March 1944–August 1944* (*History of United States Naval Operations in World War II*, vol. 8) (Boston: Little, Brown, 1953), chap. 3.

16. On Kinkaid: Gerald E. Wheeler, "Thomas C. Kinkaid, MacArthur's Master of Naval Warfare," in Leary, *We Shall Return*, 115–128; Taaffe, *MacArthur's Jungle War*, 38, 228–229; Morison, *The Struggle for Guadalcanal, August 1942–February 1943* (*U.S. Naval Operations*, vol. 5) (London: Oxford University Press, 1949), 88 n. 13; D. Clayton James, *The Years of MacArthur*, 2 vols. (Boston: Houghton Mifflin, 1970, 1975), II, 276, 390, 562, 358.

17. Vice Admiral Daniel E. Barbey, *MacArthur's Amphibious Navy: Seventh Amphibious Force Operations, 1943–1945* (Annapolis: U.S. Naval Institute, 1969, 24; James, *Years of MacArthur*, II, 358.

18. Paolo E. Coletta, "Amphibious War Expert," in Leary, *We Shall Return*, 208–209.

19. Barbey, *MacArthur's Amphibious Navy*, ix, 43.

20. Robert W. Coakley and Richard M. Leighton, *Global Logistics and Strategy, 1943–1945*, United States Army in World War II, The War Department (Washington, DC: U.S. Government Printing Office, 1968), 490–494.

21. Barbey, *MacArthur's Amphibious Navy*, 46, 51; Coakley and Leighton, *Global Logistics and Strategy, 1943–1945*, 491.

22. Brigadier General William F. Heavey, *Down Ramp! The Story of the Army Amphibian Engineers* (Nashville: Battery Press, 1988), 122.

23. Barbey, *MacArthur's Amphibious Navy*, 19; Robert Ross Smith, *The Approach to the Philippines*, United States Army in World War II, The War in the Pacific (Washington, DC: U.S. Government Printing Office, 1953), 80; Morison, *New Guinea and the*

Marianas, app. 1, "Hollandia Task Organization," 403–406, and app. 4, "Naval Forces Engaged in the Capture of Guam," 418–420.

24. Coakley and Leighton, *Global Logistics and Strategy, 1943–1945*, 247.

25. Ibid., 252–270, 306–310, 342, 350–353, 490–499.

26. Barbey, *MacArthur's Amphibious Navy*, 62, 64, 109, 135.

27. General G. H. Decker to General Walter Krueger, 8 November 1947, folder 76, box 13, Walter Krueger Papers, U.S. Military Academy Library, West Point.

28. As quoted in Kevin C. Holzimmer, *General Walter Krueger, Unsung Hero of the Pacific War* (Lawrence: University Press of Kansas, 2007), 75–76; Leary, "Walter Krueger: MacArthur Fighting General!," in Leary, *We Shall Return*, 60–63.

29. Holzimmer, *General Walter Krueger*, 51.

30. Drea, *MacArthur's ULTRA*, 123–143.

31. Jay Luvaas, ed., *Dear Miss Em: General Eichelberger's War in the Pacific, 1942–1945* (Westport, CT: Greenwood Press, 1972), 149.

32. Holzimmer, *General Walter Krueger*, 91, 127–128; Leary, "Walter Krueger," 63, 64, 70.

33. Walter Krueger, "The Commander's Appreciation of Logistics," Army War College Lecture, 3 June 1945, box 25, Walter Krueger Papers, U.S. Military Academy Library.

34. As quoted in Taaffe, *MacArthur's Jungle War*, 91; Smith, *Approach to the Philippines*, 77–83; Morison, *New Guinea and the Marianas*, 74–85; Barbey, *MacArthur's Amphibious Navy*, 176.

35. Griffith, *MacArthur's Airman*, 166–169.

36. Drea, *MacArthur's ULTRA*, 131.

37. Smith, *Approach to the Philippines*, 244; on the Battle of Lone Tree Hill: 244–275; Taaffe, *MacArthur's Jungle War*, 130–143.

38. Fred Kielsigard to Hargis Westerfield, n.d., Westerfield Papers, 41st Division Papers, United States Army Heritage and Education Center (hereafter USAHEC), Carlisle, Pennsylvania.

39. Smith, *Approach to the Philippines*, 270.

40. Ibid., 274–275.

41. John Ellis, *The Sharp End: The Fighting Man in World War II* (New York: Scribner's, 1980), 53, 157–159.

42. On casualties: Smith, *Approach to the Philippines*, 392–393, especially n. 42; Mark Bernstein, *Hurricane at Biak: MacArthur against the Japanese, May–August 1944* (n.p.: Exlibris, 2000), 128–129; Drea, *MacArthur's ULTRA*, 137–138.

43. Smith, *Approach to the Philippines*, 392; Taaffe, *MacArthur's Jungle War*, 174.

44. Smith, *Approach to the Philippines*, 388 n. 35.

45. Ibid.; Manuel Kramer and Kenneth Baldwin, Veterans Survey Collections, 41st Division Papers, USAHEC (hereafter Veterans Surveys).

46. Drea, *MacArthur's ULTRA*, 137.

47. Bernstein, *Hurricane at Biak*, 42.

48. Smith, *Approach to the Philippines*, 300 n. 38; Bernstein, *Hurricane at Biak*, 39–42, 113; Drea, *MacArthur's ULTRA*, 131, 134–137; Holzimmer, *General Walter Krueger*, 151.

49. Maps and photos in Smith, *Approach to the Philippines*, 281–314.

50. Ibid., 319; William F. McCartney, *The Jungleers: A History of the 41st Infantry Division* (Washington, DC: Infantry Journal Press, 1948), 110.

51. Bernstein, *Hurricane at Biak*, 105–106.

52. Smith, *Approach to the Philippines*, 336–337, 344.

53. Fred Kielsigard to Hargis Westerfield, letter 1, 1971, and Westerfield, "Highlights of Our Division's History," Westerfield Papers, Veterans Surveys, 41st Division Papers, USAHEC.

54. McCartney, *Jungleers*, 16.

55. Drea, *MacArthur's ULTRA*, 137; Morison, *New Guinea and the Marianas*, 124–125, n. 9.

56. Smith, *Approach to the Philippines*, 322.

57. Ibid., 341–345; Taaffe, *MacArthur's Jungle War*; Holzimmer, *General Walter Krueger*, 166–167; Bernstein, *Hurricane at Biak*, 121–124.

58. Smith, *Approach to the Philippines*, chap. 16.

59. On Japan's naval threat to Biak: Morison, *New Guinea and the Marianas*, chap. 9; Drea, *MacArthur's ULTRA*, 135–141; Bernstein, *Hurricane at Biak*, chap. 5.

60. McCartney, *Jungleers*, 111, 119.

61. Drea, *MacArthur's ULTRA*, 141.

62. On Adachi: Edward J. Drea, "Adachi Hatazo: A Soldier of His Emperor," in *In the Service of the Emperor* (Lincoln: University of Nebraska Press, 1998), 105–108.

63. As quoted in Drea, *MacArthur's ULTRA*, 148–149; James, *Years of MacArthur*, 522–525.

64. Smith, *Approach to the Philippines*, 132–133; on the April 22–July 10 period: chaps. 5, 6; Taaffe, *MacArthur's Jungle War*, 188–200; Holzimmer, *General Walter Krueger*, 169–176.

65. Smith, *Approach to the Philippines*, 138 n. 28.

66. Ibid., 138, 168, 174.

67. Drea, *MacArthur's ULTRA*, 146–147.

68. Ibid., 147–150.

69. On the period July 10–August 9: Smith, *Approach to the Philippines*, chaps. 7, 8; Taaffe, *MacArthur's Jungle War*, 200–209; Drea, *MacArthur's ULTRA*, 150–151.

70. Paul Tillery memoir, 19–20, 31st Division Papers, USAHEC.

71. Smith, *Approach to the Philippines*, 167–205; Taaffe, *MacArthur's Jungle War*, 203–209.

72. Smith, *Approach to the Philippines*, 204–205.

73. Headquarters, 6th Army, Report on Casualties, July 2, 1945, box 7, folder 42, Walter Krueger Papers, U.S. Military Academy Library.

74. Smith, *Approach to the Philippines*, 184.

75. 6th Army Report on Casualties, July 2, 1945, Walter Krueger Papers, U.S. Military Academy Library; Drea, "Adachi Hatazo," 108–109.

76. Eric Bergerud, *Touched with Fire: The Land War in the South Pacific* (New York: Viking, 1996), 404.

77. On racism and the nature of battle see ibid., 403–425; Gerald F. Linderman, *The World within War: America's Combat Experience in World War II* (Cambridge, MA:

Harvard University Press, 1997), chap. 4, "Fighting the Japanese"; John Dower, *War without Mercy: Race and Power in the Pacific War* (New York: Pantheon, 1986).

78. Linderman, *World within War*, 143.

79. Fujiwara Akira, "The Role of the Japanese Army," in Dorothy Borg and Shumpei Okamoto, eds., *Pearl Harbor as History: Japanese-American Relations, 1931–1941* (New York: Columbia University Press, 1973), 192.

80. Drea, "Trained in the Hardest School," chap. 6 in *In the Service of the Emperor*, 77–90.

81. As quoted in John Costello, *The Pacific War* (New York: Quill, 1982), 216.

82. Smith, *Approach to the Philippines*, 199.

83. Charles N. Cripps, John L. Drugan, Richard T. Fedderson, and Fred Kielsigard, Veterans Surveys, 41st Division Papers, USAHEC; McCartney, *Jungleers*, 77.

84. William T. McLaughlin, "Recon Scout" (memoir), Americal Division Papers, box 5, USAHEC.

85. Earl Poynter and Herschel N. McFadden, Veterans Surveys, Americal Division Papers, USAHEC.

86. John H. Wood to William T. McLaughlin, 15 August 1974, Wood-McLaughlin Correspondence, box 1, Americal Division Papers, USAHEC.

87. Sidney Riches, Veterans Surveys, 40th Division Papers, USAHEC.

88. William T. McLaughlin, Veterans Surveys, Americal Division Papers, USAHEC.

89. McLaughlin, "Recon Scout" (memoir), box 5, Americal Division Papers, USAHEC.

90. Fernando Vera memoir, box 4, Americal Division Papers, USAHEC.

91. Veterans Surveys, USAHEC: Americal Division: Richard C. Lovell, George T. Kuczko, Herschel N. McFadden, David J. Rossi; 24th Division: Melvin Bulrika, Charles Card, Floyd Adams, Carl F. Brandt, Eric Diller, Ernest John Demario, Melvin Benham; 25th Division: Bryan O. Baldwin, William F. Barber, Melville C. McKenney; 31st Division: James M. Nix; 32nd Division: Edward R. Guhl, Roland Acheson, Erwin A. Pichotte, Yoshikazi Higashi, James W. DeLoach, Donald R. Dill, Newman W. Phillips, Edward S. Farmer; 41st Division: William LeGro, John M. Kelly; 43rd Division: Jay Gruenfeld; 77th Division: Gerard C. Brueders, Arthur L. Watt, Henry D. Lopez, Richard Forse, Daniel Chomin; 1st Cavalry Division: Carl Baker, Salvatore V. De Gaetano.

92. Fred Kielsigard to Bradford Westerfield, n.d., 1971, 41st Division Papers, USAHEC.

93. Linderman, *World within War*, 349–350.

94. Quotations from Alvin P. Stauffer, *The Quartermaster Corps: Operations in the War against Japan*, United States Army in World War II: The Technical Services (Washington, DC: Department of the Army, 1956), 199.

95. John P. Briand, Veterans Surveys, 31st Division, USAHEC.

96. Erna Risch, *The Quartermaster Corps: Organization, Supply, and Services*, United States Army in World War II: The Technical Services (Washington, DC: Department of the Army, 1953), I, 182–184.

97. Stauffer, *Quartermaster Corps*, 72–73, 193–200.

98. Ibid., 96–97, 144, 160–193.

99. Ibid., 234.

100. Roland Acheson, Veteran's Survey, 32nd Division Papers, USAHEC.

101. James J. Smith, Veterans Surveys, 31st Division, and Paul M. Gerrish, Veterans Surveys, 40th Division, USAHEC; Stauffer, *Quartermaster Corps*, 206.

102. Edwin E. Hanson, Veterans Survey, 37th Division Papers, USAHEC.

103. McCartney, *Jungleers*, 45; Stauffer, *Quartermaster Corps*, 206–208.

104. Bergerud, *Touched with Fire*, 101; Peter Schrijvers, *The G.I. War against Japan: American Soldiers in Asia and the Pacific in World War II* (New York: New York University Press, 2002), 121, 129; John Wood to William McLaughlin, 9 August 1974, Wood-McLaughlin Correspondence, folder 1944–1945, 1969–1976, box 1, Americal Division Papers, USAHEC.

105. Schrijvers, *G.I. War*, 118.

106. Bergerud, *Touched with Fire*, 94.

107. "Data on Malaria Incidence in U.S. Army Forces in S.W.P.A.," 1 June 1944, folder 1, War Dept., box 17, 2 April–6 August 1944, RG 4, MacArthur Memorial Archives, Norfolk, Virginia (hereafter MMA); Medical Department, United States Army, *Malaria*, Preventive Medicine in World War II, vol. 6, table 79, 579.

108. Bergerud, *Touched with Fire*, 94–97.

109. Schrijvers, *G.I. War*, 131; Colonel John Boyd Coates, Jr., ed., Medical Department, United States Army, *Infectious Diseases*, Internal Medicine in World War II, vol. 2 (Washington, DC: U.S. Government Printing Office, 1963), 60, table 3.

110. Medical Department, United States Army, *Communicable Diseases Transmitted through Respiratory and Alimentary Tracts*, Preventive Medicine in World War II, vol. 4 (Washington, DC: U.S. Government Printing Office, 1958), tables 59–61, 342–344, 400–401.

111. Ibid., 322, table 54.

112. Bergerud, *Touched with Fire*, 98–100.

113. Colonel John Boyd Coates, Jr., ed., Medical Department, United States Army, *Communicable Diseases Transmitted through Contact or by Unknown Means*, Preventive Medicine in World War II, vol. 5 (Washington, DC: U.S. Government Printing Office, 1960), 456–459.

114. Schrijvers, *G.I. War*, 133.

115. Bernstein, *Hurricane at Biak*, 128.

116. Medical Department, United States Army, *Neuropsychiatry in World War II* (Washington, DC: U.S. Government Printing Office, 1973), II, 1020, table 96.

117. Bergerud, *Touched with Fire*, 447.

118. As quoted in Linderman, *World within War*, 355.

119. Lieutenant Colonel M. Ralph Kaufman, as quoted in Lt. Colonel Robert Bernucci and Colonel Alert Glass, eds., Medical Department, United States Army, *Neuropsychiatry in World War II*, vol. 2, *Overseas Theaters* (Washington, DC: U.S. Government Printing Office, 1973), 659, 667.

120. Ibid., 525–558.

121. Sherrod, *On to Westward*, 117.

122. Perret, *Old Soldiers Never Die*, 396.

123. "Spoon-fed": Lewis B. Sebring, Jr., manuscript biography of MacArthur, 411, box 9, Hanson Baldwin Papers, MRL.

124. James, *Years of MacArthur*, 136–139, 490; Russell D. Buhite, *Douglas MacArthur: Statecraft and Stagecraft in America's East Asian Policy* (Lanham, MD: Rowman & Littlefield, 2008), 52–53, 56–57.

125. Infantrymen's opinions and experiences are drawn from the Veterans Surveys, especially the Americal, 31st, 32nd, 41st, and 43rd Divisions, USAHEC.

126. Williamson Murray and Allan R. Millet, *A War to Be Won: Fighting the Second World War* (Cambridge, MA: Harvard University Press, 2000), 207–209.

127. Smith, *Approach to the Philippines*, chaps. 17, 18.

128. Wesley Frank Craven and James Lea Cate, eds., *Army Air Forces in World War II*, vol. 5, *From Matterhorn to Nagasaki, June 1944 to August 1945* (Chicago: University of Chicago Press, 1953), 288–293.

129. MacArthur quoted in Russell F. Weigley, *The American Way of War: A History of United States Military Strategy and Policy* (Bloomington: Indiana University Press, 1973), 305.

第三章　马里亚纳群岛战役，1944 年 6 月~8 月

1. Sadao Asada, *From Mahan to Pearl Harbor: The Imperial Japanese Navy and the United States* (Annapolis: Naval Institute Press, 2006), chaps. 1, 2.

2. Grace Person Hayes, *The History of the Joint Chiefs of Staff in World War II* (Annapolis: Naval Institute Press, 1982), 496, 596; Wesley Frank Craven and James Lea Cate, eds., *Army Air Forces in World War II*, vol. 5, *From Matterhorn to Nagasaki, June 1944 to August 1945* (Chicago: University of Chicago Press, 1953), 118, 140.

3. Philip A. Crowl, *Campaign in the Marianas*, United States Army in World War II, The War in the Pacific (Washington, DC: U.S. Government Printing Office, 1960), 24–30.

4. Samuel Eliot Morison, *New Guinea and the Marianas, March 1944–August 1944* (*History of United States Naval Operations in World War II*, vol. 8) (Boston: Little, Brown, 1953), 195.

5. Crowl, *Campaign in the Marianas*, 85; Morison, *New Guinea and the Marianas*, 196–197.

6. Crowl, *Campaign in the Marianas*, 51–65.

7. D. Colt Denfeld, *Hold the Marianas: The Japanese Defense of the Mariana Islands* (Shippensburg, PA: White Mane, 1997), chap. 2.

8. Morison, *New Guinea and the Marianas*, 407–410.

9. On D-Day at Saipan: ibid., chap. 13; Crowl, *Campaign in the Marianas*, chap. 5; Harold J. Goldberg, *D-Day in the Pacific: The Battle of Saipan* (Bloomington: Indiana University Press, 2007), chaps. 5–6, 8–10.

10. Morison, *New Guinea and the Marianas*, 200.

11. Sergeant Jim Evans quoted in Goldberg, *D-Day in the Pacific*, 68.

12. On the counterattacks: Crowl, *Campaign in the Marianas*, 95–98; Goldberg, *D-Day in the Pacific*, 72–73, 86–87, 104–105.

13. Goldberg, *D-Day in the Pacific*, 83, 89; Crowl, *Campaign in the Marianas*, 93, 126–128.

14. Thomas B. Buell, *The Quiet Warrior: A Biography of Admiral Raymond A. Spruance* (Annapolis: Naval Institute Press, 1987), 284–285.

15. Ibid., 285.

16. Morison, *Coral Sea, Midway, and Submarine Actions*, 158.

17. Reynolds, *Fast Carriers*, 206.

18. Crowl, *Campaign in the Marianas*, 98–99; Morison, *New Guinea and the Marianas*, 241–244.

19. Morison, *New Guinea and the Marianas*, chart, 259.

20. Ibid., 250.

21. William T. Y'Blood, *Red Sun Setting: The Battle of the Philippine Sea* (Annapolis: Naval Institute Press, 1981; reprint, 2003), 81–93.

22. Morison, *New Guinea and the Marianas*, 254.

23. As quoted, ibid., 213.

24. Y'Blood, *Red Sun Setting*, 213.

25. Morison, *New Guinea and the Marianas*, 261–262; Reynolds, *Fast Carriers*, 54–55.

26. James C. Fahey, *The Ships and Aircraft of the U.S. Fleet: Second War Edition* (New York: Ships and Aircraft, 1944), 42; victory ed. (1945), 47; Reynolds, *Fast Carriers*, 57, 87.

27. H. W. Willmott, *The Battle of Leyte Gulf* (Bloomington: Indiana University Press, 2005), 44.

28. Reynolds, *Fast Carriers*, 157–160; Morison, *New Guinea and the Marianas*, 235; Y'Blood, *Red Sun Setting*, 18.

29. Buell, *Quiet Warrior*, 290–291.

30. On the battle of June 19 I am particularly indebted to Y'Blood, *Red Sun Setting*, chap. 5.

31. Morison, *New Guinea and the Marianas*, 257.

32. On the battle of June 19 I am particularly indebted to Y'Blood, *Red Sun Setting*, chap. 5.

33. Morison, *New Guinea and the Marianas*, 267.

34. Y'Blood, *Red Sun Setting*, 117.

35. Ibid., 103.

36. Morison, *New Guinea and the Marianas*, 269; Fahey, *Ships and Aircraft of the U.S. Fleet*, victory ed., 4–5.

37. Y'Blood, *Red Sun Setting*, 121.

38. Morison, *New Guinea and the Marianas*, 273.

39. Ibid., 276–277.

40. Ibid., 278–282.

41. Ibid., 284.

42. Ibid., chart after 288.

43. Quoted in Y'Blood, *Red Sun Setting*, 145.

44. On the battle of June 20: ibid., chap. 6.

45. Ibid., 153.

46. Ibid., 171.

47. Ibid., 161, 174.

48. Ibid., 193.

49. Ibid., 138.
50. Ibid., 176, 213.
51. Ibid., app. 2, 222–224.
52. On the Central Saipan campaign: Crowl, *Campaign in the Marianas*, chaps. 9–11; Goldberg, *D-Day in the Pacific*, chaps. 8–12.
53. Crowl, quoting the USMC official history of the campaign and an after-action report. Crowl, *Campaign in the Marianas*, 168, 187.
54. Goldberg, *D-Day in the Pacific*, 119–120, 123, 125.
55. Morison, *Aleutians, Gilberts, and Marshalls*, 132–134, 297–300, n.12.
56. Goldberg, *D-Day in the Pacific*, 141; Ronald H. Spector, *Eagle against the Sun: The American War with Japan* (New York: Free Press, 1985); Charles S. Kuane, "The National Guard in War: An Historical Analysis of the 27th Infantry Division (New York National Guard) in World War II," M.A. thesis (U.S. Army Command and General Staff College, Ft. Leavenworth, Kansas, 1990), 160–165.
57. Report of Military Secretary, Visit of Commander-in-Chief to Ormoc Area, 21 December 1944, box 9, Andrew D. Bruce Papers, United States Army Heritage and Education Center (hereafter USAHEC), Carlisle, Pennsylvania.
58. Crowl, *Campaign in the Marianas*, chap. 8; Goldberg, *D-Day in the Pacific*, 148.
59. Crowl, *Campaign in the Marianas*, 170–180.
60. Ibid., 200.
61. Ibid., 191.
62. Ibid., 195.
63. Holland M. Smith and Percy Finch, *Coral and Brass* (New York: Scribner's, 1949), 168–180; Crowl, *Campaign in the Marianas*, chap. 10.
64. On the Death Valley battle: Crowl, *Campaign in the Marianas*, 181–190, chap. 11.
65. Ibid., 207.
66. Ibid., 215–216.
67. Ibid., 222.
68. Ibid., 219.
69. Ibid., 222.
70. Ibid., 228.
71. Ibid., 232, quotation in ibid., 230.
72. Crowl, *Campaign in the Marianas*, 256. On the Japanese suicide attack of July 7: Goldberg, *D-Day in the Pacific*, chap. 13; Denfeld, *Hold the Marianas*, 86, 92; Smith, *Coral and Brass*, 193–198.
73. As quoted in Goldberg, *D-Day in the Pacific*, 177.
74. As quoted in ibid., 178.
75. Ibid., 182.
76. Ibid. 182, 191; Crowl, *Campaign in the Marianas*, 261.
77. Crowl, *Campaign in the Marianas*, 261.
78. Ibid., 265.
79. As quoted in ibid., 269.
80. Ibid., 307–308.
81. Ibid., 320–325.
82. Ibid., 344–345.

83. Ibid., 437.
84. "Men Who Were There" [77th Division Association], *Ours to Hold It High: The History of the 77th Division in World War II* (Washington, DC: Infantry Journal Press, 1947), 31, chaps. 3–4.
85. Crowl, *Campaign in the Marianas*, 342–343, 356–357.
86. Ibid., 364–365.
87. Ibid., 345–347; 77th Division Association, *Ours to Hold It High*, 63–65, 68–70.
88. Crowl, *Campaign in the Marianas*, 316.
89. Crowl, *Campaign in the Marianas*, chaps. 19, 20; 77th Division Association, *Ours to Hold It High*, chaps. 6–11.
90. On the Barrigada battle: 77th Division Association, *Ours to Hold It High*, chap. 9; Crowl, *Campaign in the Marianas*, 388–396.
91. 77th Division Association, *Ours to Hold It High*, 100.
92. As quoted in Crowl, *Campaign in the Marianas*, 378, n.7, 386–389.
93. Ibid., 400–403.
94. Ibid., 411–415; 77th Division Association, *Ours to Hold It High*, 108–112.
95. 77th Division Association, *Ours to Hold It High*, 118–119.
96. Ibid., 105.
97. Denfeld, *Hold the Marianas*, 203–206.
98. Crowl, *Campaign in the Marianas*, 446.
99. Edward J. Drea, *Japan's Imperial Army: Its Rise and Fall, 1853–1945* (Lawrence: University Press of Kansas, 2009), 240–242.
100. Williamson Murray and Allan R. Millet, *A War to Be Won: Fighting the Second World War* (Cambridge, MA: Harvard University Press, 2000), 360.

第四章　加速前进，1944 年 8 月~10 月

1. Roland G. Ruppenthal, *Logistical Support of the Armies*, United States Army in World War II, The European Theater of Operations, 2 vols. (Washington, DC: U.S. Government Printing Office, 1959), II, table 7, 282–283; *New York Times*, 6 August 1944.
2. "Americans Speeding across Brittany; Big Gains Made in Day; Nazi Rout; Churchill Sees an Early Victory," 3 August 1944, 1; "Brittany Overrun: Columns 75 Miles from Brest and 38 Miles from St. Lo," 5 August 1944, 1; "American Tank Column Smashes into Brest; Other Forces Reach Loire," 6 August 1944, 1; "Four U.S. Columns Are Driving toward Paris; Allies Turn Whole German Line below Caen," 7 August 1944, 1; "The Battle in France," 10 August 1944, 16; "Germans Flee Allies' Pincers," 10 August 1944, 3; "Climax in France Declared at Hand," 13 August 1944, 7; "Falaise Gap Is Cut," 16 August 1944, 1; "Patton the Third Army's Chief; Senators Confirm His Promotion...," 16 August 1944, 1; "Norman Trap Lines 1,000 Miles of Ruin," 16 August 1944, 8; all in *New York Times*; Martin Blumenson, *Breakout and Pursuit*, United States Army in World War II, The European Theater of Operations (Washington, DC: U.S. Government Printing Office, 1984), chaps. 13–17.
3. "Dash and daring" quote in "At the Gates of Paris," 18 August 1944, 12. See also "Foe Races to River," 19 August 1944, 1; "The Great Opportunity," 21 August 1944, 14;

"Montgomery Asks for Quick Victory," 22 August 1944, 1; "Drive for Germany: 3d Army Thrusts Past Sens and the Yonne," 23 August 1944, 1; "German 7th Army Slashed to Bits," 17 August 1944, 5; all in *New York Times*; Blumenson, *Breakout and Pursuit*, chaps. 22–28; *New York Times*, 17–25 August 1944.

4. Blumenson, *Breakout and Pursuit*, chap. 31.

5. "Free Paris Marks the End of Nazi Night in Europe," 27 August 1944, E5; "The News of the Week in Review: Week of Victories," 27 August 1944, E1; "'New Order' Crumbling," 28 August 1944, 6; "Allies in the Clear," 31 August 1944, 1; "Race to Reich On," 4 September 1944, 1; all in *New York Times*.

6. H. G. Nicholas, ed., *Washington Despatches: Weekly Reports from the British Embassy* (Chicago: University of Chicago Press, 1981), 419.

7. "At the Marne Again," *New York Times*, 29 August 1944, 16.

8. Blumenson, *Breakout and Pursuit*, 691.

9. Ibid., chap. 37; Horst Boog, Gerhard Krebs, and Detleff Vogel, *The Strategic Air War in Europe, and the War in the West and East Asia, 1943–1944/5*, trans. Derry Cook-Radmore et al., vol. 7 of *Germany and the Second World War*, ed. Research Institute of Military History, Potsdam, Germany (Oxford: Clarendon Press, 2006), 599–635.

10. Nicholas, *Washington Despatches*, 426.

11. J. Carlyle Sitterson, *Development of the Reconversion Policies of the War Production Board, April 1943–January 1945*, Historical Reports on War Administration: War Production Board, Special Study No. 15 (Washington, DC: U.S. Government Printing Office; reissue, 22 March 1946), 44, 126.

12. On the Nelson reconversion plan: Sitterson, *Development of the Reconversion Policies of the War Production Board*, 21–24, 90–97, 126; Gregory Hooks, *Forging the Military-Industrial Complex: World War II's Battle of the Potomac* (Urbana: University of Illinois Press, 1991), 116, 119; Harold Stein, "The Reconversion Controversy," in Stein, *Public Administration and Policy Development: A Case Book* (New York: Harcourt Brace, 1952), 223–248.

13. Harold G. Vatter, *The United States Economy in World War II* (New York: Columbia University Press, 1985), 62–63; Stein, "Reconversion Controversy," 239–240.

14. Stein, "Reconversion Controversy," 241.

15. Vatter, *United States Economy in World War II*, 42, 62, 72; Bruce Catton, *The War Lords of Washington* (New York: Harcourt Brace, 1948), 213–217; Jean Edward Smith, *Lucius Clay: An American Life* (New York: Holt, 1990), 110–111, 143, 146, 159, 166, 169, 194.

16. Stein, "Reconversion Controversy," 226.

17. Ibid., 267.

18. Alan Clive, *State of War: Michigan in World War II* (Ann Arbor: University of Michigan Press, 1979), 75.

19. As quoted in Catton, *War Lords*, 214.

20. As quoted in Stein, "Reconversion Controversy," 252.

21. As quoted in ibid., 268–269.

22. As quoted in ibid., 243.

23. Ibid., 254.

24. Byron Fairchild and Jonathan Grossman, *The Army and Industrial Manpower,* United States Army in World War II, The War Department (Washington, DC: U.S. Government Printing Office, 1959), 259.

25. As quoted in Sitterson, *Development of the Reconversion Policies,* 43.

26. As quoted in ibid., 269.

27. Catton, *War Lords,* 270.

28. Clive, *State of War,* 66.

29. Hiland G. Batcheller, *Critical Programs: A Report to the War Production Board, November 14, 1944,* copy in box 233, Harry Hopkins Papers, Franklin D. Roosevelt Library, Hyde Park, New York; Stein, "Reconversion Controversy," 264.

30. Ruppenthal, *Logistical Support of the Armies,* I, 537–539.

31. Robert W. Coakley and Richard M. Leighton, *Global Logistics and Strategy, 1943– 1945,* United States Army in World War II, The War Department (Washington, DC: U.S. Government Printing Office, 1968), 548–550; *War Production: A Report to the War Production Board, September 19, 1944,* 7–8, copy in box 233, Harry Hopkins Papers, Franklin D. Roosevelt Library; Hiland G. Batcheller, *Critical Programs,* 1, 5–8.

32. Batcheller, *Critical Programs,* 1–8; Vatter, *United States Economy in World War II,* 69; Stein, "Reconversion Controversy," 236.

33. Grace Person Hayes, *The History of the Joint Chiefs of Staff in World War II* (Annapolis: Naval Institute Press, 1982), 605.

34. As quoted in ibid., 604; on the strategic debate of May–October 1944: chap. 24; D. Clayton James, *The Years of MacArthur,* 2 vols. (Boston: Houghton Mifflin, 1970; reprint, 1975), II, chap. 13; Robert Ross Smith, "Luzon versus Formosa," in Kent Roberts Greenfield, *Command Decisions,* 461–477; Robert Ross Smith, *Triumph in the Philippines,* United States Army in World War II, The War in the Pacific (Washington, DC: U.S. Government Printing Office, 1963), chap. 1.

35. MacArthur to Chief of Staff, War Department, 18 June 1944, RG 4, box 17, folder 1, MacArthur Memorial Archives (hereafter MMA), Norfolk, Virginia.

36. MacArthur to Adjutant General, War Department, 8 July 1944, RG 4, box 17, folder 1, MMA; King quoted in Hayes, *Joint Chiefs,* 608. The divisions in his command were the Sixth, Twenty-Fourth, Twenty-Fifth, Thirty-First, Thirty-Second, Thirty-Third, Thirty-Seventh, Thirty-Eighth, Fortieth, Forty-First, Forty-Third, Ninety-Third, First Cavalry, Eleventh Airborne, and Americal.

37. Marshall to MacArthur, 24 June 1944, RG 4, box 17, folder 1, MMA.

38. Hayes, *Joint Chiefs,* 604.

39. Joint Staff Planners, Washington, to Staff Planners of Commander in Chief Pacific Ocean Area (CINCPOA) and Commander in Chief Southwest Pacific Area (CINCSWPA), signed Roberts, 27 July 1944, RG 4, box 17, folder 1, MMA.

40. MacArthur to Chief of Staff, War Department, 3 August 1944, RG 4, box 17, folder 1, MMA; Notes on Conference 1 August 1944 at GHQ, SWPA, Present General MacArthur and Colonel Ritchie, 16 August 1944, xerox 1015, OPD copies, George Marshall Research Library (hereafter MRL), Lexington, Virginia.

41. Hayes, *Joint Chiefs,* 610–611 and n. 25; James, *Years of MacArthur,* II, 530–536; Geoffrey Perret, *Old Soldiers Never Die: The Life of Douglas MacArthur* (Holbrook, MA: Adams Media, 1996), 405–407 and n. 45.

42. Memo for Chief of Policy and Strategy Group, Operations Division, War Department, initialed J.J.B., 5 September 1944, OPD copies, verifax 2232, item 2505, pt. 22, MRL.

43. General J. E. Hull, Memorandum for Generals Handy and Roberts, "Pacific Strategy, 2 September 1944, OPD copies, verifax 2233, item 2505, MRL; George A. Lincoln, Memorandum for General Roberts, 23 September 1944, RG 29C, box 1, folder 4, MMA; General George Marshall to MacArthur, 24 June 1944, RG 4, box 17, folder 1, MMA.

44. General Richard Marshall, memorandum, 4 September 1944, in R. Sutherland, Reports from War Dept., RG 4, box 17, folder 2, "War Dept. Aug. 9–Dec. 23," MMA; Coakley and Leighton, *Global Logistics and Strategy*, 412–414.

45. Notes on Conference with SWPA Planners, 7 August 1944, RG 29C, box 1, folder 4; Sigsally, (phone) Conversation between Lieutenant General Giles, Major General Hull (Brisbane), and Major General Handy (Washington), 8 August 1944, RG 4, United States Army Forces Pacific, box 17, folder 2, "War Dept., August 9–December 23, 1944," MMA.

46. Marshall to MacArthur, 24 June 1944, RG 4, box 17, folder 1, MMA; Notes on August 1, 1944, Conference, GHQ SWPA, August 16, 1944, OPD copies, xerox 1016, MRL.

47. General J. E. Hull, memorandum, 2 September 1944, OPD copies, xerox 2233, item 2505, pt. 22, MRL; Notes on Conference of General MacArthur and Colonel Richie, 10 August 1944, GHQ SWPA, RG 29C, box 1, folder 4, MRL.

48. Marshall to MacArthur, 24 June 1944, RG 4, box 17, folder 1, MMA.

49. R. J. Marshall to MacArthur, 9 September 1944, RG 4, box 17, folder 2, "War Dept.," 9 August–23 December 1944.

50. Hayes, *Joint Chiefs*, 615–616.

51. Halsey to Nimitz, 14 September 1944, RG 4, B.10, Folio Navy, 28 June 1944–8 February 1945, MMA.

52. James, *Years of MacArthur*, II, 536–542.

53. Clark G. Reynolds, *Admiral John H. Towers: The Struggle for Naval Air Supremacy* (Annapolis: Naval Institute Press, 1991), 482.

54. Notes on Conference of Colonel Ritchie and MacArthur, 10 August 1944, RG 29C, box 1, folder 4; General Somervell to General George Marshall, 17 July 1944, RG 160, AST Planning Division, Strategic Logistics Branch, Topical Files, box 6, ser. 2, folder K-1, National Archives, College Park, Maryland (henceforth NARA).

55. Smith, "Luzon versus Formosa," 468.

56. MacArthur to General George Marshall, 28 September 1944, RG 4, box 17, folder 2, 9 August–23 December 1944, MMA.

57. Smith, *Triumph in the Philippines*, 16, and chap. 1; MacArthur to Sutherland, 27 September 1944, RG 4, box 17, folder 2, "War Dept.," 9 August–23 December 1944; Marshall to MacArthur, 26 September 1944, OPD copies, xerox 1224, George C. Marshall Papers, MRL; MacArthur to Marshall, 28 September 1944, RG 4, box 17, folder 2, 9 August–23 September 1944, MMA.

58. Marshall to MacArthur, 24 June 1944, RG 4, box 17, folder 1, MMA.

59. 6月，马歇尔已经提出一个类似的建议，绕过吕宋岛和中国台湾进攻九州。麦克阿瑟拒绝了这个建议，认为在没有直接的空中支援和足够的海运能力以及基地的情况下进攻九州无异于"自杀"。Brower,"American Strategy," 239–240. Marshall to Embick, 1 September 1944, box 67, Selected Correspondence, George C. Marshall Papers, MRL.

60. Embick to Marshall, 30 September 1944, box 67, George C. Marshall Papers, MRL.

61. 马歇尔致恩比克的信件，1944年[10月30日]，box 67, George C. Marshall Papers, MRL.貌似这封信并未寄出。与恩比克的全部往来信件连同附注一起印在Larry I. Bland and Sharon Ritenour, eds., *The Papers of George Catlett Marshall*, vol. 4, *"Aggressive and Determined Leadership,"* June 1, 1943– December 31, 1944 (Baltimore: Johns Hopkins University Press, 1996), 566–567, 616–617。

62. H. W. Willmott, *The Battle of Leyte Gulf* (Bloomington: Indiana University Press, 2005), 45.

63. Clay Blair, Jr., *Silent Victory: The U.S. Submarine War against Japan* (Philadelphia: Lippincott, 1975), 721, 816.

64. On American submarine action: Samuel Eliot Morison, *New Guinea and the Marianas, March 1944–August 1944* (*History of United States Naval Operations in World War II*, vol. 8) (Boston: Little, Brown, 1953), chap. 2; Morison, *Leyte, June 1944–January 1945* (*History of United States Naval Operations in World War II*, vol. 12) (Boston: Little, Brown, 1958), chap. 17; Morison, *The Liberation of the Philippines, Luzon, Mindanao, the Visayas, 1944–1945* (*History of United States Naval Operations in World War II*, vol. 8) (Boston: Little, Brown, 1959), chap. 13.

65. Blair, *Silent Victory*, 816–817.

66. Morison, *Leyte*, 413.

67. Lt. General Arthur Gilbert Trudeau, Senior Officers Debriefing Program Interview, 11 February 1971, box 1945, Arthur Trudeau Papers, United States Army Heritage and Education Center, Carlisle, Pennsylvania; Willmott, *Battle of Leyte Gulf*, 26–29.

68. On the Formosa raids: Clark G. Reynolds, *The Fast Carriers: The Forging of an Air Navy* (New York: McGraw Hill, 1968), 260–261; Willmott, *Battle of Leyte Gulf*, 56–57, 60.

69. Willmott, *Battle of Leyte Gulf*, 56–57.

70. Morison, *Leyte*, 94 n. 10.

71. Willmott, *Battle of Leyte Gulf*, 62–63.

72. Ibid., 49–50.

73. Ibid., 40, 72–73.

74. Ibid., 40–42.

75. Ibid., 53.

76. Robert Ross Smith, *The Approach to the Philippines*, United States Army in World War II, The War in the Pacific (Washington, DC: U.S. Government Printing Office, 1953), chap. 20.

77. Major Frank D. Hough, *The Assault on Peleliu* (Washington, DC: Headquarters U.S. Marine Corps, 1950), 25.

78. E. B. Sledge, *With the Old Breed at Peleliu and Okinawa* (Novato, CA: Presidio Press, 1981), 34. On Pavuvu, Hough, *Assault on Peleliu*, 13, 25–35, and notes. Samuel Eliot Morison, *Breaking the Bismarcks Barrier, 22 July 1942–May 1944* (*History of United States Naval Operations in World War II*, vol. 6) (Boston: Little, Brown, 1950), 278–289; Morison, *New Guinea and the Marianas*, 378–379; John Miller, Jr., *Cartwheel: The Reduction of Rabaul*, United States Army in World War II: War and the Pacific (Washington, DC: U.S. Government Printing Office, 1950), 272–295; Smith, *Approach to the Philippines*, 467–475; Jeter A. Isley and Peter A. Crowl, *The U.S. Marines and Amphibious Warfare: Its Theory and Its Practice in the Pacific* (Princeton, NJ: Princeton University Press, 1951), 392–398.

79. As quoted in Isely and Crowl, *Amphibious Warfare*, 396. In other sources it was four days, maybe three: Hough, *Assault on Peleliu*, 35.

80. As quoted in Hough, *Assault on Peleliu*, 77; on Peleliu terrain and defenses, 14–16, 37, 63, 77.

81. Ibid., 194–195.

82. As quoted in ibid., 40.

83. Ibid., 37–41.

84. On the landings: ibid., chap. 3.

85. Ibid., 57.

86. Ibid., 59–74.

87. As quoted in ibid., 64 n. 13, 94.

88. Ibid., 72.

89. Ibid., 80.

90. Ibid., 74–83.

91. Ibid., 86.

92. Ibid., 87.

93. Ibid., 88 n. 60.

94. Hough, *Assault on Peleliu*, 106 n. 4.

95. Ibid., 116.

96. Sledge, *With the Old Breed*, 128; Hough, *Assault on Peleliu*, 154.

97. Sledge, *With the Old Breed*, 120, 142–144.

98. Hough, *Assault on Peleliu*, 151–154.

99. Sledge, *With the Old Breed*, 103.

100. Hough, *Assault on Peleliu*, 155, 157 n. 54, 158 n. 58, 159 n. 59.

101. Ibid., 161.

102. Ibid., 174.

103. On the Peleliu battle, 15 October–27 November: Smith, *Approach to the Philippines*, 559–575.

104. Hough, *Assault on Peleliu*, 178.

105. As quoted in Sledge, *With the Old Breed*, 156.

106. Hough, *Assault on Peleliu*, 183.

107. Smith, *Approach to the Philippines*, 573.

108. On the Battle of Leyte Gulf: Morison, *Leyte*, pt. 3; Willmott, *Battle of Leyte Gulf*; C. Vann Woodward, *The Battle for Leyte Gulf* (New York: Norton, 1965) (first

published 1947); James A. Field, Jr., *The Japanese at Leyte Gulf: The Sho Operation* (Princeton, NJ: Princeton University Press, 1947); Anthony P. Tully, *Battle of Surigao Strait* (Bloomington: Indiana University Press, 2009); Reynolds, *Fast Carriers*, chap. 8; Stanley L. Falk, *Decision at Leyte* (New York: Norton, 1966), pt. 4.

109. Morison, *Leyte*, 156.
110. Samuel Eliot Morison's more convenient name for "First Striking Force." Morison, *Leyte*, 162.
111. Ibid., 169–174.
112. Reynolds, *Fast Carriers*, 286.
113. Woodward, *Battle for Leyte Gulf*, 43.
114. Willmott, *Battle of Leyte Gulf*, 91–95, 105–107.
115. Reynolds, *Fast Carriers*, 264.
116. Willmott, *Battle of Leyte Gulf*, 113–115.
117. Ibid., 115–116.
118. Morison, *Leyte*, 187, 189.
119. Ibid., 177–183.
120. Ibid., 189; Willmott, *Battle of Leyte Gulf*, 125–126.
121. Halsey Action Report quoted in Morison, *Leyte*, 194 n. 30.
122. Morison, *Leyte*, 195–196; Reynolds, *Fast Carriers*, 269–270.
123. Reynolds, *Fast Carriers*, 256–258; Ronald H. Spector, *Eagle against the Sun: The American War with Japan* (New York: Free Press, 1985), 423.
124. Morison, *Leyte*, 175.
125. Reynolds, *Fast Carriers*, 284.
126. Tully, *Battle of Surigao Strait*, chaps. 2, 3; Willmott, *Battle of Leyte Gulf*, 43–49, 99, 140–141.
127. Willmott, *Battle of Leyte Gulf*, 89; Tully, *Battle of Surigao Strait*, 13, 21–26, 51–56; Willmott, *Battle of Leyte Gulf*, 89.
128. Tully, *Battle of Surigao Strait*, 35.
129. Ibid., chap. 5.
130. Ibid.,178。基于对日方资料的广泛研究，安东尼·塔利（Anthony Tully）近年来有关这场战斗，尤其是"扶桑号"沉没的描述，是文中描写的主要依据。
131. Ibid., 161.
132. Ibid., 155–163, 179–180, 250–251.
133. Ibid., 169–171.
134. Ibid., 195, 208–213.
135. Morison, *Leyte*, 223–224.
136. Tully, *Battle of Surigao Strait*, 205–207.
137. As quoted in ibid., 212.
138. As quoted in ibid., 216–218.
139. Woodward, *Battle for Leyte Gulf*, 166.
140. Morison, *Leyte*, 252; Willmott, *Battle of Leyte Gulf*, 161.
141. Morison, *Leyte*, 260–261.
142. Willmott, *Battle of Leyte Gulf*, 164.
143. Woodward, *Battle for Leyte Gulf*, 195.

144. Morison, *Leyte*, 203–204.
145. As quoted in James D. Hornfischer, *The Last Stand of the Tin Can Sailors* (New York: Random House, 2005), 298; Morison, *Leyte*, 261, 270, 273–274.
146. Field, *Japanese at Leyte Gulf*, 109.
147. See ibid., 108–109, 122–128; Morison, *Leyte*, 296–300; Woodward, *Battle for Leyte Gulf*, 194–205; Willmott, *Battle of Leyte Gulf*, 182–192, 207–208.
148. Morison, *Leyte*, 298; Tully, *Battle of Surigao Strait*, 258.
149. Woodward, *Battle for Leyte Gulf*, 197–205.
150. Hornfischer, *Last Stand*, 282, 360.
151. Woodward, *Battle for Leyte Gulf*, 147.
152. Willmott, *Battle of Leyte Gulf*, 174, 193.
153. Morison, *Leyte*, 322–336.
154. Willmott, *Battle of Leyte Gulf*, 255.
155. Ibid., 203–206; Morison, *Leyte*, 300–307.

第五章 从莱特岛到马尼拉, 1944 年 10 月~1945 年 3 月

1. M. A. Adelman memoir, "Leyte Revisited," folder 26, box 3, Hanson Baldwin Papers, George Marshall Research Library (hereafter MRL), Lexington, Virginia. On MacArthur's return: D. Clayton James, *The Years of MacArthur*, 2 vols. (Boston: Houghton Mifflin, 1970, 1975), II, 553–559; Geoffrey Perret, *Old Soldiers Never Die: The Life of Douglas MacArthur* (Holbrook, MA: Adams Media, 1996), 419–424.
2. M. Hamlin Cannon, *Leyte: The Return to the Philippines*, United States Army in World War II, The War in the Pacific (Washington, DC, 1954), 22, 26.
3. Edward J. Drea, *In the Service of the Emperor: Essays on the Imperial Japanese Army* (Lincoln: University of Nebraska Press, 1998), 137–143.
4. Stanley L. Falk, *Decision at Leyte* (New York: Norton, 1966), 67.
5. Typhoon folder, box 95, Samuel Eliot Morison Papers, Navy Operational Archives, Navy Yard, Washington, DC.
6. On the land battle: Cannon, *Leyte*, chaps. 4–11; Falk, *Decision at Leyte*, chaps. 7–9, 15–18.
7. Cannon, *Leyte*, 144.
8. Ibid., 78, 123, 145, 157, 181, 183.
9. Carl F. Brandt, "Philippines Campaign of 1st Battalion, 34 Infantry" (memoir), Veterans Surveys, 24th Division, box 1, United States Army Heritage and Education Center (hereafter USAHEC), Carlisle, Pennsylvania.
10. Ibid., 3–15.
11. Falk, *Decision at Leyte*, 68.
12. Thomas E. Griffith, Jr., *MacArthur's Airman: General George C. Kenney and the War in the Southwest Pacific* (Lawrence: University Press of Kansas, 1998), 191–192, 205; Wesley Frank Craven and James Lea Cate, eds., *Army Air Forces in World War II*, vol. 5, *From Matterhorn to Nagasaki, June 1944 to August 1945* (Chicago: University of Chicago Press, 1953), 373–389; Major General Hugh J. Casey, *Engineer Memoirs* (Washington, DC: U.S. Army Corps of Engineers, 1993), 230–235; Cannon, *Leyte*, 185–190.

13. Cannon, *Leyte*, 208–209.
14. Brandt, "Philippines Campaign," 7–8.
15. Cannon, *Leyte*, 207.
16. Brandt, "Philippines Campaign," 8–9.
17. Falk, *Decision at Leyte*, 243.
18. Cannon, *Leyte*, 181, 183.
19. Falk, *Decision at Leyte*, 245–247.
20. James W. Deloach, Veterans Surveys, 32nd Division, unprocessed box, World War II, USAHEC.
21. Cannon, *Leyte*, 218.
22. Falk, *Decision at Leyte*, 250; Cannon, *Leyte*, 218–220.
23. Falk, *Decision at Leyte*, 250–251.
24. As quoted in Cannon, *Leyte*, 225, 227.
25. Brandt, "Philippines Campaign," 14.
26. Ibid., 11–19.
27. Ibid., 16, 18.
28. Falk, *Decision at Leyte*, 250.
29. Brandt, "Philippines Campaign," 18.
30. Cannon, *Leyte*, 225, 235.
31. Craven and Cate, *Army Air Forces in World War II*, vol. 5, *From Matterhorn to Nagasaki, June 1944 to August 1945*, 372–375, 384–387.
32. MacArthur to Nimitz, 17 September 1944, folder 6 [Navy, 28 June 1944–8 February 1945], box 10, RG 4, MacArthur Memorial Archives (hereafter MMA), Norfolk, Virginia; Cannon, *Leyte*, 276–277.
33. "Men Who Were There" [77th Division Association], *Ours to Hold It High: The History of the 77th Division in World War II* (Washington, DC: Infantry Journal Press, 1947), 127, 141; Cannon, *Leyte*, 275–283; Kevin C. Holzimmer, *General Walter Krueger, Unsung Hero of the Pacific War* (Lawrence: University Press of Kansas, 2007), 200–202; Falk, *Decision at Leyte*, chap. 20.
34. Cannon, *Leyte*, 286.
35. Ibid., chap. 17; Falk, *Decision at Leyte*, chap. 19.
36. Cannon, *Leyte*, 292; 77th Division Association, *Ours to Hold It High*, 157–159.
37. 77th Division Association, *Ours to Hold It High*, 161; Cannon, *Leyte*, 315–321.
38. Falk, *Decision at Leyte*, 297–303.
39. Cannon, *Leyte*, 318–319.
40. 77th Division Association, *Ours to Hold It High*, 166.
41. Cannon, *Leyte*, 321.
42. Ibid., 329–336.
43. Ibid., 339–342.
44. Holzimmer, *General Walter Krueger*, 199.
45. Cannon, *Leyte*, 342–346.
46. Ibid., table 4, 368.
47. William T. McLaughlin, "Recon Scout" (memoir), Veterans Surveys, Americal Division, box 5, USAHEC.
48. James, *Years of MacArthur*, II, 584–587; Perret, *Old Soldiers Never Die*, 427.
49. James, *Years of MacArthur*, II, 576–577; Cannon, *Leyte*, 213.

50. Holzimmer, *General Walter Krueger*, 199; Cannon, *Leyte*, 356.

51. As quoted in James, *Years of MacArthur*, II, 593.

52. Falk, *Decision at Leyte*, 261.

53. Cannon, *Leyte*, table 4, 368.

54. Ronald H. Spector, *Eagle against the Sun: The American War with Japan* (New York: Free Press, 1985), 440–441; Griffith, *MacArthur's Airman*, 194.

55. Griffith, *MacArthur's Airman*, 190, 202.

56. Ibid., 198, 204–205.

57. E. B. Potter, *Nimitz* (Annapolis: U.S. Naval Institute Press, 1976), 221.

58. Samuel Eliot Morison, *Leyte, June 1944–January 1945* (*History of United States Naval Operations in World War II*, vol. 12) (Boston: Little, Brown, 1958), 354–360.

59. Ibid., 360, chap. 15.

60. MacArthur to Halsey, 21 October 1944, folder 6, Navy: 28 January–6 February 1945, box 10, RG 4, MMA; Halsey to MacArthur, 26 October 1944, box 104, Map Room Files, Franklin D. Roosevelt Library (hereafter FDRL), Hyde Park, New York.

61. Nimitz to King, copy to MacArthur, 13 November 1944, box 104, Map Room Files, FDRL.

62. Nimitz to MacArthur, 17 November 1944, box 104, Map Room Files, FDRL; MacArthur to Nimitz, 16 November 1944, folder 6, Navy: 28 June 1944–6 February 1945, box 10, RG 4, MMA; Nimitz to MacArthur, 17 November 1944, and Nimitz to Halsey, 21 November 1944, box 104, Map Room Files, FDRL.

63. Kinkaid [Sherman] to Nimitz, 4 November 1944, box 104, Map Room Files, FDRL.

64. MacArthur to Nimitz, 16 November 1944, folder 6, Navy: 28 June 1944–6 February 1945, box 10, RG4, MMA.

65. Nimitz to MacArthur, 17 November 1944, box 104, Map Room Files, FDRL.

66. Nimitz to MacArthur, 29 November 1944, Navy: 28 June–8 February 1945, folder 6, box 10, RG4, MMA.

67. Griffith, *MacArthur's Airman*, 210.

68. Morison, *Leyte*, 375–382.

69. Ibid., 382–385.

70. Ibid., 389.

71. Morison, *The Liberation of the Philippines, Luzon, Mindanao, the Visayas, 1944–1945* (*History of United States Naval Operations in World War II*, vol. 8) (Boston: Little, Brown, 1959), 55, 57.

72. On the Mindoro assault: Morison, *Liberation of the Philippines*, chap. 2; Robert Ross Smith, *Triumph in the Philippines*, United States Army in World War II, The War in the Pacific (Washington, DC: U.S. Government Printing Office, 1963), 43–53; Griffith, *MacArthur's Airman*, 207–212.

73. On the typhoon of December 18, 1944: Morison, *Liberation of the Philippines*, 59–87; Bob Drury and Tom Clavin, *Halsey's Typhoon: The True Story of a Fighting Admiral, an Epic Storm, and an Untold Rescue* (New York: Atlantic Monthly Press, 2007).

74. Smith, *Triumph in the Philippines*, 51, 60–67; Morison, *Liberation of the Philippines*, 22–36, 43–51.

75. On the Lingayen Gulf landings and the kamikaze attacks: Morison, *Liberation of the Philippines*, 96–156; Smith, *Triumph in the Philippines*, 54–69.

76. Craven and Cate, *The Army Air Forces in World War II*, vol. 5, *From Matterhorn to Nagasaki, June 1944 to August 1945*, 409.

77. Morison, *Liberation of the Philippines*, 106.

78. Craven and Cate, *Army Air Force in World War II*, vol. 5, *From Matterhorn to Nagasaki, June 1944 to August 1945*, 410–411; Morison, *Liberation of the Philippines*, 106–107.

79. Smith, *Triumph in the Philippines*, 58; Morison, *Liberation of the Philippines*, 152.

80. Spector, *Eagle against the Sun*, 520.

81. Morison, *Liberation of the Philippines*, 139.

82. Ibid., 152; Smith, *Triumph in the Philippines*, 65–66.

83. Morison, *Liberation of the Philippines*, 96–156.

84. Smith, *Triumph in the Philippines*, 65–67.

85. James, *Years of MacArthur*, II, 590–591.

86. Clark G. Reynolds, *The Fast Carriers: The Forging of an Air Navy* (New York: McGraw Hill, 1968), 297.

87. Morison, *Liberation of the Philippines*, 175–178.

88. Nimitz to MacArthur, 6 February 1945, box 97, file 300, Map Room Files, FDRL; Morison, *Liberation of the Philippines*, 155–156, 174–179; Morison, *Victory in the Pacific, 1945* (*History of United States Naval Operations in World War II*, vol. 14) (Boston: Little, Brown, 1960), 26–27.

89. Craven and Cate, *Army Air Forces in World War II*, vol. 5, *From Matterhorn to Nagasaki, June 1944 to August 1945*, 419.

90. FILBAS [Philippines Bases] Agreement, Report of Conferees as to Logistical Support in the Philippine Islands for Pacific Ocean Area Forces, 4 November 1944, folder 6, box 1, RG 29A, Richard Marshall Papers, MMA.

91. Smith, *Triumph in the Philippines*, 84.

92. Ibid., 80–87, map 1.

93. On intelligence estimates: Edward J. Drea, *MacArthur's ULTRA and the War against Japan, 1942–1945* (Lawrence: University Press of Kansas, 1992), chap. 7.

94. Ibid., 181–186.

95. Smith, *Triumph in the Philippines*, 94–100.

96. On the Forty-Third Division attack: Smith, *Triumph in the Philippines*, chap. 6, 147–155; Joseph E. Zimmer, *The History of the 43rd Infantry Division, 1941–1945* (Nashville: Battery Press, 1982), 7, 34, 36, 38.

97. Smith, *Triumph in the Philippines*, 148–149.

98. Ibid., 152–153.

99. Ibid., 153–155.

100. Ibid., 140, 154–155.

101. Ibid., 150.

102. Ibid., 165.

103. Ibid., 151.

104. Ibid., 151; Zimmer, *History of the 43rd Infantry Division*, 61.

105. Smith, *Triumph in the Philippines*, 181.

106. Zimmer, *History of the 43rd Infantry Division*, 61.

107. Smith, *Triumph in the Philippines*, 139–146, 155–171.

108. Ibid., 212; Holzimmer, *General Walter Krueger*, 216.

109. The plan is in Richard Connaughton, John Pimlott, and Duncan Anderson, *The Battle of Manila* (Novato, CA: Presidio Press, 2002), 209–214.

110. Smith, *Triumph in the Philippines*, 161–164.

111. Ibid., 155–160.

112. Ibid., 164–166.

113. Ibid., 187–188.

114. Ibid., 187–196.

115. Ibid., 196–202.

116. Ibid., 198.

117. Samuel Eliot Morison, *Breaking the Bismarcks Barrier, 22 July 1942–May 1944* (*History of United States Naval Operations in World War II*, vol. 6) (Boston: Little, Brown, 1950), 364, 431.

118. Smith, *Triumph in the Philippines*, 121–122, 130.

119. On the capture of the Clark airfields to January 27: ibid., 167–179.

120. Lt. Gen. Oscar Griswold, Diary, 26 January 1945, box 1, Griswold Papers, USAHEC.

121. Smith, *Triumph in the Philippines*, 184.

122. On the capture of the Clark airfields, January 27–31: ibid., 179–186.

123. Paul M. Gerrish, "My Army Days" (memoir), 84–85, 91–93, Veterans Surveys, 40th Infantry Division Papers, USAHEC.

124. Smith, *Triumph in the Philippines*, 652.

125. As quoted in Perret, *Old Soldiers Never Die*, 446.

126. Smith, *Triumph in the Philippines*, 237–256.

127. As quoted in Connaughton et al., *Battle of Manila*, 93.

128. Ibid., chap. 1.

129. Ibid., 69–70.

130. 关于日本人与菲律宾人关系的恶化 : ibid., chap. 2。

131. 关于防守马尼拉的日本海军部队 : Smith, *Triumph in the Philippines*, 240–248。

132. 关于第11空降师的进攻 : ibid., 221–231, 265–269。

133. Ibid., 268.

134. 关于肃清该市帕西格河以北地区和跨越帕西格河的情况 : ibid., 251–265。

135. As quoted in Connaughton et al., *Battle of Manila*, 109.

136. Smith, *Triumph in the Philippines*, 263.

137. Ibid., 260–263.

138. Ibid., 260 and n. 24; Connaughton et al., *Battle of Manila*, 112.

139. Smith, *Triumph in the Philippines*, 261–264, table 3, 296.

140. Ibid., 271–275; Connaughton et al., *Battle of Manila*, 141–144, 183–186; on the Manila massacre, ibid., chaps. 4–6.

141. As quoted in Connaughton et al., *Battle of Manila*, 107–108.

142. Smith, *Triumph in the Philippines*, 275.

143. Connaughton et al., *Battle of Manila*, 129, 135.

144. Smith, *Triumph in the Philippines*, 275–280.

145. Ibid., 280–283.
146. Ibid., 283–285.
147. Ibid., 285–287.
148. Ibid., 288–289.
149. Ibid., 289–290.
150. On the Intramuros battle: ibid., 291–301, table 3.
151. Ibid., table 4, 297.
152. Ibid., 300–301.
153. Ibid., 304.
154. Ibid., 304–306.
155. Ibid, 306.
156. Ibid., 307.
157. Robert H. Kiser, memoir, Veterans Surveys, 37th Division Papers, USAHEC.

第六章　硫磺岛，1945 年 2 月~3 月

1. Thomas B. Buell, *The Quiet Warrior: A Biography of Admiral Raymond Spruance* (Annapolis: Naval Institute Press, 1987), 307, 322–323.
2. On the Iwo Jima battle: Richard Wheeler, *Iwo* (New York: Lippincott and Crowell, 1980); Richard F. Newcomb, *Iwo Jima* (New York: Holt, 1965); Jeter A. Isley and Peter A. Crowl, *The U.S. Marines and Amphibious Warfare: Its Theory and Its Practice in the Pacific* (Princeton, NJ: Princeton University Press, 1951); Eric Hammel, *Iwo Jima* (Minneapolis: Zenith, 2009).
3. On Kuribayashi and his defense system: Newcomb, *Iwo Jima*, chap. 1, 41–44, 274; Wheeler, *Iwo*, 12, 25–26.
4. Hammel, *Iwo Jima*, 36; Newcomb, *Iwo Jima*, 43–44, 274.
5. Hammel, *Iwo Jima*, 33–36; Newcomb, *Iwo Jima*, 179, 274.
6. On the Guam preparatory gunfire: Isley and Crowl, *U.S. Marines and Amphibious Warfare*, 380–383.
7. On the preparatory bombardment issue: ibid., 439–451.
8. Ibid., 443.
9. Ibid., 443.
10. Samuel Eliot Morison, *The Liberation of the Philippines, Luzon, Mindanao, the Visayas, 1944–1945* (*History of United States Naval Operations in World War II*, vol. 8) (Boston: Little, Brown, 1959), 174–179.
11. Dick Camp, *Iwo Jima Recon: The U.S. Navy at War, February 17, 1945* (Minneapolis: Zenith, 2007), 49.
12. Isley and Crowl, *U.S. Marines and Amphibious Warfare*, 474–475.
13. Newcomb, *Iwo Jima*, 27.
14. Isley and Crowl, *U.S. Marines and Amphibious Warfare*, 458–459, 516.
15. Newcomb, *Iwo Jima*, 103.
16. Ibid., 132.
17. Wheeler, *Iwo*, 79–84.
18. Ibid., 84–85.
19. Ibid., 81; Hammel, *Iwo Jima*, 83.
20. Wheeler, *Iwo*, 107–108.

21. Ibid., 126–127.
22. Ibid., 128–129; Hammel, *Iwo Jima*, 110.
23. Wheeler, *Iwo*, 129–130.
24. Ibid., 134–135, 141.
25. On the Suribachi flag event: ibid., chap. 11; Newcomb, *Iwo Jima*, chap. 4.
26. Newcomb, *Iwo Jima*, 200; Stanley K. Fink, U.S.M.C., "Blood Use in Pacific War," *Hygeia* 23 (May 1945), 397–398.
27. On the Twenty-First Regiment advance across Airfield No. 2: Wheeler, *Iwo*, 156–160; Newcomb, *Iwo Jima*, 179–180.
28. On casualties: Wheeler, *Iwo*, 158, 160; Newcomb, *Iwo Jima*, 183.
29. Isley and Crowl, *U.S. Marines and Amphibious Warfare*, 489–493.
30. Ibid., 494.
31. Ibid., 528.
32. Hammel, *Iwo Jima*, 213.
33. Newcomb, *Iwo Jima*, 266; Wheeler, *Iwo*, 188–191.
34. Newcomb, *Iwo Jima*, 198.
35. Ibid., 188.
36. Ibid., 204–205, 215–218.
37. Ibid., 192.
38. Ibid., 215–216.
39. Ibid., 218.
40. Wheeler, *Iwo*, 206.
41. Newcomb, *Iwo Jima*, 252.
42. Wheeler, *Iwo*, 181.
43. Newcomb, *Iwo Jima*, 296.
44. Ibid., 282–284.
45. Ibid., 296.
46. "Woman's Pleas to End Iwo Battles Revealed," *New York Times*, 17 March 1945, 7. The letter was also published in the 26 March edition of *Time*; Geoffrey Perret, *Days of Sadness Years of Triumph* (New York: Coward, McCann, and Geoghegan, 1972), 410.
47. Bosley Crowther, "Matters of Actual Fact, Iwo Jima between the Eyes Pacific Fury," *New York Times*, 18 March 1945, X1.
48. Isley and Crowl, *U.S. Marines and Amphibious Warfare*, 529. For differing views on the value of Iwo Jima to the United States, see Ronald H. Spector, *Eagle against the Sun: The American War with Japan* (New York: Free Press, 1985), 502–503; William L. O'Neill, *A Democracy at War: America's Fight at Home and Abroad in World War II* (New York: Free Press, 1993), 405–407; Robert S. Burrell, "Breaking the Cycle of Iwo Jima Mythology: A Strategic Study of Operation Detachment," *Journal of Military History* 68, no. 4 (October 2004), 1143–1186; Brian Hanley and Robert S. Burrell, "The Myth of Iwo Jima: A Rebuttal [and Response]," *Journal of Military History* 69, no. 3 (July 2005), 801–809.
49. David Nichols, ed., *Ernie's War: The Best of Ernie Pyle's World War II Dispatches* (New York: Random House, 1986), 375.

50. Richard B. Frank, *Downfall: The End of the Imperial Japanese Empire* (New York: Penguin, 1999), 3–19; Spector, *Eagle against the Sun*, 504–505; Francis Pike, *Hirohito's War: The Pacific War, 1941–1945* (London: Bloomsbury, 2015), 1024–1028.

51. "3,000-Mile Stride on the Tokyo Road: Sees No Quick and Easy Victory over Japan," *New York Times*, 28 March 1945, 14.

第七章 收复吕宋，1945 年 2 月~6 月

1. As quoted in D. Clayton James, *The Years of MacArthur*, 2 vols. (Boston: Houghton Mifflin, 1970, 1975), II, 647.

2. Robert Ross Smith, *Triumph in the Philippines*, United States Army in World War II, The War in the Pacific (Washington, DC: U.S. Government Printing Office, 1963), 362–363.

3. MacArthur to Marshall, 26 February 1945, folder 3, box 17, RG 4, MacArthur Memorial Archives (MMA), Norfolk, Virginia.

4. Smith, *Triumph in the Philippines*, 583–586.

5. Charles B. MacDonald, *The European Theater of Operations: The Last Offensive* (New York: Barnes and Noble, 1995), chaps. 1–6.

6. 关于麦克阿瑟决心维持西南太平洋战场的现存边界和指挥权:MacArthur to Marshall, 27 August 1944, folder 2, War Dept., 9 August-23 December 1944, box 17, RG 4, MMA. On the diplomatic and strategic context of the Java project: Christopher Thorne, *Allies of a Kind:The United States, Britain, and the War against Japan, 1941-1945* (New York:Oxford University Press, 1978), 256, 415-416, 480-487, 614, 645-652; Thorne,*The Issue of War: States, Societies, and the Far Eastern Conflict of 1941-1945* (NewYork:Oxford University Press, 1985), 152, 168-169, 188-189, 194-195, 198-199, 212,223-224, 258; James, *Years of MacArthur*, II, 702-717, 751-763; Grace Person Hayes, *The History of the Joint Chiefs of Staff in World War II* (Annapolis:Naval Institute Press, 1982),695-701; Samuel Eliot Morison, *The Liberation of the Philippines,Luzon, Mindanao, the Visayas, 1944-1945* (*History of United States Naval Operations in World War II*, vol.8), chap. 12。

7. J. E. Hull, Memo for General Lincoln, 5 March 1945, 2892, reel 119, George Marshall Research Library (MRL), Lexington, Virginia.

8. MacArthur to Marshall, 10 and 26 February 1945, folder 3, box 17, RG 4, MMA.

9. Francis Pike, *Hirohito's War: The Pacific War, 1941–1945* (London: Bloomsbury, 2015), 989.

10. Drew Pearson, "Merry Go-Round," *Washington Post*, 3 March 1945, 5.

11. "MacArthur," *Washington Post*, 20 March 8.

12. MacArthur to Nimitz, 26 February 1945, folder 7, Navy, 8 February–30 July 1945, box 10, RG 4, MMA.

13. On the fall–winter shipping crisis: Robert W. Coakley and Richard M. Leighton, *Global Logistics and Strategy, 1943–1945*, United States Army in World War II, The War Department (Washington, DC: U.S. Government Printing Office, 1968), chaps. 19, 22–24; H. B. Whipple, extracts from journal, 1945, Wartime folder, R.G. 29A, Richard Marshall Papers, MMA; Whipple memo, February 1945, folder 1, box 1,

RG 29A, MMA; C. H. Unger memo, 30 March 1945, 1945 Wartime folder, box 2, RG 29A, MMA.

14. Marshall to MacArthur, 27 February 1945, folder 3, War Department, December 1944–April 1945, box 17, RG 4, MMA.

15. Ibid.; Marshall to MacArthur, 7 February 1945, and MacArthur to Marshall, 26 February 1945, both in folder 3, box 17, RG 4, MMA.

16. Marshall to MacArthur, 7 February 1945.

17. Ibid.; Marshall to MacArthur, 1 March 1945, folder 3, box 17, RG 4, MMA.

18. MacArthur to Marshall, 26 February 1945, folder 3, box 17, RG 4, MMA.

19. MacArthur to Marshall, 28 February 1945, 2882, reel 119, George C. Marshall Papers, MRL; MacArthur to Marshall, 26 February 1945, folder 3, box 17, MMA.

20. Marshall to MacArthur, 26 March 1945, box 55, Outgoing, RG 165, National Archives (NARA), College Park, Maryland.

21. Marshall to MacArthur, 28 February 1945, 2882, reel 119, George C. Marshall Papers, MRL.

22. MacArthur to Marshall, 26 February 1945, folder 3, box 17, RG 4, MMA.

23. Morison, *Liberation of the Philippines*, chap. 12.

24. MacArthur to Marshall, 30 May 1945, folder 4, box 17, RG 4, MMA.

25. MacArthur to Marshall, 5 April 1945, Incoming, box 35, RG 165, NARA.

26. Somervell, Memorandum for General Hull, 6 February 1945, 2892, reel 119, MRL.

27. Edward J. Drea, *MacArthur's ULTRA and the War against Japan, 1942–1945* (Lawrence: University Press of Kansas, 1992), 200.

28. Smith, *Triumph in the Philippines*, 203–208, 418–445, 577.

29. B. David Mann, "Japanese Defense of Bataan, Luzon, Philippine Islands, 16 December 1944–4 September 1945," *Journal of Military History* 67 (October 2003), 1149–1176, n. 36, 1167.

30. On the battle at Zig-Zag Pass: ibid., and Smith, *Triumph in the Philippines*, chap. 17.

31. Smith (*Triumph in the Philippines*, 315) puts the number of Nagayoshi's force at 2,750, but Mann's number, 2,100 ("Japanese Defense of Bataan," 1159), is based on more recent Japanese sources.

32. Mann, "Japanese Defense of Bataan," 1163.

33. Ibid., 1167.

34. Ibid., 1168.

35. Smith, *Triumph in the Philippines*, 319–320.

36. Mann, "Japanese Defense of Bataan," 1166.

37. Smith, *Triumph in the Philippines*, 322, 328.

38. Ibid., 323, 325.

39. Mann, "Japanese Defense of Bataan," 1169–1170.

40. Ibid., 1172–1174; Smith, *Triumph in the Philippines*, 327–330.

41. Drea, *MacArthur's ULTRA*, 199–200.

42. Smith, *Triumph in the Philippines*, 33.

43. Ibid., 345.

44. Ibid. On the Corregidor battle: ibid., chap. 18.

45. Ibid., 203.
46. As quoted in Morison, *Liberation of the Philippines*, 206–207.
47. W. A. Sullivan, Estimate of Situation, Harbor Clearance Activities, Philippine Islands, folder 6, box 2, RG 4, MMA.
48. Photographs, 1 May 1945, 212139, and 13 July 1945, 262756, Signal Corps Photograph Archives, NARA.
49. MacArthur to War and Navy Departments, Incoming, 28 March 1945, box 34, RG 165, NARA.
50. Summary of Ships in Port, 21 July 1945, XI-D-Diary and Day File to Krueger File, General Subject File, Planning Division: Theater Branch, Divisions of Plans and Operations, Army Service Forces, box 63, RG 160, NARA; Lt. Gen. William D. Styer, Joint Conference on Supply and Shipping Problems, 1–6 May 1945, box 11, Strategic Logistics Branch, Planning Division, Army Service Forces, RG 160, NARA.
51. On the capture of the dams: Smith, *Triumph in the Philippines*, 367–368, 391, 404–405; James, *Years of MacArthur*, II, 677–678. On the Shimbu campaign: Smith, *Triumph in the Philippines*, chaps. 20–22.
52. Smith, *Triumph in the Philippines*, 368–371.
53. Ibid., 376–377; Joseph E. Zimmer, *The History of the 43rd Infantry Division, 1941–1945* (Nashville: Battery Press, 1982), 62.
54. Smith, *Triumph in the Philippines*, 362; on the Southern Philippines strategy: ibid., chap. 20.
55. Ibid., 375, 378.
56. Ibid., 367–384.
57. Ibid., 387.
58. Ibid., 384.
59. Ibid., 386; Zimmer, *History of the 43rd Division*, 69–70.
60. Smith, *Triumph in the Philippines*, 379–381.
61. Ibid., 392–398.
62. Ibid., 389.
63. On casualties: ibid., 384, 387, 389, 394, 396, 398.
64. Otis A. Pease, *Blueberry Pie: The Meaning of WWII for the Americans Who Fought in It* (Lincoln, NE: i Universe, 2007), 61.
65. On the Ipo Dam: Smith, *Triumph in the Philippines*, 404–405; James, *Years of MacArthur*, II, 674–678.
66. Smith, *Triumph in the Philippines*, 403–408; Zimmer, *History of the 43rd Division*, chap. 17.
67. Zimmer, *History of the 43rd Division*, 78–82.
68. Smith, *Triumph in the Philippines*, 412–413.
69. On the clearing of southern Luzon: ibid., 415–445.
70. Ibid., 443.
71. Ibid. 433.
72. Ibid., 432–433.
73. Ibid., 439–445.
74. Zimmer, *History of the 43rd Division*, 81–82.
75. MacDonald, *European Theater of Operations*, 53.

76. Roland G. Ruppenthal, *Logistic Support of the Armies* (Washington, DC: U.S. Government Printing Office, 1959), II, 220–232, 316–317.

77. Brower, "American Strategy," 16.

78. Fleet Admiral William D. Leahy to President Roosevelt, 11 January 1945, 319.1 sec. 1, Ca 1–50, Operations Division Decimal File, 1945, RG 165, entry 419, box 116, NARA.

79. Leonard L. Lerwill, *Personnel Replacement System in the U.S. Army*, Department of the Army Pamphlet No. 20-211, Office of the Chief of Military History, Washington, DC, 1953, 85, 123.

80. Robert R. Palmer and William R. Keast, "The Provision of Enlisted Replacements," 165–239, in Palmer, Bell I. Wiley, and Keast, *The Procurement and Training of Ground Combat Troops* (Washington, DC: U.S. Government Printing Office, 1948), 227–228.

81. Ibid., 218–223.

82. Freemen to Marshall for Hull, CA 50542, 13 February 1945, folder 3, box 17, RG 4, MA; also box 32, 11–13 February 1945, RG 165, NARA.

83. Hull to MacArthur, for Sutherland, 22 February 1945, folder 3, box 17, RG 4, MMA.

84. Hull to General Marshall, 5 March 1945, reel 118, 2861, OPD Executive File, MRL.

85. MacArthur to Marshall, 3 March 1945, box 33, RG 165, NARA.

86. Marshall to MacArthur, 6 March 1945, folder 1, box 75, Marshall Selected Correspondence, MRL.

87. Keith E. Eiler, *Mobilizing America: Robert P. Patterson and the War Effort, 1940–1945* (Ithaca, NY: Cornell University Press, 1997), 417–423, Stimson quoted on 419; John Morton Blum, *V Was for Victory: Politics and American Culture in World War II* (New York: Harcourt Brace Jovanovich, 1977), 253; "The Nation: Dispute on Manpower Labor's View," *New York Times*, 21 January 1945, 64.

88. On the ending of the war on the European front: Trevor N. Dupuy, David L. Bongard, and Richard C. Anderson, Jr., *Hitler's Last Gamble, The Battle of the Bulge, December 1944–January 1945* (New York: Harper, 1994), 358; MacDonald, *European Theater of Operations*, 134.

第八章　超越人类极限：夺取菲律宾全境，1945 年 2 月~6 月

1. Robert Ross Smith, *Triumph in the Philippines*, United States Army in World War II, The War in the Pacific (Washington, DC: U.S. Government Printing Office, 1963), 583–589.

2. On the Palawan capture: Smith, *Triumph in the Philippines*, 589–591; Samuel Eliot Morison, *The Liberation of the Philippines, Luzon, Mindanao, the Visayas, 1944–1945* (*History of United States Naval Operations in World War II*, vol. 8), 213–222; William F. McCartney, *The Jungleers: A History of the 41st Infantry Division* (Washington, DC: Infantry Journal Press, 1948), chap. 13.

3. Morison, *Liberation of the Philippines*, 220.

4. On the Zamboanga battle: McCartney, *Jungleers*, 145–147; Smith, *Triumph in the Philippines*, 591–597; Morison, *Liberation of the Philippines*, 213–222.

5. Smith, *Triumph in the Philippines*, 597–600.

6. H. W. Willmott, *The Battle of Leyte Gulf* (Bloomington: Indiana University Press, 2005), 234–235; Morison, *Liberation of the Philippines*, 280–286.

7. Paul M. Gerrish, "My Army Days" (memoir), 91–93, Veterans Surveys, 40th Infantry Division, United States Army Heritage and Education Center (USAHEC), Carlisle, Pennsylvania.

8. Smith, *Triumph in the Philippines*, 601–602.

9. Gerrish, "My Army Days," 102.

10. Ibid., 102–103.

11. Smith, *Triumph in the Philippines*, 605; on the battle for Negros: ibid., 604–608.

12. 40th Infantry Division, *The Years of World War II* (Nashville: Battery Press, 1946), 130.

13. Smith, *Triumph in the Philippines*, 605 n. 9.

14. 40th Infantry Division, *Years of World War II*, 135.

15. Gerrish, "My Army Days," 106.

16. "Geographic/Topographic Intelligence for Cebu," folder of Lt. F. H. Gilbert, Co. B, 182nd Infantry, Americal Division, box 4, Infantry, World War II, U.S.A., USAHEC. Sources for the Cebu battle: Smith, *Triumph in the Philippines*, 608–617; Captain Francis D. Cronin, *Under the Southern Cross: The Saga of the Americal Division* (Washington, DC: Combat Forces Press, 1951), 268–308; Morison, *Liberation of the Philippines*, 233–237, 240.

17. Smith, *Triumph in the Philippines*, 608–613; the landing on Cebu: ibid., 610–613.

18. Ibid., 613–614.

19. Cebu battles: ibid., 613–617; Cronin, *Under the Southern Cross*, 267–328.

20. Troop loss and Japanese survivors: Cronin, *Under the Southern Cross*, 340; Smith, *Triumph in the Philippines*, 597, 602, 605, 607–609, 615, 617; 40th Infantry Division, *Years of World War II*, 137.

21. Staff Sergeant W. T. McLaughlin, 21st Reconnaissance Troop, Americal Division, "Recon Scout" (memoir), box 5, Americal Division, Infantry Collection, USAHEC.

22. Cronin, *Under the Southern Cross*, 266.

23. Invasion of Mindanao, battle of Davao, and capture of the Sayre Highway: Smith, *Triumph in the Philippines*, 620–642; Morison, *Liberation of the Philippines*, 240–241.

24. Richard Fuller, *Shōkan: Hirohito's Samurai* (London: Arms and Armour Press, 1991), 157; Pacific War Online Encyclopedia, http://pwencycl.kgbudge.com/ M/o/Morozumi_Gyosaku.htm.

25. Suspension of battle on Mindanao, casualties, and surrender: D. Clayton James, *The Years of MacArthur*, 2 vols. (Boston: Houghton Mifflin, 1970, 1975), II, 758, 803; Smith, *Triumph in the Philippines*, 636–648.

26. Fuller, *Shōkan*, 236–238; Pacific Online Encyclopedia, http://pwencycl.kgbudge .com/Y/a/Yamashita_Tomoyuki.htm.

27. Fuller, *Shōkan*, 181; M. Hamlin Cannon, *Leyte: The Return to the Philippines*, United States Army in World War II, The War in the Pacific (Washington, DC, 1954), 358, table 4, 368.

28. Melvin C. Walthall, *Lightning Forward: A History of the 25th Division (Tropic Lightning), 1941–1978* ([Bradenton, FL]: 25th Infantry Division Association, 1978), 51.
29. Smith, *Triumph in the Philippines*, 306.
30. Ibid., 468–481.
31. Ibid., 481–485.
32. Ibid., 525; on the Twenty-Fifth Division advance: ibid., chap. 27.
33. Ibid. 504.
34. Edward R. Guhl to his mother and George, 30 March 1945, 32nd Division, World War II Survey, USAHEC.
35. Smith, *Triumph in the Philippines*, 498; on the Villa Verde Trail battle: ibid., chap. 26, maps 11, 12.
36. Ibid., 499.
37. Ibid., 503, 505. The 126th Regiment, when it joined the battle, had 2,100 effectives.
38. Lt. Colonel Robert Bernucci and Colonel Alert Glass, eds., Medical Department, U.S. Army, *Neuropsychiatry in World War II*, vol. 2, *Overseas Theaters* (Washington, DC: U.S. Government Printing Office, 1973), tables 89 and 96, 1008, 1020.
39. Ibid., 661, 666–667.
40. Ibid., 663, 1002–1003, 1011–1027.
41. Ibid., 659.
42. Monte J. Howell, James W. Deloach, Roland Acheson, Donald R. Dill, Edward Guhl Surveys, in Veterans Surveys, 32nd Division, USAHEC.
43. Smith, *Triumph in the Philippines*, 505–511.
44. Ibid., 525–37.
45. Ibid.; losses: battle, 538–539; nonbattle, 503, 532.
46. William H. Gill Papers, tape 9, box 1, USAHEC.
47. Smith, *Triumph in the Philippines*, 578–579; on the northern encirclement: chap. 29.
48. Ibid., chap. 29.
49. Ibid., table of casualties, 577.
50. "Jolo in Sulu Isles Won by MacArthur," *New York Times*, 11 April 1945, 1; "Big Cebu Victory Won in Philippines," *New York Times*, 21 April 1945; 8; "Philippines' Summer Capital Falls to Americans after Long Battle," *New York Time*, 29 April 1945, 1; "Another Mindanao Airfield Won; Japan's Philippine Loss 369,818," *New York Times*, 21 May 1945, 3.
51. Williamson Murray and Allan R. Millet, *A War to Be Won: Fighting the Second World War* (Cambridge, MA: Harvard University Press, 2000), 502–503.

第九章　冲绳，1945 年 2 月~6 月

1. Samuel Eliot Morison, *Victory in the Pacific, 1945* (*History of United States Naval Operations*, vol. 14) (Boston: Little, Brown, 1960), 129.
2. Roy E. Appleman, James M. Burns, Russell A. Gugeler, and John Stevens, *Okinawa: The Last Battle*, United States Army in World War II, The War in the Pacific (Washington, DC, 1948) (hereafter Appleman), 36.

3. Jeter A. Isley and Peter A. Crowl, *The U.S. Marines and Amphibious Warfare: Its Theory and Its Practice in the Pacific* (Princeton, NJ: Princeton University Press, 1951); *U.S. Marines*, 553.

4. Appleman, *Okinawa*, 144.

5. Ibid., 148; chap. 6.

6. 77th Division Association, *Ours to Hold It High*, 253–254; Morison, *Victory*, 176–177.

7. Appleman, *Okinawa*, 154.

8. Ibid., 175–176.

9. Ibid., 179–180.

10. David Nichols, ed., *Ernie's War: The Best of Ernie Pyle's World War II Dispatches* (New York: Random House, 1986), xi; James Tobin, *Ernie Pyle's War: America's Eyewitness to World War II* (New York: Free Press, 1997), 1–5.

11. Appleman, *Okinawa*, 180–183.

12. Ibid., 233, 235; George Feifer, *Tennozan: The Battle of Okinawa and the Atomic Bomb* (New York: Ticknor and Fields, 1992), 195–229.

13. Commander Edward P. Stafford, USN (Ret.), *Little Ship, Big War: The Saga of DE343* (New York: Morrow, 1984), 230, 234, 239.

14. Morison, *Victory*, 248.

15. Ibid., 262.

16. Ibid., 305.

17. Ibid., 98–99.

18. Ibid., 133, 135.

19. On the picket ship–kamikaze battle: Stafford, *Little Ship, Big War*, 212–265.

20. Ibid., 225.

21. Morison, *Victory*, 181.

22. Ibid., 224.

23. Ibid., 181–191.

24. Ibid., 199–209.

25. Ibid., 102–107, 211–214, 249–250, 264–266.

26. M. Hamlin Cannon, *Leyte: The Return to the Philippines*, United States Army in World War II, The War in the Pacific (Washington, DC, 1954), 26, 365.

27. Appleman, *Okinawa*, 84–85.

28. Ibid., 89, 91.

29. Ibid., 91–92.

30. Ibid., 112.

31. Ibid., 116.

32. Ibid., 113–118.

33. Ibid., 130.

34. Ibid., 130–137.

35. Ibid., 194; Isley and Crowl, *U.S. Marines and Amphibious Warfare*, 557–568.

36. Appleman, *Okinawa*, 196–197.

37. Ibid., 198.

38. Ibid., 230–235.

39. Ibid., 242.

40. Ibid., 238.

41. Ibid., 235–241.

42. Ibid., 211.

43. Ibid., 210, 217, 218.

44. Ibid., 219.

45. Ibid., 238.

46. Ibid., 490.

47. Ibid., 200, 207, 213, 231, 234, 279.

48. Ibid., chap. 4, p. 37.

49. Morison, *Victory*, 233.

50. Appleman, *Okinawa*, 291.

51. Appleman, 276, 279–282.

52. Ibid., 341–342.

53. Ibid., 326, 330.

54. Sixth Marine Division Special Action Report, Phase III, Pt. III, 5, Ike Skelton Combined Arms Research Library Digital Library, http://cgsc.contentdm.oclc .org/cdm/ref/collection/p4013coll8/id/3365, Charles S. Nichols and Henry I. Shaw, Jr., *Okinawa: Victory in the Pacific, Historical Branch, Headquarters, U.S. Marine Corps* ([Washington, DC]: Historical Branch, G-3 Division, Headquarters, U.S. Marine Corps, 1955), 176.

55. Nichols and Henry I. Shaw, Jr., *Okinawa*, 320.

56. Ibid.

57. Ibid., 373.

58. E. B. Sledge, *With the Old Breed at Peleliu and Okinawa* (Novato, CA: Presidio Press, 1981), 251–252.

59. Ibid., 252–253.

60. Appleman, *Okinawa*, 357–359.

61. Ibid, 377.

62. Ibid., 388–392.

63. Ibid., 433–434; Feifer, *Tennozan*, 441–443.

64. Appleman, *Okinawa*, 452, 454.

65. Ibid., 443–447.

66. Ibid., 454.

67. Ibid., 461–474.

68. Robert Ross Smith, *Triumph in the Philippines*, United States Army in World War II, The War in the Pacific (Washington, DC: U.S. Government Printing Office, 1963), 597, 617–619; Joseph E. Zimmer, *The History of the 43rd Infantry Division, 1944–1945* (Nashville: Battery Press, 1945), 82.

第十章　干掉两个，还剩一个：大后方，1945 年 3 月~6 月

1. "Yanks Invade Okinawa, Cost Very Light; Ruhr Cut Off with 40,000 Nazis in Trap." 这是1945年4月2日《华盛顿邮报》的通栏大标题。同一页上还有一幅美军登陆冲绳岛的地图。

2. 这些信息的标题是"North Reich Cut Up",都在另一个将冲绳和德国联系在一起的通栏大标题之下："British Sweep Menaces Foe in Holland; Patton's Tanks

155 Miles from Berlin; American Thrust Cuts Okinawa in Two," *New York Times,* 3 April 1945,1。

3. "Amazing Walk-In," *New York Times,* 2 April 1945, 1.《时代》上的通栏标题以同样的方式将太平洋和德国战场的胜利相提并论，正如《华盛顿邮报》的报道"Americans Invade Okinawa in the Ryukyus; Seize Two Airfields; First Resistance Light; 9th and 1st Armies Join, Circling Ruhr."

4. "Fierce Battle Blazes in South on Okinawa"; "Okinawa Fighting Grim in South," *New York Times,* 10 and 12 April 1945, both on p. 1. "Jap Bayonet Charge Drives Yanks off Key Okinawa Hills"; "Real Barrage Helps Force Yanks Back: Artillery Battles on European Scale Seen as Nips Mass Their Most to Date," both in *Washington Post,* April 10 April 1945, 1.

5. Ben W. Gilbert, "Byrnes Sets Slow Let-up for VE-Day," *Washington Post,* 1 April 1945, M1. "Byrnes Report," *Washington Post,* 2 April 1945, 6; "Byrnes Will Quit Mobilization Post," *New York Times,* 3 April 1945, 1.

6. James T. Sparrow, *Warfare State: World War II Americans and the Age of Big Government* (New York: Oxford University Press, 2011), 197–200.

7. "Radio Address Summarizing the State of the Union Message, 6 January 1945," and "The President Reemphasizes the Need for National Service Legislation," 17 January 1945, in *The Public Papers and Addresses of Franklin D. Roosevelt, 1944–45, Victory and the Threshold of Peace:* compiled with special material and explanatory notes by Samuel I. Rosenman (New York: Harper, 1950), 507–517, 517–519; Keith E. Eiler, *Mobilizing America: Robert P. Patterson and the War Effort, 1940–1945* (Ithaca, NY: Cornell University Press, 1997), 417–426.

8. Hadley Cantril, ed., *Public Opinion, 1935–1946,* prepared by Mildred Strunk (Princeton, NJ: Princeton University Press, 1951), 1126; George H. Gallup, *The Gallup Poll: Public Opinion, 1935–1971* (New York: Random House, 1972), I, 487.

9. "Manpower Defeat Is Seen as Certain," *New York Times,* 3 April 1945, 1.

10. "The War Service Fiasco," *New York Times,* 5 April 1945, 21; C. P. Trussell, "Manpower Legislation Remains Up in the Air," *New York Times,* 8 April 1945, 61; Eiler, *Mobilizing America,* 423, Nancy Beck Young, *Why We Fight: Congress and the Politics of World War II* (Lawrence: University Press of Kansas, 2013), 129–131.

11. Sparrow, *Warfare State,* 196–198.

12. Susan Brewer, *Why America Fights: Patriotism and War Propaganda from the Philippines to Iraq* (New York: Oxford University Press, 2009), 117; Mark H. Leff, "The Politics of Sacrifice on the American Home Front in World War II," *Journal of American History* 77, no. 4 (March 1991), 1296–1318, especially 1313; John Morton Blum, *V Was for Victory: Politics and American Culture in World War II* (New York: Harcourt Brace Jovanovich, 1977), 100–101.

13. John Chappell, *Before the Bomb: How American Approached the End of the Pacific War* (Lexington: University Press of Kentucky, 1996), 65; Geoffrey Perret, *Days of Sadness Years of Triumph* (New York: Coward, McCann, and Geohegan, 1972), 390–391; Sue Hart, "Madison Avenue Goes to War: Patriotism in Advertising during World War II," in M. Paul Holsinger and Mary Anne Schofield, eds., *Visions of War: World War II in Popular Literature and Culture* (Bowling Green, OH: Bowling Green State University Popular Press, 1992), 120.

14. Brewer, *Why America Fights*, 117. On the corporate campaign see also Robert Griffith, "Forging America's Postwar Order: Domestic Politics and Political Economy in the Age of Truman," in Michael J. Lacey, ed., *The Truman Presidency* (New York: Cambridge University Press, 1991), 63; Elizabeth A. Fones-Wolf, *Selling Free Enterprise: The Business Assault on Labor and Liberalism, 1945–60* (Urbana: University of Illinois Press, 1995); Perret, *Days of Sadness*, 390–391.

15. Sparrow, *Warfare State*, 193.

16. "New Bedford Order Unchanged," *New York Times*, 22 March 1945, 38; "Most Pleas Fail to WMC in New Bedford," *New York Times*, 25 March 1945, 32; Eiler, *Mobilizing America*, 415–417.

17. Gerald F. Linderman, *The World within War: America's Combat Experience in World War II* (Cambridge, MA: Harvard University Press, 1997), 335–343.

18. Andrew Edmund Kersten, *Labor's Home Front: The American Federation of Labor during World War II* (New York: New York University Press, 2006), 166–171; "The Human Machinery of War: Disability of the Front Lines and Factory Floor, 1941–1945," *ehistory*, http://ehistory.osu.edu/exhibitions/machinery/index. accessed 19 October 2014. Working and living conditions for war workers are described in Mary Heaton Vorse, "And the Workers Say," *Public Opinion Quarterly* 7, no. 3 (autumn 1943), 443–456. For the rise of juvenile delinquency see Perret, *Days of Sadness*, 346–350. The rigors of life for workers who migrated into the boomtowns and crowded cities are succinctly described in Williamson Murray and Allan R. Millet, *A War to Be Won: Fighting the Second World War* (Cambridge, MA: Harvard University Press, 2000), 545–546.

19. Blum, *V Was for Victory*, 122.

20. 艾伦·格罗普曼（Alan Gropman）认为，考虑到美国的工业基础，美国的战时生产堪称人们常说的一个奇迹。Gropman, *Mobilizing Industry in World War II* (Washington, DC: Diane Publishing, 1996), 127–135; Russell F. Eigley, "The American Military and the Principle of Civilian Control of the Military from McClellan to Powell," *Journal of Military History* 57, no. 5 (October 1993), 50.

21. 保罗·A. C. 科伊斯蒂宁（Paul A. C. Koistinen）对动员进行了最细致的分析。虽然对战争中企业和军方的整体关系持高度批评态度，但他在评估陆军反对恢复平时生产的立场时尤其严厉。Koistinen, *Arsenal of World War II: The Political Economy of World War II, 1940–1945* (Lawrence: University Press of Kansas, 2004), 498–516. See also William H. Miller, "'P' Was for Plenty," 875–892, and Edward G. Miller, "Generating American Combat Power in World War II," 893–908, both in Thomas W. Zeiler with Daniel DuBois, eds., *A Companion to World War II* (Malden, MA: Wiley-Blackwell, 2013).

22. Lewis L. Gould, *Grand Old Party: A History of the Republicans* (New York: Random House, 2003), 300.

23. "Turn to Right Seen," *New York Times*, 14 April 1945, 1; Marquis Childs, "Washington Calling: Utilizing Advisers," and Arthur Krock, "Influence of Congress is Looming Large Again," *New York Times*, 15 April 1945, E3; Roy Roberts, "Truman to Shelve Person Rule," *New York Times*, 15 April 1945, 6; Barnet Nover, "Closing of the Ranks:

President Truman at the Helm," *Washington Post*, 17 April 1945, 6; Luther Huston, "Truman's Record Shows Practical, Prudent Man," *New York Times*, 15 April 1945, E5. Roy Roberts was managing editor of the *Kansas City Star*.

24. Martin Sherwin, *A World Destroyed: The Atomic Bomb and the Grand Alliance* (New York: Vintage Books, 1977), 150; Robert James Maddox, *Weapons for Victory: The Hiroshima Decision Fifty Years Later* (Columbia: University of Missouri Press, 1995), 24.

25. Address before Joint Session of Congress, 16 April 1945, Public Papers of the Presidents, Harry S. Truman, 1945–1953 (hereafter HST PP), Harry S. Truman Library and Museum, Independence, Missouri, http://www.trumanlibrary.org/publicpapers/index.php?pid=2&st=&st1=.

26. "The President's News Conference," 17 April 1945, HST PP, http://www.truman-library.org/publicpapers/index.php?pid=4&st=&st1=.

27. Ernest Lindley, "Home Front Demands: Truman Stands Firm," *Washington Post*, 20 April 1945, 8.

28. "The Operation of the Army Personnel Readjustment Plan," Hearings before the Committee on Military Affairs, House of Representatives, 79th Congress, 1st session, 19 June 1945, 8–9.

29. Mildred V. Hester, *Occupation Forces in Europe Series, 1945–1946: Redeployment*, Office of the Chief Historian, European Command, Frankfurt-Am-Main, Germany, manuscript history accessed 24 July 2014, Combined Arms Research Library Digital Library, http://cgsc.contentdm.oclc.org/cdm/singleitem/collection/p4013coll8/id/2952/rec/12, 8–11.

30. Ibid., 22.

31. John Hersey, "Reporter at Large: Long Haul with Variables," *New Yorker*, 8 September 1945, 44.

32. The quotations come from Marshall's notes for the speech. "Draft of Speech to the Academy of Political Science," 4 April 1945, in Larry I. Bland and Sharon Ritenour, eds., *The Papers of George Catlett Marshall*, vol. 5, *"The Finest Soldier," January 1, 1945–January 7, 1947* (Baltimore: Johns Hopkins University Press, 2003) (hereafter *GCM*), 121.

33. Ibid.

34. Ibid., 122.

35. Marshall to Eisenhower, 14 April 1945, *GCM*, 143.

36. Ibid.马歇尔也将电文发送给地中海战场美国陆军总指挥官约瑟夫·麦克纳尼（Joseph McNarney）上将。See Eisenhower to Marshall, 18 April 1945, and Eisenhower to Jacob Devers, 19 April 1945, for Eisenhower's response and subsequent messages to subordinates; *The Papers of Dwight David Eisenhower: The War Years* (Baltimore: Johns Hopkins University Press) (hereafter *DDE*), IV, 2621–2622, 2626–2627, n. 1.

37. Memorandum discussed with the president, 25 April 1945, in William Burr, ed., *The Atomic Bomb and the End of World War II: A Collection of Primary Sources*, National Security Archive Electronic Briefing Book no. 162, http://nsarchive.gwu.edu/NSAEBB/NSAEBB162/.

38. Memorandum for the Secretary of War from General L. R. Groves, "Atomic Fission Bombs," 23 April 1945, in Burr, *Atomic Bomb and the End of World War II*.

39. Eisenhower to Marshall, 27 April 1945, in *DDE*, IV, 2651–2653.

40. The exchanges between Marshall and Eisenhower are summarized in the footnotes for Eisenhower to Marshall, 4 May 1945, in *DDE*, IV, 2678–2679.

41. "Hand to Hand Battle Rages for Kakazu" and "Army Restores Kakazu Ridge Walking Dead," *Washington Post*, 24 April 1945, 1, and 6 May 1945, M2, respectively.

42. "Army Restores Kakazu Ridge Walking Dead," *Washington Post*, 6 May 1945, M2.

43. "Killing of Japs Only Okinawa VE Observance: Warships, Planes Batter Enemy as Yanks Push Ahead," *Washington Post*, 9 May 1945, 1; "Island-Wide Drive," *New York Times*, 8 May 1945, 1, and "All Okinawa Guns Fire V-E Day Salvo," 9 May 1945, 1.

44. Charles Brower, *Defeating Japan: The Joint Chiefs of Staff and Strategy in the Pacific War, 1943–1945* (New York: Palgrave Macmillan, 2012), 103.

45. Ibid., 134.

46. Ibid., 132–135.

47. Grace Person Hayes, *The History of the Joint Chiefs of Staff in World War II* (Annapolis: Naval Institute Press, 1982), 704–706; Richard B. Frank, *Downfall: The End of the Imperial Japanese Empire* (New York: Penguin, 2001), 34–37.

48. 格雷斯·珀森·海斯 (Grace Person Hayes) 认为这一指令是海军的胜利，但是迈克尔·皮尔曼 (Michael Pearlman) 相信，虽然它没有将艾森豪威尔在登陆诺曼底行动中的权威赋予麦克阿瑟，但给了他相对于尼米兹的"优势"。Hayes, *Joint Chiefs*, 706–707; Michael Pearlman, *Warmaking and American Democracy: The Struggle over Military Strategy from 1700 to the Present* (Lawrence: University Press of Kansas, 1999), 270.

49. "DOWNFALL Strategic Plan," General Headquarters, U.S. Army Forces in the Pacific, 28 May 1945, copy in U.S. Military History Institute, Carlisle Barracks, Carlisle, Pennsylvania. Detailed discussion of DOWNFALL, including revisions, can be found in D. Clayton James, *The Years of MacArthur*, 2 vols. (Boston: Houghton Mifflin, 1970, 1975), II, 765–773; John Ray Skates, *The Invasion of Japan: Alternative to the Bomb* (Columbia: University of South Carolina Press, 1994); Frank, *Downfall*, 117–130; D. M. Giangreco, *Hell to Pay: Operation Downfall and the Invasion of Japan, 1947–1947* (Annapolis: Naval Institute Press, 2009).

50. 在一项修改中，麦克阿瑟要求用三个步兵师替代原计划中的两个装甲师。在另一项重要修改中，第十集团军从"小冠冕"行动中撤下来，由原定担任预备队的第一集团军承担前者的预定任务。

51. Eisenhower to Marshall, 8 May 1945, in *DDE*, VI, 21–22.

52. 尽管做出了这些努力来吸收入伍士兵，但随着包括奥马尔·布拉德利、考特尼·霍奇斯 (Courtney Hodges)、乔治·巴顿在内的著名指挥官在5月和6月返乡，这些将领们得到了大部分的关注。"General Hodges Takes Atlanta by Storm," *New York Times*, 25 May 1945, 5; "Clark and Fifty Men Feted in Chicago," *New York Times*, 31 May 1945, 7; "Salute to theGenerals, *New York*

Times, 10 June 1945, E2; "Topic of the Times," *New York Times*, 12 June 1945, 18.

53. Eisenhower to Bernard Law Montgomery, 15 May 1945, and Eisenhower to Marshall, 18 May 1945, in *DDE*, VI, 49–50, 65–67, respectively.

54. Thomas T. Handy to Eisenhower, 27 May 1945, Eisenhower Correspondence, Pre-Presidential Papers, Dwight D. Eisenhower Library, Abilene, Kansas.

55. Frank, *Downfall*, 124–125.

56. Army Ground Force Study no. 2, box 33, Army Ground Forces File, RG337, Records of Headquarters Army Ground Forces, National Archives (NARA), College Park, Maryland.

57. Hester, *Occupation Forces in Europe Series, 1945–1946*, 49.

58. *Reporting World War II*, 2 pts. (New York: Library of America, 1995), pt. 2, 567.

59. Henry Lewis Stimson, diary entry, 21 February 1945, Diaries of Henry Lewis Stimson, Henry Lewis Stimson Papers, Yale University Library, New Haven, Connecticut (Microfilm); George C. Marshall to Elbert Thomas, 17 April 1945, in *GCM*, 145–147.

60. "Stilwell Answers Critics of Training," *New York Times*, 16 March 1945, 5; C. P. Trussell, "House Likely to Vote Draft Curb on Combat Use," *New York Times*, 26 April 1945, 1.

61. Marshall to Eisenhower, 6 March 1945, in *GCM*, 76–79.

62. Allen Drury, *A Senate Journal, 1943–1945* (New York: McGraw Hill, 1963), 420.

63. Mary Spargo, "Senate Votes Ban on Raw Boys into Draft Act," *Washington Post*, 25 April 1945, 1; C. P. Trussell, "House Likely to Vote Draft Curb on Combat Use," *New York Times*, 26 April 1945, 1; Trussell, "Draft Extension Sent to President, *New York Times*, 28 April 1945, 1.

64. C. P. Trussell, "Army Slash Will Be Slow, General Marshall Cautions," *New York Times*, 5 May 1945, 1.

65. Mary Spargo, "Truman Wins First Skirmish with Congress," *Washington Post*, 4 May 1945, 1; "Truman Approves New Draft Bill, Hits It," *New York Times*, 10 May 1945, 17; Bertram D. Hulen, "Truman Vetoes Farm Deferment," *New York Times*, 4 May 1945, 1; Truman's veto message is in "Amending section 5 (k) of the Selective Training and Service Act of 1940, as amended. Message from the President of the United States transmitting without approval the Joint Resolution (H.J. Res. 106) to amend section 5 (K) of the Selective Training and Service Act of 1940, as amended…May 3, 1945," Serial Set Vol. No. 10969, Session Vol. No. 16 H.Doc. 166, http://docs.newsbank.com.ezp1.villanova.edu/openurl?ctx_ver=z39 .88-2004&rft_id=info:sid/iw.newsbank.com:SERIAL &rft_val_format=info:ofi/ fmt:kev:mtx:ctx&rft_dat=1215CBE5ECF8E4C8&svc_dat=Digital: ssctdoc&req_dat=0E8515F56BD9D19F

66. "Demobilization, *Washington Post*, 6 May 1945, B4.

67. "Plans of War Department for Redeployment," *Washington Post*, 6 May 1945, 26.

68. "Standing Army of 4,500,000 Being Planned," *Washington Post*, 9 May 1945, 14; "Peacetime Goal Set for 4,500,000 for Army," *New York Times*, 9 May 1945, 20.

69. Marquis Childs, "Demobilization," *Washington Post*, 11 May 1945, 6.

70. Pearson, "Washington Merry-Go-Round," *Washington Post*, 15 May 1945, 5.

71. Mary Spargo, "Army Considers Giving Points to GI Dads for All Children," *Washington Post*, 16 May 1945, 11.

72. Army and Navy," *Time*, 14 May 1945, 34.

73. Ibid., 36.

74. Eiler, *Mobilizing America*, 434.

75. Thomas T. Handy to Eisenhower, 27 May 1945, Eisenhower Correspondence, Pre-Presidential Papers, Dwight D. Eisenhower Library.

76. V-E Day Speech, recorded 4 May 1945, in *DDE*, IV, 2673–2676.

77. "Plans of War Department for Redeployment," *Washington Post*, 11 May 1945, 26; "Army and Navy," *Time*, 14 May 1945, 34.

78. Emphasis in the original. *Kiplinger Washington Letter*, 31 March 1945, 3. 陆军部调查了《基普林格华盛顿通讯》对其政策的表述，发现在过去6个月里，它对陆军的批评越来越多。该研究的作者建议与该报记者会面，使其了解陆军的观点。Major Walter Power to Patterson, 8 March 1945, Public Relations, box 165, Robert P. Patterson Papers, Library of Congress (hereafter RPP, LC), Washington, DC.

79. Memo for the President, 4 May 1945, Presidents Official File, 121B–122, box 687, Truman Papers, Harry S. Truman Library and Museum, Independence, Missouri (hereafter HST).

80. Truman to Vinson, 9 May 1945, Presidents Official File, 121B–122, box 687, Truman Papers, HST.

81. Vinson met with Truman at least six times in between May 7 and May 31; Subject File, box 8, Eben Ayers Papers, HST. The quotation is in Truman diary entry, 17 June 1945, in Robert H. Ferrell, ed., *Off the Record: The Private Papers of Harry S. Truman* (Columbia: University of Missouri Press, 1980), 46.

82. Drew Pearson, "Washington Merry-Go-Round," 14 May 1945, *Washington Post*, 13; "Fred Vinson" (profile), Frank McNaughton Papers, HST.

83. Truman to Vinson, 7 March 1945, Personal and Congratulatory Letters, box 60, Fred M. Vinson Papers (hereafter Vinson Papers), University of Kentucky, Lexington.

84. For press reports of Vinson's report see Walter Waggoner, "What We Face Told," *New York Times*, 10 May 1945, 1, and the text of the nineteen-page report on p. 16 of the same issue.《华盛顿邮报》以一个更为乐观的标题开头，但传达了与《纽约时报》相同的信息，即对后方的"严厉"要求: Fred Brandeis, "Racing Ban, Curfew End, More Civilian Goods Ahead," 10 May 1945, 1。

85. "Vinson's Report on the Prospects Facing Americans in the Second Phase," *New York Times*, 10 May 1945, 16.

86. Ibid.

87. "CIO Hits at Vinson on Post War Report," *New York Times*, 13 May 1945, 18.

88. Walter Waggoner, "U.S. Industry Begins Shift to Peace Basis," *New York Times*, 13 May 1945, E7; Fred Brandeis, "Labor Asks U.S. to Make Jobs for Aircraft Help," *Washington Post*, 19 May 1945, 6.

89. "How's Business?," *Barron's National Business and Financial Weekly*, 21 May 1945, 1.

90. Julius Hirsch, "The Enigmas of Our Demobilization Plans," *Barron's*, 28 May 1945, 3; Edson Blair and Henley Davenport, "Both Sides of the Curtain: Inside Reports on Latest Developments in National Affairs," *Barron's*, 28 May 1945, 4, 6.

91. Meeting of the Advisory Board, OWMR, 14–15 May 1945, copy in box 153, RPP, LC.

92. An abridged version of Marshall's memo and Somervell's response memorandum for General Marshall is published in Somervell, 15 May 1945, *GCM*, 190–191, and notes 1–3.

93. Ibid.

94. Joint Chiefs of Staff, Minutes of the JCS and Heads of Civilian War Agencies, 22 May 1945, Meetings of the JCS, box 216, Record Group 218, Records of the Combined and Joint Staffs, NARA.

95. Ibid. A summary of the meeting is also in *GCM*, 190–191, n. 2.

96. Joint Chiefs of Staff, Minutes of the JCS and Heads of Civilian War Agencies, 22, 1945 May Meetings of the JCS, box 216, RG 218, NARA.

97. "Testimony before the House War Department Subcommittee," 25 May 1945, *GCM*, 200–204. Marshall's impromptu remarks are contained in n. 1, 204.

98. "House Group Told of Blows at Japan," *New York Times*, 27 May 1945, 4.

99. Quotations in Michael S. Sweeney, *Secrets of Victory: The Office of Censorship and the Press and Radio in World War II* (Chapel Hill: University of North Carolina Press, 2001), 207–209; "Way of the Censor," *Washington Post*, 29 May 1945, 6; Drew Pearson, "Merry-Go-Round," *Washington Post*, 7 June 1945.

100. Eiler, *Mobilizing America*, 433.

101. 在当天的新闻发布会上，杜鲁门以这条信息的长度开玩笑，告诉记者："今天中午，我给国会发去一条信息，包含[笑声]关于这场战争的一份摘要。它会在中午发布。你们应当仔细地读一读。可是你们没法读，因为它太厚了。[笑声]" 这封信大概有5700字，是约22页双倍行距的打印稿。Partial drafts of the message are in War Messages to Congress, June 1945, Subject File, box 7, Samuel Rosenman Papers, HST. President's News Conference, 1 June 1945, HST PP, http://www.trumanlibrary.org/publicpapers/index. php.

102. "Special Message to the Congress on Winning the War with Japan," 1 June 1945, War Messages to Congress, June 1945, Subject File, box 7, Samuel Rosenman Papers, HST. President's News Conference, 1 June 1945, HST PP, http://www .trumanlibrary.org/publicpapers/index.php.

103. Ibid.

104. Ibid.

105. C. P. Trussell, "Report by Truman," *New York Times*, 2 June 1945, 1; Robert C. Albright, "President Calls for Maintained Production Till Final Victory," *Washington Post*, 2 June 1945, 1; "Writing on the Wall," *Washington Post*, 3 June 1945, B4.

106. *Kiplinger Agricultural Letter*, 5 May 1945.

107. Taft to Herbert Hoover, 23 May 1945, in Clarence Wunderlin, ed., *The Papers of Robert Taft*, vol. 3, *1945–1948* (Kent, OH: Kent State University Press, 2003), 47–48.

108. 俄克拉何马州共产党参议员E.H.穆尔（E.H.Moore）称物价管理局是一种"官僚主义的暴政"。"Senators Debate Price Control Law," *New York*

Times, 7 June 1945, 14. See also "Radio Statement at Columbus Town Meeting," 7 June 1945, in Wunderlin, ed., *Papers of Robert Taft, 3, 1945–1948*, 55–56.

109. Drew Pearson, "Merry-Go-Round," *Washington Post*, 7 June 1945, 5.
110. "Youth Draft Foes Call for Delay," *New York Times*, 7 June 1945, 11.
111. Mark Sullivan, "Russian Tangle," *Washington Post*, 4 June 1945, 6; Pearson, "Merry-Go-Round," *Washington Post*, 28 May 1945, 5.
112. "Colonel O'Laughlin, Publisher, Dies," *New York Times*, 15 March 1949, 1; Peter Mauch, *Sailor Diplomat: Nomura Kichisaburo and the Japanese-American War* (Cambridge, MA: Harvard University Press, 2011), 52.
113. O'Laughlin to Herbert Hoover, 9 June 1945, O'Laughlin Correspondence, Herbert Hoover Presidential Library and Museum (hereafter HHL), West Branch, Iowa.
114. Ibid.
115. Marshall to Eisenhower, 16 May 1945, *GCM*, 192–193.
116. O'Laughlin to Herbert Hoover, 9 June 1945, O'Laughlin Correspondence, HHL.
117. Hayes, *Joint Chiefs*, 706.
118. Hester, *Occupation Forces in Europe Series, 1945–1946, 1945–1946*, 50. The likelihood that the critical score would be lowered was discussed in *Kiplinger Washington Letter*, 12 May 1945.
119. Pearson, "Washington Merry-Go-Round," *Washington Post*, 30 April 1945, 5.
120. 91 *Congressional Record* 5842 (1945) Senate—Monday, 11 June 1945, 5842.
121. Ibid.
122. O'Laughlin to Herbert Hoover, 16 June 1945, O'Laughlin Correspondence, HHL.
123. Ibid.; "Denies Marshall Leaving," *New York Times*, 15 June 1945, 5; Stimson Scotches Talk of Marshall Retirement," *Washington Post*, 15 June 1945, 1.

第十一章　和平与战争之间，1945 年 6 月~7 月

1. Truman made similar comments to Secretary of the Treasury Henry Morgenthau, entry, 1 June 1945, Presidential Diaries, Henry Morgenthau Papers, Franklin D. Roosevelt Library, Hyde Park, New York (hereafter FDRL); entries for 6, 7 June 1945, Diary of Eben Ayers, Eben A. Ayers Papers, Harry S. Truman Library and Museum (hereafter HST), Independence, Missouri.
2. Mrs. C.J.H. to Martin Agronsky, 17 May 1945, box 3, Correspondence, Martin Agronsky Papers, Manuscripts Division, Library of Congress (hereafter LC), Washington, DC.
3. John Chappell, *Before the Bomb: How American Approached the End of the Pacific War* (Lexington: University of Kentucky Press, 1996), 76.
4. Ibid., 76–78; Nicholas Evan Sarantakes, ed., *Seven Stars: The Okinawa Battle Diaries of Simon Bolivar Buckner, Jr. and Joseph Stilwell* (College Station: Texas A & M Press, 2004), 80–81; Williamson Murray and Allan R. Millet, *A War to Be Won: Fighting the Second World War* (Cambridge, MA: Harvard University Press, 2000), 514–515.
5. Buckner entry, 7 June 1945, in Sarantakes, *Seven Stars*, 75.
6. Ronald H. Spector, *Eagle against the Sun: The American War with Japan* (New York: Free Press, 1985), 539.

7. D. Clayton James, *The Years of MacArthur*, 2 vols. (Boston: Houghton Mifflin, 1970, 1975), II, 732–733.

8. Buckner entry, 7 June 1945, in Sarantakes, *Seven Stars*, 75.

9. "Nimitz Defends Okinawa Campaign," *New York Times*, 17 June 1945, 3; "Forrestal Denies Okinawa Bungling," *New York Times*, 6 June 1945, 3.

10. Letter to the Heads of War Agencies on the Economic Situation in the Liberated Countries of Northwestern Europe, 22 May 1945, Public Papers of Harry S. Truman, http://trumanlibrary.org/publicpapers/index.php?pid=42&st=&st1=.

11. 晚年，杜鲁门喜欢把他对胡佛的邀请描绘成一位总统对其前任的礼遇，一种意料之外的友好和尊重行为。文件显示情况并非如此。胡佛费尽心机地争取按照自己的条件得到白宫的邀请。就杜鲁门而言，他希望自己超越党派的姿态能够抚慰国会中一些共和党人的心。杜鲁门告诉他的幕僚，他给胡佛写信是一时兴起。Entry for 24 May 1945, Diary of Eben Ayers, Eben Ayers Papers, HST. 几年后，他告诉一位采访者，当胡佛在华盛顿时，他给胡佛打过电话。罗伯特·H. 费雷尔（Robert H.Ferrell）讲述了这个故事，同时对其真实性表示怀疑。Ferrell, *Harry S. Truman: A Life* (Columbia: University of Missouri Press, 1994), 194–195, 421 n. 32. For Hoover's desire for a meeting and the preliminary arrangements see Gary Dean Best, *Herbert Hoover: The Post-presidential Years, 1933–1964*(Stanford, CA: Hoover Institution Press, 1983), 266–270.

12. Joan Hoff Wilson, "Herbert Hoover's Plan for Ending the Second World War," *International History Review* 1, no. 1 (January 1979), 84–102.

13. 无条件投降的批评者经常形容这一信条的支持者是在寻求报复，或者是受到"盲目偏见"的驱动。See Joseph Grew to Secretary of State, 3 January 194[5], in U.S. Department of State, *Foreign Relations of the United States, vol. 6, 1945* (Washington, DC: U.S. Government Printing Office, 1969) (hereafter *FRUS*), 515–516.

14. Hoff Wilson, "Hoover's Plan for Ending the Second World War," 84–102; Fred M. Vinson to Harry S. Truman, 7 June 1945, enclosing [Herbert Hoover], "Memorandum on Ending the Japanese War," WWII, White House Confidential File, box 43, Harry S. Truman Papers, HST.

15. Ayers, Presidential Staff folder, Eben Ayers Papers, HST.

16. 杜鲁门可能也想将备忘录展示给从前的参议院同事，即战争动员与复员局前任负责人、他的亲密顾问詹姆斯·F.伯恩斯。但是作为候任的国务卿，伯恩斯此时正在南卡罗来纳州的家中。Diary entry, 17 June 1945, Robert H. Ferrell, ed., *Off the Record: The Private Papers of Harry S. Truman* (Columbia: University of Missouri Press, 1980), 46; David Robertson, *Sly and Able: A Political Biography of James F. Byrnes* (New York: Norton, 1994), 400–403.

17. Vinson to Truman, 7 June 1945, enclosing [Herbert Hoover], "Memorandum on Ending the Japanese War"; Truman to Cordell Hull; Truman to Edward Stettinius, Secretary of State; Truman to Henry Stimson, all 9 June 1945; State Department, WWII, White House Confidential File, box 43, Harry S. Truman Papers, HST. 如历史学家D. M. 詹格雷科（D. M. Giangrecco）认为的，胡佛备忘录预测伤

亡将达到惊人的50万~100万人，杜鲁门对该备忘录的处理表明，他在战后试图为自己使用原子弹寻求合理性的时候，伤亡所提到的预计数字并非没有依据。D. M. Giangrecco, "A Score of Okinawas: President Truman and Casualty Estimates for the Invasion of Japan," *Pacific Historical Review* 72, no. 1 (February 2003), 93–132.

18. General Handy to Stimson, Memorandum, 4 June 1945, copy in item 2840, reel 117, General Staff Papers, George C. Marshall Papers, George Marshall Research Library (hereafter MRL), Lexington, Virginia.

19. Marshall to Stimson, 15 June 1945, transmitting "Memorandum of Comments on 'Ending the Japanese War,'" 14 June 1945, facsimile in William Burr, ed., *The Atomic Bomb and the End of World War II: A Collection of Primary Sources*, National Security Archive Electronic Briefing Book no. 162, http://nsarchive.gwu.edu/NSAEBB/NSAEBB162/18.pdf.

20. Ibid.史汀生在页边空白处画了一条竖线，并在有关欧洲的评论旁边画了一个问号。他在对铃木和自由派的评论旁边画了另一条竖线，并在页边空白处写下"不"，在"不"上方又写了"#"。

21. Richard B. Frank, *Downfall: The End of the Imperial Japanese Empire* (New York: Penguin, 2001), 133, and 390–391, note for 133.

22. Joseph Grew to President Truman, 13 June 1945, State Department, WWII, White House Confidential File, box 43, Harry S. Truman Papers, HST.

23. Entry for 18 July 1945, Diary of William D. Leahy, Leahy Papers, LC; and Memorandum, "Size of U.S. Occupation Forces for Japan," 6 July 1945, JCS 13982, ABC 014 Japan (13 Apr 1944), sec. 16-A, RG 165, National Archives (henceforth NARA), College Park, Maryland. On Leahy's conservatism see Martin Weil, *A Pretty Good Club: The Founding Fathers of the U.S. Foreign Service* (New York: Norton, 1978), 122–123, 253–254.

24. 1946年5月，胡佛在与麦克阿瑟将军的谈话中，说罗斯福是个疯子。Haruo Iguchi, "The First Revisionists: Bonner Fellers, Herbert Hoover, and Japan's Decision to Surrender," in Marc Gallicchio, ed., *The Unpredictability of the Past: Memories of the Asia-Pacific War in U.S.-East Asian Relations* (Durham, NC: Duke University Press, 2007), 65.

25. Michael Schaller, *Douglas MacArthur: The Far Eastern General* (New York: Oxford University Press, 1989), 123–124; Marlene Mayo, "American Wartime Planning for Occupied Japan: The Role of Experts," in Robert Wolfe, ed., *Americans as Proconsuls: United States Military Government in Germany and Japan* (Carbondale: Southern Illinois University Press, 1984), 3–52; Frank Ninkovich, "History and Memory in Postwar U.S.-Japanese Relations," in Gallicchio, *Unpredictability of the Past*, 85–120.

26. Hull to Truman, 12 June 1945, folder: State Department. World War II–1945, White House Confidential File, HST.

27. Memorandum of Joseph Grew, 18 June 1945, 740.00119 PW/7-945, RG 59, General Records of the Department of State, NARA.

28. John Ray Skates, *The Invasion of Japan: Alternative to the Bomb* (Columbia: University of South Carolina Press, 1994), 79–82; Frank, *Downfall*, 138–148.

29. Emphasis in original. Entry for 17 June 1945, in Ferrell, *Off the Record*, 46–47.

30. Ibid., 47.

31. Minutes of the Meeting Held at the White House, 18 June 1945, http://nsarchive .gwu.edu/NSAEBB/NSAEBB162/20.pdf.

32. Ibid.

33. Ibid.

34. Frank, *Downfall*, 138–148.

35. Ibid., 138–139; Skates, *Invasion of Japan*, 79–82.马歇尔感谢麦克阿瑟及时修改了预估伤亡，并且说这一预估数字是在白宫会议前30分钟收到的。Marshall to MacArthur, 19 June 1945, MacArthur Correspondence, May–July 1945, box 75, Pentagon Office, 1938–1951, George C. Marshall Papers, MRL.

36. 关于海军岛屿战役与欧洲或西南太平洋战役的比较，金也提出了类似的观点。Frank, *Downfall*, 391, note for page 135.

37. All quotes from the meeting are in Minutes of the Meeting Held at the White House, 18 June 1945, http://nsarchive.gwu.edu/NSAEBB/NSAEBB162/20.pdf.

38. Ibid.根据麦克洛伊的回忆，在会议即将结束时，杜鲁门征求了他的意见，说"每个人都要明确表态才能走"。麦克洛伊建议美国告诉日本人，如果他们即刻投降，便可以保留天皇。"如果我们不让他们保留天皇，"他回忆自己说的是，"我觉得就应该检查一下我们的脑袋。"他又补充道，美国应该将这一提议与它即将拥有并会对日本使用原子弹的警告联系起来。然而，有理由怀疑麦克洛伊戏剧性描述的真实性。会议记录显示，麦克洛伊在会议期间并没有保持沉默；他支持史汀生关于寻求替代军事进攻的外交方案的观点，也表达了自己的意见。McCloy quoted in Marc S. Gallicchio, *The Cold War Begins in Asia: American East Asian Policy and the Fall of the Japanese Empire* (New York: Columbia University Press, 1988), 14.

39. Minutes of the Meeting Held at the White House, 18 June 1945. http://nsarchive .gwu.edu/NSAEBB/NSAEBB162/20.pdf.

40. Frank, *Downfall*, 147.

41. John J. McCloy, interview with Marc S. Gallicchio, 2 August 1984.

42. Minutes of the Meeting Held at the White House, 18 June 1945, in Burr, *Atomic Bomb and the End of World War II*, http://nsarchive.gwu.edu/NSAEBB/ NSAEBB162/20.pdf.

43. Chauncey Saunders, *Redeployment and Demobilization*, USAF Historical Study No. 77, USAF Historical Division, 1953, Air University, Maxwell Air Force Base, http://www.ibiblio.org/hyperwar/AAF/AAFHS/AAFHS-77.pdf, 22, 27–28, accessed 30 April 2015. For further discussion of AAF redeployment see W. F. Craven and J. L. Cate, eds., *The Army Air Forces in World War II*, vol. 7, *Services around the World*, chap. 7, http://www.ibiblio.org/hyperwar/AAF/VII/AAF-VII-17.html, accessed 30 April 2015; D. M. Giangreco, *Hell to Pay: Operation*

Downfall and the Invasion of Japan, 1947–1947 (Annapolis: Naval Institute Press, 2009), 36; Skates, *Invasion of Japan*, 70–72.

44. Saunders, *Redeployment and Demobilization*, 24.战争期间，海勒在陆军航空队中是一个执行过60次任务的老兵，在意大利北部担任B–25轰炸机的投弹手。

45. 这项研究完成于1946年6月。Quoted in ibid,25.

46. 麦克阿瑟的总人数为21.9万，但没有包括他预计将在非"奥林匹克"行动参战部队的调整中失去的另外3万人。据推测，他认为这一缺口能够在以后解决。MacArthur to War Department, 16 June 1945, box 56, OPD Incoming Top Secret Messages, RG 165, NARA.

47. Ibid. See also *Reports of General MacArthur: The Campaigns of MacArthur in the Pacific* (Washington, DC: U.S. Government Printing Office, 1966), I, 393–394.

48. 华盛顿的参谋人员提醒麦克阿瑟，在找到合适的替换人员之前，绩点达到85分及以上的军官可免于退役。War Department, Chief of Staff to Commander in Chief Army Forces Pacific, 18 June 1945, box 56, OPD Outgoing Top Secret Messages, RG 165, NARA.

49. 华盛顿的J. D. 巴克（J. D. Barker）将军和马尼拉的张伯伦（Chamberlain）少将之间的会谈，19 June 1945, box 56, OPD Outgoing Top Secret Messages, RG 165, NARA。

50. 11月1日作为"奥林匹克"行动的登陆日，意味着将两栖攻击舰只用于运输从西海岸启程的重新部署部队的时间将更短，因为它们将比预期时间更早用于登陆行动。Memorandum by the Chief of Staff, Cargo and Personnel required for "OLYMPIC," [11 April 1945], and JCS, Revised Estimate on Personnel Shipping Including Air Transport, 18 May 1945, box 213, RG 218, CCS 381 (2-8-43), sec. 9, NARA.

51. Mildred V. Hester, *Occupation Forces in Europe Series, 1945–1946: Redeployment*, Office of the Chief Historian, European Command, Frankfurt-Am-Main, Germany, manuscript history, accessed 24 July 2014, Combined Arms Research Library Digital Library, http://cgsc.contentdm.oclc.org/cdm/singleitem/collection/p4013coll8/id/2952/rec/12, 59, 73.

52. Robert R. Palmer, Bell I. Wiley, and William R. Keast, *The Procurement and Training of Ground Combat Troops* (Washington, DC: U.S. Government Printing Office, 1948), 639.

53. "Europe's Veterans to Train for Asia," 20 July 1945, *New York Times*, 8; "7,000,000 Troops for Single Blow at Japan Planned, Says Devers," *New York Times*, 27 July 1945, 1.

54. Action Report, 96th Infantry Division, Ryukyu Campaign, 1 April 1945 [28 July 1945], copy in authors' possession.

55. "Ground Training for the Pacific," *Army and Navy Journal*, 21 July 1945, 1415, and "Outlines Pacific Training," *Army and Navy Journal*, 28 July 1945, 1442,

56. The quotation is from the Army's official history, Robert W. Coakley and Richard M. Leighton, *Global Logistics and Strategy, 1943–1945*, United States Army in

World War II, The War Department (Washington, DC: U.S. Government Printing Office, 1968), 564.

57. 第一个2000人的"替换包"直到10月才抵达美国。Ibid., 639.

58. 国防运输局和战时人力委员会要求陆军安排3.5万名熟练铁路工人复员，*New York Times*, 23 June 1945, 15。

59. "Train Reservations Cut to Five Days; 4,000 Soldiers to Take Rail Jobs," *New York Times*, 30 June 1945, 19; Veterans Protest Using Day Coaches," *New York Times*, 7 July 1945, 11; Patterson to Col. Johnson, 5 July 1945, and Patterson to Col. Johnson, 9 July 1945, both in Letters vol. 5, box 26, Robert P. Patterson Papers, LC (hereafter RPP, LC).

60. Conference between Colonel D. E. Farr and Colonel G. Bartlett, 13 June 1945, box 56, OPD Outgoing Top Secret Messages, RG 165, NARA.

61. Conference between Colonel Farr and Brig. Gen. Franklin, 2 July 1945, box 56, OPD Outgoing Top Secret Messages, RG 165, NARA.

62. Ibid.

63. Cabbell Phillips, "Rail Travel Crisis Mounts over U.S," *New York Times*, 15 July 1945, 44; Hanson Baldwin, "Kure Strike Goads Foe," *New York Times*, 25 July 1945, 4.

64. Harold Ickes to Robert Patterson, 2 July 1945; Patterson to Ickes, 13 July 1945, box 165, RPP, LC; Keith E. Eiler, *Mobilizing America: Robert P. Patterson and the War Effort, 1940–1945* (Ithaca, NY: Cornell University Press, 1997), 434–435.

65. Eiler, *Mobilizing America*, 433 n.

66. For example "Speech before the Advisory Board of Office of War Mobilization and Reconversion," 12 June 1945, OWMR, box 153; Patterson to Chief of Staff, "War Department Conference," 23 April 1945, box 167; and materials in Public Relations folder, in box 165, all in RPP, LC.

67. Harold Ickes, diary entry for 21 July 1945, folder 21, July–26 August 1945, Papers of Harold Ickes, LC.

68. Frank McNaughton to Jack Beal, 28 June 1945, biographical sketch of Fred Vinson, Reports, June 1945, box 9, Frank McNaughton Papers, HST; H. G. Nicholas, ed., *Washington Despatches: Weekly Reports from the British Embassy* (Chicago: University of Chicago Press, 1981), 538.

69. Paul A. C. Koistinen, *Arsenal of World War II: The Political Economy of World War II, 1940–1945* (Lawrence: University Press of Kansas, 2004), 489.

70. Alonzo Hamby, *Man of the People: A Life of Harry S. Truman* (New York: Oxford University Press, 1995), 259, 273.

71. John Morton Blum, ed., *The Price of Vision: The Diary of Henry A. Wallace, 1942–1946* (Boston: Houghton Mifflin, 1973), 457–458.

72. W. R. Davlin, Executive Secretary, Advisory Board, to Joseph Livingston, OWMR, submitting Quarterly Report, 16 June 1945, Director's Office file, box 170, OWMR, RG 250, Records of the Office of War Mobilization and Reconversion, NARA.

73. Robert Nathan to Vinson, 1 June 1945, box 118, OWMR, RG 250, NARA.

74. 一周后，文森的一名工作人员报告说，海军将发放50万件已经购买但不再需要的雨衣。考虑到海军有350万人，这一行动表明，海军的评估过程十分低效。该报告还抱怨说, 陆军和海军重复购买纺织品, 并将其储存起来以备后用, 而它们原本可以让平民更好地利用。J. Anthony Panuch to Vinson, 16 June 1945, and William Lawrence to Donald Russell, 22 June 1945, both in Vinson folder, box 118, OWMR, RG 250, NARA.

75. William Haber to Vinson, 11 June 1945, Vinson file, box 118, OWMR, RG 250, NARA.

76. Advisory Board Meeting, 11–12 June 1945, Stenographer's transcriptions, box 391, OWMR, RG 250, NARA; Robert Patterson, Outline of Speech before Advisory Board, 11 June 1945, OWMR, OWMR file, box 153, RPP, LC.

77. Fred Searles, Jr., to Vinson, 23 May 1945, Vinson folder, box 117, OWMR Central Files, RG250, NARA.

78. Patterson to Wadsworth, 4 June 1945, Letters, vol. 5, RPP, LC.

79. Patterson to Herbert Bayard Swope, 1 August 1945, Letters, vol. 5, RPP, LC.

80. Nathan to Vinson, 20 June 1945, Vinson folder, box 118, RG 250, OWMR, NARA.

81. Summaries of these requests are in Official File 88–90, box 538, Harry S. Truman Papers, HST.

82. William F. Schneider, Notes on Redeployment, 27 June 1945, Vinson folder, box 118, OWMR, RG 250, NARA.

83. 1945年8月初进行的另一次民意调查显示, 对于以工作技能等特殊类别安排退役, 如果意味着将延长他们的服役时间, 美国士兵将表示反对。S. A. Stouffer et al., *The American Soldier*, vol. 2, *Combat and Its Aftermath* (New York: Wiley, 1965), 541.

84. William L. O'Neill, *A Democracy at War: America's Fight at Home and Abroad in World War II* (New York: Free Press, 1993), 14–15, 132–133, 142.

85. 盖洛普组织提出了如下问题: "你愿意继续忍受目前黄油、糖、肉和其他定量配给食品的短缺, 以便提供给欧洲需要食物的人吗? "在1500名受访者中, 85%的人回答愿意。第二个问题是, 消费者是否愿意"吃比现在少五分之一的东西, 以便把更多的食物送到欧洲? "这一次有70%的受访者回答愿意。调查于1945年5月18日至23日进行(通过Roper Opinion在线获得)。

86. 比尔写道, 美国民众一年的肉类消费是100磅, 但是按照历史学家梅格·雅各布斯(Meg Jacobs)的观点, 此类消费在战争期间从人均127磅增长到150磅。Raymond Buell to Messrs. Billings, Gottfried, et al., "The Food Situation and Western Europe," 23 June 1945, Buell folder, Time Inc., box 523, Henry Luce Papers, LC; Meg Jacobs, "How About Some Meat?," *Journal of American History* 84, no. 3 (December 1997), 932.

87. 只有56%的受访者正确叫出天皇的名字, 有5%的人以为东条是君主, 其他的答案还包括切腹、横滨和富士山。Gallup, *Public Opinion*, 1935-1971 survey 348, 511-512.

88. Hadley Cantril, ed., *Public Opinion, 1935–1946* (Princeton, NJ: Princeton University Press, 1951), Poll no. 88, 27 June 1945, 1185.

89. *Fortune* poll cited in Bell, "War Weariness," 3; Poll no. 87, 27 June 1945, in Cantril, *Public Opinion, 1935–1946*, 1185.

90. "The American Soldier in World War II: Reactions to the Enemy and Further Duty," 陆军部信息和教育局研究处的这项调查由塞缪尔·A.斯托弗（Samuel A.Stouffer）博士在1945年6月指导完成。在一个相关的问题中，士兵被问及他们对自己在战争中的服役感觉如何，有1317人说自己已经尽了责任，应当退役。

91. Ibid.

92. Polls for 26 May, 8 June, and 27 June, in Gallup, *Public Opinion, 1935–1971*, 506, 508, 511.

93. "OPA Bill Is Passed in Time, Flown to Truman to Sign," *New York Times*, 1 July 1945, 1; Notes on Cabinet Meeting, 6 July 1945, Letters, vol. 5, box 26, RPP, LC; Henry A. Wallace, entry for 6 July 1945, in Blum, *Price of Vision*, 465–466.

第十二章 波茨坦，1945 年 7 月~8 月

1. D. M. Giangreco, *Hell to Pay: Operation Downfall and the Invasion of Japan, 1945–1947* (Annapolis: Naval Institute Press, 2009), 1–3.

2. "86th Division Here on Way to Pacific," *New York Times*, 18 June 1945 1; "1,463 of 97th Steam up Hudson," *New York Times*, 24 June 1945, 5.

3. Memorandum of conversation with General Marshall and the Secretary of War, 29 May 1945, John Jay McCloy Papers, Amherst College Library, Amherst, Massachusetts.

4. Memo to Files, 14 June 1945 [Marshall's views], and Kokura Arsenal, 2 July 1945, both in Documents from General Groves Locked box, in *Correspondence Top Secret of the Manhattan Engineering District, 1942–1946*, National Archives Microfilm Publication M1109, reel 3, RG 77, Records of the Office of Chiefs of Engineers, National Archives (hereafter NARA), College Park, Maryland.

5. State-War-Navy Meeting, 19 June 1945, in Walter Millis, ed., *The Forrestal Diaries* (New York: Viking Press, 1951), 69.

6. Minutes of the Meeting Held at the White House, 18 June 1945, in William Burr, ed., *The Atomic Bomb and the End of World War II: A Collection of Primary Sources*, National Security Archive Electronic Briefing Book no. 162, http://nsarchive.gwu.edu/NSAEBB/NSAEBB162/20.pdf.

7. Emphasis added. Entry for 26–30 June 1945, Diaries of Henry Lewis Stimson, Henry Lewis Stimson Papers, Yale University Library, New Haven, Connecticut (Microfilm).

8. Entry for 26 June 1945, in Millis, *Forrestal Diaries*, 71–72.

9. Entry for 26–30 June 1945, Diaries of Henry Lewis Stimson, Henry Lewis Stimson Papers, Yale University Library, New Haven, Connecticut (Microfilm).

10. Stimson to the President, 2 July 1945, ABC 387 Japan (15 Feb 45), Sec 1-B, RG 165, NARA.

11. Memorandum for the President, Proposed Program for Japan, 2 July 1945, ABC 387 Japan (15 Feb 45), Sec 1-B, RG 165, NARA.

12. Ibid.

13. Proclamation by the Heads of State, Draft of 1 July 1945, ABC 387 Japan (15 Feb 45), Sec 1-B, RG 165, NARA.

14. Entry for 2 July 1945, ABC 387 Japan (15 Feb 45), Sec 1-B, RG 165, NARA .

15. Entry for 3 July 1945, ABC 387 Japan (15 Feb 45), Sec 1-B, RG 165, NARA.

16. Brian Loring Villa, "The U.S. Army, Unconditional Surrender, and the Potsdam Proclamation," *Journal of American History* 63 (June 1976), 70. On the background and meaning of unconditional surrender see Robert James Maddox, *Weapons for Victory: The Hiroshima Decision Fifty Years Later* (Columbia: University of Missouri Press, 1995), 6–19.

17. Marlene Mayo, "American Wartime Planning for Occupied Japan: The Role of Experts," in Robert Wolfe, ed., *Americans as Proconsuls: United States Military Government in Germany and Japan* (Carbondale: Southern Illinois University Press, 1984), 3–52; Villa, "Unconditional Surrender," *passim.*

18. Robert Taft, "Radio Statement at Columbus Town Meeting," 7 June 1945, in Clarence E. Wunderlin, Jr. ed., *The Papers of Robert A. Taft*, vol. 3, 1945–1948 (Kent, OH: Kent State University Press, 2003), 55–57.

19. Admiral Charles Cooke to Admiral King, 4 April 1945, Charles M. Cooke Papers, Hoover Institute on War Revolution and Peace, Stanford, CA.

20. Waldo Heinrichs, *American Ambassador: Joseph C. Grew and the Development of American Diplomatic Tradition* (reprint, New York: Oxford University Press, 1986), 374–375; Marc S. Gallicchio, *The Cold War Begins in Asia: American East Asian Policy and the Fall of the Japanese Empire* (New York: Columbia University Press, 1988), 6–10.

21. Stimson continued to council cooperation with Stalin at least until the war was over. Mark Stoler, *Allies and Adversaries: The Joint Chiefs of Staff, The Grand Alliance, and U.S. Strategy in World War II* (Chapel Hill: University of North Carolina Press, 2000), 246–247.

22. Grew mentioned Russian specialist and interpreter Charles Bohlen in this connection. Entry for 6 July 1945, in Millis, *Forrestal Diaries*, 73.

23. David McLellan and David Acheson, *Among Friends: Personal Letters of Dean Acheson* (New York: Dodd, Mead, 1980), 55; Martin Weil, *A Pretty Good Club: The Founding Fathers of the U.S. Foreign Service* (New York: Norton, 1978), 213; Mayo, "Wartime Planning for Occupied Japan," 42–44.

24. McLeish to Byrnes, 6 July 1945, U.S. Department of State, *Foreign Relations of the United States* (hereafter *FRUS*), vol. 1, *Berlin* (Washington, DC: U.S. Government Printing Office, 1960), 903–910, 895–897.

25. Arthur Krock, "Our Policy toward the Emperor of Japan," *New York Times*, 5 July 1945, 12.

26. Heinrichs, *American Ambassador*, 377. Hull's message was conveyed in Grew to Byrnes, 16 July 1945, Papers of Joseph Grew, Harvard University Library, Cambridge, Massachusetts.早先，如前文所述，赫尔在提及胡佛关于结束这场战争的备忘录时，称之为"绥靖计划"。Hull to Truman, 12 June 1945, State Department, World War II, White House Confidential File, Harry S.Truman Library and Museum (hereafter HST), Independence, Missouri.

27. 访问白宫几天以后，在短暂出使过日本的前副国务卿威廉·R.卡斯尔（William R. Castle）的家里，胡佛会见了9位共和党参议员。据卡斯尔说，参议员们赞同胡佛对和日本谈判解决的支持。不久之后，卡斯尔与休·威尔逊（Hugh Wilson）讨论了此事。Castle to Herbert Hoover, 2 June 1945, Herbert Hoover Papers, Post-Presidential Individual Files, Herbert Hoover Presidential Library and Museum, West Branch, Iowa.

28. Truman's response to the story is in Frank McNaughton to Jack Beal, 7 July 1945, Frank McNaughton Papers, HST. McNaughton was a correspondent for *Time*. "Grew Flatly Denies Japan Seeks Peace," *New York Times*, 30 June 1945, 3.

29. "White Urges Truman to Give Terms to Tokyo," *New York Times*, 3 July 1945, 3.

30. Frank McNaughton to Jack Beal, "Jap Peace Offers," 7 July 1945, box 9, Frank McNaughton Papers, HST.

31. "Big Three Asked to Tell Foe Price of Peace," *New York Times*, 13 July 1945, 3.

32. "Power v. Statesmanship," *Time*, 16 July 1945, 15.

33. 卢斯担心，如果战争继续下去，苏联会入侵亚洲。他建议在天皇问题上做出让步。他期待一个非军事化的日本将重新进入国际大家庭，并进入东南亚市场。Robert Edwin Herzstein, *Henry R. Luce, Time, and the American Crusade in Asia* (New York: Cambridge University Press, 2005), 48–50.

34. The editorial gained wider circulation when it was reported in "Japan Warned to Give Up Soon," *New York Times*, 22 July 1945, 1.

35. Mayo, "Wartime Planning for Japan," 50.

36. "Japanese Expect Concessions," *New York Times*, 22 July 1945, 4.

37. Frank McNaughton to Don Bermingham, "Reciprocal Trade—Bretton Woods," June 8, 1945, box 9, Frank McNaughton Papers, HST.

38. 这一摘要取自威斯康星州共和党参议员亚历山大·威利（Alexander Wiley）的来往书信。威利曾出席胡佛在卡斯尔家中的会见，赞成发布一份澄清无条件投降的声明。F. M. Rosekrans to Wiley, 16 June 1945, and Wiley to Rosekrans, 22 June 1945; George Washington Robnett to Wiley, 22 June 1945; Verne Kaub to Louis Muharsky, cc Wiley, 9 June 1945; Wiley to Emil Tehl, 6 June 1945; K. M. Haugen to Wiley, 29 June 1945, and Wiley to Haugen, 2 July 1945; Mark Catlin to Wiley, 12 July 1945, and Wiley to Catlin, 16 July 1945; all in boxes 3 and 20, Personal Correspondence, Papers of Alexander Wiley, Wisconsin Historical Society, Madison.

39. Quotation marks are in the original letter. Russell A. Robinson to President Harry Truman, 22 May 1945, box 800, Official File 190-Misc. 1945, HST; Unconditional Surrender File, Letters Referred to the Department of State, 14 June–2 August 1945, General File, HST.

40. For a representative sample and thoughtful discussion of these citizen comments see John Chappell, *Before the Bomb: How Americans Approached the End of the Pacific War* (Lexington: University Press of Kentucky, 1996), 116–131.

41. JCS and Heads of Civilian War Agencies, 26 June 1945, CCS 334 (2-2-45), Joint Chiefs of Staff Papers, RG 218, Combined Chiefs of Staff, NARA.

42. Quoted in Chappell, *Before the Bomb*, 124.

43. Williamson Murray and Allan R. Millet, *A War to Be Won: Fighting the Second World War* (Cambridge, MA: Harvard University Press, 2000), 520–521.

44. Barnet Nover, "Tightening the Vise," *Washington Post*, 3 July 1945, 6.

45. Edward J. Drea, *MacArthur's ULTRA and the War against Japan, 1942–1945* (Lawrence: University Press of Kansas, 1992), xiii–xiv; Richard B. Frank, *Downfall: The End of the Imperial Japanese Empire* (New York: Penguin, 1999), 103–105.

46. "Fatal Phrase," *Washington Post*, 11 June 1945, 6; Gallicchio, *Cold War Begins*, 49–52; Frank, *Downfall*, 113–116.

47. Summary of message 11 July 1945, MAGIC Diplomatic Summaries, Intercepted Japanese Messages (reel 14), RG 457, Records of the National Security Agency/Central Security Service, NARA.

48. Summary of message, 22 July 1945, in Japanese Navy Orders Berne Official to Withdraw from Peace Negotiations, 28 July 1945, MAGIC Diplomatic Summaries, Intercepted Japanese Messages (reel 14), RG 457, Records of the National Security Agency/Central Security Service, NARA.

49. Japanese in Switzerland Argue for Peace, 27 July 1945, box 18, RG 457, MAGIC Diplomatic Summaries, Intercepted Japanese Messages (reel 14), RG 457, Records of the National Security Agency/Central Security Service, NARA.

50. Continued Japanese Interest in Peace, 26 July 1945, MAGIC Diplomatic Summaries, Intercepted Japanese Messages (reel 14), RG 457, Records of the National Security Agency/Central Security Service, NARA.

51. The American, Allen Dulles, was working for the Office of Strategic Services. His statements about the Soviet Union were not authorized by his superiors in Washington. Gallicchio, *Cold War Begins*, 50.

52. Japanese Peace Move, 12 July 1945, and Follow-Up Message on Japanese Peace Move, 13 July 1945, both in MAGIC Diplomatic Summary, in Burr, *Atomic Bomb and the End of World War II*, http://nsarchive.gwu.edu/NSAEBB/NSAEBB 162/29.pdf.

53. Frank, *Downfall*, 225–227; Ronald Lewin, *The American MAGIC: Codes, Cyphers and the Defeat of Japan* (New York: Farrar, Straus and Giroux, 1982), 280–282.

54. The memorandum contains a message intended for Marshall. Memorandum for the Deputy Chief of Staff, Japanese Peace Offer, 13 July 1945, Burr, *Atomic Bomb and the End of World War II*, http://nsarchive.gwu.edu/NSAEBB/NSAEBB 162/30.pdf.

55. 由于时差的缘故, 马歇尔可能是在7月23日收到的这份电文。第二天, 他通知了英苏两国的军方领导人, 九州岛上估计有50万日军。General H. A. Craig to Marshall, July 22, 1945, item 2190, reel 117, General Staff Papers, George C. Marshall Papers, George Marshall Research Library (hereafter MRL), Lexington, Virginia; Maddox, Weapons for Victory: The Hiroshima Decision Fifty Years Later, 118.

56. Tripartite Military Meeting, 24 July 1945, in *FRUS*, vol. 2, *The Conference of Berlin (Potsdam) (1945)* (1960), 346.

57. 对集结的专业解释, 请见Drea, *MacArthur's ULTRA*, 206–221。另计Frank, *Downfall*, 198–211, 尤其是关于麦克阿瑟和海军之间在分析和预测上的差异。

58. Drea, *MacArthur's ULTRA*, 213.

59. 起初, 日本人担心美国会直接袭击本州, 因为他们高估了美国从欧洲重新部署军队的速度。他们意识到自己的错误后, 日军的参谋人员便预测第一次袭击将针对九州; John Ray Skates, The Invasion of Japan: Alternative to the

Bomb (Columbia: University of South Carolina Press, 1994), 103; Drea, MacArthur's ULTRA, 203; Takushiro Hattori, The Complete History of the Greater East Asia War ([Tokyo?]: [Headquarters, United States Army Forces Far East], [1953–54], 176。

60. Hattori, *Greater East Asia War*, 289.

61. Ibid., 297.

62. Report of Imperial Headquarters Army Department, [1 July 1945], in *Defense of the Homeland and End of the War*, vol. 12, Donald Detwiler and Charles Burdick, eds., *War in Asia and the Pacific: A Fifteen Volume Collection* (New York: Garland, 1980); 这是战争结束以后，在美国军事情报部门监督下编写的日本官方历史。

63. 该集团不让其他参谋参加会议。众所周知，陆军参谋部的下级军官特别坚决地要在本土岛屿上展开决战。Tsuyoshi Hasegawa, *Racing the Enemy: Stalin, Truman, and the Surrender of Japan* (Cambridge, MA: Harvard University Press, 2005), 72.

64. Hasegawa, *Racing the Enemy*, 72–73; No. 1208–16 July 1945, SRS-1730; and "Tokyo Says No Unconditional Surrender," 17 July 1945, SRS-1732, MAGIC Diplomatic Summaries, Intercepted Japanese Messages (reel 14), RG 457, Records of the National Security Agency/Central Security Service, NARA.

65. 6th Infantry Division, After Action Report, Final Phase of the Luzon Campaign, 1 July–21 August 1945, 41, Ike Skelton Combined Arms Research Library Digital Library, http://cgsc.contentdm.oclc.org/cdm/ref/collection/p4013coll8/id/3365.

66. Harold Whittle Blakely, *The 32d Infantry Division in World War II. Blakeley* ([Madison, WI: Thirty Second Infantry Division History Commission, 1957), 257–276, https://babel.hathitrust.org/cgi/pt?id=mdp.39015015377172;view=1up;seq=13.

67. "Yanks Capture 3 Jap Holdouts in North Luzon," *Washington Post*, 15 July 1945, M4; "4879 More Jap Dead," *Washington Post*, 16 July 1945, 2. The latter was a small notice of about one column inch.

68. Sheldon Menefee, "Pacific Affairs: Japan's Staying Power," *Washington Post*, 10 June 1945, 28; Barnet Nover, "Tightening the Vise," *Washington Post*, 3 July 1945, 6; "Kenney Sees Little Fight on Japan Beaches," *Washington Post*, 26 July 1945, 5; "U.S. at War," *Time*, 16 July 1945; "Japanese Jitters," *New York Times*, 13 July 1945, 8; "Patterson Sees Japan 'Formidable to Finish,'" *New York Times*, 14 July 1945, 2; "At Japan's Homeland/Threefold Halsey's Strikes/Gathering Forces Isolating the Foe/Tension in Tokyo/Discussions in Washington/Question of the Cabinet," *New York Times*, 22 July 1945, 59.

69. *Kiplinger Washington Letter*, 23 June 1945.

70. "Army Will Reduce Discharge Points Soon, but Men with Surplus Say They Are Held," *New York Times*, 23 July 1945, 11.

71. Patterson to Deputy Chief of Staff, 24 July 1945; GI to Walter Winchell, 12 July 1945, Demobilization, box 129, Robert P. Patterson Papers, Library of Congress (hereafter RPP, LC), Washington, DC.

72. Commander in Chief Army Forces Pacific to War Department, 28 July 1945, box 39, OPD Top Secret Incoming Messages, RG 165, NARA.

73. Commander in Chief Army Forces Pacific to War Department, 2 July 1945, box 39, OPD Top Secret Incoming Messages, RG 165, NARA.

74. Handy to MacArthur, 29 July 1945, box 57, OPD Top Secret Outgoing Messages, RG 165, NARA.

75. Commander in Chief Army Forces Pacific to War Department, 31 July 1945, box 39, OPD Top Secret Incoming Messages, RG 165, NARA.

76. "War Department Demobilization Plans," 2 August 1945, Demobilization after Defeat of Germany, box 129, RPP, LC; "Stimson Refuses Speedier Release," *New York Times*, 4 August 1945, 1.

77. Mary Spargo, "Senate Unit Acts to Provide Badly Needed Rail Workers," *Washington Post*, 25 July 1945, 1.

78. "Stimson Refuses Speedier Release," *New York Times*, 4 August 1945, 1.

79. The results of the poll were first reported in General Council Meeting, 23 July 1945, item 2397, reel 84, MRL. Patterson conveyed the results to Stimson while Stimson was at Potsdam; Patterson to Stimson, 27 July 1945, Letters vol. 5, box 26, RPP, LC.

80. Patterson to Secretary of War, 3 August 1945, and Patterson to General Robert E. Wood, 13 August 1945, both in Letters vol. 5, box 26, RPP, LC.

81. General Council Meeting, Office of the Deputy Chief of Staff, 30 July 1945, item 2397, reel 84, MRL.

82. Quotations in C. P. Trussell, "Mead Threatens to Take Dispute over Rail Jam to President, *New York Times*, 28 July 1945, 1; Mary Spargo, "Senate Unit Threatens to Send Rail Problem to White House, *Washington Post*, 28 July 1945, 1.

83. Charles Wardlow, *The Transportation Corps: Movements, Training, and Supply*, United States Army in World War II, The Technical Services (Washington, DC: U.S. Government Printing Office, 1990), 193.

84. Spargo, "Senate Unit Threatens," *Washington Post*, 28 July 1945, 1.

85. Memorandum on Redeployment, [c. July 5, 1945], ABC 320.2 (3-13-43), sec. 10, OPD box 162, RG 165, NARA.

86. The message was sent out over Somervell's name; Somervell to MacArthur, 18 July 1945, OP DTS incoming and Outgoing Messages, box 57, RG 165, NARA.

87. Craig to Hull, 24 July 1945, OP DTS incoming and Outgoing Messages, box 57, RG 165, NARA.

88. Hull to MacArthur, 21 July 1945, OP DTS incoming and Outgoing Messages, box 57, RG 165, NARA.

89. Memorandum for the Deputy Chief of Staff, Army Air Force Plan for Increasing Pacific Troop Lift, 4 August 1945, Directive from the Chief of Staff, 7 August 1945, and Directive from the Chief of Staff, August 8, 1945, all in ABC 320.2 (3-13-43), sec. 10, OPD box 162, RG 165, NARA.

90. Memorandum for Admiral King, with proposed message to MacArthur and Nimitz enclosed, 6 July 1945, OPD 320.2 TS Sec IV (10 Jul 45), in item 2812, reel 117, MRL.

91. Memorandum for General Marshall, July 10, 1945, OPD 320.2 TS Sec IV (10 Jul 45), in item 2812, reel 117, MRL.

92. Brower, *Defeating Japan*, 131.

93. Memorandum for the Chief of Staff by Brehon Somervell, re: Logistic Support of Pacific Forces, n.d., item 3327, reel 127, and George A. Lincoln to John E. Hull, July 10, 1945, item 2776, reel 117, both in MRL.

94. Robert H. Ferrell, ed., *Dear Bess: The Letters from Harry to Bess Truman, 1910–1959* (New York: Norton, 1983), 519.

95. Gallicchio, *Cold War Begins*, 17.

96. Ibid., 48.

97. Matthias Correa to James Forrestal, 4 July 1945, and Admiral King to JCS, 6 July 1945, both in file 331-21, box 65, Forrestal-Secretary of the Navy, RG80 (General Correspondence of the Secretary of the Navy), Old Army and Navy Branch, NARA.

98. Military Aspects of Unconditional Surrender Formula, JCS 1275/6, 19 July 1945, w/enclosure ABC 387 Japan (15 Feb 45), sec. 1-B, RG 165, MMRB, NA.

99. Memorandum for General Handy from General Craig, 14 July 1945, sec. 1-B, RG 165, MMRB, NA.

100. Minutes of Meeting of the JCS, 17 July 1945, in *FRUS*, vol. 2, *Conference of Berlin (Potsdam), 1945* (1960), 39–40.

101. Gallicchio, *Cold War Begins*, 56.

102. Memorandum for the President, 18 July 1945, in *FRUS*, vol. 2, *Conference of Berlin (Potsdam), 1945* (1960), 1268–1269.

103. Richard Frank explains how the process of informing Truman might have worked. Frank, *Downfall*, 241. See also Barton J. Bernstein, "The Alarming Japanese Buildup on Southern Kyushu, Growing U.S. Fears, and Counterfactual Analysis: Would the Planned November 1945 Invasion of Southern Kyushu Have Occurred?," *Pacific Historical Review* 68, no. 4 (November 1999), 576 n. 24.

104. Maddox, *Weapons for Victory*, 92–93; Robert J. Donovan, *Conflict and Crisis: The Presidency of Harry S. Truman, 1945–1948* (New York: Norton, 1977), 92.

105. Entry, 18 July 1945, in Robert H. Ferrell, ed., *Off the Record: The Private Papers of Harry S. Truman* (Columbia: University of Missouri Press, 1980), 53–54.

106. All quotes in this section from Vinson to Truman, 19 July 1945, Naval Aide to President, 1945–1953, Berlin Conference, Communications from the Map Room, 15–25 July, box 6, Harry S. Truman Papers, HST.

107. 杜鲁门对文森的评价如此之高，以至于他原本应该和总统一起前往波茨坦。然而，在最后一刻，杜鲁门改变了主意，要求文森留下来，这样他就可以在总统出国时宣誓就任财政部长。杜鲁门担心，如果任何灾难降临到他和国务卿伯恩斯身上，而在没有副总统的情况下，伯恩斯就是下一位继任者。那么即将离任的财政部长亨利·摩根索将成为总统。杜鲁门不喜欢也不信任摩根索，觉得让文森进入总统继任序列是绝对必要的。Entries for 14 and 21 July 1945, folder 1 July–26 August 1945, Diary of Harold Ickes, Harold Ickes Papers, LC; "The President on His Way," *Time*, 16 July 1945. On Snyder see Alonzo Hamby, *Man of the People: A Life of Harry S. Truman* (New York: Oxford University Press, 1995), 90–91.

108. Vinson to Truman, 20 July 1945, Naval Aide to President, 1945–1953, Berlin Conference, Communications from the Map Room, 15–25 July, box 6, Harry S. Truman Papers, HST.

109. "Patterson Defends Discharge System," *New York Times*, 20 July 1945, 10.

110. Memorandum for the President, [20 July 1945], Correspondence with the President, 1945, Political File, 1945–1946, box 139, Fred M. Vinson Papers, HST.

111. Truman's reply is quoted in a cross-reference file that records action on presidential correspondence. Vinson, Hon. Fred M., Official File 122 (1945), HST.

112. Martin Sherwin, *A World Destroyed: The Atomic Bomb and the Grand Alliance* (New York: Vintage Books, 1977), 223.

113. Entry for 21 July 1945, Diaries of Henry Lewis Stimson, Henry Lewis Stimson Papers, Yale University Library, New Haven, Connecticut (Microfilm).

114. Entry for 23 July 1945, Diaries of Henry Lewis Stimson, Henry Lewis Stimson Papers, Yale University Library.

115. Entry for 24 July 1945, Diaries of Henry Lewis Stimson, Henry Lewis Stimson Papers, Yale University Library.

116. Reports from witnesses vary as to what specifically Truman said to Stalin. Hasegawa, *Racing the Enemy*, 154; Maddox, *Weapons for Victory*, 99; Donovan, *Conflict and Crisis*, 93.

117. All quotations in this passage are from the entry for 25 July 1945, in Ferrell, *Off the Record*, 55–56. The president's log for the Potsdam trip states that Truman met with Mountbatten at 9:20 a.m. and that Marshall called on the president at 10:00 a.m. Entry for 25 July 1945, Log of the President's Trip to the Berlin Conference, 6 July–7 August 1945, Harry S. Truman Library and Museum, http://www.truman-library.org/calendar/travel_log/documents/index.php?documentdate=1945-07-25&groupid=1281&documentid=17&studycollectionID=TL&pagenumber=62&nav=ok.

118. Frank, *Downfall*, 243; Maddox, *Weapons for Victory*, 118.

119. Philip Ziegler, ed., *Personal Diary of Admiral the Lord Louis Mountbatten: Supreme Allied Commander, South-East Asia, 1943–1946* (London: Collins, 1988), 230.

120. 蒙巴顿的记录显示，丘吉尔说，将于8月5日投下炸弹，日本会在8月15日投降。历史学家巴顿·伯恩斯坦（Barton Bernstein）和理查德·弗兰克都认为，丘吉尔关于日本将于8月15日投降的预测如此准确真是不可思议，以至于人们怀疑是蒙巴顿的编辑在准备出版日记时提供了那个日期。其他知道这枚炸弹的人没人敢确定日本投降的具体日期。相反，他们在接下来几周里的发言都相当笼统。Frank, *Downfall*, 414, 244 n.; Ziegler, *Mountbatten Diary*, 231.

121. Ziegler, *Mountbatten Diary*, 232.

122. "Status of Demobilization Plans to Meet an Early Defeat of Japan," Memorandum for the Secretary of War, 1 August 1945, item 2338, reel 79, MRL.

123. All quotations in this section are from Memorandum for the President, [25 July 1945], item 2595, reel 109, MRL.

124. Gallicchio, *Cold War Begins*, 45; Donovan, *Conflict and Crisis*, 95.

第十三章　终于投降，1945 年 8 月

1. "Washington Surprised: Ultimatum News to State Department—Senators Are Pleased," *New York Times*, 27 July 1945, 4.

2. "Japanese Cabinet Weighs Ultimatum," *New York Times*, 28 July 1945, 1.

3. The text of the Potsdam Declaration appeared in American newspapers on July 27. "Swift, Utter Destruction Alternative, Foe Is Told," *Washington Post*, 27 July 1945, 1; "Text of Offer to Japan," *New York Times*, 27 July 1945, 4.

4. Lindley, "People Laud Ultimatum for Japan," *Washington Post*, 29 July 1945, B5. See also Lindley, "The Decision We Face on Japan," *Newsweek*, 30 July 1945, 25. 林德利认为，如果日本被解除武装并且受到来自邻近基地的监视，天皇就不会构成威胁。Lindley, "Vote on Emperor," *Washington Post*, 16 July 1945, 7.

5. Baldwin, "Terms for Japanese," *New York Times*, 27 July 1945, 4.

6. "Japanese Cabinet Weighs Ultimatum," *New York Times*, 28 July 1945, 1.

7. 《纽约时报》认为同盟社的声明具有威胁性，但《华盛顿邮报》一直等到铃木的官方消息才得出结论，该声明已被拒绝。"The Ultimatum," *New York Times*, 28 July 1945, 10; "Jap Premier Scorns Peace Demand, *Washington Post*, 30 July 1945, 1; Barnet Nover, "Road of Surrender," *Washington Post*, 31 July 1945, 6.

8. Robert J. Butow, *Japan's Decision to Surrender* (Stanford, CA: Stanford University Press, 1954), 148.

9. Tsuyoshi Hasegawa引用了一个日本记者的话，此人出席了铃木的新闻发布会，他确认首相没有说过"mokusatsu"这个词。按照这位记者的说法，铃木说的只是"无可奉告"，但是媒体矫饰了他的话。Tsuyoshi Hasegawa, *Racing the Enemy: Stalin, Truman, and the Surrender of Japan* (Cambridge, MA: Harvard University Press, 2005), 168.

10. "The Ultimatum," *New York Times*, 28 July 1945, 10.

11. "Crushing Invasion of Japan Planned," *New York Times*, 30 July 1945, 3.

12. Minutes of Advisory Board Meetings, 23–24 July 1945, box 392, OWMR, RG 250, National Archives (hereafter NARA), College Park, Maryland.

13. Ibid.

14. Ibid.

15. "Drastic War-Agency Control Change Asked by Senate Unit," *Washington Post*, 30 July 1945, 12. 委员会甚至建议给予斯奈德对整个复员过程的实际监督权，而不是调停角色，但这需要大幅扩大他的办公室，而杜鲁门不太可能在战争后期做出重大调整。

16. John H. Crider, "Reconversion Conflict Seethes in Washington," *New York Times*, 5 August 1945, 68.

17. Drew Pearson, "Releasing GI Miners Hot Subject," *Washington Post*, 29 July 1945, B5. The resolution was titled "Manpower for the Bituminous-Coal Industry," 19 July 1945, 79th Congress, 1st Session, Report 501.

18. "Farmers' Union Calls for Cut in Army's Size: Sec. Anderson Sees No Need for Force of 8 Million," *Washington Post*, 6 August 1945, 1.

19. Marquis Childs, "Washington Calling: Reconversion Mix-Up," *Washington Post* 31 July 1945, 6.
20. General Council Meeting, 30 July 1945, item 2397, reel 84, George Marshall Research Library (MRL), Lexington, Virginia.
21. "Army to Fly Men to Coast to Aid Rail Redeployment," *New York Times*, 1 August 1945, 1.
22. "Ickes Urges Army to Free 30,000 Miners," *Washington Post*, 1 August 1945, 1.
23. Ernest Lindley, "Urgent Business: Reconversion Muddle," *Washington Post*, 3 August 1945, 8.
24. Drew Pearson, "Merry-Go-Round," *Washington Post*, 3 August 1945, 16.
25. J. Anthony Panuch, Memo for Mr. Nathan, 2 August 1945, box 118, OWMR, RG 250, NARA.
26. Chester Bowles to John Snyder, 6 August 1945, Advisory Board Minutes.
27. Minutes of Advisory Board Meetings, 6 August 1945, box 392, OWMR, RG 250, NARA.
28. Ibid.
29. The buildup and the U.S. response is described in Edward J. Drea, *MacArthur's ULTRA and the War against Japan, 1942–1945* (Lawrence: University Press of Kansas, 1992), 215–217; Richard B. Frank, *Downfall: The End of the Imperial Japanese Empire* (New York: Penguin, 2001), 206–213; Douglas J. MacEachin, *The Final Months of the War with Japan: Signals Intelligence, U.S. Invasion Planning, and the A-Bomb Decision* (Central Intelligence Agency, 2007), https://www.cia.gov/library/center-for-the-study-of-intelligence/csi-publications/books-and-monographs/the-final-months-of-the-war-with-japan-signals-intelligence-u-s-invasion-planning-and-the-a-bomb-decision/csi9810001.html#rtoc6.
30. General Headquarters, U.S. Armed Forces Pacific, Military Intelligence Summary, General Staff, "Amendment No. 1 to G-2 Estimate of the Enemy Situation with Respect to Kyushu (dated 25 April 1945)," 29 July 1945, Stephen Chamberlain Papers, United States Army Heritage and Education Center (hereafter USAHEC), Carlisle, Pennsylvania. A copy of the April 25 G-2 estimate is also in this file.
31. Frank, *Downfall*, 204.
32. Ibid., 272–273.
33. MacEachin, *Final Months of the War with Japan*; Drea, *MacArthur's ULTRA*, 222.
34. Drea, *MacArthur's ULTRA*, 222–223.
35. Frank, *Downfall*, 276.
36. Ibid., 275; also Drea, *MacArthur's ULTRA*, 223.
37. Notes, Conferences, 1944–1945, box 20, Ernest J. King Papers, Library of Congress (hereafter LC), Washington, DC; E. B. Potter, *Nimitz* (Annapolis: U.S. Naval Institute Press, 1976), 384. On the artificial harbor see also D. M. Giangreco, *Hell to Pay: Operation Downfall and the Invasion of Japan, 1945–1947* (Annapolis: Naval Institute Press, 2009), 176–182.
38. Frank, *Downfall*, 276.
39. "Magic"—Far East Summary, War Department, Office of Assistant Chief of Staff, G-2, no. 507, 9 August 1945, Document 61; "Magic"—Far East Summary, War Department, Office of Assistant Chief of Staff, G-2, no. 508, 10 August 1945,

Document 63, in William Burr, ed., *The Atomic Bomb and the End of World War II: A Collection of Primary Sources*, National Security Archive Electronic Briefing Book no. 162, http://nsarchive.gwu.edu/NSAEBB/NSAEBB162/63.pdf; Drea, *MacArthur's ULTRA*, 223–225.

40. "The Haunted Wood," *Washington Post*, 7 August 1945, 6.
41. "Single Atomic Bomb Rocks Army Base," *Washington Post*, 7 August 1945, 1.
42. Lindley, "The Atomic Bomb: Will Japan Surrender Now?," *Washington Post*, 8 August 1945, 7.
43. "New Weapon Not to Bring Army Cut Now," *Washington Post*, 8 August 1945, 1.
44. "Second Thoughts," *Washington Post*, 9 August 1945, 6.
45. Richard Arthur Briggs, *Blackhawks over the Danube: The History of the 86th Infantry Division in World War II* (Louisville, KY: Western Recorder Printing, 1955), 104–105.
46. Log of the President's Trip to the Berlin Conference, 6 July–7 August 1945, Harry S. Truman Library and Museum (hereafter HST), Independence, Missouri, http://www.trumanlibrary.org/calendar/travel_log/documents/index.php?pagenumber=103&documentid=17&documentdate=1945-08-07&studycollectionid=TL&nav=OK.
47. Letter to the Chairman, War Production Board, on Measures to Speed Reconversion, HST, http://trumanlibrary.org/publicpapers/viewpapers.php?pid=102; "Post-VJ-Day," *Washington Post*, 12 August 1945, B4; entry for 10 August 1945, Robert H. Ferrell, ed., *Off the Record: The Private Papers of Harry S. Truman* (Columbia: University of Missouri Press, 1980), 60.
48. "Hoshina Memorandum" on the Emperor's "Sacred Decision [go-seidan]," 9–10 August 1945, Document 62, in Burr, *Atomic Bomb and the End of World War II*, http://nsarchive.gwu.edu/NSAEBB/NSAEBB162/62.pdf; Herbert Bix, "Japan's Delayed Surrender, A Reinterpretation," *Diplomatic History* 19, no. 2 (spring 1995), 218–223.
49. Byrnes's memoir also inaccurately omits crucial details about how the final response to Japan was written. See John K. Emerson, *The Japanese Thread: A Life in the U.S. Foreign Service* (New York: Holt, Rinehart and Winston, 1978), 237–238.
50. Byrnes's account is in Walter Brown's Book, entry for 10 August 1945, folder 102, Conferences 2-1, Potsdam, Special Collections, James Francis Byrnes Papers, Clemson University Libraries Special Collections, Clemson, South Carolina; Ayers Diary, entry for 10 August 1945, Eben Ayers Papers, HST.
51. 这个错误可能被历史学家忽略了，因为社论认为，杜鲁门之前的记录说明他是在8月9日回到白宫的。他的座舰是在8月7日下午5:25停靠在汉普顿水道（Hampton Roads）；编者按和1945年8月10日的记录，in Ferrell, Off the Record, 59–62; "Truman Back from Europe, Holds Cabinet Conference," *New York Times*, 8 August 1945, 1; "The President's Homecoming," *New York Times*, 8 August 1945, 22. The 9:00 a.m. meeting on August 10 is also reported in "Japan Offers to Surrender: U.S. May Let Emperor Remain," *New York Times*, 11 August 1945, 1。
52. Entries for Thursday, 9 August 1945, and Friday, 10 August 1945, Appointments, box 20, Rose Conway Files, Harry S. Truman Papers, HST. See also the entry for

10 August 1945 in James V. Forrestal's diary, in Walter Millis, ed., *The Forrestal Diaries* (New York: Viking Press, 1951), 82–84.

53. Walter Brown's Book, entry for 10 August 1945, folder 102, Conferences 2-1, Potsdam, James Francis Byrnes Papers, Clemson University Libraries Special Collections; and Emerson, *Japanese Thread*, 237–238.

54. "Japan's Surrender Maneuvers," SRH-090, Record Group 457 (Special Research Histories), Modern Military Records Branch, NARA.

55. 美国答复的要旨很可能是福里斯特尔提出的。巧合的是，陆军情报主管也向马歇尔提出了类似的建议。没有证据显示，在8月10日上午的白宫会议上，当总统向伯恩斯发出指示时，有任何人知道军方的建议。情报部门的报告建议马歇尔，美国应"接受日本的提议，所使用的语言应当不会对美国维持天皇统治造成约束，而允许利用天皇的地位来确保占领日本国土并解除日军的武装"。Millis, *Forrestal Diaries*, 83；Maj. General Clayton Bissell to Marshall, 10 August 1945, OPD 387.4 TS, sec. II, case 20, RG 165, NARA.

56. Byrnes to Swiss Chargé, 11 August 1945, in U.S. Department of State, *Foreign Relations of the United States*, vol. 6, 1945 (1969), 631–632.

57. 此时，陆军部长史汀生已经担心，《波茨坦公告》对天皇未来的不置可否可能导致日本人在接受其条款时踌躇不前。史汀生曾建议："如果他们在这一点上犹疑"，应当明智地通过外交渠道向东京保证他们可以保留天皇。杜鲁门的回答含糊其辞，"他会记住此事，并予以处理"。Entry for 24 July 1945, Diaries of Henry Lewis Stimson, Henry Lewis Stimson Papers, Yale University Library, New Haven, Connecticut (Microfilm).

58. 史汀生记录说，他认为莱希采取了"很好的直截了当的立场，即相比于推迟我们手中的战争胜利，天皇的问题只是一桩小事"。Entry for 10 August 1945, Diaries of Henry Lewis Stimson, Henry Lewis Stimson Papers, Yale University Library.

59. Entry for 10 August 1945, in Ferrell, *Off the Record*, 61.

60. McNaughton to Eleanor Welch, "Surrender," 10 August 1945, box 9, Frank McNaughton Papers, HST. For Mike Mansfield's version of the meeting, see Don Oberdorfer, *Senator Mansfield: The Extraordinary Life of a Great American Statesman and Diplomat* (New York: Random House, 2003), 84–86.

61. McNaughton to Welch, "Surrender," 10 August 1945, box 9, Frank McNaughton Papers, HST.

62. Entry for 10 August 1945, in Ferrell, *Off the Record*, 61.

63. Jay Luvaas, ed., *Dear Miss Em: General Eichelberger's War in the Pacific, 1942–1945* (Westport, CT: Greenwood Press, 1972), 298–299.

64. "Celebration on Okinawa Leaves 6 Dead, 30 Hurt," *New York Times*, 12 August 1945, 17.

65. "War Stocks Drop, Peace Shares Rise," *Washington Post*, 11 August 1945, 1; and Hudson Phillips, "Wall Street Left Groggy by War News," *Washington Post*, 12 August 1945, M8.

66. "Prospects for World Series Brighter, Says ODT Official," *Washington Post*, 12 August 1945, M6.

67. "Allied Reply," *Washington Post*, 12 August 1945, B4.

68. Lawrence E. Davies, "Thousands to Quit Far West in Peace," *New York Times*, 12 August 1945, 4.

69. "Cities Prepare for Celebrations," *New York Times*, 12 August 1945, 7.

70. Memorandum from Major General Clayton Bissell, Assistant Chief of Staff, G-2, for the Chief of Staff, "Estimate of Japanese Situation for Next 30 Days," 12 August 1945, Top Secret, Document 70, in Burr, *Atomic Bomb and the End of World War II*, http://nsarchive.gwu.edu/NSAEBB/NSAEBB162/70.pdf.

71. Entry for 13 August 1945, Diary of William D. Leahy, Leahy Papers, LC; Marc Gallicchio, "After Nagasaki: General Marshall's Plan for Tactical Nuclear Weapons in Japan," *Prologue* 23 (winter 1991), 396–404.

72. "Third Fleet Fliers Smash Suicide Blow, 138 Planes," *Washington Post*, 14 August 1945, 1.

73. Harry S. Truman: "The President's News Conference," 14 August 1945, in Gerhard Peters and John T. Woolley, eds., *The American Presidency Project*, http://www.presidency.ucsb.edu/ws/?pid=12383.

74. Hasegawa, *Racing the Enemy*, 225–228; Frank, *Downfall*, 316–321.

结 语

1. 正如陆军部分析的那样，《波茨坦公告》相当于一项合同安排，其中包括美国保证维护日本对本土岛屿的主权，以及其他保证，包括允许日本军队返回家园以换取他们的投降。这样的提议不曾向德国提出；Robert P. *Newman, Truman and the Hiroshima Cult* (East Lansing: Michigan State University Press, 1995), 70。

2. War Department to MacArthur, 17 August 1945, TS, Incoming-Outgoing Messages, OPD, box 57, RG 165, National Archives (hereafter NARA), College Park, Maryland.

3. Marc S. Gallicchio, *The Cold War Begins in Asia: American East Asian Policy and the Fall of the Japanese Empire* (New York: Columbia University Press, 1988), 60–62.

4. Marc Gallicchio, *The Scramble for Asia: U.S. Military Power in the Aftermath of the Pacific War* (Lanham, MD: Rowman and Littlefield, 2008), 55, 75–76.

5. Robert Ross Smith, *Triumph in the Philippines*, United States Army in World War II, The War in the Pacific (Washington, DC: U.S. Government Printing Office, 1963), 579.

6. 历史学家们对围绕战争结束而发生的事件进行了大量的反事实分析，包括猜测"奥林匹克"和"小冠冕"行动是否会实施，如果会的话，代价如何。See, for example, Barton Bernstein, "Understanding the Atomic Bomb and the Japanese Surrender,"*Diplomatic History* 19, no. 2 (spring 1995), 227–274; Bernstein, "The Alarming Japanese Buildup on Southern Kyushu, Growing U.S.

Fears and Counterfactual Analysis: Would the Planned November 1945 Invasion of Southern Kyushu Have Occurred?" *Pacific Historical Review* 68 (1999), 561–609; John Ray Skates, *The Invasion of Japan: Alternative to the Bomb* (Columbia: University of South Carolina Press, 1994), 254–257; Edward S. Miller, *War Plan Orange: The U.S. Strategy to Defeat Japan, 1897–1945* (Annapolis: Naval Institute Press, 1991), 366–369; D. M. Giangreco, *Hell to Pay: Operation Downfall and the Invasion of Japan, 1945-1947* (Annapolis: Naval Institute Press, 2009), 169–186, and 246–274, app. B for G-2 Report prepared in December 1945.

7. Giangreco, *Hell to Pay*, 105–106.

8. Michael Pearlman, *Warmaking and American Democracy: The Struggle over Military Strategy from 1700 to the Present* (Lawrence: University Press of Kansas, 1999), 274.

9. Williamson Murray and Allan R. Millet, *A War to Be Won: Fighting the Second World War* (Cambridge, MA: Harvard University Press, 2000), 502–503.

10. Ibid. 麦克阿瑟的传记作者也批评了他对菲律宾战役的处理。D. Clayton James, *The Years of MacArthur*, 2 vols. (Boston: Houghton Mifflin, 1975), II, 690. Geoffrey Perret, *Old Soldiers Never Die: The Life of Douglas MacArthur* (Holbrook, MA: Adams Media Corp., 1996), defends the general.

11. James Forrestal to Harry S. Truman, 8 August 1945, box 1, Forrestal Diaries, James Forrestal Papers, Seeley Mudd Library, Princeton University, Princeton, New Jersey.

12. Entry for 17 June 1945, in Robert H. Ferrell, ed., *Off the Record: The Private Papers of Harry S. Truman* (Columbia: University of Missouri Press, 1980), 47.

参考书目

Official Historical Series, United States Army in World War II, Published by U.S. Government Printing Office, Washington, DC

The War in the Pacific

Roy E. Appleman, James M. Burns, Russell A. Gugeler, and John Stevens, *Okinawa, the Last Battle,* 1948.

M. Hamlin Cannon, *Leyte: The Return to the Philippines,* 1954.

Philip A. Crowl, *Campaign in the Marianas,* 1960.

Robert Ross Smith, *The Approach to the Philippines,* 1953.

Robert Ross Smith, *Triumph in the Philippines,* 1963.

The European Theater of Operations

Martin Blumenson, *Breakout and Pursuit,* 1984.

Ray S. Cline, *The Operations Division,* 2003.

Robert W. Coakley and Richard M. Leighton, *Global Logistics and Supply, 1943–1945,* 1968.

Byron Fairchild and Jonathan Grossman, *The Army and Industrial Manpower,* 1959.

Kent Roberts Greenfield, ed., *Command Decisions,* 1990.

Maurice Matloff, *Stategic Planning for Coalition Warfare, 1943–1944,* 1959.

Roland Ruppenthal, *Logistical Support of the Armies,* 2 vols., 1959. The War Department, Washington Command Post

The Medical Department
Communicable Diseases Transmitted Through Respiratory and Alimentary Tracts, Vol. 4, 1958.
Diseases Transmitted Through Contact or by Unknown Means (Preventive Medicine in World War II), Vol. 5, 1960.
Infectious Diseases (Internal Medicine in World War II), Vol. 2, 1958.
Malaria (Preventive Medicine in World War II), Vol. 6.
Neuropsychiatry in World War II, Vol. 2, 1973.

Technical Services
Major General Hugh Casey, *Engineer Memoirs* (U.S. Army Corps of Engineers), 1993.
Erna Risch, *The Quartermaster Corps: Organization, Supply, and Services,* 1953.
Alvin P. Stauffer, *The Quartermaster Corps: Operations in the War Against Japan,* 1956.

Army Ground Forces
Robert R. Palmer, Bell I. Wiley, and William R. Keast, *The Procurement and Training of Ground Combat Troops,* 1948.

Army Air Force
Wesley F. Craven and James L. Cate, *Army Air Forces in World War II,* (Chicago: University of Chicago Press, 1948–1958), Vols. II, V.

History of United States Naval Operations in World War II
Samuel Eliot Morison, Published by Little, Brown, Boston. Volumes Relating to the Pacific War.
Aleutians, Gilberts, and Marshalls, June 1942–April 1944, Vol. 7.
Breaking the Bismarcks Barrier, 22 July 1942–1May 1944, Vol. 6.
Leyte, June 1944–January 1945, Vol. 12.
The Liberation of the Philippines: Luzon, Mindanao, the Visayas, 1944–1945, Vol. 13.
New Guinea and the Marianas, March 1944–August 1944, Vol. 8.
Victory in the Pacific, 1945, Vol. 14.

Selected Books and Articles
Asada, Sadao, *From Mahan to Pearl Harbor: The Imperial Japanese Navy and the United States* (Annapolis: Naval Institute Press, 2006).
Ballantine, Duncan S., *United States Naval Logistics in the Second World War* (Newport, RI: Naval War College Press, 1998).
Barbey, Vice Admiral Daniel E., *MacArthur's Amphibious Navy: Seventh Amphibious Operations, 1943–1945* (Annapolis: Naval Institute Press, 1969).
Bergerud, Eric, *Touched with Fire: The Land War in the South Pacific* (New York: Viking, 1996).
Blair, Clay, *Silent Victory: The U.S. Submarine War Against Japan* (Philadelphia: Lippincott, 1975).
Bland, Larry, ed., *George C. Marshall: Interviews and Reminiscences for Forrest C. Pogue* (Lexington, VA: George C. Marshall Research Foundation, 1991).

Boog, Horst, Gerhard Crebs, and Detleff Vogel, trans. by Derry Cook-Radmore et al., *Germany and the Second World War,* Research Institute of Military History, Potsdam, Germany, Vol. 7, *The Strategic Air War in Europe, and the War in the West and East Asia, 1943–1944/5* (Oxford: Clarendon Press, 2006).

Borg, Dorothy, and Shumpei Okamoto, eds., *Pearl Harbor as History* (New York: Columbia University Press, 1973).

Brower, Charles, *Defeating Japan: The Joint Chiefs of Staff and Strategy in the Pacific War, 1943–1945* (New York: Palgrave Macmillan, 2012).

Buell, Thomas B., *The Quiet Warrior: A Biography of Admiral Raymond A. Spruance* (Annapolis: Naval Institute Press, 1981).

Carter, Rear Admiral Worrall Read, *Beans, Bullets, and Black Oil: The Story of Fleet Logistics Afloat in the Pacific During World War II* (Newport, RI: Naval War College Press, 1953).

Catton, Bruce, *The War Lords of Washington* (New York: Harcourt Brace, 1948).

Clive, Alan, *State of War, Michigan in World War II* (Ann Arbor: University of Michigan Press, 1979).

Connaughton, Richard, John Pimlott, and Duncan Anderson, *The Battle of Manila* (Novato, CA: Presidio Press, 2002).

Costello, John, *The Pacific War* (New York: Quill, 1982).

Denfeld, D. Colt, *Hold the Marianas: The Japanese Defense of the Mariana Islands* (Shippensburg, PA: White Mane Publishing Co., 1997).

Dower, John, *War Without Mercy: Race and Power in the Pacific War* (New York: Pantheon, 1986).

Drea, Edward, *MacArthur's ULTRA and the War Against Japan, 1942–1945* (Lawrence: University Press of Kansas, 1992).

Dupuy, Trevor N., David L. Bongard, and Richard C. Anderson, Jr., *Hitler's Last Gamble: The Battle of the Bulge, December 1944–January 1945* (New York: Harper, 1994).

Ellis, John, *The Sharp End: The Fighting Man in World War II* (New York: Scribner, 1980).

Falk, Stanley L., *Decision at Leyte* (New York: Norton, 1966).

Field, James A., Jr., *The Japanese in Leyte Gulf: The Sho Operation* (Princeton, NJ: Princeton University Press, 1947).

Frank, Richard B., *Downfall: The End of the Imperial Japanese Empire* (New York: Penguin Books, 2001).

Goldberg, Harold J., *D-Day in the Pacific: The Battle of Saipan* (Bloomington: Indiana University Press, 2007).

Griffeth, Thomas E., Jr., *MacArthur's Airman: General George C. Kenney and the War in the Southwest Pacific* (Lawrence: University Press of Kansas, 1998).

Hayes, Grace Person, *The History of the Joint Chiefs of Staff in World War II* (Annapolis: Naval Institute Press, 1982).

Hooks, Gregory, *Forging the Military-Industrial Complex: World War II's Battle of the Potomac* (Urbana: University of Illinois Press, 1991).

Hough, Major Frank D., *The Assault on Peleliu* (Washington, DC: Headquarters U.S. Marine Corps, 1950).

Isely, Jeter A., and Philip A. Crowl, *The United States Marines and Amphibious War* (Princeton, NJ: Princeton University Press, 1951).

James, D. Clayton, *The Years of MacArthur* (2 vols., Boston: Houghton Mifflin, 1970, 1975).

Lane, Frederic C., *Ships for Victory: A History of Shipbuilding Under the Maritime Commission in World War II* (Baltimore: Johns Hopkins University Press, 1951).

Leary, William M., ed., *We Shall Return! MacArthur's Commanders and the Defeat of Japan* (Lexington: University of Kentucky Press, 1988).

Linderman, Gerald E., *The World Within War: America's Combat Experience in World War II* (Cambridge, MA: Harvard University Press, 1997), chapter 4, "Fighting the Japanese."

Love, Robert William, ed., *The Chiefs of Naval Operations* (Annapolis: U.S. Naval Institute, 1980).

MacArthur, Douglas, *Reminiscences* (New York: McGraw Hill, 1964).

Milward, Alan S. *War Economy and Society* (Berkeley: University of California Press, 1979).

Overy, Richard, *Why the Allies Won* (New York: Norton, 1995).

Pease, Otis, *Blueberry Pie: The Meaning of World War II for the Americans Who Fought in It* (Lincoln, NE: iUniverse, 2007).

Pogue, Forrest C., *George C. Marshall* (4 vols., New York: Viking, 1963–1987).

Potter, E., *Nimitz* (Annapolis: U.S. Naval Institute Press, 1976).

Reynolds, Clark G., *Admiral John H. Towers: The Struggle for Naval Air Supremacy* (Annapolis: Naval Institute Press, 1991).

Rockoff, Hugh, "The United States: From Plowshares to Swords," in *The Economies of World War II: Six Great Powers in International Comparison*, Mark Harrison, ed., (New York: Cambridge University Press, 1998).

Schaller, Michael, *Douglas MacArthur: The Far Eastern General* (New York: Oxford University Press, 1989).

Schrijvers, Peter, *The G.I. War against Japan: American Soldiers in Asia and the Pacific during World War II* (New York: New York University Press, 2002).

Sitterson, J. Carlyle, *Development of the Reconversion Policies of the War Production Board (Historical Reports on War Administration: War Production Board, Special Study No. 15)* (Washington, DC: U.S. Government Printing Office, Reissue March 22, 1946).

Sledge, E. B., *With the Old Breed at Peleliu and Okinawa* (Novato, CA: Presidio Press, 1981).

Smith, Holland M., and Percy Finch, *Coral and Brass* (New York: Scribners, 1949).

Spector, Ronald H., *Eagle Against the Sun: The American War With Japan* (New York: Free Press, 1985).

Stein, Harold, *Public Administration and Policy Development: A Case Book* (New York: Harcourt Brace, 1952).

Stoler, Mark, *Allies and Adversaries: The Joint Chiefs of Staff, the Grand Alliance, and U.S. Strategy in World War II* (Chapel Hill: University of North Carolina Press, 2000).

Taaffe, Stephen R., *MacArthur's Jungle War: The New Guinea Campaign* (Lawrence: University Press of Kansas, 1998).

Thorne, Christopher, *The Issue of War: States, Societies, and the Far Eastern Conflict of 1941–1945* (New York: Oxford University Press, 1985).

Tully, Anthony P., *Battle of Surigaro Strait* (Bloomington: Indiana University Press, 2014).

Vatter, Harold V., *The United States Economy in World War II* (New York: Columbia University Press, 1985).

Willmott, H. P., *The Battle of Leyte Gulf* (Bloomington: Indiana University Press, 2005).

Willmott, H. P., *The Great Crusade: A New History of the Second World War* (London: Michael Joseph, 1989).

Woodward, C. Vann, *The Battle of Leyte Gulf* (New York: Norton, 1965, first published, 1947).

Y'Blood, William T., *Red Sun Setting: The Battle of the Philippine Sea* (Annapolis: Naval Institute Press, 1981).

索　引

（此部分页码为原书页码，即本书页边码）

Maps are indicated by "m" following the page number.

Army, specific units of (*continued*)
ditched flyers, recovery of, 284
kamikaze attacks, actions against, 225
Kenney and, 50
at Luzon, 360
mobilization for, 20–21
troop redeployment from European
front, 485–486
Army and Navy Journal, 456, 519
Arnold, Henry "Hap," 51, 92, 228, 338,
485, 553
Arnold, William H., 337
Asagumo (destroyer, Japan), 181
Atlee, Clement, 569
Atomic bomb
development of, 423, 428, 541,
544, 548–549
Hiroshima and Nagasaki bombings, 577
impact of use of, 9, 559
indispensability of, 595
knowledge of, 479, 480, 514, 553–554
possible use on Japan, 510
Stimson on, 472–473
Truman on use of, 551, 552
Attack aviation, development of, 49–50
Attrition warfare
blockade of Japan as, 451
in European front, 313
Japan's use of, 313, 329, 339–340, 526
Okinawa battle as, 411–412
resistance to principle of, 397–398
Ushijima's use of, 385
Yamashita's use of, 347–348, 359
Augusta (cruiser), 508
Austin, Warren, 460
Australia
Borneo landing by forces from, 288,
294–296, 328, 332, 528
communication lines with, 15, 17,
26, 40
MacArthur and forces from, 289–290
New Guinea campaign, role in, 56
protection of, 10
Royal Australian Air Force, 87
submarine tenders in, 33

troops from, 5, 16
H.M.A.S. *Australia* (heavy cruiser), 224,
225, 226
Avengers (torpedo bombers), 175–176,
186
A.W. Grant (destroyer), 182
Ayers, Eben, 463, 580
Ayers, Russell G., 118–119

Baka (Ohka, bombs for kamikaze
dives), 377
Baldwin, Hanson, 562
Ballantine Ale, advertising for, 419–420
Bangao Island, 332
Banzai attacks. *See* Kamikaze (suicide)
warfare and attacks
Barbey, Daniel E., 46, 53, 55, 56, 188
Barron's (periodical), on war
production, 447
"Basic General Outline on Future War
Direction Policy" (Japan war
strategy), 526–527
Basilan Island, 332
Bataan (aircraft carrier), 108
Bataan, Battle of, 297–302
casualties, 301
Japanese cave and tunnel system
in, 299
location of, 286m
MacArthur and, 40
napalm, use of, 301
night fighting, 299, 302
Zig-Zag Pass, 298–300
Bataan Gang (MacArthur staff officers),
46, 48, 228
Battle/combat fatigue, 84–85, 175, 323,
336, 353–355
Battle of ___. *See name of specific battle,*
e.g., Corregidor, Battle of
Battleships. *See also names of individual*
battleships
armaments on, 104
in Pacific Fleet, 12
Bavaria, Battle of, 508
Beightler, Robert, 247, 253–254

preliminary bombardment of, 160, 266
tanks on, 129, 132, 135–136
Guam (large cruiser), 376
Guerrilla forces, 329, 331, 332, 333, 340, 345
Guhl, Robert Edward, 350, 355

Hainan Island, 295
Hall, Charles P., 74–76, 298–300, 302, 313
Halsey, William F., Jr., "Bull"
East China Sea, raids in, 157–158
on fast carrier forces, use of, 214
importance of, 178–179
Japanese weaknesses, discovery of, 285
on Kenney-Kinkaid disagreement, 213
and Kinkaid's meeting with MacArthur, 52
on Leyte landings, 157
at Luzon, 223, 225
on MacArthur, air support for, 215
Mindoro battle, claims on, 219
Nimitz, support for, 30, 35
Ozawa's carriers, attacks on, 188–189
on Philippine attack plans, 153
shortcomings of, 178–179
Sibuyan Sea battle and, 175, 177–179
weather, lack of knowledge of, 221
Hancock (attack carrier), 379
Handy, Thomas T., 43, 116, 434, 442, 531
Hansen, Henry O., 272–273
Hanson, Edwin E., 82
Harada Jiro, 341–342
Haradan (destroyer), 220
Harris, Harold D., 169–170, 171
Hart, Thomas, 460
Haruna (battleship, Japan), 185
Hasegawa, Tsuyoshi, 654n9
Hawaii, 30, 40, 147
Hayes, Grace Person, 635n48
Hearst, William Randolph, 41, 86, 291
Heat prostration, 67, 168, 172, 235
Heermann (destroyer), 184, 186
Hellcats (fighter planes), 101–102, 103–106, 109

Henry, Stephen, 530
Hess, William, 438–439
Hijo (aircraft carrier, Japan), 108, 111
Hill, Harry W., 124
Hirohito (emperor)
atomic bombings, response to, 580
last-ditch strategy, approval of, 526
McCloy on treatment of, 642n38
post-war role of, consideration of, 581–582
Potsdam Declaration's silence on, 562
public opinion on, 505
Stalin and, 545
surrender, acceptance of, 3, 586–587
Truman on, 583
Ho Chi Minh, 587
Hodge, John R., 384
Hodges, Courtney, 635n52
Hoel (destroyer), 184, 185
Hojo Tokichi, 331
Hollandia, New Guinea
campaign at, 44m, 52, 59–61
intelligence on, 49
JCS plan for, 27
landing craft for, 55–56, 59–60
Home front, 415–461
antimilitary sentiments, 437–440
atomic bomb and, 428–429
business community, unrest within, 421–422
economic reconversion, 326–327, 417, 444–451
entertainment curfew, 417, 424, 445
FDR's death, 422–423
horse racing, ban on, 417, 424, 445
Japan's defeat and surrender, views on, 430–432, 584–586
lack of troops for, 322
manpower policies, 420–421
Marshall's possible retirement and, 456–461
National Service Bill, 417–419
Pacific front, reaction to news from, 416–417, 429–430, 443, 464–465

图书在版编目（CIP）数据

死敌：太平洋战争：1944—1945 / (美) 沃尔多·海因里希斯 (Waldo Heinrichs), (美) 马克·加利基奥 (Marc Gallicchio) 著；祁长保译. -- 北京：社会科学文献出版社, 2024.12

书名原文: Implacable Foes: War in the Pacific, 1944-1945

ISBN 978-7-5228-3458-0

Ⅰ. ①死… Ⅱ. ①沃… ②马… ③祁… Ⅲ. ①太平洋战争－史料－1944-1945 Ⅳ. ①E195.2

中国国家版本馆CIP数据核字（2024）第082354号

审图号：GS（2024）4369号

死敌：太平洋战争，1944—1945

著　者 /	〔美〕沃尔多·海因里希斯（Waldo Heinrichs） 〔美〕马克·加利基奥（Marc Gallicchio）
译　者 /	祁长保
出 版 人 /	冀祥德
组稿编辑 /	段其刚
责任编辑 /	周方茹
文稿编辑 /	白　银
责任印制 /	王京美

出　　版 / 社会科学文献出版社·教育分社（010）59367151
　　　　　　地址：北京市北三环中路甲29号院华龙大厦　邮编：100029
　　　　　　网址：www.ssap.com.cn

发　　行 / 社会科学文献出版社（010）59367028

印　　装 / 北京盛通印刷股份有限公司

规　　格 / 开　本：889mm×1194mm　1/32
　　　　　　印　张：23.25　插　页：0.5　字　数：575千字

版　　次 / 2024年12月第1版　2024年12月第1次印刷

书　　号 / ISBN 978-7-5228-3458-0

著作权合同
登 记 号 / 图字01-2022-4987号

定　　价 / 138.00元

读者服务电话：4008918866